AF173664

Management-Reihe Corporate Social Responsibility

Herausgegeben von
René Schmidpeter
Dr. Jürgen Meyer Stiftungsprofessur für
Internationale Wirtschaftsethik und CSR
Cologne Business School (CBS)
Köln, Deutschland

Das Thema der gesellschaftlichen Verantwortung gewinnt in der Wirtschaft und Wissenschaft gleichermaßen an Bedeutung. Die Management-Reihe Corporate Social Responsibility geht davon aus, dass die Wettbewerbsfähigkeit eines jeden Unternehmens davon abhängen wird, wie es den gegenwärtigen ökonomischen, sozialen und ökologischen Herausforderungen in allen Geschäftsfeldern begegnet. Unternehmer und Manager sind im eigenen Interesse dazu aufgerufen, ihre Produkte und Märkte weiter zu entwickeln, die Wertschöpfung ihres Unternehmens den neuen Herausforderungen anzupassen sowie ihr Unternehmen strategisch in den neuen Themenfeldern CSR und Nachhaltigkeit zu positionieren. Dazu ist es notwendig, generelles Managementwissen zum Thema CSR mit einzelnen betriebswirtschaftlichen Spezialdisziplinen (z.B. Finanz, HR, PR, Marketing etc.) zu verknüpfen. Die CSR-Reihe möchte genau hier ansetzen und Unternehmenslenker, Manager der verschiedenen Bereiche sowie zukünftige Fach- und Führungskräfte dabei unterstützen, ihr Wissen und ihre Kompetenz im immer wichtiger werdenden Themenfeld CSR zu erweitern. Denn nur, wenn Unternehmen in ihrem gesamten Handeln und allen Bereichen gesellschaftlichen Mehrwert generieren, können sie auch in Zukunft erfolgreich Geschäfte machen. Die Verknüpfung dieser aktuellen Managementdiskussion mit dem breiten Managementwissen der Betriebswirtschaftslehre ist Ziel dieser Reihe. Die Reihe hat somit den Anspruch, die bestehenden Managementansätze durch neue Ideen und Konzepte zu ergänzen, um so durch das Paradigma eines nachhaltigen Managements einen neuen Standard in der Managementliteratur zu setzen.

Weitere Bände in der Reihe
http://www.springer.com/series/11764

Annette Kleinfeld · Annika Martens
(Hrsg.)

CSR und Compliance

Synergien nutzen durch ein integriertes
Management

 Springer Gabler

Herausgeber

Annette Kleinfeld
Konstanz Institut für Corporate Governance
HTWG Hochschule Konstanz Technik,
Wirtschaft und Gestaltung
Konstanz, Deutschland

Annika Martens
Hochschule Fresenius
Hamburg, Deutschland

ISSN 2197-4322   ISSN 2197-4330 (electronic)
Management-Reihe Corporate Social Responsibility
ISBN 978-3-662-56213-0   ISBN 978-3-662-56214-7 (eBook)
https://doi.org/10.1007/978-3-662-56214-7

Die Deutsche Nationalbibliothek verzeichnet diese Publikation in der Deutschen Nationalbibliografie;
detaillierte bibliografische Daten sind im Internet über http://dnb.d-nb.de abrufbar.

Einbandabbildung: Michael Bursik

Gedruckt auf säurefreiem und chlorfrei gebleichtem Papier

Springer Gabler ist ein Imprint der eingetragenen Gesellschaft Springer-Verlag GmbH, DE und ist ein Teil von
Springer Nature.
Die Anschrift der Gesellschaft ist: Heidelberger Platz 3, 14197 Berlin, Germany

Vorwort des Reihenherausgebers: CSR und Compliance – Zwei Perspektiven des neuen Managementparadigmas der unternehmerischen Verantwortung

In der deutschen Diskussion der sozialen Marktwirtschaft gibt es zwei zentrale Elemente: 1) eine gesellschaftliche Rahmenordnung für die Wirtschaft und deren Verbindlichkeit für alle Marktteilnehmer sowie 2) die freiwillige Verantwortungsübernahme durch die Unternehmen für ihre Auswirkungen auf die Gesellschaft. Sowohl im positiven (z. B. duale Ausbildung) als auch negativen (z. B. systematische Reduzierung von Schadstoffen in der Produktion). Ziel dieses Wirtschaftssystems ist es, einen breiten gesellschaftlichen Konsens herzustellen, der es den Unternehmen erlaubt, selbstbestimmt und mit größtmöglicher Freiheit zu wirtschaften.

Die gesellschaftliche Akzeptanz des Unternehmertums in Deutschland, Österreich und der Schweiz war und ist immer auch eng verbunden, mit der positiven Wirkung unternehmerischen Handelns auf die gesellschaftliche Entwicklung. Diese doppelte Perspektive gesellschaftlicher Verantwortung widerspiegelt sich auch in 1) einer rechtlichen Diskussion um die Compliance sowie 2) einer betriebswirtschaftlichen Diskussion um die Corporate Social Responsibility von Unternehmen. In beiden Diskussionen geht es sowohl um Risiken als auch Chancen von Managemententscheidungen und deren juristische bzw. betriebswirtschaftliche Relevanz für das Unternehmen und die Entscheider.

Stand in der Vergangenheit insbesondere die defensive Perspektive der Verantwortungsübernahme im Vordergrund: nämlich Schaden zu vermeiden und Gesetze einzuhalten. So zeichnet sich aktuell eine progressivere Perspektive ab, welche den unternehmerischen Nutzen, die Innovationspotenziale und Wettbewerbsstärkung durch Verantwortungsübernahme in den Mittelpunkt der Diskussion stellt.

Aufgrund der vielfältigen sozialen und ökologischen Herausforderungen (z. B. soziale Sicherheit, Integration, Klimawandel) und der gravierenden gesellschaftlichen Veränderungen (Digitalisierung, Globalisierung) rückt dabei die Frage nach dem Beitrag der Wirtschaft für eine nachhaltige Entwicklung immer mehr in den Mittelpunkt. Damit nähert sich die Diskussion um die Compliance und die Diskussion um die Corporate Social Responsibility im „neuen" Fokus einer unternehmerischen Perspektive auf nachhaltiges Wirtschaften immer näher aneinander an. Immer öfter sind es gesellschaftliche Innovationen im Bereich Umwelt und Soziales, die von Unternehmen selbst vorangetrieben wurden, die in einem weiteren Schritt seitens der Politik für alle Unternehmen über die Rahmenordnung verbindlich gemacht werden. Die Trennlinie zwischen heute freiwillig, morgen rechtlich verbindlich wird immer dynamischer.

Zudem gelingt es Unternehmen immer häufiger, sich durch nachhaltige Produkte und Services sich einen Marktvorteil gegenüber der Konkurrenz zu verschaffen. Sie nutzen die ihnen von der Rahmenordnung gegebene unternehmerische Freiheit, um innovative Win-win-Situationen zu generieren, die sowohl Vorteile für sie selbst als auch für die Gesellschaft verschaffen.

In Anbetracht der großen Veränderungsprozesse zeigt sich dabei immer deutlicher, dass eine rein complianceorientierte Unternehmensstrategie genauso wenig hinreichend ist wie eine rein auf Freiwilligkeit reduzierte Verantwortungsübernahme. Dieses dualistische Denken, welches rechtliche Verbindlichkeit und Freiwilligkeit gegeneinander ausspielt, wird durch die ökonomische Wirklichkeit überwunden. Denn gerade in den internationalen Märkten gibt es unterschiedliche Standards, welche mit dem eigenen unternehmerischen Nachhaltigkeitsverständnis in Einklang zu bringen ist. Was in manchen Märkten freiwillig passiert, ist in anderen verpflichtend und umgekehrt. Daher gilt es als ersten Schritt, das alte – in der Wirtschaftsethik oft vorherrschende – Gegensatzdenken (Trade-off) zwischen unternehmerischen Mehrwert und gesellschaftlicher Wirkung zu überwinden.

Neue Technologien und digitale Geschäftsmodelle sowie der steigende gesellschaftliche Druck sowie eine erhöhte Transparenz zeigen immer deutlicher, dass Geschäftsmodelle der Zukunft gesellschaftlichen und unternehmerischen Mehrwert gleichermaßen generieren werden müssen, um erfolgreich zu sein. Viele Unternehmenslenker erkennen heute, dass der in den 1990er-Jahren entwickelte oft eindimensional umgesetzte Shareholder-Value-Ansatz nicht mehr zielführend für die Weiterentwicklung ihres Unternehmens ist und richten ihre Strategie neu aus – basierend auf dem Stakeholder-Ansatz. Dabei setzt sich in der Unternehmenswelt die Erkenntnis durch, dass es sich bei CSR um ein modernes betriebswirtschaftliches Konzept zur Integration sozialer, ökologischer und wirtschaftlicher Perspektiven in die unternehmerische Wertschöpfung handelt.

Die Compliance ist ein wichtiger Teil davon, der notwendig, aber nicht hinreichend ist, um unternehmerische Verantwortung zu übernehmen. Dazu bedarf es einer Weiterentwicklung, hin zu einer unternehmerischen Perspektive auf CSR. Diese beinhaltet eine nachhaltige Unternehmensstrategie und ein nachhaltiges Geschäftsmodell, welches den aktuellen Compliancevorgaben entspricht und gleichzeitig darüber hinaus zusätzlichen ökologischen bzw. sozialen Mehrwert für die Kunden und die Gesellschaft generiert. Bestehende Strukturen der Compliance und der CSR werden vor diesem Hintergrund neu gedacht und organisiert werden. Zur Entwicklung und Umsetzung dieser neuen Managementparadigmas braucht es sowohl bewährte betriebswirtschaftliche Entscheidungsmethoden als auch Complianceinstrumente gleichermaßen.

Ein integrativer Management-Ansatz verbindet beide Dimensionen verantwortlicher Unternehmensführung und integriert diese in die bestehenden Managementstrukturen, -prozesse, und -handlungen in den Unternehmen. Somit stehen wir vor einer Stärkung der Idee einer sozialen Marktwirtschaft: 1) die ökosoziale Weiterentwicklung der gesellschaftlich akzeptierten Rahmenbedingungen für die Wirtschaft sowie 2) einer progressiven freiwilligen Verantwortungsübernahme der Unternehmen, welche sie Treibern und Innovatoren bei der Lösung der drängenden gesellschaftlichen Herausforderungen macht.

In der Management Reihe Corporate Social Responsibility versucht die nun vorliegende Publikation mit dem Titel „CSR und Compliance", diese Brücke zwischen der juristischen und betriebswirtschaftlichen Diskussion zur Unternehmensverantwortung zu stärken: zum einem durch die Erörterung der neuesten Theorien im Themenfeld Compliance, zum anderen durch aktuelle Überlegungen im Themenfeld CSR. Insbesondere stellt dieses Buch innovative Complianceinstrumente unter Einbezug der aktuellen Nachhaltigkeits- und CSR-Diskussion verständlich und anschaulich da. Alle Leser sind nun herzlich eingeladen, die in dieser Publikation dargelegten Gedanken aufzugreifen und für die eigenen beruflichen Herausforderungen zu nutzen sowie mit den Herausgebern, Autoren und Unterstützern dieser Reihe intensiv zu diskutieren. Ich möchte mich last but not least sehr herzlich bei Prof. Dr. Annette Kleinfeld und Dr. Annika Martens für ihr großes Engagement, bei Janina Tschech und Eva-Maria Kretschmer vom Springer Gabler Verlag für die gute Zusammenarbeit sowie bei allen Unterstützern der Reihe aufrichtig bedanken und wünsche Ihnen, werte Leserinnen und werter Leser, nun eine interessante Lektüre.

Prof. Dr. René Schmidpeter

Einführung

Viele Unternehmen befassen sich mit den Themen CSR und Compliance – in erster Linie aufgrund ihrer historischen Entwicklung – im Rahmen paralleler organisationaler Strukturen. Da CSR und Compliance nach heutigem Verständnis jedoch sowohl in der Theorie als auch in der Praxis inhaltlich zunehmend große Schnittmengen aufweisen bzw. einander wechselseitig bedingen, kann dies zu unnötigen Redundanzen und Zielkonflikten in der Umsetzung führen.

Das vorliegende Herausgeberwerk knüpft an dieser Stelle an und zeigt auf, was CSR und Compliance gemein ist, inwiefern sie einander bedingen und folglich synergetisch gemanagt werden können oder sogar sollten. Neben Wissenschaftlern sollen dazu auch explizit Praktiker zu Wort kommen, die mit der Integration von CSR- und/oder Compliancethemen betraut sind und Hinweise zu deren praktischer Umsetzung geben können. Mit dem vorliegenden Sammelband werden daher nicht nur Wissenschaftler, sondern ausdrücklich auch Anwender angesprochen, die Denkanstöße oder konkrete Hinweise zur ganzheitlichen Integration und Umsetzung der beiden Themen aus der Lektüre mitnehmen möchten.

Das Resultat dieser Bemühungen, ein Herausgeberwerk mit mehr als 26 Autoren unterschiedlicher beruflicher Hintergründe, weist naturgemäß eine hohe Heterogenität in Duktus, Praxisbezug und Wissenschaftlichkeit auf. Die Herausgeber dieses Sammelbandes haben versucht, in allen Artikeln eine gute wissenschaftliche Praxis zu erwirken und bei Begrifflichkeiten oder Definitionen überall dort Einheitlichkeit herzustellen, wo diese für das Verständnis des Lesers erforderlich ist, ohne dabei den Artikeln die persönliche Note ihrer Autoren zu nehmen.

Den Auftakt bildet der Beitrag „CSR und Compliance: Unterschiede und Schnittmengen theoretischer wie praktischer Art". Der von den Herausgebern verfasste Artikel definiert CSR und Compliance zunächst einmal grundsätzlich, zeigt Gemeinsamkeiten und Differenzen der Konzepte auf und gibt einen Überblick zu den Beiträgen.

Es folgt ein Beitrag von Lisa Schöttl, in dem sie Integritätsmanagement als Brücke zwischen CSR-Management und Compliance vorstellt (vgl. Beitrag „Integritymanagement als Brücke zwischen CSR-Management und Compliance" in diesem Band). Olaf Methner und Julius Reiter geben dem Leser in ihrem Artikel einen Einblick in die rechtlichen Grundlagen bzw. Implikationen von Compliance und CSR (vgl. Beitrag „Rechtliche

Rahmenbedingungen für CSR und Compliance in deutschen Unternehmen" in diesem Band). Darauf aufbauend zeigen Dirk Gilbert und Anna-Lena Punken die Zielkonflikte und potenziellen Dilemmata der beiden Themen auf (vgl. Beitrag „Zwischen Hard Law und Soft Law: Zielkonflikte und potenzielle Dilemmata von CSR und Compliance" in diesem Band).

Eine Übersicht über die impliziten wie expliziten Complianceanforderungen der fünf „großen" CSR-Standards bzw. Rahmenwerke bietet der Abschnitt zu den „Compliance-anforderungen der ‚fünf großen CSR-Standards'", welcher zusammen mit dem Abschnitt „Instrumente für ein CSR- und Compliance-Management" das Herzstück der vorliegenden Publikation darstellt. In diesem Kapitel wird der Fragestellung nachgegangen, inwieweit Compliancethemen bereits Eingang in die weltweit verbreitetsten bzw. anerkanntesten CSR-Orientierungsrahmen gefunden haben und welche Aspekte genau darin beleuchtet werden oder auch unbeachtet bleiben. Mit dem Titel „große CSR-Standards" werden jene normativen Rahmenwerke bezeichnet, die alle CSR-Dimensionen berücksichtigen (insbesondere die ökonomische, ökologische und gesellschaftliche Verantwortung), international anerkannt sind und angewandt werden. Hierzu zählen die OECD-Leitsätze für multinationale Unternehmen, der Berichtsstandard GRI, der UN Global Compact, die ISO 26000 sowie die zuletzt erschienenen Ziele nachhaltiger Entwicklung (SDGs – Sustainable Development Goals).

Den Auftakt zur oben genannten Fragestellung bildet der Beitrag von Thomas Hajduk und Christoph Schank, der sich den Complianceanforderungen der OECD-Leitsätze widmet. Es folgt ein Artikel von Johanna Henrich zu den Complianceaspekten der neuesten Versionen des Nachhaltigkeitsberichtsstandard GRI. An dieser Stelle sei angemerkt, dass neben GRI inzwischen auch weitere CSR bzw. nachhaltigkeitsbezogene Berichtsstandards auf dem Markt existieren (beispielsweise der Deutsche Nachhaltigkeitskodex – DNK). Da aber der Großteil aller Unternehmen und Organisationen noch immer nach GRI berichtet, soll dieser Standard auch in der vorliegenden Publikation besondere Berücksichtigung finden.[1] Ulrike Hoessle zeigt in ihrem Kapitel auf, wie der UN Global Compact Compliance aufgreift und von Unternehmen einfordert. Ihr Artikel wird durch einen Beitrag von Florian Lair (Deutsche Gesellschaft für Internationale Zusammenarbeit – GIZ GmbH) ergänzt, der die Allianz für Integrität des deutschen UN Global Compact Netzwerks vorstellt. In dem sich anschließenden Beitrag zeigt Karl-Christian Bay auf, inwiefern die ISO 26000 Complianceaspekte abbildet und diese nicht nur im Rahmen der sieben Kernthemen aufgreift, sondern auch als Grundsatz gesellschaftlicher Verantwortung definiert. Den Abschluss dieses Abschnitts bildet der Artikel von Anna Zubrod, welcher die erst 2016 in Kraft getretenen Sustainable Development Goals hinsichtlich ihrer Complianceimplikationen untersucht.

---

[1] Allein bis Anfang Juni 2016 legten 19 von 30 DAX-Konzernen einen Bericht nach dem aktuellen Standard GRI G4 vor (vgl. Hecht J, Beduhn J, Lenhart K (2016) G4: Etablierter Standard im DAX. Eine Untersuchung der DAX 30 Berichte 2015. https://www.kirchhoff.de/fileadmin/20_Download/Studien/20160706_GRI_G4_DAX30_Studie_KC.pdf. Zugegriffen: 08. Mai 2017).

In dem nachfolgenden, sehr praxisorientierten Abschnitt wird dem Leser eine Übersicht an Instrumenten offeriert, die für ein CSR- *und* Compliancemanagement geeignet sind. Die Auswahl der dargestellten Instrumente folgte dem Kriterium der doppelten Einflussnahme: So fanden nur solche Instrumente Berücksichtigung, durch die sowohl ein Beitrag zu einem erfolgreichen Compliance- als auch CSR-Management geleistet werden kann. Dass dieses Kriterium auf fast alle gängigen Compliance- bzw. Integrity-Instrumente zutrifft, spiegelt sich in der Anzahl der vorgestellten Instrumente wider. Im Eröffnungsbeitrag gibt Maud Schmiedeknecht einen Überblick über diese Instrumente und zeigt die Grundvoraussetzungen für ein erfolgreiches CSR- und Compliancemanagement anhand der vier Prozessstufen des Werte-Management-Systems auf. Es folgen elf Beiträge zu einzelnen CSR- und Complianceinstrumenten, die mehr oder weniger deutlich werden lassen, dass und wie diese Instrumente für ein synergetisches Management genutzt werden oder genutzt werden könnten.

Beim ersten Instrument handelt es sich um das Leitbild, dessen Bedeutung für CSR- wie Compliancethemen von Joachim Rottluff vorgestellt wird. Es folgt ein Beitrag zum Code of Conduct, der in der heutigen Praxis als klassisches Complianceinstrument wahrgenommen wird, in seiner ursprünglichen Bedeutung jedoch zum Ziel hatte, die eher abstrakt gehaltenen Leitbildinhalte in handlungs- und verhaltensleitende Orientierungen zu übersetzen. Inwieweit ein Verhaltenskodex damals wie heute auch als CSR-Instrument genutzt werden kann, zeigt ebenfalls Joachim Rottluff auf. Stefan Behringer gibt Auskunft über die Bedeutung von „Transparenz: Kommunikation und Offenlegung von Informationen" im CSR- und Compliancekontext.

Nach den ersten drei Instrumenten, die fundamental für die Ausrichtung des Unternehmens sind, folgen solche, die zu deren Umsetzung beitragen. Den Auftakt bildet ein Artikel zur Bedeutung von Führung in diesem Zusammenhang von Gerhard Lippe. Dass eine verantwortliche Führungsperson oder auch -persönlichkeit allein nicht ausreicht, um CSR und Complianceinhalte zur Geltung zu bringen, dass diese vielmehr von der gesamten Unternehmenskultur widergespiegelt werden müssen, erläutert im Anschluss Yvonne Glock. Riccardo Wagner verweist in seinem Artikel auf die Bedeutung der internen Kommunikation für beide Themen, während Bernd Banke und Hans-Jürgen Lutz aufzeigen, wie CSR und Compliance systematisch und wirksam geschult bzw. trainiert werden können. Hinweisgebersysteme zur frühzeitigen Identifizierung von Fehlverhalten oder Missständen (vgl. Beitrag von Kenan Tur in diesem Band) spielen für die kontinuierliche Verbesserung von CSR- und Compliancemanagementsystemen eine ebenso wichtige Rolle wie die Nachhaltigkeitsberichterstattung als regelmäßiges Reporting von CSR- und Compliancethemen (vgl. Beitrag von Karin Huber-Heim in diesem Band). Beiden Themen wird daher jeweils ein eigenes Kapitel gewidmet.

Für eine kontinuierliche Verbesserung ist darüber hinaus ein in festen Abständen durchgeführter Reviewprozess unabdingbar, in dessen Verlauf alle bestehenden Instrumente auf ihre Sinnhaftigkeit und Wirksamkeit hin überprüft werden. Neben einem begleitenden Controlling und Monitoring mittels geeigneter Kennzahlen, das von Olaf Mußmann vorgestellt wird, gehören dazu die interne und/oder externe Evaluierung, Verifizierung oder Auditierung, die von Altan Dayankac in seinem Beitrag thematisiert werden.

Es gilt heute als allgemein konsensfähig, dass sowohl CSR als auch Compliance nur dann erfolgreich in die Unternehmensführung und -steuerung integriert werden können, wenn die obersten, aber auch die mittleren Führungsebenen eine entsprechende Selbstverpflichtung des Unternehmens aktiv und überzeugt mittragen und die Themen mit entsprechender Ernsthaftigkeit in allen Entscheidungen und Aktivitäten berücksichtigen. Aus diesem Grund wird dem Thema Führung durch den Beitrag „Das Ganze im Blick – Responsible Leadership anstatt isolierte CSR- und Complianceinterventionen" ein weiteres Kapitel gewidmet, das aufzeigt, welche zentrale Rolle „Responsible Leadership" gerade für einen holistischen CSR- und Complianceansatz spielt (vgl. Beitrag von Colina Frisch in diesem Band).

Im letzten Kapitel kommt noch einmal eine Stimme aus der Praxis zu Wort: Gisela Eickhoff zeigt aus Sicht eines international tätigen Familienunternehmens (HARTING GmbH & Co KG), mit welchen nationalen und internationalen Trends und Entwicklungen Unternehmen derzeit im Schnittbereich CSR- und Compliancemanagement konfrontiert werden. Sie geht dabei insbesondere auf die immer stärkere Regulierung von CSR-Themen ein und berichtet, welche praktischen Erfahrungen HARTING bei der Umsetzung freiwilliger wie auch regulativer Anforderungen sammeln konnte. Dieser Band schließt mit einem kurzen Schlusswort der Herausgeber.

Abschließend möchten wir allen Autoren noch einmal ganz herzlich danken! Nur durch ihre wertvollen Beiträge aus Theorie und Praxis konnte sich diesem umfangreichen Thema genähert werden und – so hoffen wir – den Interessen von Lesern aus der Wissenschaft wie auch aus der Praxis Rechnung getragen werden.

Wir wünschen allen Lesern interessante Erkenntnisse, anregende Impulse und eine spannende Lektüre.

Konstanz/Hamburg, im November 2017   Annette Kleinfeld
                                                                                                    Annika Martens

Die Herausgeberinnen

Prof. Dr. Annette Kleinfeld gründete 2004 die heutige Dr. Kleinfeld CEC – eine auf CSR- und Compliance spezialisierte Beratungsgesellschaft. Von 2005 bis 2010 war sie als Expertin in der Deutschen Delegation am internationalen Normungsprojekt ISO 26000 (Entwicklung eines Leitfadens zur gesellschaftlichen Verantwortung von Organisationen) beteiligt. Die promovierte Wirtschafts- und Unternehmensethikerin, Gründungsmitglied und langjähriges Vorstandsmitglied des Deutschen Netzwerks Wirtschaftsethik – DNWE e. V., wurde Anfang 2014 als Professorin für Business & Society an die HTWG Konstanz berufen. Neben ihrer Lehrtätigkeit forscht sie dort als wissenschaftliche Direktorin für CSR und Sustainability am Konstanz Institut für Corporate Governance (KICG) und widmet sich weiterhin ausgewählten Beratungsprojekten zu ihren Kompetenzschwerpunkten.

Dr. Annika Martens arbeitet als Dozentin an der Hochschule Fresenius für CSR- und Nachhaltigkeitsmanagement. Darüber hinaus ist sie freiberuflich als Beraterin für verschiedene Agenturen und Unternehmen tätig. Inhaltliche Schwerpunkte ihrer Beratung sind neben der internationalen Entwicklungszusammenarbeit vor allem CSR und Nachhaltigkeit. Ihre Beratung fokussiert sich auf die Integration von CSR in die Unternehmensstrategie nach ISO 26000 sowie die Nachhaltigkeitsberichterstattung u. a. nach GRI. Dr. Annika Martens ist für den Sozialstandard SA 8000 und BSCI als Advanced Auditor ausgebildet. Sie publiziert regelmäßig zu CSR und lehrt nebenberuflich u. a. an der Leuphana Universität Lüneburg.

Inhaltsverzeichnis

Instrumente für ein CSR- und Compliancemanagement

CSR und Compliance: Impulse für einen ganzheitlichen Ansatz

Autorenverzeichnis

Bernd Banke Wirtschaftsrecht / Wirtschaftsethik, Hochschule Reutlingen, Reutlingen, Deutschland

Karl-Christian Bay BAY GmbH Wirtschaftsprüfungsgesellschaft Rechtsanwaltsgesellschaft, Lindau (Bodensee), Deutschland

Stefan Behringer Hochschule der Wirtschaft, NORDAKADEMIE gemeinnützige Aktiengesellschaft, Elmshorn, Deutschland

Altan Dayankac DQS GmbH, Hamburg, Deutschland

Gisela Eickhoff HARTING Stiftung & Co. KG, Espelkamp, Deutschland

Colina Frisch Institut für Wirtschaftsethik, Universität St. Gallen, St. Gallen, Schweiz

Dirk Ulrich Gilbert Fakultät für Wirtschafts- und Sozialwissenschaften, Universität Hamburg, Hamburg, Deutschland

Yvonne Glock Fachbereich Wirtschaft und Medien, Psychology School, Hochschule Fresenius für Management, Wirtschaft und Medien GmBH, Hamburg, Deutschland

Thomas Hajduk Gütersloh, Deutschland

Johanna Henrich akzente kommunikation und beratung GmbH, München, Deutschland

Ulrike Hößle WWS Worldwide, Seattle, USA

Karin Huber-Heim csr and communication, Wien, Österreich

Annette Kleinfeld Konstanz Institut für Corporate Governance, HTWG Hochschule Konstanz Technik, Wirtschaft und Gestaltung, Konstanz, Deutschland

Gerhard Lippe c/o Grand Elysée Hamburg, Stiftung - CLUB OF HAMBURG, Hamburg, Deutschland

Hans-Jürgen Lutz Institut für Wirtschaftsethik, Wertemanagement & Compliance, Knowledge Foundation @ Reutlingen University, Reutlingen, Deutschland

Anna-Lena Maier Fakultät für Wirtschafts- und Sozialwissenschaften, Universität Hamburg, Hamburg, Deutschland

Annika Martens Hochschule Fresenius, Hamburg, Deutschland

Olaf Methner Rechtsanwälte Baum Reiter & Collegen, Düsseldorf, Deutschland

Olaf Mußmann Dr. Mußmann & Partner. Personal- und Organisationsentwicklung, Hannover, Deutschland

Julius Reiter Rechtsanwälte Baum Reiter & Collegen, Düsseldorf, Deutschland

Joachim Rottluff Corporate Excellence Consultancy, Dr. Kleinfeld CEC GmbH & Co. KG, Gifhorn, Deutschland

Christoph Schank Universität Vechta, Vechta, Deutschland

Maud Helene Schmiedeknecht ESB Business School, Reutlingen University, Reutlingen, Deutschland

Lisa Schöttl Risk Consulting, PricewaterhouseCoopers GmbH WPG, Stuttgart, Deutschland

Kenan Tur Business Keeper AG, Berlin, Deutschland

Riccardo Wagner moneymeets GmbH, Brühl, Deutschland

Anna-Katharina Zubrod Konstanz Institut für Corporate Governance, HTWG Hochschule Konstanz Technik, Wirtschaft und Gestaltung, Konstanz, Deutschland

CSR und Compliance: Unterschiede und Schnittmengen theoretischer wie praktischer Art

CSR und Compliance im Kontext ihrer Bedeutungsentwicklung

Annika Martens und Annette Kleinfeld

1 Einführung

Compliance und Corporate Social Responsibility (CSR) sind in der Praxis börsenno-tierter Unternehmen spätestens durch die Offenlegungspflicht des Deutschen Corporate-Governance-Kodex und die Berichtspflicht zu ESG-Kriterien[1] angekommen. Allein im Jahr 2015 legten 72 der 150 größten Unternehmen in Deutschland einen Nachhaltigkeits-bericht vor. Weitere 165 KMU-Berichte ergänzten die Anzahl der Unternehmen, die über ihre ESG-Kriterien Auskunft gaben. Zusammen machte das fast 30 % Zuwachs im Ver-gleich zum Jahr 2011 aus. Perspektivisch wird sich dieser Trend mit der Einführung der EU-Berichtspflicht[2] noch verstärken. Aktuellen Schätzungen zufolge werden in Deutsch-

---

[1] ESG steht für Environmental, Social und Governance.

[2] Um die EU-Richtlinie 2014/95/EU umzusetzen, wurde am 09.03.2017 das Gesetz zur Stärkung nicht-finanzieller Berichterstattung der Unternehmen in ihren Lage- und Konzernlageberichten im Bundes-tag beschlossen. Die EU-Richtlinie sieht eine Offenlegung von Angaben zu nichtfinanziellen Aspekten (Umwelt-, Arbeitnehmer- und Sozialbelangen, zur Achtung von Menschenrechten und zur Bekämp-fung von Korruption und Bestechung) vor (Richtlinie 2014/95/EU). Betroffen von dieser Berichts-pflicht sind Kapitalgesellschaften (§ 289b Abs. 1 HGB), ihnen gleichgestellte haftungsbeschränkte Personenhandelsgesellschaften und Genossenschaften, sofern sie (1) als groß i. S. v. § 267 Abs. 3 Satz 1 HGB eingestuft werden und (2) kapitalmarktorientiert i. S. v. § 264d HGB sind sowie (3) im Jah-resdurchschnitt mehr als 500 Arbeitnehmer beschäftigen (CSR-Richtlinie-Umsetzungsgesetz 2017, S. 803) (vgl. Beitrag „Rechtliche Rahmenbedingungen für CSR und Compliance" in diesem Band).

A. Martens (✉)
Hochschule Fresenius
Hamburg, Deutschland
E-Mail: annika.martens@hs-fresenius.de

A. Kleinfeld
Konstanz Institut für Corporate Governance, HTWG Hochschule Konstanz Technik, Wirtschaft und Gestaltung
Konstanz, Deutschland
E-Mail: annette.kleinfeld@htwg-konstanz.de

© Springer-Verlag GmbH Deutschland, ein Teil von Springer Nature 2018
A. Kleinfeld und A. Martens (Hrsg.), *CSR und Compliance*,
Management-Reihe Corporate Social Responsibility,
https://doi.org/10.1007/978-3-662-56214-7_1

land mehr als 500 Unternehmen unmittelbar von dieser Novelle betroffen sein und somit ab 2018 über Umwelt-, Sozial- und Arbeitnehmerbelange sowie Menschenrechte und Korruptionsbekämpfung berichten müssen (Dietsche et al. 2017, S. 7). Die Anzahl auch kleinerer und mittelständischer Unternehmen, die vor diesem Hintergrund von ihren Kunden dazu aufgefordert werden, über diese Aspekte Rechenschaft abzulegen, also indirekt von der Berichtspflicht betroffen sind, wird jedoch wahrscheinlich weitaus höher ausfallen.

Viele der berichtenden Konzerne haben die Themen institutionalisiert und adressieren sie in ihrer Organisation durch eigene Abteilungen. Bei genauerer Betrachtung der organisationalen Struktur dieser Unternehmen fällt auf, dass CSR und Compliance überwiegend als separaten Themen in unterschiedlichen Abteilungen nachgegangen wird. Dieser Umstand ist vor allem der historischen Entwicklung der Themen geschuldet, die aus unterschiedlichen Gründen zu verschiedenen Zeitpunkten, aber auch in unterschiedlichem Ausmaß praxisrelevant wurden (vgl. Abschn. 1.1 und 1.2). Diese Differenz wird von der organisatorischen Verortung der damit verbundenen Managementaufgaben in den Unternehmen widergespiegelt: Ist die Complianceabteilung in vielen Unternehmen klassischerweise dem Rechtsbereich zugeordnet (vgl. Bayer AG 2017), so findet sich der für CSR zuständige Bereich häufig in großer Nähe zur Kommunikationsabteilung.

Dies mag u. a. der eingangs erwähnten Tatsache geschuldet sein, dass viele Unternehmen sich überhaupt erst aufgrund ihrer Berichtspflichten mit CSR systematisch zu beschäftigen begonnen haben oder aber, weil sie CSR vornehmlich als neues Marketinginstrument (z. B. im Rahmen eines sogenannten Cause-Related-Marketings) und/oder zur Imagepflege aufgegriffen haben.

Compliance wird im Unternehmensalltag vielfach mit den Themen assoziiert, die sich heute in einem Verhaltenskodex (auch Code of Conduct genannt) wiederfinden. Hierzu zählen typischerweise die Korruptionsbekämpfung (Betrug, Bestechung, Bestechlichkeit bzw. Vorteilsannahme oder -gewährung in Form von Geschenken, Essenseinladungen, Beschleunigungsgeldern, Kick-Back-Zahlungen etc. oder Vetternwirtschaft), Datensicherheit sowie Fairness im Wettbewerb (wie etwa das Kartellrecht). Compliance geht in einigen Unternehmen über diese klassischen Themen hinaus und umfasst neben der Befolgung von rechtlichen Vorgaben und Gesetzen („hard law") auch die Einhaltung von rechtlich nicht bindenden Selbstverpflichtungen („soft law"), z. B. etwa Branchenvereinbarungen, die OECD Guidelines für multinationale Unternehmen oder die zehn Prinzipien des UN Global Compact (vgl. Wieland 2010 sowie Grüninger et al. 2014).

Welche Themen unter CSR zu fassen sind, hängt in erster Linie von den jeweils zugrunde gelegten, zunehmend global entwickelten und international gültigen Standards ab und kann per definitionem nicht abschließend geklärt werden. Denn, verstanden als Verantwortung von Organisationen gegenüber der Gesellschaft, ist der CSR-Kanon ein amorphes Gebilde, das sich mit zeitlichen Entwicklungen und daraus erwachsenden neuen Anforderungen der Gesellschaft und der jeweiligen unternehmerischen Anspruchsgruppen (Stakeholder) stetig wandelt. Dies stellt auch die ISO 26000 fest:

Die in dieser internationalen Norm identifizierten Kernthemen und Handlungsfelder entsprechen der gegenwärtigen Auffassung von bewährter Praxis („good practice"). Zweifellos werden sich auch Auffassungen von bewährter Praxis in der Zukunft ändern (ISO 26000 2011, S. 19).

Unbestritten ist jedoch spätestens seit der Veröffentlichung dieser ersten internationalen Norm im Bereich gesellschaftlicher Unternehmensverantwortung im Jahre 2010, dass CSR die Übernahme von Verantwortung für die Auswirkungen der Entscheidungen und Aktivitäten einer Organisation auf Gesellschaft, Umwelt und ihre direkten Anspruchsgruppen bedeutet (vgl. Definition der Europäischen Kommission KOM 2011; Abschn. 1.2). Die daraus resultierenden Verantwortlichkeiten liegen – im Wording der ISO 26000 – in den Bereichen Organisationsführung, Menschenrechte, Arbeitspraktiken, Umwelt, faire Betriebs- und Geschäftspraktiken, Konsumentenanliegen sowie Einbindung und Entwicklung der Gemeinschaft (vgl. ISO 26000 2011).

Die Übernahme von Verantwortung für die Auswirkungen des eigenen Wirtschaftens setzt die Akzeptanz dessen voraus, was gesellschaftlich allgemein anerkannt und legitimiert ist. Dies sind zum einen – zumindest in demokratisch verfassten Gesellschaften – Recht und Gesetz, zum anderen sind es übergeordnete, sogenannte ethische Maßstäbe und Wertvorstellungen, die universale Geltung beanspruchen, weil sie von der Mehrheit der Menschen weltweit als richtig und wichtig angesehen werden, z. B. Gerechtigkeit, Frieden und die Würde des Menschen. Daraus abgeleitete Grundsätze und Orientierungen finden sich in kodifizierter Form beispielsweise in der internationalen Menschenrechtscharta der Vereinten Nationen oder in den Kernarbeitsnormen der Internationalen Arbeitsorganisation ILO. Sie bilden damit auch die Grundlage legitimer Interessen, also Ansprüche, die durch die Öffentlichkeit oder einzelne Stakeholder an Unternehmen herangetragen werden (vgl. Abschn. 2). Somit weisen CSR und insbesondere das heute zunehmend etablierte, umfassendere Verständnis von Compliance inhaltlich große Schnittmengen auf und können daher auch vielfach über dieselben Instrumente gesteuert werden (vgl. Abschn. 4 und Abb. 4). Letztlich verfolgen sie dasselbe Ziel: Die langfristige Existenzsicherung des Unternehmens unter Berücksichtigung legitimer gesellschaftlicher und anderer Stakeholder-Anforderungen, wodurch zugleich ein Beitrag zur nachhaltigen Entwicklung geleistet wird.

Angesichts dieser Gemeinsamkeiten verwundert die „künstliche" Trennung, die nicht nur zu unerwünschten Redundanzen, sondern auch zu Reibungen bei der Umsetzung dieser beiden, zunehmend unverzichtbaren Managementaspekte führen kann.

Nachfolgend soll zunächst eine für diese Publikation gültige Definition von CSR und Compliance dargelegt werden. Aufbauend auf diesem definitorischen Teil wird in Abschn. 2 erörtert, welche normative Basis beiden Konzepten gemein ist (vgl. Abschn. 2). Ein Überblick über das Aufkommen von compliancerelevanten Themen in den fünf verbreitetsten internationalen CSR-Standards bzw. globalen Orientierungsrahmen zeigt, dass die Themen bereits heute nicht mehr voneinander zu trennen sind und verweist auf die Notwendigkeit einer integrierten Herangehensweise bei der praktischen Umsetzung. Das vorliegende Kapitel schließt mit einer Vorstellung von Instrumenten, mit deren Hilfe sowohl CSR als auch Compliance erfolgreich gemanagt werden können.

1.1 Compliance

Compliance – übersetzt aus dem Englischen – meint Zustimmung oder Befolgung und fand zunächst in der Medizin Verwendung, um die „Therapietreue" eines Patienten gegenüber den Anordnungen und Empfehlungen des behandelnden Arztes zu beschreiben. Die Betriebswirtschaft adaptierte diesen Begriff und weitete seine Bedeutung aus, sodass Compliance als Regelkonformität eines Unternehmens und seiner Mitarbeiter übersetzt werden kann (Boemke et al. 2012, S. 80). Der Ursprung der Diskussion um das Thema Compliance liegt in den USA und kann in seinen Anfängen bis in den Beginn des Kalten Krieges zurückdatiert werden. Zum damaligen Zeitpunkt sollten Complianceprogramme Unternehmen ermöglichen, sich an die ständig verändernde Exportkontrollgesetzgebung anzupassen. Erstmalig in Form eines Gesetzes schlug sich das Thema Compliance in dem Foreign Corrupt Practices Trading Act aus dem Jahr 1977 nieder, in welchem u. a. bundesweit die Einrichtung und Überwachung des Rechnungswesens von börsennotierten Unternehmen eingefordert wurde (Schmittlein 2015, S. 7). Dem Vorstand oblag damit die Aufgabe, bereits präventiv Maßnahmen zur Verhinderung von Korruption zu ergreifen. Durch die Implementierung eines Überwachungssystems sollten etwaige Risiken minimiert werden – eine Spezifikation der Ausgestaltung dieses Überwachungssystems fand sich in dem damaligen Gesetz aber noch nicht.

Dies änderte sich mit dem Sabanes Oxley Act[3] im Jahr 2002 (Schmittlein 2015, S. 8). Als direkte Reaktion auf die Wirtschaftskriminalitäts-Skandale um die Großkonzerne Enron und WorldCom erließ die US-Regierung ein Gesetz, das eine Verschärfung der Sanktionen für bestimmte Wirtschaftsstraftaten vorsah, größere Unternehmen zur Errichtung eines angemessenen internen Kontrollsystems verpflichtete und konkrete Vorgaben zum Schutz von Hinweisgebern (Whistleblower) machte (Boemke et al. 2012, S. 81). Dem Gesetz kommt eine extraterritoriale Bedeutung zu, da es nicht nur US-amerikanische Unternehmen betrifft, sondern Gültigkeit für alle Unternehmen hat, die an einer US-amerikanischen Wertpapierbörse notiert sind oder Unternehmen, deren Wertpapiere anderweitig öffentlich in den USA angeboten werden (Moritz und Gesse 2005, S. 6). Erst vor diesem Hintergrund wurde Compliance auch in Deutschland zu einem wichtigen Thema für Unternehmen aller Branchen, insbesondere solcher, die an der US-amerikanischen Börse notiert waren. Davor hatte Compliance in erster Linie aufgrund diverser Gesetzesverschärfungen für den Bankensektor eine Rolle gespielt.

Mit der Umsetzung des Sarbanes Oxley Act (SOX) hielt das Thema weltweit Einzug in kapitalmarktorientierte Organisationen: Um dessen Anforderungen zu entsprechen,

---

[3] Zur weiteren Klärung der rechtlichen Grundlage des Themas Compliance, siehe Beitrag „Rechtliche Rahmenbedingungen für CSR und Compliance" in diesem Band.

wurden Compliancebeauftragte bzw. Complianceabteilungen etabliert, Verhaltenskodizes (Code of Conduct oder Code of Ethics) nach amerikanischem Vorbild entwickelt und Complianceschulungen eingeführt. Dass einige der konkret genannten Maßnahmen und Instrumente zur Prävention von Fehlverhalten, z. B. anonym nutzbare Hinweisgebersysteme, nicht nur in Deutschland auf historisch und kulturell bedingte Abwehrhaltungen stießen und dass hierzulande bei ihrer Einführung nicht selten gegen die Mitbestimmungsrechte der Arbeitnehmervertretungen verstoßen wurde, wurde nicht weiter thematisiert (Boemke et al. 2012, S. 81).

Anders formuliert: Unternehmen, die an der NYSE bleiben wollten, konnten darauf wenig Rücksicht nehmen. Die unternehmenskulturellen Folgen wurden in der Regel unter Verweis auf die Sachzwänge eines globalen Marktes in Kauf genommen. Die Frage, welche Wirkung Instrumente haben können, die von denen, die sie nutzen sollen, nicht akzeptiert oder ernst genommen werden, wurde zunächst nicht gestellt. Auch die Erkenntnisse der bereits in den 1990er-Jahren im Rahmen der amerikanischen und europäischen Business Ethics geführten Debatte, ob ein auf ethischen Werten und Prinzipien aufbauender, sogenannter Integritätsansatz zur Prävention von Fehlverhalten nicht wirkungsvoller sei als ein reiner Complianceansatz (vgl. die Beiträge „Integrity-Management als Brücke zwischen CSR-Management und Compliance" und „Zwischen ‚hard law' und ‚soft law': Zielkonflikte und potenzielle Dilemmata von CSR und Compliance" in diesem Band), fanden in der Unternehmenspraxis seiner Zeit wenig Gehör. Dies änderte sich erst, als auch im deutschsprachigen Raum Korruptions- und Betrugsskandale trotz der nachweislich vorhandenen Complianceprogramme ans Tageslicht kamen – neben Siemens, MAN und Daimler gehört dazu in jüngerer Zeit der Abgasskandal bei Volkswagen – und nun plötzlich Vorstandsressorts mit der Bezeichnung „Integrität und Recht" ins Leben gerufen werden.

Dieses erweiterte, ethisch fundierte Verständnis von „guter und verantwortlicher Unternehmensführung" fand jüngst auch Eingang in die Präambel der überarbeiteten Fassung des Deutschen Corporate-Governance-Kodex (DCGK) (vgl. DCGK 2017, Präambel, S. 1), wo es u. a. heißt:

> Der Kodex verdeutlicht die Verpflichtung von Vorstand und Aufsichtsrat, im Einklang mit den Prinzipien der sozialen Marktwirtschaft für den Bestand des Unternehmens und seine nachhaltige Wertschöpfung zu sorgen (Unternehmensinteresse). Diese Prinzipien verlangen nicht nur Legalität, sondern auch ethisch fundiertes, eigenverantwortliches Verhalten (Leitbild des ehrbaren Kaufmanns).

Mit dem Deutschen Corporate-Governance-Kodex steht seit 2002 auch deutschen Unternehmen ein Rahmenwerk für Compliance zur Verfügung. Dieses enthält wesentliche gesetzliche Vorschriften zur Leitung und Überwachung deutscher börsennotierter Gesellschaften und beinhaltet Anregungen und Empfehlungen international und national anerkannter Standards guter und verantwortungsvoller Unternehmensführung. Eine Regierungskommission überprüft jährlich, ob der Kodex noch der Zeit und den Umständen angemessen ist oder angepasst werden sollte.

In diesem für Deutschland wichtigsten Referenzdokument wird der Terminus „Compliance" in einem Imperativ definiert:

> Der Vorstand hat für die Einhaltung der gesetzlichen Bestimmungen und der unternehmensinternen Richtlinien zu sorgen und wirkt auf deren Beachtung durch die Konzernunternehmen hin (Compliance) (DCGK 2017, 4.1.3., S. 6).

Beim genaueren Studium dieser Definition fällt auf, dass Compliance zweierlei Bedeutungen haben kann: Zum einen gehört dazu die strikte Vorgabe, sich an gesetzliche Regelungen und unternehmensinterne Richtlinien zu halten (enges Complianceverständnis). Zum anderen verweist die Definition aber auch darauf, dass es sich bei Compliance um eine Managementaufgabe handelt, die über das rein rechtlich- oder prozessorientierte Complianceverständnis hinausgeht (erweitertes Complianceverständnis, vgl. Wieland 2010, S. 19). Compliance ist demnach keine von der Rechts- oder Complianceabteilung eines Unternehmens zu erledigende Aufgabe, sondern muss von jedem Manager vorgelebt, eingefordert und nachverfolgt werden.

Die praktische Umsetzung von Compliance kann analog zur Definition auf zweierlei Wegen erfolgen: Zum einen formal-strukturell, zum anderen informell-kulturell. Die formal-strukturelle Umsetzung wird nach Wieland durch drei Regulierungstypen gekennzeichnet: die öffentliche Regulierung (z. B. das dt. StGB, der Sarbanes Oxley Act, der UK Bribery Act oder die OECD-Leitlinien für multinationale Unternehmen), durch öffentlich-private Regulierungen (wie z. B. den Deutschen Corporate-Governance-Kodex oder die 10 Prinzipien des UN Global Compact) oder durch rein private Regulierungen, z. B. der ZfW Compliance Program Monitor (Wieland 2010, S. 16) oder die 2014 veröffentlichten internationalen Leitlinien der ISO zum Compliancemanagement (ISO 19600 2014). Unternehmensinterne Richtlinien und Verhaltenskodizes haben dabei häufig die Aufgabe, die externen Vorgaben aufzugreifen und in konkrete Handlungs- und Verhaltensanweisungen zu übersetzen. Die informell-kulturelle Umsetzung erfolgt über die bewusste Entwicklung und Gestaltung der Unternehmens- und Führungskultur, über Kommunikation und Personalentwicklung sowie über die Vorbildrolle des Managements. Im Rahmen eines Integritäts- oder Wertemanagements wird auch dieser informellen Führungs- und Steuerungskomponente die nötige Beachtung geschenkt (vgl. Grüninger 2010, S. 47, 2016, S. 10). Zusammenfassend kann Compliance demnach wie folgt definiert werden:

> Compliance bezeichnet alle formalen und informalen Governancestrukturen einer Organisation, mit denen sein Management effizient und effektiv die Aufdeckung, vor allem aber die Prävention doloser Handlungen durch Mitglieder und Beauftragte dieser Organisation, realisieren kann. Compliance ist Bestandteil des strategischen und operativen Managements und zielt auf die nachhaltige, legale, ökonomische und gesellschaftliche Sicherung der Existenz und der Zielerreichung einer Organisation (Wieland 2010, S. 19).

Während Compliance bei dieser Unterscheidung primär die Einhaltung von Regeln bedeutet, ist mit dem oben angesprochenen Integritätsansatz zugleich eine Stärkung der moralischen Kompetenz und Eigenverantwortlichkeit der Mitarbeiter gemeint. Das Ziel beider Ansätze ist dasselbe, nämlich die Prävention von wirtschaftskriminellem und ethisch relevantem Fehlverhalten. Die gewählten Instrumente, die dahinterstehenden Menschenbilder und die Motivation unterscheiden sich indes signifikant. Während beim Complianceansatz versucht wird, gesetzeskonformes und ethisch korrektes Verhalten durch die Einschränkung von Handlungsräumen und durch Kontrollen zu erwirken (z. B. durch Regeln, Unterweisungen, Audits und Sanktionen) mit dem primären Ziel, Haftungs- und Reputationsrisiken zu minimieren, setzt das Integritätsmanagement bewusst auf Freiräume und auf die menschliche Fähigkeit, auf der Grundlage ethischer Reflexion und Werteorientierung aus eigener Überzeugung heraus das Richtige zu tun. Mitarbeiter sollen dazu befähigt werden, auch in ethisch relevanten Situationen, für die es (noch) keine Gesetze oder konkrete Regelungen gibt, eigenverantwortlich entscheiden zu können und werden aus diesem Grund in ihrer moralischen Kompetenz gestärkt (Paine 1994). Typische Instrumente des Integritätsmanagements sind u. a. Schulungen, beispielsweise zu den Werten und Prinzipien des Unternehmens und deren Anwendung auf Alltagssituationen, Dilemma-Trainings, Schulung und Coaching von Führungskräfte, um sie für ihre Vorbildfunktion zu sensibilisieren, sowie das bewusste Gewähren von Freiräumen zur persönlichen Verantwortungsübernahme (Göbel 2010, S. 246; Kleinfeld und Müller-Störr 2010, S. 412). Ein wesentlicher Aspekt des Integritätsmanagements ist zudem die bewusste Gestaltung einer integritätsfördernden Unternehmenskultur, in der nicht nur die geschriebenen, sondern auch die ungeschriebenen, de facto gelebten Gesetze und Regeln ethisch reflektiert sind und neuen Mitarbeitern durch Vorgesetzte wie Kollegen als das vermittelt werden, was nicht nur auf dem Papier von jedem erwartet und eingefordert wird. Soziologen sprechen dabei vom Effekt der informellen Sozialkontrolle (vgl. u. a. Bussmann 2004).

Die Praxis zeigt, dass sich diese Ansätze nicht konträr, sondern komplementär zueinander verhalten. Ein erfolgreiches Compliancemanagement ist somit nur durch eine Kombination beider Ansätze zu erwirken. Die in dieser Veröffentlichung dargestellten Instrumente zur gemeinschaftlichen Umsetzung von CSR und Compliance umfassen daher solche des Compliance- als auch des Integritätsmanagements.

1.2 CSR

Trotz erster Erwähnungen in den 1930er- und 1940er-Jahren und einer 1946 vom amerikanischen Wirtschaftsmagazin Forbes durchgeführten Unternehmerumfrage dazu (Carroll 1991), wird der Ursprung der wissenschaftlichen Debatte um CSR (Corporate Social Responsibility) in den USA der 1950er-Jahre gesehen (Bassen et al. 2005, S. 231), als Howard Bowen in seinem 1953 erschienenen Werk *Social Responsibility of the Businessman* erstmalig die gesellschaftliche Verantwortung von Unternehmen über die gesetzlichen Bestimmungen und die reine Gewinnmaximierung hinaus einforderte (Bowen 1953). Zündstoff erhielt die Diskussion u. a. durch die 1970 veröffentlichte Gegenposition Milton Friedmans in seinem Artikel *The social responsibility of business is to increase its profits* (Friedman 1970) und der Infragestellung der ihr zugrundeliegenden Annahme, dass Manager als „agents" ausschließlich ihren Kapitalgebern („principals") verpflichtet sind, durch Edward Freeman (vgl. z. B. Freeman und Moutchnik 2013). Über die Kontroverse zwischen Shareholder Value und Stakeholder Value im Kontext der sogenannten Business-Ethics-Debatte, die Ende der 1980er-Jahre auch Europa erreichte, fand CSR schließlich auch hier Verbreitung (vgl. Aßländer 2011, S. 172 ff.), obgleich die politischen Rahmenbedingungen und das unternehmerische Selbstverständnis im Rahmen einer sozialen Marktwirtschaft eine völlig andere Ausgangsbasis boten. Nicht zuletzt aus diesem Grund war die Debatte um CSR – und dem, was darunter zu verstehen ist – während der letzten zwanzig Jahre durch einen Begriffspluralismus geprägt, der insbesondere bei Praktikern zur Verwirrung führte. Corporate Responsibility (CR), Social Responsibility (SR) und Corporate Citizenship (CC) stellen nur eine Auswahl der Begriffe dar, die zur Nuancierung des Themas gesellschaftliche Verantwortung von Unternehmen herangezogen wurden oder Teilbereiche desselben darstellen.[4] In jüngster Zeit konnte sich jedoch der Begriff CSR national wie auch international als Oberbegriff durchsetzen (Scherer und Patzer 2011, S. 321). Wesentlicher Treiber für diese Entwicklung stellte das Grünbuch der Europäischen Kommission dar, durch das 2001 erstmals ein gemeinsames Verständnis von CSR im europäischen Raum zu etablieren versucht wurde.

Corporate Social Responsibility dient Unternehmen demnach als ein Konzept, um „…auf freiwilliger Basis soziale Belange und Umweltbelange in ihre Unternehmenstätigkeit und in die Wechselbeziehungen mit den Stakeholdern zu integrieren" (KOM 2001, S. 7).

Diese erste EU-weite Definition (ver)führte zu einem verengten Verständnis von CSR, wonach es sich um eine Form des Freiwilligenengagements handelt, dem Unternehmen je nach Gusto in den Bereichen Umwelt und Soziales Folge leisten können oder eben auch nicht. Ein Übersetzungsfehler des Wortes „social" durch „sozial" anstatt „gesellschaftlich" hatte im deutschsprachigen Raum überdies zur Folge, dass die eigentlich damit adressierte Verantwortung von Unternehmen gegenüber der Gesellschaft auf das soziale Engagement von Unternehmen reduziert wurde. Diese Interpretation entsprach bereits zum damaligen Zeitpunkt nicht den international anerkannten Standards, z. B. dem UN Global Compact.

Erst 2011 konnte der Terminus „CSR" deutlich an Kontur gewinnen. Die neue und bis dato gültige Definition, welche u. a. auf der Definition der ISO 26000 fußt – der in einem globalen Konsensfindungsprozess entwickelten, ersten internationalen Managementnorm zum Thema „gesellschaftliche Verantwortung" (vgl. ISO 26000 2011, S. 17) – erschien in einer weiteren Mitteilung der EU-Kommission: CSR ist demnach

---

[4] Im Folgenden soll unter Corporate Citizenship „bürgerliches Engagement von Unternehmen in der Zivilgesellschaft" verstanden werden (vgl. Schrader 2011, S. 304). Responsibility umfasst hingegen die gesamte unternehmerische Verantwortung, ohne durch den Zusatz von „social" einen Bereich besonders zu betonen (Pufé 2012, S. 20). Der Begriff „Social Responsibility", der bspw. in der ISO 26000 verwendet wird, inkludiert auch Organisationen mit nichtprivatwirtschaftlichem Gewinninteresse (vgl. ISO 26000 2011, S. 14). Zu beachten ist zudem, dass der Begriff Nachhaltigkeit in der Praxis inzwischen vielfach als Synonym für CSR genutzt wird.

die Verantwortung von Unternehmen für ihre Auswirkungen auf die Gesellschaft ... Damit die Unternehmen ihrer sozialen Verantwortung in vollem Umfang gerecht werden, sollten sie auf ein Verfahren zurückgreifen können, mit dem soziale, ökologische, ethische, Menschenrechts- und Verbraucherbelange in enger Zusammenarbeit mit den Stakeholdern in die Betriebsführung und in ihre Kernstrategie integriert werden (Europäische Kommission KOM 2011, S. 7).

Den Charakter eines rein freiwilligen oder gar beliebigen Engagements hat das Konzept CSR damit verloren, der ihm zugrundeliegende Begriff der „Verantwortung" wird nun erstmals auch als solcher verstanden: Genauso wie jeder individuelle Bürger sind auch Unternehmen als institutionelle Akteure oder Corporate Citizen verantwortlich im Sinne von rechenschaftspflichtig für das, was sie tun und entscheiden, insbesondere für die Auswirkungen ihrer Entscheidungen und Aktivitäten auf die Gesellschaft und Umwelt, und zwar gegenüber all ihren Anspruchsgruppen (Stakeholdern) und der Gesellschaft insgesamt. Damit wird deutlich, dass CSR mehr als nur ein gut gemeinter Zusatz ist, sondern integraler Bestandteil der Unternehmenspolitik und -strategie sein oder werden sollte. Durch Austausch mit den Stakeholdern und die Etablierung strategischer, organisatorischer sowie operativer Ziele und Maßnahmen gilt es, eine kontinuierliche Weiterentwicklung und Nachverfolgung zu gewährleisten.

Trotz dieser deutlich klareren Definition – die angesichts ihrer globalen Konsensfähigkeit durch die Ableitung aus einer internationalen Norm zumindest EU-weit akzeptabel sein sollte – kommen Unternehmen nicht umhin, zu eruieren, was das vor dem Hintergrund ihres Kerngeschäftes, ihrer Stakeholder und ihres spezifischen Einflussbereichs genau für sie bedeutet und ob bzw. inwieweit sie diese Verantwortung auch wahrnehmen (können). Aus diesem Grund fordert u. a. auch der Nachhaltigkeitsberichterstattungsstandard GRI in den GRI 102 General Disclosures eine Erklärung des höchsten Entscheidungsträgers der Organisation über den Stellenwert der Nachhaltigkeit für die Organisation und die Strategie der Organisation im Umgang mit dem Thema Nachhaltigkeit (vgl. GRI Sustainability Reporting Standard 2016, Disclosure 102-14 Statement from senior decision-maker).

Ausgangspunkt der Berichterstattung ist also auch nach GRI eine Positionierung des Unternehmens zum Thema, aus der sich neben dem Stellenwert für die Organisation häufig auch dessen spezifische Interpretation ablesen lässt.

Da der Terminus „Nachhaltigkeit" in der Praxis häufig als Synonym für CSR verwendet wird, soll abschließend noch einmal kurz darauf eingegangen werden (vgl. Abb. 1).

Der Ursprung des Begriffes ist in der Forst- und Agrarwirtschaft zu suchen und wurde erstmalig von Carl von Carlowitz 1713 in seiner *silvicultura oeconomica* beschrieben (von Carlowitz 1713/2013). Das darin beschriebene Grundprinzip der Nachhaltigkeit beschreibt eine generationenübergreifende Verantwortung für die natürliche Ressource Holz: Demnach darf in einem bestimmten Zeitraum nur so viel Holz geschlagen werden, wie im gleichen Zeitraum nachwächst. Dieses ureigene Prinzip der Nachhaltigkeit fand schließlich über die internationale forstliche Fachsprache Eingang in das Vokabular der Vereinten Nationen und diente später als Vorbild für den Begriff der „Nachhaltigen Entwicklung"

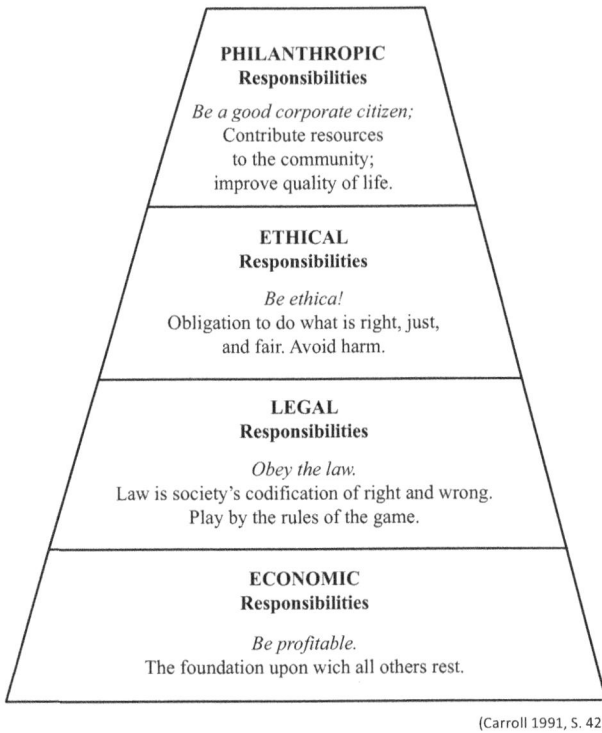

(Carroll 1991, S. 42)

Abb. 1 Die vierstufige CSR-Pyramide nach Carroll

(Grober 2013, S. 20). Dieser wurde durch die Weltkommission für Umwelt und Entwicklung der Vereinten Nationen in dem Bericht *Our Common Future* 1987 wie folgt definiert:

> Sustainable development is development that meets the needs of the present without compro-
> mising the ability of future generations to meet their own needs (The World Commission on
> Environment and Development 1987, S. 43).

Eine direkte Antwort auf die Frage nach dem Verhältnis von CSR und Nachhaltigkeit bzw. nachhaltiger Entwicklung liefert die ISO 26000, wonach Organisationen durch
die Wahrnehmung ihrer gesellschaftlichen Verantwortung ebenso wie durch ein gezieltes Nachhaltigkeitsmanagement im Sinne des 3-Säulen-Modells oder der Triple Bottom
Line zur nachhaltigen Entwicklung beitragen (vgl. ISO 26000 2011, S. 17). Dieses, beiden
Konzepten gemeinsame übergeordnete Ziel hat mit der Veröffentlichung der Sustainable
Development Goals durch die Vereinten Nationen Ende September 2015 erstmals auch
für Unternehmen eine klare Kontur erhalten. Denn anders als die Vorgängergeneration,
die Millennium Development Goals, adressieren die 17 SDGs nicht nur Staaten, son-
dern richten sich ausdrücklich auch an Organisationen aller Art (SDGs 2015, S. 3). Eine
Brücke zwischen den eher abstrakt formulierten Zielen mit ihren 167 Unterzielen bilden

die nationalen wie internationalen CSR- und Nachhaltigkeits-Standards – von den OECD Guidelines über die 10 Prinzipien des UN Global Compact und GRI bis hin zur ISO 26000 und weiteren Normen zu einzelnen Kernthemen (ISO 14001, 19600, 50001, 45000 etc.).

2 CSR- und Compliancemanagement: Stakeholdermanagement als Basis

Als Archie B. Carroll 1991 erstmalig seine CSR-Pyramide vorstellte,[5] gab es weder international noch national eine konsensfähige Meinung darüber, was unter CSR genau zu verstehen ist. Carroll unterschied in dieser ersten Fassung seiner CSR-Pyramide vier verschiedene Verantwortungsdimensionen, die zusammen das Konzept unternehmerischer Verantwortung gegenüber der Gesellschaft konstituierten. Die unterste Ebene und somit das Fundament für CSR bildet dabei die Ökonomie: Profitabel zu wirtschaften stellt nach diesem Modell die Grundvoraussetzung für alle weiteren Verantwortungsebenen dar. Es folgte die juristische Ebene und die damit verbundene Aufgabe von Unternehmen, sich an geltendes Recht zu halten. Die dritte Ebene repräsentiert die ethische Verantwortung, die Unternehmen dazu auffordert, sich nach gesellschaftlich erwarteten und ethisch legitimierten Regeln, Normen und Werten zu verhalten, um jedwede Form von Leid und Schaden für Dritte zu vermeiden. Die Spitze der Pyramide bildet die Philanthropie. Anders als die ersten drei Ebenen hat sie nicht damit zu tun, wie Unternehmen agieren und ihre Ziele verfolgen, sondern was sie davon unabhängig freiwillig zum Wohle der Gesellschaft oder Gemeinschaft zu tun oder zu geben bereit sind, wie z. B. die Zurverfügungstellung von finanziellen oder personellen Ressourcen für wohltätige Zwecke (Carroll 1991, S. 42; s. Abb. 1)

Das Modell, das aufgrund seiner hierarchischen Struktur in die Kritik geriet, gilt in der wissenschaftlichen Auseinandersetzung um die Inhalte von CSR mittlerweile als nicht mehr haltbar. So stand insbesondere die Annahme, dass Unternehmen nur verantwortlich handeln können, wenn sie auch profitabel wirtschaften, in der Kritik. Tatsächlich zeigt sich jedoch nicht selten erst in Krisenzeiten, wie verantwortlich ein Unternehmen wirklich ist. Auch bleibt in Teilen unklar, wieso sich die einzelnen Ebenen in einem hierarchischen Verhältnis zueinander befinden und wie Konflikten zwischen diesen Ebenen zu begegnen ist (Mildenberger et al. 2007, S. 13). Eine Weiterentwicklung erfuhr das Modell 2003, wobei die eine Priorisierung suggerierende Pyramidenform dem gleichberechtigten Nebeneinander der Kategorien „Ökonomie", „Ethik" und „Legalität" wich (s. Abb. 2). Etwaigen Konflikten zwischen den einzelnen Dimensionen wurde so mehr Aufmerksamkeit verschafft. Der Verzicht auf die Kategorie der „Philanthropie" – ehemals repräsentiert durch die Pyramidenspitze – wurde mit der Überlegung begründet, dass sich Unterneh-

---

[5] Einen ersten Vorläufer zu dem o. g. Modell veröffentlichte Carroll bereits 1979 (vgl. Carroll 1979, S. 497–505).

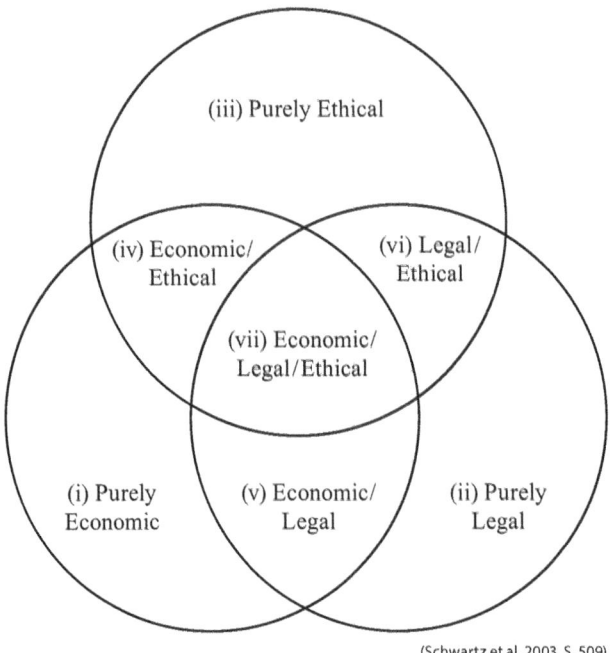

(Schwartz et al. 2003, S. 509)

Abb. 2 Das Drei-Sphären-Modell der CSR

men entweder aus ethischen oder ökonomischen Gründen (oder beidem) freiwillig sozial engagieren (Schwartz und Carroll 2003, S. 506, S. 508).

Im Sinne eines Verständnisses unternehmerischer Nachhaltigkeit 2.0 oder auch 3.0 nach Dyllick und Muff (2015, S. 13), wäre sicher auch diese Annahme anfechtbar,[6] dennoch zeigen die Carrollmodelle trotz aller berechtigter Kritik eines deutlich: Compliance – verkörpert in dem ersten Carrollmodell durch die zweite und dritte Ebene der Pyramide – ist fester Bestandteil von CSR!

Die zweite Ebene, die postuliert (vgl. Abb. 1), sich an geltendes Recht zu halten, steht dabei für ein Complianceverständnis im engeren Sinne (auch Legal Compliance bezeichnet). Bei diesem engen Verständnis wird Compliance auf die Rechtsperspektive reduziert, die darlegt, wie unternehmerische Entscheidungen und Aktivitäten wirksam zugunsten der Rechtskonformität eingegrenzt werden können (vgl. Wieland 2010, S. 18; Steinmeyer und Späth 2010, S. 172). Die dritte Ebene hingegen, die von verantwortlich handelnden Unternehmen verlangt, ihre Entscheidungen und Aktivitäten auch an ethischen Orientierungen auszurichten, entspricht einem erweiterten Complianceverständnis. Neben der Fragestellung, was rechtlich gefordert ist, kommt hier auch die Forderung zum Tragen, die

---

[6] Bei der Nachhaltigkeit 2.0 wird eine dreidimensionale Wertschöpfung angestrebt. Die Nachhaltigkeit 3.0 geht noch darüber hinaus und hat das Schaffen von gesellschaftlichen Nutzen zum Ziel erklärt.

legitimen Ansprüche der verschiedenen Stakeholder eines Unternehmens zu berücksichtigen (vgl. Wieland 2010, S. 18). Stakeholder-Engagement ist gemäß aller einschlägigen Normen und Standards die Basis für ein gelingendes CSR-Management. Auch die CSR-Definition der EU-Kommission fordert Unternehmen dazu auf, stets „in enger Zusammenarbeit mit den Stakeholdern" (Europäische Kommisson KOM 2011, S. 7) zu operieren (siehe Abschn. 1.2).

Sowohl Compliance als auch CSR bauen folglich auf demselben Fundament auf: auf der Auseinandersetzung mit den jeweiligen Anspruchsgruppen und deren aktiver Einbindung, durch die Unternehmen überhaupt erst eine gesellschaftliche Legitimation für ihr Handeln erhalten (siehe Abb. 3). Indem Unternehmen in einen Dialog mit ihren Stakeholdern treten, sich darüber informieren, was nicht nur diese selbst fordern, sondern auch darüber was gesellschaftlich erwartet wird, und sich damit auseinandersetzen, legitimieren sie ihre Entscheidungen und Aktivitäten. Potenziellen Kritikern kann der Wind aus den Segeln genommen werden und etwaige Chancen und Risiken werden rechtzeitig erkannt und genutzt bzw. vermieden. Die Gründe für Unternehmen, die Interessen ihrer Stakeholder zu berücksichtigen, sind divers. Das übergeordnete Ziel, eine größtmögliche Kongruenz zwischen den Ansprüchen der Stakeholder und den Entscheidungen und Aktivitäten des Unternehmens zu erreichen, ist jedoch angesichts der Heterogenität der Stakeholderlandschaft ein komplexes und entsprechend herausforderndes Unterfangen (Tropschuh und Wadé 2015, S. 118).

Eine wirksame Compliance setzt nach Wieland auf die Integration beider Ansätze: dem engen und erweiterten Verständnis (Wieland 2010, S. 19; vgl. Abschn. 1.1). Unternehmen haben somit die Aufgabe, nach geltendem Recht einerseits, im Sinne legitimer, d. h. moralisch gerechtfertigter, gesellschaftlicher Erwartungen und Stakeholderinteressen andererseits zu handeln. Nicht immer bedingt das eine zwangsläufig das andere, wie es das ursprüngliche CSR-Modell von Carroll suggeriert. Die institutionalisierte Suche nach Steuerschlupflöchern, beispielsweise durch einzelne Bürger, Politiker und globale Unternehmen, wird zunehmend als das angesehen und kritisiert, was es unter Rekurs auf

Abb. 3 Stakeholdermanagement als Voraussetzung für Compliance- und CSR-Management

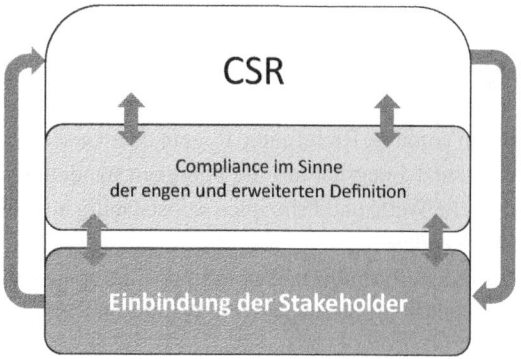

ethische Maßstäbe, z. B. Fairness, Solidarität und Gemeinwohl ist: als legales, gleichwohl illegitimes Handeln und Verhalten gegenüber der Allgemeinheit.

Ein prominentes Beispiel für einen solchen Zielkonflikt stellt das Fallbeispiel „Brent Spar" dar.

Beispiel

Im April 1995 kündigte Shell an, die ausrangierte Öllager- und Verladeplattform Brent Spar in der Nordsee zu versenken (Clausen 2009, S. 44). Durch die Besetzung der Plattform versuchten Umweltaktivisten von Greenpeace dieses Vorhaben zu unterbinden. Sie warfen dem Konzern vor, zu Lasten der Natur Kosten sparen zu wollen, die bei einer umweltfreundlicheren Entsorgung an Land angefallen wären.[7] Es folgte eine wirksame Öffentlichkeitskampagne, die auf große mediale Aufmerksamkeit stieß. Shell, das die Krise zunächst aussitzen wollte, ließ die Plattform schließlich räumen mit der Konsequenz, dass das Unternehmen vorübergehend Umsatzeinbußen von bis zu 50 % zu verzeichnen hatte (Der Spiegel 1995, S. 23). Nach langer medialer Auseinandersetzung entschloss sich der Konzern ca. zwei Monate später, die Plattform – trotz anfallender Mehrkosten – an Land zu entsorgen. Die vor der Krise angelaufene Social-Marketing-Kampagne „Das wollen wir ändern" änderte Shell in „Wir wollen uns ändern" ab und führte zeitgleich einen institutionalisierten Stakeholderdialog ein in Form einer offenen Website „Tell Shell" (Clausen 2009, S. 44 f.).

Das Brent Spar Beispiel zeigt deutlich: Wer nur legal operiert, handelt nicht automatisch moralisch legitim und gesellschaftlich verantwortlich.

Denn anders als häufig angenommen, bilden ethische Überlegungen zumindest in demokratisch verfassten Gesellschaften die Grundlage des geltenden Rechts, können und sollen aber diese ethische Reflexion nicht für alle Fälle und Situationen in gesetzliche Vorgaben und Regularien übersetzen. Deshalb gibt es in Deutschland ein Grundgesetz, das die grundlegenden ethischen Maßstäbe festhält, die auch dann gelten und auf entsprechende Situationen anzuwenden sind, für die es (noch) keine konkreten Regeln oder Gesetze gibt. Auf der Organisationsebene liegt dieses Prinzip dem oben erwähnten Ansatz des Werte- und Integritätsmanagements als notwendige Ergänzung eines Compliancemanagements zugrunde.

Während Compliance als Kontrolle und Überwachung der Einhaltung normativer Vorgaben konkrete Richtlinien, Regeln oder Gesetze benötigt, also Vorgaben, die „justiziabel" sind, setzt Integrität auf die Fähigkeit handelnder Akteure, übergeordnete Maßstäbe wie ethische Werte und Prinzipien selbstständig auf Handlungs- und Entscheidungssituationen anzuwenden.

Anders formuliert: Wer sich zwar an geltendes Recht hält, aber die legitimen, an gesellschaftlich konsensfähigen Werten und Prinzipien ausgerichteten Erwartungen seiner

---

[7] Die Mengenangaben, die Greenpeace zum Rohölgehalt auf der Plattform machte, stellten sich als überhöht heraus. Dennoch blieb die Empörung über das Vorgehen in der Öffentlichkeit bestehen.

Stakeholder ignoriert, läuft Gefahr, seine sogenannte öffentliche Licence to operate zu verlieren. Darunter versteht man die Legitimation des wirtschaftlichen Handelns eines Unternehmens durch die Gesellschaft, die einen Konsens über Werte und die daraus abzuleitenden Handlungen voraussetzt (Eigenstetter 2011, S. 221). Nicht zuletzt durch die Rücksprache mit seinen Stakeholdern ist es einem Unternehmen möglich, diese, sich zum Teil wandelnden Werte und die daraus erwachsenden Anforderungen und Erwartungen zu erkennen und sich ihnen zu stellen. Aus diesem Grunde sollten sowohl CSR- als auch Complianceprogramme regelmäßig im Rahmen eines Stakeholderdialoges evaluiert werden (siehe Abb. 3). Auch dies ist ein Beispiel, wo Instrumente des einen Ansatzes – hier der Stakeholderdialog des CSR Managements – für die Gestaltung des anderen fruchtbar gemacht werden können (siehe Abb. 4).

Die Differenz zwischen legal und legitim macht aber auch den Unterschied aus zwischen dem, was inzwischen Social Compliance genannt wird, und CSR im Sinne einer (eigen)verantwortlich ethisch und gesellschaftlich legitim gestalteten Organisationsführung. Im ersteren Fall werden gesetzlich (beispielsweise durch das nationale Arbeits- und Umweltrecht) oder durch internationale Konventionen, z. B. Menschenrechts-Charta der Vereinten Nationen oder die Kernarbeitsnormen der Internationalen Arbeitsorganisation

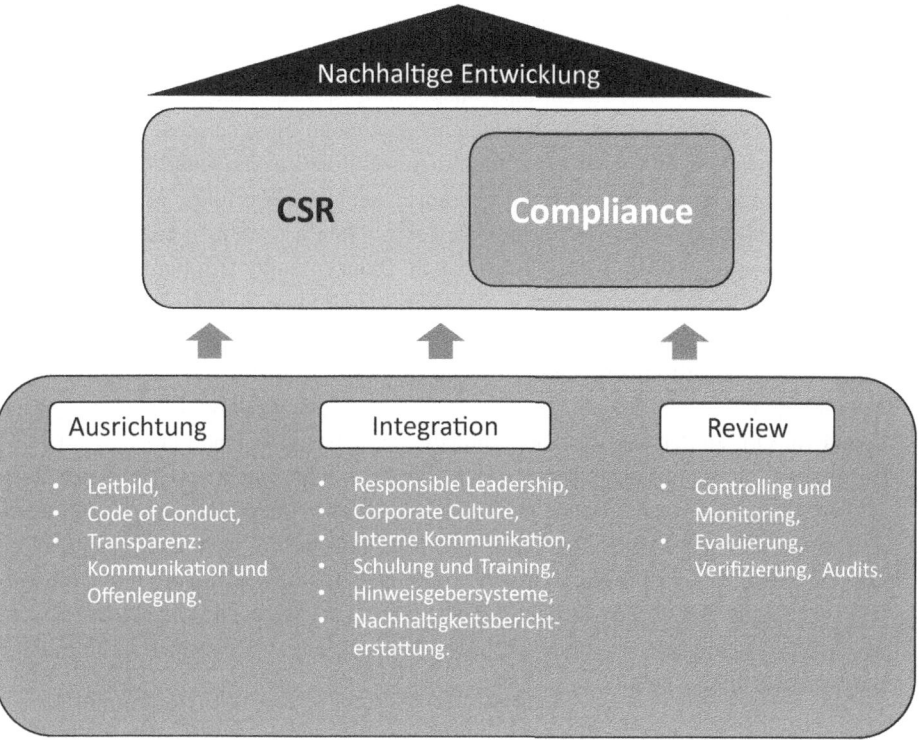

Abb. 4 Instrumente für ein CSR- und Compliancemanagement. (Eigene Darstellung)

(ILO), vorgegebene Regeln und Prinzipien umgesetzt, die durch neue Gesetze oder Initiativen, z. B. UK Modern Slavery Act (2015), UN Guiding Principles of Business and Human Rights (s. unten), wachsende Beachtung finden. Selten wird jedoch dabei deren Sinn, der „Geist" des Gesetzes, oder aber die Auswirkungen der Umsetzung für die Betroffenen kritisch bzw. unter Verantwortungsgesichtspunkten hinterfragt. Denn der primäre Antrieb auch von Social Compliance besteht in der Minimierung von Haftungs- und Reputationsrisiken.

Zu einer Zeit, wo weder Compliance geschweige denn Social Compliance etablierte Begrifflichkeiten der unternehmensethischen Debatte waren, fiel die Missachtung dieser Unterscheidung dem Markenunternehmen Levi Strauss auf die Füße (vgl. Mühlfriedel und Olbrich 1994, S. 2; Misik 2006, S. 11).

> **Beispiel**
>
> Im Zuge der Fußballweltmeisterschaft 1994 entstand einer der ersten öffentlichen Skandale über Kinderarbeit in der Textilindustrie. Zuvor war bekannt geworden, dass die verwendeten Fußbälle unter entsprechenden Bedingungen hergestellt worden seien. Textilunternehmen, die aus Gründen der internationalen Wettbewerbsfähigkeit zunehmend im billigeren Ausland produzieren ließen, waren erstmals damit konfrontiert, dass ihnen eine Mitverantwortung für die schlechten Arbeitsbedingungen ihrer Zulieferer zugeschrieben wurde, da sie durch die deutlich günstigeren Einkaufspreise direkt davon profitierten. Untersuchungen des bekannten Jeans-Herstellers Levi Strauss in der eigenen Lieferkette ergaben, dass auch bei dessen Zulieferern direkt oder indirekt Kinder beschäftigt wurden. Um einem Skandal zu entgehen und sich selbst als „sauber" darstellen zu können, entschied man sich, die Zusammenarbeit mit den betroffenen Unternehmen von heute auf morgen zu beenden. Was folgte war ein Skandal: Nichtregierungs- und Entwicklungshilfeorganisationen warfen dem Markenunternehmen vor, unverantwortlich gehandelt zu haben. Denn es stellte sich heraus, dass in der betroffenen Region, Familien und ganze Gemeinden davon lebten, dass ihre Kinder in den Fabriken zu Hungerlöhnen arbeiteten, anstatt eine Schulbildung zu erhalten. Nachdem große Auftraggeber wie Levi Strauss ihr Engagement dort beendeten, waren Not und Elend noch größer als zuvor. In enger Zusammenarbeit mit Expertenorganisationen vor Ort, zu der sich das Unternehmen nun entschloss, fand man am Ende eine Lösung, die nicht nur gegenüber den Betroffenen, sondern auch in der Öffentlichkeit als vertretbar, weil verantwortbar angesehen wurde: Die Kinder durften weiterarbeiten, aber nur noch einen halben Tag zu entsprechend höheren Löhnen. Die andere Hälfte des Tages gingen sie zur Schule. Damit wurde zugleich dem ILO-Verbot von ausbeuterischer Kinderarbeit entsprochen, das sich vor allem dagegen richtet, dass Kinder durch Erwerbstätigkeit von einer gesunden Entwicklung, zu der auch Schulbildung gehört, abgehalten werden.

Ein positives Beispiel eines Unternehmens, das die Bedeutung des Begriffs Verantwortung im Sinne heutiger CSR-Definitionen verstanden und entsprechend gehandelt hat, ist die OTTO Group.

Beispiel

2007 veröffentlichte der Stern einen Bericht, wonach die Tochterfirma Heine der Otto Group Kinder für das Besticken einer Bluse mit Pailletten beschäftigte. Die unter desaströsen Arbeitsbedingungen beschäftigten Kinder sollen z. T. von ihren Eltern als Sklaven verkauft worden sein und mussten bis zu 14 Stunden täglich – ohne den Erhalt eines Lohnes – arbeiten (McDougall und Schmitz 2007).

Die Otto Group traf diese Veröffentlichung hart. Der Versandhändler, der im Bereich gesellschaftliche Verantwortung als gutes Beispiel für die Durchsetzung von Umwelt- und Sozialstandards galt, zeigte sich schockiert: „Ich bin bestürzt, dass bei allen unseren Anstrengungen und scharfen Kontrollen dieser Einzelfall möglich war" (Unternehmenschef Michael Otto, Wassink 2007). Die Geschäftsbeziehungen zu dem Lieferanten wurden sofort aufgelöst. Die Otto Group machte die betroffenen Kinder ausfindig und finanzierte ihnen eine schulische und berufliche Ausbildung.

Durch die Verantwortungsübernahme für die Auswirkungen des eigenen Handelns verlor die Otto Group – anders als in dem Fallbeispiel Shell – nicht ihre Licence to operate, im Gegenteil: Die Plattform „Aktiv gegen Kinderarbeit" – eine Kampagne von earthlink e. V. berücksichtigte bei der Bewertung des Konzerns die Reaktion auf das Bekanntwerden von Kinderarbeit positiv (vgl. Otto Group 2017, Aktiv gegen Kinderarbeit).

Ebenso wie der Fall Brent Spar zeigen auch die Fallbeispiele von Levi Strauss und der Otto Group, dass Unternehmen dort, wo sie juristisch nicht oder nur bedingt für die Auswirkungen ihres wirtschaftlichen Handelns zur Rechenschaft gezogen werden können, trotzdem öffentlich-gesellschaftlich „haftbar" gemacht werden. Während sich dies beim Shell Konzern in Umsatzeinbußen von bis zu 50 % niederschlug, konnten größere Imageschäden durch die freiwillige Übernahme von Verantwortung im Falle der Otto Group verhindert werden.

Die Beispiele Levi Strauss und Otto Group sind zugleich ein Beleg für die sich wandelnden gesellschaftlichen Anforderungen an Unternehmen: So rückte das Thema „Arbeitsbedingungen in den Lieferketten" erst in den letzten 15 Jahren vermehrt in das Blickfeld der Gesellschaft (Seuring und Müller 2013, S. 257), was u. a. durch eine verbesserte Aufklärung durch den investigativen Journalismus und Nichtregierungsorganisationen sowie durch eine veränderte Medienlandschaft möglich wurde. Die inzwischen zunehmend gesetzlich geforderte Berücksichtigung von CSR und Compliance in den Lieferketten – neben den oben vorgestellten, grenzübergreifenden Anti-Korruptionsgesetzen SOX und UK Bribery Act aus den USA und Großbritannien gehören dazu insbesondere die analog gestalteten Gesetze des Dodd-Franck Act und des UK Modern Slavery Act – stellen Unternehmen aber noch immer vor große bzw. vor neue Herausforderungen (vgl. Beitrag „CSR zwischen Freiwilligkeit und Regulierung – Erfahrungen aus der HARTING Technologiegruppe" in diesem Band).[8]

---

[8] Ein Meilenstein in der Diskussion um Verantwortungsübernahme in der Lieferkette stellt (bezogen auf das Thema Menschenrechte) das Dokument: „UN Guiding Principles on Business and Hu-

3 Compliance in den fünf „großen" CSR-Standards

In den letzten Dekaden ließ sich eine Entwicklung hin zu immer mehr Organisationen und Initiativen beobachten, die sich des Themas CSR und seiner Teilaspekte angenommen haben. Aus vielen dieser Initiativen sind Standards hervorgegangen, durch deren Einhaltung eine Verbesserung des derzeitigen Status quo in der Arbeitswelt herbeigeführt und die nachhaltige Entwicklung von Volkswirtschaften weltweit gefördert werden soll. Neben Standards, die einen Schwerpunkt auf die sozialen Aspekte legten (wie etwa der Standard SA 8000, der insbesondere für die Einhaltung von Menschenrechten und faire Arbeitsbedingungen steht), entstanden auch eine Reihe von Standards mit Branchenfokus (z. B. VDI 4070, eine Richtlinie des Vereins Deutscher Ingenieure zum nachhaltigen Wirtschaften in kleinen und mittelständischen Unternehmen). Innerhalb dieser Fülle an Standards lassen sich fünf international bekannte und auch in der Praxis verbreitete, branchenunabhängige Standards bzw. Initiativen im Dienste einer Global Governance identifizieren, die alle Aspekte von CSR berücksichtigen (ökonomische, ökologische und gesellschaftliche Verantwortlichkeiten) ohne einen thematischen Schwerpunkt zu setzen oder einer spezifischen Branche zugeordnet werden zu können. Zu diesen international entwickelten und entsprechend anerkannten Standards zählen die OECD-Guidelines, die Richtlinien der Global Reporting Initiative (aktuelle Fassung GRI Sustainability Reporting Standards 2016), die zehn Prinzipien des UN Global Compact, die ISO 26000 und die Sustainable Development Goals der Vereinten Nationen. Trotz des unterschiedlichen Ursprungs dieser normativen Orientierungen (staatlich oder privat) zeigt sich, dass in den letzten Jahren eine inhaltliche Annäherung stattgefunden hat (beispielsweise bei der Überarbeitung der OECD-Guidelines im Jahr 2011). Das Thema Compliance rückte insbesondere bei den jüngeren Aktualisierungen der Standards in den Fokus, so z. B. bei der Weiterentwicklung von GRI 3/3.1 hin zu G4 im Jahr 2013. Bei der vergleichenden Betrachtung aller Rahmenwerke fällt jedoch eines auf: Typische Compliancethemen, wie z. B. das 10. Prinzip des UN Global Compact zur „Antikorruption", werden nicht ausdrücklich in diesen Kontext gestellt. Abgesehen davon, dass zur Zeit der Entstehung des UN Global Compact (UNGC) dieser Begriff in der internationalen Diskussion noch kaum eine Rolle gespielt hat, kann dessen Vermeidung vielleicht auch auf die Tatsache zurückgeführt werden, dass international kein Einvernehmen darüber herrscht, was genau unter Compliance zu verstehen ist (vgl. Abschn. 1.1).

---

man Rights" (2011) dar, das unter der Federführung von John Ruggie erarbeitet wurde und 2016 durch die Verabschiedung des nationalen Aktionsplans „Wirtschaft und Menschenrechte" von der deutschen Bundesregierung ratifiziert wurde. Auch bei dem G7-Gipfel im bayerischen Elmau 2015 wurde (maßgeblich unter dem Eindruck des Rana-Plaza-Unfalls 2013) die Förderung der Arbeitsbedingungen und des Umweltschutzes in den Lieferketten thematisiert und als Konsequenz der „Vision Zero Fund" (ein Fonds zum Aufbau öffentlicher Strukturen und Maßnahmen in ärmeren Produktionsländern zur Vermeidung von tödlichen Arbeitsunfällen) ins Leben gerufen (BMAS 2015).

Aus diesem Grund soll nachfolgend kurz aufgezeigt werden, wo und inwiefern sich in den einzelnen Standards Complianceaspekte finden lassen, und um welche Form von Compliance es sich jeweils handelt.

OECD

Die OECD-Richtlinien für multinationale Unternehmen bilden die älteste der fünf großen CSR-Initiativen. Der Kodex, der multilateral verhandelt wurde, greift in seiner aktuellen Fassung aus dem Jahr 2011 sowohl klassische CSR- (z. B. Umweltschutz und Menschenrechte) als auch Compliancethemen auf. Die OECD-Mitgliedsstaaten, die sich zur Umsetzung des Kodex durch die Einrichtung nationaler Kontaktstellen verpflichtet haben, haben mit den Leitsätzen für global tätige Unternehmen Anforderungen formuliert, die sowohl einem engen als auch einem erweiterten Verständnis von Compliance entsprechen. Insbesondere der Abschnitt „Bekämpfung von Bestechung, Bestechungsgeldforderungen und Schmiergelderpressung" stellt ein klassisches Compliancethema dar, dass sich in fast jedem modernen Code of Conduct wiederfindet. Ebenso verhält es sich mit den Themen „Offenlegung von Informationen", „Beschäftigung und Beziehungen zwischen den Sozialpartnern", „Wettbewerb" und „Steuern". Im Kontext eines erweiterten, sogenannten Social-Complianceverständnisses gehört dazu inzwischen aber auch das Thema „Menschenrechte". Der OECD-Standard nimmt unter den fünf vorgestellten Initiativen eine Sonderrolle ein. Denn hier handelt es sich um einen Orientierungsrahmen, der ursprünglich ausschließlich Compliancethemen gewidmet war und nachträglich – insbesondere durch die letzte Überarbeitung im Jahr 2011 – auch CSR-Aspekte, z. B. Verbraucherinteressen und Umweltschutz, integrierte. Im Beitrag „Compliance in den OECD-Richtlinien für multinationale Unternehmen" von Dr. Christoph Schank und Thomas Hajduk des vorliegenden Bandes wird diese Entwicklung ausführlicher dargestellt.

Aufbau der OECD-Leitsätze für multinationale Unternehmen (OECD 2011, S. 7):

- Begriffe und Grundsätze,
- allgemeine Grundsätze,
- Offenlegung von Informationen,
- Menschenrechte,
- Beschäftigung und Beziehungen zwischen den Sozialpartnern,
- Umwelt,
- Bekämpfung von Bestechung, Bestechungsgeldforderungen und Schmiergelderpressung,
- Verbraucherinteressen,
- Wissenschaft und Technologie,
- Wettbewerb,
- Besteuerung.

GRI

Der Nachhaltigkeitsberichtsstandard der Global Reporting Initiative (GRI) hat insbesondere in der Überarbeitung von GRI G3/3.1 hin zu G4 im Jahr 2013 das Thema Compliance
intensiv ausgebaut und zahlreiche Kriterien zur Darstellung von compliancerelevanten
Themen aufgenommen. Corporate Social Responsibility wird bei GRI im Drei-Säulen-
Modell (Ökonomie, Ökologie und Gesellschaft) dargestellt. In allen drei Säulen finden
sich Aspekte, die Bezug zu Compliance haben: Entweder enthalten die Leitlinien ausdrücklich den Begriff Compliance (vgl. den Aspekt Compliance unter den ökologischen
oder gesellschaftlich/sozialen Leistungsindikatoren sowie bei den Leistungsindikatoren
für Produktverantwortung) oder es werden typische Themen angesprochen, z. B. das Thema Beschwerdeverfahren, das in vielen Code of Conduct aufgeführt und daher klassischerweise Compliance zugeordnet wird.

Entscheidende Änderungen wurden bereits in der vorletzten Überarbeitung des Standards (von GRI G3/3.1 hin zu G4) in den sogenannten General Disclosures vorgenommen,
den Pflichtangaben zum Unternehmen zu Beginn eines Berichts nach GRI. Sie weisen seit
dieser Überarbeitung deutliche Parallelen zu einem erweiterten Complianceverständnis
auf und sind in erster Linie auf die Berücksichtigung der, mit der Veröffentlichung der
ISO 26000 in die CSR-Debatte eingebrachten inhaltlichen Erweiterungen zurückzuführen. Seit dieser vorletzten Überarbeitung müssen berichtende Organisationen ausführlich
Auskunft über die Themen „Ethik und Integrität" sowie „Organisationsführung" geben
(vgl. GRI 102: General Disclosures, 3. Ethics and Integrity, 4. Governance; GRI Sustainability Reporting Standards 2016). Ein differenzierterer Blick auf das Thema Compliance
im GRI-Berichtsstandard wird im Beitrag „Compliance im GRI-Berichtsstandard" von
Dr. Johanna Henrich des vorliegenden Bandes offeriert.

UN Global Compact

Der UNGC, welchem Organisationen freiwillig beitreten können, strukturiert das Thema
CSR in zehn Prinzipien, die sich grob in vier Kategorien einteilen lassen: Menschenrechte,
Arbeitsnormen, Umwelt und Klima und Korruptionsprävention. Die letzte Kategorie umfasst genau ein Prinzip: „Unternehmen sollen gegen alle Arten der Korruption eintreten,
einschließlich Erpressung und Bestechung" (UNGC 2017).

Dieses letzte der zehn Prinzipien des UN Global Compact wurde 2004 nachträglich zu
den bereits neun bestehenden Prinzipien hinzugefügt. Es basiert auf der einige Jahre später
verabschiedeten UN-Konvention gegen Korruption (UN Convention Against Corruption –
UNCAC) und unterstreicht die Bedeutung des Themas Antikorruption für CSR und deren
übergeordnetes Ziel der nachhaltigen Entwicklung. Der UN Global Compact ebenso wie
die ISO 26000 vermeiden jedoch in diesem Zusammenhang die Verwendung des Begriffes
„Compliance".

Da ein Großteil der zehn Prinzipien auf Dokumenten basiert, die gemeinhin von der
Völkergemeinschaft akzeptiert werden und vielfach bereits in die nationale Rechtspre-
chung eingeflossen sind, können auch sie heute den Bereichen einer Legal und/oder Social
Compliance zugerechnet werden. Gleichwohl handelt es sich beim UNGC ebenso wie

bei der ISO 26000 zwar um global konsensfähige und entsprechend verbindliche Orientierungen, denen aber im Rahmen einer freiwilligen Selbstverpflichtung zur Geltung zu verhelfen ist und die daher auch als „soft law" bezeichnet wurden.

Insbesondere die Prinzipien 7–9, die Umwelt und Klima thematisieren, gehen zudem über rein rechtliche Forderungen hinaus und nehmen Unternehmen zusätzlich in die Pflicht. Um das 10. Prinzip, ein „klassisches" Compliancethema (Antikorruption), adäquat umsetzen zu können, kooperiert das Netzwerk des deutschen UNGC mit der Allianz für Integrität und Transparency International (UNGC 2017, für ausführlichere Informationen zum Thema Compliance im UN Global Compact vgl. Beitrag „Compliance im UN Global Compact" von Dr. Ulrike Hößle in diesem Band).

ISO 26000

Die, in der internationalen Fassung nicht zertifizierbare Norm ISO 26000 strukturiert das Thema CSR in 7 Kernthemen, wovon „Organizational Governance" und „Faire Betriebs- und Geschäftspraktiken" (vgl. Abb. 5), inhaltlich die größten Schnittmengen mit Compliance aufweisen. Die ISO 26000 fasst hierunter die Handlungsfelder „Korruptionsbekämpfung", „verantwortungsbewusste politische Mitwirkung", „fairer Wettbewerb", „gesellschaftliche Verantwortung in der Wertschöpfungskette fördern" und „Eigentumsrechte achten". Das einzige Handlungsfeld innerhalb des Kernthemas Organisationsführung wiederum soll dafür die formalen wie informell-kulturellen Voraussetzungen schaffen, indem die 7 Grundprinzipien in alle Entscheidungsprozesse und damit in die Führungs- und Steuerungsmechanismen der Organisation integriert werden.

Abb. 5 Die Kernthemen der ISO 26000

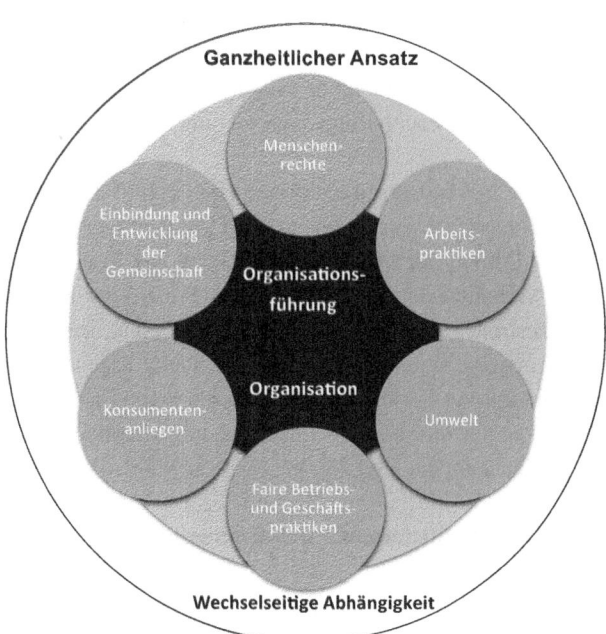

Daneben ist Compliance sowohl als Legal Compliance als auch in Form von Social Compliance Bestandteil aller anderen Kernthemen. Die ISO 26000 fordert von den Anwendern eine Berücksichtigung aller Kernthemen, nicht jedoch aller dazugehörigen Handlungsfelder (ISO 26000 2011, S. 25). Die Auseinandersetzung damit ist die Grundvoraussetzung für jede Organisation, die gewillt ist, gesellschaftliche und umweltbezogene Überlegungen in ihre Entscheidungsfindungen einzubeziehen (ISO 26000 2011, S. 20).

Das Gleiche gilt für die 7 Grundsätze, die als eine Art internationale Mindestanforderungen an gesellschaftlich verantwortliches Handeln von jeder Organisation berücksichtigt werden sollten, die diesen Anspruch glaubhaft umsetzen will (Kleinfeld 2011). Sowohl diese 7 Grundsätze als auch die neue, erstmals global konsensfähige Definition gesellschaftlicher Organisationsverantwortung der ISO 26000 (vgl. Beitrag „Compliance in der ISO 26000" in diesem Band) greifen Compliance explizit auf.

So wird gesellschaftliche Verantwortung in der deutschen Fassung DIN ISO 26000 2011 wie folgt definiert:

> Verantwortung einer Organisation für die Auswirkungen ihrer Entscheidungen und Aktivitäten auf die Gesellschaft und die Umwelt durch transparentes und ethisches Verhalten, das

- zur nachhaltigen Entwicklung, Gesundheit und Gemeinwohl eingeschlossen, beiträgt;
- die Erwartungen der Anspruchsgruppen berücksichtigt;
- anwendbares Recht einhält und im Einklang mit internationalen Verhaltensstandards ist;
- in der gesamten Organisation integriert ist und in ihren Beziehungen gelebt wird.

Sowohl Legal als auch Social Compliance werden in der Konkretisierung des CSR-Verständnisses der ISO 26000 im 3. Spiegelstrich ausdrücklich genannt. Allein mit dieser Definition hat die Norm folglich einen wesentlichen Beitrag zum Zusammenwachsen bis dahin voneinander getrennter wissenschaftlicher Diskussionsstränge geleistet, namentlich Nachhaltigkeit, nachhaltige Entwicklung, Compliance und CSR (Kleinfeld und Kettler 2011, S. 21).

In den 7 Grundsätzen wiederum (ISO 26000 2011, S. 25–29) finden enges wie erweitertes Complianceverständnis in allen Punkten ihren Niederschlag. Dies gilt insbesondere für das Prinzip der Rechenschaftspflicht, der Transparenz, für den Grundsatz des ethischen Verhaltens und natürlich für das Prinzip der Rechtsstaatlichkeit, das hier nicht nur Gesetzestreue, also Legal Compliance, bedeutet, sondern auch die Respektierung der Institutionen, die geltendes Recht auf nationaler wie internationaler Ebene durchsetzen (z. B. der europäische Gerichtshof für Menschenrechte).

(Für weiterführende Informationen zu Compliance in der ISO 26000 vgl. den Beitrag „Compliance in der ISO 26000" von Karl-Christian Bay in diesem Band).

Agenda 2030: Sustainable Development Goals (SDGs) (Ziele für nachhaltige Entwicklung)
Im September 2015 verabschiedeten die Vereinten Nationen als Nachfolgegeneration der zur Jahrtausendwende veröffentlichten Millennium Development Goals die Agenda 2030

in Form von 17 nachhaltigen Entwicklungszielen (vgl. Abb. 6), die durch 169 Unterziele (Targets) konkretisiert werden, die sogenannten Sustainable Development Goals (SDGs).

Als eine der großen, von der UN vorangetriebenen CSR-Initiativen können die Ziele insofern gewertet werden, als sie sich – anders als die Vorgängerziele – nicht ausschließlich an Staaten richten, sondern ausdrücklich Organisationen aller Art, insbesondere die einflussreichen multinationalen Unternehmen, mit adressieren. Dahinter steht die Einsicht, dass unter globalisierten Markt- und Lebensbedingungen Nationalstaaten allein nur in begrenztem Maße zur nachhaltigen Entwicklung weltweit beitragen können und dass dieser Prozess, um Erfolg zu haben, von mehreren Schultern bzw. Partnern gemeinsam gestemmt werden muss.

Bei näherer Betrachtung der 17 Ziele zeigt sich, dass Unternehmen zu deren Erreichung auf unterschiedliche Weise beitragen können – durch freiwilliges Engagement oder Investitionen an ihren jeweiligen Standorten einerseits, durch eine bestimmte strategische Ausrichtung (Social Business) oder durch Anpassungen ihres Kerngeschäfts mit dem Ziel, zur Lösung gesellschaftlicher Probleme im Sinne der Leitidee Creating Shared Value nach Porter und Kramer (Porter und Kramer 2011) beizutragen, andererseits. Während diese beiden Ansätze jedoch mehr oder weniger voraussetzungsreich sind und nicht von Unternehmen aller Größen und Kapazitäten ohne weiteres umgesetzt werden können, gibt es auch eine Kategorie von Zielen, zu denen Organisationen vor allem dadurch beitragen, dass sie ihre gesellschaftliche Verantwortung im Sinne des oben dargestellten zeitgemäßen CSR-Verständnisses konsequent wahrnehmen, sprich durch eine verantwortliche Art und Weise der Organisationsführung, die sowohl Legal als auch Social Compliance umfasst und die legitimen Interessen aller Anspruchsgruppen berücksichtigt.

Abb. 6 Sustainable Development Goals. (http://www.un.org/sustainabledevelopment/sustainable-development-goals/ 2017)

Zur letzteren Kategorie gehören beispielsweise die Ziele

2. **Ein gesundes Leben für alle Menschen jeden Alters gewährleisten und ihr Wohlergehen fördern**, zu dem Organisationen aller Art durch ihr betriebliches Arbeitssicherheits- und Gesundheitsmanagement beitragen können;
3. **Inklusive, gerechte und hochwertige Bildung gewährleisten und Möglichkeiten des lebenslangen Lernens für alle fördern**, was beispielsweise Handlungsfeld 5 des Kernthemas „Arbeitspraktiken" der ISO 26000 entspricht (vgl. ISO 26000 2011);
4. **Geschlechtergerechtigkeit und Selbstbestimmung für alle Frauen und Mädchen erreichen**, das auf nationaler Ebene etwa durch die Einhaltung des Antidiskriminierungsgesetzes, international durch die Respektierung und Förderung der Einhaltung der Menschenrechte in der Lieferkette von Unternehmen umgesetzt werden kann;
5. **Dauerhaftes, inklusives und nachhaltiges Wirtschaftswachstum, produktive Vollbeschäftigung und menschenwürdige Arbeit für alle fördern**, was den Kernaufgaben von CSR und Nachhaltigkeit im Unternehmenskontext entspricht.

Compliance, CSR und Nachhaltigkeitsstandards bilden somit die Brücke zwischen unternehmerischem Handeln und dessen Beitrag zur „Agenda 2030" (für weiterführende Informationen zu CSR und Compliance in den SDGs vgl. den Beitrag „Compliance in den Sustainable Development Goals" von Anna Zubrod in diesem Band).

4 Organisation und Management von CSR- und Compliancethemen

Sowohl CSR als auch Compliance in dem oben skizzierten erweiterten Verständnis bauen nicht nur auf normativen Vorgaben des „hard law" und „soft law" auf, sondern umfassen im besten Fall ein aktives Stakeholdermanagement, das die unternehmerischen Entscheidungen und Aktivitäten auch in ethischer und gesellschaftlicher Hinsicht reflektieren und legitimieren hilft, wie in Abschn. 2 ausgeführt wurde. Darüber hinaus lässt sich eine Fülle von Instrumenten und Maßnahmen identifizieren, die zur praktischen Umsetzung bzw. zum systematischen Management beider Themenkomplexe genutzt werden, organisatorisch aber in den seltensten Fällen miteinander verknüpft werden. Dies gilt für Instrumente des Compliance- ebenso wie für solche des Integritätsmanagements (vgl. Abschn. 1.1).

Die Instrumente lassen sich in die drei Kategorien Ausrichtung, Integration und Review unterteilen (Abb. 4).

Unter der Kategorie „Ausrichtung" werden solche Instrumente zusammengefasst, die festlegen, in welche Richtung ein Unternehmen steuern soll. Neben einem Leitbild, das in der Regel das angestrebte Zukunftsbild (Vision), den selbst gesetzten Auftrag und das Commitment des Unternehmens (Mission) ebenso wie die Werte, an denen es sich auf dem Weg dorthin orientieren will, enthält, gehört dazu auch ein Verhaltenskodex, der – korrekt verstanden – die eher abstrakten Orientierungen des Leitbilds in konkrete handlungs- und verhaltensleitende Vorgaben, beispielsweise in verbindliche Grundsätze und Richtlinien übersetzen soll (vgl. die Beiträge „Leitbild" und „Code of Conduct" von Joachim Rottluff in diesem Band). Diese Dokumente zusammen ergeben den Maßstab, der auf die unternehmerischen Aktivitäten künftig von außen und innen angewandt wird. Er kann aber seitens des Unternehmens auch für externe Partner, z. B. Kunden und Zulieferer, verbindlich gemacht werden, indem sich diese nach Aufforderung durch das Unternehmen ebenfalls zur Einhaltung entsprechender Vorgaben verpflichten, z. B. mithilfe der Unterzeichnung eines Lieferantenkodex.

Durch hinreichende Transparenz, die sich in adäquater Kommunikation und der Offenlegung von Informationen widerspiegelt, sollten die Informationsbedürfnisse aller Stakeholder befriedigt werden (vgl. Beitrag „Kommunikation und Offenlegung von Informationen" in diesem Band). In der Phase der Umsetzung wird die Ausrichtung des Unternehmens mit Leben gefüllt und sukzessive in dessen Entscheidungs-, Führungs- und Steuerungs- ebenso wie in die operativen Prozesse integriert. Damit die Umsetzung mit entsprechender Ernsthaftigkeit und Nachdruck erfolgt, ist es unabdingbar, dass sich die CSR- und compliancebedingten Vorgaben in den Entscheidungen und Aktivitäten, vor allem aber im Verhalten des Führungspersonals wiederfinden (vgl. Beitrag „Responsible Leadership" in diesem Band). Eine verantwortliche Führungsperson oder ein Unternehmer vom Schlag eines „ehrbaren Kaufmanns" allein reichen jedoch unter den komplexen Bedingungen modernen unternehmerischen Handelns nicht mehr aus, um ein umfassend verantwortliches und integres Verhalten von und in Unternehmen sicherzustellen. Aus diesem Grund müssen Integrität und Verantwortung nicht nur Bestandteil der Strukturen, Prozesse und Ziele, also der formalen Steuerung, sein, sondern sich auch in der gelebten Unternehmenskultur widerspiegeln und somit für jeden Mitarbeiter direkt erfahrbar werden (vgl. den Beitrag „Unternehmenskultur" in diesem Band und Abschn. 1.1). Nur durch eine Verinnerlichung der kodifizierten Werte, Grundsätze und Richtlinien und ein soziales Umfeld, das diese teilt, werden CSR und Compliance zu einer Selbstverständlichkeit. Dies wiederum setzt voraus, dass über CSR- und Compliancethemen nach innen und außen hinreichend kommuniziert wird (vgl. Beitrag „Interne Kommunikation" in diesem Band) und mindestens die eigenen Mitarbeiter, womöglich auch externe Partner, zu den Inhalten dieser normativen Ausrichtung angemessen geschult und trainiert werden (vgl. Beitrag „Schulung und Training" in diesem Band). Zu den Instrumenten, die für die Einhaltung von CSR- und Compliancevorgaben in den letzten Jahren an Bedeutung gewonnen haben, zählt auch ein Hinweisgebersystem (vgl. Beitrag „Hinweisgebersysteme" in diesem Band). Es offeriert Unternehmen die Möglichkeit, durch – bei Bedarf auch vertrauliche – Hinweise von innen und außen, etwaige Missstände oder Fehlverhalten im Unternehmenskontext frühzeitig zu identifizieren und adäquat, vor allem aber eigeninitiativ darauf zu reagieren, bevor Dritte darauf aufmerksam machen.

Ein Nachhaltigkeitsbericht kann nicht nur als Instrument zur Transparenzförderung gegenüber den unterschiedlichen Anspruchsgruppen, sondern auch zur kontinuierlichen Weiterentwicklung und Verbesserung in diesem Bereich genutzt werden (vgl. Beitrag „Nachhaltigkeitsberichterstattung" in diesem Band) und den Übergang in die nachfolgende Review-Phase gestalten helfen (vgl. Beitrag „Controlling und Monitoring" in diesem Band). Ein regelmäßiges internes Controlling und Monitoring schließlich bildet die Grundvoraussetzung für die externe Evaluierung, Verifizierung oder Auditierung, die eine erfolgreiche Umsetzung bestätigen oder auch kritisieren können, auf jeden Fall aber den kontinuierlichen Verbesserungszyklus signifikant fördern (vgl. Beitrag „Evaluierung, Verifizierung und Audit" diesem Band).

Der einleitende Beitrag „Überblick: Instrumente des CSR- und Compliancemanagements in der Praxis" in diesem Band gibt einen systematischen Überblick über alle in diesem Beitragswerk dargestellten Instrumente zur ganzheitlichen Umsetzung eines CSR-ebenso wie eines (integritätsbasierten) Compliancemanagements.

5 Ausblick

Wie oben ausgeführt, verschwimmen die Grenzen zwischen freiwilliger Selbstverpflichtung zu verantwortungsvoller Unternehmensführung und Compliance im Sinne von Regeleinhaltung und -überwachung zunehmend. Während die oben genannten Gesetzesinitiativen im Bereich Menschenrechte und moderne Sklaverei, die der Social Compliance zuzurechnen sind, typische CSR-Themen aufgreifen, hat Compliance im Sinne der Überwachung der Einhaltung normativer Vorgaben inzwischen in allen relevanten, internationalen CSR-Standards einen festen Platz. Befördert wurde und wird die Auseinandersetzung damit zuletzt durch die für bestimmte Branchen und Unternehmenstypen verpflichtende Berichterstattung zur sogenannten „non financial performance" auf EU-Ebene, zu der sowohl Compliance- als auch CSR-Themen gehören. Insbesondere Unternehmen, die bislang noch keinen gesonderten CSR- oder Nachhaltigkeitsbericht verfasst haben, stellt diese Novelle vor die Frage, ob eine Aufnahme solcher Informationen in den klassischen Lagebericht nicht die effizientere Variante ist. Auch große Unternehmen und Konzerne sehen in der integrierten Berichterstattung die Zukunft, da es weder unter Effizienzgesichtspunkten noch aus der Perspektive des Themas Nachhaltigkeit selbst besonders sinnvoll ist, einen isolierten ökonomischen Lagebericht und zusätzlich einen Bericht zu allen drei Verantwortungsdimensionen (ökonomisch, ökologisch und gesellschaftlich) zu erstellen.

Ein integrierter Bericht setzt aber auch integrierte Managementprozesse, ein ganzheitliches Controlling und nicht zuletzt integriertes Denken voraus, wie die IIRC – International Integrated Reporting Council – zurecht hervorhebt (vgl. IIRC 2013, S. 7).

Neben den oben skizzierten und in diesem Band ausführlich dargestellten Umsetzungsinstrumenten, die für ein integriertes Management von CSR und Compliance genutzt werden könnten, tut sich dabei aber auch eine der wesentlichen Differenzen zwischen CSR und Compliance auf: die den Themen jeweils zugrundeliegende Motivation und Denkweise.

Complianceabteilungen werden eingerichtet, um für Rechtssicherheit, Unangreifbarkeit und eine Minimierung der Haftungsrisiken, insbesondere für die Leitungsorgane von Unternehmen, zu sorgen. Generell spielt die Risikominimierung eine wichtige Rolle als Motivation auch von Social Compliance: Neben der Reduktion des Strafmaßes im Falle von ungesetzlichem Handeln, geht es um die Prävention von Reputationsrisiken oder um die Absicherung des eigenen Marktzugangs durch die Erfüllung von Kundenanforderungen, die beispielsweise in Form von zu unterzeichnenden Lieferantenkodizes an Unternehmen herangetragen werden. Summa summarum geht es um die Erfüllung von etwas, das Dritte fordern oder erwarten.

Bei CSR hingegen geht es um Verantwortung und damit um einen Ansatz, der die zweite Seite der Medaille unternehmerischen Denkens und Handelns bildet: die der unternehmerischen Freiheit. Verstanden als verantwortete bzw. verantwortbare unternehmerische Freiheit hat CSR nicht die Beschränkung von Handlungsspielräumen zum Ziel, sondern deren bewusste Gestaltung und Nutzung im Dienste gesellschaftlicher und anderer Stakeholderinteressen. Die Instanz, also das Gegenüber, dieser Verantwortung von Unternehmen, sind nicht allein Recht, Gesetz, Regeln oder Vorgaben im Interesse von Shareholdern, sondern übergeordnete Werte und Maßstäbe ethischer Art, die verstanden und konsequent angewandt zugleich für ein legitimes Handeln und Verhalten gegenüber der Gesellschaft sorgen – dem eigentlichen Adressaten von Corporate Social Responsibility, sofern man „social" korrekt übersetzt.

Von Röpke bis Müller-Armack, den Vordenkern der sozialen Marktwirtschaft in Deutschland, besteht die Würde unternehmerischen Handelns darin, Freiheit und Verantwortung gegenüber der Gesellschaft als untrennbare Einheit zu verstehen, zu leben und eben daraus die Kraft für jene unternehmensexistenziell notwendige kontinuierliche Entwicklung und Erneuerung zu schöpfen, die heute in Form von Innovationsfähigkeit, Flexibilität oder auch Agilität zu den zentralen Erfolgsfaktoren auf einem globalen Markt geworden sind. Mit dem 2006 bzw. 2011 von den beiden US-amerikanischen Strategieexperten Michael E. Porter und Mark R. Kramer eingeführten Konzept Creating Shared Value (Porter und Kramer 2011) scheint dieser Grundgedanke der sozialen Marktwirtschaft europäischer Prägung nun auch in primär kapitalistisch geprägten Wirtschaftsräumen, z. B. den USA, salonfähig geworden zu sein. Im Sinne gängiger CSR-Reifegradmodelle (vgl. z. B. Dyllick und Muff 2015, S. 13) ermutigt er zu einer Weiterentwicklung rein reaktiver bzw. defensiver Ansätze unternehmerischer Verantwortung, zu denen auch Compliance gehört.

Literatur

Aßländer MS (2011) Handbuch Wirtschaftsethik. Metzler, Stuttgart, Weimar

Bassen A, Jastram S, Meyer K (2005) Corporate social responsibility. Eine Begriffserläuterung. Zeitschrift Für Wirtschafts- und Unternehmensethik 6(2):231–236

Bayer AG (2017) Organigramm mit Führungsorganisation und Tätigkeitsfeldern. https://www.bayer.de/de/profil-und-organisation.aspx. Zugegriffen: 14. Aug. 2017

BMAS (2015) Gemeinsam Handeln! Prävention weltweit stärken. Vision Zero Fund. http://www.bmas.de/SharedDocs/Downloads/DE/Thema-Internationales/Vision-Zero-Fund-Flyer.pdf?__blob=publicationFile&v=2. Zugegriffen: 14. Aug. 2017

Boemke B, Grau K, Kißling K, Schneider H (2012) Evidenzbasierte Kriminalprävention im Unternehmen. Wirksamkeit von Compliance-Maßnahmen in der deutschen Wirtschaft –

Ein empirisches Forschungsvorhaben. Denkströme J Sächsischen Akademie Wissenschaften 9:79–94 (http://repo.saw-leipzig.de:80/pubman/item/escidoc:24025/component/escidoc: 24024/denkstroeme-heft9_79-94_boemke_grau_kissling_schneider.pdf. Zugegriffen: 14. August 2017)

Bowen H (1953) Social responsibilities of the businessman, 1. Aufl. Harper, New York

Bussmann KD (2004) Kriminalprävention durch Business Ethics. Ursachen von Wirtschaftskriminalität und die besondere Bedeutung von Werten. Zeitschrift Für Wirtschafts- und Unternehmensethik 5(1):35–50

von Carlowitz C (2013) Sylvicultura oeconomica, oder haußwirthliche Nachricht und Naturmäßige Anweisung zur wilden Baum-Zucht. In: Hamberger J, Mehler R (Hrsg) Sylvicultura oeconomica, oder haußwirthliche Nachricht und Naturmäßige Anweisung zur wilden Baum-Zucht. Oekom, München

Carroll AB (1979) A three-dimensional conceptual model of corporate performance. Acad Manag Rev 4(4):497–505

Carroll AB (1991) The pyramid of corporate social responsibility: toward the moral management of organizational stakeholders. Bus Horiz 34(4):39–48

Clausen A (2009) Grundwissen Unternehmensethik. Ein Arbeitsbuch. UTB, Tübingen

CSR-Richtlinie-Umsetzungsgesetz (2017) Bundesgesetzblatt Jahrgang 2017, Teil I Nr. 20, Bonn 18. April 2017. https://www.bgbl.de/xaver/bgbl/start.xav?startbk=Bundesanzeiger_BGBl& start=//*[@attr_id=%27bgbl117s0802.pdf%27]#__bgbl__%2F%2F*%5B%40attr_id%3D %27bgbl117s0802.pdf%27%5D__1502694587085. Zugegriffen: 14. Aug. 2017

DCGK (2017) Deutscher corporate governance kodex. http://www.dcgk.de//files/dcgk/usercontent/ de/download/kodex/170424_Kodex.pdf. Zugegriffen: 14. Nov. 2017

Der Spiegel (1995) Versenkt die Shell. Nr. 25, 1995 (online – 19. Juni 1995). http://www.spiegel. de/spiegel/print/d-9198944.html. Zugegriffen: 7. Aug. 2017

Dietsche C, Hoffmann E, Westermann U et al (Hrsg) (2017) Das Ranking der Nachhaltigkeitsberichte 2015 – Ergebnisse, Trends und Branchenauswertungen. Berlin/Münster. http://www.ranking-nachhaltigkeitsberichte.de/data/ranking/user_upload/2015/Ranking_Nachhaltigkeitsberichte_ 2015_Ergebnisbericht_mit_Branchenauswertung.pdf. Zugegriffen: 9. Aug. 2017

Dyllick T, Muff K (2015) Clarifying the meaning of sustainable business. Organ Environ 23:1–19

Eigenstetter M (2011) Werthaltungen in Unternehmen. In: Aßländer MS (Hrsg) Handbuch Wirtschaftsethik, Bd. 2011. Metzler, Stuttgart, Weimar

Europäische Kommission KOM (2001) 366 endgültig. Grünbuch. Europäische Rahmenbedingungen für die soziale Verantwortung der Unternehmen. Europäische Kommission, Brüssel

Europäische Kommission KOM (2011) 681 endgültig. Mitteilung der Kommission an das Europäische Parlament, den Rat, den Europäischen Wirtschafts- und Sozialausschuss und den Ausschuss der Regionen. Eine neue EU-Strategie (2011–14) für die soziale Verantwortung der Unternehmen (CSR). Europäische Kommission, Brüssel

Freeman RE, Moutchnik A (2013) Stakeholder management and CSR: questions and answers. Umweltwirtschaftsforum 21(1):5–9

Friedman M (1970) The Social Responsibility of Business is to Increase its Profits. New York Times Magazine, September 13rd

Göbel E (2010) Unternehmensethik. Grundlagen und praktische Umsetzung. UTB, Stuttgart

GRI Sustainability Reporting Standards (2016) https://www.globalreporting.org/standards/gri-standards-download-center/. Zugegriffen: 05. Nov. 2016

Grober U (2013) Die Entdeckung der Nachhaltigkeit. Kulturgeschichte eines Begriffs. Kunstmann, München

Grüninger S (2010) Werteorientiertes Compliance Management System. In: Wieland J, Steinmeyer R, Grüninger S (Hrsg) Handbuch Compliance-Management. Konzeptionelle Grundlagen, praktische Erfolgsfaktoren, globale Herausforderungen. Erich Schmidt, Berlin, S 39–69

Grüninger S (2016) Integritätsmanagement – mehr als nur Compliance! Wirtschaftsführer Für Junge Juristen 2016:8–11

Grüninger S, Jantz M, Schweikert C, Steinmeyer R (2014) Empfehlungen für die Ausgestaltung und Beurteilung von Compliance-Management-Systemen. Institute für Corporate Governance, Konstanz

IIRC – International Integrated Reporting Council (2013) The International⟨IR⟩ Framework. https://integratedreporting.org/wp-content/uploads/2013/12/13-12-08-THE-INTERNATIONAL-IR-FRAMEWORK-2-1.pdf. Zugegriffen: 14. Nov. 2017

ISO 19600 International Standard (2014) Compliancemanagement-System-Guidelines. Beuth Verlag, Berlin, Wien, Zürich

ISO 26000 International Standard (2011) Leitfaden zur gesellschaftlichen Verantwortung. Beuth Verlag, Berlin, Wien, Zürich

Kleinfeld A (2011) Gesellschaftliche Verantwortung von Organisationen und Unternehmen, Fragen und Antworten zur ISO 26000. Beuth Pocket, Berlin

Kleinfeld A, Kettler A (2011) Unternehmensethik auf dem Vormarsch: ISO 26000 macht Ethik zur Norm globalen Wirtschaftshandelns. Forum Wirtschaftsethik 19(1):16–27

Kleinfeld A, Müller-Störr C (2010) Die Rolle von interner Kommunikation und interaktiver Schulung für ein effektives Compliancemanagement. In: Wieland J, Steinmeyer R, Grüninger S (Hrsg) Handbuch Compliancemanagement. Konzeptionelle Grundlagen, praktische Erfolgsfaktoren, globale Herausforderungen. Erich Schmidt, Berlin, S 395–414

McDougall D, Schmitz S (2007) Otto-Konzern. Kinderarbeit für den Heine-Versand. Stern 11.02.2007. http://www.stern.de/wirtschaft/news/otto-konzern-kinderarbeit-fuer-den-heine-versand-3362352.html. Zugegriffen: 7. Aug. 2017

Mildenberger U, Khare A, Thiede C (2007) Corporate Social Responsibility – Theoriekonzepte und Praxisansätze. In: Himpel F, Kaluza B, Wittmann J (Hrsg) Spektrum des Produktions- und Innovationsmanagements. Komplexität und Dynamik im Kontext von Interdependenz und Kooperation. Gabler, Wiesbaden, S 107–126

Misik R (2006) Wir können Medikamente verschenken. taz 16.06.2006. http://www.taz.de/!418271/. Zugegriffen: 14. Nov. 2017

Moritz K, Gesse M (2005) Die Auswirkungen des Sarbanes-Oxley Acts auf deutsche Unternehmen. Beiträge zum Transnationalen Wirtschaftsrecht, Heft 49

Mühlfriedel B, Olbrich T (1994) Unternehmensethik als globale Herausforderung. Zur Umsetzung ethischer Werte bei Levi Strauss & Co. Forum Wirtschaftsethik 2(3):1–3

OECD (2011) OECD-Leitsätze für multinationale Unternehmen. OECD Publishing, Paris. https://doi.org/10.1787/9789264122352-de

Otto Group (2017) Aktiv gegen Kinderarbeit. https://www.aktiv-gegen-kinderarbeit.de/firma/otto-group/#footnote_8_3871. Zugegriffen: 7. Aug. 2017

Paine LS (1994) Managing for organizational integrity. Harv Bus Rev 72(2):106–117 (https://hbr.org/1994/03/managing-for-organizational-integrity. Zugegriffen: 09. Aug. 2017)

Porter ME, Kramer MR (2011) The big idea: creating shared value. Harv Bus Rev 89(1–2):62–77 (http://www.hbs.edu/faculty/Pages/item.aspx?num=39071. Zugegriffen: 14. Nov. 2017)

Pufé I (2012) Nachhaltigkeitsmanagement. Hanser, München

Richtlinie 2014/95/EU (2014) http://eur-lex.europa.eu/legal-content/DE/TXT/PDF/?uri=CELEX:32014L0095&from=EN. Zugegriffen: 14. Aug. 2017

SA 8000 (2017) http://www.sa-intl.org/index.cfm?fuseaction=Page.ViewPage&PageID=1689. Zugegriffen: 05. Nov. 2017

Scherer AG, Patzer G (2011) Corporate Social Responsibility. Begriffliche und inhaltliche Grund-
 lagen. In: Aßländer MS (Hrsg) Handbuch Wirtschaftsethik. J.B. Metzler, Stuttgart, Weimar, S
 321–329
Schmittlein B (2015) Verbands-Compliance. Herbert Utz Verlag, München
Schrader U (2011) Corporate Citizenship. In: Aßländer MS (Hrsg) Handbuch Wirtschaftsethik.
 Metzler, Stuttgart, Weimar, S 303–312
Schwartz MS, Carroll AB (2003) Corporate social responsibility: a three-domain approach. Bus
 Ethics Q 13(4):503–530
SDGs (2015) Transforming our world. The 2030 agenda für sustainable development.
 https://sustainabledevelopment.un.org/content/documents/21252030%20Agenda%20for
 %20Sustainable%20Development%20web.pdf. Zugegriffen: 14. Nov. 2017
Seuring S, Müller M (2013) Nachhaltiges Management von Wertschöpfungsketten. In: Baumast A,
 Pape J (Hrsg) Betriebliches Nachhaltigkeitsmanagement. Ulmer, Stuttgart, S 245–258
Steinmeyer R, Späth P (2010) Rechtliche Grundklagen und Rahmenbedingungen („Legal Com-
 pliance"). In: Wieland J, Steinmeyer R, Grüninger S (Hrsg) Handbuch Compliancemanagement.
 Konzeptionelle Grundlagen, praktische Erfolgsfaktoren, globale Herausforderungen. Erich
 Schmidt, Berlin, S 171–211
Sustainable   Development   Goals   (2017)   http://www.un.org/sustainabledevelopment/
 sustainabledevelopment-goals/. Zugegriffen: 16. April 2018
The World Commission on Environment and Development (1987) Our common future. The World
 Commission on Environment and Development, Oxford, New York
Tropschuh PF, Wadé A (2015) Das Stakeholder-Management der AUDI AG. In: Altenburger R,
 Mesicek RH (Hrsg) CSR und Stakeholdermanagement. Strategische Herausforderungen und
 Chancen der Stakeholdereinbindung. Springer Gabler, Berlin, Heidelberg, S 109–120
UK Modern Slavery Act (2015) 26.05.2015, The House of Parliament
UN Guiding Principles on Business and Human Rights (2011) http://www.ohchr.org/Documents/
 Publications/GuidingPrinciplesBusinessHR_EN.pdf. Zugegriffen: 5. Nov. 2011
UNGC (2017) https://www.unglobalcompact.org/. Zugegriffen: 5. Nov. 2011
VDI 4070 (2016) Nachhaltiges Wirtschaften in kleinen und mittelständischen Unternehmen Anlei-
 tung zum nachhaltigen Wirtschaften. Beuth, Berlin
Wassink M (2007) Otto-Tochter verkaufte Blusen aus Kinderarbeit. Hamburger Abendblatt
 01.02.20107. http://www.abendblatt.de/wirtschaft/article107202430/Otto-Tochter-verkaufte-
 Blusen-aus-Kinderarbeit.html. Zugegriffen: 7. Aug. 2017
Wieland J (2010) Compliance-Management als Corporate Governance – konzeptionelle Grundlagen
 und Erfolgsfaktoren. In: Wieland J, Steinmeyer R, Grüninger S (Hrsg) Handbuch Compliance-
 Management. Konzeptionelle Grundlagen, praktische Erfolgsfaktoren, globale Herausforderungen. Erich Schmidt, Berlin, S 15–38

Dr. Annika Martens arbeitet als Dozentin an der Hochschule Fresenius
für CSR- und Nachhaltigkeitsmanagement. Darüber hinaus ist sie freiberuflich als Beraterin für verschiedene Agenturen und Unternehmen tätig.
Inhaltliche Schwerpunkte ihrer Beratung sind neben der internationalen Entwicklungszusammenarbeit vor allem CSR und Nachhaltigkeit. Ihre Beratung
fokussiert sich auf die Integration von CSR in die Unternehmensstrategie
nach ISO 26000 sowie die Nachhaltigkeitsberichterstattung u. a. nach GRI.
Dr. Annika Martens ist für den Sozialstandard SA 8000 und BSCI als Advanced Auditor ausgebildet. Sie publiziert regelmäßig zu CSR und lehrt
nebenberuflich u. a. an der Leuphana Universität Lüneburg.

Prof. Dr. Annette Kleinfeld gründete 2004 die heutige Dr. Kleinfeld CEC – eine auf CSR- und Compliance spezialisierte Beratungsgesellschaft. Von 2005 bis 2010 war sie als Expertin in der Deutschen Delegation am internationalen Normungsprojekt ISO 26000 (Entwicklung eines Leitfadens zur gesellschaftlichen Verantwortung von Organisationen) beteiligt. Die promovierte Wirtschafts- und Unternehmensethikerin, Gründungsmitglied und langjähriges Vorstandsmitglied des Deutschen Netzwerks Wirtschaftsethik – DNWE e. V., wurde Anfang 2014 als Professorin für Business & Society an die HTWG Konstanz berufen. Neben ihrer Lehrtätigkeit forscht sie dort als wissenschaftliche Direktorin für CSR und Sustainability am Konstanz Institut für Corporate Governance (KICG) und widmet sich weiterhin ausgewählten Beratungsprojekten zu ihren Kompetenzschwerpunkten.

Integrity Management als Brücke zwischen CSR- und Compliance Management

Lisa Schöttl

1 Einleitung

Es gehört heutzutage zum Pflichtprogramm großer Unternehmen, Aktivitäten im Bereich der Corporate Social Responsibility (CSR) vorzuweisen. Oft eigens für das Thema eingerichtete Abteilungen befassen sich mit der Verantwortung des Unternehmens gegenüber den Stakeholdern und der Gesellschaft insgesamt. Die Aufgabe der CSR-Verantwortlichen ist es, entsprechende CSR-Aktivitäten, z. B. zur Förderung der Vereinbarkeit von Beruf und Familie oder Programme zum Recycling von vom Kunden nicht mehr genutzten Unternehmensprodukten, zu koordinieren und für eine überzeugende Repräsentation des Unternehmens gegenüber der Gesellschaft und einzelnen Stakeholdergruppen zu sorgen. Voraussetzung dafür, dass die CSR-Aktivitäten tatsächlich die Wahrnehmung von Unternehmensverantwortung stärken, ist freilich die Beachtung aller einschlägigen Gesetze durch das Unternehmen. Das heißt, das Unternehmen muss nicht nur der gesellschaftlichen, sondern auch seiner rechtlichen Verantwortung nachkommen. Dass dies keine triviale Forderung ist, zeigen wiederholte und oft gravierende Gesetzesverletzungen durch Unternehmen aller Branchen, z. B. aktuell in der Automobilindustrie. Die Sicherstellung rechtskonformen Handelns ist dabei nicht nur Aufgabe der Rechtsabteilungen, sondern wird vermehrt durch eigens hierfür eingerichtete Compliance-Bereiche gesteuert. Compliance als die Einhaltung von Gesetzen, Regularien etc. wird demnach als eine Aufgabe verstanden, der sich ein Unternehmen bewusst und mit geeigneten Mitteln annehmen muss. Der Verantwortungsbereich von Unternehmen reicht somit von gesetzlichen Anforderungen hin zu gesellschaftlichen Ansprüchen, die an Unternehmen gestellt werden. Neben diesen vornehmlich extern an das Unternehmen herangetragenen Forderungen,

L. Schöttl (✉)
Risk Consulting, PricewaterhouseCoopers GmbH WPG
Stuttgart, Deutschland
E-Mail: lisa.marie.schoettl@pwc.com

© Springer-Verlag GmbH Deutschland, ein Teil von Springer Nature 2018
A. Kleinfeld und A. Martens (Hrsg.), *CSR und Compliance*,
Management-Reihe Corporate Social Responsibility,
https://doi.org/10.1007/978-3-662-56214-7_2

wird ein Unternehmen allerdings immer auch von den Wertvorstellungen seiner Mitglieder – insbesondere der oberen Führungspersonen, aber auch der übrigen Mitarbeiter, der
Kunden etc. – geprägt und muss eine eigene Positionierung innerhalb seines Umfelds finden, die es gegenüber seinen Stakeholdern vertreten kann.

An dieser Stelle setzt der Ansatz des Integrity Managements an, der eine bewusste
Werteorientierung fördert und es Unternehmen ermöglichen soll, eine eigene Position
im Hinblick auf die Wahrnehmung von Verantwortung zu übernehmen und begründen
zu können. Neben den rechtlichen und gesellschaftlichen Forderungen kommt es bei ei-
ner integritätsorientierten Strategie darauf an, die für jedes Unternehmen individuelle
Verantwortung zu erkennen und diese mittels wertebewussten Handelns wahrzunehmen.
Nicht selten findet sich der Wert der Integrität unter den Unternehmenswerten, die an die
Mitarbeiter, Kunden und weitere Stakeholder kommuniziert werden und den Rahmen ver-
antwortungsvollen Handelns bilden sollen. So haben beispielsweise die Adidas Group,
Daimler, die Deutsche Bank oder Bayer Integrität als einen ihrer Kernwerte definiert. Der
Wert der Integrität steht auch deshalb oft im Mittelpunkt, da er eine klare moralische
Positionierung zum Ausdruck bringen soll, aber ebenso betont, dass sich das Unterneh-
men an weiteren Wertvorstellungen orientiert, zu denen es sich selbst bekennt. Die von
einem Unternehmen individuell gesetzten Werte, oft in Leitbildern oder Richtlinien aus-
formuliert, sollen nach innen das Handeln der Unternehmensmitglieder in die gewünschte
Richtung lenken und nach außen Verantwortungsbewusstsein und Verlässlichkeit signalisieren. Dieser kurze Abriss von Aktivitäten, die Unternehmen zur Wahrnehmung ihrer
Verantwortung übernehmen, zeigt, dass heutzutage in Unternehmen eine Vielzahl von
Perspektiven eingenommen und behandelt werden, die in das Verhalten der Unternehmensmitglieder einfließen und jeweils einen Beitrag zum langfristigen Fortbestand und
Erfolg des Unternehmens leisten sollen. Der Ansatz des Integrity Managements kann in
diesem Kontext als Ergänzung verortet werden, zu den notwendigen Compliance-Maßnahmen zur Sicherstellung rechtskonformen Verhaltens und den CSR-Maßnahmen, die
Unternehmen meist als Reaktion auf Forderungen ihrer Stakeholder verfolgen. Wie Integrity Management dabei konkret mit Compliance- und CSR-Ansätzen zusammenhängt
und inwiefern dessen Implementierung ein Unternehmen bereichern kann, soll in diesem
Beitrag behandelt werden.

2   Zwei Perspektiven von Unternehmensverantwortung: Compliance und CSR

Um eine Einordnung von Integrity Management in die Diskussion um Compliance und
CSR vorzunehmen, sollen zunächst diese beiden Perspektiven auf die Verantwortung von
Unternehmen näher betrachtet werden. Wie erwähnt, befasst sich Compliance als Managementansatz mit der Verhinderung rechtswidrigen Verhaltens in Unternehmen. Der Gegenstand von Compliance wird im Wesentlichen von der Frage bestimmt: Welche Handlungen
sind rechtlich erlaubt? Sowohl die gesetzlichen als auch weitere an Unternehmen gestellte

regulatorischen Verhaltensanforderungen zählen zu den unternehmensrelevanten Compliance-Regeln, die die Korridore für das gewünschte Verhalten darstellen. Dabei ist nicht nur die jeweils zutreffende Gesetzeslage von Relevanz; vielmehr umfasst Compliance Management auch unternehmenseigene Regeln und Richtlinien, die das Verhalten der Unternehmensmitglieder leiten sollen. Die Ergänzung der durch die Unternehmensmitglieder zu befolgenden Gesetze um passende unternehmensinterne Kodizes, Handbücher, Richtlinien etc. ist in der Regel sogar notwendig, um das gewünschte regelkonforme Verhalten für den jeweiligen Unternehmenskontext bzw. für spezifische Funktionen, Abteilungen, Einheiten o. Ä. im Unternehmen zu konkretisieren (Grüninger 2014). Grundlegend für Compliance-Ansätze ist somit eine Orientierung an Regeln, durch deren Verbreitung und Einübung das gewünschte Verhalten sichergestellt werden soll.

Ein wesentliches Element bei einer solchen regelorientierten Herangehensweise ist die im Unternehmen kodifizierte Norm, die das gewünschte Verhalten vorgibt sowie dessen Gültigkeitsbereich bestimmt. Der Gegenstand von Normen sind also spezifische Handlungen, die verbindlich vorgeschrieben werden (z. B. „Neue Mitarbeiter müssen den Verhaltenskodex kennen und dessen Einhaltung schriftlich bestätigen.") oder deren Unterlassung obligatorisch ist (z. B. „Die Ausübung einer Nebentätigkeit ohne Zustimmung des Arbeitgebers ist verboten."). In Unternehmen werden Normen etabliert, um die Möglichkeiten für unerwünschtes Verhalten innerhalb der Organisation zu schließen. Das Verhalten soll an deklarierte, nachprüfbare normative Standards gebunden werden, deren Einhaltung durch das Compliance-Programm sichergestellt werden soll. Das übergeordnete Ziel eines Compliance-Ansatzes ist also – wie der Begriff bereits zum Ausdruck bringt – Konformität (vgl. Ulrich 2004).

Entscheidend bei einer solchen Herangehensweise ist es, sowohl negative Sanktionen zu definieren, die bei bestimmten Regelverletzungen greifen, als auch effektive und sichtbare Kontrollen einzuführen. Letzteres ist besonders deshalb wichtig, weil das konforme Verhalten des Regeladressaten nicht nur von der Existenz und Höhe einer möglichen Sanktion abhängt, sondern auch von subjektiven Entdeckungswahrscheinlichkeiten des Fehlverhaltens beeinflusst wird (Bussmann 2009). Ein regelorientierter Compliance-Ansatz basiert somit grundsätzlich auf den drei Elementen: Regeln, Kontrollen, Sanktionen. Das Ziel der Compliance bezieht sich dann im Wesentlichen auf diejenigen Verhaltensweisen der Unternehmensmitglieder, die unternehmensintern klar definiert sind. Im Zentrum der Arbeit von Compliance-Abteilungen steht demnach oft die Frage, wie das gewünschte Verhalten erreicht werden kann, also welche Prozesse, Strukturen etc. hierfür nötig sind.

Im Gegensatz zu den Compliance-Bemühungen, die ein Unternehmen zur Wahrnehmung seiner rechtlichen Verantwortung auf sich nimmt, ist das bereits angesprochene Engagement von Unternehmen im Rahmen der Corporate Social Responsibility wesentlich darauf ausgerichtet, gesellschaftliche Ansprüche mit dem Unternehmenshandeln zu vereinen. Auch wenn es weltweit keine durchweg einheitliche Definition des Konzepts gibt, ist ein Verständnis von CSR verbreitet, das Corporate Social Responsibility als die Wahrnehmung gesellschaftlicher Verantwortung durch Unternehmen über gesetzliche Anforderungen hinaus bestimmt. Es geht also nicht nur darum, das rechtlich Erlaubte in den

Blick zu nehmen, sondern durch eine erweiterte Perspektive die Interessen der Stakeholder eines Unternehmens zu berücksichtigen. „. . . CSR involves a business identifying its stakeholders and incorporating their needs and values within the day-to-day decision-making process" (Okpara und Idowu 2013). Für Deutschland ist hier unter anderem die Nationale CSR-Strategie zur gesellschaftlichen Verantwortung von Unternehmen zu erwähnen, die im Jahr 2010 ins Leben gerufen wurde und eine „nachhaltige, wirtschaftlich stabile, sozial ausgewogene und umweltverträgliche Entwicklung der Wirtschaft" (Bundesregierung 2010) unterstützen soll.

Mit dem Konzept der CSR rückt somit eine Verantwortungsdimension ins Zentrum, die in klassischen Compliance-Ansätzen so nicht wiederzufinden ist. Um seine Corporate Social Responsibility angemessen wahrzunehmen, muss ein Unternehmen nämlich zunächst ermitteln, worin seine Verantwortung gegenüber der Gesellschaft bzw. seinen Stakeholdern liegt. Die Herangehensweise ist somit stark davon geprägt, in einen Dialog mit Stakeholdern, z. B. Mitarbeitern, Kunden und Lieferanten, zu treten, um erkennen zu können, wie weit die Unternehmensverantwortung reicht, aber auch um deren Grenzen begründen zu können. Während bei Compliance also der Fokus darauf liegt, was die Gesellschaft mittels der Gesetzgebung von Unternehmen verlangt, ist der Blick in CSR-Ansätzen darauf gerichtet, was das Unternehmen der Gesellschaft schuldig ist. Auch wenn hierzu ein Austausch mit den Betroffenen wichtig ist und gesucht werden sollte, sind auch nicht von Stakeholdern angesprochene Auswirkungen der Unternehmenstätigkeit auf die Gesellschaft im Rahmen von CSR zu beachten. Die ernsthafte Wahrnehmung von CSR verlangt von Unternehmen, bereits eigenständig zu ermitteln, was einen moralisch angemessenen Umgang mit ihren Stakeholdern ausmacht. Es geht darum, dass Unternehmen ihre Verantwortung gegenüber der Gesellschaft erkennen – auch ohne dass diese konkret eingefordert wird. Der Begriff der Verantwortung steht hier demnach mehr im Fokus und weist darauf hin, dass Unternehmen nicht nur gesellschaftliche Normen „einhalten" (etwa mittels Social Compliance), sondern der Gesellschaft gegenüber auch „Rede und Antwort" (Ver*antwort*ung) stehen sollten, also ihr Handeln gesellschaftlich rechtfertigen können müssen. Bei einer solchen proaktiven Haltung werden beispielsweise gesamte Lieferketten für eine transparente Nachverfolgung offengelegt, auch wenn etwa der Kunde nicht explizit danach fragt. Somit ist die Perspektive, wie sich die Unternehmensverantwortung definiert, in beiden Fällen eine andere und führt teilweise auch zu unterschiedlichen Aktivitäten der Wahrnehmung dieser Verantwortung.

3 Integrity Management als (integrative) Strategie der Unternehmensverantwortung

Mit dem Blick auf Recht und Gesellschaft, den Compliance- und CSR-Ansätze einnehmen, könnte man meinen, dass die Verantwortung von Unternehmen ausreichend abgedeckt wäre. Wenn Unternehmen die Gesetze einhalten und der Verantwortung gegenüber ihren Stakeholdern nachkommen, ist tatsächlich bereits viel erreicht. Doch ein wesentlicher Aspekt, der das Handeln von Unternehmen prägt und prägen sollte, ist damit zumindest noch nicht konkret benannt: die Frage der Werte, die das Unternehmenshandeln leiten (sollen). Dabei geht es sowohl um moralische Werte als auch um die unternehmensspezifischen Wertvorstellungen, die sich nicht in den Gesetzen wiederfinden und auch nicht immer durch die Interessen der Stakeholder zum Ausdruck kommen. Den Blick auf diese Frage relevanter Unternehmenswerte nimmt der Ansatz des Integrity Managements ein.

3.1 Ziele und Themen

Integrity Management zielt darauf ab, einem Unternehmen verantwortungsbewusstes, moralisches Handeln zu ermöglichen, das zugleich den unternehmensindividuellen Werten und Prinzipien Rechnung trägt. Das Spezifikum dieses Ansatzes liegt also darin, dass es ein anspruchsvolles Konzept der moralischen Verantwortung mit einem unternehmensspezifisch zu setzenden Fokus auf entsprechende Fragen verbindet. Dabei spielen drei Aspekte im Integrity Management eine besonders große Rolle, die sich aus der Bedeutung des Integritätsbegriffs ableiten lassen (vgl. u. a. Halfon 1989; De George 1993; Becker 1998 sowie weiterführend dazu Schöttl 2017).

An erster Stelle gilt für Unternehmen, die sich am Wert der Integrität orientieren, dass sie sich dazu bekennen müssen, *moralisch richtiges* Handeln anzustreben (De George 1993). Diese Forderung leitet sich davon ab, dass Integrität sowohl Personen als auch Unternehmen nur dann zugeschrieben wird, wenn ihrem Reden und Handeln grundsätzlich moralische Ansprüche zugrunde liegen, die sich aus gesellschaftlich geltenden Wertvorstellungen, aber auch aus ethischen Überlegungen speisen. Für Unternehmen bedeutet dies also, dass sie sich neben Gesetzen, denen schließlich häufig auch eine moralische Dimension zukommt, mit moralischen Mindeststandards befassen müssen, die für Unternehmen insgesamt bzw. für ihr jeweiliges Geschäft von Relevanz sind. Hier spielen universell verankerte Grundwerte eine große Rolle, wie Freiheit, Gerechtigkeit oder Gleichheit, da sie einen etablierten Wertekonsens liberaler Demokratien darstellen. Der Maßstab zur Beurteilung des moralischen Fundaments der Unternehmensverantwortung ist zu einem großen Teil letztlich die Fähigkeit des Unternehmens, sein Handeln gegenüber der Gesellschaft bzw. seinen Stakeholdern rechtfertigen zu können. Grundlage hierfür sind nicht nur gesetzliche Bestimmungen, da die Ansprüche der Gesellschaft an das Handeln von Unternehmen über rechtlich Verbrieftes hinausgehen. Doch Compliance als die Einhaltung von Gesetzen und Regeln ist freilich eine Voraussetzung zur Erreichung von Integrität. Somit zeigt sich an dieser Stelle bereits eine erste wesentliche Verbindung zwischen Integrity- und Compliance Management.

Neben diesem moralischen Commitment ist ein zweiter wichtiger Aspekt im Integrity Management, dass ein Unternehmen auch seine *eigenen Werte und Prinzipien* reflektiert, welche der individuellen Unternehmensidentität entsprechen und das Handeln leiten sollen. Unternehmenswerte werden als treibende Kraft und Referenzrahmen eines Unternehmens anerkannt und fungieren als verbindendes Element über verschiedene Funktionen,

Bereiche und Mitarbeitergruppen hinweg (Paine 1994). „The guiding values and commitments...reflect important organizational obligations and widely shared aspirations that
appeal to the organization's members" (Paine 1994). Hiermit wird ein wesentliches Un-
terscheidungsmerkmal zu anderen Ansätzen der Unternehmensverantwortung sichtbar,
die weniger die jeweilige Identität des kollektiven Akteurs in den Blick nehmen. Diese
individuell zu setzenden Werte müssen nicht nur moralischer Natur sein, sondern können auch qualitative, technische, dienstleistungsorientierte, innovative etc. Versprechen an
die Stakeholder enthalten. Entscheidend ist, dass die Unternehmenswerte und -prinzipien
zum einen gut reflektiert und damit begründbar sind, weshalb die Einbindung derjenigen,
die die Werte leben sollen, wichtig ist. Zum anderen sollten die Werte und Prinzipien
dem entsprechen, was das Unternehmen auszeichnet und Bereiche betreffen, in denen
die Ansprüche an das eigene Handeln am höchsten sind. „[A] willingness to go beyond
basic moral requirements characterizes a company with integrity..." (De George 1993).
Als Beispiel für solche hohen Ansprüche an das eigene Handeln kann der Konsumgüter-
konzern Unilever genannt werden, der für sein im Jahr 2010 eingeführtes nachhaltiges
Wachstumsprogramm „Sustainable Living Plan" knapp 60 ambitionierte Ziele formuliert
hat. Hierzu gehört z. B. das Ziel, bis zum Jahr 2020 den Abfall, der durch die Entsorgung der Unilever-Produkte entsteht, zu halbieren. Nicht nur an allgemeinen moralischen
Forderungen, sondern auch an den eigens gesetzten Werten muss sich ein integritätsorien-
tiertes Unternehmen messen lassen. Dieses Merkmal von Integrity-Ansätzen macht deren
Unterschied zum Konzept der CSR deutlich, das sich in hohem Maße daran orientiert,
was das Unternehmen der Gesellschaft entsprechend deren Wertvorstellungen schuldig
ist und weniger, wie das Unternehmen selbst seine Werte und Prinzipien bestimmt und
begründet. Integrity Management stellt somit ein Instrument dar, das integres Unternehmenshandeln insbesondere durch die bewusste Reflexion moralischer Anforderungen und
selbst auferlegter Unternehmenswerte ermöglicht.

Nicht zuletzt zeichnet sich Integrity Management dadurch aus, dass es *integres Unternehmenshandeln* fördern will – also ein Handeln, das moralischen Werten und den
Unternehmenswerten und -prinzipien gerecht wird. Diese Anforderung ergibt sich ebenfalls aus dem Verständnis des Werts der Integrität, der einem Unternehmen nur dann
zugeschrieben werden kann, wenn es konsequent entsprechend seines moralischen und
individuellen Wertebekenntnisses handelt. Dieser Anspruch zeigt sich letztlich besonders
deutlich in herausfordernden Situationen, in denen es gewisser Opfer bedarf, um seine
Integrität zu wahren (vgl. u. a. Maak 2008). Als Beispiel hierfür kann der Outdoorherstel-
ler Vaude genannt werden, der mühsam nach Alternativen für den produktionstechnisch
attraktiven, aber gesundheitlich bedenklichen Kunststoff PVC suchte und einen deutlich teureren Ersatz gewählt hat – um jedoch dem eigenen Versprechen der Nachhaltigkeit gerecht zu werden. Auch wenn es sich um eine moralisch herausfordernde Situation
handelt, in der jede Option Nachteile mit sich bringt, gibt es meist Möglichkeiten, moralische und eigene Wertvorstellungen entweder mehr, aber weniger zu verwirklichen;
integres Handeln zeichnet sich dann dadurch aus, dass es die bestmögliche Realisierung der vertretenen Werte anstrebt. Damit ergeben sich drei Anforderungen, die ein

Abb. 1 Merkmale des Integrity Managements. (Eigene Darstellung)

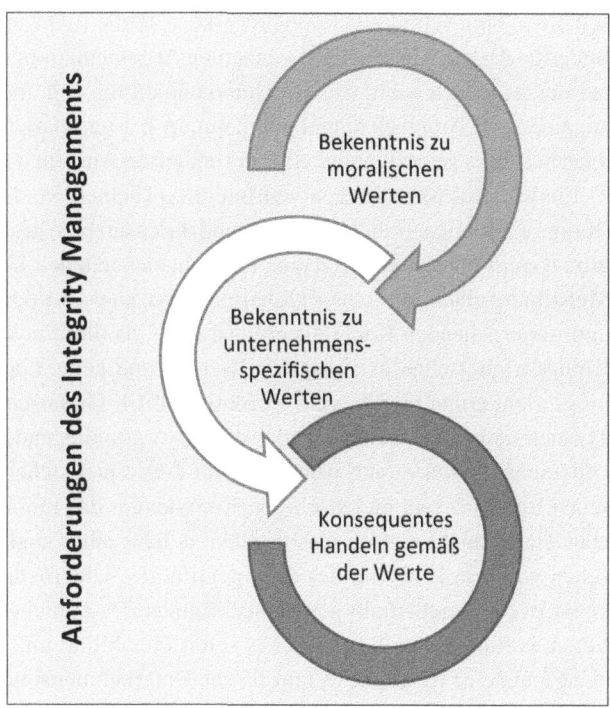

Unternehmen bei der Implementierung von Integrity Management erfüllen sollte (siehe Abb. 1).

Wird die Unternehmensverantwortung mittels des zuvor skizzierten Ansatzes des Integrity Managements wahrgenommen, geraten eine Vielzahl von Themen in das Blickfeld, die sich von den Fragestellungen der Compliance und der CSR unterscheiden können. Kennzeichen der Themen, die im Integrity Management eine besonders große Rolle spielen, ist einerseits, dass diese moralisch relevant sind. Das heißt, sie betreffen sowohl – aber nicht nur – gesellschaftlich oder universell anerkannte moralische Werte als auch eigene Überzeugungen. So ist etwa die Frage wie das Unternehmen Facebook mit der Zensur von Inhalten umgeht, u. a. sowohl abhängig von gesellschaftlich geachteten Werten, z. B. Meinungsfreiheit und dem Schutz von Minderjährigen, aber auch vom eigenen Selbstverständnis und den eigenen Prioritäten hinsichtlich dieser und anderer Werte. Weiterhin sind die Themen oft am Ort ihres Entstehens, also in der lokal gültigen Gesetzgebung, juristisch nicht eindeutig bzw. hinreichend geregelt, verschließen sich einer klaren Regulierung oder sind in den verschiedenen Rechtssystemen unterschiedlich reguliert. Dies betrifft unter anderem Fragen zu Arbeitsbedingungen, die in den Ländern verschieden geregelt sind, wodurch sich die Frage stellt, an welchem Standard sich ein international tätiges Unternehmen ausrichtet. Nach einem klassischen Compliance-Ansatz würde das Unternehmen seiner Verantwortung nachkommen, wenn es die jeweils vor Ort geltenden Gesetze einhält. Corporate Social Responsibility-Ansätze würden vermutlich auf gesellschaftlich breit verankerte Rahmenwerke, z. B. die ILO Kernarbeitsnormen, verweisen. Im Integrity-Ansatz würden beide genannten Argumentationsweisen eine Rolle spielen, darüber hinaus jedoch auch, wie das Unternehmen für sich, möglicherweise je nach Standort, angemessene Arbeitsbedingungen definiert hat und dass es sein Handeln konsequent an diesem eigens gesetzten und ethisch fundierten Anspruch misst.

Ein weiteres Kennzeichen von Integrity-Themen ist, dass es zu deren Behandlung oft wenige eindeutige, breit akzeptierte und durchsetzbare praktische Standards oder Normen gibt, die ein konsistentes integres Handeln sicherstellen könnten. So gibt es etwa bei den Menschenrechten, die einen global gültigen Standard darstellen, Anwendungsprobleme und weitergehenden Konkretisierungsbedarf, da diese in den verschiedenen Ländern und Kulturen unterschiedlich ausgelegt werden und keine klare und allgemeingültige Handlungsorientierung bieten (vgl. Spießhofer 2014; Grabosch und Scheper 2015). Integrity-Themen finden sich also besonders dort, wo grundlegende moralische Werte oder eigene Unternehmenswerte und -prinzipien auf dem Spiel stehen und wo aufgrund der moralischen Relevanz und gleichzeitigen Komplexität das moralisch und ökonomisch richtige Handeln oft nicht einfach festzustellen ist bzw. einer konkreten Auslegung bedarf. Nicht selten wird ein Problem, das die Integrität des Unternehmens betrifft, gar nicht erst erkannt, weil es außerhalb gewohnter Bahnen des täglichen Handelns im vermeintlichen Verantwortungsbereich liegt und es somit Flexibilität im Denken sowie Vorstellungskraft bedarf, um eine mögliche Gefahr für die Unternehmensintegrität zu erkennen. Auch wenn die Fälle noch nicht vollständig aufgeklärt sind und zugleich massive Compliance-Verstöße betreffen, kann die Aufdeckung der Manipulation von Software zur unzulässigen Überschreitung von Verschmutzungsgrenzwerten durch Volkswagen und möglicherweise andere Hersteller als Beispiel für ein solches Versagen dienen. Hieran zeigt sich, dass es zur erfolgreichen Behandlung von Integrity-Themen notwendig ist, die moralischen Kompetenzen der Unternehmensmitglieder wie deren Wahrnehmung zu schulen, was die Herangehensweise im Integrity Management kennzeichnet.

3.2 Herangehensweise

Neben den gegenüber CSR- und Compliance-Ansätzen teilweise unterschiedlichen Handlungsfeldern, die im Integrity Management thematisiert werden, lassen sich ebenso Differenzen in der Herangehensweise an Fragen der Unternehmensverantwortung ausmachen. Integrity Management zielt darauf ab, integres, verantwortungsbewusstes Handeln zu fördern – und nicht regelverletzendes Verhalten zu verhindern, wie es im Compliance Management der Fall ist. Dieser Perspektivwechsel setzt somit auch andere praktische Instrumente voraus, um das Ziel zu erreichen. Der Fokus liegt stark auf einer Förderung der Reflexions- und Handlungskompetenzen der Unternehmensmitglieder, eigenständig das der Integrität des Unternehmens entsprechende Handeln zu erkennen und umzusetzen (vgl. u. a. Maak und Ulrich 2007). Es wird weniger mit festgelegten Regeln und Richtlinien gearbeitet, sondern eher die individuelle Verantwortungswahrnehmung der Mitarbeiter gefördert, die sich an der gemeinsamen Wertekultur im Unternehmen orientiert. Ziel ist es, dass ein Mitarbeiter selbst erkennt und für sich als Aufgabe definiert, dass es in seinem Wirkungsbereich integritätsrelevante Fragestellungen gibt, die er fundiert bewerten und einer verantwortungsbewussten Entscheidung zugänglich machen muss (vgl. Wieland 2014).

Diese Herangehensweise leitet sich von der Erkenntnis ab, dass Menschen nicht ausschließlich von materiellem Eigeninteresse geleitet sind, sondern sich auch an (moralischen) Werten und Idealen orientieren und diese oft für die Motivation des Akteurs ausschlaggebend sind. Verantwortungsvolles Handeln könne nur durch „self-governance in accordance with a set of guiding principles" erreicht werden, so Paine (1994), eine entscheidende Wegbereiterin der Diskussion um Integrity Management. Es geht also darum, dass das Unternehmen mittels seiner Werteausrichtung eine Umgebung schafft, die zu eigenverantwortlichem moralischen Handeln motiviert. Werte sind für die Motivation des Handelnden deshalb wichtig, weil sie den Sinn einer Handlung ins Zentrum rücken und somit etwa die Einhaltung von bestimmten Verhaltensvorgaben begreifbar machen und rechtfertigen können. Durchgängig handlungswirksam sind Vorgaben schließlich nicht aus sich heraus, sondern erst auf Basis einer Vorstellung des Guten, die in Werten zum Ausdruck kommt und vom handelnden Akteur anerkannt wird. Im Gegensatz zu Compliance-Strategien steht bei einem Integrity-Ansatz somit die eigentliche Absicht der Gesetze, Regeln usw. im Zentrum, wodurch Unternehmen nicht selten dazu aufgefordert sind, über nationale Gesetzesanforderungen hinaus tätig zu werden bzw. die rechtlichen Grundlagen nicht als alleiniges Handlungskriterium anzusehen. So ist etwa die Auszahlung von Boni an Top-Führungskräfte nach der Aufdeckung von gravierendem Fehlverhalten innerhalb des Unternehmens, wie in zahlreichen Fällen bei der Deutschen Bank (Zinsmanipulation, Betrug beim Geschäft mit Hypothekenkrediten usw.) oder Volkswagen (im sog. Abgasskandal) oft regelkonform, d. h. „compliant", aber im Sinne der Integrität nicht zu rechtfertigen und würde somit anderes Handeln als gemäß der rechtlichen Ausgangssituation erfordern.

Zur Reflexion des eigenen Handelns auf Basis der Unternehmenswerte und Prinzipien werden in ähnlicher Weise wie dies im Rahmen des CSR-Managements erfolgt, teilweise auch anerkannte Rahmenwerke und Standards herangezogen, doch gleichzeitig wird die eigenständige situative Auslegung des Handelns im Sinne der Integrität bezogen auf den jeweiligen Kontext stärker in den Vordergrund gestellt. Werden moralische Grundwerte oder eigene Unternehmenswerte und -prinzipien verletzt? Lässt sich die Entscheidung vor dem Hintergrund der Unternehmensidentität und den geleisteten Versprechen begründen? Wie kann die Umsetzung der gezogenen Schlussfolgerung für das jeweilige Unternehmen gelingen? Im Integrity Management stellen sich somit Fragen, die von der Wahrnehmung einer möglicherweise integritätsverletzenden Situation über deren Bewertung im Sinne der Unternehmensintegrität bis hin zur praktischen Umsetzung von Entscheidungen im jeweiligen Kontext reichen. Um diese Schritte erfolgreich meistern zu können, ist eine hohe Sensibilisierung der Mitarbeiter hinsichtlich möglicherweise für die Integrität des Unternehmens kritischen Situationen notwendig, zusammen mit deren Befähigung, eigenständig Verantwortung zu übernehmen und ethisch fundierte Entscheidungen zu treffen. Gleichzeitig nimmt Integrity Management die Strukturen und Prozesse im Unternehmen unter die Lupe und richtet die Organisation so aus, dass verantwortungsvolles Handeln möglich ist (z. B. durch eine partizipative diskursive Infrastruktur) und entsprechend honoriert wird (z. B. durch Verhinderung einseitig an ökonomischen Kennzahlen ausgerichteter Vergütung oder Beförderungspraxis). Der Blick ist somit im Vergleich zu CSR-Strategien, die sich in der Regel an gesellschaftlichen Strömungen orientieren und Außenstehende oft als primäre Adressaten haben, stärker nach innen gerichtet, auf die Identität, Kompetenzen und das Potenzial des jeweiligen Unternehmens bzw. seiner Mitglieder.

3.3 Verbindung mit CSR und Compliance

Wie bereits an mehreren Stellen sichtbar geworden ist, gibt es einige Berührungspunkte des Integrity Managements mit CSR- und Compliance Management, auch wenn die Ansätze eine unterschiedliche Perspektive auf Fragen der Unternehmensverantwortung einnehmen. Wenn ein Unternehmen seiner Corporate Social Responsibility so gut wie möglich nachkommen möchte sowie Integritätsverletzungen und Compliance-Verstöße vermeiden will, haben alle drei Ansätze ihre Berechtigung und können einen Beitrag zu verantwortungsvoller Unternehmensführung leisten. Gleichzeitig hat jede Strategie ihre Grenzen, weshalb je nach Anspruch und Ausrichtung des Unternehmens eine Verbindung der Ansätze bzw. einzelner Elemente den richtigen Weg darstellen kann.

Offensichtlich ist für einige Handlungsbereiche von Unternehmen eine Null-Toleranz-Strategie verbunden mit klar festgelegten Sanktionen und etablierten Kontrollmechanismen erforderlich, um die notwendige Eindeutigkeit und Verbindlichkeit herzustellen, beispielsweise hinsichtlich der Prävention von sexueller Belästigung, Korruption oder Kartellen. Hier hat der Compliance-Ansatz seine Stärken, da er auf die Durchsetzung klarer Regeln und Richtlinien sowie die Überwachung von deren Einhaltung abstellt und die Verhaltensvorgaben auf eine solide rechtliche Basis stellt. Beim Verfolgen einer reinen Compliance-Strategie wird jedoch schnell sichtbar, dass die Sicherstellung der Einhaltung von Gesetzen und Regeln zwar notwendige Voraussetzung für das Bestehen eines Unternehmens ist, aber allein nicht genügen kann, um mit den vielfältigen Ansprüchen, denen sich ein Unternehmen ausgesetzt sieht, angemessen umzugehen und ihnen je nach Fall gerecht zu werden. Auch deshalb reift aktuell das Konzept der Social Compliance immer mehr aus, also der Beachtung gesellschaftlicher Anforderungen im Rahmen des Compliance Managements (siehe hierzu Kleinfeld und Zubrod 2016). Bereits um „Compliance to the spirit of the law" zu erreichen, also ein Handeln im Geiste der Gesetze, muss ein Grundverständnis der Beweggründe für Gesetze und Regeln angeeignet werden. Für eine adäquate Erfüllung von Stakeholderinteressen im Sinne der CSR muss das Verständnis der Gründe und Konsequenzen des eigenen Handelns und des Verhaltens anderer Akteure hingegen noch ausgeprägter sein, um dieses in situationale Abwägungsprozesse einbringen zu können. Damit ein Unternehmen also seiner tatsächlichen (nicht nur rechtlichen)

Verantwortung nachkommen kann, ist Compliance als Strategie der Risikobegrenzung um weitere Perspektiven zu ergänzen, die zur Legitimation der Geschäftstätigkeit beitragen. Dies ist besonders dort notwendig, wo das Unternehmenshandeln stark von der der Interaktion mit den Stakeholdern und der Gesellschaft insgesamt geprägt ist, im Bereich der Mitarbeiterführung, der Kundenbehandlung oder bei bedeutenden Auswirkungen am Unternehmensstandort.

Hier spielt der CSR-Ansatz eine große Rolle, da er eine ganzheitliche Sicht auf die Auswirkungen der Geschäftstätigkeit von Unternehmen auf die Gesellschaft einnimmt und somit auch Aspekte in den Fokus rückt, die in der aktuellen Gesetzgebung nicht berücksichtigt werden (sollen). Welche dies sind, wird dabei stark aus dem gesellschaftlichen bzw. Stakeholder-Diskurs heraus definiert und spiegelt sich in etablierten Rahmenwerken oder Best-Practice-Standards wieder, wobei oft auf die drei Nachhaltigkeitsdimensionen des Ökonomischen, Sozialen und Ökologischen Bezug genommen wird. Das Engagement der Unternehmen orientiert sich vielmals an von außen an das Unternehmen herangetragenen Forderungen hinsichtlich der Unternehmensverantwortung, wie beispielsweise der Diskussionen über nachhaltige Mobilität, Tierwohl, fair hergestellte Kleidung, oder etwa an allgemeinen Standards wie den UN-Leitprinzipien für Wirtschaft und Menschenrechte bzw. dem entsprechenden nationalen Aktionsplan zu deren Umsetzung, den Sustainable Development Goals oder dem UN Global Compact.

Das richtige Handeln ist jedoch nicht immer durch Verweis auf Regeln, etablierte CSR-Standards oder eigene CSR-Ziele zu ermitteln, denn: „No set of moral rules or norms can be exhaustive in their specifity, and no set of them can ever replace moral reasoning in given situations" (De George 1993). An dieser Stelle setzt Integrity Management an und zielt darauf ab, durch eine ausgeprägte Wertekultur und die Förderung von Eigenverantwortung auch in solchen regelungsarmen Situationen verantwortungsbewusstes Handeln der jeweiligen Akteure zu erreichen. Weil wir es bei Werten mit evaluativen Urteilen zu tun haben, die oft einen gemeinsamen Nenner unterschiedlicher Positionen darstellen, eignen sie sich als sinnstiftende Motivatoren und richtungsweisende Leitbilder, die den grundlegenden Rahmen einer Strategie der Unternehmensverantwortung vorgeben können (Schöttl und Ranisch 2016). Die Bedeutung der Werte kann und muss daraufhin im Unternehmensalltag konkretisiert werden. Ein profanes Beispiel hierfür ist, wenn etwa der Wert der Gesundheit nicht bloß in Regeln des Arbeitsschutzes eine Rolle spielt, sondern im Bewusstsein der Unternehmensmitglieder verankert ist und beispielsweise von den Mitarbeitern Yogaunterricht in der Mittagspause organisiert wird, an dem wiederum auch Führungskräfte teilnehmen. Hierzu ist ein reflexives Verhältnis zum Wert Gesundheit nötig, was mittels Integrity Management unterstützt werden soll. Eine solche Strategie berücksichtigt dabei die Identität, die jeweils eigenen Wertsetzungen und individuellen Stärken eines Unternehmens, wenn es um die Wahrnehmung von dessen Verantwortung geht. Dass hierbei Instrumente für eine konsequente Gesetzeseinhaltung ebenfalls notwendig sind und auch der Blick auf die gesellschaftlichen Auswirkungen des eigenen Tuns im Rahmen von CSR unerlässlich ist, verdeutlicht die Notwendigkeit einer Verbindung verschiedener Perspektiven zur Wahrnehmung von Unternehmensverantwortung.

4   Fazit

Es kann festgehalten werden, dass Integrity Management die Perspektiven Compliance und CSR ergänzen kann, indem es die zu einem Unternehmen passende Werteausrichtung stärker in den Blick nimmt. Verantwortungsvolles Handeln soll hier dadurch erreicht werden, indem sich die Mitarbeiter mit den Werten und Prinzipien des Unternehmens identifizieren und eigenständig ihre Verantwortung erkennen. Dass eine solche Ausrichtung auch unter den Labels von Compliance und CSR behandelt werden kann, ist selbstredend. Der Fokus und die Herangehensweise an Themen der Unternehmensverantwortung ist dort jedoch meist anders gewählt und orientiert sich stärker an externen Forderungen der Gesellschaft und Stakeholder bzw. des Gesetzgebers. Dieser Horizont ist ebenso wichtig, kann aber durch eine Ergänzung, um ein Streben nach Integrität bzw. eigenen Werten und Prinzipien, bereichert werden. Denn gerade für eine langfristig erfolgreiche Wahrnehmung der eigenen Verantwortung ist die bewusste Konzentration auf die jeweiligen Stärken eines Unternehmens und dessen Mitarbeiter wichtig und notwendig. Dadurch kann der thematische Gegenstand eines Integrity-Ansatzes je nach Ausgestaltung durch das Unternehmen weiter oder enger sein als bei anderen Ansätzen der Unternehmensverantwortung und ist in höherem Maße mit der Identität des Unternehmens verknüpft. In organisatorischer Hinsicht ist zur Umsetzung nicht die Einrichtung von drei verschiedenen Abteilungen notwendig; es geht vielmehr darum, diese unterschiedlichen Perspektiven auf Fragen der Unternehmensverantwortung mitzudenken und in der eigenen Strategie zu berücksichtigen, die unter einem Dach entwickelt werden kann. Dass hierbei zur Erreichung unterschiedlicher Ziele – Regeleinhaltung, Förderung von Nachhaltigkeit etc. – verschiedene Herangehensweisen nötig sind, ist stets zu beachten.[1]

Literatur

Becker TE (1998) Integrity in organizations: beyond honesty and conscientiousness. Acad Manag Rev 23(1):154–161

Bundesregierung (2010) Nationale Strategie zur gesellschaftlichen Verantwortung von Unternehmen (Corporate Social Responsibility – CSR). Aktionsplan CSR. Bundesregierung, Berlin (http://www.bundesregierung.de/Content/DE/_Anlagen/Nachhaltigkeit-wiederhergestellt/2010-12-07-aktionsplan-csr.pdf?__blob=publicationFile&v=2. Zugegriffen: 20. Aug. 2017)

Bussmann KD (2009) Compliance in der Zeit nach Siemens – Corporate Integrity, das unterschätzte Konzept. Betriebswirtschaftliche Forsch Prax 61(5):506–523

De George RT (1993) Competing with integrity in international business. Oxford University Press, New York

Grabosch R, Scheper C (2015) Die menschenrechtliche Sorgfaltspflicht von Unternehmen. Politische und rechtliche Gestaltungsansätze. Friedrich-Ebert-Stiftung, Globale Politik und Entwicklung, Berlin

---

[1] Dieser Aufsatz führt Überlegungen weiter, die erstmals in Schöttl 2018 ausgeführt wurden.

Grüninger S (2014) Werteorientiertes Compliance-Management-System. In: Wieland J, Steinmeyer R, Grüninger S (Hrsg) Handbuch Compliance-Management, 2. Aufl. Erich Schmidt, Berlin, S 41–70

Halfon MS (1989) Integrity. A philosophical inquiry. Temple University Press, Philadelphia

Kleinfeld A, Zubrod AK (2016) Social compliance. Compliance-Berater 133(5):133–137

Maak T (2008) Undivided corporate responsibility: towards a theory of corporate integrity. J Bus Ethics 82(2):353–368. https://doi.org/10.1007/s10551-008-9891-0

Maak T, Ulrich P (2007) Integre Unternehmensführung. Ethisches Orientierungswissen für die Wirtschaftspraxis. Schäffer-Poeschel, Stuttgart

Okpara JO, Idowu SO (2013) Corporate social responsibility. Challenges, opportunities and strategies for 21st century leaders. Springer, Berlin, Heidelberg

Paine LS (1994) Managing for organizational integrity. Harv Bus Rev 72(2):109–117

Schöttl L (2018) Integrität in Unternehmen – Konzept, Management, Maßnahmen. Springer Gabler, Wiesbaden

Schöttl L, Ranisch R (2016) Compliance- und Integrity-Ansätze in der Unternehmensethik: Normenorientierung ohne Werte oder Werteorientierung ohne Normen? Zeitschrift Für Wirtschafts-Unternehmensethik 17(2):311–326

Spießhofer B (2014) Wirtschaft und Menschenrechte – rechtliche Aspekte der Corporate Social Responsibility. NJW 67(34):2473–2479

Ulrich P (2004) Normative Orientierungsprozesse. In: Dubs R, Euler D, Rüegg-Stürm J, Wyss CE (Hrsg) Einführung in die Managementlehre, Bd. 2. Haupt, Bern, S 23–37 (4 Bände)

Wieland J (2014) Integritäts- und Compliance-Management als Corporate Governance – konzeptionelle Grundlagen und Erfolgsfaktoren. In: Wieland J, Steinmeyer R, Grüninger S (Hrsg) Handbuch Compliance-Management, 2. Aufl. Erich Schmidt, Berlin, S 15–40

**Lisa Schöttl** ist Senior Consultant im Bereich Risk Consulting bei PwC. Sie hat ihre Dissertation an der Zeppelin Universität Friedrichshafen zum Thema Integrity Management in Unternehmen verfasst und unterrichtet unter anderem Wirtschaftsethik, Compliance und CSR an diversen Hochschulen.

Lisa Schöttl arbeitete von 2013 bis 2016 als Projekt- und Institutsmanagerin am Center for Business Compliance & Integrity (CBCI) sowie am Konstanz Institut für Corporate Governance (KICG) und war in dieser Zeit unter anderem Koordinatorin des Forum Compliance & Integrity (FCI). Sie absolvierte ihr Studium in Politik- und Verwaltungswissenschaft sowie (Wirtschafts-) Ethik an den Universitäten Konstanz, Jena und Berkeley, California.

Rechtliche Rahmenbedingungen für CSR und Compliance in deutschen Unternehmen

Olaf Methner und Julius Reiter

1 Compliance in der deutschen Gesetzgebung

1.1 Gesetzliche Vorschriften des KonTraG

Eine gesetzliche Regelung fand der Compliancegedanke erstmals im Jahre 1998, als nach einigen aufsehenerregenden Unternehmenskrisen das Gesetz zur Transparenz und Kontrolle im Unternehmensbereich (KonTraG; BGBl. 1998 I, S. 786) eingeführt wurde. Ziel dieses Gesetzes war es, die Corporate Governance in deutschen Unternehmen zu verbessern und hierdurch das Vertrauen und die Interessen der Anteilseigner zu stärken. Als zentrale Vorschrift wurde die Regelung des § 91 Abs. 2 AktG eingeführt, wonach Unternehmen ein unternehmensweites Risikofrüherkennungssystem einführen und betreiben müssen. § 91 Abs. 2 AktG lautet:

> Der Vorstand hat geeignete Maßnahmen zu treffen, insbesondere ein Überwachungssystem einzurichten, damit den Fortbestand der Gesellschaft gefährdende Entwicklungen früh erkannt werden.

Welche Maßnahmen im Einzelnen zu treffen sind, ist allerdings gesetzlich nicht festgeschrieben. Es gilt lediglich die allgemeine Vorschrift des § 93 Abs. 1 AktG, wonach der Vorstand bei der Umsetzung von Maßnahmen und der Einführung entsprechender Systeme mit der Sorgfalt eines ordentlichen und gewissenhaften Geschäftsleiters vorzugehen hat. Im Übrigen gelten die Bestimmungen des KonTraG nicht nur für Aktiengesellschaften, sondern strahlen auch auf die KGaA und auf viele GmbHs, insbesondere mit mitbestimmungsrechtlich erforderlichen oder fakultativen Aufsichtsräten aus (vgl. Pelz 2016, S. 96).

O. Methner (✉) · J. Reiter
Rechtsanwälte Baum Reiter & Collegen
Düsseldorf, Deutschland
E-Mail: kanzlei@baum-reiter.de

© Springer-Verlag GmbH Deutschland, ein Teil von Springer Nature 2018
A. Kleinfeld und A. Martens (Hrsg.), *CSR und Compliance*,
Management-Reihe Corporate Social Responsibility,
https://doi.org/10.1007/978-3-662-56214-7_3

1.2 Deutscher Corporate-Governance-Kodex

Nach der Holzmann-Insolvenz im Jahr 2000 wurde zur Konkretisierung von Verhaltensvorgaben für Unternehmen durch eine unabhängige Regierungskommission der Deutsche
Corporate Governance Kodex (DCGK) ausgearbeitet und am 26.02.2002 der Bundesregierung übergeben.[1] Dieser Kodex enthält einen Code of Best Practice für deutsche
Unternehmen, indem Empfehlungen und Anregungen formuliert werden. Diese Empfehlungen haben keinen unmittelbaren Gesetzesrang und müssen nicht zwingend befolgt
werden. Nach § 161 AktG müssen aber Abweichungen von den Empfehlungen in einer sogenannten Entsprechenserklärung seitens des Vorstands und des Aufsichtsrates begründet
und offengelegt werden. Im Ergebnis muss sich also ein Unternehmen mit den Regelungen des DCGK auseinandersetzen und für sich sorgfältig prüfen, welchen Empfehlungen
es folgt und warum es einzelnen Empfehlungen nicht folgt. Verstöße hiergegen können
zur Anfechtung entsprechender Hauptversammlungsbeschlüsse führen.

► Rechtsprechung zur Entsprechenserklärung (§ 161 AktG):

- OLG München, Urt. v. 06.08.2008, 7 U 5628/07: Der Beschluss der Hauptver-
  sammlung eines Unternehmens kann angefochten werden, wenn erklärt
  worden ist, der DCGK werde in dem betreffenden Punkt befolgt und dies
  tatsächlich nicht der Fall ist. Wenn eine Entscheidung in Abweichung vom
  DCGK getroffen werden soll, müssen diese Abweichungen veröffentlicht
  werden. Ansonsten liegt ein Verstoß gegen § 161 AktG und damit ein Anfechtungsgrund vor.
- BGH, Urt. v. 21.09.2009, II ZR 174/08: Nach Ziff. 5.5.3 des DCGK muss über das
  Vorliegen eines Interessenkonfliktes bei einem Organmitglied sowie über
  den Umgang hiermit berichtet werden. Eine Abweichung hiervon muss
  veröffentlicht werden. Ansonsten liegt ein Verstoß gegen § 161 AktG und
  damit ein Anfechtungsgrund für einen Entlastungsbeschluss vor, wenn die
  unterbliebene Information objektiv relevant war.

Der DCGK wiederholt zudem zwingende gesetzliche Vorschriften und hat diesbezüglich einen wichtigen Informationscharakter für Unternehmen.

Jährlich wird der DCGK von der Regierungskommission Deutscher Corporate-Governance-Kodex überprüft und aktuellen Bedürfnissen sowie Gesetzgebungsänderungen angepasst.

---

[1] Erstveröffentlichung durch das Bundesministerium der Justiz am 30.08.2002, eBAnz 2002 B1.

1.3   Auswirkung der Vorschriften für Wertpapierhandelsunternehmen

Eine konkrete Regulierung des erforderlichen Compliancemanagements findet sich für den Bereich der Wertpapierhandelsunternehmen in den Mindestanforderungen an die Compliancefunktion und die weiteren Verhaltens-, Organisations- und Transparenzpflichten nach §§ 31 ff. WpHG.[2] Der Abschnitt BT1 beschreibt dort die organisatorischen Anforderungen und Aufgaben der Compliancefunktion nach § 33 Abs. 1 WpHG. So muss eine unabhängige Compliancefunktion eingerichtet werden, die Überwachungsaufgaben, Risikoanalysen und Beratungsaufgaben durchzuführen hat und in die wesentliche Geschäftsprozesse einzubinden sind. Der Compliancebeauftragte und seine Mitarbeiter müssen sachkundig und zuverlässig sein und mit den erforderlichen Befugnissen und Mitteln ausgestattet werden. Die Unabhängigkeit der Complianceorganisation muss gewährleistet werden und es muss seitens der Complianceabteilung auch ohne konkrete Anlässe einen Überwachungsplan geben, der auch entsprechend umgesetzt wird.

Diese Regelungen gelten zwar unmittelbar nur für Wertpapierdienstleistungsunternehmen, haben aber auch für andere Unternehmen Vorbildcharakter und können als verbindlicher Leitfaden dienen (vgl. Borowa in: Bay und Hastenrath 2016, Kap. 5, Rn. 23). Die Missachtung dieser Standards kann deshalb die Verletzung der erforderlichen Aufsichtspflichten bedeuten und nach § 130 OWiG die Verwirklichung einer Ordnungswidrigkeit mit der Folge der u. g. Geldbußen darstellen.

1.4   Strafrecht/Ordnungswidrigkeitenrecht

1.4.1   Tatbestände

Im deutschen Recht gibt es zwar keine Unternehmensstrafbarkeit, sondern nur eine strafrechtliche Verantwortung natürlicher Personen. Allerdings ermöglicht im Ordnungswidrigkeitenrecht § 30 OWiG die Verhängung von Geldbußen gegen Unternehmen, deren vertretungsberechtigte Organe oder andere Verantwortliche gegen Unternehmenspflichten verstoßen haben. § 30 Abs. 1 OWiG lautet:

Hat jemand

1. als vertretungsberechtigtes Organ einer juristischen Person oder als Mitglied eines solchen Organs,
2. als Vorstand eines nicht rechtsfähigen Vereins oder als Mitglied eines solchen Vorstandes,
3. als vertretungsberechtigter Gesellschafter einer rechtsfähigen Personengesellschaft,
4. als Generalbevollmächtigter oder in leitender Stellung als Prokurist oder Handlungsbevollmächtigter einer juristischen Person oder einer in Nummer 2 oder 3 genannten Personenvereinigung oder

---

[2] BaFin, Rundschreiben 4/2010 (WA) – MaComp, v. 07.06.2010, zuletzt geändert am 08.03.2017.

5. als sonstige Person, die für die Leitung des Betriebs oder Unternehmens einer juristischen Person oder einer in Nummer 2 oder 3 genannten Personenvereinigung verantwortlich handelt, wozu auch die Überwachung der Geschäftsführung oder die sonstige Ausübung von Kontrollbefugnissen in leitender Stellung gehört,

eine Straftat oder Ordnungswidrigkeit begangen, durch die Pflichten, welche die juristische Person oder die Personenvereinigung treffen, verletzt worden sind oder die juristische Person oder die Personenvereinigung bereichert worden ist oder werden sollte, so kann gegen diese eine Geldbuße festgesetzt werden.

Die Geldbuße beträgt bei fahrlässigen Straftaten bis zu 5 Mio. €, bei vorsätzlichen Taten sogar bis zu 10 Mio. €. Mit dieser Vorschrift können ausnahmsweise auch Unternehmen von den Strafverfolgungsbehörden belangt und für ein Fehlverhalten ihrer Vertreter bestraft werden.

Die Vorschrift ist allerdings nicht einschlägig, wenn die Straftaten von Mitarbeitern unterhalb der Leitungsebene begangen werden. Dann kann aber eine Verantwortung der Geschäftsleitung nach § 130 OWiG bestehen, wenn die Tat des Mitarbeiters durch gehörige Aufsichtsmaßnahmen hätte verhindert oder erschwert werden können und eine derartige Aufsicht unterlassen wurde. Welchen Inhalt und Umfang diese Aufsichtsmaßnahmen haben sollen, ist im Gesetz nicht festgelegt. Als beispielhafte Fälle werden die Bestellung, sorgfältige Auswahl und Überwachung von Aufsichtspersonen genannt. Allgemein ist aus § 130 OWiG aber eine Pflicht zur Einführung eines effektiven Compliancemanagementsystems abzuleiten (Borowa in: Bay und Hastenrath 2016, Kap. 5, Rn. 22).

1.4.2 Rechtsprechung

Seitens der Geschäftsleitung eines Unternehmens muss allgemein ein Compliancesystem eingerichtet werden, damit die Begehung von Rechtsverstößen durch die Mitarbeiter bereits systematisch vermieden wird.[3] Eine Pflichtverletzung der Geschäftsleitung ist daher zu bejahen, wenn sie auf ein Compliancesystem verzichtet oder wenn es mangelhaft eingerichtet oder nur unzureichend auf seine Umsetzung und Funktionalität überwacht wird. Soweit es hierdurch zu Rechtsverstößen kommt, kann die Geschäftsleitung auch seitens des Unternehmens bzw. seiner Gesellschafter zivilrechtlich auf Schadenersatz in Anspruch genommen werden und nach § 130 OWiG mit einer Geldbuße belangt werden. Auch nach dieser Rechtsprechung hängt es vom Gegenstand des Unternehmens sowie von seiner Größe und allgemeinen Organisation, seiner geografischen Präsenz und etwaigen einschlägigen Erfahrungen wegen Verdachtsfällen in der Vergangenheit ab, welche Ausgestaltung und welchen Umfang das Compliancesystem im Einzelnen haben muss.

Zur Umsetzung der Anforderungen an ein Compliancesystem muss die Geschäftsleitung Complianceabteilungen einrichten, die u. a. für die Beobachtung bzw. Verhinderung von kriminellen Handlungen, z. B. Betrug und Untreue bei Finanztransaktionen, Datenschutzverstöße, Insiderhandel, Geldwäsche, Kartellabsprachen und Marktmissbrauch, zu-

---

[3] Vgl. LG München I, Urt. v. 10.12.2013, 5 HKO 1387/10 („Neubürger").

ständig sind. Auch das Erkennen möglicher Interessenkonflikte und die Umsetzung von Maßnahmen hiergegen gehören zu den Aufgaben der Complianceabteilungen.

Außerdem können die verantwortlichen Führungskräfte wegen einer Beteiligung an Straftaten der Unternehmensmitarbeiter selbst strafbar sein, wenn sie schuldhaft Aufsichtsmaßnahmen unterlassen.[4]

So hat der BGH entschieden, dass neben dem eigentlichen Täter vor allem der Compliance Officer einer Strafbarkeit für Taten im Unternehmen unterliegen kann. Er muss dann für Fehler bei der Verhinderung von Straftaten im Zusammenhang mit der Unternehmenstätigkeit auch selbst die strafrechtliche Verantwortung übernehmen. Aber auch persönlich verantwortliche Personen in Rechts- und Revisionsabteilungen tragen u. U. die gleiche Verantwortung. Zudem ergibt sich aus der Rechtsprechung des BGH, dass die strafrechtliche Verantwortung auch weitere Verantwortungsträger erfasst, die im Zusammenhang mit der Compliance tätig sind, u. a. Datenschutzbeauftragte. Darüber hinaus dürfte eine strafrechtliche Verantwortlichkeit auch die Unternehmensführung selbst treffen, wenn die Geschäftsleitung eines Unternehmens die Überwachungspflichten gar nicht oder nicht auf kompetente Personen übertragen hat oder wenn sie nicht für eine ausreichende Ausstattung des Compliancemanagements im Unternehmen gesorgt hat. Wenn kein Compliance Officer ernannt und keine ausreichende Struktur für das Compliancemanagement geschaffen wurde, trägt die Geschäftsleitung für ein entsprechendes Organisationsverschulden die unmittelbare Verantwortung, sofern sich Straftaten oder andere Complianceverstöße ereignen.

Beispiel

BGH, Urt. v. 17.07.2009, 5 StR 394/08:

Der Angeklagte war u. a. Leiter der Rechtsabteilung und der Innenrevision bei der Berliner Stadtreinigung (BSR), wobei er als Spezialist für den Gebührenbereich galt. Die BSR rechnete über zwei Jahre lang bei 170.000 Grundstückseigentümern überhöhte Gebühren für die Reinigung der Verkehrswege ab. Als der Fehler bei der Gebührenkalkulation intern auffiel, wurde vom Hauptverantwortlichen angeordnet, den Fehler zu vertuschen und die rechtswidrigen Gebühren weiter zu erheben. Der Angeklagte unterstützte dies nicht aktiv, unternahm aber auch nichts dagegen.

Er wurde rechtskräftig wegen Beihilfe zum Betrug verurteilt, da sein Unterlassen als strafbare Handlung gesehen wurde. Als Compliance Officer war er nicht nur verpflichtet, unmittelbar gegen das Unternehmen gerichtete Straftaten zu verhindern. Vielmehr trifft einen Compliance Officer gemäß dieser Rechtsprechung die strafrechtliche Garantenpflicht, alle Rechtsverstöße aus dem Unternehmen heraus, die bereits zu Haftungsrisiken und Ansehensverlust führen können, zu verhindern. Die unterlassene Verhinderung solcher Rechtsverstöße ist dann bereits als strafbare Handlung zu bewerten.

---

[4] Vgl. BGH, Urt. v. 17.07.2009, 5 StR 394/08.

2 Compliance nach internationalen Vorschriften

2.1 UK Bribery Act

Im Vereinigten Königreich trat am 01.06.2011 der UK Bribery Act (Bribery Act 2010) in Kraft, der eines der weltweit offensivsten Gesetze gegen die Korruption darstellt.

Nach dem Bribery Act sind sowohl natürliche Personen als auch Unternehmen strafrechtlich zu verfolgen, wenn sie rechtswidrige Bestechungshandlungen begehen. Unternehmen sind vom Anwendungsbereich des Gesetzes erfasst, wenn sie nach britischem Recht gegründet wurden oder ihren Sitz im Vereinigten Königreich haben. Das Gesetz gilt aber auch weltweit für Unternehmen, die in irgendeiner Weise im Vereinigten Königreich Geschäfte führen. Daher fällt auch ein deutsches Unternehmen, das in der englischen Rechtsform einer Limited geführt wird, dessen Betriebsstätte sich im Vereinigten Königreich befindet oder das umfangreiche Warenlieferungen dorthin vornimmt, in den Anwendungsbereich. Die strafbare Bestechungshandlung selbst muss keinen Bezug zu diesen geschäftlichen Aktivitäten haben, sondern es kann jede Tat im In- und Ausland nach dem Bribery Act verfolgt werden, die eine mit dem Unternehmen verbundene Person für das Unternehmen begangen hat. Dies betrifft alle Personen, die für das betroffene Unternehmen tätig werden, also z. B. auch Angestellte rechtlich selbständiger ausländischer Konzernunternehmen.

Der Bribery Act stellt zum einen sowohl die aktive und passive Bestechung sowie die Bestechung ausländischer Amtsträger unter Strafe. Strafbar für Unternehmen ist aber auch das Unterlassen, Bestechungshandlungen durch seine Organe, Mitarbeiter oder verbundene Personen zu verhindern. Paragraph 7 des Bribery Act sieht dabei eine verschuldensunabhängige Haftung von Unternehmen vor, wenn eine mit dem Unternehmen verbundene Person Bestechungshandlungen vornimmt, um Geschäfte für das Unternehmen zu erlangen oder zu behalten.

Es ist zudem unerheblich, an welchem Ort die strafbare Handlung vorgenommen wurde. So kann ein Unternehmen im Anwendungsbereich des Bribery Act für Taten von Mitarbeitern, die weltweit begangen werden, verantwortlich gemacht werden.

Als Strafmaß ist bei Privatpersonen eine Freiheitsstrafe von bis zu zehn Jahren oder eine Geldstrafe in unbegrenzter Höhe angedroht. Für Unternehmen können Geldstrafen, der Ausschluss von öffentlichen Ausschreibungen und die Vermögenseinziehung ausgesprochen werden.

Für das Unternehmen besteht eine Enthaftungsmöglichkeit, wenn es über „adequate procedures" (angemessene Maßnahmen) verfügt, um Korruptionstaten im Unternehmen zu verhindern (vgl. Modlinger 2010, S. 352 ff.). Hierzu gibt es einen Leitfaden des Ministry of Justice, in dem die angemessenen Maßnahmen als unverbindliche Empfehlung konkretisiert werden:

1. Risikobeurteilung,
2. Verpflichtung der Mitarbeiter durch das Top-Management zur Korruptionsprävention,

3. Beachtung der gebührenden Sorgfalt bei Auswahl und Überwachung von Geschäftspartnern (Screening),
4. klare, praktische und verfügbare Richtlinien und Vorgehensweisen einschließlich Schulungen,
5. effektive Einführung bzw. Umsetzung des Compliancesystems,
6. Überwachung, Verbesserung und (externe) Überprüfung des Compliancesystems.

2.2   US Sarbanes Oxley Act

Der US-amerikanische Gesetzgeber sah sich im Jahr 2002 aufgrund spektakulärer Fälle von Finanzmanipulation bei amerikanischen Unternehmen, z. B. Enron und Worldcom, veranlasst, den Sarbanes Oxley Act (SOX) zu erlassen (vgl. Harz et al. 2012, S. 6). Durch eine verstärkte Transparenz von Unternehmensdaten sollte das verlorene Vertrauen von Anlegern wiedergewonnen werden. Das Geltungsbereich des Gesetzes hängt von den jeweiligen Vorschriften ab, wobei sich die meisten Regelungen an Wertpapieremittenten (Issuers nach Sect. 7 [2] SOX) richten. Emittenten im Sinne dieser Vorschrift sind Unternehmen, deren Wertpapiere nach Sect. 12 des Securities Exchange Act von 1934 registriert sind, die Berichte bei der amerikanischen Wertpapieraufsichtsbehörde einzureichen haben oder die einen Antrag auf Registrierung von Wertpapieren gestellt haben. Damit müssen sich auch ausländische Unternehmen, die als Emittenten am US-amerikanischen Kapitalmarkt in Erscheinung treten, an die Vorschriften des SOX halten (vgl. Steinmeyer und Späth 2014, S. 278, Rn. 79).

2.2.1   Berichtspflichten

Der Unternehmensvorstand ist verpflichtet, periodische Finanzberichte zu bestätigen (Officer Certification Requirement). Zudem müssen Unternehmen in ihren Jahresabschluss einen internen Kontrollbericht des Vorstandes aufnehmen (Internal Control Report of Management), der die Verantwortlichkeit der Geschäftsleitung für die Organisation und Durchführung eines angemessenen internen Kontroll- und Berichtswesens begründet. Hierin muss der Vorstand die Wirksamkeit des internen Berichtswesens zum Ende des letzten Geschäftsjahres bewerten. Anders als im deutschen Recht ist dieser Kontrollbericht zu veröffentlichen.

Zudem haben Unternehmen in ihrem Jahresbericht zu erklären, dass sie interne Verhaltensregeln eingeführt haben oder warum sie solche Regeln nicht eingeführt haben. Auch eine solche Veröffentlichung gibt es im deutschen Recht nicht. Eine weitere Offenlegungspflicht besteht in Bezug auf bestimmte Transaktionen und Vereinbarungen mit Dritten, die relevante finanzielle Auswirkungen auf die Gesellschaft haben können. Auch dies muss in den Quartals- und Jahresberichten dokumentiert werden.

Wenn Finanzberichte nachträglich korrigiert werden müssen, weil wegen eines individuellen Fehlverhaltens kapitalmarktrechtliche Finanzberichtspflichten verletzt wurden, müssen Bonuszahlungen und andere erfolgsabhängige oder aktienbezogene Zusatzvergütungen zurückgezahlt werden. Zudem ist es im Grundsatz untersagt, Aufsichtsräten, Vorständen und leitenden Angestellten des Unternehmens Darlehen zu geben, wenn sie nicht im Rahmen des üblichen Verbraucherkreditgeschäftes zu marktüblichen Konditionen vergeben werden.

2.2.2 Hinweisgebersysteme

Eine weitere Besonderheit im Geltungsbereich des SOX nach Sec. 301 ist die Verpflichtung zur Schaffung von Whistleblowingeinrichtungen, mit denen Beschäftigte in einem geschützten Rahmen Hinweise auf Complianceverstöße geben können.

Solche Hinweisgeber- oder Whistleblowersysteme können über spezielle Kommunikationslösungen (z. B. Telefon-Hotline, E-Mail-Adresse, Internet- oder Intranetseiten) oder durch die Einschaltung einer Vertrauensperson (Ombudsmann) eingerichtet werden.

Eine spezialgesetzliche Regelung für die Einrichtung gibt es hingegen in Deutschland bislang nicht.

Zwar wurde im deutschen Bundestag am 07.02.2012 ein Entwurf der SPD-Fraktion für ein Gesetz zum Schutz von Hinweisgebern[5] beraten und in die Ausschüsse überwiesen. Am 05.03.2012 fand eine Expertenanhörung zu den Gesetzentwürfen statt. Umgesetzt wurden diese Entwürfe bislang aber nicht. Auch sonstige Gesetzesinitiativen zum Whistleblowerschutz wurden abgelehnt.

Auch auf EU-Ebene gibt es bislang noch kein Gesetz zum Whistleblowing.

Für US-notierte Unternehmen bzw. deren Töchter oder an der US-Börse gelistete deutsche Unternehmen gilt der Sarbanes Oxley Act aus 2002 als Rechtsgrundlage für die Einführung einer Compliancehotline.

Im Rahmen derartiger Hinweisgebersysteme nach Sec. 301 des SOX können Beschäftigte sogar verpflichtet sein, von sich aus auf Missstände im Unternehmen hinzuweisen. So müssen auch nach deutschem Recht schwer wiegende Verstöße, die zu einer Haftung des Unternehmens führen oder zumindest zu einem Reputationsschaden führen können, dem Vorgesetzten oder einer anderen hierfür vorgesehenen Stelle im Unternehmen aufgrund der allgemeinen Pflicht zur Schadensabwendung durch den Arbeitnehmer gemeldet werden.[6] Diese Meldepflicht gilt nur dann nicht, wenn sich der Arbeitnehmer selbst einer Straftat bezichtigen müsste. Andererseits sind Beschäftigte im Grundsatz berechtigt, Straftaten ihres Arbeitgebers anzuzeigen.[7] Die Beschäftigten dürfen aber auch nicht generell Straftaten des Arbeitgebers zur Anzeige bringen, wenn sie nur dem Arbeitgeber Schaden zufügen wollen.[8]

Eine verbindliche Einführung eines Hinweisgebersystems unterliegt in Deutschland der Mitbestimmung durch den Betriebsrat, da hier für die Arbeitnehmer eine bestimmte Verhaltenspflicht begründet und das Ordnungsverhalten im Betrieb geregelt wird. Dies gilt jedenfalls, wenn die Mitarbeiter ausdrücklich und verbindlich zur Nutzung dieses Sys-

---

[5] BT-Drs. 17/8567.
[6] BAGE 6, 82; BAG BB 1970, 1048.
[7] BVerfG NJW 2001, 3474.
[8] BAG NJW 2004, 1547.

tems angewiesen werden.[9] Im Übrigen besteht ein Mitbestimmungsrecht des Betriebsrats, wenn mit Hilfe technischer Mittel Telefonate der Arbeitnehmer aufgezeichnet oder Verbindungsdaten erfasst werden können. Solche technischen Mittel sind zur Kontrolle der Arbeitnehmer geeignet. Daher unterliegt ihre Einführung und Anwendung der Mitbestimmungspflicht, selbst wenn sie gar nicht zur Kontrolle der Arbeitnehmer eingesetzt werden (Neufeld und Knitter 2013, S. 821 f.).

Im Übrigen müssen die Anforderungen des Beschäftigtendatenschutzes gemäß § 32 Abs. 1 BDSG auch bei Hinweisgebersystemen beachtet werden. So muss bei einem System zur Aufnahme anonymer Hinweise sichergestellt sein, dass die Daten des Meldenden tatsächlich anonym bleiben. Nur wenn es sich um einen erkennbar offenen Hinweis handelt, kann davon ausgegangen werden, dass der Hinweisgeber in die Erhebung und Verarbeitung seiner personenbezogenen Daten einwilligt (Gola und Schomerus 2015 § 4a Rn. 29).

Weiterhin sind Hinweisgebersysteme nur unter Einhaltung der allgemeinen Datenschutzbestimmungen zulässig. So muss die Nutzung des Hinweisgebersystems der Erfüllung einer rechtlichen Verpflichtung dienen (Gola und Schomerus 2015 § 4a Rn. 29). Das Hinweisgebersystem kann zudem gemäß § 28 Abs. 1 BDSG bzw. Art. 6 DSGVO zur Verwirklichung eines berechtigten Interesses zulässig sein, nämlich um die angemessene Funktionsweise des Unternehmens sicherzustellen. Allerdings dürfen nur Daten zu Vorkommnissen mit einem deutlichen Arbeitsbezug erfasst werden.

Zudem sind die Unterrichtungspflichten nach § 33 BDSG bzw. Art. 12, 14 DSGVO zu beachten. So muss die beschuldigte Person sobald wie möglich von demjenigen, der für das Hinweisgebersystem verantwortlich ist, über den Vorgang informiert werden. Diese Benachrichtigungspflicht entfällt nur bei einem überwiegenden berechtigten Interesse des Unternehmens, zunächst keine Information zu erteilen. Dies ist insbesondere der Fall, wenn die Benachrichtigung des Beschuldigten die Geschäftszwecke des Unternehmens gefährden würde, z. B. wenn bei einem dringenden Straftatverdacht eine Verdunkelungsgefahr besteht.

2.3 UK Modern Slavery Act

Zu erwähnen ist schließlich der UK Modern Slavery Act (Modern Slavery Act 2015), der am 29.10.2015 in Kraft trat und Unternehmen verpflichtet, jährlich einen Bericht zum Vorgehen gegen Zwangsarbeit, Sklaverei und Menschenhandel in der Lieferkette vorzulegen. Diese Verpflichtung trifft jedes Unternehmen, das eine Geschäftstätigkeit in Großbritannien ausübt und jährlich mehr als 36 Mio. britische Pfund weltweit umsetzt. Inhaltlich müssen Unternehmen beschreiben, was für Schritte sie ergriffen haben, um sicherzustellen, dass es weder im eigenen Geschäft noch in der Lieferkette zu Zwangsarbeit und Menschenhandel kommt. Die jährliche Stellungnahme bedeutet auch, dass eine fortlau-

---

[9] Vgl. LAG Düsseldorf BB 2006, 335; BAG NJW 2008, 3731.

fende Kontrolle sichergestellt werden muss. Der jährliche Bericht muss auf der Website des Unternehmens veröffentlicht werden und direkt auf der Startseite verlinkt sein. Bei Verstößen gegen das Gesetz drohen Zwangsmaßnahmen der britischen Regierung.

3   CSR in der Gesetzgebung

Am 19.04.2017 ist in Deutschland das Gesetz zur Umsetzung der europäischen CSR-Richtlinie 2014/95/EU zur Offenlegung von nichtfinanziellen und die Diversität betreffenden Informationen in Kraft getreten.[10] Damit wird erstmals in Deutschland die Berichterstattung über bestimmte Nachhaltigkeitsthemen für Unternehmen festgelegt.

Nach diesem Gesetz müssen kapitalmarktorientierte Unternehmen, Kreditinstitute und Versicherungen eine sogenannte nichtfinanzielle Erklärung abgeben, wenn sie mehr als 500 Mitarbeiter haben. Die Erklärung ist Bestandteil des Lageberichts des Unternehmens für Geschäftsjahre, die nach dem 31.12.2016 beginnen oder begonnen haben.

Der Inhalt der neuen Berichtspflicht wird im Wesentlichen in § 289b f. HGB geregelt. In der nichtfinanziellen Erklärung müssen Angaben zu Umwelt-, Arbeitnehmer- und Sozialbelangen, zur Achtung der Menschenrechte und zur Korruptionsbekämpfung enthalten sein. Zu diesen Aspekten müssen jeweils die Angaben gemacht werden, die für das Verständnis des Geschäftsverlaufs, des Geschäftsergebnisses, der Lage des Unternehmens sowie der Auswirkungen der Unternehmenstätigkeit auf die CSR-Belange erforderlich sind. Hierzu gehören u. a. die verfolgten Konzepte und ihre Ergebnisse, die wesentlichen Risiken sowie die bedeutenden nichtfinanziellen Leistungsindikatoren. Wenn ein Unternehmen zu einzelnen Aspekten kein Konzept verfolgt, muss dies klar und begründet erläutert werden. In eng begrenzten Ausnahmefällen können Angaben mit erheblicher nachteiliger Wirkung für das Unternehmen weggelassen werden. Bei der Erklärung können sich die Unternehmen an anerkannten nationalen, europäischen oder internationalen Rahmenwerken orientieren, solange die gesetzlich geforderten Mindestinhalte der Erklärung abgedeckt werden. Es muss aber erläutert werden, welches Rahmenwerk herangezogen wurde. Auch muss eine Begründung für den Fall abgegeben werden, dass kein Rahmenwerk genutzt wurde.

Gesetzlich vorgesehen ist, dass die nichtfinanzielle Erklärung im Lagebericht des Unternehmens veröffentlicht wird. Die Veröffentlichung kann gesondert innerhalb von vier Monaten nach dem Bilanzstichtag erfolgen, muss aber dann auch auf der Unternehmenswebsite verfügbar sein.

Zudem muss auch der Aufsichtsrat im Rahmen seiner Pflichten gemäß §§ 170, 171 AktG die nichtfinanzielle Erklärung überprüfen bzw. nach § 111 AktG eine externe inhaltliche Überprüfung der nichtfinanziellen Erklärung in Auftrag geben. Im Falle einer solchen externen inhaltlichen Prüfung muss für Geschäftsjahre ab dem 31.12.2018 das Prüfungsurteil veröffentlicht werden.

---

[10] BGBl. I, S. 802 ff.

Wenn ein Unternehmen gegen diese Pflicht zur Abgabe der nichtfinanziellen Erklärung verstößt, liegt eine Ordnungswidrigkeit vor. Zudem können diesbezügliche Versäumnisse des Vorstands oder Aufsichtsrats zur Anfechtung von Hauptversammlungsbeschlüssen führen.

4   Verantwortlichkeit und Haftung im Unternehmen

4.1   Zivilrechtliche und strafrechtliche Haftungsgrundlagen

Die allgemeine Grundlage für die Verantwortlichkeit und Haftung des Vorstands in der AG ergibt sich aus § 93 AktG:

> (1) Die Vorstandsmitglieder haben bei ihrer Geschäftsführung die Sorgfalt eines ordentlichen und gewissenhaften Geschäftsleiters anzuwenden. Eine Pflichtverletzung liegt nicht vor, wenn das Vorstandsmitglied bei einer unternehmerischen Entscheidung vernünftigerweise annehmen durfte, auf der Grundlage angemessener Information zum Wohle der Gesellschaft zu handeln. Über vertrauliche Angaben und Geheimnisse der Gesellschaft, namentlich Betriebs- oder Geschäftsgeheimnisse, die den Vorstandsmitgliedern durch ihre Tätigkeit im Vorstand bekanntgeworden sind, haben sie Stillschweigen zu bewahren.
>
> (2) Vorstandsmitglieder, die ihre Pflichten verletzen, sind der Gesellschaft zum Ersatz des daraus entstehenden Schadens als Gesamtschuldner verpflichtet. Ist streitig, ob sie die Sorgfalt eines ordentlichen und gewissenhaften Geschäftsleiters angewandt haben, so trifft sie die Beweislast. Schließt die Gesellschaft eine Versicherung zur Absicherung eines Vorstandsmitglieds gegen Risiken aus dessen beruflicher Tätigkeit für die Gesellschaft ab, ist ein Selbstbehalt von mindestens 10 % des Schadens bis mindestens zur Höhe des Eineinhalbfachen der festen jährlichen Vergütung des Vorstandsmitglieds vorzusehen.

Eine entsprechende Haftung für die Geschäftsführung der GmbH legt § 43 Abs. 2 GmbHG fest.

Hieraus ergibt sich, dass die Beweislast für die Einhaltung der Sorgfaltspflichten beim Vorstand liegt. Umso wichtiger erscheint für den Vorstand eine umfassende Dokumentation der geplanten und durchgeführten Compliancemaßnahmen, um auch noch nach längerer Zeit die Pflichterfüllung nachzuweisen. Da sich Haftungsfälle häufig erst einige Zeit nach den Tätigkeiten des Vorstands realisieren, lässt sich ohne eine Dokumentation die Einhaltung der Complianceorganisation oft schwierig nachweisen (Hülsberg 2010, S. 56). In diesem Zusammenhang kann zwar die Verantwortlichkeit delegiert werden, aber dann trägt die Geschäftsführung weiterhin die Verantwortung für die sorgfältige Auswahl, die transparente Einweisung und Risikosensibilisierung sowie die angemessene Überwachung der Beauftragten.

Neben dieser zivilrechtlichen Haftung nach den gesellschaftsrechtlichen Vorschriften, die Schadenersatzansprüche gegen die Organmitglieder begründet, kommt auch die strafrechtliche Verantwortung der Verantwortlichen in Betracht. Wie oben unter Abschn. 1.4 ausgeführt, begründet § 130 OWiG einen Bußgeldtatbestand, wenn Organe gegen ihre

Pflichten verstoßen. Wenn die Verantwortlichen zumindest mit bedingtem Vorsatz handeln, können sie sich auch u. a. wegen Untreue zu Lasten des Unternehmens gemäß § 266 StGB strafbar machen. Außerdem kann sich eine Strafbarkeit im Compliancebereich sogar durch Unterlassen, also durch Untätigkeit ergeben, wenn Complianceverantwortliche kein ordnungsgemäßes Compliancesystem einrichten oder es nicht ordnungsgemäß überwachen.[11]

Schließlich können Pflichtverletzungen und Versäumnisse im Compliancemanagement zu arbeits- bzw. dienstrechtlichen Konsequenzen für die Verantwortlichen bis hin zu fristlosen Kündigungen oder Abberufungen führen.

Konkret hat in der Praxis die Unternehmensleitung, die für den Compliancebereich zuständig ist, auch interne Tendenzen zu Interessenkonflikten abzustellen. Mögliche Ursachen für Interessenkonflikte, z. B. erfolgsabhängige Vergütungs- oder Bonussysteme, die ohne Berücksichtigung der Qualität der Arbeit allein an der Umsatz- oder Gewinnmaximierung ausgerichtet sind, müssen identifiziert und unter Einhaltung der Compliancegrundsätze organisiert und überwacht werden.

4.2   Position des Compliance Officer

Wesentlich für ein effizientes Compliancesystem zur Enthaftung der Geschäftsleitung ist die Position des Compliance Officer. Er muss über die erforderliche Unabhängigkeit verfügen und unaufgefordert seitens der Geschäftsleitung über alle wesentlichen Vorgänge im Zusammenhang mit seiner Tätigkeit informiert werden. Seinerseits muss er auch aktiv alle für ihn relevanten Unterlagen einsehen und Mitarbeiter befragen können, wobei wiederum der Beschäftigtendatenschutz zu beachten ist. Zudem hat der Compliance Officer einen Anspruch darauf, dass ihm das Unternehmen die erforderlichen finanziellen, personellen und sachlichen Mittel zur Verfügung stellt. In größeren Unternehmen übt der Compliance-Officer seine Funktion hauptamtlich aus. Wenn er in kleinen Unternehmen daneben noch andere Aufgaben verrichtet, muss ihm ein angemessener zeitlicher Rahmen für seine Tätigkeit zur Verfügung gestellt und vergütet werden. Ebenso ist zu gewährleisten, dass er an den erforderlichen Aus- und Fortbildungsmaßnahmen teilnehmen kann. Wenn insbesondere ein nebenamtlicher Compliance Officer ernannt wird, muss die Geschäftsleitung sicherstellen, dass er über die erforderliche Zuverlässigkeit und Sachkunde verfügt. Für die entsprechende Sachkunde ist ggf. eine Grundschulung notwendig, die sodann regelmäßig durch Fortbildungen zu aktualisieren ist.

Aufgrund der Haftungsrisiken, die beim Compliance Officer bis zur Strafbarkeit wegen Unterlassens führen können (Abschn. 1.4.2), ist es für ihn wichtig, diese Rechte gegenüber dem Unternehmen auch in Anspruch zu nehmen.

Da regelmäßig ein Zielkonflikt zwischen den wirtschaftlichen Interessen der Unternehmensleitung und den erforderlichen Maßnahmen des Compliance Officer eintreten

---

[11] Vgl. BGH NJW 2009, 3173 ff.; s. o. Abschn. 1.4.2.

kann, besteht ein strenges Benachteiligungsverbot gegenüber dem Compliance Officer (vgl. Bürkle 2016, S. 149 f.). Hierzu gehört, dass er nicht ordentlich abberufen werden kann und seine Position im Rahmen des Kündigungsschutzes zumindest besonders zu berücksichtigen ist oder eine ordentliche Kündigung z. B. an die Zustimmung von Aufsichtsgremien geknüpft wird. Dies kann und sollte mit dem Compliance Officer ausdrücklich vereinbart werden. Zudem sollte arbeitsvertraglich geregelt werden, dass finanzielle Kompensationsmöglichkeiten, z. B. Stellenzulagen oder Boni, für das Erreichen konkreter Ziele im Compliancemanagement bereitgestellt werden (vgl. Daum in: Bay und Hastenrath 2016, Kap. 3, Rn. 77). Auch hierdurch sind Motivation und Unabhängigkeit des Compliance Officer zu stärken.

5 Fazit

Die Anforderungen an die Compliance sind nicht zusammenfassend und einheitlich geregelt, aber aus den Erfahrungen mit dem Fehlverhalten von Unternehmensverantwortlichen haben sich in den letzten Jahren diverse rechtliche Rahmenbedingungen der Compliance entwickelt. Dies gilt gerade auch im internationalen Bereich, wobei US-amerikanische und englische Vorschriften hier teilweise strenge Sanktionen normieren. Hinzu kommt aktuell eine gesetzliche Normierung der CSR, die sich zumindest im Berichtswesen niederschlägt. Weitere haftungsträchtige Leitlinien ergeben sich aus Einzelfallentscheidungen der Gerichte. Die relevanten einzelnen Bestandteile der CSR und der Compliance hängen vom jeweiligen Unternehmen ab. Durch die Einhaltung der rechtlichen Rahmenbedingungen vermeiden Unternehmen sowohl negative Schlagzeilen in der Öffentlichkeit als auch zivilrechtliche Haftungsrisiken und strafrechtliche Ermittlungsverfahren. Durch eine ordnungsgemäße Complianceorganisation ist dies seitens der Geschäftsleitung zu vermeiden.

Literatur

Bay KC, Hastenrath K (2016) Compliance-Management-Systeme, 2. Aufl. Beck, München
Bribery Act (2010) http://www.legislation.gov.uk/ukpga/2010/23/contents. Zugegriffen: 17. Nov. 2017
Bürkle J (2016) § 36. Compliance-Beauftragten-System. In: Hauschka D, Moosmayer K, Lösler (Hrsg) Corporate compliance, 3. Aufl. C.H. Beck, München, S 1155–1185
Gola P, Schomerus R (2015) Bundesdatenschutzgesetz, 12. Aufl. C.H. Beck, München
Harz M, Weyand R, Reiter J, Methner O, Noa D (2012) Mit Compliance Wirtschaftskriminalität vermeiden. Schäffer-Poeschel, Stuttgart
Hülsberg FM (2010) Sorgfaltspflichten bei Unternehmenserwerben. Eul, Lohmar
Modern Slavery Act (2015) http://www.legislation.gov.uk/ukpga/2015/30/contents/enacted. Zugegriffen: 17. Nov. 2017
Modlinger F (2010) Brauchen wir zur Korruptionsbekämpfung ein Unternehmensstrafrecht? Kovac, Hamburg

Neufeld T, Knitter J (2013) Mitbestimmung des Betriebsrats bei Compliance-Systemen. Betriebs-
    berater 2013:821–827
Pelz C (2016) § 5. Strafrechtliche und zivilrechtliche Aufsichtspflicht. In: Hauschka D, Moosmayer
    K, Lösler (Hrsg) Corporate compliance, 3. Aufl. Beck, München, S 96
Steinmeyer R, Späth P (2014) Rechtliche Grundlagen und Rahmenbedingungen („Legal Com-
    pliance"). In: Wieland J, Steinmeyer R, Grüninger S (Hrsg) Handbuch Compliance-
    Management, 2. Aufl. ESV, Berlin, S 241–290

 **Dr. Olaf Methner** hat das Studium der Rechtswissenschaft und der Ver-
waltungswissenschaft an der Heinrich-Heine-Universität Düsseldorf und an
der Deutschen Universität für Verwaltungswissenschaften Speyer absolviert
sowie an der Humboldt-Universität Berlin promoviert. Er gründete im Jahr
2001 mit Prof. Dr. Julius Reiter die heutige Kanzlei Baum Reiter & Collegen
in Düsseldorf. Er ist u. a. Fachanwalt für Informationstechnologierecht und
auch als Lehrbeauftragter u. a. für IT-Recht an der FOM – Hochschule für
Oekonomie & Management, Essen, tätig. Er ist regelmäßig Gastdozent an
der Humboldt-Universität und der Freien Universität in Berlin sowie Dozent
beim Deutschen Anwaltsinstitut und bei der Deutschen Stiftung für Recht
und Informatik (DSRI).

 **Prof. Dr. Julius Reiter** studierte an den Universitäten Kiel, Paris und Köln
und wurde an der Humboldt-Universität Berlin promoviert. Er war sieben
Jahre wissenschaftlicher Mitarbeiter im Deutschen Bundestag. Das Referen-
dariat absolvierte er am OLG Düsseldorf und an der Deutschen Universität
für Verwaltungswissenschaften Speyer. Er ist Gründungspartner der Kanzlei
Baum Reiter & Collegen in Düsseldorf, die laut Magazin „Wirtschaftswo-
che" zu den führenden Kanzleien im Bereich Compliance in Deutschland
zählt. Unter anderem führte die Kanzlei erfolgreiche Verfassungsbeschwer-
den gegen die sog. Online-Durchsuchung, die Vorratsdatenspeicherung und
das BKA-Gesetz. Im Telekom-Bespitzelungsskandal vertrat die Kanzlei die
betroffenen Aufsichts- und Betriebsräte, in der Bahn-Datenaffäre führte sie für den Aufsichtsrat die
internen Ermittlungen. Prof. Reiter ist u. a. Fachanwalt für Informationstechnologierecht und wird
regelmäßig als Sachverständiger in Gesetzgebungsverfahren des Bundestages bestellt. Als Professor für Wirtschaftsrecht lehrt er u. a. IT-Recht und Datenschutzrecht an der FOM – Hochschule für
Oekonomie & Management, Essen. Im Dezember 2017 wurde er als Experte für IT-Recht in die
Bosbach-Regierungskommission „Mehr Sicherheit für Nordrhein-Westfalen" berufen.

Zwischen „hard law" und „soft law": Zielkonflikte und potenzielle Dilemmata von CSR und Compliance

Dirk Ulrich Gilbert und Anna-Lena Maier

1 Einleitung

„Dieselgate" in der Automobilbranche, Korruption bei Geschäften in „emerging markets" und Manipulationen des Referenzzinssatzes LIBOR: Angesichts zahlreicher aktueller Unternehmensskandale rückt das Compliance- und Integritätsmanagement in Unternehmen einmal mehr in den Fokus des strategischen Managements. Oft ist auf den ersten Blick nicht erkennbar, welches die Ursachen des jeweiligen Skandals sind, und nicht selten wird mit einer gewissen Verwunderung auf die zumeist recht elaborierten Compliance-standards verwiesen, deren Befolgung das entsprechende Fehlverhalten hätte verhindern müssen. Hierzu trägt auch eine durch die Netzwerkeffekte der sozialen Medien verstärkte öffentliche Aufmerksamkeit bei. Spätestens seit Beginn der 2000er-Jahre zeigen Stakeholder so ein gesteigertes Informations- und Transparenzbedürfnis (Crane und Matten 2004, S. 42). Auch Interessengruppen wie Nichtregierungsorganisationen bewerten, dokumentieren und beeinflussen zunehmend die Aktivitäten von Wirtschaftsakteuren (Arenas et al. 2009; Campbell 2007; Paine 2003). Einer aktuellen Studie der Strategieberatung PWC Strategy& zufolge wirken sich diese Entwicklungen zunehmend auch unmittelbar auf Mitglieder des Topmanagements aus. So stieg der Anteil der aufgrund ethischen Fehlverhaltens erzwungenen Personalwechsel an der Unternehmensspitze, meist im Nachgang eines öffentlichkeitswirksamen Skandals, global von 3,9 % (2007–2011) auf 5,3 % (2012–2016), in den BRIC-Staaten sogar von 3,6 % auf 8,8 % (Karlsson et al. 2017, S. 3). Hierbei darf davon ausgegangen werden, dass in den meisten Fällen ein Compliancemanagement-

D. U. Gilbert (✉) · A.-L. Maier
Fakultät für Wirtschafts- und Sozialwissenschaften, Universität Hamburg
Hamburg, Deutschland
E-Mail: dirk.gilbert@uni-hamburg.de

A.-L. Maier
E-Mail: anna-lena.maier@uni-hamburg.de

© Springer-Verlag GmbH Deutschland, ein Teil von Springer Nature 2018
A. Kleinfeld und A. Martens (Hrsg.), *CSR und Compliance*,
Management-Reihe Corporate Social Responsibility,
https://doi.org/10.1007/978-3-662-56214-7_4

system vorhanden war – dessen Wirkung scheinbar nur begrenzt zur Entfaltung kam. Das Vertrauen der Stakeholder zu sichern und Glaubwürdigkeit zu demonstrieren, gehört damit aus verschiedenen Gründen zu den größten aktuellen Herausforderungen für Unternehmen.

Doch wie können Unternehmen diesen Herausforderungen – und damit der freiwilligen Übernahme von Verantwortung für die Auswirkungen ihrer Handlungen auf die Gesellschaft im Rahmen eines effektiven CSR-Managements – praktisch – begegnen? Heutige Corporate-Governance-Maßnahmen, -Kodizes und entsprechende Managementsysteme beruhen im Kern auf zwei grundlegend verschiedenen Ansätzen: Compliance oder Integrität (Paine 1994, 2003). Grundsätzlich geht der vergleichsweise reaktive Complianceansatz von einem eher legalistischen Standpunkt aus. Es gilt, kriminelles Fehlverhalten in Unternehmen zu verhindern, indem extern vorgegebenen, existenten Gesetzen und Regulierungen entsprochen wird. Die normative Grundlage eines Compliancemanagements bilden öffentliche Regulierung (z. B. Konventionen, Gesetze), private Regulierung (z. B. in der Privatwirtschaft formulierte Leitsätze und Empfehlungen) und hybride Formen (z. B. der Deutsche Corporate Governance Codex DCGC) (für einen Überblick vgl. z. B. Wieland 2014, S. 16). Im Gegensatz hierzu stellt der eher proaktive Integritätsansatz vor allem auf die Werte und moralische Verpflichtung aller Angestellten eines Unternehmens ab (Gilbert und Behnam 2006; Jacobs 2004; Paine 1994, 2003). Auch wenn beide Ansätze in der Praxis eine zunehmende Integration erfahren (vgl. z. B. Wieland 2014, S. 20), weisen sie weiterhin Zielkonflikte auf, aus denen sich nicht selten auch Dilemmata ergeben, deren praktische Bedeutung wir im Folgenden erörtern werden.

Wir gehen in diesem Artikel wie folgt vor: zunächst stellen wir in aller Kürze einen Bezugsrahmen vor (Gilbert und Behnam 2006), mit dessen Hilfe wir Compliance und Integrität strukturiert nach grundlegenden (Leitidee, Kultur, Normendefinition) und operativen (Durchsetzung, Kommunikation, Entwicklung) Merkmalen vergleichen können. Auf dieser Basis analysieren wir beide Ansätze und zeigen deren jeweiligen Grenzen auf. Im Anschluss stellen wir einen möglichen Ansatz zur gelungenen Integration von Compliance- und Integritätsansätzen vor, bevor wir diesen dann in die aktuelle Diskussion zur CSR einordnen.

2 Compliance vs. Integrität – Zielkonflikte und Dilemmata

2.1 Bezugsrahmen zum Vergleich von Compliance- und Integritätsstrategien

In der Praxis sind Compliance- und Integritätsstrategien nicht ganz trennscharf voneinander zu unterscheiden und schließen einander nicht aus. Analytisch können sie zu einem besseren Verständnis gleichwohl getrennt betrachtet werden (vgl. z. B. Treviño et al. 1999). Um einen strukturierten Vergleich der beiden Ansätze zu ermöglichen, verwenden wir hier den von Gilbert und Behnam (2006) entwickelten und in Abb. 1 dargestell-

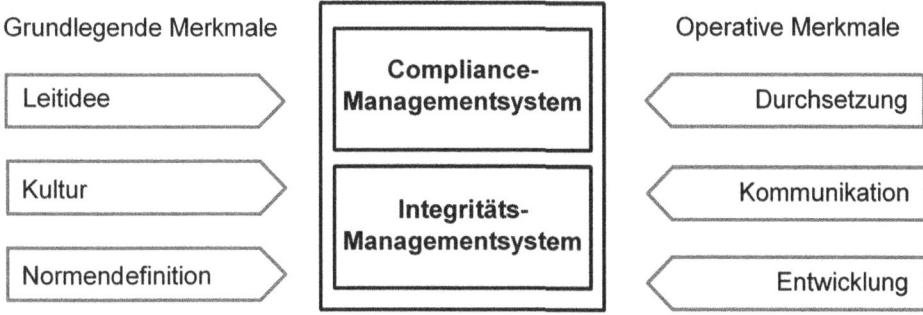

Abb. 1 Grundlegende und operative Merkmale von Compliance- und Integritätsmanagementsystemen

ten Bezugsrahmen. Dieser Bezugsrahmen unterscheidet die beiden Ansätze nach je drei grundlegenden und operativen Merkmalen (Gilbert und Behnam 2006, S. 44).

Die grundlegenden Merkmale beinhalten die Leitidee, die Kultur und den Prozess der Normendefinition eines Compliance- oder Integritätsmanagementsystems. Die operativen Merkmale beziehen sich auf die Durchsetzung, die Kommunikation und die Entwicklung derselben und sprechen daher eine weniger abstrakte Managementebene an.

2.2 Merkmale von Compliancestrategien

Die Leitidee von Compliancemanagementsystemen (CMS) besteht vornehmlich darin, eventuell rechtlich sanktionierbares Fehlverhalten rechtzeitig zu erkennen und zu verhindern. Die hierbei maßgeblichen Standards und Regelungen haben ihren Ursprung traditionell außerhalb des Unternehmens (Driscoll et al. 1998; Paine 1994). Gleichzeitig sind sie oft sehr unternehmensspezifisch und beziehen sich auf konkrete Arbeitsinhalte und Aktivitäten. Entsprechende Standards, die Regelkonformität herstellen oder gewährleisten sollen, fokussieren sich dabei mehrheitlich auf spezielle, singuläre Inhalte, z. B. Umweltschutz, Korruption, Geldwäsche oder Kinderarbeit. Hierbei können verschiedene Ebenen, so z. B. die nationale oder internationale Gesetzgebung, oder die Forderungen bestimmter Stakeholdergruppen, maßgeblich sein. Wie Karlsson et al. (2017) gezeigt haben, kommt in diesem Zusammenhang insbesondere der kritischen Öffentlichkeit eine zunehmend bedeutsame Rolle zu. Insofern überrascht es kaum, dass auf dieser Basis entstandene Compliancerichtlinien als eher reaktiv zu betrachten sind (Gilbert und Behnam 2006; Treviño et al. 1999).

Compliancemanagementsysteme basieren trotz ihres Fokus auf die Übersetzung externer Anforderungen in interne Standards auch auf einer Reihe interner Werte. Diese werden vor allem durch Praktiken wie Monitoring oder Kontrollmechanismen geformt und spiegeln typischerweise eine Kultur des Misstrauens, ja sogar der Angst oder unhinterfragten Autorität wieder. Compliancemanagementsysteme verringern in diesem Zusammenhang bis zu einem gewissen Grad den Druck für Führungskräfte, in jeder neuen Situation eine Entscheidung zu treffen. Statt auf abstrakte Prinzipien können Mitglieder des Unternehmens so auf die im Rahmen des CMS formulierten Richtlinien verweisen und von einer eigenständigen Bewertung der konkreten Lage Abstand nehmen. Insofern vermag ein CMS zumindest den Eindruck einer Komplexitätsreduktion zu erwecken. Ferner kann es dabei helfen, das Topmanagement eines Unternehmens vor rechtlichen Konsequenzen zu bewahren oder Anschuldigungen abzuwehren (Treviño et al. 1999), indem es das Bekenntnis der Organisation zu bestimmten Prinzipien und Prozessen demonstriert.

Das dritte grundlegende Merkmal eines CMS besteht im Prozess der Normendefinition selbst. Zur normendefinierenden Institution können verschiedene Parteien werden. Die in dieser Hinsicht wichtigsten Stakeholder sind die Unternehmensführung, externe Institutionen oder die Legislative. Als Vorreiter sind etwa die Federal Sentencing Guidelines (FSG) der United States Sentencing Commission zu nennen, welche US-amerikanische Firmen zu einem legal verantwortlichem Verhalten bewegen sollten, indem sie die Kosten für unternehmerisches Fehlverhalten erhöhten und monetäre Ansätze für die Implementierung von Compliancestandards setzten (Gilbert und Behnam 2006; Harrison und Freeman 1999). In Deutschland ist in Bezug auf börsennotierte Gesellschaften der von einer Regierungskommission 2002 erstmals formulierte Deutsche Corporate-Governance-Kodex (DCGK) zu nennen, der eine relativ hohe Akzeptanz erfährt (Welge und Eulerich 2014, S. 330). Dieser „stellt wesentliche gesetzliche Vorschriften zur Leitung und Überwachung deutscher börsennotierter Gesellschaften dar und enthält in Form von Empfehlungen und Anregungen international und national anerkannte Standards guter und verantwortungsvoller Unternehmensführung" (Regierungskommission Deutscher Corporate Governance Kodex 2017). Der Kodex beinhaltet ein öffentliches Konsultationsverfahren und bindet so verschiedene Stakeholder in den Prozess der Normendefinition mit ein.

Das erste operative Merkmal eines CMS besteht in seiner Durchsetzung und verweist auf Sanktions- und Trainingsmechanismen (Gilbert und Behnam 2006; McKendall et al. 2002). Eine Compliancestrategie erfordert auf dieser ersten praktischen Ebene, dass die Angestellten eines Unternehmens mit den sie betreffenden Regularien vertraut gemacht werden. Ferner sollen sie dazu befähigt werden, ihren Anteil an der Verantwortung des Unternehmens zu erkennen und einen Beitrag zur ethischen Kultur innerhalb der Organisation zu leisten. Ein One-Size-Fits-All-Ansatz griffe hier zu kurz, sodass die entsprechenden Bildungs- und Trainingsmaßnahmen an die jeweilige rechtliche und kulturelle Umwelt angepasst werden müssen. Ergänzend können interne und externe Auditierungsverfahren die Durchsetzung des CMS unterstützen.

Bemühungen im Rahmen von Compliancemanagementsystemen werden auch durch eine zielgerichtete Kommunikation begleitet. Kommunikationsmaßnahmen beinhalten im Zusammenhang mit CMS die Messung der rechtlichen Performance, des entsprechenden Feedbacks sowie die Institutionalisierung des CMS beispielsweise über die Rechtsabteilung. Letzteres birgt wiederum ein eigenes Risiko. Wenn entscheidende Regeln und Richtlinien vor allem von einzelnen Personen und möglicherweise überwiegend „top-down" kommuniziert werden, kann das Topmanagement als vornehmliches Normensubjekt auftreten und verstanden werden, während Mitarbeiterinnen und Mitarbeiter, Legislative und andere Stakeholder lediglich als Adressat der Normen gelten.

Das dritte operative Merkmal der Entwicklung eines CMS bezieht sich auf die Wahrnehmung von Lern- und Feedbackprozessen durch die Organisationsmitglieder. Schon in den 1990er-Jahren haben Studien gezeigt, dass rein rechtskonformitätsbasierte Systeme eine eigenständige ethische Reflektion verhindern und zu einer gewissen Persistenz einmal getroffener Entscheidungen auf Prinzipienebene beitragen, wodurch sie Lernprozesse in Unternehmen behindern können (vgl. z. B. Argyris und Schön 1996). In solchen Fällen dienen die Werkzeuge eines CMS vor allem als das Verhalten von Individuen korrigierende und ggf. sanktionierende Instanz, anstatt die dem System zugrundeliegenden Annahmen sowie die Handlungsgründe betroffener Mitarbeiter zu hinterfragen (Gilbert und Behnam 2006). Grundsätzlich sind für die Entwicklung eines CMS Feedbackschleifen, z. B. im Rahmen interner und externer Auditierungsmaßnahmen, von großer Bedeutung.

2.3 Die Grenzen von Compliancestrategien

Compliancerichtlinien bieten Unternehmen in ihrer Teilnahme am Wirtschaftsleben eine gewisse Orientierung. Sie helfen dabei, Organisationsprozesse auf Basis rechtskonformen Verhaltens zu gestalten. Aus der Perspektive der Unternehmensethik entfaltet eine reine Compliancestrategie jedoch nur eine begrenzte Wirkung. Nicht zuletzt kann sie einer echten ethischen Normenreflektion aus den zuvor angerissenen Gründen gar im Wege stehen (Driscoll et al. 1998; Jacobs 2004). In dieser auch von uns vertretenen Lesart verhindert ein rein auf Regelkonformität fokussiertes CMS den intersubjektiven Austausch über Werte, Normen und moralische Überzeugungen, wie er beispielsweise von der Diskursethik propagiert wird. Indem Compliance vor allem darauf abstellt, was zu unterlassen ist, fördert sie gerade nicht die eigenständige moralische und ethische Reflexion des Individuums, das am Ende im Unternehmensalltag eine konkrete Entscheidung zu treffen hat. Angesichts der wachsenden Komplexität globaler Wertschöpfungsketten greift zudem ein rein juristisch-legalistisches Complianceverständnis in der Praxis zu kurz, da Unternehmen, wo sie rechtlich keine Konsequenzen fürchten müssen, dennoch zunehmend mit moralischen Forderungen konfrontiert werden (vgl. z. B. Palazzo und Rasche 2014, S. 1094). Die aktuelle Forschung etwa zu Multistakeholderinitiativen zeigt beispielsweise im Kontext von Arbeitsrechten in globalen Lieferketten (Gilbert und Huber 2017, S. 465), dass diese Gemengelage Unternehmen zunehmend dazu bewegt, eigene Standards zu setzen und damit auch „soft law" zu schaffen (Palazzo und Rasche 2014, S. 1098). Beispiele hierfür wären Standards wie SA 8000 oder der UN Global Compact. Unternehmen übernehmen in diesem Fall eine quasi-politische Verantwortung, wie sie vom Ansatz der Political Corporate Social Responsibility vertreten wird (PCSR). Aus dieser Perspektive wäre das Abstellen auf eine vornehmlich reaktive Haftungslogik eher ein Beispiel für einen instrumentellen CSR-Ansatz, der den heutigen, globale Wirkung entfaltenden Problemen nicht adäquat zu begegnen vermag (Scherer und Palazzo 2011).

Hier klingt bereits ein weiteres zentrales Problem einer Vielzahl von CMS an: Wie wurden die maßgeblichen Regeln und Richtlinien formuliert? Nicht immer werden relevante Stakeholder in die Entwicklung der Normen miteinbezogen. Aus der fehlenden Diskursivität dieser Entscheidungsfindungsprozesse, die in vielen Fällen vor allem einer Reaktion auf externen oder institutionellen Druck geschuldet sein mögen (vgl. z. B. Okhmatovskiy und David 2012), resultiert so nicht zufällig die weit verbreitete Annahme, bei CMS handele es sich um eine reine PR-Maßnahme (Weaver et al. 1999) oder eine strategische Kommunikationsstrategie vis-à-vis kritischer Behörden (Laufer 2003, S. 254). Dann ist auch fraglich, inwiefern betroffene Individuen oder Gruppen eine Bereitschaft entwickeln, den so formulierten neuen Compliancerichtlinien tatsächlich Folge zu leisten (Treviño et al. 1999). Vor diesem Hintergrund wird deutlich, das CMS nicht die gewünschte Wirkung entfalten, wenn es neben einer expliziten und authentischen Werteorientierung auch an einer diskursorientierten Integritätskultur fehlt.

2.4 Merkmale von Integritätsstrategien

Ein Integrity Management System (IMS) folgt grundsätzlich der Leitidee einer unternehmerischen Werteorientierung, auf Basis derer das moralische Handeln eines Individuums in Übereinstimmung mit den gewünschten Normen bewertet wird (Becker 1998; Blodgett 2011; Solomon 1992). Der Grundgedanke des Integritätsansatzes besteht darin, sich zuvorderst an noch nicht näher definierten höheren Prinzipien zu orientieren. Während der Complianceansatz auf eine Regelung moralischen Verhaltens von dritter, externer Seite abstellt, misst der Integritätsansatz der eigenständigen, internen Verantwortung eine größere Bedeutung bei (Gilbert und Behnam 2006, S. 47; deGeorge 1993; Jacobs 2004; Paine 1994). Im letzteren Fall würden Mitglieder einer Organisation sich freiwillig und proaktiv an höheren Prinzipien, z. B. Ehrlichkeit, Fairness oder Gesetzestreue orientieren, und von Managern und Angestellten würde erwartet, diese in konfliktären Entscheidungssituationen anzuwenden. Dies würde eine Unternehmenskultur schaffen, in welcher ethisch einwandfreies Verhalten ermöglicht würde (Ulrich 2001). Wenn der Integritätsansatz als praktischer Ausdruck einer Unternehmensethik verstanden werden soll, bedarf es in der Konsequenz der Bestimmung und Begründung bestimmter „höherer" Prinzipien. Deren Herleitung ist eine Herausforderung für jedes Unternehmen, insbesondere dann, wenn diese im internationalen Wettbewerb stehen (Donaldson 1989; Hendry 1999). Gerade multinationale Großunternehmen, aber auch die sogenannten „Hidden Champions" des Mittelstandes, operieren in multikulturellen Kontexten, in denen normen- und wertebasierte Konflikte auftreten können, und in welchen es sowohl an einer einheitlichen Gesetzgebung als auch einer übergeordneten moralischen Autorität fehlt. Darüber hinaus können konfligierende moralische Positionen verschiedener Kulturen gleichermaßen gültig sein (Donaldson und Dunfee 1999). Umso wichtiger erscheint es, gemeinsame Werte und Normen zu definieren, um so eine nachhaltige Basis für die Interaktion mit internen und externen Stakeholdern zu schaffen (Watson und Weaver 2003).

Eine starke Kultur der Integrität kann zur Legitimation einer Organisation beitragen, indem sie freie Meinungsäußerung und kritische Loyalität befördert. Dies bietet die Gelegenheit zum Diskurs zwischen Angestellten, der Unternehmensleitung und anderen Stakeholdern. So kann auch eine konsistente Entwicklung von Normen und Unternehmenswerten gelingen. Am wichtigsten ist hierbei, dass das Management hält, was es verspricht, indem es immer wieder deutlich macht, dass die so formulierten Unternehmenswerte auch in der Praxis konsequent gelebt und ernst genommen werden (Paine 1994). Hier bedarf es insbesondere eines öffentlichen Bekenntnisses der Unternehmensleitung, welche sich einem „ethical leadership" verschreiben muss (Gilbert und Behnam 2006, S. 48). Die Werte und Normen des Unternehmens müssen so im Einklang mit seinen Handlungen stehen (Treviño et al. 1999, S. 145) und eine gewisse Konsistenz und Kontinuität aufweisen (Maak 2008).

Der Prozess der Normendefinition sollte Strukturen und Systeme vorsehen, die eine dialogische Bestimmung und Begründung von Normen und Werten ermöglichen. Nicht nur müssen diese Normen möglichst offen gehalten werden, der Prozess als solches sollte einer breiteren Öffentlichkeit möglichst offen stehen und gesellschaftliche Anliegen miteinbeziehen. Während Entscheidungen in klassischer Lesart des Konzepts der Unternehmensverantwortung („responsibility") für die Betroffenen gefällt werden, geht dieser Ansatz („responsiveness") darüber hinaus und bezieht die Betroffenen in die Entscheidungsfindung selbst mit ein (Gilbert und Behnam 2006, S. 48). Ein auf Integrität basierender Managementansatz definiert die für das Unternehmen maßgeblichen Normen und Werte also nicht nur für die betroffenen Stakeholder, sondern mit ihnen.

Auf operativer Ebene stellt die Durchsetzung der definierten Normen und Werte im Rahmen eines IMS eine Herausforderung dar. Anders als in einem CMS basiert ein auf Integrität ausgerichtetes Managementsystem auf der freiwilligen Akzeptanz dieser Normen und Werte. Diese kann nicht durch Monitoring oder Sanktionsmechanismen durchgesetzt werden. Vielmehr müssen beispielsweise Angestellte davon überzeugt werden, ihnen aktiv zu folgen (Becker 1998). Trainings- und Bildungsmaßnahmen können einen Beitrag dazu leisten, Angestellte für die moralischen und ethischen Implikationen ihrer alltäglichen Handlungen zu sensibilisieren. Denkbar wären an dieser Stelle Workshops, situationsspezifische Schulungen im Umgang mit Dilemmata und sonstigen realistischen Szenarien sowie Gedankenexperimente.

Des Weiteren sollten Unternehmen im Rahmen eines IMS Prozesse für die Kommunikation der Unternehmensnormen, -werte und -richtlinien definieren. Dies kann schon mit dem Prozess der dialogischen Normendefinition beginnen. Sind Betroffene in einem fairen Entscheidungsfindungsprozess eingebunden, kann dies bereits als Kommunikationsplattform dienen. Weitere Plattformen könnten das Reporting, Untersuchungen ethisch problematischer Vorfälle oder Ethiktrainings sein. In diesem Rahmen könnten Normen und Werte sowohl bestimmt als auch kommuniziert werden (Gilbert und Behnam 2006, S. 48; Paine 2003). Ein auf Integrität basierendes Managementsystem muss die Bedeutung solche Strukturen erkennen und vor allem in den Unternehmensalltag integrieren. Insofern bedarf es konkreter Orte für offene Diskurse, in welche die betroffenen Stakeholder auch außerhalb des Unternehmens mit einbezogen werden.

Mit all diesen Grundgedanken gehen mehr oder weniger große Herausforderungen einher. Fest verankerte Verhaltensmuster innerhalb einer Organisation müssen reflektiert und ggf. überwunden werden. In diesem Fall bedürfte es eines neuen Denkens und eines nachhaltigen Lernprozesses. Im Rahmen der Entwicklung eines IMS würden Unternehmensleitung, Managerinnen und Manager sowie Angestellte konsequenterweise dazu angehalten, die ihren Handlungen zugrunde liegenden Annahmen und individuellen Handlungsrationalitäten kritisch zu hinterfragen. Eine externe Auditierung kann diese Lernprozesse bis zu einem gewissen Grad unterstützen, indem sie freiwillig erfolgt und eine Perspektive von außen anbietet. Da jedes Unternehmen anders ist und es eines internen Entwicklungsprozesses bedarf, kann dieser jedoch nur von außen begleitet, nicht aber in der Hauptverantwortung durchgeführt werden.

2.5 Die Grenzen des Integritätsmanagements

Der Integritätsansatz ist weitaus breiter angelegt und deutlich herausfordernder als eine reine Orientierung an Compliance (Paine 1994, S. 111). Er nimmt aus Perspektive der Unternehmensethik eine eher ganzheitliche Betrachtung der praktischen Herausforderungen vor, denen Unternehmen sich gegenüber gestellt sehen. Genau dies weist auf den Wert, aber auch die Probleme von IMS hin. Oft bleibt angesichts der Reichweite des Integritätsansatzes unklar, wie dieser konkreten Eingang in den Unternehmensalltag finden und durch Individuen angewendet werden soll (Gilbert und Behnam 2006; Lozano 2001; Ulrich 2001). Beim Integritätsmanagement geht es häufig um nicht weniger als einen Prozess kulturellen Wandels innerhalb einer Organisation. Oft ist dabei nicht allen Beteiligten klar, was (Unternehmens-)Kultur in diesem Zusammenhang konkret bedeutet. Oft gehen mit der Ankündigung eines kulturellen Wandels auch unrealistische Annahmen und Erwartungen einher. In vielen Fällen fehlt es an praktischen Anleitungen zur Implementierung der Normen und Werte in der Organisation (Husted 2003; Jacobs 2004). Ein weiteres Hindernis stellt die Diskursorientierung des Integritätsansatzes dar. Eine solche Perspektive verlangt, wie wir geschildert haben, die Inklusion relevanter Stakeholder in den Entscheidungs- und Kommunikationsprozess selbst. Gleichzeitig fehlt es vielen Unternehmen aber an der Erfahrung, dem Willen und/oder den Ressourcen, die Vielzahl ihrer Stakeholder direkt einzubinden und Stakeholderdialoge durchzuführen (vgl. z. B. Mitchell et al. 1997).

3 Integration von Compliance und Integrity

Unsere kurze Analyse beider Strategien hat gezeigt, dass sowohl der reine Compliance- als auch der reine Integritätsansatz eigene Risiken aufweisen. Grundsätzlich entsprechen Integritätsansätze hierbei aus unserer Sicht stärker dem Grundgedanken der CSR, welche freiwilliges Engagement über die gesetzlichen Erfordernisse hinaus in den Mittelpunkt stellt (vgl. z. B. Crane et al. 2014). Die Entmündigung des Individuums im Rahmen vieler CMS ist ebenso problematisch wie die Tendenz vieler IMS, Entscheidungsträgerinnen und -träger im Unternehmensalltag mit zum Teil überzogenen moralischen Erwartungen zu konfrontieren. Im letzteren Fall wird das Individuum sich in seinem moralischen Denk- und Entscheidungsprozess im Grunde selbst überlassen. Ein auf Compliance basierendes Managementsystem dagegen vermag es nicht, alle möglichen Szenarien eines Fehlverhaltens vorab und generell zu definieren. Auch Institutionen wie die Weltbankgruppe erkennen reine Complianceprogramme in ihren Prüfprozessen nicht mehr an und betonen die Bedeutung der Integritätskomponente für die wirklich effektive Prävention unethischen Verhaltens (Wieland 2014, S. 20). Auch aus diesem Grund muss es gelingen, beide Ansätze auszubalancieren und in ihrer Komplementarität anzuerkennen. Die eher abstrakte, unternehmensethische Theorie bleibt ebenso wirkungslos wie höhere, im Unternehmen formulierte Prinzipien, solange sie nicht in greifbare und praktische Richtlinien für individuelles Handeln übersetzt werden. Ein wirksames Ethik- und CSR-Management braucht so ein Konzept, welches beide Ansätze verbindet und es ermöglicht, sowohl Compliance als auch Integrität zu leben. Zentral ist hierbei, sowohl für die Öffnung von Diskursen zu sorgen als auch zu gewährleisten, dass Einzelne nicht durch unendlich viele Entscheidungsmöglichkeiten und Handlungsoptionen überfordert werden. Diskursöffnung heißt in diesem Zusammenhang, dass ein integriertes Konzept des Ethikmanagements Rahmenbedingungen für Kommunikationsprozesse festlegen sollte, innerhalb derer Unternehmen und ihre Stakeholder Normen- und Wertekonflikte kritisch reflektieren können. Auf dieser normativen Basis könnten auch Möglichkeiten für praktisches Handeln im Sinne der Integrität identifiziert werden. Um das Individuum zu entlasten, müssen die jeweiligen Handlungsoptionen limitiert werden. So wäre klar zu kommunizieren, dass bestimmte Handlungsoptionen kategorisch und unternehmensübergreifend ausgeschlossen sind. In jedem Fall müsste auf Compliance hingewirkt werden, indem Richtlinien und praktische Implementierungsanweisungen entwickelt und kommuniziert werden.

4   Compliance und Integrity und ihr Verhältnis zur CSR

Im Rahmen dieses Sammelbandes versteht man gemäß der Formulierung der EU-Kommissionsstrategie für die soziale Verantwortung von Unternehmen (2011–2014) unter CSR insbesondere die Verantwortung von Unternehmen für ihre Auswirkungen auf die Gesellschaft. Es stellt sich angesichts dieser recht offenen Definition nun die Frage, wie sich die Diskussion um Compliance und Integrity in die aktuelle CSR-Literatur einordnen lässt und wie sich die genannten Konzepte und Ansätze zueinander verhalten. In der Literatur werden beide Ansätze häufig und zumeist implizit unter CSR, zu der es ihrerseits vielfältige konzeptionelle Abgrenzungsversuche gibt, subsummiert. Vor dem Hintergrund des oben vorgenommenen strukturierten Vergleichs steht der Integrity-Ansatz jedoch den Grundgedanken der CSR näher als Complianceansätze, wie wir im Folgenden kurz ausführen.

Über die Einhaltung geltender Rechtsvorschriften und Verträge hinaus stellt CSR in unserem Verständnis erstens stark auf die Freiwilligkeit bei der Übernahme sozialer und ökologischer Verantwortung ab (vgl. z. B. Crane et al. 2014). Die Übernahme von Verantwortung durch Unternehmen geht dabei über das gesetzliche Minimum hinaus. Ähnlich verhält es sich mit dem Integrity-Ansatz, der über die Einhaltung bestimmter Richtlinien und Regularien und das entsprechende Monitoring hinaus ein gewisses Maß an proaktiver, freiwilliger Reflexion abverlangt. Zweitens besteht zwischen CSR und Integrity-Ansätzen eine Gemeinsamkeit in der noch stärkeren Orientierung an Stakeholdern, die sich nicht in der Befriedigung der Interessen und Absicherungsbedürfnisse vor allem der Shareholder und ggf. noch Regulatoren erschöpft. Drittens ist in unseren Ausführungen deutlich geworden, dass Integrity-Ansätze und CSR die dominante normative Orientierung an Werten teilen. Dabei stellen wir nicht in Abrede, dass gleichzeitig die Notwendigkeit besteht, am Ende in der CSR eines Unternehmens beide Ansätze – Compliance und Integrity – miteinander zu verbinden, um Wirkung zu entfalten.

5   Fazit

In der jüngeren Forschung zu einem integrierten Wertemanagement scheint es inzwischen Konsens zu sein, die Vorzüge von Compliance- und Integritätsstrategien ebenso anzuerkennen wie deren Grenzen. Wir haben aufgezeigt, dass beide Ansätze gewisse Probleme aufweisen. So bietet der Complianceansatz den Unternehmensmitgliedern eine gewisse Orientierung und hilft ihnen, dank einer Reduktion von Komplexität in konkreten Handlungssituationen, bis zu einem gewissen Grad dabei, rechtskonformes Verhalten sicherzustellen. Gleichzeitig kann mit ihm eine unbeabsichtigte Begrenzung der eigenständigen moralisch-ethischen Reflexion einhergehen. Außerdem kann ein Complianceansatz nicht alle denkbaren Szenarien im Voraus abdecken und wird so auch nur eine begrenzte Präventionswirkung entfalten können. Darüber hinaus werden Compliancemanagementsysteme oft nicht im Zusammenspiel mit relevanten Stakeholdern innerhalb und außerhalb des Unternehmens formuliert, sondern entsprechen in der Regel überwiegend extern vorgegebenen Regulierungen. Insofern wäre auch aus diesem Grund fraglich, inwiefern Betroffene die Bereitschaft entwickeln können, dieser Art von Richtlinien in allen Situationen Folge zu leisten. Der Integritätsansatz fokussiert demgegenüber stärker auf das Erfordernis einer eigenständigen, (unternehmens-)wertebasierten Reflexion und Verantwortung des Individuums. Hiermit verbindet sich eine explizitere Orientierung an Werten als an Richtlinien. Auf operativer Ebene muss der Fokus des Unternehmens daher eher auf der Sensibilisierung seiner Angestellten für die moralischen und ethischen Implikationen ihrer Handlungen als auf Sanktionen und Monitoring liegen. Dieser breiter angelegte Ansatz fordert also viel vom Einzelnen – und kann mitunter vielleicht auch überfordern. Es mag unklar bleiben, wie in einer bestimmten Situation auf Basis der idealerweise diskursiv definierten Unternehmenswerte konkret gehandelt werden sollte. Eine Angestellte könnte so fragen: Wie übersetze ich als Einzelne einen bestimmten Wert in konkretes Handeln? Die Integration beider Ansätze bietet die Voraussetzung dafür, ethisches Fehlverhalten und die damit oftmals einhergehenden und öffentlichkeitswirksamen Skandale zu vermeiden. Es gilt, für die Öffnung von Diskursen zu sorgen, aber auch zu gewährleisten, dass Einzelne nicht durch unendlich viele Entscheidungsmöglichkeiten und Handlungsoptionen überfordert werden.

Gilbert und Behnam (2006) haben unter Rückgriff auf die Habermas'sche Diskursethik an anderer Stelle einen Ansatz zur Integration von Compliance- und Integritätsstrategien entwickelt, auf den hier nicht im Detail eingegangen werden kann. Dieser zeigt Unternehmen Möglichkeiten einer diskursiven Implementierung von Werten und Normen in Unternehmen auf. An dieser Stelle sei nur auf das Potenzial diskursiver Formate, wie z. B. Multistakeholderinitiativen, verwiesen. Gerade angesichts zunehmender Geschäftsaktivität in verschiedenen kulturellen Kontexten kann ein auf Dialog und Kommunikation basierender Managementansatz dem oftmals artikulierten Kulturimperialismusvorwurf vorgreifen und praktisch zur Lösung konkreter Probleme beitragen. Damit kann auch der weiterhin in vielen Managementsystemen zum Ausdruck kommenden Trennung von Compliance und Integrität ein Ansatz gegenübergestellt werden, der die Effektivität dieser Systeme realistisch einzuschätzen und Lösungsmöglichkeiten aufzuzeigen vermag.

Literatur

Arenas D, Lozano JM, Albareda L (2009) The role of NGos in CSR. Mutual perceptions among stakeholders. J Bus Ethics 88(1):175–197. https://doi.org/10.1007/s10551-009-0109-x

Argyris C, Schön DA (1996) Organizational learning II. Theory, method, and practice. Addison-Wesley, New York

Becker TE (1998) Integrity in organizations: beyond honesty and conscientiousness. Acad Manag Rev 23(1):154–161

Blodgett MS (2011) Substantive ethics: integrating law and ethics in corporate ethics programs. Supplement 1: the 16h Annual International Conference Promoting Business Ethics. J Bus Ethics 99:39–48

Campbell JL (2007) Why would corporations behave in socially responsible ways? An institutional theory of corporate social responsibility. Acad Manag Rev 32(3):946–967. https://doi.org/10.5465/AMR.2007.25275684

Crane A, Matten D (2004) Business ethics. A European perspective. Oxford University Press, Oxford

Crane A, Matten D, Spence LJ (Hrsg) (2014) Corporate social responsibility. Readings and cases in a global context, 2. Aufl. Routledge, London

deGeorge RT (1993) Competing with integrity in international business. Oxford University Press, New York

Donaldson T (1989) The ethics of international business. Oxford University Press, New York

Donaldson T, Dunfee TW (1999) Ties that bind. A social contracts approach to business ethics. Harvard Business School Press, Boston

Driscoll DM, Hoffman WM, Murphy JE (1998) Business ethics and compliance: what management is doing and why. Bus Soc Rev 99(1):35–51. https://doi.org/10.1111/0045-3609.00006

Gilbert DU, Behnam M (2006) Putting discourse ethics into practice: the case of multinational corporations. In: Beschorner T, Schmidt M (Hrsg) Unternehmerische Verantwortung in Zeiten kulturellen Wandels. Rainer Hampp, München, Mering, S 41–69

Gilbert DU, Huber KE (2017) Labour Rights in Global Supply Chains. In: Rasche A, Moon J, Morsing M (Hrsg) Corporate social responsibility. Strategy, communication, governance. Cambridge University Press, Cambridge, S 451–472

Harrison JS, Freeman RE (1999) Stakeholders, social responsibility, and performance: empirical evidence and theoretical perspectives. Acad Manag J 42(5):479–485

Hendry J (1999) Universalizability and reciprocity in international business ethics. Bus Ethics Q 9(3):405–420. https://doi.org/10.2307/3857509

Husted BW (2003) Globalization and cultural change in international business research. J Int Manag 9(4):427–433. https://doi.org/10.1016/j.intman.2003.08.006

Jacobs DC (2004) A pragmatist approach to integrity in business ethics. J Manag Inq 13(3):215–223. https://doi.org/10.1177/1056492604268203

Karlsson PO, Aguirre D, Rivera K (2017) Are CEOs less ethical than in the past? Why more chief executives are losing their jobs after scandals and corporate misconduct. strategy&business 87:1–10

Laufer WS (2003) Social accountability and corporate greenwashing. J Bus Ethics 43(3):253–261

Lozano F (2001) Proposal for a model for the elaboration of ethical codes based on discourse ethics. Bus Ethics: A Eur Rev 10(2):157–162. https://doi.org/10.1111/1467-8608.00226

Maak T (2008) Undivided corporate responsibility. Towards a theory of corporate integrity. J Bus Ethics 82(2):353–368. https://doi.org/10.1007/s10551-008-9891-0

McKendall M, DeMarr B, Jones-Rikkers C (2002) Ethical compliance programs and corporate illegality: testing the assumptions of the corporate sentencing guidelines. J Bus Ethics 37(4):367–384. https://doi.org/10.1023/A:1015287823807

Mitchell RK, Agle BR, Wood DJ (1997) Toward a theory of stakeholder identification and salience: defining the principle of who and what really counts. Acad Manag Rev 22(4):853–886

Okhmatovskiy I, David RJ (2012) Setting your own standards. Internal corporate governance codes as a response to institutional pressure. Organ Sci 23(1):155–176. https://doi.org/10.1287/orsc.1100.0642

Paine LS (1994) Managing for organizational integrity. Harv Bus Rev 72(2):106–117

Paine LS (2003) Value Shift. Why companies must merge social and financial imperatives to achieve superior performance. McGraw.Hill, New York

Palazzo G, Rasche A (2014) CSR-Compliance: Globale Unternehmensverantwortung zwischen Hard Law und Soft Law. In: Wieland J, Steinmeyer R, Grüninger S (Hrsg) Handbuch Compliancemanagement. Konzeptionelle Grundlagen, praktische Erfolgsfaktoren, globale Herausforderungen, 2. Aufl. Erich Schmidt, Berlin, S 1091–1106

Regierungskommission Deutscher Corporate Governance Kodex (2017) Kodex. http://www.dcgk.de/de/kodex.html. Zugegriffen: 6. Sept. 2017

Scherer AG, Palazzo G (2011) The new political role of business in a globalized world. A review of a new perspective on CSR and its implications for the firm, governance, and democracy. J Manag Stud 48(4):899–931. https://doi.org/10.1111/j.1467-6486.2010.00950.x

Solomon RC (1992) Ethics and excellence: cooperation and integrity in business. University Press, New York, Oxford

Treviño LK, Weaver GR, Gibson DG, Toffler BL (1999) Managing ethics and legal compliance – what works and what hurts. Calif Manage Rev 41(2):131–151. https://doi.org/10.2307/41165990

Ulrich P (2001) Integrative Wirtschaftsethik. Grundlagen einer lebensdienlichen Ökonomie, 3. Aufl. Haupt, Bern, Stuttgart, Wien

Watson S, Weaver GR (2003) How internationalization affects corporate ethics. Formal structures and informal management behavior. J Int Manag 9(1):75–93. https://doi.org/10.1016/S1075-4253(03)00004-8

Weaver GR, Treviño LK, Cochran PL (1999) Integrated and decoupled corporate social performance: management commitments, external pressures and corporate ethics programs. Acad Manag J 42(5):539–552

Welge MK, Eulerich M (2014) Corporate-Governance-Management. Theorie und Praxis der guten Unternehmensführung, 2. Aufl. Springer Gabler, Wiesbaden

Wieland J (2014) Integritäts- und Compliance-Management als Corporate Governance – konzeptionelle Grundlagen und Erfolgsfaktoren. In: Wieland J, Steinmeyer R, Grüninger S (Hrsg) Handbuch Compliance-Management. Konzeptionelle Grundlagen, praktische Erfolgsfaktoren, globale Herausforderungen, 2. Aufl. Erich Schmidt, Berlin, S 15–40

Prof. Dr. Dirk Ulrich Gilbert ist seit 2012 Professor für Betriebswirtschaftslehre, insbesondere Unternehmensethik, an der Universität Hamburg. Vorher war er als Professor an der Friedrich-Alexander-Universität Erlangen-Nürnberg sowie der University of New South Wales in Sydney, Australien, tätig. Seine Forschungsinteressen umfassen International Accountability Standards, Begründungsprobleme einer internationalen Unternehmensethik, die Umsetzung von Unternehmensethik in Unternehmen, Vertrauen in Netzwerken sowie die konzeptionelle Verbindung von Strategie und Ethik.

Anna-Lena Maier ist seit 2015 wissenschaftliche Mitarbeiterin und Doktorandin an der Professur für Betriebswirtschaftslehre, insbesondere Unternehmensethik, an der Universität Hamburg. Zuvor war sie Länderreferentin bei einer arabisch-deutschen Industrie- und Handelskammer. In ihrer Dissertation setzt sie sich mit der Bedeutung und Umsetzung von Unternehmensethik durch lokale und internationale Unternehmen in den arabischen Golfstaaten auseinander.

Complianceanforderungen der „fünf großen CSR-Standards"

Compliance in den OECD-Leitsätzen für multinationale Unternehmen

Christoph Schank und Thomas Hajduk

1 Einleitung

Die OECD-Leitsätze für multinationale Unternehmen (MNU) gehören zu den wichtigsten Standards für die verantwortungsvolle Unternehmensführung in einer globalisierten Weltwirtschaft.[1] Gegenüber vergleichbaren internationalen Rahmenwerken für die gesellschaftliche Verantwortung von Unternehmen erfahren sie ihre besondere Geltung durch die multilaterale Anerkennung der in der Organisation für wirtschaftliche Zusammenarbeit und Entwicklung (Organisation for Economic Co-operation and Development, OECD) zusammengeschlossenen Staaten und weiterer Staaten, die sich den Leitsätzen anschlossen. Neben den 35 überwiegend westlichen OECD-Mitgliedsstaaten wurden die Leitsätze auch von 12 Nichtmitgliedstaaten anerkannt. Im März 2017 trat die Ukraine den OECD-Leitsätzen bei und gehört damit neben Ägypten, Argentinien, Brasilien, Costa Rica, Kolumbien, Marokko, Peru, Rumänien, Tunesien, Litauen und Jordanien zur Gruppe der Schwellenländer.[2] Die OECD-Leitsätze erfahren damit eine teilweise über

---

[1] Die im vorstehenden Artikel dargelegten Ansichten spiegeln ausschließlich die Meinung der Verfasser wider.

[2] Die gegenwärtig 35 OECD-Mitgliedsstaaten sind Australien, Belgien, Chile, Dänemark, Deutschland, Estland, Finnland, Frankreich, Griechenland, Irland, Island, Israel, Italien, Japan, Kanada, Korea, Lettland, Luxemburg, Mexiko, Neuseeland, Niederlande, Norwegen, Österreich, Polen, Portugal, Schweden, Schweiz, Slowakei, Slowenien, Spanien, Tschechische Republik, Türkei, Ungarn, das Vereinigte Königreich und die Vereinten Staaten von Amerika.

C. Schank (✉)
Universität Vechta
Vechta, Deutschland
E-Mail: christoph.schank@uni-vechta.de

T. Hajduk
Gütersloh, Deutschland
E-Mail: thomas.hajduk@unisg.ch

© Springer-Verlag GmbH Deutschland, ein Teil von Springer Nature 2018   79
A. Kleinfeld und A. Martens (Hrsg.), *CSR und Compliance*,
Management-Reihe Corporate Social Responsibility,
https://doi.org/10.1007/978-3-662-56214-7_5

die westlichen Industriestaaten hinausreichende Gültigkeit, wobei mit der Volksrepublik China, Indien, Indonesien und Saudi-Arabien 4 der 20 weltweit größten Volkswirtschaften fehlen. Aus diesen Staaten stammende multinationale Unternehmen (Emerging Market Multinationals) und transnational operierenden Staatskonzerne werden von den OECD-Leitsätzen folglich nicht erreicht.

Unterzeichner der Leitsätze sind nicht etwa konkrete Unternehmen, sondern Nationalstaaten, die sich zur Förderung der Leitlinien verpflichten. Adressaten sind aber die multinationalen Unternehmen selbst, wobei darunter die „auf ihrem Staatsgebiet tätigen bzw. von dort aus operierenden multinationalen Unternehmen" verstanden werden (OECD 2011, S. 10). Gleichzeitig wird mit den Leitsätzen ausdrücklich „keine unterschiedliche Behandlung von multinationalen und nationalen Unternehmen bezweckt; vielmehr sehen sie Verhaltensmaßstäbe für alle Unternehmen vor" (OECD 2011, S. 20). Insofern sind die Leitsätze keine „Sonderregeln" für MNU, sondern stellen Prinzipien eines verantwortungsvollen unternehmerischen Handelns dar. Es handelt sich damit im Grundsatz um allgemeine Handlungsempfehlungen für alle Unternehmen, die in den Geltungsbereich einer teilnehmenden Regierung fallen.

Obwohl sich Nationalstaaten zur Umsetzung und Förderung der Leitlinien verpflichtet haben, bleiben sie für Unternehmen unverbindliche Empfehlungen ohne substanziellen Sanktionscharakter. Eine Besonderheit liegt jedoch in den Umsetzungsrichtlinien der Leitsätze, die die Nationalstaaten zur Einrichtung von Nationalen Kontaktstellen verpflichten, die auf Antrag von Personen oder Organisationen möglichen Verstößen nachgehen und zur Problemlösung beitragen sollen (OECD 2011, S. 92).

Im Folgenden werden die Leitsätze und das wesentliche Instrument ihrer Umsetzung, die Nationalen Kontaktstellen, vorgestellt. Dafür werden zunächst die Entwicklung und damit die Besonderheit der Leitsätze herausgestellt, ehe auf die wesentlichen Inhalte der Leitsätze eingegangen wird. Es folgt die Vorstellung der Nationalen Kontaktstellen, wobei der Fokus auf der Arbeitsweise der deutschen Stelle gelegt wird. Der Artikel schließt mit einer kurzen Zusammenfassung und einem Ausblick.

2   Die OECD-Leitsätze

In ihrer aktuellen Fassung aus dem Jahr 2011 werden die OECD-Leitsätze für multinationale Unternehmen mit den Worten eingeleitet, sie seien

> der einzige multilateral vereinbarte und umfassende Kodex für verantwortungsvolles unternehmerisches Handeln, zu dessen Förderung sich die Regierungen verpflichtet haben (OECD 2011, S. 3).

Der Begriff „Kodex" verweist auf die Ursprünge der Leitsätze in der internationalen Kontroverse um einen Verhaltenskodex für MNU in den 1970er-Jahren (Hajduk 2013, 2018; Beroud und Hajduk 2015). Ein kurzer Blick zurück in diese Zeit ist notwendig, um den Charakter und die Funktionsweise der OECD-Leitsätze zu verstehen.

Mit dem „multinationalen Unternehmen" bzw. dem „transnationalen Konzern"[3] entstand in der Nachkriegszeit ein neuer Typ von Unternehmen, wie man ihn bis dahin nicht kannte. Zentrale Merkmale dieser Unternehmen waren neben ihrer Größe (Kapital, Beschäftigte, Umsätze) und Rechtsperson insbesondere ihre grenzüberschreitenden Aktivitäten und Direktinvestitionen. In den ersten beiden Nachkriegsjahrzehnten operierten vor allem US-amerikanische Großunternehmen in den marktwirtschaftlich orientierten westlichen Staaten, aber auch in Entwicklungsländern. Die „Multis" erregten ab Mitte der 1960er-Jahre nicht nur das Interesse von Ökonominnen und Ökonomen, sondern auch das Misstrauen von Teilen der Bevölkerung, der Gewerkschaften und der Politik. Nicht zuletzt aufgrund des in dieser Zeit noch beschränkten Wissens über MNU war die Debatte kontrovers und von Ängsten vor den als übermächtig empfundenen MNU gekennzeichnet. Diese reichten von Standortverlagerungen über den Technologietransfer bis zur politischen Einflussnahme in Gastländern. Rufe nach der internationalen Regulierung von MNU wurden laut.

Vor diesem Hintergrund entwickelten mehrere internationale Organisationen Verhaltenskodizes für MNU, die teils als pragmatische Alternative, teils als eine mögliche Vorstufe zu einem multilateralen Abkommen gesehen wurden. Auch die OECD-Länder entwickelten einen Verhaltenskodex. Allerdings standen in dieser von westlichen, marktwirtschaftlich orientierten Ländern geprägten Organisation andere Motive als die Regulierung von MNU im Vordergrund. Es ging den OECD-Ländern vor allem um den Abbau von Investitionshemmnissen in ihrer Region: MNU sollten bei ihren Auslandsinvestitionen in OECD-Gastländern die gleiche Behandlung genießen wie einheimische Unternehmen („Inländerbehandlung"). Entsprechend verabschiedete die OECD 1976 eine Erklärung über internationale Investments und multinationale Unternehmen (OECD 1976). Darin verpflichteten sich die OECD-Staaten zur Gleichbehandlung von MNU, zur Kooperation bei der Harmonisierung von Investitionsanreizen bzw. -hemmnissen, regelmäßigen Konsultationen und zur gemeinsamen Empfehlung der Leitsätze an die MNU in ihrem Staatsgebiet. Die Leitsätze wurden der Erklärung als Annex und „integraler Bestandteil" hinzugefügt.

Dieser Status erklärt sich sowohl aus dem politischen Motiv der OECD, keine verbindlichen Regeln aufstellen zu wollen als auch aus der (damaligen) juristischen Neuerung, als internationale Organisation private Akteure direkt adressieren zu wollen. Das Resultat ist ein Dokument, das einen explizit empfehlenden und normativen Charakter hat. Der Inhalt der Leitsätze spiegelte die Themen der damaligen Debatte wider. Den Vorbemerkungen über die Rolle von MNU und die Ziele der Erklärung folgen die eigentlichen Empfehlungen in sieben Kapiteln: allgemeine Grundsätze, Offenlegung von Informationen, Wettbewerb, Finanzierung, Besteuerung, Beschäftigung und Sozialpartnerschaft sowie Wissenschaft und Technologie. Die jeweiligen Empfehlungen waren allgemein gehalten und liefen in der Regel darauf hinaus, dass MNU ihre strukturellen Vorteile nicht zum

---

[3] Das waren die beiden geläufigsten Begriffe in der internationalen Debatte der 1960er- und 1970er-Jahre.

Schaden lokaler Behörden, Gesellschaften und der Mitarbeiter einsetzen, sondern sich an nationale Gesetze und Richtlinien halten sowie Behörden und Arbeitnehmervertreter angemessen informieren und beteiligen sollten. Die Leitsätze empfahlen MNU also im Wesentlichen Compliance, Mäßigung und die Vermeidung von negativen Auswirkungen auf ihre Gastländer.

Die Implementierung der Erklärung einschließlich der Leitsätze wurde von einem OECD-Komitee für Investments und multinationale Unternehmen (CIME) begleitet. Arbeitnehmer und Arbeitgeber waren über das Trade Union Advisory Committee (TUAC) und das Business and Industry Advisory Committee (BIAC) konsultativ beteiligt. Bereits 1977 legte TUAC dem Komitee „Fälle" vor, in denen MNU Empfehlungen der Leitsätze nicht beachtet haben sollen, in der Regel das Kapitel „Beschäftigung und Sozialpartnerschaft" betreffend (Blanpain 1979). Diese Fälle wurden lediglich für die Klärung bzw. Interpretation der Leitsätze genutzt; das Verhalten einzelner MNU wurde explizit nicht bewertet (OECD 1979, S. 12).

Ihre heutige Form und Funktionsweise erhielten die Leitsätze erst infolge von Überarbeitungen in den Jahren 1979, 1982, 1984, 1991, 2000 und 2011. Durch diese Revisionen wurden die Nationalen Kontaktstellen und neue Themen wie etwa ein Kapitel zur Umwelt im Jahr 1991 eingeführt. Die beiden größten Aktualisierungen erfuhren die Leitsätze 2000 und 2011. In diesen Jahren wurden die Leitsätze umfassend an ökonomische und politische Veränderungen angepasst und entsprechend erweitert. Damit reagierte die OECD auch auf die Entstehung neuer globaler CSR-Initiativen wie den UN Global Compact (2000), die ISO 26000 (2010) und die UN-Leitprinzipien für Wirtschaft und Menschenrechte (2011). Zudem werden seit 2000 nicht nur die Arbeitgeber- und Arbeitnehmervertretungen konsultativ beteiligt, sondern auch die organisierte Zivilgesellschaft in Form von OECD Watch, womit die OECD den Kreis der für MNU relevanten Anspruchsgruppen erweitert hat.

Ein Blick auf die aktuelle Fassung der Leitsätze zeigt deutlich die inhaltliche Weiterentwicklung seit 1976 auf. Neben den bereits genannten Kapiteln gehen die Leitsätze nun auch auf Umwelt, Verbraucherinteressen, die Bekämpfung von Bestechung, Bestechungsgeldforderung und Schmiergelderpressung und Menschenrechte ein (OECD 2011). Die Einführung eines Kapitels zu Menschenrechten und einer menschenrechtlichen Sorgfaltspflicht erfolgte parallel und in Abstimmung mit den UN-Leitprinzipien für Wirtschaft und Menschenrechte. Die OECD hat hier eine aktive Rolle übernommen und die Leitsätze direkt mit einem neuen, bedeutenden Strang der CSR-Debatte verknüpft. Dies korrespondiert mit dem neuen Motto der Leitsätze, „Empfehlungen für ein verantwortungsvolles unternehmerisches Handeln in einem globalen Kontext" sein zu wollen. Tatsächlich empfehlen die Leitsätze MNU nicht länger nur Gesetzestreue und die Vermeidung negativer Auswirkungen, sondern wollen

> den positiven Beitrag … fördern, den die multinationalen Unternehmen zum ökonomischen, ökologischen und sozialen Fortschritt leisten können, und die Schwierigkeiten, die im Rahmen ihrer diversen Aktivitäten entstehen können, auf ein Mindestmaß … beschränken (OECD 2011, S. 18).

Damit haben sich die OECD-Leitsätze von einem eher reaktiven, von Arbeitnehmer- und Behördenbelangen geprägten Verhaltenskodex zu einem modernen internationalen CSR-Referenzdokument entwickelt. Als solches hat es vor allem für Regierungen und ihre CSR-Politik Bedeutung, wie entsprechende Verweise beispielsweise in der europäischen und deutschen CSR-Strategie zeigen (Bundesregierung 2010; Europäische Kommission 2011). Die praktische Relevanz für Unternehmen war bislang allerdings begrenzt. Denn im Gegensatz zu CSR-Initiativen wie dem UN Global Compact oder der Global Reporting Initiative, die Unternehmen aktiv einbinden, werden die OECD-Leitsätze weiterhin über Regierungen vermittelt. Das wichtigste Mittel hierzu sind die Nationalen Kontaktstellen.

3   Nationale Kontaktstellen

Im Rahmen der OECD-Leitsätze richten die teilnehmenden Regierungen Nationale Kontaktstellen (National Contact Points) ein, die als lokale Anlaufstellen die Kommunikation und Umsetzung der Leitsätze vorantreiben und koordinieren sollen. Ihre Einrichtung dient der Information über die Leitsätze und damit der Bewusstseinsbildung hinsichtlich verantwortungsvoller Unternehmensführung bei Unternehmen, Arbeitnehmerorganisationen und Akteuren aus der Zivilgesellschaft. Aus diesen Kreisen nimmt sie Beschwerden über mögliche Verstöße gegen die Leitsätze an und trägt zur Lösung dieser Probleme bei (BMWi 2017, S. 2). Es erfolgt ein regelmäßiger Erfahrungsaustausch der Nationalen Kontaktstellen untereinander und bei einem besonderen Bedarf auch eine internationale Zusammenarbeit (OECD 2011, S. 78). Den jeweiligen Regierungen obliegt die adäquate Ausstattung der Kontaktstellen mit finanziellen und personellen Ressourcen. Umsetzung, Ausstattung und Kommunikation der Nationalen Kontaktstellen gestalten sich dabei keineswegs einheitlich, da die Regierungen hier über weitreichende Freiheiten verfügen. Die allgemeinen Anforderungen an die Arbeit einer Kontaktstelle werden als funktionale Äquivalenz bezeichnet und umfassen Sichtbarkeit, Zugänglichkeit, Transparenz und Rechenschaftspflicht (OECD 2011, S. 89 f.). Mögliche Verstöße können sowohl von Organisationen als auch Privatpersonen vorgebracht werden.

Ende des Jahres 2015 waren mit Ausnahme von Ägypten und Jordanien in 44 von 46 teilnehmenden Staaten Nationale Kontaktstellen eingerichtet und arbeitsfähig, diese jedoch unterschiedlich sichtbar und zugänglich: Costa Rica, Griechenland, Luxemburg, die Slowakei und Tunesien verzichten auf einen Internetauftritt und lediglich 29 Nationale Kontaktstellen weisen auf ihren Internetauftritten Erklärungen zu den Arbeits- und Beschwerdeprozessen der Einrichtung auf (OECD 2016, S. 39). Obwohl keine formale Pflicht zur Einrichtung eines Internetauftrittes oder der Bereitstellung von Prozessinformationen besteht, ist die mangelnde Zugänglichkeit gerade für zivilgesellschaftliche Beschwerdeführer problematisch. Die Sichtbar- und Ansprechbarkeit der Nationalen Kontaktstelle wird zudem dadurch gefördert, dass Informationen und Kontaktwege auch in anderen Sprachen als der jeweiligen Landessprache eingerichtet werden. Auch dies ist gegenwärtig noch nicht durchgehend der Fall und die Zugänglichkeit der verschiedenen Stellen noch sehr unterschiedlich.

Bei der formalen Aufhängung der Kontaktstellen beschreiten die Staaten unterschiedliche Wege, was sich vordergründig in der Auswahl und der Anzahl der direkt beteiligten Regierungs- und zivilgesellschaftlichen Organisationen niederschlägt (OECD 2016, S. 39 f.). Monoministerielle Kontaktstellen setzen sich allein aus Mitarbeitenden eines Ministeriums zusammen (Monoagency), wobei dieses Ministerium in manchen Staaten auf beratender Basis von weiteren Ministerien oder Nichtregierungsorganisationen unterstützt wird (Monoagency plus). Interministerielle Kontaktstellen bündeln die Kompetenzen mehrerer Fachministerien, verzichten jedoch auf den Einbezug von Nichtregierungsorganisationen (Interagency). Werden Arbeitgeber- und Arbeitnehmerverbände institutionell eingebunden, spricht die OECD von dreiteiligen (Tripartite), beim zusätzlichen Einbezug von weiteren Nichtregierungsorganisationen auch von vierteiligen Kontaktstellen (Quadripartite). Zuletzt lässt sich auch die Einrichtung von regierungsunabhängigen Kontaktstellen beobachten, bei denen ein oder mehrere Ministerien zwar organisatorische Aufgaben übernehmen, die inhaltliche Arbeit jedoch von unabhängigen Experten durchgeführt wird (Independent Agency).

Die Nationale Kontaktstelle Deutschlands ist in der Abteilung Auslandsinvestition im Bundesministerium für Wirtschaft und Energie eingerichtet (BMWi 2016), wobei die Wirtschaftsministerien innerhalb der OECD den traditionsreichsten Verankerungspunkt darstellen. Aufgrund dieser Dominanz wird die Kontaktstelle auch als monoministeriell bezeichnet (Brankamp 2010, S. 43), wobei die OECD selbst aufgrund der präsenten Rolle weiterer Bundesministerien von einer interministeriellen Kontaktstelle spricht (OECD 2016, S. 39). Tatsächlich stimmt das BMWi seine Entscheidungen und Aktivitäten eng im „Ressortkreis OECD-Leitsätze" ab, dem gegenwärtig sieben weitere Bundesministerium angehören und der bei Bedarf um weitere Ministerien ergänzt wird. Darüber hinaus existiert ein „Arbeitskreis OECD-Leitsätze", der zusätzlich Sozialpartner und weitere Nichtregierungsorganisationen umfasst. Neben Organisationen der Arbeitgeberseite (BDA, BDI, DIHK, BdB) und der Arbeitnehmerseite (DGB, IG Metall, Ver.di) fanden sich 2016 auch das deutsche Global Compact Netzwerk, Transparency International Deutschland, Germanwatch, der Verband Entwicklungspolitik und Humanitäre Hilfe deutscher Nichtregierungsorganisationen und das Human Rights Forum als zivilgesellschaftliche Akteure im beratenden Gremium ein (BMWi 2016, S. 4 f.). Auch wenn die Entscheidungsfindung im „Ressortkreis OECD-Leitsätze" stattfindet, weist die Nationale Kontaktstelle damit zugleich Züge einer vierteiligen Einrichtung auf und bemüht sich – wie auch in den OECD-Leitsätzen präferiert – um einen gesellschaftlich integrativen Zugang.

Die prominenteste Aufgabe der Nationalen Kontaktstelle stellt ihre Rolle als Anlaufstelle für Beschwerden über mögliche Verstöße gegen die OECD-Leitsätze dar. Da sie über keine Sanktionsmöglichkeiten oder Gerichtsbarkeit verfügt, wird von ihr lediglich erwartet zur „Lösung von Problemen beizutragen" und als unparteiisches Schiedsstelle an die Einsicht der Beteiligten zu appellieren (OECD 2011, S. 92). Die Anzahl der eingereichten Beschwerden bleibt dabei bis heute überschaubar und beschränkt sich seit

Einrichtung der Beschwerdestelle im Jahr 2001 auf sehr wenige Fälle pro Jahr. Bis Mitte 2014 lagen lediglich 25 Beschwerdefälle vor, von denen eine Mehrzahl aus Mangel an Zuständigkeit oder wegen fehlender Hinweise auf eine Verletzung der OECD-Leitsätze nicht angenommen wurde (BMWi 2014a, S. 1 ff.). Insbesondere der fehlende „investment nexus" oder der Verweis auf die Zuständigkeit einer anderen Nationalen Kontaktstelle sind häufig Gründe einer Zurückweisung. Die oftmals unklare Frage nach der nationalen Zuständigkeit verdeutlicht die zunehmend komplexeren Konstellationen, in denen sich MNU und ihre Töchtergesellschaften bewegen.

Die 2013 eingereichte Beschwerde des Bundestagsmitgliedes Uwe Kekeritz gegen die Unternehmen KiK, C&A und Karl Rieker gehört zu den bekannten an die Nationale Kontaktstelle herangetragenen Fälle. Hintergrund war der Brand in einer bengalischen Textilfabrik des Unternehmens Tazreen Fashion, bei im November 2012 mehr als 100 Menschen den Tod fanden und mehr als 200 verletzt wurden. Das bis dato schwerwiegendste Unglück in der bengalischen Textilindustrie offenbarte schwerwiegende Sicherheitsmängel. Am Unglücksort wurde für die drei deutschen Textilunternehmen gefertigt, Beschwerdeführer Kekeritz warf den auftraggebenden Unternehmen eine Mitverantwortung vor, forderte Verbesserungen des Brandschutzes, Entschädigungszahlungen für die vom Unglück Betroffenen und eine faire Entlohnung in der bengalischen Textilindustrie (BMWi 2014b, S. 2).

Die erste Evaluierung durch die Nationale Kontaktstelle bewertete die vorgebrachten Beschwerdepunkte unterschiedlich und ließ lediglich die allgemeine mangelnde Sorgfaltspflicht zu, während die Forderungen nach Entschädigungszahlungen und höheren Löhnen mangels Sachgrundlage in den OECD-Leitsätze abgewiesen wurden. Das Unternehmen C&A schied frühzeitig aus dem Vermittlungsverfahren aus, da eine rechtlich und wirtschaftlich selbstständige brasilianische Schwestergesellschaft von C&A betroffen war. Entsprechend den Regularien der OECD-Leitsätze wurde die brasilianische Nationale Kontaktstelle hinzugezogen, die separat prüfte. Sowohl KiK als auch Karl Rieker legten dar, die Geschäftstätigkeit mit Tazreen Fashion zum Zeitpunkt des Brandes bereits beendet zu haben bzw. von nicht ordnungsgemäß angezeigten Subaufträgen des eigentlichen Lieferanten betroffen gewesen zu sein. Die Kontaktstelle moderierte im Folgenden ein Vermittlungsverfahren zwischen dem Beschwerdeführer und den Unternehmen KiK und Karl Rieker, das in der Hauptsache zukünftige Anstrengungen zum Brandschutz und zur Gebäudesicherheit beinhaltete. Bereits unabhängig vom Verfahren waren beide Unternehmen dem noch jungen Abkommen „Accord on Fire and Building Safety in Bangladesh" beigetreten und hatten im Rahmen des Vermittlungsverfahrens weitere und ergänzende Maßnahmen angekündigt. Für die Nationale Kontaktstelle wurden die von den Unternehmen umgesetzten und vorgeschlagenen Maßnahmen als für eine Einigung ausreichend erachtet und eine gemeinsame Erklärung intendiert. Diese kam jedoch nur mit dem Beschwerdeführer und Karl Rieker zustande, da die Maßnahmen von KiK in den Augen des Beschwerdeführers nicht ausreichend waren:

KiK habe dem Thema der Sorgfaltspflichten nicht die angemessene Aufmerksamkeit entgegengebracht; dies gelte insbesondere hinsichtlich der Themen mögliche Vermeidung von Unteraufträgen, Festlegung der Zahl der Audits, Reduzierung der Lieferanten, Stärkung des CSR-Bereichs im Unternehmen. Problematisch sei zudem, dass für die Einhaltung des firmeneigenen Code of Conduct nicht genügend Aufwand betrieben werde. Insgesamt sei das Unternehmen an entscheidenden Stellen zu vage geblieben und lasse allgemein eine klare Strategie zur besseren Wahrnehmung der Sorgfaltspflichten in Bangladesch vermissen. Vielmehr sei versucht worden, die Verantwortung auf die Verbraucherinnen und Verbraucher abzuwälzen. Die meisten vom Unternehmen angeführten Maßnahmen zur Verbesserung der Arbeitsumstände seien „on top" Projekte, die keine Auswirkungen auf die Einhaltung von Sorgfaltspflichten hätten. Auch sei der Nachhaltigkeitsbericht von KiK nicht ausreichend, da er an für das Verfahren entscheidenden Stellen unklar bleibe (BMWi 2014b, S. 10).

Das Beispiel illustriert den konsensualen Charakter der Vermittlungs- und Schlichtungsverfahren im Rahmen der OECD-Leitsätze. Da Sanktionsmöglichkeiten nicht vorgesehen sind, resultiert der Druck zu einer Einigung nur darin begründet, dass über eine Nichteinigung möglicherweise für das angezeigte Unternehmen in Form eines „naming and shaming" reputationsschädigend berichtet wird (Heydenreich 2004, S. 44). Dies kommt allerdings nur zum Tragen, so eine solche Berichterstattung überhaupt öffentlich wahrgenommen wird. Da die OECD-Richtlinien aber bisher relativ wenig Aufmerksamkeit in der breiteren Öffentlichkeit erfahren, bleibt dieser Einfluss fraglich.

4 Fazit

Die OECD-Leitsätze sind der älteste umfassende und multilateral anerkannte CSR-Standard. Indem sie den Textinhalt mehrfach erweitert und an den Stand der internationalen CSR-Debatte angepasst haben, ist es den OECD-Staaten gelungen, die Leitsätze zu einem wesentlichen Referenzdokument für verantwortungsvolles unternehmerisches Handeln zu entwickeln und in der internationalen Diskussion zu verankern. Nicht zuletzt die Anbindung an aktuelle Themen der internationalen Politik, z. B. die Schaffung nachhaltiger Lieferketten und die Achtung der Menschenrechte, „verjüngt" die Leitsätze. Zugleich wurde so aus einem Instrument, das ursprünglich multinationale Unternehmen vor allem zur Compliance mit Recht und Politik der Gastländer aufforderte, ein umfassender CSR-Standard, der die Vielfalt aktueller Nachhaltigkeitsthemen abbildet. Doch während die politische Geltung der Leitsätze nicht in Frage steht, weisen ihre Umsetzung und folglich die operative Bedeutung für Unternehmen bisher Lücken auf, wodurch sich auch die im Vergleich zu anwendungsbezogenen Initiativen, z. B. dem UN Global Compact oder den GRI-Richtlinien, geringe öffentliche Wahrnehmung der Leitsätze erklärt.

Mit den Nationalen Kontaktstellen verfügen die OECD-Leitsätze über ein weltweit einzigartiges Netzwerk an institutionalisierten und durch die jeweilige Regierung sichergestellten Einrichtungen zur Förderung der Grundsätze und zur Vermittlung bei möglichen Verstößen gegen sie. Dabei agieren die Kontaktstellen national unterschiedlich und verfügen nicht durchgängig über die Mittel und das Bestreben, selbst investigativ tätig zu werden und eine aktive Rolle über die Moderation hinaus einzunehmen (Brankamp 2010, S. 48 f.). Die eher geringe Anzahl an weltweiten Beschwerdefällen und die geringe Aufmerksamkeit, die Vermittlungsverfahren medial zuteilwird, deuten auf die Schwachstellen der Leitsätze hin: Ohne Sanktionsmöglichkeiten bleiben die Nationalen Kontaktstellen zahnlos und sind auf die freiwillige Mitwirkungsbereitschaft der klageführenden und angeklagten Parteien angewiesen. Dennoch ist nicht anzunehmen, dass populäre CSR-Initiativen, z. B. der UN Global Compact, zur vollständigen Ablösung der OECD-Leitsätze und ihrer Nationalen Kontaktstellen führen werden. Auch wenn das Beschwerdeverfahren nicht sanktionsbewehrt ist, stellt es gerade für Nichtregierungsorganisationen und Privatpersonen eine zugängliche Möglichkeit dar, um auf Missstände aufmerksam zu machen und Unternehmen an den Verhandlungstisch zu bringen (Heydenreich 2004, S. 47 f.).

Im Rahmen ihres G20-Engagements für faire Lieferketten und der Verabschiedung des Nationalen Aktionsplans Wirtschaft und Menschenrechte im Dezember 2016 kündigte die Bundesregierung an, die Nationale Kontaktstelle innerhalb des BMWi aufzuwerten (Bundesregierung 2016, S. 39). Sie soll zu einer eigenen Organisationseinheit innerhalb des BMWi und personell verstärkt werden. Ziel dieser neu aufgestellten Kontaktstelle ist es, die Leitsätze durch eine intensivere Öffentlichkeitsarbeit bekannter zu machen und auf die Rolle der Kontaktstelle als außergerichtlicher Beschwerdemechanismus zur Umsetzung der UN-Leitprinzipien für Wirtschaft und Menschenrechte hinzuweisen. Indem ihrer geringen Bekanntheit entgegengewirkt wird und sie zugleich eng mit der Umsetzung der menschenrechtlichen Sorgfaltspflicht in der Lieferkette verknüpft werden, dürften die OECD-Leitsätze nicht nur ein wesentliches CSR-Rahmenwerk bleiben, sondern auch im Sinne einer stärker aktiven Compliance an Bedeutung gewinnen.

Literatur

Beroud S, Hajduk T (2015) OCDE et bonnes pratiques: une histoire inséparable. In: Klein A, Laporte C, Saiget M (Hrsg) Les bonnes pratiques des organisations internationales. Presses De Sciences Po, Paris, S 59–75

Blanpain R (1979) The OECD guidelines for multinational enterprises and labour relations 1976–1979. Experience and review. Kluwer, Deventer

BMWi (2014a) Nicht zur vertieften Prüfung angenommene Beschwerden bei der deutschen Nationalen Kontaktstelle für die OECD-Leitsätze für multinationale Unternehmen. http://www.bmwi.de/Redaktion/DE/Downloads/A/abgelehnte-beschwerden-der-nationalen-kontaktstelle.pdf?__blob=publicationFile&v=5. Zugegriffen: 24. Apr. 2017

BMWi (2014b) Abschließende Erklärung der deutschen Nationalen Kontaktstelle für die „OECD-Leitsätze für multinationale Unternehmen" anlässlich einer Beschwerde des Mitglieds des Deutschen Bundestages (MdB) Uwe Kekeritz gegen die Unternehmen Kik Textilien und Non-Food GmbH, C&A Mode GmbH & Co und Karl Rieker GmbH & Co. KG. http://www.bmwi.de/Redaktion/DE/Downloads/A/abschlusserklaerung-kekeritz.pdf?__blob=publicationFile&v=1. Zugegriffen: 24. Apr. 2017

BMWi (2016) National contact point reporting questionnaire. http://www.bmwi.de/Redaktion/DE/ Downloads/M-O/nks-jahresbericht-2016.pdf?__blob=publicationFile&v=6. Zugegriffen: 24. Apr. 2017

BMWi (2017) OECD-Leitsätze für multinationale Unternehmen Empfehlungen für verantwortungs- volles unternehmerisches Handeln in einem globalen Kontext. https://www.bmwi.de/Redaktion/ DE/Publikationen/Aussenwirtschaft/oecd-leitsaetze-fuer-multinationale-unternehmen.pdf?__ blob=publicationFile&v=8. Zugegriffen: 24. Apr. 2017

Brankamp B (2010) Die OECD-Leitsätze für multinationale Unternehmen: Funktionsweise und Umsetzung. Menschenrechtsmagazin (MRM) 15(1):41–50

Bundesregierung (2010) Aktionsplan CSR der Bundesregierung. Nationale Strategie zur gesellschaftlichen Verantwortung von Unternehmen (Corporate Social Responsibi- lity – CSR). Bundesregierung, Berlin (https://www.bundesregierung.de/Content/DE/ StatischeSeiten/Breg/Nachhaltigkeit/_SubsiteInhalte/_Anlagen/2010-12-07-aktionsplan- csr.pdf;jsessionid=9E0B7A33387675E241931DEF6B8DF2D2.s5t2?__blob=publicationFile& v=2. Zugegriffen: 24. April 2017)

Bundesregierung (2016) Nationaler Aktionsplan Umsetzung der VN-Leitprinzipien für Wirtschaft und Menschenrechte 2016–2020. http://www.auswaertiges-amt.de/cae/servlet/contentblob/ 754690/publicationFile/222786/161221-NAP-DL.pdf. Zugegriffen: 24. Apr. 2017

Europäische Kommission (2011) Eine neue EU-Strategie (2011–14) für die soziale Verantwortung der Unternehmen (CSR). Europäische Kommission, Brüssel (http://eur-lex.europa.eu/legal- content/DE/TXT/PDF/?uri=CELEX:52011DC0681&from=DE. Zugegriffen: 24. April 2017)

Hajduk T (2013) A code to bind them all: the multinational dilemma and the endeavour for an inter- national code of conduct. In: Brändli S, Schister R, Tamò A (Hrsg) Multinationale Unternehmen und Institutionen im Wandel – Herausforderungen für Wirtschaft, Recht und Gesellschaft. Stämpfli, Bern, S 311–339

Hajduk T (2018) An 'instrument of moral persuasion' – multinational enterprises and international codes of conduct in the 1970s. In: Rahim M (Hrsg) International codes of conduct. Springer, Berlin (im Druck)

Heydenreich C (2004) Die OECD-Leitsätze für multinationale Unternehmen – Erfahrungen und Bewertungen. In: Fonari A (Hrsg) Menschenrechts-, Arbeits- und Umweltstandards bei mul- tinationalen Unternehmen. Germanwatch Regionalgruppe Münchner Raum & Europäische Akademie Bayern e. V., München

OECD (1976) International investment and multinational enterprises. OECD, Paris

OECD (1979) International investment and multinational enterprises. Review of the 1976 declara- tion and decisions. OECD, Paris

OECD (2011) OECD-Leitsätze für multinationale Unternehmen. Ausgabe 2011. http:// mneguidelines.oecd.org/48808708.pdf. Zugegriffen: 24. Apr. 2017

OECD (2016) Annual report on the OECD guidelines for multinational enterprises 2015. http:// mneguidelines.oecd.org/2015-Annual-Report-MNE-Guidelines-EN.pdf. Zugegriffen: 24. Apr. 2017

Prof. Dr. Christoph Schank ist seit April 2018 Juniorprofessor für Unternehmensethik an der Universität Vechta. Zudem verantwortet er am Institut für Wirtschaftsethik an der Universität St. Gallen die Weiterbildung im Bereich Corporate Social Responsibility. Neben verschiedenen Lehraufträgen an den Universitäten Lüneburg, Flensburg, Frankfurt am Main, Siegen und der Fernuniversität der Schweiz verwaltete er die Professur für Wirtschaft und Ethik: Social Business an der Universität Vechta. Im Anschluss an sein Studium zum Diplom-Kaufmann und Diplom-Soziologen und seiner Promotion arbeitete er in der wissenschaftlichen Evaluationsforschung sowie der Politik- und Unternehmensberatung.

Thomas Hajduk ist Manager Corporate Responsibility bei der Bertelsmann SE & Co KGaA. Er ist zudem Lehrbeauftragter an der Universität St. Gallen und der Hochschule für Nachhaltige Entwicklung Eberswalde. Nach dem Studium der Politik- und Geschichtswissenschaften folgten Stationen in der Politikberatung, am Institut für Wirtschaftsethik der Universität St. Gallen und im CSR-Referat des Wirtschaftsministeriums NRW.

Compliance im GRI-Berichtsstandard

Johanna Henrich

1 Nachhaltigkeitsberichterstattung ist mehr als Compliance

Spätestens seitdem die europäische Richtlinie zur Berichterstattung nicht-finanzieller Informationen in Kraft getreten ist und diverse Gesetze auf nationaler Ebene nach sich gezogen hat, sind Unternehmen ab einer bestimmten Größe dazu verpflichtet, die Öffentlichkeit über ihre relevanten Auswirkungen zu informieren. Sie müssen offenlegen, welche Mechanismen sie entwickelt haben, um Risiken zu minimieren und wie sie mit ihrer ökonomischen, ökologischen und sozialen Verantwortung umgehen. Doch schon zuvor hat sich das Nachhaltigkeits- bzw. CSR-Reporting als probates Mittel zur Reputationssicherung etabliert. Seit den ersten Umwelt- und Nachhaltigkeitsberichten Ende der 1980er-Jahre hat sich die Berichtslandschaft und ihr Profil stark verändert. Während zu Beginn vor allem Großkonzerne solche Berichte vorlegten, ist die Nachhaltigkeitsberichterstattung in vielen Unternehmen mittlerer Größe angekommen. Die Zahl der Berichterstatter wächst weiterhin und folgt dem zunehmenden wirtschaftlichen und gesellschaftlichen Interesse an der Offenlegung nicht-finanzieller Leistungen von Unternehmen. Längst hängen Investitionsentscheidungen nicht zuletzt von Leistungen mit CSR-Bezug ab, Zinsberechnungen und Anlagestrategien werden zunehmend auch an entsprechende Kennzahlen geknüpft.

Unternehmen und Organisationen aller Arten, Größen und Sektoren veröffentlichen deshalb heute Berichte zu ihren Nachhaltigkeitsleistungen und ihrer unternehmerischen Verantwortung. Insgesamt 92 % der weltgrößten 250 Unternehmen publizierten 2017 eigene Nachhaltigkeitsberichte.

Berichterstatter folgen meist Rahmenwerken, die das Reporting strukturieren und dabei eine Reihe relevanter Themen „abklopfen". Die Vorteile solch einheitlicher Berichter-

J. Henrich (✉)
akzente kommunikation und beratung GmbH
München, Deutschland
E-Mail: johanna.henrich@akzente.de

© Springer-Verlag GmbH Deutschland, ein Teil von Springer Nature 2018   91
A. Kleinfeld und A. Martens (Hrsg.), *CSR und Compliance*,
Management-Reihe Corporate Social Responsibility,
https://doi.org/10.1007/978-3-662-56214-7_6

stattung liegen auf der Hand: Sie macht Inhalte vergleichbar, sichert die Verfügbarkeit von Informationen, die für die Stakeholder von besonderem Interesse sind, und sorgt für Glaubwürdigkeit und eine höhere Reportingqualität. Unternehmen haben daher ebenso einen Vorteil von der Berichtserstattung nach Frameworks wie die Anspruchsgruppen, die sich für einen entsprechenden Bericht interessieren.

2 Die Global Reporting Initiative macht internationale Vergleichbarkeit möglich

Das international anerkannte und meistgenutzte Rahmenwerk wird von der Global Reporting Initiative entwickelt und herausgegeben. Die GRI ist eine unabhängige internationale Organisation mit dem Ziel, nachhaltige Entwicklung weltweit zu unterstützen. Dabei kooperiert sie mit anderen Organisationen, z. B. der OECD, dem UN Global Compact und ISO, und berät Regierungen und Märkte bei der Entwicklung von Regularien mit Reportingbezug. Darüber hinaus wirkt sie auf die Etablierung des Nachhaltigkeitsreportings als Mittel zur Weiterentwicklung des Nachhaltigkeitsmanagements im Unternehmen hin.

Das Zentralbüro der GRI befindet sich seit 2002 in Amsterdam (Niederlande). Die Organisation verfügt weiterhin über lokale Niederlassungen auf allen Kontinenten, die mit der Nachhaltigkeitsberichterstattung auf Länderebene befasst sind, den Dialog mit lokalen Stakeholdergruppen führen und Unterstützung für das Verständnis der globalen Anforderungen in Anpassung an lokale Gegebenheiten und Ansprüche bieten.

Das Hauptziel und der Vorteil einer Berichterstattung nach GRI ist die Herstellung von Transparenz und Vergleichbarkeit. Der tragende Gedanke hinter der Entwicklung und Anwendung des GRI-Framework ist die Ermöglichung einer Standardisierung im CSR-Reporting. Im Unterschied zu anderen einflussreichen Frameworks, wie z. B. dem Deutschen Nachhaltigkeitskodex, den der Rat für Nachhaltige Entwicklung herausgibt, ist das Interesse der GRI ein einheitliches Reporting auf internationaler Ebene. Länderübergreifend agierende Organisationen sind deshalb gut beraten, wenn sie für ihr Reporting eine Ausrichtung am GRI-Standard wählen. Das hat sich weitgehend durchgesetzt und zu besserer internationaler Vergleichbarkeit von nicht-finanziellen Angaben geführt. Die Arbeit der GRI hat so das Reporting auf internationaler Ebene – zusammen mit anderen Faktoren – entscheidend gefördert.

Das GRI-Framework ist das meistgenutzte Instrument
Die GRI erarbeitet Richtlinien für die Erstellung von Nachhaltigkeitsberichten, hauptsächlich von Unternehmen, aber auch von Regierungen und Nichtregierungsorganisationen. Dabei kommt ein partizipatives Verfahren, der sogenannte Multi-Stakeholder-Approach zur Anwendung, in dessen Lauf sie aufgestellt und kontinuierlich weiterentwickelt werden. Alle vorliegenden Versionen dieses Reportingframework stützen sich auf das gleiche Set von Grundprinzipien. Sie sollen Unternehmen dabei helfen, die Auswirkungen ihrer Geschäftstätigkeiten auf kritische Nachhaltigkeitsthemen zu verstehen, zu messen und zu

kommunizieren. Zu diesen Themen gehören der Klimawandel und die Einhaltung von Menschenrechten ebenso wie Korruptionsvermeidung, Arbeitnehmerrechte und weitere. Zugleich sollen sie Unternehmen und Organisationen sowie Zivilpersonen und Gruppen ein Mittel an die Hand geben, das Orientierung und Vergleichbarkeit bezüglich dieser Themen ermöglicht. Zu diesem Zweck stellen die GRI-Standards, so wie alle GRI-Frameworks zuvor, einen freiwilligen Rahmen für das Reporting dar. Darin sind bestimmte Kennzahlen und Indikatoren, die Disclosures, festgeschrieben, die entsprechend bestimmter modularer Themen mit ökonomischer, ökologischer und gesellschaftlicher Relevanz, sogenannter „Topics", der Tätigkeiten, Produkte und Services der berichtenden Organisation strukturiert sind.

Kein anderer Berichtsstandard wird heute von so vielen Unternehmen verwendet wie derjenige der GRI. Insgesamt 82 % der größten Unternehmen der Welt berichten nach GRI-Frameworks, sie werden in mehr als 90 Ländern angewandt. Den Unterzeichnern des UN Global Compact wird die Veröffentlichung eines Nachhaltigkeitsreports nach GRI empfohlen.

3 Bisherige Versionen des GRI-Framework entwickelten sich mit den Ansprüchen der Stakeholder

Die Global Reporting Initiative begann Ende der 1990er-Jahre mit der Arbeit an einem einheitlichen Berichtsstandard für Nachhaltigkeitsinformationen, der sich an globalen Trends ausrichten und standardisiert entsprechende Informationen abfragen sollte. Die ersten GRI-Richtlinien für Nachhaltigkeitsberichte, die „Guidelines" wurden zum Weltgipfel für nachhaltige Entwicklung in Johannesburg eingeführt, der im Jahr 2002 stattfand und durch den die Guidelines die Abkürzung G2 erhielten. Diese Benennung wurde auch in die Weiterenwicklungsprozesse übernommen, aus denen in den Jahren 2006 und 2013 die Versionen G3 und G4 hervorgingen. Die G2-Guidelines wurden anfangs bereits von einer Zahl Global Player angenommen und umgesetzt, darunter zum Beispiel BMW, die HypoVereinsbank und die BASF, deren Reporting ausreichend Strahlkraft besaß, um die GRI-Guidelines branchenübergreifend bekanntzumachen. Das begründete den Erfolg der Global Reporting Initiative und verhalf ihr rasch zu ihrer Position als führendes Reportingframework im CSR-Bereich. Zugleich machten zahlreiche berechtigte Kritikpunkte eine Weiterentwicklung von G2 notwendig. Vier Jahre später erschien mit G3 eine überarbeitete stringentere Evolution der ursprünglichen Guidelines, mit einer klareren Struktur und Erläuterungen, deren Mangel zuvor für Verwirrung bei Berichterstattern gesorgt hatte.

Die letzte Überarbeitung des Framework, GRI G4, wurde nochmals hinsichtlich der Abfrage von Informationen geschärft, die für das berichtende Unternehmen wirklich wesentlich sind. Das heißt, das Unternehmen definiert anhand einer Wesentlichkeitsanalyse für sich, welche CSR-Themen von besonderer Bedeutung sind. Diese Aspekte waren dann vom Reporting abzudecken und durch entsprechende Indikatoren zu messen und zu berichten. Dieses Prinzip übernahm das Nachhaltigkeitsreporting aus der Finanzberichterstattung und wird damit dem Anspruch gerecht, nicht wahllos, sondern auf die Ansprüche der Stakeholder hin geschärft, Berichterstattung zu leisten. Neu war bei G4 auch der stärkere Blick auf die Lieferkette. Über die Grenzen der Organisation hinaus sollten Informationen erfasst und Auswirkungen berichtet werden.

Das trägt dem gestiegenen öffentlichen Interesse nach Transparenz in Wertschöpfungsketten Rechnung. Vorfälle wie der Einsturz der Rana Plaza-Textilfabrik in Sabhar, Bangladesch, machten deutlich, dass weiße Unternehmenswerte nicht auf sauberen Methoden in den Vorstufen der Produktion hindeuten müssen. Unternehmen und Organisationen sind deshalb zunehmend aufgefordert, ihre Lieferketten zu durchleuchten und gegebenenfalls Maßnahmen zum Schutz von Umwelt und Gesellschaft zu ergreifen. Die G4-Leitlinien sollten dem Rechnung tragen.

Dennoch konnte die GRI wesentlichen Kritikpunkten auch in dieser Überarbeitung nicht vollständig gerecht werden. Einige Aspekte waren nicht eindeutig oder führten zu Themenüberschneidungen und -zersplitterungen. Zudem hatte die GRI begründetes Interesse daran, ihr Produkt zum Berichtsstandard werden zu lassen. Bei G4 handelte es sich aber noch immer um ein Set von Leitlinien und damit lediglich um einen Semistandard. Mit der nächsten Weiterentwicklung sollte diese Änderung schon aus dem Namen ersichtlich werden. Im Jahr 2016 veröffentlichte die GRI die „GRI-Standards" (Global Reporting Initiative 2016).

4   Die GRI-Standards machen das Nachhaltigkeitsreporting modular

Die GRI-Standards stellen ein modulares Set aus Disclosures dar, in dem die Aspekte aus G4 nicht verändert, aber teilweise neu zugeordnet beziehungsweise zusammengezogen und in drei Serien unterteilt wurden. Diese müssen jedoch nicht gesamthaft berichtet werden, sondern es werden einzelne Inhalte ausgewählt, im Extremfall können dies sogar nur einzelne Disclosures sein. Mit der Nutzung der Standards besteht nun die Möglichkeit zur schnelleren Aktualisierung und Anpassung an aktuelle Trends, da nicht ein kompletter Leitfaden aktualisiert werden muss, sondern lediglich einzelne Elemente.

In G4 noch getrennte, aber inhaltlich aufeinander bezogene Aspekte wurden zusammengeführt. Aspekte, die zuvor missverständlich formuliert waren, wurden zudem geglättet und vereinheitlicht. In Hinblick auf Compliance waren beispielsweise Beschwerdemechanismen in G4 noch thematisch zugeordnet und sind in den GRI-Standards als ein möglicher Bestandteil des Managementansatzes gesetzt.

Die GRI-Standards bestehen aus drei wesentlichen Elementen. Erstens sind das die General Disclosures,[1] in denen allgemeine Angaben zum Unternehmen, zu Strategie, Governance und zur Berichterstattung abgefragt werden. Diese Angaben sind für alle berichtenden Unternehmen verpflichtend. Zweitens ist es der Management Approach, der

---

[1] Es werden die englischen Bezeichnungen für die Strukturierung der GRI-Standards verwendet, da zum Zeitpunkt der Erstellung dieses Textes noch keine offizielle deutsche Übersetzung vorlag.

für jedes als wesentlich definierte Thema berichtet werden muss. Darin sind Angaben zum wesentlichen Thema und seinen Berichtsgrenzen zu machen, zu den implementierten Managementsystemen und -prozessen hinsichtlich des Themas im Unternehmen sowie zu seiner Erfolgsmessung. Managementansätze können entweder gebündelt stehen oder zum jeweiligen Thema einzeln berichtet werden. Hier gab es gegenüber G4 noch einmal Schärfungen. Drittens sind es die Topic Specific Disclosures, die aus drei Modulen bestehen, in denen Themen (Topics) aus den Bereichen Wirtschaft, Umwelt und Gesellschaft enthalten sind. Die zu berichtende Auswahl dieser Themen richtet sich nach den Ergebnissen der Wesentlichkeitsanalyse. Insgesamt stehen sechs Themen aus dem Bereich Wirtschaft (GRI 201–206), acht Themen aus dem Bereich Umwelt (GRI 301–308) und 19 Themen aus dem Bereich Soziales zu Arbeitspraktiken, Menschenrechten, Gesellschaft und Produktverantwortung (GRI 401–419) zur Auswahl. Jedes dieser Topics ist mit einer unterschiedlichen Zahl an Indikatoren (Disclosures) hinterlegt, die die Angaben zum Management des jeweiligen Topics vertiefen und ergänzen. Oft handelt es sich dabei um die Abfrage von Kennzahlen, in anderen Fällen um Angaben zu Maßnahmen und Begründungen.

Beim Reporting nach GRI-Standards ist jeweils insbesondere auf die „impacts" hinsichtlich der jeweiligen Themen einzugehen. Damit sind die Auswirkungen auf die Wirtschaft, die Umwelt und die Gesellschaft gemeint – und nicht, wie oft fehlinterpretiert, die Auswirkungen des Themas auf das Unternehmen selbst. Entscheidend für die Grenze der zu berichtenden Themen, die sogenannte Topic Boundary, ist der individuelle Einfluss des Berichterstatters auf die jeweilige Auswirkung. Das heißt, das Unternehmen tritt beispielsweise als Verursacher oder Beteiligter der Auswirkung auf, unmittelbar oder durch Geschäftsbeziehungen. Dazu ist Stellung zu beziehen.

Die zu berichtenden Informationen beziehen sich dabei immer auf das jeweilige Berichtsjahr. Vergleichsangaben zu Vorjahren können gemacht werden und sind üblich. Managementsysteme, die über mehrere Jahre hinweg Geltung haben, sind in den Managementansätzen in jedem Jahr neu zu berichten. Der Leser soll auch bei einmaliger Lektüre einen Überblick über Leistungen und Auswirkungen des Unternehmens erhalten können. Ebenso sind Fortschritte und Veränderungen während des Berichtsjahrs darzustellen.

Unternehmen haben drei Optionen, nach denen sie die GRI-Standards erfüllen können. Die Option „in accordance" – Core wird von den meisten Berichterstattern gewählt. Sie verlangt, dass zu jedem als wesentlich festgesetztem Topic mindestens ein zugehöriger Disclosure zu berichten ist. Die Option „in accordance" – Comprehensive macht die Beantwortung aller Disclosure, die einem wesentlichen Topic zugeordnet sind, verpflichtend. Erstmals steht mit den GRI-Standards eine dritte Option zur Verfügung: GRI Referenced. Sie kann von allen Organisationen gewählt werden, deren Berichte sich zwar in einer Form an der GRI orientieren, aber nicht „in accordance" mit den Optionen Core oder Comprehensive sind.

Ein häufiges Missverständnis besteht darin, die Reportingoptionen mit Qualitätsstandards zu vergleichen. Ein Bericht, der die Option Comprehensive erfüllt, braucht keinesfalls besser als ein Bericht nach Core oder auch Referenced zu sein. Die Optionen stellen lediglich Möglichkeiten für die Unternehmen dar, ihr Reporting nach ihren individuellen Möglichkeiten und ihrem Bedarf auszurichten. Auch die Anwendung eines Framework hat in diesem Kontext wenig auszusagen. Die Beurteilung der Qualität eines Berichts gelingt nicht anhand seiner Struktur, sondern immer nur anhand seines Inhalts.

5 Compliance und Integritätsmanagement aus der GRI-Perspektive

Nach dem Verständnis der Global Reporting Initiative ist Compliance ein Teil der Verantwortung eines Unternehmens gegenüber der Gesellschaft (CSR). Entsprechend finden sich Compliancethemen auch in den GRI-Standards wieder. Das Ziel der GRI ist aber nicht nur ein Reporting über die Sicherstellung der Einhaltung von Gesetzen und Regelungen, sondern über Maßnahmen hinsichtlich Themen, die für jeweilige Anspruchsgruppen relevant sind. Zu diesen gehört Compliance, sie erschöpfen sich aber nicht darin. Manche der nach GRI abgefragten Themen sind zumindest teilweise gesetzlich reglementiert. Die Gesetzgebung ist aber nicht der ausschlaggebende Grund, weshalb sich diese Themen in den GRI-Standards wiederfinden. Unternehmen sollen auch Rechenschaft ablegen über die Einhaltung von Gesetzen, Normen und externen Richtlinien, in erster Linie aber über ihre internen Maßnahmen zur Sicherstellung verantwortungsvollen Handelns. Der gesetzliche Rahmen wird durch diese Ausrichtung um Kriterien erweitert, die sich nicht an politischen, sondern an gesellschaftlichen Ansprüchen orientieren. Nur so ist überhaupt ein international vergleichbares Nachhaltigkeitsreporting denkbar. Die GRI-Standards stellen ein Set an Themen zur Verfügung, das in jedem Land auf die gleiche Art zu bearbeiten ist. Anders als es in einer Abfrage der Einhaltung von lokalen Gesetzen der Fall wäre, stoßen sie sich damit nicht an Landesgrenzen.

Die GRI wirkt auf einen integrierten Ansatz von Compliance und Nachhaltigkeitsmanagement hin. Abfragen zur Compliance hinsichtlich verschiedener Aspekte sind über die einzelnen Themenblöcke verteilt und stehen nicht zusammen. Compliance ordnet sich damit den CSR-Themen unter. Sie wird als Gesichtspunkt unternehmerischer Verantwortung gegenüber der Gesellschaft wirksam und erscheint nicht als eigenständiges Konzept.

6 Zahlreiche GRI-Themen beziehen sich auf Compliance

In den GRI-Standards finden sich 10 Topics mit insgesamt 13 Disclosures mit Bezug auf Compliance und Integritätsmanagement (Global Reporting Initiative 2016). Dabei hebt die GRI aus dem Themenkreis Compliance die Korruptionsvermeidung mit drei eigenen Disclosures besonders heraus. Weiterhin besteht eine Unterteilung zwischen Complianceanforderungen an das Unternehmen und an die Lieferkette beziehungsweise Anforderungen bezüglich Gesetzen sowie supranationalen Rechten. Die Themen verteilen sich auf die Bereiche Wirtschaft, Umwelt und Soziales. Tab. 1 stellt dar, welche Angaben innerhalb der einzelnen GRI-Themenbereiche gefordert sind.

Tab. 1 Compliancebezogene GRI-Themen und entsprechende geforderte Angaben

Wirtschaft	
GRI 205 Anti-Corruption	Standorte, die hinsichtlich Korruptionsrisiken untersucht wurden und signifikante identifizierte Risiken hinsichtlich Korruption
	Kommunikation und Trainings für Mitarbeiter und Geschäftspartner zu Richtlinien und Verfahren zur Korruptionsvermeidung
	Bestätigte Korruptionsvorfälle und ergriffene Maßnahmen sowie Verfahren wegen Korruption
GRI 206 Anti-Competitive Behavior	Verfahren hinsichtlich wettbewerbswidrigem Verhalten, Kartellbildung und monopolistischer Praktiken sowie Ergebnisse solcher Verfahren
Umwelt	
GRI 307 Environmental Compliance	Verstöße gegen Umweltgesetzgebung inkl. Anzahl signifikanter Strafzahlungen und nicht-finanzieller Strafen und ihr entsprechender Geldwert
Soziales	
GRI 406 Non-Discrimination	Anzahl der Diskriminierungsvorfälle und jeweils ergriffene Maßnahmen
GRI 411 Rights of Indigenous People	Vorfälle, in denen die Rechte indigener Bevölkerungsgruppen verletzt wurden sowie Status der Bearbeitung dieser Fälle und ergriffene Gegenmaßnahmen
GRI 412 Human Rights Assessments	Anzahl und Prozentsatz der Standorte, die hinsichtlich der Einhaltung von Menschenrechten beurteilt oder untersucht wurden
GRI 416 Customer Health and Safety	Fälle von Gesetzesverstößen hinsichtlich der Auswirkungen von Produkt- und Servicekategorien auf die Gesundheit und Sicherheit von Kunden inkl. damit verbundener Strafen und Strafzahlungen, Verwarnungen sowie Verletzungen freiwilliger Selbstverpflichtungen
GRI 417 Marketing and Labeling	Verstöße gegen Vorschriften zur Informationspflicht zu und Kennzeichnung von Produkten und Dienstleistungen inkl. damit verbundener Strafen und Strafzahlungen, Verwarnungen und Verletzungen freiwilliger Selbstverpflichtungen
	Verstöße gegen Vorschriften hinsichtlich Vermarktungskommunikation inkl. damit verbundener Strafen und Strafzahlungen, Verwarnungen und Verletzungen freiwilliger Selbstverpflichtungen
GRI 418 Customer Privacy	Substanzielle Beschwerden hinsichtlich Verletzung des Schutzes von Kundendaten oder Verlust von Kundendaten, Anzahl der Vorfälle und Herkunft der Meldung
GRI 419 Socioeconomic Compliance	Verstöße gegen Vorschriften hinsichtlich Gesetzen und Verordnungen im sozialen und wirtschaftlichen Umfeld inkl. Geldwert signifikanter Strafzahlungen, Anzahl sonstiger Strafen und Untersuchungsfälle sowie der Kontext, in dem sie angefallen sind

7   Das Spannungsfeld zwischen Compliance- und Nachhaltigkeitsmanagement

Den berichterstattenden Organisationen bleibt die Ausgestaltung ihrer Publikation offen. Das heißt, in welchem Rahmen die Erfüllung der GRI-Anforderungen geschieht, ist individuelle Entscheidung. Etabliert hat sich ein klassischer Nachhaltigkeitsbericht nach unternehmensspezifisch gewählten Kapiteln, die meistens die Triple Bottom Line wiedergeben, Produkte herausstellen oder sich – in selteneren Fällen – an der Wertschöpfungskette des Unternehmens entlangarbeiten. Üblicherweise beinhalten diese Berichte einen Abschnitt zu Corporate Governance, in dem die Complianceorganisation im Unternehmen erläutert wird. In diesem Kapitel werden auch das Thema Antikorruption und entsprechende Maßnahmen dargestellt und der Großteil bis hin zu allen Indikatoren mit Bezug auf Compliance platziert. Das zeigt, dass viele Unternehmen versuchen, die Sichtweise der GRI aufzulösen und die GRI-Struktur in ihre eigene Unternehmensstruktur zu übersetzen. Compliance und Nachhaltigkeitsmanagement sind im Unternehmen meist nicht einander zugeordnet und nur lose miteinander verbunden.

Die Reportingpraxis zeigt, dass häufig diejenigen Berichtselemente mit Compliancebezug im Prozess der Berichterstellung redaktionell herausgelöst und in die Hände der Compliance- oder Legalabteilung gegeben, dort aufgearbeitet und zurückgeleitet werden. Da diese Texte eine hohe juristische und unternehmenspolitische Relevanz haben und ihre Formulierung entsprechend mit besonderer Aufmerksamkeit und Fingerspitzengefühl angegangen werden muss, können sie meist auch nicht einfach in die restliche Berichtsstruktur aufgelöst werden und müssen aus Abstimmungsgründen einzeln stehen. So wird dem Wirksamwerden eines integrierten Ansatzes implizit entgegengewirkt.

Dieses Vorgehen ist allerdings nicht nur den Umständen geschuldet, sondern auch konsequent. Unternehmen sollen und müssen schließlich das Reportingframework nutzen, um die besonderen CSR-bezogenen Eigenschaften ihres Unternehmens zielgruppengerecht zu kommunizieren. Auf der einen Seite kommt die gesonderte Platzierung von Compliancethemen durchaus den Erwartungen einer wichtigen Zielgruppe entgegen, den Analysten.[2] Auf der anderen Seite ist es für berichtende Organisationen nicht immer sinnvoll, ihre internen Strukturen im Bericht so darzustellen, dass sie dem GRI-Ansatz folgen. Ein oft kritisierter Punkt am GRI-Framework ist nämlich die Zersplitterung der compliancebezogenen Disclosures. Durch diese Zersplitterung werden Verstöße in einer Detailtiefe abgefragt, die Unternehmen meist so nicht erfassen beziehungsweise nicht offenlegen wollen. Gerade bei den klassischen Complianceindikatoren werden deshalb die Möglichkeiten der Begründung der Auslassung (Reason for Omission) sowie der Beantwortung der gesetzlichen Complianceindikatoren durch eine Direktantwort in dem Bericht üblicherweise angehängten GRI-Index als „Fehlanzeige" häufig verwendet.

Aus der CSR-Perspektive ist die Verteilung dieser Disclosures über das Framework hinweg allerdings sinnvoll, denn die GRI-Standards strukturieren sich nach den für die

---

[2] Für die meisten Nachhaltigkeitsberichte stellen Analysten eine wesentliche Zielgruppe dar.

Stakeholder relevanten Nachhaltigkeitsthemen, nicht nach den von den Themen betroffenen Unternehmensabteilungen – deren Verantwortlichkeiten ohnehin in den meisten Organisationen unterschiedlich verteilt sind. Dem entspricht auch die Ausrichtung der GRI.

Blickt man jedoch aus der Perspektive der Complianceabteilungen auf das Framework, erscheint seine Struktur als Stückwerk. Dem ist im Übergang von G4 auf die GRI-Standards, wie eingangs dargelegt, durch den Zusammenzug einiger Themen Rechnung getragen worden. Dennoch können auch die GRI-Standards aus ihrer Grundpositionierung als CSR-Werkzeug heraus diesen Konflikt nicht vollständig auflösen. Und das wollen sie auch nicht, da die Trennung von Compliance und Nachhaltigkeit in den Unternehmen für die Integration von Nachhaltigkeitsthemen in die Geschäftsverläufe gar keine optimale Lösung darstellt und es deshalb sinnvoll ist, ihr entgegenzuwirken. So lassen sich die GRI-Standards auf diesem Weg auch nur als Übergangslösung sehen. Künftige Weiterentwicklungen des Framework werden zeigen, wie sich das Spannungsfeld zwischen Compliance- und Nachhaltigkeitsmanagement in Bezug auf das CSR-Reporting entfalten wird.

8 Die Praxislösungen sind vielfältig

Der Umgang mit Compliancethemen in der Praxis des Reportings nach GRI zeigt sich in der unterschiedlichen Verteilung der Disclosures über die Berichtsstruktur. Zwar machen die GRI-Standards inhaltliche Vorgaben zu dem, was berichtet werden soll. In der Gestaltung der Berichtsstruktur sind die Berichterstatter allerdings vollkommen frei. Das hilft bei der Hinwirkung auf eine Vereinbarung der Ansprüche von Compliance und CSR entsprechend den Verhältnissen, wie sich diese Themen in der jeweiligen Organisation zueinander verhalten und wie sie jeweils gemanagt werden.

Manche Berichte stellen das Thema Compliance in den Mittelpunkt ihres Reportings, für andere ist es ein Komplex, der mit abgearbeitet wird, aber eine untergeordnete Rolle spielt. Das hat auch damit zu tun, wie der Berichterstatter Nachhaltigkeit für sich interpretiert. Bedeutet Nachhaltigkeit die Einhaltung von Gesetzen und Standards, so wird der Bericht mit großer Wahrscheinlichkeit diesen Komplex in den Fokus nehmen und die Minimierung von Risiken zu seinem Leitthema machen. In einem solchen Fall könnte beispielsweise der Disclosure GRI 307 den gesamten Themenbereich Umwelt treiben und strukturieren. Ist Nachhaltigkeit aber in erster Linie zukunftsorientiertes Denken und die Nutzbarmachung von Chancen, dann tritt Compliance in den Hintergrund und ist als kürzeres Einzelkapitel abzuarbeiten, in dem alle complianceorientierten Disclosures zusammengefasst werden.

Dazwischen gibt es weitere Schattierungen, die sich ganz nach den individuellen wesentlichen Themen und Managementmethoden der Organisationen richten. In der Praxis lassen sich unter anderem folgende Strukturbeispiele finden:

- Die strukturell einfachste Methode, das GRI-Framework in einen Bericht umzusetzen, ist das Abarbeiten an der GRI-Nomenklatur. In diesem Fall werden aus dem Katalog lediglich die wesentlichen Themen sowie die dazugehörigen Disclosures entsprechend der gewählten Option herausgegriffen und dazu die Informationen des Unternehmens aufgeführt. In seiner schlichtesten Form kann dieser Bericht in Gestalt einer längeren Tabelle erscheinen, die mit Fließtext und Grafiken gefüllt wird. Solche nüchternen Berichte sorgen für maximale Transparenz und Vergleichbarkeit und richten sich meist an ein Expertenpublikum. Der Lesegenuss fällt nicht allzu groß aus, deshalb bleiben Zielgruppen, z. B. Endkunden oder Mitarbeiter, bei diesem Format eher außen vor. Diese Form von Reporting nutzten in Deutschland in der jüngsten Vergangenheit beispielsweise die RWE AG (2017), ZF Friedrichshafen (2016) und die Commerzbank AG (2017) sowie Bertelsmann SE & Co. KGaA (2016). Die letzteren beiden Berichte werden zudem von einem Magazin begleitet, in denen ausgewählte Nachhaltigkeitsleistungen anschaulich aufbereitet wurden. Auch die REWE Group (2017) und die Symrise AG (2017) berichten solcherart.

  Da die Struktur der GRI die Verteilung der Inhalte vorgibt, sind die compliancebezogenen Informationen über den Text verstreut. Compliance ist kein Treiber bei dieser Form Berichterstattung. Hier geht es vor allem um die Erfüllung des Framework.

- Der „klassische" Nachhaltigkeitsbericht hingegen strukturiert sich nach individuell gewählten Kapiteln, auf die die GRI-Topics logisch verteilt werden. Meist gehen die Kapitel aus der Triple Bottom Line oder den Handlungsfeldern des Unternehmens hervor. In solchen Berichten schließt sich nach dem obligatorischen Unternehmensprofil, das meist am Anfang des Berichts steht, ein gesondertes Kapitel zur Governance und Compliance an. In diesem Kapitel gehen alle Nachfragen des Framework hinsichtlich Unternehmenscompliance auf. Compliancethemen bezüglich der Lieferkette werden dagegen unter den Beschaffungsthemen dargestellt. Die Vereinbarkeit der Ansprüche der Compliance- sowie der Nachhaltigkeitsmanager im Erstellungsprozess ist bei dieser Berichtsform besonders groß. Das Kapitel kann einfach an die Complianceabteilung (beziehungsweise an den Einkauf mit den Berichtspassagen, in denen es um Compliance in der Lieferkette geht) ausgelagert und am Ende in den Bericht eingefügt werden. Die besondere Abstimmungsintensität der Compliancethemen stellt damit kein größeres Hindernis mehr dar.

  Ein solcher Bericht gibt das Nachhaltigkeitsverständnis der berichtenden Organisation wider. Er müsste sich nicht nach einem Framework orientieren und funktioniert auch ohne eine solche Grundlage. Praktisch wird jedoch meist auf eines zurückgegriffen, da die gesetzlichen Bestimmungen dazu ermutigen und Vorteile gesichert werden können. Der klassische Nachhaltigkeitsbericht kann die Ansprüche unterschiedlicher Stakeholdergruppen in den jeweiligen unterschiedlichen Kapiteln auffangen und diese auch danach orientieren. So existieren sowohl anschauliche und aufwendig gestaltete CSR-Berichte dieser Art wie auch nüchterne und faktenorientierte.

- Über die grundsätzliche Strukturierung des Berichts hinaus kann das Thema Compliance im Bericht unterschiedlich positioniert werden. So lassen Complianceinhalte beispielsweise nach Themen sortieren und verteilen: Wo Unternehmensführung und „klassische" Compliancethemen wie Antikorruption betroffen sind, lassen sie sich zu einem Komplex bündeln, der losgelöst steht von Complianceinhalten mit Bezug auf Umwelt beziehungsweise Gesellschaft. So entsteht eine Unterteilung der Berichtsinhalte nach Wirtschaft/Unternehmensführung, Umwelt und Gesellschaft, die jeweils einen eigenen Complianceabschnitt beinhalten. Darauf werden dann die entsprechenden GRI-Disclosures zugewiesen. Diese Berichtsstruktur findet sich beispielsweise im Nachhaltigkeitsbericht von MAN SE (2017) und BayWa AG (2017)

- Ein anderer Ansatz ist die Unterscheidung zwischen Compliance innerhalb und außerhalb der Organisation, also interner Compliance gegenüber Compliance in der Lieferkette. Compliance in den vorlaufenden Stufen der Wertschöpfung, der Produktion von Komponenten etc. kann beispielsweise in einem Kapitel zur Beschaffung oder zur Lieferkette abgearbeitet werden. Erwartungsgemäß wird sich ein solches Kapitel auf die Vermeidung schwerwiegender ökologischer Beeinträchtigungen und die Einhaltung der Rechte von Arbeitnehmern konzentrieren. Die GRI-Disclosures mit Bezug zur Lieferkette werden in diesem Kapitel untergebracht, unter ihnen die zur Compliance. Losgelöste Complianceaspekte sind nicht zu erwarten. Allerdings kann die Gewichtung von Compliance unterschiedlich stark ausfallen. Das gilt genauso für die Behandlung interner Compliancethemen und der Darstellung des Verhältnisses des Unternehmens zum Gesetzgeber. Die Otto GmbH & Co. KG (2016) und HUGO BOSS AG (2017) veröffentlichten zuletzt Nachhaltigkeitsberichte nach diesem Schema.

- Eine potenzielle Option stellt zudem ein compliancegetriebener CSR-Bericht dar, in dem die Disclosures mit Compliancebezug inhaltlich „aufgeblasen" werden können. Kein bekanntes Unternehmen veröffentlicht einen solchen Bericht, an dieser Stelle soll diese Option aber aus Relevanzgründen dennoch Erwähnung finden. Unternehmen, in deren Nachhaltigkeitsmanagement die Einhaltung von Gesetzen vorrangig von Bedeutung ist, können ihren Bericht daran ausrichten und die Berichtsinhalte hinsichtlich der Erfüllung von Standards, Richtlinien und anderen externen Anforderungen schärfen. Im Umkehrschluss bedeutet das, dass Nachhaltigkeitsziele und -entwicklungen untergeordnet behandelt würden oder gar nicht vorkämen. Die Ergebnisdaten aus dem Berichtsjahr und gegebenenfalls auch den Vorjahren stellen die Referenz, aus der sich die Berichtsinhalte generieren. Die Nachhaltigkeitsstrategie dieser Unternehmen wird sich aller Wahrscheinlichkeit nach ebenfalls vorrangig auf Compliance beschränken, allerdings muss das nicht notwendigerweise so sein. Unternehmen aus Branchen mit erhöhten Risiken hinsichtlich Gesetzeseinhaltung sowie Unternehmen, deren Nachhaltigkeitsmanagement noch am Anfang steht oder in erster Linie der Complianceabteilung untergeordnet ist, könnten auf diesen Reportingansatz zurückgreifen. Das GRI-Framework würde hier zur Herstellung von Vergleichbarkeit, nicht zur alleinigen Vorgabe und Strukturierung der Inhalte dienen.

Diese Beispiele können keinesfalls als erschöpfend gelten. Die Umsetzung der Erfordernisse des GRI-Framework in einen individuellen Bericht kann kreativ gestaltet werden und sollte sich nach der Identität des Unternehmens und der Bedürfnisse seiner Stakeholder richten. Sowenig diese auf eine Einheit heruntergebrochen werden können, sowenig gibt es „den" Nachhaltigkeitsbericht. Seine Erscheinung resultiert auch aus Trends, aktuellen Gegebenheiten und nicht zuletzt aus der Herangehensweise der beteiligten Personen an das Projekt. So ist es nicht verwunderlich, dass sich der Nachhaltigkeitsbericht einer Organisation innerhalb weniger Jahre stark wandeln kann. Das gilt für den Bericht im Ganzen genauso wie für den Umgang mit dem Thema Compliance innerhalb der Berichterstattung.

9 Fazit

Organisationen, die hinsichtlich des CSR-Reportinggesetzes konform berichten wollen oder müssen, sind mit der Verwendung der GRI-Standards gut beraten.

Wie die berichtende Organisation mit dem Framework umgeht und wie sie es einsetzt, ist ihr weitgehend selbst überlassen. Die Strukturierung der Inhalte bleibt frei, das Framework verlangt lediglich die Angabe bestimmter Informationen zu Compliance und Integritätsmanagement. Die unterschiedlichen Richtungen, in die das Management von Compliance beziehungsweise Nachhaltigkeit blicken, wirken sich in der Reportingpraxis aus. Das GRI-Framework wird beiden gerecht, behandelt allerdings Compliance als ein Nachhaltigkeitsthema unter vielen. Gesondert steht in ihm nur das Thema Korruptionsvermeidung.

Der Grund dafür liegt darin, dass die GRI-Standards ein CSR-Instrument darstellen. Ihr Einsatz dient zwar zur Herstellung von Compliance, sie ist aber nicht der Treiber, der hinter ihrer Verfassung liegt. Im Mittelpunkt der Erfüllung der GRI-Vorgaben steht die Rechenschaft gegenüber den Stakeholdern zu wesentlichen Auswirkungen der Tätigkeit des Unternehmens. Die jeweilige gesetzliche Regelung dieser Auswirkungen ist dafür nicht von Bedeutung. Das führt dazu, dass der Einsatz der GRI-Standards weltweit einheitlich möglich ist. Ihr Erfolg ist maßgeblich darauf zurückzuführen.

Literatur

BayWa AG (2017) Zusammen wachsen. Verantwortlich handeln. Nachhaltigkeitsbericht 2016
Bertelsmann SE & Co. KGaA (2016) GRI Content Index 2015
Commerzbank AG (2017) GRI-Bilanz der Commerzbank
Global Reporting Initiative (2016) GRI Standards
HUGO BOSS AG (2017) HUGO BOSS. Nachhaltigkeitsbericht 2016
MAN SE (2017) Corporate Responsibility bei MAN 2016
Otto GmbH & Co. KG (2016) Unterwegs. Bericht zur Nachhaltigkeit unserer Wertschöpfung 2015
Rewe Group (2016) Nachhaltigkeitsbericht der REWE Group 2015/2016
RWE AG (2017) Unsere Verantwortung 2016. Zukunft. Sicher. Machen
Symrise AG (2017) Sharing Values – Erfolgreich anders. Unternehmensbericht 2016
ZF Friedrichshafen AG (2016) Motiviert Effizient Innovativ. Nachhaltigkeit bei ZF 2015

Dr. Johanna Henrich arbeitet als Unternehmensberaterin für CSR-Management und -reporting und berät DAX- und MDAX-Unternehmen aller Branchen bei der Verbesserung ihrer Nachhaltigkeitsleistungen. Sie studierte Philosophie, Soziologie und Vorgeschichte an der Ludwig-Maximilians-Universität in München und absolvierte Studienaufenthalte zu Diplomatie, Politik und Wirtschaft am Institut Haus Rissen in Hamburg sowie bei den Vereinten Nationen in New York. 2014 wurde sie mit ihrer „Strategie Zukunft und Welt" promoviert. Ihre Arbeiten befassen sich mit den Themenbereichen Nachhaltigkeit, Wirtschaftsethik und dem Verhältnis des Menschen zum ökologischen System. Daneben engagiert sie sich als Regisseurin diverser Bühnenprojekte.

Compliance im UN Global Compact

Ulrike Hößle

1 Einleitung

In seiner dritten Rede auf dem Davoser Weltwirtschaftsforum im Januar 1999 fand der damalige UN-Generalsekretär Kofi Annan ungewöhnlich harsche Worte. Er warnte die anwesenden Führungskräfte aus den weltweit größten Unternehmen offene globale Märkte und internationale Handelssysteme nicht als selbstverständlich vorauszusetzen, sondern sie als Ergebnis politischer Entscheidungen zu betrachten, die rückgängig gemacht werden könnten, würden jene ignoriert, die unter den Folgen der Globalisierung leiden. Wenn Unternehmen sich weiterhin von Eigennutz und kurzfristigen Profit leiten lassen, korrumpierende Geschäftspraktiken anwenden, Menschenrechte, Arbeitsplatzstandards, Umweltschutzanliegen vernachlässigen, so riskieren sie, so Kofi Annan, massive Widerstände gegen liberale Handelspolitiken und verlieren die Möglichkeiten in ausländischen Märkten Geschäfte zu tätigen:

> Let us remember that the global markets and multilateral trading system we have today did not come about by accident. They are the result of enlightened policy choices made by governments since 1945. If we want to maintain them in the new century, all of us – governments, corporations, non-governmental organizations, international organizations – have to make the right choices now.
>
> We have to choose between a global market driven only by calculations of short-term profit, and one which has a human face. Between a world which condemns a quarter of the human race to starvation and squalor, and one which offers everyone at least a chance of prosperity, in a healthy environment. Between a selfish free-for-all in which we ignore the fate of the losers, and a future in which the strong and successful accept their responsibilities, showing global vision and leadership.
>
> I am sure you will make the right choice (UN Press Release 1999).

U. Hößle (✉)
WWS Worldwide
Seattle, USA
E-Mail: uhoessle@wwsworldwide.com

© Springer-Verlag GmbH Deutschland, ein Teil von Springer Nature 2018   105
A. Kleinfeld und A. Martens (Hrsg.), *CSR und Compliance*,
Management-Reihe Corporate Social Responsibility,
https://doi.org/10.1007/978-3-662-56214-7_7

Bereits zuvor hatte Kofi Annan in Davos für sein Partnerschaftskonzept zwischen Vereinten Nationen und dem privaten Sektor geworben und deutlich gemacht, dass einerseits die Frieden fördernde Arbeit der Vereinten Nationen, aber auch die internationalen Absprachen in den Bereichen Eigentumsrechte und technische Standards zahlreiche Geschäftsmöglichkeiten eröffneten. Andererseits, so Kofi Annan, seien die Vereinten Nationen aber auch auf das Know-how und die Ressourcen der Wirtschaft angewiesen.

Diesen Reden vorausgegangen waren jahrzehntelange vergebliche Bemühungen seitens der Vereinten Nationen, die Tätigkeiten von transnationalen Unternehmen verbindlich zu regulieren: Von den Diskussionen über Kartellbildung in den 1950er-Jahren, der Schaffung einer Neuen Weltwirtschaftsordnung und eines umfassenden verbindlichen Verhaltenskodex für transnationale Unternehmen ab den 1970er-Jahren, bis hin zu verbindlichen Menschenrechtsnormen für transnationale Unternehmen Anfang diesen Jahrhunderts – alle Versuche waren gescheitert.

Dieses Mal jedoch stieß der Davoser Appell, freiwillig internationale anerkannte Normen zu beachten, soziale Verantwortung, globale Visionen und Führungsstärke zu zeigen, auf großes Interesse. Compliance in Bezug auf soziale und ökologische Standards, um auch zukünftig Zugang zu internationalen Märkten zu haben, war ein überzeugendes Argument. Anderthalb Jahre später, im Juli 2000, fand in New York die Gründungsveranstaltung des Global Compact statt (Hößle 2013, S. 107 ff.).

2 Der Global Compact

Heute ist der Global Compact die weltweit größte Initiative für Corporate Social Responsibility. Die über 9000 Unternehmen und 4000 sonstigen Teilnehmer aus fast 170 Ländern verpflichten sich, zehn Prinzipien in ihrer Alltagspraxis umzusetzen. Nahezu 80 Ländernetzwerke und zahlreiche regionale Treffen, wie beispielsweise das jährlich stattfindende europäische Netzwerktreffen, erarbeiten länderspezifische Umsetzungsmöglichkeiten. Das UN Global Compact Board beratschlagt über die strategische Ausrichtung und Compliancemechanismen, während der alle drei Jahre stattfindende Global Compact Leaders Summit über diese Vorschläge abstimmt und das Annual Local Networks Forum Grundsätze bezüglich der Netzwerkarbeit entwickelt (UNGC 2017a, 2017l).

3 Die zehn Prinzipien

Der Global Compact stützt sich – mit Ausnahme der Rio-Erklärung, die eine von der Staatengemeinschaft getragene Absichtserklärung darstellt – auf allgemein akzeptierte, völkerrechtlich verbindliche Normen (siehe Tab. 1).

Das zehnte Prinzip wurde erst 2003 hinzugefügt, nachdem das Übereinkommen der Vereinten Nationen gegen Korruption (UNCAC) verabschiedet worden war und der Global Compact Leaders Summit diesem Prinzip zugestimmt hatte.

Tab. 1 Die zehn Prinzipien des Global Compact. (Eigene Zusammenstellung nach DGCN 2017a)

Thema	Internationale Norm oder Vereinbarung	Global-Compact-Prinzip
Menschenrechte	Allgemeine Erklärung der Menschenrechte von 1948	Prinzip 1: Unternehmen sollen den Schutz der internationalen Menschenrechte innerhalb ihres Einflussbereichs unterstützen und achten und
		Prinzip 2: sicherstellen, dass sie sich nicht an Menschenrechtsverletzungen mitschuldig machen
Arbeitsnormen	Erklärung der Internationalen Arbeitsorganisation über grundlegende Prinzipien und Rechte bei der Arbeit von 1998	Prinzip 3: Unternehmen sollen die Vereinigungsfreiheit und die wirksame Anerkennung des Rechts auf Kollektivverhandlungen wahren sowie ferner für
		Prinzip 4: die Beseitigung aller Formen der Zwangsarbeit
		Prinzip 5: die Abschaffung der Kinderarbeit und
		Prinzip 6: die Beseitigung von Diskriminierung bei Anstellung und Beschäftigung eintreten
Umweltschutz	Rio-Erklärung über Umwelt und Entwicklung von 1992	Prinzip 7: Unternehmen sollen im Umgang mit Umweltproblemen einen vorsorgenden Ansatz unterstützen
		Prinzip 8: Initiativen ergreifen, um ein größeres Verantwortungsbewusstsein für die Umwelt zu erzeugen, und
		Prinzip 9: die Entwicklung und Verbreitung umweltfreundlicher Technologien fördern
Korruptionsprävention	Übereinkommen der Vereinten Nationen gegen Korruption von 2005	Prinzip 10: Unternehmen sollen gegen alle Arten der Korruption eintreten, einschließlich Erpressung und Bestechung

4 Teilnahmebedingungen und Compliance im Global Compact

Der Global Compact bietet eine Teilnahme an, jedoch keine formale Mitgliedschaft. Teilnehmen können Unternehmen mit mehr als zehn Beschäftigten, Nichtregierungsorganisationen, Unternehmensverbände, Gewerkschaften, akademische Institutionen und Städte.[1] Die Partizipation von Regierungen ist nicht vorgesehen. Tabakunternehmen und Unternehmen, die Landminen und Splitterbomben, Nuklear-, chemische und biologische Waffen herstellen, sind von der Teilnahme ausgeschlossen (UNGC 2017b, 2017m). Um teilzunehmen, muss die Geschäftsführung ein Bekenntnis zu den zehn Prinzipen, gerichtet an den UN-Generalsekretär, an die New Yorker Global-Compact-Zentrale senden.

---

[1] Das Städteprogramm wird von der Stadt Melbourne verwaltet und hat eine eigene Website (www.citiesprogramme.org; Zugegriffen 18. August 2017).

Von einem teilnehmenden Unternehmen wird erwartet, dass es

- die Prinzipien als integralen Bestandteil in die Unternehmensstrategie integriert;
- die Prinzipien bei Entscheidungsfindungen berücksichtigt;
- zu allgemeinen Entwicklungszielen, wie den Sustainable Development Goals, beiträgt;
- bei seinen Stakeholdern für den Global Compact wirbt;
- finanzielle Zuwendungen an die Global Compact Foundation – gestaffelt nach Umsatz des Unternehmens – leistet (UNGC 2017c).

Unternehmen, die seit mehr als einem Jahr am Global Compact teilnehmen, müssen eine Fortschrittsmitteilung (Communication of Progress) mit den folgenden drei Vorgaben vorlegen:

- eine Bestätigung der höchsten Führungsebene zur Unterstützung der zehn Prinzipien;
- eine Beschreibung der eingeführten Maßnahmen für jeden der vier Themenbereiche;
- eine Darstellung der Ergebnisse mit Beschreibung der qualitativen oder quantitativen Indikatoren (UNGC 2017d).

Unternehmen, deren Fortschrittsmitteilungen diese Mindestvorgaben erfüllen, erreichen das GC Active Level, andernfalls werden sie als GC Learner gelistet. Unternehmen, die die zehn Prinzipien in ihre Geschäftsstrategie integriert sowie konkrete Maßnahmen und Verifikationsmechanismen entwickelt haben, werden dem GC Advanced Level zuordnet. Wenn sich letztere zusätzlich bei zwei oder mehr Plattformen (s. u.) engagieren, erhalten diese den Sonderstatus LEAD, der verbunden ist mit der Nutzung eines speziellen Unterstützerlogos sowie Einladungen als Redner oder Berater zu Konferenzen und Workshops (UNGC 2017e).

Die derzeit über 48.000 Fortschrittsmitteilungen werden auf der Website des Global Compact veröffentlicht, damit Stakeholder, z. B. Investorengruppen, Kundenkreis, zivilgesellschaftliche Organisationen, Gewerkschaften und Regierungen, ersehen können, welche Fortschritte ein Unternehmen seit Beginn seiner Teilnahme gemacht hat (UNGC 2017f). Wünschenswert ist eine Fortschrittsmitteilung nach den Standards der Global Reporting Initiative (GRI) zu verfassen. Teilnehmende Unternehmen dürfen nach Rücksprache mit dem Global-Compact-Büro – und verbunden mit einigen Auflagen – das Unterstützerlogo benutzen (UNGC 2017g).

Für die anderen teilnehmenden Institutionen werden unterschiedliche Erwartungen formuliert: Zivilgesellschaftliche Organisationen sollen sich am Netzwerk beteiligen, Unternehmen auffordern dem Global Compact beizutreten, zu den Fortschrittsmitteilungen Stellung beziehen und Partnerschaftsprojekte vorschlagen. Akademische Einrichtung sollen in der Lehre und Forschung auf für den Global Compact relevante Themen eingehen und Gewerkschaften sollen sich an den Dialogangeboten des Global Compact beteiligen. Von den teilnehmenden Städten wird erwartet, dass sie die Prinzipien des Global Compact in ihren lokalen Nachhaltigkeitsplan integrieren und in Partnerschaft mit Unternehmen die Sustainable Development Goals und die New Urban Agenda der Habitat III umsetzen (UNGC 2017h).

5 Complianceerzeugung: Lernen und Dialog im Global Compact

Der Global Compact ist eine Lern- und Dialogplattform. Seine Aufgaben umfassen die Erstellung, Aufbereitung und Verbreitung von Informationen, die für die Implementierung der zehn Prinzipien relevant sind, die Erleichterung der Kommunikation zwischen teilnehmenden Akteuren und die Initiierung von Lernprozessen. Die Aufgaben beinhalten auch die Beschreibung von Best Practices und die Auswertung von Fallstudien. Der Global Compact spezifizierte kontinuierlich die vier Themen und bietet zusammen mit seinen Netzwerken zahlreiche schnelle Orientierungshilfen für Unternehmen, wie internationale Standards in die Unternehmenspraxis umgesetzt werden können. Inhalte der Webinare, Veranstaltungen, Netzwerktreffen oder Publikationen reichen von allgemeinen Einführungen bis hin zu länder- und themenspezifischen Einzelfragen: Unternehmen und Krisenprävention, Gender- und Frauenfragen, Inklusion und Diversität, Finanzmärkte, verantwortliches Lobbying, Ferntourismus, Herausforderungen im Öl- und Gassektor, Umgang mit HIV/AIDS, Ausbildung und Einstellung von Flüchtlingen, Katastrophenhilfe, Rechte indigener Völker, nachhaltige Zulieferkette, Pariser Klimaabkommen usw. Eine wichtige Rolle spielte der Global Compact bei der Erarbeitung von praktischen Um-

Tab. 2 **Spezifizierung der zehn Prinzipien.** (Quelle: Hößle 2013, S. 136; UNGC et al. 2012; UNGC 2017j)

Initiative	Jahr	Thema	In Kooperation
Principles for Responsible Investment (PRI)	2006	Institutionelle Investoren verpflichten sich zu sechs ethischen Prinzipien	Finance Initiative des United Nations Environment Programme (UNEP) und institutionelle Investoren
PRME – Principles for Responsible Management Education	2007	Business Schools verpflichten sich, sechs ethische Prinzipien in ihre Curricula zu integrieren	Business Schools
Women's Empowerment Principles – Equality Means Business	2010	Sieben Prinzipien zur Förderung von Gendergleichheit	United Nations Development Fund for Women (UNIFEM) und mehrere Beratungsrunden mit Expertinnen
Children's Rights and Business Principles	2012	Zehn Prinzipien zur Stärkung von Kinderrechten	Save the Children und UNICEF
UN Global Compact Food & Agriculture Business Principles	2014	Sechs Prinzipien zur Nahrungsmittelsicherung durch nachhaltige Landwirtschaft	Food and Agriculture Organization of the United Nations (FAO)

setzungsvorschlägen für andere UN-Initiativen und Prinzipien, wie beispielsweise den UN-Leitprinzipien für Wirtschaft und Menschenrechte und den Sustainable Development Goals. Für die Themen Wasser und Klima lancierte der Global Compact Einzelinitiativen, hier vor allem das CEO Water Mandate und Caring for Climate, zu denen interessierte Unternehmen sich zusätzlich verpflichten können. Hinzu kommen ein Dutzend thematische Plattformen, an denen interessierte Unternehmen sich beteiligen können, z. B. Breakthrough Innovation for the SDGs, Business for Humanitarian Action and Peace, Health is Everyone's Business (UNGC 2017i). Basierend auf den vier Themenbereichen wurden weitere Prinzipien erarbeitet (siehe Tab. 2).

Der Global Compact erfüllt die wichtige Funktion, internationale Themen, die für Compliance innerhalb eines Unternehmens relevant werden können, zu erläutern und Umsetzungsstrategien vorzustellen. Je nachdem, in welchem Sektor, in welchem Land ein Unternehmen tätig ist, können sich zahlreiche ethische, soziale und rechtliche Herausforderungen ergeben. Der Global Compact bietet Informationen an, diese Herausforderungen zu identifizieren und beschreibt, wie andere Unternehmen diese erfolgreich bewältigt haben.

6 Complianceverletzung: Integritätsmaßnahmen bei Nichteinhaltung der eingegangenen Verpflichtungen

Der Global Compact ist keine Organisation, die die Compliance seiner Teilnehmer überprüft, definiert aber drei Regelverletzungen, welche Integritätsmaßnahmen nach sich ziehen können:

• Bei Missbrauch des UN-Logos droht dem Unternehmen der Widerruf des Teilnahmestatus bis hin zu gerichtlichen Verfahren.
• Verletzt ein teilnehmendes Unternehmen seine Berichtspflicht und erstellt nach einem Jahr keine Fortschrittsmitteilung, wird es auf der Website zunächst als „noncommunicating" geführt. Nach einem weiteren Jahr wird das Unternehmen von der Teilnahmeliste gestrichen, kann aber jederzeit wieder die Teilnahme beantragen, sobald es eine Fortschrittsmitteilung vorlegt. Der Wahrheitsgehalt einer Fortschrittsmitteilung wird jedoch keiner Prüfung unterzogen.
• Bei systematischen oder gravierenden Fehlverhaltens hat der Global Compact die Möglichkeit, den Teilnahmestatus eines Unternehmens zu widerrufen.

Bisher wurden über 5000 Unternehmen, die keine Fortschrittsmitteilung eingereicht haben, von der Teilnahmeliste gestrichen und der Global Compact reagierte bereits mit Ausschluss auf den Missbrauch des Logos (UNGC 2016a). Welche Unternehmen wegen systematischen und gravierenden Fehlverhalten ausgeschlossen wurden, darüber liegen kaum Informationen vor. Rückschlüsse lassen sich allerdings ziehen: Die Teilnahme einzelner Unternehmen ruhte, während diese in öffentlichen Skandalen verstrickt waren. Der

Global Compact verzichtet auf „naming and shaming", da er auf Einsicht, Lernbereit-schaft und guten Willen der teilnehmenden Unternehmen setzt. Bei der Diskussion über die Effektivität des Global Compact ist dies ein zentraler Kritikpunkt (Berliner und Pra-kash 2015; Sethi und Schepers 2014; Lau et al. 2017), während andere Untersuchungen bei teilnehmenden Unternehmen durch die Auseinandersetzung mit internationalen Nor-men auch positive Effekte feststellen konnten (Coulmont et al. 2017; Ayuso et al. 2016; Rasche und Waddock 2014; Voegtlin und Pless 2014; Mwangi et al. 2013; Hößle 2013).

7 Das deutsche Netzwerk des Global Compact

Eine wichtige Rolle bei der Verbreitung der Global-Compact-Prinzipien spielen die nationalen Netzwerke, da diese vor Ort Weiterbildungen und Netzwerktreffen organi-sieren, wichtige Publikationen in die Landessprache übersetzen, eigene Handreichungen erarbeiten und die vier Themenbereiche an den nationalen Kontext anpassen. Als re-lativ erfolgreiches Beispiel gilt das Deutsche Global-Compact-Netzwerk: Bereits im Juni 2000 – noch vor der offiziellen Gründungsveranstaltung – gründeten deutsche Un-ternehmen ein informelles Netzwerk, German Friends of the Global Compact. Bei der ein Monat später stattfindenden Gründungsveranstaltung in New York nahmen einige der größten deutschen Unternehmen teil: Daimler, BASF, Bayer, Deutsche Bank, Deut-sche Telekom, Gerling Group und SAP. Die Deutsche Gesellschaft für Internationale Zusammenarbeit (GIZ), mit ihrer umfangreichen entwicklungspolitischen Expertise, übernahm 2001 im Auftrag des Bundesministeriums für wirtschaftliche Zusammenarbeit und Entwicklung (BMZ) die Koordination der deutschen Global-Compact-Aktivitäten. Im März 2002 erfolgte die Gründung des Deutschen Global-Compact-Netzwerks (DGCN) (Hößle 2013, S. 250, 395).

Heute nehmen über 380 deutsche Unternehmen, die Städte Bonn, Berlin und Nürnberg sowie 50 sonstige Organisationen am deutschen Netzwerk des Global Compact teil. Wäh-rend anfangs ausschließlich DAX-notierte Unternehmen teilnahmen, ist heute auch eine große Anzahl von kleinen und mittleren Unternehmen vertreten. Ein Lenkungskreis mit gewählten Mitgliedern aus Unternehmen, Zivilgesellschaft und Bundesministerien koor-diniert die Tätigkeit des deutschen Netzwerkes, bestimmt die strategische Ausrichtung, er-arbeitet öffentliche Stellungnahmen und entscheidet über das jährliche Arbeitsprogramm. Entscheidungen werden konsensual gefällt. Neben dem Lenkungskreis gibt es noch die zweimal jährlich stattfindende Teilnehmerkonferenz, die dem Arbeitsprogramm zustimmt. Die Stiftung Deutsches Global-Compact-Netzwerk unterstützt einige der Veranstaltun-gen und wird von den freiwilligen Spenden der teilnehmenden Unternehmen finanziert (DGCN 2014, 2017a, 2017b).

8   Korruptionsprävention als grundlegendes Thema des Global Compact

Obwohl Korruptionsprävention als letztes Prinzip in den Katalog des Global Compact aufgenommen wurde, spielt es eine herausragende Rolle. Ein Unternehmen kann ohne Korruptionsprävention nicht nachhaltig wirtschaften, denn Korruption untergräbt die positiven Effekte von Nachhaltigkeitsstrategien: Bestechung führt zu illegaler Waldrodung, unzureichend durchgeführten Arbeitsschutzkontrollen, Überschreitung von Grenzwerten bei Wasser- und Luftschutz. Korruptionsprävention ist deshalb die Ausgangsbasis für ein nachhaltiges Unternehmensmanagement und ein wichtiger Bestandteil von Corporate Social Responsibility (UNGC 2012, S. 18). Die Bedeutung von Korruptionsprävention spiegelt sich in den zahlreichen Broschüren (UNGC et al. 2008, 2009, 2010, 2011, 2012; UNGC 2006, 2013, 2016b; UNGC/Transparency International 2009), Konferenzen, und Webinaren, wie beispielsweise einem Zertifizierungskurs zum Thema *The Fight Against Corruption*, der in über 20 Sprachen angeboten wird (UNGC und UNODC 2010). Wie wichtig dieses Thema innerhalb des Global Compact ist, wird auch deutlich durch die Einrichtung einer Anti-Corruption Working Group, dem Anti-Corruption Call to Action sowie der für das Jahr 2018 geplante UN Global Compact Action Platform on Anti-Corruption and Good Governance (UNGC 2017k).

Auch für das Deutsche Global-Compact-Netzwerk nimmt Korruptionsprävention eine wichtige Rolle ein, was mehrere Veranstaltungen und Initiativen zeigen: Thematische Expertengruppen arbeiten etwa zu verschiedenen Aspekten im Kontext des 10. Prinzips, derzeit etwa zum Thema der Korruptionsprävention in der Lieferkette, in einer gemeinsamen Arbeitsgruppe mit der Allianz für Integrität (siehe Textbox) und dem Bündnis für nachhaltige Textilien (BMZ o. J.). Darüber hinaus werden Trainingsmaßnahmen für Unternehmen – auch in Kooperation mit Partnern, z. B. der Allianz für Integrität oder dem Deutschen Institut für Compliance – landesweit angeboten (DGCN 2017c).

Unter Korruptionsprävention werden auch andere Themen, z. B. Lobbyarbeit, Sponsoring und Bewirtung behandelt, die legal sind, aber durch die ein Unternehmen Gefahr läuft, die Grenze zwischen erlaubten Aktivitäten und inakzeptabler Beeinflussung zu überschreiten. So berichten zahlreiche am Global Compact teilnehmende Unternehmen in ihren Fortschrittsmitteilungen auch zum Thema *Verantwortliches Lobbying* und weisen damit auf die Grauzone zwischen legitimer politscher Teilhabe und illegaler politischer Einflussnahme hin. Auch zum Sponsoring, das von legitimer philanthropischer Aktivität leicht zu unerwünschter Beeinflussung werden kann, bietet der Global Compact Orientierungshilfe (UNGC und AccountAbility 2005; UNGC 2014; DGCN 2015).

Praxisbeispiel Allianz für Integrität

Ein Beitrag von Florian Lair, GIZ
Die Allianz für Integrität ist eine **wirtschaftsgetriebene Multi-Stakeholder-Initiative** mit dem Ziel, Transparenz und Integrität im Wirtschaftssystem zu stärken. Um dieses Ziel zu erreichen, **fördert die Initiative Collective Action aller relevanten Akteure** aus dem privaten und öffentlichen Sektor sowie der Zivilgesellschaft. Die Allianz für Integrität ist in Brasilien, Deutschland, Indien, Indonesien, Ghana sowie den jeweiligen Regionen aktiv. Die Initiative wird von der Deutschen Gesellschaft für Internationale Zusammenarbeit (GIZ) GmbH im Auftrag des Bundesministeriums für wirtschaftliche Zusammenarbeit und Entwicklung (BMZ) umgesetzt.

Die Allianz für Integrität verfolgt einen **Multi-Stakeholder-Ansatz**. Dieser spiegelt sich auf **globaler sowie auf lokaler Ebene** wider. In relevanten Entscheidungs- und Beratungsgremien der Initiative sind Akteure aus dem Privatsektor, dem öffentlichen Sektor, der Zivilgesellschaft, der Wissenschaft und internationale Organisationen vertreten. Teil des **globalen Lenkungsgremiums** sind beispielsweise MAN SE, Merck Group, Metro AG, SAP SE, der Bundesverband der Deutschen Industrie e. V. (BDI), der Deutsche Industrie- und Handelskammertag (DIHK), das BMZ, Transparency International Deutschland e. V., das Deutsche Global-Compact-Netzwerk (DGCN), das Büro der Vereinten Nationen für Drogen- und Verbrechensbekämpfung (UNODC) sowie Vertreter aus den Partnerländern.

Die Aktivitäten der Allianz für Integrität lassen sich in **vier Handlungsfelder einteilen**:

1. **Peer-to-Peer Learning und internationaler Dialog**: Förderung gegenseitigen Verständnisses für die Herausforderungen in unterschiedlichen Kontexten und Ländern; Austausch von Best-Practice-Beispielen und Anregungen für die Verankerung von Integrität im Unternehmen.

2. **Public Private Dialogue**: Förderung eines vertrauensvollen Austauschs zwischen wirtschaftlichen, zivilgesellschaftlichen und politischen Akteuren zur Gestaltung von förderlichen Rahmenbedingungen für integres Verhalten.

3. **Bewusstseinsschaffung und Überzeugung einer breiteren (Fach-)Öffentlichkeit**: Verdeutlichung der Relevanz des Themas und Aufzeigen der Vorteile integren Verhaltens für Wirtschaft und Gesellschaft; Werbung um Engagement und Unterstützung der Allianz für Integrität durch relevante Akteure.

4. **Training und Train-the-Trainer-Programme**: Praxisorientierte Verbesserung der Compliance-fähigkeiten von Unternehmen in internationalen Lieferketten.

Ein erfolgreiches Produkt der Initiative ist das praxisorientierte **Korruptionspräventionstrainingsprogramm „De Empresas para Empresas" (DEPE)**. DEPE wurde in Kooperation mit dem Global-Compact-Netzwerk Argentinien und der Deutsch-Argentinischen Auslandshandelskammer ab 2014 in Argentinien pilotiert. Das Trainingsprogramm läuft mittlerweile in lokal angepasster Form in 10 Ländern weltweit. Das **Training ist in drei Phasen eingeteilt**. In der ersten Phase werden Compliance Officer großer Unternehmen zum Inhalt und der Methodik des Trainings geschult. In der zweiten Phase halten die ausgebildeten Trainer Korruptionspräventionstrainings für Vertreter kleinerer Unternehmen mit wenig oder keinen Kenntnissen im Feld Compliance. In der dritten Phase erhalten an Trainings teilnehmenden Unternehmen im **Online Support Desk** Zugang zu weiteren Informationsmaterialien und können implementierungsrelevante Fragen stellen. Bis November 2017 haben über 150 Trainer weltweit mehr als 1300 Teilnehmende im Trainingsprogramm der Allianz für Integrität geschult.

Allianz für Integrität I c/o GIZ GmbH I Köthener Str. 2 I 10963 Berlin I Deutschland
integrityinitiative@giz.de I www.allianceforintegrity.org

9 Weitere relevante CSR-Themen für Compliance

Compliance im Global Compact bezieht sich auf ein breites Themenspektrum, das über
Korruptionsprävention hinausgeht und Einzelaspekte von allen zehn Prinzipien erfasst:

> Compliance meint zunächst nichts anderes als die an sich selbstverständliche Einhaltung des
> geltenden Rechts und selbst gesetzter Regeln. Aber Compliance ist und will noch mehr: In
> der heutigen modernen, schnelllebigen Zeit soll es die Grundsätze des ehrbaren Kaufmanns
> untermauern und sich aktiv dazu bekennen. Diese sind Integrität, Seriosität, Glaubwürdigkeit,
> Stabilität, Verlässlichkeit, Fairness, Sicherheit und Nachhaltigkeit. Hinter einer Compliance-
> Kultur steckt also auch die Idee von der Übereinstimmung unternehmerischen Verhaltens mit
> gesellschaftlichen Richtlinien und Wertvorstellungen (DGCN 2016, S. 8).

Selbst wenn ein Unternehmen nicht gegen Gesetze verstößt, birgt die Verletzung eines der zehn Prinzipien erhebliche Risiken: Ein Textilunternehmen, dessen Zulieferer
Notausgänge verschließt, weshalb Arbeiterinnen bei einem Brand zu Tode kommen; ein
Software-Unternehmen, dessen weibliche Beschäftigte weniger verdienen als die männli-
chen Kollegen, ein Chemieunternehmen, das ein Produkt vertreibt, dessen krebserregende
Wirkungen vermutet, aber nicht bewiesen werden kann; eine Minengesellschaft, die ihre Fahrzeuge dem Militär zur Verfügung stellt, das daraufhin an einem abgelegenen Ort
ein Massaker anrichtet. Selbst wenn Unternehmen in solchen Situationen nicht belangt
werden können, so bergen diese Szenarien erhebliche Risiken: Reputations- und Kontrollverlust, Motivationsminderung bei den Beschäftigten bis hin zum Konsumentenboykott.
Der Global Compact spielt eine herausragende Rolle, diese Themen zu identifizieren,
bekanntzumachen und Handlungsfelder zu erarbeiten. Ein Beispiel sind die vom Global
Compact erarbeiteten Anregungen, wie Unternehmen durch ethische, soziale und ökologische Geschäftspraktiken zur Umsetzung der Sustainable Development Goals beitragen
können. Ein anderes Beispiel sind die UN Leitprinzipien für Wirtschaft und Menschenrechte, zu denen der Global Compact zahlreiche inhaltliche Beiträge geleistet und damit
zu deren weltweiten Bekanntmachung beigetragen hat.
Da einige der bisher unverbindlichen internationalen Standards langfristig legislativ
verankert werden, bereitet sich ein Unternehmen mit der freiwilligen Einhaltung von sozialen und ökologischen Standards frühzeitig auf zukünftige verbindliche Regelungen vor.
So ist bei den Themen Menschenrechte und Arbeitsnormen zu erwarten, dass für besonders gravierende Missstände, die bisher außerhalb der direkten Verantwortung eines
Unternehmens lagen, Gesetze erarbeitet werden, um diese Normverletzungen zu sanktio-
nieren.

10 Compliance als Managementaufgabe

Für den Global Compact ist Korruptionsprävention eine Managementaufgabe, die alle Un-
ternehmensbereiche betrifft und auf die Veränderung der Unternehmenskultur abzielt. Es

gibt kein einheitliches Compliancemanagementsystem, das für alle Unternehmen gültig ist, vielmehr sollte jedes Unternehmen, je nach Größe, Branche, internationaler Ausrichtung, ein spezifisches System entwickeln. Hierfür hat der Global Compact ein Managementmodell (siehe Abb. 1) entwickelt, das sechs Schritte aufzeigt, die kontinuierlich wiederholt werden müssen.

Dieses Modell macht deutlich, dass es nicht ausreicht, Compliance an die unternehmenseigene Rechtsabteilung zu delegieren, vielmehr müssen alle Abteilungen eines Unternehmens in die Korruptionsprävention eingebunden werden: von der Analyse der Korruptionsrisiken, von der Definition und Implementierung der Strategien und Kodizes bis hin zum Monitoring der eingeführten Maßnahmen und der Kommunikation mit den Stake-

Abb. 1 Das Managementmodell des Global Compact. (Aus UNGC und Deloitte o.J., S. 8; mit freundlicher Genehmigung von © UNGC und Deloitte o.J.)

holdern, um Rückmeldung zu erhalten. Führungskräfte, besonders die oberste Führungsebene, spielen dabei eine wichtige Rolle, diesen Kulturwandel mitzutragen. Gleichzeitig
ist Engagement aller Beschäftigten an diesem Prozess, Transparenz und Offenheit bezüglich neu eingeführter Policen und Praktiken sowie Governance, die garantiert, dass das
Unternehmen sich im Interesse aller Stakeholders verhält, unerlässlich (UNGC und Deloitte o.J., S. 7; siehe Baumann-Pauly und Scherer 2013).

Ergänzend dazu hat das Deutschen Global-Compact-Netzwerk ein First Aid Kit zur
Korruptionsprävention (siehe Abb. 2) entwickelt, das die einzelnen Elemente zur Korruptionsprävention auflistet. Neben der oben genannten Risikoanalyse und den Verhaltenskodizes sind auch Trainingsmaßnahmen von Bedeutung sowie eine Ansprechperson für
Korruptionsmeldungen bzw. von anonymen Hinweisgebersystemen (DGCN 2017d).

Das Global-Compact-Managementmodell wie das First Aid Kit beziehen sich auch
explizit auf Geschäftspraktiken, die üblicherweise als Verletzung gegen freiwillige ein-
gegangene CSR-Verpflichtungen wahrgenommen werden. Auch wenn es nach wie vor
einzelne Personen oder Abteilungen geben wird, die für die unterschiedlichen Themen
verantwortlich sind, kann ein einheitliches Compliancemanagementsystem dafür sorgen,
dass Verhaltenskodizes, Verträge mit Zulieferern, Trainings, Monitoring und nichtfinanzi-
elles Auditing alle Themen abdecken und dadurch Doppelung vermeiden (siehe Drewert
und Banerjee 2016; Ryder und Eggertsson 2015).

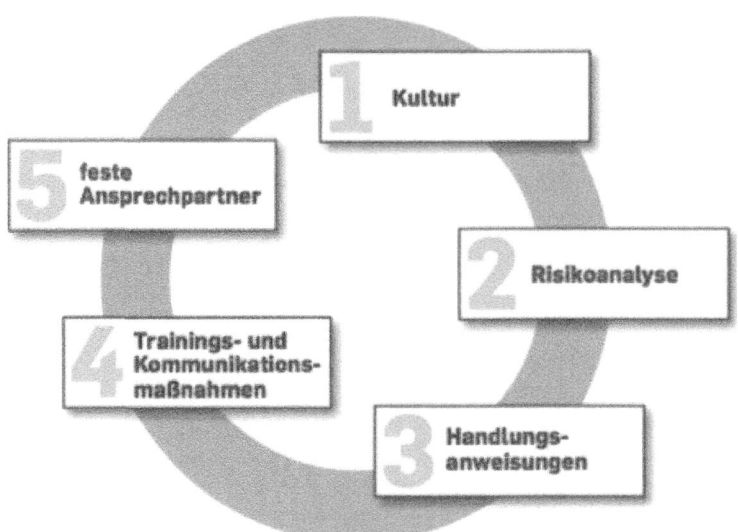

Abb. 2 Fünf Elemente des DGCN zur Korruptionsprävention. (Aus DGCN und DICO 2014,
S. 9; mit freundlicher Genehmigung von © DGCN und DICO 2014. All Rights Reserved)

11 Zusammenfassung und Ausblick

Compliance und Corporate Social Responsibility bedingen sich gegenseitig. Ohne Compliance ist es nicht möglich, die Leitlinien von CSR umzusetzen und ohne CSR entgeht Compliance eine Vielzahl von Risiken, die durch ethisch fragwürdige Praktiken entstehen. Diesen Ansatz verfolgt der Global Compact mit seinen zehn Prinzipien, die neben den zur CSR zugeordneten Themen, z. B. Menschenrechte, Arbeitsnormen und Umwelt, auch Korruptionsprävention beinhalten.

Der Global Compact ist eine Lern- und Dialogplattform, die den Austausch zwischen den teilnehmenden Unternehmen und anderen Teilnehmern fördert, jedoch kein Gütesiegel, das die Compliance seiner Mitglieder garantiert. Weder werden die Berichte verifiziert noch werden in den wenigsten Fällen teilnehmende Unternehmen aufgrund von systematischen und gravierenden Fehlverhalten ausgeschlossen. Der Global Compact baut auf das Interesse und freiwillige Engagement der teilnehmenden Unternehmen und bietet jenen durch zahlreiche Publikationen, Netzwerktreffen, Konferenzen und Webinare die Möglichkeit, sich mit internationalen Anforderungen zu beschäftigen, die – obgleich rechtlich unverbindlich – bereits heute einen ethischen Maßstab setzen. Da langfristig sich diese „soft laws" (freiwillige Verpflichtungen) häufig in „hard laws" (legislative Maßnahmen) umwandeln, können sich Unternehmen frühzeitig auf diese Entwicklungen einstellen.

Die unterschiedlichen Instrumente, die vom Global Compact zur Umsetzung von Compliance erarbeitet wurden, machen deutlich, dass Compliance keine Aufgabe ist, die von einer Abteilung bewältigt werden kann, sondern eine Managementaufgabe, zu der sich alle Abteilungen eines Unternehmens verpflichten müssen. Ein einheitliches Compliancemanagementsystem kann die Umsetzung aller relevanten Themen überprüfen. Allerdings gibt es kein allgemein gültiges Compliancemodell, das zu jedem Unternehmen passt, sondern je nach Größe, Branche und internationaler Ausrichtung bestehen unterschiedliche Risiken für ein Unternehmen.

Mit Best Practices, Trainingsinstrumenten, Zugang zu aktuellen internationalen Diskussionen, einem großen Netzwerk bietet der Global Compact eine Fülle von Anregungen, wie ein Unternehmen auf die ethischen und sozialen Herausforderungen in einer globalisierten Welt angemessen reagieren kann und dabei die Rechte und Bedürfnisse der Ärmsten berücksichtigt. Inwieweit Unternehmen tatsächlich diese Herausforderungen annehmen und in Bezug auf verbindliche und freiwillige Normen in ihrer Geschäftspraxis compliant sind, variiert erheblich und muss von Fall zu Fall bewertet werden.

Literatur

Ayuso S et al (2016) What determines principle-based standards implementation? Reporting on global compact adoption in Spanish firms. J Bus Ethics 133(3):553–565

Baumann-Pauly D, Scherer A (2013) The organizational implementation of corporate citizenship: an assessment tool and its application at UN global compact participants. J Bus Ethics 117(1):1–17

Berliner D, Prakash A (2015) "Bluewashing" the firm? Voluntary regulations, program design, and member compliance with the united nations global compact. Policy Stud J 43(1):115–138

BMZ (Hrsg.) (o. J.) Expertengruppe Korruptionsprävention in der Lieferkette, https:// www.globalcompact.de/wAssets/docs/Korruptionspraevention/Flyer_Expertengruppe_ Korruptionspraevention.pdf. Zugegriffen: 11. Sept. 2017

Coulmont M et al (2017) The global compact and its concrete effects. J Glob Responsib 8(2):300–311

DGCN (2014) Referenztext des Deutschen Global Compact Netzwerks. Beschluss der Teilnehmerversammlung vom 21. Oktober 2014. https://www.globalcompact.de/wAssets/docs/Teilnehmer/ dgcn-referenztext_gueltig_ab_21_oktober_2014.pdf. Zugegriffen: 18. April 2018

DGCN (2015) Sponsoring: Chancen nutzen, Risiken minimieren eine Orientierungshilfe für Unternehmen. https://www.globalcompact.de/wAssets/docs/Korruptionspraevention/Publikationen/ sponsoring-chancen_nutzen_risiken_minimieren.pdf. Zugegriffen: 11. Sept. 2017

DGCN (2016) Compliance Praxisleitfaden für den Mittelstand. https://www.globalcompact.de/ wAssets/docs/Korruptionspraevention/Publikationen/Compliance_Praxisleitfaden-fuer-den-Mittelstand.pdf. Zugegriffen: 11. Sept. 2017

DGCN (2017a) Die zehn Prinzipien. https://www.globalcompact.de/de/ueber-uns/Dokumente-Ueber-uns/DIE-ZEHN-PRINZIPIEN-1.pdf. Zugegriffen: 11. Sept. 2017

DGCN (2017b) Über uns. https://www.globalcompact.de/de/ueber-uns/deutsches-netzwerk.php. Zugegriffen: 16. Sept. 2017

DGCN (2017c) Korruptionsprävention. https://www.globalcompact.de/de/themen/ Korruptionspraevention.php. Zugegriffen: 16. Sept. 2017

DGCN (2017d) Best practice – prevention of corruption with the business keeper monitoring system (Bkms system). https://www.globalcompact.de/en/themen/Good-Practices/Korruption/ Korruptionsvermeidung-mithilfe-eines-Hinweisgebersystems-Kopie.php. Zugegriffen: 12. Sept. 2017

DGCN/DICO – Deutsches Institut für Compliance e. V. (2014) Korruptionsprävention – ein Leitfaden für Unternehmen, BMZ. DGCN/DICO – Deutsches Institut für Compliance e. V., Bonn. https://www.globalcompact.de/wAssets/docs/Korruptionspraevention/korruptionspraevention_ ein_leitfaden_fuer_unternehmen.pdf. Zugegriffen: 12. Sept. 2017

Drewert J, Banerjee K (2016) Linking human rights and anti-corruption compliance. A good practice note endorsed by the united nations global compact human rights and labour working group on 21 December 2016

Hößle U (2013) Der Beitrag des UN Global Compact zur Compliance internationaler Regime, Ein Vergleich von Unternehmen aus den USA, Mosambik, den Vereinigten Arabischen Emiraten und Deutschland. Nomos, Baden-Baden

Lau C et al (2017) United nations global compact: the unmet promise of the UNGC. Social Responsibility Journal 13(1):48–61

Mwangi W et al (2013) Encouraging greater compliance: local networks and the united nations global compact (UNGC). In: Risse T et al (Hrsg) From commitment to compliance: the persistent power of human rights. Cambridge University Press, Cambridge

Press Release UN (1999) UN Press SG/SM/6881. Secretary-General Proposes Global Compact On Human Rights, Labour, Environment, In Address To World Economic Forum In Davos. 1 February 1999. https://www.un.org/press/en/1999/19990201.sgsm6881.html. Zugegriffen: 11. Sept. 2017

Rasche A, Waddock S (2014) Global sustainability governance and the UN global compact: a rejoinder to critics. J Bus Ethics 122(2):209–216

Ryder M, Eggertsson M (2015) Compliance and enforcement of the United Nations global compact. J Int Manag Stud 15(3):13–18

Sethi S, Schepers D (2014) United nations global compact: the promise-performance gap. J Bus Ethics 122(2):193–208

UNGC (2017i) What you can do. https://www.unglobalcompact.org/take-action/action. Zugegriffen: 12. Sept. 2017

UNGC (2006) Business against corruption – case stories and examples. https://www.unglobalcompact.org/docs/issues_doc/7.7/BACbookFINAL.pdf. Zugegriffen: 16. Sept. 2017

UNGC et al (2008) Clean business is good business – the business case against corruption brochure. https://www.unglobalcompact.org/docs/issues_doc/Anti-Corruption/clean_business_is_good_business.pdf. Zugegriffen: 12. Sept. 2017

UNGC et al (2009) RESIST – Resisting Extortion and Solicitation in International Transactions. A company tool for employee training. https://www.unglobalcompact.org/docs/issues_doc/Anti-Corruption/RESIST.pdf. Zugegriffen: 12. Sept. 2017

UNGC et al (2010) Collective action – building a coalition against corruption. https://www.unglobalcompact.org/docs/issues_doc/Anti-Corruption/CollectiveAction2010.pdf. Zugegriffen: 13. Sept. 2017

UNGC et al (2011) Business against corruption – A framework for action resources and tools to assist companies in implementing the 10th principle on corruption. https://www.unglobalcompact.org/docs/news_events/8.1/bac_fin.pdf. Zugegriffen: 12. Sept. 2017

UNGC (2012) Global compact and the 10th principle: corporate Sustainability with integrity: organizational change to collective action. https://www.unglobalcompact.org/docs/issues_doc/Anti-Corruption/GC_for_the_10th_Principle.pdf. Zugegriffen: 13. Sept. 2017

UNGC et al (2012) Children's rights and business principles. https://www.unglobalcompact.org/docs/issues_doc/human_rights/CRBP/Childrens_Rights_and_Business_Principles.pdf. Zugegriffen: 15. Sept. 2017

UNGC (2013) A guide for anti-corruption risk assessment. https://www.unglobalcompact.org/docs/issues_doc/Anti-Corruption/RiskAssessmentGuide.pdf. Zugegriffen: 12. Sept. 2017

UNGC (2014) Fighting corruption in sport sponsorship and hospitality – A practical guide for companies. https://www.unglobalcompact.org/docs/issues_doc/Anti-Corruption/SportsSponsorshipHospitalityGuide.pdf. Zugegriffen: 12. Sept. 2017

UNGC (2016a) Integrity measures. UNGC, New York. https://www.unglobalcompact.org/docs/about_the_gc/Integrity_measures/Integrity_Measures_Note_EN.pdf. Zugegriffen: 06. Sept. 2017

UNGC (2016b) Fighting corruption in the supply chain: a guide for customers and suppliers. https://www.unglobalcompact.org/docs/issues_doc/Anti-Corruption/Fighting_Corruption_Supply_Chain.pdf. Zugegriffen: 16. Sept. 2017

UNGC (2017a) Our participants. https://www.unglobalcompact.org/what-is-gc/participants. Zugegriffen: 12. Sept. 2017

UNGC (2017b) Frequently asked questions. https://www.unglobalcompact.org/about/faq. Zugegriffen: 14. Sept. 2017

UNGC (2017c) Business participation. www.unglobalcompact.org/HowToParticipate/Business_Participation/index.html. Zugegriffen: 14. Sept. 2017

UNGC (2017d) Business commitment letter. https://www.unglobalcompact.org/docs/how_to_participate_doc/Business_Commitment_Letter.pdf. Zugegriffen: 14. Sept. 2017

UNGC (2017e) The communication on progress (COP) in brief. https://www.unglobalcompact.org/participation/report/cop. Zugegriffen: 13. Sept. 2017

UNGC (2017f) Why report? https://www.unglobalcompact.org/participation/report. Zugegriffen: 13. Sept. 2017

UNGC (2017g) UN global compact logo and branding guidance our logo policy. http://www.
  unglobalcompact.org/AboutTheGC/Global_Compact_Logo/index.html. Zugegriffen: 15. Sept.
  2017
UNGC (2017h) Non-business participation. https://www.unglobalcompact.org/participation/join/
  who-should-join/non-business. Zugegriffen: 15. Sept. 2017
UNGC (2017j) Food and agriculture business principles. https://www.unglobalcompact.org/take-
  action/action/food. Zugegriffen: 13. Sept. 2017
UNGC (2017k) Anti-corruption and good governance special event at the United Nations convention against corruption COSP. https://www.unglobalcompact.org/take-action/events/1461-anti-
  corruption-and-good-governance-special-event-at-the-united-nations-convention-against-
  corruption-cosp. Zugegriffen: 12. Sept. 2017
UNGC (2017l) Our governance. https://www.unglobalcompact.org/about/governance. Zugegriffen:
  12. Sept. 2017
UNGC (2017m) UN global compact integrity policy update. Updated 12 September 2017. https://
  www.unglobalcompact.org/docs/about_the_gc/Integrity_measures/integrity-recommendation-
  2017.pdf. Zugegriffen: 15. Sept. 2017
UNGC/AccountAbility (2005) Towards responsible lobbying. Leadership and public policy. https://
  www.unglobalcompact.org/docs/news_events/8.1/rl_final.pdf. Zugegriffen: 13. Sept. 2017
UNGC/Deloitte (o. J.) UN Global Compact Management Modell Framework For Implementation.
  Human Rights, Labour, Environment, Anti-Corruption https://www.unglobalcompact.org/docs/
  news_events/9.1_news_archives/2010_06_17/UN_Global_Compact_Management_Model.pdf.
  Zugegriffen: 12. Sept. 2017
UNGC/Transparency International (2009) Reporting guidance on the 10th principle against
  corruption. https://www.unglobalcompact.org/docs/issues_doc/Anti-Corruption/UNGC_
  AntiCorruptionReporting.pdf. Zugegriffen: 12. Sept. 2017
UNGC/UNODC (2010) The fight against corruption: E-learning tool. http://
  thefightagainstcorruption.org/certificate/. Zugegriffen: 15. Sept. 2017
Voegtlin C, Pless N (2014) Global governance: CSR and the role of the UN global compact. J Bus
  Ethics 122:179–191

Dr. Ulrike Hößle arbeitet als Consultant für WWS Worldwide in Seattle
(USA). Dort berät sie Nichtregierungsorganisationen in strategischer Pla-
nung, Fundraising-Management und Organisationsentwicklung und bietet
Unternehmen zum Thema Business and Human Rights Workshops sowie
die Entwicklung von Umsetzungsstrategien an. Sie promovierte in Poli-
tikwissenschaften über den UN Global Compact und hat einen M.A. in
Ethnologie. Zu den Schwerpunkten Menschenrechten und Umwelt arbeitete
sie für Nichtregierungsorganisationen, beispielsweise für die Heinrich-Böll-
Stiftung zunächst als Afrikareferentin, dann als Lateinamerikareferentin. Im
Rahmen des mosambikanischen Friedensprozesses koordinierte sie für die
Vereinten Nationen den Übergangsprozess in einer der Provinzen. Sie lehrte an der University of
South Florida im Fachbereich Women's Studies und der Universität von Koblenz-Landau im Fach-
bereich Politikwissenschaften. Zu Business and Human Rights, Nachhaltigkeit und Genderfragen
hat sie Bücher und zahlreiche Fachartikel veröffentlicht.

Compliance in der ISO 26000

Karl-Christian Bay

1 Ein Leitfaden zur gesellschaftlichen Verantwortung

1.1 Die ISO

Die im Jahr 1947 gegründete ISO (International Organization for Standardization) ist gemeinhin dafür bekannt (technische) Standards in nahezu allen Sektoren und Branchen zu erarbeiten und zu veröffentlichen. Die Organisation ist ein Netzwerk aus 163 nationalen standardsetzenden Instituten; in Deutschland handelt es sich dabei um das Deutsche Institut für Normung (DIN).

Die ISO erarbeitet ihre Standards mit Vertretern von öffentlichen Einrichtungen sowie der Privatwirtschaft, welche Mitglieder im entsprechenden nationalen Institut sind. Ihr Ziel ist es, den internationalen Austausch von Gütern und Dienstleistungen zu fördern. Die Normen der ISO haben zwar keinen rechtlich binden Charakter, gleichwohl werden die Inhalte von verabschiedeten Normen der ISO immer wieder in nationales Recht übertragen.

1.2 Die ISO 26000

Mit der ISO 26000 wurde im Jahr 2010 eine Norm geschaffen, die gesellschaftliche Verantwortung auf eine weltweit einheitliche und inhaltlich umfassende Grundlage stellen soll. Die ISO 26000 soll demnach weltweit für Unternehmen und Organisationen jeder Art als Leitfaden für die freiwillige Übernahme von gesellschaftlicher Verantwortung dienen.

K.-C. Bay (✉)
BAY GmbH Wirtschaftsprüfungsgesellschaft Rechtsanwaltsgesellschaft
Lindau (Bodensee), Deutschland
E-Mail: karl-christian.bay@bay-gmbh.com

© Springer-Verlag GmbH Deutschland, ein Teil von Springer Nature 2018
A. Kleinfeld und A. Martens (Hrsg.), *CSR und Compliance*,
Management-Reihe Corporate Social Responsibility,
https://doi.org/10.1007/978-3-662-56214-7_8

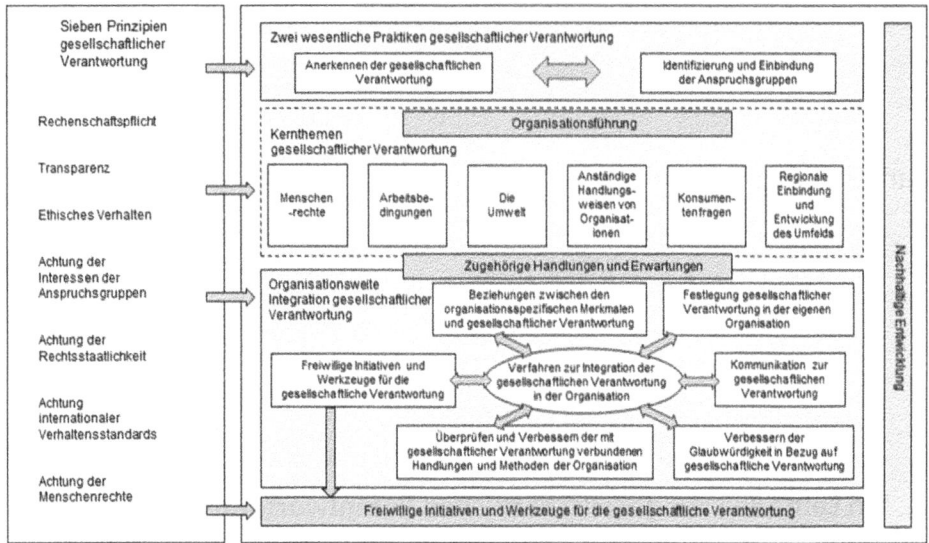

Abb. 1 Schematische Darstellung der ISO 26000. (Aus ISO und DIS 26000 [D] und ISO und FDIS 26000 [E])

Die ISO 26000 gibt Handlungsempfehlungen und ist kein Zertifizierungsstandard, sondern zur freiwilligen Anwendung bestimmt. Die Zielsetzung ist die Förderung von gesellschaftlicher Verantwortung sowie die Einführung einer gemeinsamen Basis für Definitionen, Evaluierungsmethoden und Best-Practice-Beispielen. Dabei wurde viel Wert darauf gelegt, die ISO 26000 konsistent mit bereits existierenden internationalen Normen, Konventionen und Verträgen zu halten (BVerfG 2005).

Die ISO 26000 führt in das Konzept gesellschaftlicher Verantwortung von Organisationen ein und verzichtet dabei bewusst auf eine Einschränkung auf Unternehmen. Neben den profitorientierten Unternehmen werden damit auch die nichtgewinnorientierten Organisationen umfasst. Im Hauptteil der Norm werden die Prinzipen und Kernthemen gesellschaftlicher Verantwortung detailliert beschrieben. Abschließend zeigt die ISO 26000 Implementierungshilfen auf und enthält im Anhang eine Übersicht über andere Initiativen zur gesellschaftlichen Verantwortung (Abb. 1).

2 Die Prinzipien gesellschaftlicher Verantwortung

Es gibt keine allgemein akzeptierte Definition von „gesellschaftlicher Verantwortung". In der ISO 26000 wird versucht, den Begriff anhand von sieben Prinzipien besser umsetzbar zu machen:

1. Rechenschaftspflicht,
2. Transparenz,
3. ethisches Verhalten,
4. Achtung der Interessen der Stakeholder,
5. Achtung der Rechtsstaatlichkeit,
6. Achtung internationaler Verhaltensstandards,
7. Achtung der Menschenrechte.

Im Folgenden werden diese sieben Prinzipien näher beleuchtet:

2.1 Prinzip 1: Rechenschaftspflicht

Dieses Prinzip umfasst die Rechenschaftspflicht über Auswirkungen der Organisation auf die Gesellschaft, Wirtschaft und Umwelt. Es beinhaltet darüber hinaus die Akzeptanz entsprechender Prüfungen sowie die angemessene Reaktion auf die Ergebnisse der Überprüfung.

Verschiedene Beziehungen bestehen innerhalb der Rechenschaftspflicht: die der Unternehmensleitung gegenüber der Organisation und die der Organisation gegenüber Dritten.

Rechenschaftspflicht umfasst die Übernahme von Verantwortung bei Fehlverhalten sowie Maßnahmen zur Abhilfe und Vermeidung von Wiederholungen.

2.2 Prinzip 2: Transparenz

Nur Transparenz gibt den Stakeholdern die Möglichkeit, Auswirkungen der Organisation richtig zu beurteilen. Also insbesondere die Veröffentlichung von klaren, akkuraten, vollständigen, verständlichen, leichtverfügbaren, zeitnahen, objektiven und faktenbasierten Informationen zu Entscheidungen und Handlungen der Organisation sowie zu deren absehbaren Auswirkungen.

2.3 Prinzip 3: ethisches Verhalten

Ethisches Verhalten zielt auf ein Handeln ab, welchem Aufrichtigkeit, Redlichkeit, Gleichheit, Integrität und Rechtschaffenheit zugrunde liegt. Es umfasst neben der Sorge für Menschen auch die Sorge um Tiere und Umwelt. Die Verwirklichung dieses Prinzips setzt die Identifikation und Kommunikation von Werten voraus. Dazu sind Rahmenbedingungen, welche die Einhaltung dieser Werte fördern und Maßnahmen zur Überwachung ihrer Einhaltung aber auch Strukturen, welche bei Interessenkonflikten vermitteln, notwendig.

2.4   Prinzip 4: Achtung der Interessen der Stakeholder

Obwohl Organisation sich regelmäßig eher an den Interessen ihrer Eigentümer, Mitglieder oder Kunden ausrichten, verlangt das vierte Prinzip die Achtung der Interessen aller Stakeholder einer Organisation. Dazu zählen auch sämtliche Geschäftspartner, Mitarbeiter und sonstige durch die Handlungen der Organisation tangierte Gruppen.

2.5   Prinzip 5: Achtung der Rechtsstaatlichkeit

Gesetze haben Vorrang. Kein Individuum, keine Organisation darf über dem Gesetz stehen. Willkürliche Machtausübung ist unvereinbar mit diesem Grundsatz.

2.6   Prinzip 6: Achtung internationaler Verhaltensstandards

Das sechste Prinzip fordert die Achtung internationaler Verhaltensstandards. Dies umfasst auch die Vermeidung von Situationen, in denen sich eine Organisation durch das Fehlverhalten einer anderen Organisation mitschuldig macht.

2.7   Prinzip 7: Achtung der Menschenrechte

Organisationen verpflichten sich laut International Bill of Human Rights, Menschenrechte zu achten und ihre universelle Gültigkeit anzuerkennen. In Situationen, in denen die Menschenrechte besonders gefährdet sind oder in Rechtsordnungen, in denen ihre Einhaltung nicht sichergestellt ist, dürfen daraus keine Vorteile gezogen werden. Vielmehr sollten Maßnahmen zu deren Achtung ergriffen werden.

3   Die Kernthemen gesellschaftlicher Verantwortung

Die ISO 26000 nennt sieben Kernthemen, zu welchen eine Organisation ihre Handlungsfelder festlegen und priorisieren sollte:

1. Organisationsführung,
2. Menschenrechte,
3. Arbeitsbedingungen,
4. Umwelt,
5. anständige Handlungsweisen Konsumentenfragen,

6. regionale Einbindung und Entwicklung,
7. regionale Einbindung und Entwicklung.

Nachfolgend werden beispielhaft einige der Kernthemen kurz umrissen.

3.1 Menschenrechte

Menschenrechte sind Grundrechte, die allen Personen alleine aus der Tatsache heraus, dass sie Menschen sind, zustehen. Menschenrechte betreffen primär das Verhältnis zwischen Staaten und Individuen. Aber auch nichtstaatliche Organisationen können Einfluss auf die Menschenrechte von Einzelpersonen haben und müssen auf deren Respektierung achten.

Menschenrechte sind angeboren, unübertragbar, universell, unteilbar und miteinander verflochten.

Es werden zwei große Bereiche von Menschenrechten unterschieden: Erstens die Bürgerrechte bzw. politische Rechte – also das Recht auf Leben und Freiheit, das Recht auf Gleichheit vor dem Gesetz und die Freiheit der Meinungsäußerung. Und zweitens wirtschaftliche, soziale und kulturelle Rechte – z. B. das Recht auf Arbeit, auf Nahrung, auf bestmögliche Gesundheitsversorgung, auf Bildung sowie auf soziale Sicherheit.

3.2 Arbeitsbedingungen

Unter Arbeitsbedingungen werden sämtliche Prinzipien und Praktiken in Bezug auf Arbeit verstanden, unabhängig davon, ob die Arbeit innerhalb der Organisation, durch sie oder in ihrem Auftrag durchgeführt wird. Die ISO 26000 betont, dass Arbeit keine Ware ist: Sie sollte nicht wie andere Produktionsfaktoren behandelt werden und auch nicht den gleichen Marktkräften unterworfen werden. Auch zählt die ISO 26000 die Schaffung von Arbeitsplätzen und die damit einhergehende Entlohnung ausdrücklich zu den wichtigsten ökonomischen und sozialen Beiträgen von Organisationen. Eine sinnvolle und produktive Arbeit ist ein zentrales Element menschlicher Entwicklung – entsprechende Defizite sind eine wesentliche Ursache von sozialen Konflikten.

3.3 Vermeidung von Umweltbelastung

Der Begriff Umweltbelastung ist weit auszulegen, er umfasst neben Luftemissionen, Wasserverschmutzung, Freisetzung von giftigen oder gefährlichen Chemikalien auch alle anderen wahrnehmbaren Belastungen, z. B. Lärm, Geruch, Sichtbeeinträchtigungen, Vibrationen, Strahlung, infektiöse Stoffe oder biologische Gefährdungen. Er schließt dabei auch solche Belastungen mit ein, die in Folge der Nutzung beim Verbraucher, z. B. Umweltbelastungen oder aus der dazu notwendigen Energieerzeugung resultieren. Die systematische Identifikation von und der Verzicht auf verbotene oder von Wissenschaftlern als bedeutsam eingestuften Chemikalien wird genauso gefordert wie ein Unfallvermeidungsprogramm sowie die Entwicklung entsprechender Notfallpläne.

3.4 Anständige Handlungsweisen

Anständige Handlungsweisen betreffen das ethische Verhalten in Bezug auf die Beziehung der jeweiligen Organisation zu Regierungsbehörden, Partnern, Lieferanten, Vertragspartnern, Wettbewerbern und Vereinigungen, in denen die Organisation Mitglied ist. Ethisches Verhalten ist eine fundamentale Voraussetzung für dauerhaft legitime und produktive Beziehungen zwischen Organisationen. Im Kontext gesellschaftlicher Verantwortung geht es darum, Beziehungen zu nutzen, um positive Ergebnisse zu fördern, sei es durch Übernahme einer Vorbildrolle oder durch Förderung der Wahrung gesellschaftlicher Verantwortung im Einflussbereich der Organisation.

Der nachfolgende Abschnitt erläutert die von der ISO 26000 für den Bereich „Anständige Handlungsweisen" abgeleiteten fünf Handlungsfelder:

3.4.1 Antikorruption

Korruption ist der Missbrauch anvertrauter Macht für den eigenen Vorteil und hat viele Gesichter: Bestechungen im privaten oder öffentlichen Sektor, Interessenkonflikte, Betrug, Geldwäsche, Veruntreuung, Unterschlagung, Behinderung der Justiz oder Einflussnahme.

Zur Verhinderung von Korruption müssen Organisationen mögliche Korruptionsrisiken aufdecken und Maßnahmen zur deren Begegnung implementieren. Dies beinhaltet beispielsweise Vorbildfunktion des Managements, Schulungen der Mitarbeiter, Schaffung von entsprechenden Anreizen aber auch angemessene Entlohnung.

3.4.2 Verantwortungsvolle politische Mitwirkung

Verantwortungsvolle politische Mitwirkung zielt auf das Verbot der Ausübung ungebührenden Einflusses durch Manipulation, Einschüchterung und Nötigung hinsichtlich der politischen Prozesse und der politischen Ordnung ab. Dazu zählt Transparenz in Bezug auf die angewandten Prinzipien für Lobbyarbeit, politische Beiträge und politischer Beteiligung sowie das Verbot von Fehlinformation, unangebrachte Einflussnahme in Form von Täuschung, Drohung oder Nötigung.

3.4.3 Fairer Wettbewerb

Die langfristigen Vorteile von fairem und breitem Wettbewerb, wie Wirtschaftswachstum und Verbesserung des Lebensstandards, dürfen nicht durch wettbewerbsschädigendes Verhalten riskiert werden. Solches Verhalten tritt in vielen Formen auf, seien es Preisabsprachen, Angebotsabsprachen, Verdrängungswettbewerb mittels temporären Preisdumpings oder unfaire Sanktionen gegenüber Wettbewerbern.

3.4.4 Förderung von gesellschaftlicher Verantwortung in der Wertschöpfungskette

Organisationen fördern durch die geschickte Ausübung von Einkaufsentscheidungen die Achtung gesellschaftlicher Verantwortung durch Andere. Derartige Führung und Vorbildfunktion sollte aber nicht als Ersatz für Gesetze oder die Aufsicht durch Behörden verstanden werden.

Organisationen sollten ermutigt und kleinere und mittlere Unternehmen dabei unterstützt werden, Maßnahmen zur gesellschaftlichen Verantwortung zu implementieren.

3.4.5 Achtung von Eigentumsrechten

Der Schutz von Eigentumsrechten ist ein Menschenrecht. Es umfasst sowohl materielles als auch immaterielles Eigentum. Die Achtung dieser Rechte ist von großer Bedeutung und fördert Investitionen, Kreativität, Innovation sowie wirtschaftliche und materielle Sicherheit.

3.5 Konsumentenfragen

Konsumenten sind Individuen, die Produkte und Dienstleistungen für private Zwecke erwerben oder nutzen. Ihnen gegenüber haben Organisationen eine besondere Verantwortung.

Schutz und Vertraulichkeit von Kundendaten stellt auf Maßnahmen zur Achtung der Privatsphäre von Konsumenten ab. Dies umfasst Einschränkungen hinsichtlich der Arten von Informationen, die gesammelt werden und der Art und Weise, wie diese Informationen erlangt, gesichert und verwendet werden.

Die Sammlung von Informationen sollte nur mittels rechtmäßiger und angemessener Mittel erfolgen und auf solche beschränkt werden, die für die Erbringung der Dienstleistung oder für die Produkte wesentlich sind, es sei denn sie wurden freiwillig von sachkundigen Konsumenten bereitgestellt.

4 Vergleich mit bestehenden Regelwerken/Gesetzen

In Deutschland existiert eine Reihe sowohl von verbindlichen als auch dispositiven Normen, die thematisch mit den Kernthemen und den diesen zugeordneten Prinzipien bzw. Handlungsfelder und -themen der ISO 26000 verbunden sind.

Nachfolgend werden für das Kernthema „Anständige Handlungsweisen" die einschlägigen Handlungsfelder zu den bestehenden Normen in Beziehung gesetzt und Gemeinsamkeiten und Unterschiede zwischen der nationalen Kodifizierung und der ISO 26000 untersucht.

4.1 Anständige Handlungsweisen (und Umgangsformen) von Organisationen

4.1.1 Handlungsfeld 1: Antikorruption

Das Problem der Korruption wird in der deutschen Gesetzgebung in einer Vielzahl von Gesetzen behandelt.

Paragraph 331 Abs. 1 StGB erfasst den Straftatbestand der Vorteilsnahme. Demnach wird ein Amtsträger, der für die Dienstausübung einen Vorteil für sich oder einen Dritten fordert, sich versprechen lässt oder annimmt, mit einer Freiheitsstrafe von bis zu drei Jahren bestraft.

Ein Richter oder Schiedsrichter, der einen Vorteil für sich oder einen Dritten fordert, sich versprechen lässt oder annimmt, wird gemäß § 331 Abs. 2 StGB mit einer Freiheitsstrafe bis zu fünf Jahren oder Geldstrafe bestraft. Der Versuch alleine ist schon strafbar.

Ein weiterer Straftatbestand ist die Bestechlichkeit gemäß § 332 StGB. Bestechlichkeit beschreibt das Gewähren- und/oder Versprechenlassen bzw. Fordern von Geschenken oder Vorteilen zu bestimmten Zwecken und ist abzugrenzen vom Tatbestand der Bestechung gemäß § 334 StGB. Geahndet wird Bestechlichkeit mit Freiheitsstraße von sechs Monaten bis zu fünf Jahren. In minder schweren Fällen mit einer Freiheitsstrafe mit bis zu drei Jahren oder Geldstrafe.

Fordert ein Richter oder Schiedsrichter einen Vorteil für sich oder einen Dritten oder lässt ihn sich versprechen oder nimmt ihn gar an, dafür dass er eine richterliche Handlung vorgenommen hat oder vornehmen wird, so wird er mit Freiheitsstrafe von einem Jahr bis zu zehn Jahren bestraft. In minder schweren Fällen von sechs Monaten bis zu fünf Jahren (vgl. § 332 Abs. 2 Satz 2 StGB).

Paragraph 333 StGB behandelt die sogenannte Vorteilsgewährung. Gemäß § 333 Abs. 1 StGB wird mit Freiheitsstrafe bis zu drei Jahren oder mit Geldstrafe bestraft, wer einem Amtsträger, einem für den öffentlichen Dienst besonders Verpflichteten oder einem Soldaten der Bundeswehr für die Dienstausübung einen Vorteil für diesen oder einen Dritten anbietet, verspricht oder gewährt.

Wer einem Richter oder Schiedsrichter einen Vorteil für diesen oder einen Dritten als Gegenleistung dafür anbietet, verspricht oder gewährt, dass er eine richterliche Handlung vorgenommen hat oder künftig vornehme, wird mit Freiheitsstrafe bis zu fünf Jahren oder mit Geldstrafe bestraft (§ 333 Abs. 2 StGB).

Das StGB enthält weiterhin mit § 334 eine Vorschrift, die die Bestechung unter anderem von Amtsträgern unter Strafe stellt. Danach wird mit Freiheitsstrafe von grundsätzlich drei Monaten bis zu fünf Jahren bestraft, wer einem Amtsträger, einem für den öffentlichen Dienst besonders Verpflichteten oder einem Soldaten der Bundeswehr einen Vorteil für diesen oder einen Dritten als Gegenleistung dafür anbietet, verspricht oder gewährt, dass er eine Diensthandlung vorgenommen hat oder künftig vornehme und dadurch seine Dienstpflichten verletzt hat oder verletzen würde (vgl. § 334 Abs. 1 Satz 1 StGB).

Weiterhin bestimmt § 334 Abs. 2 Satz 1 StGB, dass wer einem Richter oder Schiedsrichter einen Vorteil für diesen oder einen Dritten als Gegenleistung dafür anbietet, verspricht oder gewährt, dass er eine richterliche Handlung entweder vorgenommen und dadurch seine richterlichen Pflichten verletzt hat (Nr. 1) oder künftig vornehme und dadurch seine richterlichen Pflichten verletzen würde (Nr. 2) in den Fällen der Nr. 1 mit Freiheitsstrafe von drei Monaten bis zu fünf Jahren und in den Fällen der Nr. 2 mit Freiheitsstrafe von sechs Monaten bis zu fünf Jahren bestraft wird.

Gemäß § 335 Abs. 1 Nr. 1a StGB kann die Freiheitsstrafe auch zwischen einem und zehn Jahren liegen, wenn ein besonders schwerer Fall der Bestechung vorliegt. Dies ist nach § 335 Abs. 2 Nr. 1 StGB beispielsweise gegeben, wenn die Tat sich auf einen Vorteil großen Ausmaßes bezieht oder gemäß § 335 Abs. 2 Nr. 3 StGB, wenn der Täter gewerbsmäßig oder als Mitglied einer Bande handelt, die sich zur fortgesetzten Begehung solcher Taten verbunden hat.

Der Unterschied zwischen § 333 StGB und § 334 StGB liegt bezüglich der Tathandlung gegenüber beispielsweise den Amtsträgern darin, dass im Fall der Bestechung diese für die Vornahme einer konkreten Diensthandlung durchgeführt wird, die Vorteilsgewährung jedoch an die bloße Dienstausübung anknüpft. Bezüglich der Tathandlung gegenüber Richtern besteht der Unterschied darin, dass im Fall der Bestechung zusätzlich eine Verletzung der richterlichen Pflicht vorliegen muss.

Eine weitere Norm beinhaltet § 299 StGB, welche die Bestechlichkeit und Bestechung im geschäftlichen Verkehr regelt. Gemäß § 299 Abs. 1 StGB wird mit Freiheitsstrafe bis zu drei Jahren oder mit Geldstrafe bestraft, wer als Angestellter oder Beauftragter eines geschäftlichen Betriebes im geschäftlichen Verkehr einen Vorteil für sich oder einen Dritten als Gegenleistung dafür fordert, sich versprechen lässt oder annimmt, dass er einen anderen bei dem Bezug von Waren oder gewerblichen Leistungen im Wettbewerb in unlauterer Weise bevorzuge (Bestechlichkeit).

Ebenso wird gemäß § 299 Abs. 2 StGB bestraft, wer im geschäftlichen Verkehr zu Zwecken des Wettbewerbs einem Angestellten oder Beauftragten eines geschäftlichen Betriebes einen Vorteil für diesen oder einen Dritten als Gegenleistung dafür anbietet, verspricht oder gewährt, dass er ihn oder einen anderen bei dem Bezug von Waren oder gewerblichen Leistungen in unlauterer Weise bevorzuge (Bestechung).

Zusätzlich existiert mit § 108e StGB eine Vorschrift, die die Bestechung von Abgeordneten unter Strafe stellt.

Im Zusammenhang mit Fällen der Korruption können unter anderem auch die Straftatbestände der Geldwäsche, § 261 StGB, sowie der Untreue, § 266 StGB, erfüllt sein.

Paragraph 261 Abs. 1 Sätze 1 und 2 Nr. 1 und 2a StGB bestimmt, dass mit Freiheitsstrafe von drei Monaten bis zu fünf Jahren bestraft wird, wer einen Gegenstand, der aus einem Verbrechen oder einem Vergehen nach § 334 StGB (Bestechung) herrührt, verbirgt, dessen Herkunft verschleiert oder die Ermittlung der Herkunft, das Auffinden, den Verfall, die Einziehung oder die Sicherstellung eines solchen Gegenstandes vereitelt oder gefährdet.

Jedoch betrifft die Strafbarkeit nicht das Unternehmen selbst, welches als juristische Person nicht strafbar sein kann, sondern nur die für die Organisation Handelnden (vgl. § 14 StGB).

Das Thema der Geldwäsche wird weiterhin im Gesetz über das Aufspüren von Gewinnen aus schweren Straftaten (GwG) behandelt. Diese Regelung dient der Vermeidung und der Aufdeckung von Geldwäsche. Gelder, die aus der Begehung von schweren Straftaten hervorgehen, sollen oftmals in legale Projekte investiert werden, um ihre Herkunft nach und nach zu verschleiern (Herzog 2010). Zu diesem Zweck bestimmt § 11 Abs. 1 und 2 i. V. m. § 2 Abs. 1 Nr. 14 GwG die Verpflichtung, bei der Begründung einer Geschäftsbeziehung den Vertragspartner identifizieren zu müssen. Es soll deutlich werden, mit wem die Geschäftsbeziehung eingegangen wird, ob beispielsweise hinter einer Person noch ein oder mehrere Unternehmen stehen etc.

Einerseits soll es Unternehmen erschwert werden, die aus schweren Straftaten erlangten Gelder zu legalisieren. Müssen diese befürchten, dass bei der Anbahnung legaler Geschäfte im Rahmen der Überprüfung aufgedeckt wird, dass das von ihnen als Investition geplante Geld aus Straftaten stammt, besteht eine große Wahrscheinlichkeit dafür, dass zumindest ein gewisser Prozentsatz dieser Taten sowie der Geldwäsche selbst verhindert wird.

Andererseits sind aber auch bestimmte Unternehmen verpflichtet, beim Abschluss von Geschäften, ihre Vertragspartner im Vorfeld überprüfen zu müssen. Die Prüfungspflicht erfasst beispielsweise bestimmte Kredit- und Finanzdienstleistungsinstitute, Versicherungsunternehmen sowie Personen, die gewerblich mit Gütern handeln (vgl. § 2 Abs. 1 Nr. 1, 2, 3, 4, 6 und 16 GwG).

Gerade am Beispiel der Geldwäschebekämpfung wird deutlich, dass die deutsche Gesetzgebung auch und gerade bei der Bekämpfung von Korruption das von der ISO 26000 aufgestellte Prinzip der Transparenz befolgt.

Handlungserwartungen in diesem Bereich erstrecken sich auf die Einführung, Anwendung und Verbesserung von Methoden und Verfahren im Unternehmen, mit denen die Risiken für Korruption identifiziert werden können, sowie auf die Durchführung interner Kontrollen, um Korruption entgegenzuwirken. Weiterhin sollen Verletzungen des Strafrechts den Vollzugsbehörden gemeldet werden.

Die ISO 26000 verlangt damit die Implementierung eines Compliance Management Systems im Unternehmen (Bay und Hastenrath 2016). Dies wird beispielsweise in § 23 des Gesetzes über die Beaufsichtigung von Versicherungsunternehmen (VAG) verlangt. Gemäß § 23 Abs. 1 Satz 1 VAG müssen Versicherungsunternehmen über eine ordnungsgemäße Geschäftsorganisation verfügen, welche die Einhaltung der von ihnen zu beachtenden Gesetze und Verordnungen sowie der aufsichtsbehördlichen Anforderungen gewährleistet.

Bezüglich der Durchführung interner Kontrollen sowie der Anzeige von Straftaten bei den Vollzugsbehörden existieren demgegenüber kaum Vorschriften.

Viele Unternehmen führen bei Bekanntwerden von durch die Unternehmensleitung oder andere Mitarbeiter begangenen Straftaten sogenannte interne Untersuchungen (Internal Investigations) durch. Darunter versteht man beispielsweise durch Rechtsanwälte oder Wirtschaftsprüfer im Auftrag des Unternehmens vorgenommene Ermittlungen im Unternehmen, die dazu dienen, die bestehenden Vorwürfe aufzuklären (Mengel und Ullrich

2006; Bay 2013). Die so gewonnenen Ergebnisse werden oftmals an die Strafverfolgungs-behörden weitergegeben.

Jedoch wird in keinem Gesetz geregelt, dass Unternehmen solche Untersuchungen durchzuführen haben. Die ISO 26000 geht damit über die derzeit geltenden Gesetze hinaus.

Dies ist auch der Fall bei den weiteren Handlungserwartungen in diesem Bereich. So besteht, anders als die ISO 26000 es verlangt, keine Pflicht eines Unternehmens, seine Arbeitnehmer, Partner, Vertreter und Lieferanten zu ermutigen, über Verletzungen der Regeln der Organisation zu berichten, indem Mechanismen etabliert werden, die eine Berichterstattung ohne Angst vor Sanktionen ermöglichen.

4.1.2 Handlungsfeld 2: Verantwortungsbewusste politische Mitwirkung

Eine Handlungserwartung im Bereich der verantwortungsbewussten politischen Mitwirkung besteht darin, bezüglich Lobbying, politischen Beiträgen sowie politischer Beteiligung transparent zu sein. Unternehmen sollen beispielsweise Parteispenden oder sonstige Zuwendungen offenlegen.

Im Rahmen der Gesetze besteht keine Verpflichtung für Unternehmen, die von ihnen an Parteien geleisteten Spenden offenzulegen. Im Gegenzug haben jedoch Parteien gemäß § 25 Abs. 3 Satz 1 des Gesetzes über die politischen Parteien (PartG) ihr oder einem oder mehreren ihrer Gebietsverbände zugewandten Spenden, deren Gesamtwert in einem Kalenderjahr (Rechnungsjahr) 10.000 € übersteigt, unter Angabe des Namens und der Anschrift des Spenders sowie der Gesamthöhe der Spende im von der Partei abzugebenden Rechenschaftsbericht zu verzeichnen. Gemäß § 25 Abs. 3 Satz 2 PartG müssen Spenden, die im Einzelfall die Höhe von 50.000 € übersteigen, unverzüglich dem Präsidenten des Deutschen Bundestages angezeigt werden.

Damit wird zumindest mittelbar Transparenz über die von Unternehmen an politische Parteien geleisteten Spenden erzielt. Es muss über Spenden ab einer gewissen Höhe Rechenschaft abgelegt werden. Dass nicht die Unternehmen selbst hierüber berichten müssen, ist insofern unschädlich, da die Öffentlichkeit vom Rechenschaftsbericht der Parteien Kenntnis nehmen kann. Dieser wird gemäß § 23 Abs. 2 Satz 3 PartG vom Präsidenten des Deutschen Bundestags als Bundestagsdrucksache veröffentlicht.

Erwartungen wie die Unterlassung von Tätigkeiten, die Bedrohungen oder Nötigungen enthalten, werden dadurch erfüllt, dass im politischen wie auch im sonstigen Leben das Strafrecht in den §§ 240 (Nötigung) und 241 (Bedrohung) StGB diese Handlungen unter Strafe stellt.

Im Übrigen bestehen jedoch keine gesetzlichen Regelungen, die den Unternehmen eine verantwortungsbewusste politische Mitwirkung vorschreiben.

4.1.3 Handlungsfeld 3: Fairer Wettbewerb

Das nationale Wettbewerbsrecht in Deutschland besteht aus einer großen Vielzahl an Regelungen, die die Wettbewerbsfreiheit sowie einen fairen Wettbewerb sicherstellen sollen.

In diesem Zusammenhang ist zunächst das Gesetz gegen Wettbewerbsbeschränkungen (GWB) zu erwähnen. Dieses bestimmt in § 1 GWB, dass Vereinbarungen zwischen Unternehmen, Beschlüsse von Unternehmensvereinigungen und aufeinander abgestimmte Verhaltensweisen, die eine Verhinderung, Einschränkung oder Verfälschung des Wettbewerbs bezwecken oder bewirken, verboten sind.

Eine derartige aufeinander abgestimmte Verhaltensweise sind beispielsweise Preisabsprachen zwischen mehreren Unternehmen, die den Sinn haben, einen bestimmten Preis auf dem Markt zu erzielen, der sich nicht im Rahmen eines fairen Wettbewerbsprozesses gebildet hat (Zimmer 2007).

In § 19 Abs. 1 GWB wird das Verbot des Missbrauchs einer marktbeherrschenden Stellung durch ein oder mehrere Unternehmen aufgestellt. Ein Missbrauch liegt beispielsweise vor, wenn ein marktbeherrschendes Unternehmen als Anbieter oder Nachfrager einer bestimmten Art von Waren oder gewerblichen Leistungen die Wettbewerbsmöglichkeiten anderer Unternehmen in einer für den Wettbewerb auf dem Markt erheblichen Weise ohne sachlich gerechtfertigten Grund beeinträchtigt, sogenannter Behinderungsmissbrauch (vgl. § 19 Abs. 2 Nr. 1 GWB).

Paragraph 19 Abs. 2 Nr. 4 GWB beschreibt als weitere Missbrauchshandlung den Fall, dass ein solches marktbeherrschendes Unternehmen sich weigert, einem anderen Unternehmen gegen angemessenes Entgelt Zugang zu den eigenen Netzen oder Infrastruktureinrichtungen zu gewähren, wenn es dem anderen Unternehmen aus rechtlichen oder tatsächlichen Gründen ohne die Mitbenutzung nicht möglich ist, auf dem vor- oder nachgelagerten Markt als Wettbewerber des marktbeherrschenden Unternehmens tätig zu werden. Kann das marktbeherrschende Unternehmen nicht nachweisen, dass die Mitbenutzung aus betriebsbedingten oder sonstigen Gründen nicht möglich oder nicht zumutbar ist, verhält es sich missbräuchlich.

Es handelt sich hier um die gesetzliche Ausgestaltung der aus dem anglo-amerikanischen Rechtsraum stammenden „essential facilities doctrine". Essential facilities sind die wesentlichen Einrichtungen, die ein Unternehmen benötigt, um eine Ware oder Dienstleistung einem Kunden zur Verfügung zu stellen (Möschel 2007).

Dies ist beispielsweise der Fall beim Zugang von Stromversorgern zu den vorhandenen Stromnetzen. Diese befinden sich im Eigentum einiger weniger großer Stromkonzerne. Seit der Liberalisierung des Strommarktes ist es auch neuen Anbietern möglich, Kunden mit Strom zu versorgen. Diese verfügen jedoch nicht über eigene Stromnetze, weshalb sie auf die Durchleitung durch die bestehenden Netze angewiesen sind. Der Bau eigener Netze ist oftmals zu kostenintensiv und aufgrund begrenzter räumlicher Möglichkeiten kaum realisierbar.

Hier regelt die Verordnung über die Entgelte für den Zugang zu Elektrizitätsversorgungsnetzen (StromNEV) in § 1 GWB die Festlegung der Methode zur Bestimmung der Entgelte für den Zugang zu den Elektrizitätsübertragungs- und Elektrizitätsverteilernetzen (Netzentgelte) einschließlich der Ermittlung der Entgelte für dezentrale Einspeisungen.

Weiterhin enthält § 20 Abs. 3 GWB ein grundsätzliches Verbot von verdrängenden Preisfestsetzungen, wie es auch die ISO 26000 verlangt. Paragraph 20 Abs. 3 Satz 1 GWB führt aus, dass Unternehmen mit gegenüber kleinen und mittleren Wettbewerbern überlegener Marktmacht ihre Marktmacht nicht dazu ausnutzen dürfen, solche Wettbewerber unmittelbar oder mittelbar unbillig zu behindern. In § 20 Abs. 3 Satz 2 GWB wird die unbillige Behinderung an Beispielen definiert. Demnach liegt eine solche insbesondere vor, wenn ein Unternehmen Lebensmittel im Sinne des § 2 Abs. 2 des Lebensmittel- und Futtermittelgesetzbuchs unter Einstandspreis oder andere Waren oder gewerbliche Leistungen nicht nur gelegentlich unter Einstandspreis anbietet, es sei denn, dies ist jeweils sachlich gerechtfertigt (vgl. § 20 Abs. 3 Satz 2 Nr. 1 und 2 GWB).

Eine solche Verhaltensweise stellt eine Kampfpreisunterbietung dar, mit der bezüglich der Marktmacht unterlegene Unternehmen vom Markt verdrängt werden sollen. Ist dies erst einmal erreicht, können die Preise beliebig erhöht werden, da keine Konkurrenz mehr vorhanden ist.

Weitere Normen in diesem Bereich enthält das Gesetz gegen den unlauteren Wettbewerb (UWG). Gemäß § 1 Satz 1 UWG ist der Zweck des Gesetzes der Schutz der Mitbewerber, der Verbraucher sowie der sonstigen Marktteilnehmer vor unlauteren geschäftlichen Handlungen. Satz 2 legt fest, dass das UWG gleichzeitig das Interesse der Allgemeinheit an einem unverfälschten Wettbewerb schützt.

Gemäß § 3 Abs. 1 UWG sind unlautere geschäftliche Handlungen unzulässig, wenn sie geeignet sind, die Interessen von Mitbewerbern, Verbrauchern oder sonstigen Marktteilnehmern spürbar zu beeinträchtigen.

Paragraph 4 UWG nennt Beispiele für unlautere geschäftliche Handlungen. Danach handelt gemäß § 4 Nr. 4 UWG unlauter, wer Mitbewerber gezielt behindert.

Paragraph 6 UWG befasst sich mit der Thematik der vergleichenden Werbung. Gemäß § 6 Abs. 1 UWG ist vergleichende Werbung jede Werbung, die unmittelbar oder mittelbar einen Mitbewerber oder die von einem Mitbewerber angebotenen Waren oder Dienstleistungen erkennbar macht. Unlauter ist vergleichende Werbung beispielsweise dann, wenn der Ruf des von einem Mitbewerber verwendeten Kennzeichens in unlauterer Weise ausgenutzt oder beeinträchtigt wird (vgl. § 6 Abs. 2 Nr. 4 UWG).

Hier steht der Schutz der Leistung eines Wettbewerbers im Vordergrund. Diese darf nicht zum eigenen Vorteil ausgenutzt werden.

Mit den genannten gesetzlichen Regelungen wird ein Großteil der von der ISO 26000 aufgestellten Forderungen im Bereich des fairen Wettbewerbs erfüllt. Dennoch gibt es auch hier Erwartungen, die keine gesetzliche Entsprechung finden. So verlangt die ISO 26000, dass ein Unternehmen öffentlich Politiken zur Wettbewerbsförderung unterstützt. Den Unternehmen wird von der ISO 26000 eine Aufgabe zugewiesen, die über die eigentliche Bedeutung von Unternehmen hinausgeht. Diese haben selbstverständlich Handlungen zu unterlassen, die den freien Wettbewerb beeinträchtigen können. Ein öffentliches Eintreten für die Wettbewerbsförderung, um ein Klima zu schaffen, in dem wettbewerbsfeindliches Verhalten auch nicht mehr unter den Unternehmen geduldet wird, ist nicht ein primäres Ziel der bestehenden Gesetzgebung. Hier gehen Unternehmen bei Einhaltung der Erwartungen der ISO 26000 über die gesetzlichen Anforderungen hinaus.

4.1.4 Handlungsfeld 4: Gesellschaftliche Verantwortung im Einflussbereich fördern

Im Bereich der Förderung gesellschaftlicher Verantwortung im Einflussbereich eines Unternehmens existieren kaum Vorschriften.

Die ISO 26000 verlangt, dass Unternehmen andere Unternehmen, die sich in ihrem Einflussbereich befinden, sei es als Lieferant oder in sonstiger Weise, dahingehend beeinflussen, dass diese dieselben Grundsätze gesellschaftlicher Verantwortung vertreten und in der eigenen Organisation umsetzen. Weiterhin sollen insbesondere kleine und mittlere Unternehmen bei ihren Bemühungen, die Ziele gesellschaftlicher Verantwortung zu verwirklichen, unterstützt werden. Unternehmen sollen die Nachfrage nach Produkten und Dienstleistungen fördern, die unter Beachtung dieser Ziele hergestellt bzw. angeboten werden. Möglich ist diese Einflussnahme laut der ISO 26000 durch bewusste Beschaffungs- und Kaufentscheidungen des Unternehmens. Durch eine gezielte Auswahl von Lieferanten, die sich gesellschaftlich verantwortlich verhalten, könnten andere Unternehmen dazu veranlasst werden, ihre Geschäftspolitik zu überdenken und an die Struktur der ISO 26000 anzupassen.

Die Unternehmensleitung muss dafür sorgen, dass innerhalb des Unternehmens die bestehenden Gesetze eingehalten werden. Verstößt ein anderes Unternehmen, welches im Einflussbereich des Unternehmens liegt, gegen Gesetze, so besteht grundsätzlich keine Verpflichtung, etwas dagegen zu unternehmen.

Grundsätzlich besteht damit keine gesetzliche Verpflichtung von Unternehmen, auf in ihrem Einflussbereich stehende Unternehmen dahingehend einzuwirken, sich in gesellschaftlich verantwortlicher Weise zu verhalten. Diese Forderung der ISO 26000 geht über den Zweck der existierenden Gesetzgebung im Unternehmensbereich hinaus.

4.1.5 Handlungsfeld 5: Eigentumsrecht beachten

Die Achtung sowohl materieller als auch immaterieller Eigentumsrechte findet im Rahmen zahlreicher Gesetze ihren Niederschlag.

Das Grundgesetz bestimmt in Art. 14 Abs. 1 Satz 1, dass das Eigentum und das Erbrecht von Verfassung wegen gewährleistet werden.

Das BGB enthält eine Reihe von Normen, die Eigentumsrechte statuieren bzw. schützen.

So bestimmt § 903 BGB die Befugnisse von Eigentümern. Gemäß § 903 Satz 1 BGB kann der Eigentümer einer Sache, soweit nicht das Gesetz oder Rechte Dritter entgegenstehen, mit der Sache nach Belieben verfahren und andere von jeder Einwirkung ausschließen.

Paragraph 985 BGB gibt dem Eigentümer das Recht, von dem jeweiligen Besitzer die Herausgabe der Sache verlangen zu können. Besitzer ist gemäß § 854 Abs. 1 BGB, wer die tatsächliche Gewalt über die Sache innehat. Auch Unternehmen als juristische Personen können Besitzer sein (Bassenge 2010). Daher richtet sich diese Norm auch an Unternehmen. Besitzt ein Unternehmen eine Sache und ist es nicht deren Eigentümer, besteht grundsätzlich die Verpflichtung, die Sache an den Eigentümer herauszugeben.

Sollte das Eigentumsrecht widerrechtlich sowie vorsätzlich oder fahrlässig verletzt worden sein, räumt § 823 I BGB dem Eigentümer einen Schadensersatzanspruch gegenüber dem Schädiger ein. Eigentumsverletzungen werden damit zivilrechtlich sanktioniert.

Im Bereich der Wahrung des immateriellen bzw. geistigen Eigentums seien hier exemplarisch das Patentgesetz (PatG), das Gesetz über Arbeitnehmererfindungen (ArbnErfG), das Gesetz über Urheberrecht und verwandte Schutzrechte (UrhG) sowie das Gesetz über den Schutz von Marken und sonstigen Kennzeichen (MarkenG) zu nennen.

Gemäß § 6 Satz 1 PatG hat das Recht auf das Patent der Erfinder oder sein Rechtsnachfolger.

Die Wirkung des Patentrechts ist die, dass allein der Patentinhaber befugt ist, die patentierte Erfindung im Rahmen des geltenden Rechts zu benutzen (vgl. § 9 Satz 1 PatG). Jedem Dritten ist es beispielsweise verboten, ein Erzeugnis, das Gegenstand des Patents ist, herzustellen, anzubieten, in Verkehr zu bringen oder zu gebrauchen oder zu den genannten Zwecken entweder einzuführen oder zu besitzen (vgl. § 9 Satz 2 Nr. 1 PatG).

Das Recht auf das Patent, der Anspruch auf Erteilung des Patents und das Recht aus dem Patent können gemäß § 15 Abs. 2 Satz 1 i. V. m. Abs. 1 Satz 1 PatG ganz oder teilweise Gegenstand von ausschließlichen oder nicht ausschließlichen Lizenzen für den Geltungsbereich des PatG oder eines Teils desselben sein. Hierfür steht dem Patentinhaber ein Anspruch auf die im Lizenzvertrag vereinbarte Gegenleistung zu. Dies wird in der Regel eine Lizenzgebühr sein.

Paragraph 142 Abs. 1 Nr. 1 PatG bestimmt für den Fall, dass die in § 9 Satz 2 Nr. 1 PatG untersagte Handlung ohne die erforderliche Zustimmung des Patentinhabers oder des Inhabers eines ergänzenden Schutzzertifikats vorgenommen wird, eine Freiheitsstrafe bis zu drei Jahren oder eine Geldstrafe.

Gemäß § 139 Abs. 1 Satz 1 PatG besteht ein Anspruch des Verletzten auf Unterlassung, wenn die patentierte Erfindung unter anderem entgegen der Regelung des § 9 PatG benutzt wurde. Paragraph 139 Abs. 2 Satz 1 PatG gibt dem Verletzten einen Schadensersatzanspruch, wenn die Handlung vorsätzlich oder fahrlässig vorgenommen wurde.

Demgegenüber findet das ArbnErfG Anwendung auf Erfindungen und technische Verbesserungsvorschläge von Arbeitnehmern im privaten und im öffentlichen Dienst (vgl. § 1 ArbnErfG).

Gemäß § 5 Abs. 1 Satz 1 ArbnErfG ist der Arbeitnehmer, der eine Diensterfindung gemacht hat, verpflichtet, sie unverzüglich dem Arbeitgeber zu melden und hierbei kenntlich zu machen, dass es sich um die Meldung einer Erfindung handelt. Der Arbeitgeber kann dann die Diensterfindung gegenüber dem Arbeitnehmer in Anspruch nehmen (vgl. § 6 Abs. 1 ArbnErfG). Nach § 7 Abs. 1 ArbnErfG gehen mit der Inanspruchnahme alle vermögenswerten Rechte an der Diensterfindung auf den Arbeitgeber über. Paragraph 9 Abs. 1 ArbnErfG räumt dem Arbeitnehmer jedoch einen Anspruch auf eine angemessene Vergütung ein, sobald der Arbeitgeber die Erfindung in Anspruch genommen hat.

Damit wird der Forderung der ISO 26000 nach der Zahlung einer angemessenen Entschädigung für das erworbene oder genutzte Eigentum entsprochen.

Gleiches bezweckt auch § 11 Satz 1 UrhG. Danach dient das Urheberrecht neben dem Schutz des Urhebers in seinen geistigen und persönlichen Beziehungen zum Werk und der Nutzung des Werkes (vgl. § 11 Satz 2 UrhG), zugleich einer angemessenen Vergütung für die Nutzung des Werkes. Das Recht an der Nutzung kann der Urheber gemäß § 29 Abs. 2 i. V. m. §§ 31 ff. UrhG einem Dritten einräumen. Geschützt sind gemäß § 1 UrhG die Urheber von Werken der Literatur, Wissenschaft und Kunst.

Das MarkenG schützt in seinem § 1 Marken, geschäftliche Bezeichnungen sowie geographische Herkunftsangaben.

Der Markenschutz entsteht beispielsweise gemäß § 4 Nr. 1 MarkenG durch die Eintragung eines Zeichens als Marke in das vom Patentamt geführte Register oder gemäß § 4 Nr. 2 MarkenG durch die Benutzung eines Zeichens im geschäftlichen Verkehr, soweit das Zeichen innerhalb beteiligter Verkehrskreise als Marke Verkehrsgeltung erworben hat.

Wurde der Markenschutz erworben, gewährt er dem Markeninhaber gemäß § 14 Abs. 1 MarkenG ein ausschließliches Recht. Die Absätze 5 und 6 des § 14 MarkenG bestimmen Unterlassungs- bzw. Schadensersatzansprüche, die der Markeninhaber unter bestimmten Bedingungen geltend machen kann, wenn ein Dritter ohne seine Zustimmung im geschäftlichen Verkehr beispielsweise ein mit der Marke identisches Zeichen für Waren oder Dienstleistungen benutzt, die mit denjenigen identisch sind, für die sie Schutz genießt (vgl. § 14 Abs. 2 Nr. 1 MarkenG [Identitätsschutz]). Gleiches gilt in dem Fall, dass Zeichen benutzt werden und wegen der Identität oder Ähnlichkeit des Zeichens mit der Marke und der Identität oder Ähnlichkeit der durch die Marke und das Zeichen erfassten Waren oder Dienstleistungen für das Publikum die Gefahr von Verwechslungen besteht, einschließlich der Gefahr, dass das Zeichen mit der Marke gedanklich in Verbindung gebracht wird (vgl. § 14 Abs. 2 Nr. 2 MarkenG [Verwechslungsschutz]).

Der Gesetzgeber hat in diesem Bereich Regelungen geschaffen, die die geistige Leistung schützen sollen. Die genannten Gesetze des Immaterialgüterrechts bezwecken die Vermeidung von Fälschungen und Piraterie beispielsweise im Bereich der Erfindungen und der Kultur. Geistige Arbeit soll sich lohnen und es sollen Anreize für Investitionen in Forschung geschaffen werden.

Insofern stimmen die Erwartungen der ISO 26000 mit den bestehenden Regelungen überein.

Unternehmen werden dagegen nicht gesetzlich dazu verpflichtet, bei Ausübung und Schutz ihrer geistigen und materiellen Eigentumsrechte die Erwartungen der Gesellschaft zu berücksichtigen. Zwar statuiert Art. 14 Abs. 2 GG in den Sätzen 1 und 2, dass Eigentum verpflichtet und sein Gebrauch zugleich dem Wohle der Allgemeinheit dienen soll. Die bestehenden Gesetze dienen nicht nur dem Einzelnen, dessen Eigentumsrechte geschützt werden, sondern auch der Allgemeinheit. Beim Bestehen von Forschungsanreizen profitiert auch immer die Gesellschaft aufgrund von technischem und kulturellem Fortschritt sowie ganz allgemein von der wirtschaftlichen Entwicklung, die erzielt wird. Jedoch stellt sich im Bereich beispielsweise der Verwendung von Kapital durch Unternehmen die Frage, ob dieses immer in Übereinstimmung mit einem übergeordneten Interesse steht. So wäre es von der Allgemeinheit vermutlich eher gewünscht, ein Unternehmen würde in die kulturelle Entwicklung einer Region investieren und dafür weniger Mittel als Dividendenzahlungen an die Anteilseigner ausschütten.

Hierzu besteht anders als in der ISO 26000 jedoch keine gesetzliche Verpflichtung.

5   Fazit

Mit der ISO 26000 existiert erstmals ein in einem international besetzten Gremium erarbeitete und thematisch gleichsam sehr breit gefasster Leitfaden zu gesellschaftlicher Verantwortung. Die damit einhergehende hohe Aufmerksamkeitswirkung sollte von allen Unternehmen als Chance verstanden werden. Auch bietet sich die ISO 26000 als sehr fundierte Orientierungshilfe für die bewusste Auseinandersetzung mit dem Thema gesellschaftliche Verantwortung an.

Der Verzicht auf die Nennung expliziter Mindestanforderungen erlaubt einen größeren Spielraum bei der Umsetzung und reduziert damit eventuelle Einstiegshürden. Jedoch sollte diese Freiwilligkeit nicht überstrapaziert werden, denn die Übernahme von gesellschaftlicher Verantwortung ist nur dann glaubwürdig, wenn sie ernsthaft und umfänglich in die Geschäftsprozesse eines Unternehmens implementiert wird.

Ein häufig zu beobachtendes Missverständnis von gesellschaftlicher Verantwortung besteht beispielsweise in dem Versuch diese lediglich als willkommenes Marketingthema zu missbrauchen. So betonen manche Unternehmen kleine Erfolge und vertrauen darauf, dass grobe Missstände in anderen Bereichen nicht aufgedeckt werden. Bei derartigen Strategien besteht immer das Risiko, dass Stakeholder das Vorhaben durchschauen. Selbst wenn das Risiko eher als gering eingeschätzt werden sollte, droht dann jedoch ein immenser Reputationsschaden, der wenn überhaupt nur sehr langfristig zu reparieren wäre. Es empfiehlt sich stattdessen in der Kommunikation vielmehr, neben der Darstellung von Erfolgen auch die noch bestehenden Probleme offen zu thematisieren und somit nicht zuletzt die eigene Glaubwürdigkeit zu erhöhen (Dörner 2007).

Die ISO 26000 hat aktuell neue Relevanz aufgrund der durch das Europäische Parlament im Jahr 2014 verabschiedeten Richtlinie zur Erweiterung der Berichterstattung von großen kapitalmarktorientierten Unternehmen, Kreditinstituten, Finanzdienstleistungsinstituten und Versicherungsunternehmen gewonnen. Gemäß der deutschen Umsetzung der EU-Richtlinie, dem CRS-Richtlinien-Umsetzungsgesetz, müssen die Unternehmen die erhöhten Berichtspflichten in ihrem Lagebericht ab dem Jahr 2017 umsetzen. Ziel der Richtlinie ist es, die Transparenz bei den genannten Unternehmen zu erhöhen, indem ein stärkerer Fokus auf die Berichterstattung nichtfinanzieller Informationen und Indikatoren gelegt wird.

Literatur

Bassenge P (2010) In: Palandt O (Hrsg) Bürgerliches Gesetzbuch, 69. Aufl. C.H. Beck, München (§ 854 Rn. 10)

Bay KC (2013) Handbuch internal investigations, 1. Aufl. Erich-Schmidt, Berlin

Bay KC, Hastenrath K (2016) Compliance-Management-Systeme. Praxiserprobte Elemente, Prozesse und Tools, 2. Aufl. C.H. Beck, München

BVerfG, 12. Apr. 2005 – 2 BvR 1027/02; BVerfGE 113, 29, 46

DIN ISO 26000:2011-01 – Leitfaden zur gesellschaftlichen Verantwortung (ISO 26000:2010). Beuth Verlag, Berlin, Wien, Zürich

Dörner K (2007) In: Ascheid R, Preis U, Schmidt I (Hrsg) Kündigungsrecht: Großkommentar zum gesamten Recht der Beendigung von Arbeitsverhältnissen, 3. Aufl. C.H. Beck, München (§ 1 KSchG Rn. 21)

GWB Kommentar zum Deutschen Kartellrecht, Band 2, 4. Auflage 2007, § 19 Rn. 179

Herzog F (2010) GwG Geldwäschegesetz Kommentar. Einleitung Rn. 3

Mengel A, Ullrich T (2006) Arbeitsrechtliche Aspekte unternehmensinterner Investigations. NZA 2006(5):240

Möschel W (2007) Wettbewerbsrecht BVerfG, 12.04.2005 – 2 BvR 1027/02; BVerfGE 113, 29, 46. In: Immenga, Mestmäcker (Hrsg) Wettbewerbsrecht. Kommentar zum Deutschen Kartellrecht, 4. Aufl. Bd. 2. C.H. Beck, München

Zimmer D (2007) III. Abschnitt. Art. 101 Abs. 1 AEUV B, III und C. In: Immenga U, Mestmäcker EJ (Hrsg) Wettbewerbsrecht. Kommentar zum Deutschen Kartellrecht, 4. Aufl. Bd. 2. C.H. Beck, München, S § 1 Rn. 237

Karl-Christian Bay ist Rechtsanwalt, LL.M., Wirtschaftsprüfer und Gründer der BAY GmbH Wirtschaftsprüfungsgesellschaft Rechtsanwaltsgesellschaft. Er ist erfahren im Aufbau und der Operationalisierung von Compliance Management Systemen. Daneben war Karl-Christian Bay mit der Durchführung forensischer Untersuchungen bei kapitalmarktorientierten Unternehmen betraut. Ebenfalls ist er im Bereich Risikomanagement und Unternehmensüberwachung tätig. Ein weiterer Schwerpunkt von ihm ist die Durchführung von Projekten im Bereich der prüfungsnahen Dienstleistungen, insbesondere bei Unternehmenstransaktionen. Er verfügt über umfangreiche Erfahrungen bei der Restrukturierung von Unternehmen sowie kapitalmarktrelevanter Transaktionen. Karl-Christian Bay ist Autor und Herausgeber diverser Publikationen, wie dem „ISO 26000 in der Praxis" und „Compliance-Management-Systeme". Zusammen mit Dr. Katharina Hastenrath leitet Karl-Christian Bay die Arbeitsgruppe „Nachhaltige Compliance" im Netzwerk Compliance e.V. und ist darüber hinaus Gründungsinitiator der DICO – Deutsches Institut für Compliance.

Compliance in den Sustainable Development Goals

Anna-Katharina Zubrod

1 Die Ziele für nachhaltige Entwicklung

Am 25. September 2015 wurde die „Agenda 2030 für nachhaltige Entwicklung" von 193 Staats- und Regierungschefs am Amtssitz der Vereinten Nationen in New York zum 70. Jahrestag der Organisation, einstimmig beschlossen. Die Genese des Dokuments ist erstaunlich. Nie zuvor in der Geschichte der UNO Vollversammlung war ein Tagungsdokument bereits rund acht Wochen vor der entscheidenden Sitzung im Konsens finalisiert worden.

1.1 Der Entstehungsprozess

Vorausgegangen war ein mehrjähriger und breiter Konsultationsprozess.

Der ursprünglichen Initiative von Kolumbien und Guatemala folgend, wurde auf dem Rio+20-Gipfel 2012 in Rio de Janeiro beschlossen, „Nachhaltigkeitsziele in Übereinstimmung mit dem Völkerrecht" zu formulieren (Kercher und Mahler 2015, S. 1; Ministerio de Relaciones Exteriores de Colombia 2011). Im Zeitraum zwischen 2012 und 2013 organisierten die Vereinten Nationen partizipative Konsultationen. Früh wurden auch schon Wirtschaftsvertreter in diesen Dialogprozess eingebunden. Parallel zu nationalen Konferenzen, die in 88 Ländern initiiert wurden, fanden internationale Beratungsgespräche über das Internet in über hundert Ländern statt. Auf der Internetplattform *The World We Want* richteten unterschiedliche UN-Agenturen in Zusammenarbeit mit zivilgesellschaftlichen Organisationen Beratungen und Online-Diskussionen aus.

A.-K. Zubrod (✉)
Konstanz Institut für Corporate Governance, HTWG Hochschule Konstanz Technik, Wirtschaft und Gestaltung
Konstanz, Deutschland
E-Mail: Anna.Zubrod@htwg-konstanz.de

© Springer-Verlag GmbH Deutschland, ein Teil von Springer Nature 2018   139
A. Kleinfeld und A. Martens (Hrsg.), *CSR und Compliance*,
Management-Reihe Corporate Social Responsibility,
https://doi.org/10.1007/978-3-662-56214-7_9

Parallel teilte die UNO der Weltbevölkerung mit: „Die Vereinten Nationen wollen von dir hören, was dir am wichtigsten ist" und viele Menschen beteiligten sich an der dazugehörigen Online-Studie *MY World global survey*. Zwischenzeitliche Auswertungen ergaben, dass die Umfrage mehrheitlich von Teilnehmern aus dem globalen Norden wahrgenommen wurde. Also entschloss man sich aufseiten der UN mit der breiten Unterstützung von Partnern aus der Wirtschaft (u. a. Microsoft, Coca Cola und der Nike Foundation), die MY-World-global-Umfrage auch in gedruckter Form zu verteilen und auszuwerten. So wurden Stimmen u. a. aus China, Ruanda, Kamerun, Nigeria, Haiti und Mexiko eingesammelt. Mehr als die Hälfte der schließlich 5 Mio. Stimmabgaben erfolgte über ausgedruckte Umfragebögen, SMS oder kostenlose Telefonanrufe (Adams und Tobin 2014, S. 10).

Welchen Einfluss die groß angelegten und zum Teil auch für ihre Oberflächlichkeit kritisierten Befragungsprozesse tatsächlich auf die entscheidende Aushandlung der Agenda 2030 zwischen den UN-Mitgliedstaaten hatten, bleibt umstritten, aber die Beratungen und Umfragen verliehen dem Prozess in jedem Fall Legitimität und Aufmerksamkeit (Adams und Tobin 2014, S. 11).

Ab 2013 tagte die UN Open Working Group on Sustainable Development Goals, die im Verlauf von 18 Monaten einen Katalog mit 17 Zielen und dazugehörigen Unterzielen erstellte, der im Juli 2014 präsentiert wurde. Daran schlossen sich noch zwischenstaatliche Verhandlungen an, bis es zur einstimmigen Verabschiedung der Agenda 2030 im Herbst 2015 kam.

Die Agenda, die mit Umwelt, Wirtschaft und Gesellschaft alle drei Dimensionen der Nachhaltigkeit im Blick hat, vereint zwei zuvor getrennte UN-Verhandlungsprozesse. Sie fasst den 1992 mit dem Erdgipfel begründeten Rio-Prozess und die Anknüpfung an die Millenniumentwicklungsziele (MDGs) unter dem Begriff *Transformation zu nachhaltiger Entwicklung* zusammen.

Die Sustainable Development Goals (SDGs), 17 Ziele („goals") mit insgesamt 169 Unterzielen („targets") treten die Nachfolge der im Jahr 2000 verabschiedeten acht Millennium Development Goals (MDGs) an, die bis zum Jahr 2015 Realität werden sollten. Bereits diese Ziele waren zuvor von international führenden Experten in thematisch aufgegliederten Arbeitsgruppen formuliert worden, um auf diesem Weg Synergien zu schöpfen und globales Wissen zu bündeln. Dieses Vorgehen intendierte eine gezielte politische und zugleich gesellschaftliche Mobilisation. Zielten die MDGs allerdings auf ihre Verwirklichung in Schwellen- und Entwicklungsländern ab, richten sich die SDGs als universale Ziele nun an sämtliche Staaten weltweit, um gemeinsam für globalen Frieden, Wohlstand für alle Menschen und den Schutz des Planeten einzutreten. Es gilt mit „leave no one behind" der Anspruch, auch die Schwächsten und Bedürftigsten auf diesem Prozess mitzunehmen.

1.2 Aufbau und Inhalt der Agenda 2030

Die Präambel des Dokuments mit dem Titel *Transforming our World: The Agenda 2030 for Sustainable Development* (UN 2015) bekräftigt den gemeinsamen Einsatz für die fünf P's:

People – Planet – Prosperity – Peace und Partnership.

Im Wortlaut der Einleitung ist die Rede von der Agenda als „transformational vision" (UN 2015, S. 7) und einer „broad and universal policy agenda" (UN 2015, S. 9).

Insgesamt besteht diese multilaterale Vision aus fünf Teilen:

1. Der Präambel. Sie fasst die Intention der Agenda zusammen.
2. Die Erklärung der Prinzipien, auf denen die Agenda aufbaut (Punkt 1–59).
3. Die eigentlichen Ziele einer nachhaltigen Entwicklung, die 17 SDGs mit 169 Unterzielen (siehe Abb. 1). Dabei wurden die jeweiligen Unterziele mit Ziffern versehen. Eine Ebene darunter liegende Aufzählungen mit Buchstabenkürzel benennen Maßnahmen und Strukturen, die nötig sind, um die Hauptziele zu erreichen.
4. Die Bekräftigung der globalen Partnerschaft mit dem Ziel der Mobilisierung und Bereitstellung entsprechender Mittel für die effiziente und effektive Umsetzung der Ziele (Punkt 60–71).
5. Die Verpflichtung zur Weiterverfolgung und Überprüfung der Umsetzung der Agenda (Punkt 72–91).

Die Agenda 2030 und mit ihr die Entwicklungsziele zeichnen sich im Besonderen durch ihre Universalität aus. Für alle Länder, unabhängig ihres Entwicklungsstatus, gilt das einheitliche, globale Zielsystem. Außerdem wird eine gemeinsame Verantwortung für das globale Gemeinwohl und insbesondere globale öffentliche Güter propagiert. Dieses Gemeinwohl könne nur im Rahmen eines Multi-Akteur-Ansatzes (Multi-Stakeholder Partnerships), der neben Politik auch die Zivilgesellschaft, die Privatwirtschaft und die Wissenschaft inkludiert, verwirklicht werden.

Bereits die MDGs wurden damals mit Indikatoren unterlegt, um den Erfolg bei der Umsetzung der Ziele mess- und nachvollziehbar zu machen. Auch für die Agenda 2030 ist die Arbeit mit einem Indikatorenmodell festgeschrieben.

Im High-level Political Forum on Sustainable Development (UN 2015, Punkt 82) sollen daneben alle Länder regelmäßig vor der gesamten Staatengemeinschaft ihre Fortschritte und durchaus auch Probleme bei der Umsetzung vorstellen. In Bezug auf die nachhaltige Entwicklung sind „alle Länder der Welt als Entwicklungsländer einzustufen" (Leisinger 2015, S. 8) und erst die nächsten Jahre werden zeigen, welche Vorgaben eingehalten wurden und der Verwirklichung welcher Ziele man nahe gekommen ist.

Obwohl auch das Thema Regeltreue der Nationalstaaten in Bezug auf die Einhaltung eines multilateralen Übereinkommens, z. B. der Agenda 2030, eine spannende Thematik

Abb. 1 Die Agenda 2030 für nachhaltige Entwicklung. (Aus BMZ 2017)

bietet, wird es im Weiteren um die Regelkonformität (Compliance) in Unternehmen und deren Niederschlag in den SDGs gehen.

2 Compliance – Eine Begriffsbestimmung im Kontext der SDGs

2.1 Compliance

Der englische Begriff Compliance meint wörtlich übersetzt Einhaltung, Übereinstimmung oder Befolgung. Für die Bedeutung des Begriffs im Unternehmenskontext existieren in der Literatur unterschiedlich weite bzw. enge Definitionen (siehe Beitrag „CSR und Compliance im Kontext ihrer Bedeutungsentwicklung" in diesem Band).

Die enge Definition stellt sehr deutlich auf den legalistischen Charakter von Compliance ab. Es werden Vorkehrungen von Seiten der Unternehmen getroffen, um dolose Handlungen (Korruption, Geldwäsche, Untreue, kartellrechtliche Vergehen) ihrer Mitarbeiter im Rahmen der Geschäftsausübung zu unterbinden. Die Implementierung eines Compliance-Management-Systems hat die Zielsetzung, juristisch relevantes Fehlverhalten der eigenen Mitarbeiter zu verhindern, also die Einhaltung von Gesetzen zu fördern, Transparenz zu schaffen, um Haftungsrisiken zu vermeiden und Image- und Reputationsschäden zu verhindern.

Neben dieser engen Definition, die sich strikt an den sogenannten Hard-Law-Vorgaben orientiert, gibt es ein weites Begriffsverständnis von Compliance, welches in unterschiedlichem Maß auch Regeln und Grundsätze berücksichtigt, deren Urheber nicht der Gesetzgeber ist, sondern die dem Dialog mit weiteren Stakeholdern entstammen.

Wieland (2014, S. 17) unterscheidet drei Wege zur Formung von Richtlinien, die als dessen „normativer Referenzrahmen" Eingang in ein effektives Compliance-Management-System eines Unternehmens finden sollten. Während die öffentliche Regulierung nationale und internationale Gesetze und Konventionen umfasst, hat der Typus Public Private Regulation seinen Ursprung in Kommissionen und Intergovernmental Organizations. In der Kooperation zwischen öffentlichen und privaten Akteuren entstehen Definitionen von Aufsichts- und Sorgfaltspflichten, wie im Deutschen Corporate Governance Kodex, der u. a. festlegt, dass deutsche börsennotierte Unternehmen über ein Compliance-Management-System verfügen müssen (DCGK 2017, S. 6).

Als dritte Variante gehen für Wieland private Standards und Verhaltensnormen aus der Zusammenarbeit von einzelnen Gruppen der Gesellschaft, Netzwerken, professionellen Instituten oder singulären Initiativen zwischen NGOs und einzelnen Unternehmen hervor. „Aus juristischer und politischer Sicht sind diese Standards ‚voluntary but not arbitrary'" (Wieland und Jandeisek 2016, S. 114). Beispiele dafür seien der Standard SA 8000, die Principles for Countering Bribery des World Economic Forums oder die Anforderungen der Rainforest Alliance.

Grüninger (2017, S. 799) macht daneben auf interne Richtlinien aufmerksam, die sich auch allein aus der moralischen Selbstbindung des jeweiligen Unternehmens speisen können und sich an „allgemein akzeptierten ethischen Grundüberzeugungen orientieren (z. B. Fairness im Wettbewerb)."

Die Agenda 2030 ließe sich wohl am ehesten an der Schnittstelle zwischen öffentlicher Regulierung und Public Private Regulation einordnen. Auch wenn sich die Staats- und Regierungschefs sowie die hohen Vertreter der Vereinten Nationen für die Veröffentlichung der Konvention verantwortlich zeichnen und sie aufgrund dieses Charakteristikum eher als öffentliche Regel zu betrachten ist, sollte ihr Entwicklungsprozess unter Hinzuziehung ganz unterschiedlicher Beteiligter nicht außer Acht gelassen werden. Schließlich ist sie „eine Agenda der Menschen, von Menschen und für die Menschen" (UN 2015, Punkt 52).

Nun stellt sich aber die Frage, welche konkreten Vorgaben die Agenda 2030 für Unternehmen macht.

2.2 Forderungen an das Management von Compliance in den SDGs?

Vor kurzem hat eine Onlineredaktion zwei Juristen einer renommierten Wirtschaftskanzlei nach den, ihrer Einschätzung nach, aktuellen Compliance-Themen im Wirtschaftsrecht befragt (Haufe.de 2016). Ihre Antwort: Sie verwiesen u. a. auf Exportkontrollen im Kontext der Anti-Boykott-Verordnung, Bekämpfung der Bestechung im Gesundheitswesen, die EU-Datenschutzgrundverordnung, Haftung für Compliance-Verstöße und den Rechtsrahmen für ein Whistleblowing-System.

Nun überrascht es vor dem Hintergrund der heterogenen Rechtssysteme aller UN-Mitgliedsstaaten nicht, dass die Agenda 2030 kaum eines dieser Schlagwörter explizit aufgreift. Keines der Nachhaltigkeitsziele enthält Aussagen zum Datenschutz, zur „speakup culture", Hinweisgebersystemen oder Kartellverstößen. Im Vergleich zum UN Global Compact fehlt in den SDGs auch der Verweis auf die Vereinigungsfreiheit und die wirksame Anerkennung des Rechts auf Kollektivverhandlungen, wie er sich im dritten Prinzip des Global Compacts findet (siehe Beitrag „Compliance im UN Global Compact" in diesem Band).

Ziel 16.5 der SDGs benennt jedoch die Absicht „Korruption und Bestechung in allen ihren Formen erheblich reduzieren" zu wollen. Der weltweiten Bekämpfung von Korruption muss ein großer Stellenwert eingeräumt werden, denn Untersuchungen zeigen, dass

countries with high levels of corruption tend to invest less in education and health systems and more in prestigious infrastructure projects that do not always have obvious benefits for society (Vargas und Sommer 2014, S. 18).

Bis ins Jahr 2030 möchten die Vereinten Nationen u. a. „alle Formen der organisierten Kriminalität bekämpfen" (Ziel 16.4), „den gleichberechtigten Zugang aller zur Justiz gewährleisten" (Ziel 16.3), „die Regulierung und Überwachung der globalen Finanzmärkte verbessern" (Ziel 10.5), Entwicklungsländer bei der Entwicklung ihrer Steuer- und Zollsysteme unterstützen (Punkt 40, Verweis auf die Aktionsagenda von Addis Abeba) und „ein universales, regelgestütztes ... multilaterales Handelssystem unter dem Dach der Welthandelsorganisation fördern" (UN 2015, S. 31). Dieser kleine Ausschnitt an Zielen macht deutlich, dass im Verlauf einer faktischen Umsetzung der Agenda 2030 vielfältige neue Regeln und Gesetze auf Unternehmen und ihr jeweiliges Compliance-Management zukommen könnten.

Auch wenn die SDGs weniger Verhaltensstandards definieren (Wieland und Jandeisek 2016, S. 118), sind die Forderungen der UN an Unternehmen, den Schutz der Menschenrechte betreffend und hinsichtlich der Achtung von Umwelt-, Arbeits- und Gesundheitsstandards schon recht konkret ausformuliert. Ihre Einhaltung lässt sich in den Themenbereich der Social Compliance eines Unternehmens einsortieren.

2.3 Social Compliance

Unter den Rahmenbedingungen globaler Märkte ohne einheitliche gesetzliche Vorgaben oder politische Durchsetzungsmechanismen wird privatwirtschaftlichen Akteuren eine immer größere Verantwortung für die Durchsetzung und Einhaltung internationaler Verhaltensnormen, z. B. den Menschenrechten, entlang ihrer gesamten Wertschöpfungskette zugeschrieben.

Im Laufe der vergangenen Jahre hat sich in diesem Kontext der Begriff *Social Compliance* als Komplement zur *Legal Compliance* etabliert. Allerdings existiert für Social Compliance, häufig synonym verwendet mit dem Kompositum CSR-Compliance, (noch) keine allgemeingültige Definition, was in der Nachhaltigkeitsdebatte nicht unüblich ist. Übersetzt man Social Compliance mit *Einhaltung sozialer bzw. gesellschaftlicher Standards*, kann man den Eindruck gewinnen, dass womöglich gesellschaftlich tradierte, je nach Kultur geprägte Verhaltensmuster oder ausschließlich Regeln, die das menschliche Miteinander betreffen, gemeint sind. Diese Auslegungen greifen jedoch deutlich zu kurz. Ebenso falsch wäre es, Social Compliance nur mit den Normen zu verbinden, die aus privater Regulierung entstanden sind. Zuwiderhandlungen gegen die gesellschaftlich breit anerkannten Normen der Social Compliance richten sich in der Regel gegen den Verbraucherschutz, gegen Menschenrechte oder sind Verstöße gegen Arbeits- und Sozialstandards, die in einzelnen Nationalstaaten durchaus der Strafverfolgung unterliegen können.

Grüninger (2017, S. 799 f.) systematisiert die unterschiedlichen Compliance-Bereiche anhand einer sachlich-themenbezogenen Abgrenzung.

- Criminal Compliance (Themen, die Wirtschaftskriminalität in und von Unternehmen betreffen)
- Regulatory Compliance (rechtsbasierte, aber nicht strafrechtlich sanktionierte Bereiche, beispielsweise die behördliche Regulierung in Branchen wie Pharma, Telekommunikation, Energie-, Bank- und Versicherungswesen)
- Environmental Compliance (Einhaltung des Umweltrechts und entsprechender Standards)
- Social Compliance (Achtung der Menschenrechte und Einhaltung von Arbeits- und Sozialstandards)

Die Branche und Geschäftstätigkeit des einzelnen Unternehmens bestimme, in welcher Gewichtung den einzelnen Compliance-Themen begegnet werden sollte. Jeder Compliance-Themenbereich basiere dabei sowohl auf zwingendem Recht als auch auf freiwilligen Standards (vgl. Grüninger 2017, S. 800).[1]

---

[1] Dies mag insbesondere in Bezug auf die Criminal Compliance verwundern. Aber jedem Unternehmen stehe es frei, ob es, z. B. aus Gründen der Enthaftung, das interne Compliance-Management-System einer externen Prüfung und Zertifizierung unterziehe oder eben nicht.

Zu den freiwilligen Standards, deren Charakter auch weite Teile der SDGs besitzen, zählen der UN Global Compact, die ISO 26000 und die OECD-Leitsätze für multinationale Unternehmen, ebenso wie der Standard SA 8000, die UN Guiding Principles on Business and Human Rights (UNGP), die UN-Menschenrechtscharta und die ILO-Arbeits- und Sozialstandards.

Auffallend ist, dass viele dieser globalen Standards, die verantwortungsvolles unternehmerisches Handeln normieren, Begriffe aus dem Feld der Compliance übernommen haben. So finden sich in den Veröffentlichungen neben der „risk-based due diligence", auch die Forderung nach „transparency", „monitoring" und „effectiveness" (Wieland und Jandeisek 2016, S. 114).

Die Art und Weise, mit der die internationalen Verhaltensrichtlinien zu Geltung gelangen, stellt eine Besonderheit dar: Für die Criminal Compliance sind es in der Regel die Instanzen Recht, Gesetz und das Prinzip der Rechtsstaatlichkeit, die als Maßstab und Autorität zu betrachten sind. Auf ihrer Grundlage können Individuen wie Organisationen bei Nichteinhaltung verbindlicher externer Vorgaben zur Rechenschaft gezogen werden. Im Falle der Verletzung freiwilliger Standards greift ein anderer Mechanismus. Ihre Durchsetzung lässt sich rechtlich nicht erzwingen. Unternehmen, die gegen diese internationalen Standards – sogenanntes „soft law"[2] – verstoßen, werden von der Öffentlichkeit bzw. der Gesellschaft – indirekt über Medien und NGOs, direkt über die neuen sozialen Netzwerke – abgestraft.

Die Gesellschaft erteilt oder entzieht den Unternehmen die unternehmerische License to operate – unabhängig von der jeweils existierenden politischen oder gesetzlichen Rahmenordnung (siehe Beitrag „CSR und Compliance im Kontext ihrer Bedeutungsentwicklung" in diesem Band). Schließlich steht das *Social* wie in der Definition von Corporate Social Responsibility auch in Social Compliance für die unternehmerische Verantwortung gegenüber der Gesellschaft (Kleinfeld und Zubrod 2016, S. 134 f.).

Bei Social Compliance geht es also zum einen um bestimmte Themen, die im engeren Sinne sozial relevant sind: Allem voran gehört dazu die Einhaltung, aber auch die Förderung der Einhaltung, von Menschenrechten und international verbindlichen Arbeits- und Sozialstandards, im eigenen Unternehmen ebenso wie in der Wertschöpfungskette. Zum anderen verweist der Begriff *Social* in diesem Kontext auf die Instanz, vor der sich Organisationen im Falle der Nichteinhaltung normativer Orientierungen, unabhängig von der jeweiligen politischen Rahmenordnung auf nationaler Ebene, zu verantworten haben und von der sie ggf. sanktioniert werden: die eigenen Anspruchsgruppen und die (globale) Gesellschaft.

---

[2] Der Begriff „soft law" erscheint widersprüchlich, da Recht stets bindend ist und gerade nicht als weiches Drängen auf eine freiwillige Handlung abzielt. Tatsächlich haben entsprechende Veröffentlichungen aber den Charakter einer mehr oder weniger eindringlichen Empfehlung, auch wenn die Nichteinhaltung rechtlich nicht sanktioniert werden kann. Spießhofer (2014, S. 2474) konstatiert: „Es entstehen hybride Strukturen (‚soft law with hard sanctions') an der Schnittstelle von internationalen Leitlinien und nationalem Recht."

3 Die SDGs und ihr Anspruch gegenüber Unternehmen

Die Privatwirtschaft wird zur Realisierung der SDGs im dritten Abschnitt der Agenda 2030 deutlich angesprochen:

> Privatwirtschaftliche Aktivitäten, Investitionen und Innovation sind wichtige Motoren der Produktivität, eines breitenwirksamen Wirtschaftswachstums und der Schaffung von Arbeitsplätzen. … Wir fordern alle Unternehmen auf, ihre Kreativität und Innovationsstärke zugunsten der Lösung der Herausforderungen im Bereich der nachhaltigen Entwicklung einzusetzen (UN 2015, Punkt 67).

Im Gegenzug verspricht das Engagement von Unternehmen für die Realisierung der SDGs den Protagonisten Vorteile gegenüber Konkurrenzunternehmen, u. a. im Wettbewerb um öffentliche Aufträge, die Entdeckung neuer technologieorientierter Geschäftsmodelle, Reputationssteigerungen und das Heben von Kosteneinsparungspotenzialen durch eine Zunahme der internen betrieblichen Effizienz und Ressourcenschonung. Porter und Kramer (2011) sprechen in diesem Zusammenhang von „Creating Shared Value":

> This is a new revenue model for business. You can actually quantify the market potential of for-profit business to meet the needs of the SDGs. Getting business to understand that this is about new markets, new business opportunities, and new business models – instead of charity or the mandate of the development agencies, the government, and the NGOs,

verkündete Mark Kramer auf dem Shared Value Leadership Summit (Shared Value Initiative Community 2015). Schließlich verspricht das Creating-Shared-Value-Konzept, den Kapitalismus neu zu erfinden und eine Welle von Innovation und Wachstum freizusetzen (Porter und Kramer 2011, S. 63).

Teile des Konzepts der beiden Autoren und damit dessen Erfolgsaussichten sind in der Wissenschaft, insbesondere unter Vertretern der Unternehmensethik nicht unumstritten (Schormair und Gilbert 2017, S. 95–110). Sie betonen die Notwendigkeit der Implementierung eines ethischen Leitbilds im Unternehmen, das zur Erkenntnis führt, zugleich ökonomischer und – im Gegensatz zum funktionalen Creating-Shared-Value-Konzept – auch gesellschaftlicher Akteur zu sein, der als solcher, wie oben aufgeführt, auch die Verpflichtung zur Verantwortungsübernahme gegenüber der Gesellschaft hat. Dieser kommt er unter anderem auch durch ein wirkungsvolles (Social-)Compliance-Management nach (zum Verhältnis von Creating-Shared-Value und einem auf Integrität aufbauenden Compliancemanagementsystem siehe Böbel und Zubrilova 2014).

Annette Kleinfeld (2015) schlägt eine Systematik der SDGs vor, die Unternehmen jeglicher Größe und Branche eine erste Orientierungshilfe bei der Umsetzung der Ziele bieten soll.

In die Kategorie A fallen jene SDGs, auf die Unternehmen bereits einzahlen, indem sie ihr Kerngeschäft „auf eine ethisch fundierte, gesellschaftlich verantwortliche Art und

Weise" [, mit einer] „an entsprechenden Werten und Prinzipien ausgerichtete(n) Organisationsführung und -steuerung" betreiben (Kleinfeld und Shukla 2015, S. 31 f.). In diese Kategorie gehörten die Ziele 3–5, 13–15 und das Ziel 16. Zu letzterem führt Kleinfeld aus, dass die „Prinzipien der Rechenschaftspflicht, Gesetzestreue und Transparenz in Verbindung mit einem systematischen Compliance- und Integrity-Management" zu dessen Erreichung beitragen.

Zur Kategorie B rechnet sie SDGs, die zusätzlich ein gezielt freiwilliges, gesellschaftliches Engagement der Unternehmen implizieren oder die Unternehmen zur systematischen Erschließung neuer Geschäftsfelder und „Entwicklung innovativer Lösungen für gesellschaftliche Herausforderungen", aufbauend auf der jeweiligen Kernkompetenz des Unternehmens, aufrufen. Dazu zählten neben einzelnen Targets der Ziele 1–9, die SDGs 10, 11 und 17 (Kleinfeld und Shukla 2015, S. 32).

Unternehmen sind dazu aufgerufen, sich mit Sorgfalt darum zu kümmern, negative Auswirkungen auf die Erreichung aller SDGs zu minimieren und letztendlich völlig zu vermeiden. Es gilt dabei, wie erwähnt, sowohl die eigene Geschäftstätigkeit als auch Probleme in den Vorstufen der Wertschöpfung bei Lieferanten und deren Sub-Lieferanten im Blick zu behalten.

Im betriebswirtschaftlichen Kontext spricht man bei einer solchen, sorgfältigen Prüfung von Due Diligence. Bezieht man die entsprechende Prüfung auf die Menschenrechte oder ökologische Themen, geht es um eine umfassende und kontinuierliche Analyse der Geschäftstätigkeit, um einerseits die Risiken für potenzielle negative Effekte auf Menschenrechte oder Ökosysteme zu identifizieren und andererseits bereits vorliegende, negative Auswirkungen zu ermitteln.

Am traurigen Beispiel der Schokoladenproduktion wird deutlich, dass zum einen Kinderarbeit und damit die Verletzung von international anerkannten Arbeits- und Sozialstandards ein sehr häufig auftretendes Problem darstellt und daneben auch „schwerste Straftaten wie die Entführung, Verschleppung und Ausbeutung von Kindern" (Grüninger 2017, S. 795) eng mit dem Kakaoanbau verknüpft sind. Das sogenannte „child trafficking" ist leider in vielen Zweigen der Rohstoffgewinnung präsent (vgl. Food Empowerment Project 2017). Die SDGs machen auf die Problematik aufmerksam und fordern die Abschaffung von Menschenhandel (Ziel 5.2), die sofortige Beseitigung der schlimmsten Formen der Kinderarbeit und eine Beendigung jeglicher Kinderarbeit bis zum Jahr 2025 (Ziel 8.7), den Stopp von Missbrauch und Ausbeutung gegenüber Kindern, einschließlich Kinderhandel und Folter (Ziel 16.2).[3] Stattdessen gilt es kostenlose Bildung für alle Kinder (Ziel 4.1) und erschwingliche Aus- und Weiterbildungsangebote für Jugendliche und Erwachsene (Ziel 4.4) zu realisieren, um anschließend menschenwürdige Arbeitsverhältnisse aufnehmen zu können.

Hier warten vielfältige Aufgaben auch auf Unternehmen.

---

[3] Rund 85 Mio. der geschätzten 168 Mio. Kinderarbeiter weltweit sollen hochgefährlichen bzw. riskanten Formen der Arbeit nachgehen müssen, die ihre Gesundheit, Sicherheit oder moralische Entwicklung direkt beeinträchtigen (ILO World Report on Child Labour 2015).

Aussagen von Vertretern der Zivilgesellschaft, wie

> Business responsibility for respecting human rights is too often viewed only as a matter of compliance and risk management. … [which] underestimates the hugely positive development impacts that will be achieved through improved treatment of the millions of workers and communities affected by business activities around the world (BHRRC 2017, S. 1)

unterschätzen womöglich Entwicklungen auf dem Feld des Compliance-Managements in den vergangenen Jahren und die Notwendigkeit, Prozesse und Methoden aus dem Risiko-management zu übernehmen, um positive Effekte zu erzielen.

Roel Nieuwenkamp (2017), der Vorsitzende der OECD-Arbeitsgruppe *Responsible Business Conduct* betont, dass es völlig inakzeptabel sei, wenn ein Unternehmen eingestehe, Probleme mit Zwangsarbeit in der eigenen Wertschöpfungskette zu haben und im gleichen Atemzug auf ein großartiges Stipendienprogramm für Mädchen verweist, welches man kürzlich initiiert habe. Diese Art des Rosinenpickens, sich mit positiven Effekten auf ein bestimmtes SDG stark nach außen zu profilieren und gleichzeitig negative Auswirkungen auf andere Ziele wissentlich zu ignorieren, sei nicht hinnehmbar: „Companies cannot compensate for doing harm on one SDG by doing well on another SDG".

Grüninger empfiehlt, Themen der Social Compliance „in das in vielen Unternehmen bereits regelmäßig durchgeführte Compliance Risk Assessment (CRA) zu integrieren" (Grüninger 2017, S. 805).

Nach Nieuwenkamp (2017) böten Due-Diligence-Prozesse, wie sie in den UN-Leitlinien für Wirtschaft und Menschenrechte und den OECD-Leitsätzen für multinationale Unternehmen verankert sind, die Chance, Unternehmensaktivitäten zur Abhilfe von negativen Effekten an den Stellen zu priorisieren, an denen die Auswirkungen am schwerwiegendsten sind. Schließlich sei die Behebung von negativen Auswirkungen auf die SDGs am dringlichsten („primum non nocere"). Unternehmen sollten Due-Diligence-Prüfungen in Bezug auf sämtliche Ziele der Agenda 2030 in ihren Geschäftsprozessen implementieren, um die SDGs nicht zu untergraben. Dieser Ansatz verspreche – zusammen mit der Fokussierung auf die positiven Effekte, die das Unternehmen auf bestimmte SDGs zu leisten vermag – die Maximierung des allgemeinen Unternehmensbeitrags zu den Entwicklungszielen.

Auf die Grenzen des unternehmerischen Leistungsvermögens bzw. des Einflussbereiches und die Ablehnung von Verantwortlichkeit, falls ihre Durchsetzung für das Unternehmen faktisch unzumutbar erscheint, macht auch Grüninger aufmerksam. Er warnt Wirtschaftsvertreter nachdrücklich davor, im jeweiligen Verhaltenskodex des Unternehmens großspurig die Einhaltung *aller* UN-Konventionen, zu denen auch die Agenda 2030 gehört, zu versprechen, „auf Nachfrage hin dann aber keine einzige [UN-Übereinkunft] benennen zu können" (Grüninger 2017, S. 808).

Es gelte in der Diskussion um CSR die konkreten Erfordernisse auszumachen und wirksam umzusetzen. Gleichzeitig müsse es auch erlaubt sein, die Grenzen des Leistbaren klar zu artikulieren. Schließlich seien Ernsthaftigkeit und Glaubwürdigkeit, neben der

„moralischen Fundierung der Compliance-Regeln", dem „Tone at the Top" und einem effizienten Compliance-Management-System, die Eckpfeiler für eine nachhaltig wirksame (Social-)Compliance (Grüninger 2016).

4 Umsetzung der SDGs durch Unternehmen in der Praxis

Laut einer Erhebung der KPMG AG Wirtschaftsprüfungsgesellschaft aus dem Jahr 2017, die die Nachhaltigkeitsberichterstattung der jeweils 100 umsatzstärksten Unternehmen aus 49 Ländern untersuchte, veröffentlichten rund 3500 Unternehmen ($\hat{=}$ über 70 %) einen Bericht zu ihren Nachhaltigkeitsaktivitäten und 39 % von ihnen stellten in dem Report eine Verbindung zu den SDGs her (KPMG AG 2017).

In Deutschland hat zuletzt die Deutsche Telekom AG den Building Public Trust Award[4] in der Kategorie „SDGs" für ihre vertrauensvolle Berichterstattung über die Verknüpfung der eigenen Geschäftstätigkeit mit den 17 Entwicklungszielen erhalten. In einer wissenschaftlichen Untersuchung der externen Berichterstattung deutscher börsennotierter Unternehmen aus DAX 30, M-DAX sowie TEC-DAX, überzeugte die Telekom AG mit der besten systematischen Analyse „welchen Beitrag ihre Produkte, Dienstleitungen und Aktivitäten zur Erfüllung der globalen Nachhaltigkeitsziele leisten" (CSR-News 2017). Im Rahmen einer Relevanzanalyse hatte das Unternehmen zuvor ermittelt, welche SDGs für seine wichtigen Stakeholdergruppen, inklusive Investoren relevant sind. Neben der ausführlichen Darlegung im CR-Bericht wurden außerdem im Lagebericht der Telekom AG Passagen, die aus Sicht des Unternehmens einen Beitrag zur Erreichung eines Nachhaltigkeitsziels leisten, mit einem Verweis und dem entsprechenden, farbigen SDG-Logo versehen. Insgesamt wird auf den Seitenrändern des Lageberichts auf das Engagement für alle Ziele, mit Ausnahme von Armutsbekämpfung (Ziel 1), Hungerbeseitigung (Ziel 2), saubere Energie (Ziel 7) und Schutz von Leben unter Wasser (Ziel 14) verwiesen (Telekom 2017).

Unter den DAX-30-Unternehmen erwähnten im Berichtsjahr 2016 insgesamt 17 Konzerne die SDGs in ihrem Nachhaltigkeitsreport. Mehrheitlich zogen die Unternehmen die Ziele inhaltlich in ihr jeweiliges Berichtsformat mit ein (Kirchhoff 2017, S. 10).

Kritisch und nachdrücklich ist anzumerken, dass Berichtsinhalte keinesfalls ein finales Indiz dafür liefern, welchen tatsächlichen Beitrag das jeweilige Unternehmen zum globalen Bemühen um die Verwirklichung der SDGs leistet. Schließlich handelt es sich um Selbstauskünfte, deren Wahrheitsgehalt für Außenstehende mitunter schwerlich zu überprüfen ist. Ob das Unternehmen im Rahmen seiner Geschäftsaktivität tatsächlich Ver-

---

[4] Der Award fußt auf einer Untersuchung der Wirtschaftsprüfungsgesellschaft PricewaterhouseCoopers (PwC) in Kooperation mit einem Forschungsteam um Prof. Bassen von der Uni Hamburg. Über die Preisvergabe hat letztendlich eine 7-köpfige Jury, bestehend aus Wissenschafts- und Wirtschaftsvertretern entschieden.

antwortung für die Gesellschaft übernimmt und auf diesem Weg einen Mehrwert für das Gemeinwohl erwirtschaftet, erweist sich in der Praxis.

Vorrangig in der Nachhaltigkeitscommunity hat sich dementsprechend schon ein neuer Ausdruck gebildet: *SDG washing* (Nieuwenkamp 2017). Wie Nieuwenkamp (2017) erläutert, weist nach *Greenwashing* und *Bluewashing*[5], der Begriff *SDG washing* auf Unternehmen hin, die die SDGs nur aus Marketinggründen verwenden, um den positiven Beitrag einzelner Unternehmensaktivitäten zu den Zielen herauszustellen und dabei ihre negativen Auswirkungen auf die Bestrebungen der Agenda 2030 völlig außer Acht zu lassen. Nieuwenkamp (2017) führt als Beispiel einen Automobilhersteller an, der seine Elektroautos zur Rettung des Klimas vermarktet (SDG 13) und dabei vollkommen ignoriert, dass das Kobalt in den Autobatterien von 5-jährigen Kindern im Kongo abgebaut wird (SDG 8).

Ein wichtiger Punkt bei der Auseinandersetzung mit den SDGs ist auch unter Compliance- bzw. Integrity-Gesichtspunkten, dass Zusammenfallen von Reden und Handeln. „Integrität kann als Gegenteil von Heuchelei und Scheinheiligkeit verstanden und individuell als ‚Tugend der innerlichen Konsistenz‘ aufgefasst werden" (Grüninger 2017, S. 806).

Die Pläne, welche Beiträge auch deutsche Unternehmen zur Agenda 2030 leisten können, sind vielfältig. Laut einer Umfrage, die vom Deutschen Global Compact Netzwerk und econsense unter rund 400 deutschen Unternehmen durchgeführt wurde, betrachten 72 % aller befragten Firmenvertreter die SDGs als relevant für ihr Unternehmen (DGCN 2016, S. 7). Nur 4 % schätzen die SDGs als belanglos ein. Rund die Hälfte der Unternehmen (52 %) beschäftigte sich zum Zeitpunkt der Studie im Frühjahr 2016 schon aktiv mit den Nachhaltigkeitszielen. Befragt nach einer Priorisierung der Ziele zeigt sich im Branchenvergleich eine Differenzierung, die sich unter anderem aus den jeweiligen Kerngeschäften und dem Geschäftsmodell ergeben dürfte. Schließlich macht es Sinn, dass sich Unternehmen auf die Ziele bzw. Tätigkeitsfelder fokussieren, die eine hohe Hebelwirkung versprechen. Als besonders relevant für ihre Unternehmen ordnen die Befragten die Ziele 8 (Gute Arbeit und Wachstum), 9 (Industrie, Innovation und Infrastruktur), 13 (Maßnahmen zum Klimaschutz), 4 (Hochwertige Bildung) und 7 (Erneuerbare Energie) ein.

Das Ziel 16 „Frieden, Gerechtigkeit und starke Institutionen", in der auch die Compliance-Thematik „Anti-Korruption" erwähnt wird, landet in diesem Ranking nur im letzten Drittel (DGCN 2016, S. 13).[6]

---

[5] Gemeint ist das unrechtmäßige Werben mit einer Mitgliedschaft im Global Compact der Vereinten Nationen ohne das Leben der entsprechenden Werte und dem tatsächlichen Einsatz für die Realisierung des Pakts.

[6] Auch eine internationale Umfrage von PriceWaterhouseCoopers (PwC) lieferte ähnliche Ergebnisse und Hinweise, dass sich Unternehmen recht selektiv mit den SDGs auseinandersetzen. Die internationalen Firmenvertreter priorisierten ebenfalls die Ziele 8 und 9, während die Themen Armut (Goal 1) und Beseitigung sozialer Ungleichheit (Goal 10) sowie Leben unter Wasser (Goal 14) in den Hintergrund gerückt wurden (PwC 2015).

Auf die Frage nach den konkreten Aktivitäten, die Unternehmen im Hinblick auf die Umsetzung der Nachhaltigkeitsziele planen, wird die analytische Auseinandersetzung mit der nationalen und internationalen Bedeutung der SDGs auch für die jeweiligen Branchen und Märkte genannt. Diese Analysephase umfasse ebenfalls den Abgleich der SDGs mit der eigenen Unternehmenstätigkeit entlang der Wertschöpfungskette (DGCN 2016, S. 9). Außerdem sind die Unternehmen entschlossen, die interne und externe Kommunikation mit Stakeholdern und innerhalb von Brancheninitiativen sowie Interessensverbänden bezüglich der Nachhaltigkeitsziele zu stärken. Der Organisation von Stakeholderdialogen wird im Zuge der Ausrichtung nach den SDGs eine hohe Bedeutung beigemessen. Im Rahmen der Umfragen berichten Firmenvertreter darüber hinaus von der Intention, die Produkte und Dienstleistungen ihres Unternehmens „hinsichtlich der Relevanz und des konkreten Beitrages zu den SDGs" (DGCN 2016, S. 10) optimieren zu wollen. Diese Absicht umfasst sowohl Investitionen in Auditierungen, um zu einer Bestimmung des Status quo zu gelangen, als auch die Entwicklung nachhaltigerer Produkte.

Überrascht zeigten sich die Urheber der Umfrage von der Tatsache, dass unter den geplanten Unternehmensaktivitäten im Kontext der SDGs nur äußerst selten Pläne zur direkten Verbesserung des Arbeitslebens, wie Social-Compliance-Maßnahmen, verantwortungsvoller und fairer Umgang mit Mitarbeitern, Bestrebungen zur Diversity, also der Förderung von Frauen und beispielsweise internationalen Mitarbeitern oder die Verbesserung der Work-Life-Balance genannt wurden (DGCN 2016, S. 12).

Gründe dafür mögen einerseits sein, dass die an der Erhebung beteiligten Unternehmen häufig bereits einen hohen Organisationsreifegrad aufweisen und sich mehrheitlich aufgrund einer vorhandenen Affinität zu Nachhaltigkeitsstrategien mit den SDGs beschäftigen. Auf der anderen Seite sind gewisse Themenfelder in der bisherigen Debatte um den Beitrag der Wirtschaft zur Agenda 2030 womöglich unterrepräsentiert oder von den übrigen, globalen Herausforderungen überschattet worden.

5   Fazit

Der Blick auf die SDGs und die restliche Agenda 2030 hat gezeigt, dass ihnen ein weites Verständnis von Compliance zugrunde liegt. Neben der Beseitigung von Korruption und Bestechung sowie der Bekämpfung von Kriminalität, sind Unternehmen genauso aufgefordert, entlang ihrer Wertschöpfungskette für die Beachtung der Menschenrechtscharta zu sorgen, Treibhausgasemissionen zu reduzieren, internationale Arbeitsstandards einzuhalten, das Klima und die biologische Vielfalt zu schützen ebenso wie friedliche und inklusive Gesellschaften für eine nachhaltige Entwicklung zu fördern.

Versteht man *Gesellschaft* nach Rawls (1979, S. 105) mit der Ergänzung durch Suchanek (2015, S. 59) als „Unternehmen der [gelingenden generationenübergreifenden] Zusammenarbeit zum gegenseitigen Vorteil", umfasst dieses gemeinsame Wirken neben normativen Grundwerten, z. B. Gerechtigkeit und Solidarität, auch die Zielsetzung gegen große gesellschaftliche Probleme, z. B. die Bekämpfung von Hunger und Armut, den Klimawandel und den Kampf gegen weltweit existierende Korruption, vorzugehen. Mit den Nachhaltigkeitszielen haben die Vereinten Nationen versucht, die aktuell größten Herausforderungen des menschlichen Zusammenlebens zu kumulieren, durch die Formulierung von Zielen für den kollektiven Aufbruch der Weltgemeinschaft zu sorgen, um schließlich nichts weniger als eine Transformation der Welt im Laufe von 15 Jahren zu erreichen.

In Bezug auf die Aktivierung der Wirtschaft muss konstatiert werden, dass die Entwicklungsziele für Unternehmen noch keinen detaillierten „plan for action" bereithalten. Viel mehr ist die Initiative von Unternehmen gefragt, neue Lösungswege zu finden, sich als Teil von Multi-Stakeholder Partnerships zu engagieren und im Zuge „globaler und intersektoraler Kooperation ... Steuerungsmedien moderner Corporate Governance zu etablieren" (Wieland und Jandeisek 2016, S. 117).

Die Entwicklungsziele sind ambitioniert und ihr Erfolg wird entscheidend davon abhängen, wie überzeugend allen Personen, Unternehmen und anderen Organisationen dargelegt werden kann, dass die gemeinsame Arbeit an der Zielerreichung schlussendlich zum reziproken Vorteil führen wird.[7] „Das Begreifen von our world als *our* ist in einem transkulturellen Lernprozess aller Akteure erst herzustellen" (Wieland und Jandeisek 2015, S. 42).

Wachsender Populismus, sich ausbreitender Nationalismus und mit ihm verbundener Protektionismus sind als Gegner einer nachhaltigen Entwicklung zu betrachten, wie der Austritt der USA aus dem Pariser Klimaabkommen unschön verdeutlicht.

Es gilt ins öffentliche Bewusstsein zu rücken, dass es zur Lösung der globalen Probleme einen Verständigungsprozess über ein Fundament an gemeinsamen Werten und Handlungsprinzipien braucht. Auch wenn eine realistische Einschätzung dagegen spricht, dass sich die globale Gesellschaft in absehbarer Zeit auf ein „umfassendes Set an Werten einigt" (Suchanek und von Broock 2015, S. 25), fungieren die SDGs als Appell an die Welt und damit auch an alle Unternehmen. Sie sind als gesellschaftliche Akteure gefordert, sich ihrer Verantwortung bewusst zu werden und unter anderem mit einem entsprechenden (Social-)Compliance-Management dafür Sorge zu tragen, ausgehandelte Verhaltensstandards und internationale Abkommen einzuhalten.

> If they don't, the costs and uncertainty of unsustainable development could swell until there is no viable world in which to do business (BSDC 2017, S. 12).

Literatur

Adams B, Tobin K (2014) Eine neue Entwicklungsagenda? Die Sustainable Development Goals der UNO auf dem Prüfstand. Rosa Luxemburg Stiftung, New York (https://www.rosalux.de/

---

[7] In einer Umfrage unter 160 europäischen Topmanagern im Frühjahr 2017 wurde als stärkster Grund für eine bisherige Ignoranz der SDGs innerhalb des Unternehmens angeführt, dass die Nachfrage seitens der Stakeholder bisher nicht hoch genug gewesen sei (CSR Europe 2017).

fileadmin/rls_uploads/pdfs/sonst_publikationen/adamssdgs_ny_deu.pdf. Zugegriffen: 02. Nov.
2017)

BHRRC-Business & Human Rights Resource Centre, Danish Institute for Human Rights, Institute
for Human Rights and Business, International Corporate Accountability Roundtable, Oxfam
International und Shift (2017) An open letter to United Nations Secretary-General António Gu-
terres and United Nations Private Sector Forum 2017 Participants. https://business-humanrights.
org/sites/default/files/documents/SDGs-businesshumanrights-openletterSept2017.pdf. Zugegriffen: 2. Nov. 2017

BMZ – Bundesministerium für wirtschaftliche Zusammenarbeit und Entwicklung (2017) Internationale Ziele. Die Agenda 2030 für nachhaltige Entwicklung. http://www.bmz.de/de/ministerium/
ziele/2030_agenda/index.html. Zugegriffen: 2. Nov. 2017

Böbel I, Zubrilova O (2014) Creating shared value (CSV) – new business concept and challenge
for compliance. Conference paper. https://www.researchgate.net/publication/273771670_
Creating_Shared_Value_-_New_Business_Concept_and_Challenge_for_Compliance. Zugegriffen: 24. Okt. 2017

BSDC – Business & Sustainable Development Commission (2017) BETTER BUSINESS BETTER
WORLD. The report of the Business & Sustainable Development Commission. http://report.
businesscommission.org/uploads/BetterBiz-BetterWorld_170215_012417.pdf. Zugegriffen: 2.
Nov. 2017

CSR Europe, Frost & Sullivan and GlobeScan (2017) The Sustainable Development Goals
(SDGs): The Value for Europe. https://www.csreurope.org/sites/default/files/uploads/FS_WP_
Sustainable%20Development%20Goals_05112017_RD_0.pdf. Zugegriffen: 24. Okt. 2017

CSR-News (2017) Nachhaltigkeit verlangt Vertrauen. Die Beratungsgesellschaft PwC hat fünf
Unternehmen mit dem „Building Public Trust Award" für vorbildliche Berichterstattung ausgezeichnet (25.10.2017). https://www.csr-news.net/news/2017/10/25/nachhaltigkeit-verlangt-
vertrauen/. Zugegriffen: 2. Nov. 2017

DCGK – Regierungskommission Deutscher Corporate Governance Kodex (2017) Deutscher
Corporate Governance Kodex. http://www.dcgk.de//files/dcgk/usercontent/de/download/kodex/
170424_Kodex.pdf. Zugegriffen: 2. Nov. 2017

Deutsche Telekom AG (2017) Zusammengefasster Lagebericht. http://www.geschaeftsbericht.
telekom.com/site0317/fileadmin/16_AR/PDF_DE/telekom_gb16_Lagebericht.pdf. Zugegriffen: 2. Nov. 2017

DGCN – Deutsches Global Compact Netzwerk, econsense – Forum nachhaltige Entwicklung der
Deutschen Wirtschaft, Fountain Park (2016) Sustainable Development Goals in der deutschen
Wirtschaft. Relevante Handlungsfelder und Unterstützungsbedarf. https://www.fountainpark.
fi/wp-content/uploads/2016/11/SDGs-in-der-deutschen-Wirtschaft-Finaler-Report.pdf. Zugegriffen: 2. Nov. 2017

Food Empowerment Project (2017) Child labor and slavery in the chocolate industry. http://www.
foodispower.org/slavery-chocolate. Zugegriffen: 24. Okt. 2017

Grüninger S (2016) So geht das nicht. Compliance muss neu gedacht werden: Sechs Thesen für
mehr Ernsthaftigkeit und Glaubwürdigkeit im Compliance Management. Compliance Manag
1:44–53

Grüninger S (2017) CSR in der Unternehmenspraxis – Management von Soft Law und Unternehmensintegrität. In: Falta RP, Dueblin C (Hrsg) Praxishandbuch legal operations management.
Springer, Berlin, Heidelberg, S 795–809

Haufe.de (2016) Compliance im Dialog. Aktuelle Compliancethemen im Wirtschaftsrecht.
https://www.haufe.de/compliance/management-praxis/aktuelle-compliance-themen-im-
wirtschaftsrecht_230130_391386.html. Zugegriffen: 2. Nov. 2017

ILO (2015) ILO world report on child labour. Paving the way to decent work for young people. http://www.ilo.org/ipecinfo/product/download.do?type=document&id=26977. Zugegriffen: 24. Okt. 2017

Kercher J, Mahler C (2015) Die Nachhaltigkeitsziele oder Sustainable Development Goals. Chance für die Umsetzung von Menschenrechten in und durch Deutschland. In: Deutsches Institut für Menschenrechte (Hrsg) aktuell 02 | 2015. http://www.institut-fuer-menschenrechte.de/fileadmin/user_upload/Publikationen/aktuell/aktuell_2_2015_Die_Nachhaltigkeitsziele_oder_Sustainable_Development_Goals.pdf. Zugegriffen: 2. Nov. 2017

Kirchhoff Consult AG (2017) Nachhaltigkeitsberichterstattung im Wandel. Eine Untersuchung der DAX 30-Berichte 2016. https://www.kirchhoff.de/fileadmin/20_Download/Studien/20170821_Kirchhoff-Consult_DAX-30-Studie_CSR-Reporting.pdf. Zugegriffen: 2. Nov. 2017

Kleinfeld A, Shukla M (2015) Lässt sich messen, was sich nicht managen lässt? Managementkonzepte für die SDGs. Forum Wirtschaftsethik 23:27–36

Kleinfeld A, Zubrod AK (2016) Social compliance. Compliance Berat 133(5):133–137

KPMG AG Wirtschaftsprüfungsgesellschaft (2017) The road ahead. The KPMG Survey of Corporate Responsibility Reporting 2017. https://assets.kpmg.com/content/dam/kpmg/xx/pdf/2017/10/kpmg-survey-of-corporate-responsibility-reporting-2017.pdf. Zugegriffen: 2. Nov. 2017

Leisinger KM (2015) Wende oder Rückschlag? Die SDGs auf dem UN-Summit in New York. Forum Wirtschaftsethik 23:7–11

Ministerio de Relaciones Exteriores de Colombia (2011) Rio+20: sustainable development goals (SDGs). A proposal from the governments of Colombia and Guatemala. http://www.sustainabledevelopment2015.org/einventory/corelibs/download.class.php?fileName=../sysimgdocs/docs/CLMB2-RIO-20-Sustainable-Development-Goals-SDGs-_pp125_1.pdf. Zugegriffen: 24. Okt. 2017

Nieuwenkamp R (2017) Ever heard of SDG washing? The urgency of SDG Due Diligence. OECD Development Matters. https://oecd-development-matters.org/2017/09/25/ever-heard-of-sdg-washing-the-urgency-of-sdg-due-diligence/. Zugegriffen: 2. Nov. 2017

Porter ME, Kramer MR (2011) Creating shared value. Harv Bus Rev 89(1/2):62–77

PricewaterhouseCoopers (2015) Make it your business: engaging with the Sustainable Development Goals. https://www.pwc.com/gx/en/sustainability/SDG/SDG%20Research_FINAL.pdf. Zugegriffen: 24. Okt. 2017

Rawls J (1979) Eine Theorie der Gerechtigkeit. Suhrkamp, Berlin

Schormair MJ, Gilbert DU (2017) Das Shared Value-Konzept von Porter und Kramer – The Big Idea!? In: Wunder T (Hrsg) CSR und Strategisches Management. Springer, Berlin, S 95–110

Shared Value Initiative Community (2015) The unexpected market potential in the SDGs. http://sharedvalue.org/groups/unexpected-market-potential-sdgs. Zugegriffen: 24. Okt. 2017

Spießhofer B (2014) Wirtschaft und Menschenrechte – rechtliche Aspekte der Corporate Social Responsibility. Neue Jurist Wochenschr 2014(34):2473–2479

Suchanek A (2015) Vertrauen als Grundlage nachhaltiger unternehmerischer Wertschöpfung. In: Schneider A, Schmidpeter R (Hrsg) Corporate Social Responsibility. Verantwortungsvolle Unternehmensführung in Theorie und Praxis. Springer, Berlin, Heidelberg, S 59–69

Suchanek A, von Broock M (2015) Die Sustainable Development Goals. Einordnung und Bewertung aus Sicht der Ökonomischen Ethik. Forum Wirtschaftsethik 23:19–26

UN – United Nations (2015) Transforming our World: The 2030 Agenda for Sustainable Development. https://sustainabledevelopment.un.org/content/documents/21252030%20Agenda%20for%20Sustainable%20Development%20web.pdf. Zugegriffen: 2. Nov. 2017

Vargas M, Sommer F (2014) Corruption and the risks of losses on government bonds. In: Union Investment (Hrsg) Risk management edition 3.3. https://institutional.union-investment.

at/dms/institutional-com_EN/Download/studies/Corruption_and_the_risks_of_losses_on_
government_bonds.pdf. Zugegriffen: 2. Nov. 2017
Wieland J (2014) Integritäts- und Compliancemanagement als Corporate Governance – konzep-
tionelle Grundlagen und Erfolgsfaktoren. In: Wieland J, Steinmeyer R, Grüninger S (Hrsg)
Handbuch Compliancemanagement. Erich Schmidt, Berlin, S 15–40
Wieland J, Jandeisek I (2015) Transforming Our World. Erfolgsfaktoren für den Beitrag von Unter-
nehmen zu den Sustainable Development Goals. Forum Wirtschaftsethik 23:37–44
Wieland J, Jandeisek I (2016) Social compliance: standards und management. In: Bertelsmann
Stiftung (Hrsg) Verantwortungsvolles Unternehmertum. Wie tragen Unternehmen zu gesell-
schaftlichem Mehrwert bei? Bertelsmann Stiftung, Gütersloh, S 113–121

Anna-Katharina Zubrod ist ev. Diplom-Theologin und zurzeit akademische Mitarbeiterin bei Prof. Dr. Annette Kleinfeld am Konstanz Institut für Corporate Governance (KICG) im Bereich CSR & Sustainability
Management. Parallel ist sie Koordinatorin des Forum Compliance & Integrity (FCI), dessen Direktor Herr Prof. Dr. Stephan Grüninger ist. Sie
studierte evangelische Theologie mit den Schwerpunkten Sozial- und Wirtschaftsethik an den Universitäten in Mainz und Marburg, betrieb zeitgleich
wirtschaftswissenschaftliche Studien an der FernUniversität Hagen und ist
ausgebildete Mediatorin nach den Richtlinien des Bundesverbands Mediati-
on e. V. (BM).

Instrumente für ein CSR- und Compliancemanagement

Überblick: Instrumente des CSR- und Compliancemanagements in der Praxis

Maud Helene Schmiedeknecht

1 Einführung

Unternehmen, die gesellschaftliche Verantwortung für die Auswirkungen ihrer Geschäftstätigkeit übernehmen, stehen vor der Herausforderung, CSR und Compliance systematisch und umfassend in ihr Unternehmen zu integrieren und kontinuierlich umzusetzen. Dieser Beitrag zeigt vor diesem Hintergrund auf, wie Unternehmen durch die Etablierung von Wertemanagementsystemen sowie PDCA-Zyklen (Plan-Do-Check-Act) CSR- und Compliancemanagementsysteme integrieren und umsetzen können (Abschn. 2). Des Weiteren werden Instrumente, die relevant für die Entwicklung, Implementierung und Umsetzung von effektiven und effizienten CSR- und Compliancemanagementsysteme sind, aufgelistet (Abschn. 3) und Fragen zur Prüfung der Effektivität und Effizienz der Managementsysteme vorgestellt (Abschn. 4). In den nachfolgenden Beiträgen werden einzelne Instrumente detailliert dargestellt (vgl. die Beiträge unter Teil 3 „Instrumente für ein CSR- und Compliancemanagement" in diesem Band).

2 CSR- und Compliancemanagementsysteme

2.1 Einbindung von CSR und Compliance in das strategische und operative Management

Im Unternehmenskontext umfasst Compliance eine Vielzahl von Themengebieten, beispielsweise Fairness im Wettbewerb – insbesondere Kartellrecht – und Korruptionsbekämpfung sowie branchenbezogene Themen. Des Weiteren geht es im Rahmen

M. H. Schmiedeknecht (✉)
ESB Business School, Reutlingen University
Reutlingen, Deutschland
E-Mail: maud.schmiedeknecht@reutlingen-university.de

von globalen Wertschöpfungsketten um Compliancethemen wie die Einführung von Umweltmanagementsystemen und die Sicherstellung der Wahrung von Menschenrechten, Arbeits- und Sozialstandards (Social Compliance). Je nach Themengebiet müssen Unternehmen Gesetze und regulatorischen Anforderungen („hard law") befolgen und sowohl rechtlich nicht bindende Empfehlungen und Stellungnahmen internationaler Organisationen und Behörden („soft law")[1] als auch Prinzipien einer guten Unternehmens- bzw. Organisationsführung (Good Governance) und interne Richtlinien und Verfahren (Policies and Procedures) berücksichtigen (vgl. Beitrag „Zwischen ‚hard law' und ‚soft law': Zielkonflikte und potenzielle Dilemmata von CSR und Compliance" in diesem Band; vgl. Wieland et al. 2010; Grüninger et al. 2014; Palazzo und Rasche 2010; SA8000 2014; UN Global Compact 2017; Sustainable Development Goals 2017).

Corporate Social Responsibility umfasst ebenfalls eine Vielzahl von Themengebieten. Der Fokus liegt in vielen Fällen auf Maßnahmen, die verantwortungsbewusstes Verhalten entlang der Wertschöpfungskette ermöglichen, wie beispielsweise auf der Einhaltung von Umwelt- und Sozialstandards sowie der Sicherstellung der Wahrung von Menschenrechten (vgl. Hardtke und Kleinfeld 2010; Schneider und Schmidpeter 2015).

Um CSR und Compliance im Unternehmen sicherzustellen, werden CSR- und Compliancemanagementsysteme etabliert. Beide Managementsysteme haben jeweils eine strategische und eine operative Komponente (vgl. Wieland 2010, S. 21).

CSR- und Compliancemanagement als strategisches Management zielt – je nach Ausgangssituation des Unternehmens – darauf ab, von Anfang an CSR und Compliance in die Unternehmensstrategie und das Geschäftsmodell zu integrieren bzw. die Unternehmensstrategie und das Geschäftsmodell entsprechend anzupassen. Dadurch kann sichergestellt werden, dass CSR und Compliance bei jeder Managemententscheidung berücksichtigt wird.

Der Fokus von CSR- und Compliancemanagement als operatives Management liegt auf der systematischen und kontinuierlichen Umsetzung von CSR und Compliance durch die Etablierung von neuen Managementsystemen oder die Integration in bestehende Managementsysteme des Unternehmens. CSR- und Compliancemanagementsysteme können im Geschäftsalltag mit Leben erfüllt werden, indem CSR und Compliance in alle Unternehmensprozesse, -strukturen und Steuerungssysteme integriert werden.

Eine glaubhafte Auseinandersetzung von CSR und Compliance erfordert die Berücksichtigung der strategischen und operativen Komponenten (vgl. Kleinfeld und Schnurr 2010, S. 327) (Tab. 1).

Die Verankerung von CSR- und Compliancemanagement in das strategische Management eines Unternehmens wird auch im Rahmen der Corporate Governance-Diskussion gefordert. Unter Corporate Governance ist die Führung, das Management und die Kontrolle einer Organisation zu verstehen (vgl. Wieland 2010, S. 26 f.). Die Führung

---

[1] Es existiert eine Vielzahl an Soft Law-Initiativen, u. a. die Agenda 2030 für nachhaltige Entwicklung (Sustainable Development Goals, SDGs), prinzipienbasierte Initiativen wie der UN Global Compact oder Zertifizierungsstandards wie Social Accountability International SA8000 Standard.

Tab. 1 Strategische und operative Komponenten von CSR- und Compliancemanagementsystemen. (Eigene Darstellung)

Strategisch	Integration in Unternehmenswerte (z. B. Leitbild, Code of Ethics)
	Integration in die Unternehmensstrategie und das Geschäftsmodell
Operativ	Integration in alle Unternehmensprozesse, -strukturen und Steuerungssysteme (z. B. Code of Conduct, operative Prozesse, Anreizsysteme)

einer Organisation beinhaltet die Verantwortungsstruktur des jeweiligen Unternehmens als auch die Ausprägung einer spezifischen Unternehmens- und Führungskultur. Zum Management einer Organisation gehören alle Richtlinien und Verfahren sowie alle organisationalen Maßnahmen zur Implementierung, Systematisierung und Organisierung von Managementsystemen. Zur Kontrolle gehören Maßnahmen der Überwachung von Managementsystemen. Bezüglich der strategischen Dimension der Corporate Governance gilt, dass das Topmanagement Ziele und Grundregeln festlegt, die das Verhalten des Unternehmens zu ihren internen und externen Stakeholdern langfristig bestimmt. Für eine erfolgreiche strategische CSR- und Complianceausrichtung ist entscheidend, dass die Verantwortungsübernahme Teil der Strategie und Unternehmensidentität ist und sich somit in den gelebten Werten des Unternehmens widerspiegelt (vgl. Kleinfeld und Schnurr 2010, S. 288).

2.2 WerteManagementSystem[ZfW] zur nachhaltigen Unternehmensführung

Unternehmen nutzen unterschiedliche Managementsysteme zur systematischen Integration von CSR und Compliance. Im Folgenden wird das WerteManagementSystem[ZfW], ein Standard für nachhaltige Unternehmensführung,[2] vorgestellt (vgl. WerteManagementSystem[ZfW] 2015; DNWE 2017). Ziel des WerteManagementSystems[ZfW] (WMS[ZfW]) ist „die nachhaltige Sicherung des Unternehmens in jedem Sinne des Wortes (juristisch, ökonomisch, ökologisch, gesellschaftlich)" (WerteManagementSystem[ZfW], S. 4). Die wesentliche Methode des WMS[ZfW] zur nachhaltigen Unternehmenssicherung ist die Schaffung einer werteorientierten Organisations- und Verhaltenssteuerung durch Selbstverpflichtung und Selbstbindung, u. a. durch interne und externe Kommunikation der Unternehmenswerte und der Richtlinien und Verfahren sowie der Evaluierung des Managementsystems. Das WMS[ZfW] muss daher in die spezifische Geschäftsstrategie eines Unternehmens eingebettet sein und operativ in allen Managementbereichen umgesetzt werden. Im Folgenden werden die vier Stufen zur Implementierung des WMS[ZfW] vorgestellt (Abb. 1).

---

[2] Das WerteManagementSystem[ZfW] beruht auf wissenschaftlicher Expertise des Zentrums für Wirtschaftsethik (ZfW) und der Erfahrung von Praktikern (Mitgliedsunternehmen des Forum Compliance & Integrity – Anwenderrat für Wertemanagement[ZfW]).

Abb. 1 Implementierung des WerteManagementSystems^{ZfW}. (In Anlehnung an WerteManagement-System^{ZfW}, S. 14)

STUFE 1

In der ersten Stufe werden handlungsleitende Werte des Unternehmens formal kodifiziert. Es existieren verschiedene Formen eines Grundwertekodexes, z. B. ein Unternehmensleitbild, Führungsgrundsätze, ein Mission-Vision-Values-Statement und/oder ein Code of Ethics.

STUFE 2

In der zweiten Stufe werden die kodifizierten Unternehmenswerte mit Detailregelungen, z. B. Verhaltensrichtlinien in einem Code of Conduct sowie Leitlinien und Verfahren (Policies and Procedures) implementiert.

STUFE 3

In der dritten Stufe erfolgt die Systematisierung über die Implementierung von spezifischen Managementsystemen, beispielsweise CSR- und Compliancemanagementsystemen.

STUFE 4

In der vierten Stufe wird deutlich, dass die verantwortungsvolle Organisationsstruktur die strategische Ausrichtung und operative Umsetzung der Prozesse sicherstellt. Die Unternehmensleitung – Vorstand oder Geschäftsführung eines Unternehmens und seinen Aufsichtsgremien – definieren die Anforderungen des CSR- und Compliancemanagements und legen die Verantwortlichkeiten fest. Zum Teil werden entsprechende Abteilungen und/oder Gremien etabliert.

Das WMS^{ZfW} wird regelmäßig evaluiert, indem die Prozesse dokumentiert und auf die Nachhaltigkeit ihrer Umsetzung überprüft werden. Dadurch wird einerseits die Qualitätssicherung gewährleistet und andererseits die Anpassungsfähigkeit an veränderte Rahmenbedingungen sichergestellt (vgl. WerteManagementSystem^{ZfW}, S. 21 f.).

2.3 PDCA-Zyklus zur Umsetzung von CSR- und Compliancemanagementsystemen

Die kontinuierliche Umsetzung und Steuerung von CSR und Compliance im Unternehmen kann auch mithilfe eines PDCA-Zyklus (Plan-Do-Check-Act) erfolgen. Eine Vielzahl von ISO-Standards, z. B. der ISO 14001 Standard zu Umweltmanagementsystemen und der ISO 19600 Standard zu Compliancemanagementsystemen basieren auf diesem Modell, bei dem ein Managementsystem geplant, im nächsten Schritt implementiert und anschließend geprüft und verbessert wird (vgl. ISO 14001 2015; ISO 19600 2014) (Abb. 2).

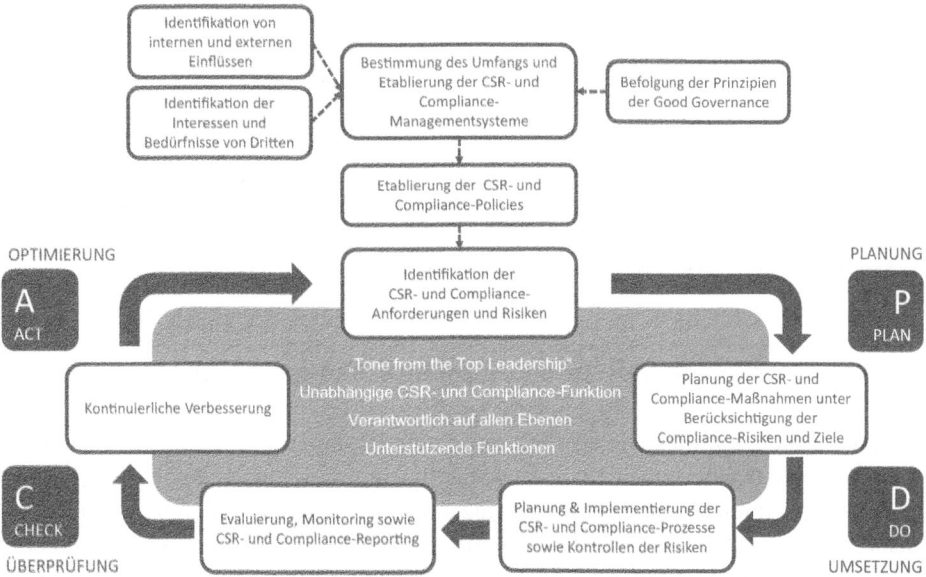

Abb. 2 PDCA-Zyklus zur Umsetzung und Steuerung von CSR- und Compliancemanagementsystemen. (In Anlehnung an ISO 19600 2014, S. VI, CSR ergänzt)

P – PLAN

In der Planungsphase werden allgemeine und branchenspezifische CSR- und Complianceanforderungen an das Unternehmen identifiziert, bewertet und priorisiert, um darauf aufbauend die Unternehmensstrategie für die CSR- und Compliancemanagementsysteme auszurichten und spezifische Maßnahmen zu definieren.

D – DO

In der Umsetzungsphase werden alle definierten CSR- und Compliancemaßnahmen mithilfe von Prozessen und Strukturen implementiert.

C – CHECK

In der Überprüfungsphase werden unter anderem anhand von Kontrollen geprüft, ob die vom Unternehmen definierten CSR- und Compliancemaßnahmen umgesetzt und die Prozesse gelebt werden.

A – ACT

In der Optimierungsphase steht die kontinuierliche Verbesserung des CSR- und Compliancemanagementsystems im Fokus. Beispielsweise im Falle von Non-Complianceverhalten werden die Gründe analysiert und die Prozesse und Strukturen im Unternehmen entsprechend angepasst und verbessert.

Auch in diesem PDCA-Modell wird betont, dass das Bekenntnis der Geschäftsführung zum Thema CSR und Compliance („tone from the top leadership", vgl. Abschn. 7.5) neben den unterstützenden Funktionen als begleitende Maßnahmen zur Implementierung, z. B. Schulungen, interne und externe Kommunikation und Dokumentation, entscheidend für den Erfolg der Umsetzung eines CSR- und Compliancemanagementsystems ist.

3 Instrumente von CSR- und Compliancemanagementsystemen

Zur Entwicklung und Implementierung sowie zum Review von CSR- und Compliancemanagementsystemen werden eine Vielzahl an Instrumenten verwendet. Hervorzuheben ist, dass bei CSR- und Compliancemanagementsystemen größtenteils auf dieselben Instrumente zurückgegriffen wird, da sowohl CSR als auch Compliance eine werteorientierte Organisations- und Verhaltenssteuerung durch Selbstverpflichtung und Selbstbindungsmechanismen erfordern.

Die folgende Abb. 3 gibt eine Übersicht von Elementen zur Entwicklung, Implementierung und zum Review von CSR- und Compliancemanagementsystemen und verweist auf diejenigen Instrumente, die in den folgenden Beiträgen detailliert erläutert werden.

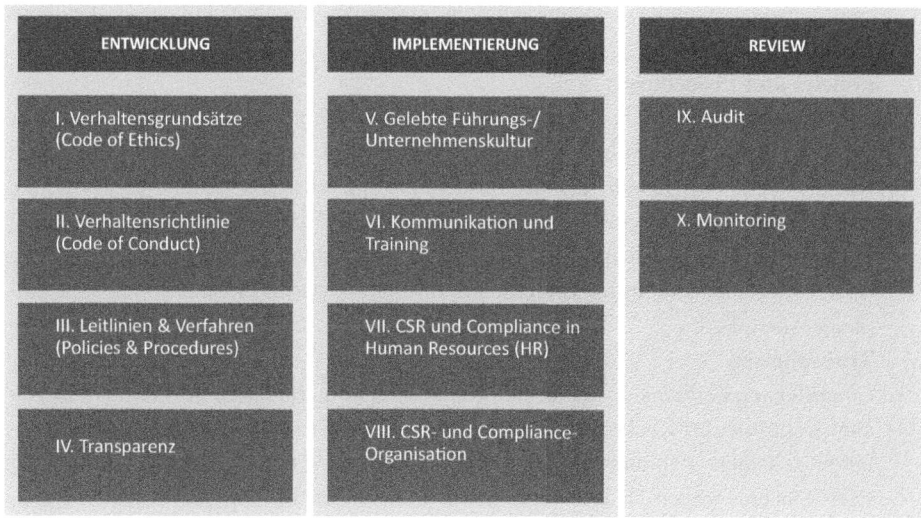

Abb. 3 Elemente zur Entwicklung, Implementierung und zum Review von CSR- und Compliance-managementsystemen. (Eigene Darstellung in Anlehnung an ComplianceProgramMonitor^{ZfW} 2011, S. 18–24)

Instrumente von CSR- und Compliancemanagementsystemen
(vgl. ComplianceProgramMonitor^{ZfW} 2011, S. 18–24 ergänzt und differenziert nach CSR-und Complianceinstrumenten)

Phase Entwicklung

I. **Verhaltensgrundsätze (Code of Ethics):**
    CSR- und Complianceinstrumente: Definition der Unternehmensziele und Unterneh-menswerte; Definition der Prinzipien der Geschäftsethik; Benennung der wesentli-chen Stakeholder.

II. **Verhaltensrichtlinien (Code of Conduct):**
    CSR- und Complianceinstrumente: Identifikation der anzuwendenden Referenzstan-dards; Einhaltung der Gesetze, Rechtstreue; Sicherstellung der Einhaltung der Ge-setze und der Geschäftsethik im Umgang mit Auftraggebern und Vertriebsinterme-diären sowie Lieferanten und Subunternehmern.
    Compliancespezifische Instrumente: Korruptionsverbot („zero tolerance"),[3] Verbot kartellrechtlicher Absprachen; Annahme und Vergabe von Geschenken, Einladun-gen zu Bewirtungen und sonstiger Vorteile; Umgang mit Interessenkonflikten (Si-cherstellung der Trennung und dem Vorrang der Unternehmensinteressen vor pri-vaten Interessen); Umgang mit Spenden, gemeinnützigem Engagement und Sponso-

---

[3] Zero tolerance, d. h. ohne Ausnahmen.

ring; Vermögensschutz des Unternehmens, Nebentätigkeiten, Schutz des Vermögens von Geschäftspartnern.

III. **Policies and Procedures:**
Compliancespezifische Instrumente: Annahme und Vergabe von Geschenken; Complianceerklärung für Führungskräfte, Mitarbeiter; Complianceprüfung für Third Parties (Agenten, Berater, Handelsbeauftragte) in sensiblen Geschäftsfeldern und Ländern vor Beauftragung; Complianceagreement für Third Parties (Complianceerklärung, Lieferantenprüfung, Lieferantenbewertung); Lieferantencompliance (z. B. Complianceerklärung, Lieferantenprüfung, -bewertung); Sanktionen bei Complianceverstößen.

IV. **Transparenz:**
Compliancespezifische Instrumente: Risikoscreening für sensible Geschäftsbereiche; Kontrolle des Risikomanagement in sensiblen Geschäftsbereichen; Dokumentation sensibler Zahlungsvorgänge (z. B. Spenden, Provisionen); Sicherung der EDV-Systeme gegen Datenmanipulation: Vier-Augen-Prinzip bei sensiblen Funktionen; Kontrollen der Einhaltung der Grundsätze ordnungsgemäßer Buchführung.

Phase Implementierung

V. **Gelebte Führungs- und Unternehmenskultur:**
CSR- und Complianceinstrumente: CSR und Compliance als Nachhaltigkeitsstrategie (legal, ökonomisch, ökologisch, gesellschaftlich); Orientierung an ethischen Werten; Führungsstil (Entschlossenheit, Klarheit, Verbindlichkeit, Verantwortlichkeit, Integrität); Selbstbindung, Selbstverpflichtung, Legalität; Vorbildrolle und Führungsverantwortung für CSR und Compliance („tone from the top"); proaktive und offensive Kommunikation des CSR- und Compliancemanagementsystems durch Leitung und Management.

VI. **Kommunikation und Training:**
CSR- und Complianceinstrumente: interne Kommunikation (Meetings, Broschüren, Zeitschriften, Intranetplattform); externe Kommunikation (z. B. Geschäftsberichte, Reporting, Broschüren); schriftliche und mündliche Information/Beratung für Agenten, Lieferanten, Berater; Mitgliedschaft und Engagement in CSR- und Complianceinitiativen und Erfahrungsaustausch; web- oder intranetbasiertes Training für Mitarbeiter.
Compliancespezifische Instrumente: Face-to-Face-Training für obere Führungsebene und Funktionen mit erhöhtem Compliancerisiko; funktions- und risikogruppenspezifisches (z. B. Einkauf, Vertrieb, Lieferanten) Face-to-Face-Training; Trainingsinhalte sind Rechtinformation plus im Schwerpunkt „real cases".

VII. **CSR und Compliance in HR:**
CSR- und Complianceinstrumente: Integration in Personalauswahlprozesse; Karriereplanung für Führung und Management.

Compliancespezifische Instrumente: Integritätsprüfung und Complianceerklärung für Mitarbeiter in Bereichen mit hohen Compliancerisiken; Zielvereinbarungen in sensiblen Geschäftsbereichen; Compliancerisiken in Vergütungssystemen und Boni; angemessene Disziplinarmaßnahmen (Darstellung/Androhung arbeits-, zivil- und strafrechtlicher Sanktionen).

VIII. **Organisation:**

CSR- und Complianceinstrumente: Topmanagement Verantwortung (Vorstand, Geschäftsleitung); Lenkungskreis CSR und Compliance (z. B. CSR, Compliance, Recht, Revision, Vertrieb, HR); CSR und Compliance Abteilungen mit angemessenen Ressourcen.

Compliancespezifische Instrumente: externer Compliancemonitor; Hinweisgebersysteme.

Phase Review der Umsetzung

IX. **Audit:**

CSR- und Complianceinstrumente: Überprüfung der Einhaltung und der Implementierung des CSR- und Compliancemanagementsystems in ein gelebtes Alltagsgeschäft.

Compliancespezifische Instrumente: interne Revision des CSR- und Compliancemanagementsystems in sensiblen Geschäftsbereichen; Kontrolle sensibler Zahlungsvorgänge (z. B. Spenden, Provisionen).

X. **Monitoring:**

CSR- und Complianceinstrumente: regelmäßige Berichterstattung an und Erörterung im Topmanagement; Selbstevaluierung von Geschäftsbereichen und Unternehmen; externes Monitoring der Entwicklung, Implementierung und Zweckangemessenheit („fit for purpose") des CSR- und Compliancemanagementsystems durch Sachverständige und Prüfgesellschaften.

4 Effektivität und Effizienz von CSR- und Compliancemanagementsystemen

Üblicherweise erfolgt die Prüfung der Effektivität und Effizienz von CSR- und Compliancemanagementsystemen entlang der drei Phasen Entwicklung, Implementierung und Umsetzung (Tab. 2).

Tab. 2 Prüfung der Effektivität und Effizienz von CSR- und Compliancemanagementsystemen. (Eigene Darstellung in Anlehnung an ComplianceProgramMonitor^{ZfW} 2011, S. 17)

PHASEN	FRAGEN
1. **Design Check** Entwicklung der CSR- und Compliance- managementsysteme	Wurden alle für das Unternehmen relevanten Refe- renzstandards berücksichtigt? Sind die getroffenen CSR- und Compliancemaßnah- men für das Unternehmen angemessen ausgestaltet?
2. **Functionality Check** Implementierung der CSR- und Compliancemanagementsysteme	Sind die zur Erfüllung der Angemessenheit notwendigen Instrumente der CSR- und Compliance- managementsysteme grundsätzlich funktionsfähig?
3. **Effectiveness Check** Umsetzung der CSR- und Compliance- managementsysteme	Werden die Instrumente der CSR- und Compliance- managementsysteme im Geschäftsalltag angewendet, d. h. sind sie gelebte Praxis?

Die Effizienz und Effektivität von CSR- und Compliancemanagementsystemen richtet sich danach, inwieweit und wie CSR und Compliance sowohl in der Kultur als auch in den Strukturen und Prozessen verankert, implementiert und umgesetzt werden. Nur über die Werteorientierung der Unternehmens- und Führungskultur kann die Sensibilisierung der Organisation für die Themen CSR und Compliance mit ihren jeweiligen Managementsystemen betrieben werden.

Literatur

ComplianceProgramMonitor^{ZfW} (2011) 2. Aufl. http://www.dnwe.de/complianceprogrammonitor. html?file=tl_files/ZfW/ZfW-CPM.pdf. Zugegriffen: 01. Mai 2017
DNWE (2017) http://www.dnwe.de/wertemanagement.html. Zugegriffen: 1. Mai 2017
Grüninger S, Jantz M, Schweikert C, Steinmeyer R (2014) Empfehlungen für die Ausgestaltung und Beurteilung von Compliance-Management-Systemen, KICG CMS-Guidance zu den Leitlinien 1 bis 4 für das Management von Organisations- und Aufsichtspflichten. In: Grüninger S, Konstanz Institut für Corporate Governance (KICG) (Hrsg), Konstanz. http://www.htwg-konstanz. de/Projektergebnisse.6968.0.html. Zugegriffen: 1. Mai 2017
Hardtke A, Kleinfeld A (Hrsg) (2010) Gesellschaftliche Verantwortung von Unternehmen. Von der Idee der Corporate Social Responsibility zur erfolgreichen Umsetzung. Gabler, Wiesbaden
ISO 14001 (2015) Environmental management system – Requirements with guidance for use (ISO 14001:2015). https://www.iso.org/obp/ui/#iso:std:iso:14001:ed-3:v1:en. Zugegriffen: 01. Mai 2017
ISO 19600 (2014) Compliance management systems – Guidelines (ISO 19600:2014). https://www. iso.org/obp/ui/#iso:std:iso:19600:ed-1:v1:en. Zugegriffen: 01. Mai 2017
Kleinfeld A, Schnurr J (2010) CSR erfolgreich umsetzen. In: Hardtke A, Kleinfeld A (Hrsg) Gesellschaftliche Verantwortung von Unternehmen. Von der Idee der Corporate Social Responsibility zur erfolgreichen Umsetzung. Gabler, Wiesbaden, S 286–359
Palazzo G, Rasche A (2010) CSR-Compliance: Globale Unternehmensverantwortung zwischen Hard Law und Soft Law. In: Wieland J, Steinmeyer R, Grüninger S (Hrsg) Handbuch Compliance-Management. Konzeptionelle Grundlagen, praktische Erfolgsfaktoren, globale Herausforderungen. Erich Schmidt, Berlin, S 745–760

SA8000 (2014) Social accountability international SA8000 standard (SA8000:2014). http://www.sa-intl.org/. Zugegriffen: 1. Mai 2017

Schneider A, Schmidpeter R (Hrsg) (2015) Corporate Social Responsibility. Verantwortungsvolle Unternehmensführung in Theorie und Praxis, 2. Aufl. Springer Gabler, Berlin, Heidelberg

Sustainable Development Goals (2017) http://www.un.org/sustainabledevelopment/sustainable-development-goals/. Zugegriffen: 1. Mai 2017

UN Global Compact (2017) https://www.unglobalcompact.org/. Zugegriffen: 1. Mai 2017

WerteManagementSystem (2015) WerteManagementSystem^{ZfW} – Prinzipien und Bausteine für Nachhaltigkeit in der Unternehmensführung. http://www.dnwe.de/tl_files/ZfW/wms.pdf. Zugegriffen: 1. Mai 2017

Wieland J (2010) Compliance-Management als Corporate Goverance – konzeptionelle Grundlagen und Erfolgsfaktoren. In: Wieland J, Steinmeyer R, Grüninger S (Hrsg) Handbuch Compliance-Management. Konzeptionelle Grundlagen, praktische Erfolgsfaktoren, globale Herausforderungen. Erich Schmidt, Berlin, S 15–38

Wieland J, Steinmeyer R, Grüninger S (Hrsg) (2010) Handbuch Compliance-Management. Konzeptionelle Grundlagen, praktische Erfolgsfaktoren, globale Herausforderungen. Erich Schmidt, Berlin

Prof. Dr. Maud Helene Schmiedeknecht ist seit 2016 Inhaberin des Lehrstuhls für Corporate Governance und Corporate Social Responsibility (CSR) an der ESB Business School der Hochschule Reutlingen. Zuvor war sie als Unternehmensberaterin für A.T. Kearney im In- und Ausland tätig. Sie studierte Betriebswirtschaftslehre an der Hochschule Konstanz und an der St. Mary's University in Kanada. Im Jahr 2010 schloss sie ihre Promotion an der Carl von Ossietzky Universität Oldenburg ab. Ihre Dissertation zum Thema Governance von Multistakeholderdialogen wurde mit dem Max-Weber-Preis für Wirtschaftsethik ausgezeichnet. Sie arbeitete als wissenschaftliche Mitarbeiterin bei Prof. Dr. Josef Wieland am Konstanz Institut für WerteManagement (KIeM). Danach war sie als Projektmanagerin für das „Globale Wirtschaftsethos" am KIeM in Kooperation mit der Novartis Stiftung für Nachhaltige Entwicklung tätig. Des Weiteren forschte sie als Associate des Think Tanks Stiftung Neue Verantwortung zum Thema „Global Economic Ethic". Aktuelle Forschungsschwerpunkte: Corporate Governance, CSR, Sustainability Management und Social Entrepreneurship.

Leitbild

Joachim Rottluff

1 Was versteht man unter Leitbildern?

Als Ausgangspunkt der Überlegung soll die Definition im Online-Verwaltungslexikon dienen, die aus Sicht des Autors den Kern trifft: „Das Leitbild einer Organisation formuliert
kurz und prägnant den Auftrag (Mission), die strategischen Ziele (Vision) und die wesentlichen Orientierungen für die Art und Weise ihrer Umsetzung (Werte). Es soll damit allen
Organisationsmitgliedern eine einheitliche Orientierung geben und die Identifikation mit
der Organisation unterstützen. Es gehört zum normativen Management und ist wesentliches Element einer Corporate Identity" (Krems 2017).

Bleicher (2004, S. 272 ff.) bezeichnet das Leitbild als „realistisches Idealbild", als ein
Leitsystem, an dem sich alles Handeln orientieren soll. Es gehört zur obersten Ebene des
Managements, dem normativen Management und enthält deshalb „die grundsätzlichsten
und damit allgemeingültigsten, gleichzeitig aber auch abstraktesten Vorstellungen über
angestrebte Ziele und Verhaltensweisen der Unternehmung".

Etwas anders definiert Kleinfeld ein Leitbild, wobei das Leitbild als Konkretisierung
der Vision, dem eher abstrakten Zukunftsbild einer Organisation, verstanden wird: „Das
Leitbild ist der erste Ansatzpunkt, um neben den selbstverständlich unabdingbaren ökonomischen Zielvorstellungen auch ethische Prinzipien, Leitwerte (Core Values) und Selbstverpflichtungen in das Unternehmen einzuführen. Zu diesen Leitwerten gehören allgemein gesprochen Orientierungen wie Partnerschaftlichkeit, Nachhaltigkeit oder Fairness.
Das Leitbild fungiert als eine Art ‚Grundgesetz' des Unternehmens, das als erste Kon-
kretisierungsstufe die Zielsetzungen der Vision mit dem Alltagshandeln verbindet. Das
Leitbild hat eine zusätzliche Vermittlungsfunktion im Verhältnis zu internen und exter-

J. Rottluff (✉)
Corporate Excellence Consultancy, Dr. Kleinfeld CEC GmbH & Co. KG
Gifhorn, Deutschland
E-Mail: joachim.rottluff@kleinfeld-cec.com

© Springer-Verlag GmbH Deutschland, ein Teil von Springer Nature 2018   171
A. Kleinfeld und A. Martens (Hrsg.), *CSR und Compliance*,
Management-Reihe Corporate Social Responsibility,
https://doi.org/10.1007/978-3-662-56214-7_11

nen Stakeholdern. Als solches soll es auch in Konfliktfällen verbindliche Orientierungen vorgeben" (Kleinfeld 2003, S. 66 f.).

In der Praxis wird „Leitbild" häufig als Überbegriff für Mission, Vision und Werte verwendet, als das Dokument, in dem die „normativen Ziele", wie Bleicher sie nennt, zusammengeführt werden. Synonyme dafür sind beispielsweise „Unternehmensphilosophie" oder „Unternehmenspolitik".

Ziel eines Leitbildes ist im einen wie im anderen Fall, das Selbstverständnis einer Organisation darzulegen und als grundlegende Orientierung und Maßstab nach innen und außen zur Geltung zu bringen. Zerlegt man den Begriff in seine beiden Bestandteile „Leit(en)" und „Bild", erschließen sich weitere Bedeutungsdimensionen, die nachfolgend dargestellt werden.

Stimmt man der Annahme zu, dass in einer Organisation Menschen mit unterschiedlichen Sichtweisen, Zielen und Interessen zusammenarbeiten, kommt man nicht umhin auch anzunehmen, dass es in Organisationen Konflikte und Widersprüche gibt. Der Einzelne ist nicht die Organisation und die Organisation auch nicht einfach die Summe aller Einzelnen. Das kann man ganz einfach daran erkennen, dass Organisationen auch dann weiterbestehen können, wenn keines der ursprünglichen Organisationsmitglieder mehr Teil der Organisation ist. Die Organisation bekommt eine eigene „Persönlichkeit", wie es auch im Begriff der „juristischen Person" zum Ausdruck kommt.

Damit eine Organisation in der Lage ist, die Aktivitäten der einzelnen Organisationsmitglieder zu synchronisieren, bedarf es eines gewissen Maßes an geteilten Zielen und an Spielregeln für die Zusammenarbeit, eine Art minimaler Konsens der Organisationsmitglieder als Begründung für die Zusammenarbeit.

In kleinen Unternehmen, insbesondere bei Start-ups, werden diese Ziele und Spielregeln maßgeblich von der Gründerpersönlichkeit oder den Gründern geprägt. Ihre „Leitbilder" sind häufig gar nicht ausformuliert, sondern existieren implizit: „Wir wollen ein tolles Produkt an den Markt bringen, wir wollen damit (viel) Geld verdienen, wir wollen gesellschaftliche Anerkennung finden und wir gehen gemeinsam durch dick und dünn". So oder so ähnlich würden es vermutlich die Organisationsmitglieder beschreiben, wenn man sie danach fragte.

Bei relativ kleinen (weniger als 50 Mitarbeiter) und erfolgreichen Organisationen, d. h. alle Organisationsmitglieder können in und mit der Organisation ihre persönlichen Interessen und Bedürfnisse befriedigen und weisen eine starke persönliche Bindung untereinander auf, besteht der Zweck „impliziter Leitbilder" darin, die Organisation zusammenzuhalten und die geteilte Arbeit zu synchronisieren. (Einen aufschlussreichen Beitrag zum Verständnis von Organisationen und ihrer Funktionsweise liefert Morgan (2008) mit „Bilder der Organisation").

Diese „schöne, heile Welt" geht erfahrungsgemäß früher oder später verloren. Organisationen durchlaufen Entwicklungsphasen (Lebenszyklus von Organisationen) und damit einhergehende Wachstumskrisen. Nun beginnt die Zeit der Grundsatzdiskussionen: Was ist unser besonderes Profil, was gehört zur Organisation dazu, was nicht, welche Spielregeln sollen nach innen und außen gelten? Nicht wenige junge Unternehmen scheitern daran, dass sie auf diese Fragen keine, für die wichtigsten Beteiligten konsensfähige, Antworten finden. Gelingt dies jedoch, dann schafft sich die Organisation eine Richtschnur, an der sich alle Mitglieder bei ihrem Entscheiden und Handeln orientieren, eine LEIT-Linie, die Grundsatzdebatten zumindest für eine gewisse Zeit überflüssig macht. Und genau darin besteht zugleich ein wesentliches Gütekriterium von Leitbildern: Sie sind dann wertvoll, wenn sie der Organisation dabei helfen, Entscheidungen ohne größere Debatten und Kontroversen zu treffen und so zu ihrer effizienten und ethisch verantwortbaren Führung beitragen.

Eine andere Frage, die sich bereits beim optischen Studium unterschiedlicher Leitbilder aufdrängt, lautet: Warum wird eigentlich von einem „LeitBILD" gesprochen und nicht von einem „LeitTEXT", wenn es sich doch de facto meist um Texte handelt? Bekanntlich sagt „ein Bild mehr als tausend Worte". Ein Leitbild soll also nach Möglichkeit viele Worte ersetzen, es soll knapp und prägnant sein. Gleichzeitig sollen Leitbilder ansprechend und attraktiv sein, will sagen: auch ästhetischen Ansprüchen genügen, wenn man so will „appetitlich" sein. Dies wird vom Bemühen der meisten Unternehmen und Organisationen widergespiegelt, ihre Leitbilder schön zu gestalten und eine bildhafte, bisweilen auch „blumige" Sprache dafür zu verwenden.

Summa summarum wird in einem Leitbild die, alle Organisationsmitglieder verbindende Vorstellung von der Zukunft der Organisation festgehalten und um verbindliche Maßstäbe des Handelns und Verhaltens ergänzt, die als Leitplanken auf dem Weg zu deren Verwirklichung dienen.

Im Kontext von CSR sollten alle drei Komponenten des Leitbildes – Mission, Vision, Werte – darüber hinaus Bezüge zur Wahrnehmung gesellschaftlicher Verantwortung herstellen und die dafür relevanten normativen Orientierungen festlegen.

2 Welche Themen/Fragen sollten im Leitbild behandelt werden?

2.1 Mission/Daseinszweck

Das Leitbild sollte erklären, warum es die Organisation überhaupt gibt. Ein Automobilhersteller könnte z. B. sagen: „Wir stellen unseren Kunden sichere und komfortable Fahrzeuge zur Verfügung." Eine Alternative wäre die Aussage: „Wir gewährleisten eine umweltverträgliche Mobilität", wie es beispielsweise um die Jahrtausendwende VW propagiert hat. Die beiden Varianten führen zu ganz unterschiedlichen Erfolgskriterien: Im ersten Fall steht der Kunde im Vordergrund, im zweiten die Wahrnehmung von Verantwortung gegenüber der Gesellschaft bzw. gegenüber zukünftigen Generationen.

Betrachtet man das Instrument der Mission im Kontext von CSR, dann sollte damit der Nutzen des Unternehmens für mehrere relevante Stakeholder thematisiert werden. Zumindest sollte deutlich werden, dass die Geschäftätigkeit nicht mit allgemein anerkannten moralischen Grundsätzen kollidiert.

2.2   Vision/angestrebtes Ideal

Während in der Mission der Bezug zur Gegenwart im Vordergrund stehen sollte, wird in der Vision eine Entwicklungsperspektive aufgezeigt. Beispiel Nokia:

> We are innovating the global nervous system, a seamless web of interconnected intelligence that senses and adapts to the world around us – a cognitive, self-learning network that fluidly responds and adapts, enhancing how we live and work (Nokia 2017).

In dieser Vision wird auch ein gesellschaftlicher Bezug hergestellt. In vielen anderen Fällen wird stattdessen lediglich auf die eigene Wettbewerbsposition abgestellt, z. B. bei der Commerzbank: „Als Marktführer für Privat- und Firmenkunden mit europäischer Ausrichtung wollen wir die beste Bank in Deutschland werden – und damit erste Wahl für unsere Kunden, Mitarbeiter und Investoren" (Commerzbank 2010).

Die potenzielle Funktion und Wirkung von Visionen, durch eine auch emotionale Komponente die eigenen Mitarbeiter zu motivieren und zu aktivieren (Pull Effect), ist mit Inhalten dieser Art eher nicht erreichbar.

2.3   Werte/Spielregeln/Versprechen an die Interessengruppen

Das folgende Beispiel stammt von der Continental AG (Continental AG 2017).

> **Unsere Werte**   Menschen, die begeistern – in einer Kultur, die inspiriert
> Continental – das sind mehr als 227.000 leidenschaftlich engagierte Menschen, die in 56 Ländern täglich für Kunden und Nutzer den Traum von Mobilität verwirklichen. Wir schaffen damit nachhaltig Wert. Dafür geben wir jeden Tag unser Bestes.
> Bei Continental teilen alle Mitarbeiter vier grundlegende Unternehmenswerte. Sie bilden die Wurzeln unserer Unternehmenskultur: Vertrauen, Gewinnermentalität, Freiheit und Verbundenheit. Wir sind davon überzeugt: Nur in einem damit geprägten Umfeld entstehen maßgebliche und wegweisende Leistungen, Lösungen und Beiträge (Continental AG 2017).

So oder so ähnlich sehen viele Darstellungen der Werte von großen deutschen Unternehmen aus.

Die klassische Auswahl besteht typischerweise aus:

Vertrauen,

Leistung,

Offenheit,

Kooperation.

Aber welchen Beitrag leistet eine Auflistung von Werten dieser Art als Orientierungshilfe der internen wie externen Anspruchsgruppen einer Organisation, wenn sie nicht zugleich in ihrer spezifischen Bedeutung für das jeweilige Unternehmen definiert und erläutert werden? Dann wäre es schon fruchtbarer, sich an den, in einem internationalen Konsens entwickelten 7 Grundsätzen der ISO 26000 zu orientieren (ISO 26000 2011, S. 25 ff.). Sie bilden eine Art Mindestanforderung für Organisationen, die für sich in Anspruch nehmen wollen, gesellschaftlich verantwortungsvoll zu handeln. Dazu gehören im Einzelnen:

Rechenschaftspflicht Eine Organisation sollte über die Auswirkungen ihrer Entscheidungen und Aktivitäten auf die Gesellschaft, die Wirtschaft und die Umwelt Rechenschaft ablegen.

Transparenz Eine Organisation sollte transparent sein in Bezug auf ihre Entscheidungen und Aktivitäten, die die Gesellschaft und die Umwelt beeinflussen.

Ethisches Verhalten[1] Eine Organisation sollte ethisch handeln.

Achtung der Interessen von Anspruchsgruppen Eine Organisation sollte die Interessen ihrer Anspruchsgruppen achten, berücksichtigen und auf sie eingehen.

Achtung der Rechtsstaatlichkeit Eine Organisation sollte anerkennen, dass Recht und Gesetz unbedingt zu achten sind.

Achtung internationaler Verhaltensstandards Eine Organisation sollte bei gleichzeitiger Orientierung am Grundsatz der Rechtsstaatlichkeit internationale Verhaltensstandards achten.

Achtung der Menschenrechte Eine Organisation sollte die Menschenrechte achten und sowohl deren Bedeutung als auch deren Allgemeingültigkeit anerkennen (ISO 26000 2011, S. 25 ff.).

Auch diese Grundsätze benötigen selbstverständlich eine Erläuterung und Konkretisierung im unternehmensspezifischen Kontext, wozu die ISO 26000 hilfreiche Anleitungen gibt. Aber schon in dieser allgemeinen Form sind die genannten Werte bzw. Grundsätze weitaus aussagekräftiger als viele der verbreiteten Auflistungen von Allgemeinplätzen, die unter der Rubrik „Unternehmenswerte" in Leitbildern zu finden sind.

Noch zielführender im Sinne des eingangs dargestellten Zwecks eines Leitbildes wäre es, Werte bereits im Leitbild durch klare und verbindliche Versprechen gegenüber den relevanten Stakeholdern zu illustrieren, z. B.:

- **Gemeinwohl**: Das Unternehmen legt Gewinne offen und versteuert diese – im Sinne der Steuergesetzgebung – an dem Ort, wo die Gewinne erzielt werden.
- **Respekt**: Das Unternehmen bietet seinen Mitarbeitern attraktive Arbeitsplätze und fördert die Mitarbeiter in der Entwicklung ihrer persönlichen Potenziale auch über die Bedürfnisse des Unternehmens hinaus. Dies gilt für alle Mitarbeiter (Vollzeit-, Teilzeit- und Zeitarbeitskräfte sowie für Auszubildende und Praktikanten) an allen

---

[1] Dieser Grundsatz fällt aus Sicht des Autors etwas aus dem Rahmen der Aufzählung der ISO 26000, bildet er doch die Klammer um die anderen in der Aufzählung genannten Grundsätze.

Standorten des Unternehmens. Dies gilt auch für outgesourcte Prozesse, auf die das Unternehmen einen maßgeblichen Einfluss hat.

- **Verantwortung für die Umwelt**: Das Unternehmen betrachtet sowohl die Produktionstechnik als auch die Produkte in ihren Umweltwirkungen über den ganzen Lebenszyklus – „cradle to cradle" – und bevorzugt nachweislich die Lösungen, die den geringsten Schaden für die natürliche Umwelt darstellen.
- **Fairness**: Wir sind an langfristigen und zuverlässigen Geschäftsbeziehungen interessiert. Deshalb versprechen wir unseren Lieferanten faire Konditionen hinsichtlich der Preisgestaltung und bei der Bewältigung von Lieferstörungen, vorausgesetzt unsere Lieferanten zeichnen sich durch Qualität und Liefertreue aus.

Einerseits lassen sich solche Versprechen gut überprüfen. Andererseits macht die Formulierung von Bedingungen wie im letzten Beispiel auch deutlich, dass die Selbstbindung aus dem Versprechen an die Voraussetzung geknüpft ist, dass auch andere Beteiligte ihrerseits die Spielregeln beachten. Das schützt vor überhöhten, uneinlösbaren Zusagen.

3 Welche Kriterien sollte ein Leitbild erfüllen?

1. Leitbilder müssen einen Unterschied machen: Auch wenn es nicht explizit im Leitbild ausformuliert ist, sollten dessen Aussagen doch deutlich machen, wogegen sich das Unternehmen damit abgrenzt.
2. Leitbilder sollen nicht für sich stehen, sie sollten in einen Kontext eingebettet sein. Es sollte sich ein Bezug herstellen lassen zwischen Leitbild, Strategie und Managementsystem.

Die Abb. 1 versucht diese Zusammenhänge zu beleuchten.

Die Mission hat einen deutlichen Bezug zu den erzeugten Produkten und Dienstleistungen, zum Output, zum Nutzen, den die Organisation stiften will (Effektivität).

Die Vision entwirft ein Zukunftsbild und hat damit einen besonderen Bezug zur Strategie.

Die Werte definieren die Spielregeln für die Kooperation nach innen und außen und haben damit einen besonderen Bezug zur Ablauforganisation (Wie gehen wir vor?) und zur Aufbauorganisation (Wie sehen die Entscheidungsstrukturen aus? Wie sind Macht und Verantwortung zugeordnet?).

Leitbilder werden nicht dadurch wirksam, dass man an ihre Beachtung appelliert. Leitbilder können nur dann wirksam werden, wenn sie sich in strategische und operative Ziele überführen lassen und wenn sie geeignet sind, sich in die Modellierung der Prozesse und der Aufbauorganisation einweben zu lassen (Abschn. 5).

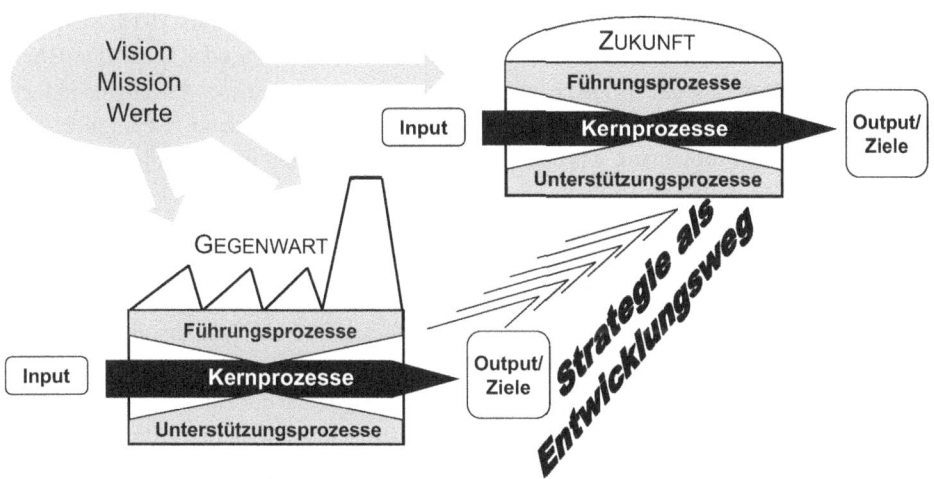

Abb. 1 Kriterien eines Leitbildes. (Eigene Darstellung)

4 Was ist bei der Entwicklung von Leitbildern zu beachten?

Gängige Vorschläge für die Entwicklung von Leitbildern zielen auf die breite Beteiligung der Belegschaft ab. In kleinen Organisationen (z. B. bis 100 Mitarbeiter) erscheint das noch machbar, aber wie sieht dies in Organisationen mit deutlich mehr Mitarbeitern aus? Mir sind Beispiele aus Schulen bekannt, wo Kollegien mit 70 und mehr Lehrern in einem Workshop versucht haben, Mission, Vision und Werte zu formulieren. Selbst bei guter Vorbereitung dauert ein entsprechender Workshop zwei Tage. In dieser Zeit steht die Organisation, in diesem Fall die Schule, still. Vor diesem Hintergrund stellt sich die Frage, ob ein Aufwand dieser Größenordnung gerechtfertigt ist, zumal mit der bloßen Formulierung des Leitbildes die Frage der Umsetzung noch lange nicht geklärt ist.

Je größer die Belegschaft, desto schwieriger wird die allgemeine Beteiligung der Belegschaft. Außerdem darf vermutet werden, dass hinter dem Versuch der gemeinsamen Formulierung des Leitbildes die Annahme steht, dass die Mitglieder einer Organisation überwiegend gemeinsame Interessen haben. Dies kommt auch in dem Wunsch zum Ausdruck, die Mitarbeiter einer Organisation sollen sich mit der Organisation „identifizieren", also sich identisch machen. Aber die Organisation ist das eine, die Organisationsmitglieder sind etwas anderes. Es gibt das „wohlverstandene Gesamtinteresse" einer Organisation und es gibt die Partialinteressen einzelner Organisationsmitglieder und Organisationseinheiten. Dazwischen existieren Schnittmengen, aber auch signifikante Gegensätze. Letztlich besteht die zentrale Herausforderung guter Führung darin, angesichts der vielen und teilweise widersprüchlichen Anforderungen der verschiedenen Stakeholder, das wohlverstandene Gesamtinteresse gegen nicht rechtfertigbare, also ethisch und unter Bezug auf die Unternehmenswerte nicht begründbare, Partialinteressen durchzusetzen.

Der gegenwärtigen Diskussion über flache Hierarchien (vgl. Laloux 2015) steht der Autor aufgrund seiner Erfahrungen kritisch gegenüber. In Start-ups oder speziellen Branchen, wie etwa der Software-Branche, mag dies funktionieren, ob dieses Paradigma jedoch bedingungslos auf die Mehrheit von Betrieben übertragen werden kann, ist fraglich. Die damit verbundene Problematik wurde bereits vor einigen Jahren in der Publikation *Wenn die Affen den Zoo regieren* von Stefan Kühl erläutert (1995).

Die Entwicklung des Leitbildes ist eine zentrale und nicht delegierbare Aufgabe des obersten Führungsteams. Diesem Team obliegen die Befugnis und die Verpflichtung, Entscheidungen zu fällen, die für die gesamte Organisation verbindlich sind. In die Entscheidungsvorbereitung können und sollten durchaus andere Schlüsselpersonen und Mitarbeiter-Repräsentanten in unterschiedlicher Form eingebunden werden. Unter Beachtung weiterer Aspekte (Herausforderungen des Umfeldes, Potenziale der eigenen Organisation) kann dann die oberste Führung eine tragfähige Strategie ableiten und eine dazu passende Ablauf- und Aufbauorganisation gestalten. Auch in die Vorbereitung der Strategieentwicklung können Positionen, Empfehlungen, Perspektiven etc. der verschiedenen internen und externen Stakeholder eingebunden werden, aber es ist und bleibt die Verantwortung der Unternehmensspitze, über Leitbild, Strategie und Managementsystem zu entscheiden, da sie letztlich auch für die Entscheidungen und Aktivitäten der Organisation, die auf dieser Grundlage gefällt werden, juristisch wie gesellschaftlich geradezustehen hat!

5 Wie werden Leitbilder wirksam?

Die Frage, dass und warum Leitbilder nicht wirksam werden, ist leicht zu beantworten, denn dafür genügt ein Blick in die (leider gängige) Praxis: In vielen Fällen wird versucht, das Leitbild nach vollendeter Ausarbeitung mithilfe von, z. T. aufwändigen Kampagnen in die Organisation hinein zu kommunizieren. Selbst dann, wenn man große Veranstaltungen durchführt oder auf Abteilungsebene in Workshops das Leitbild erörtert und für dessen Beachtung wirbt, haben solche „Einmal-Aktivitäten" in der Regel keine nachhaltige Wirkung. Wie es überhaupt eine eigenartige Vorstellung ist, das Führen einer Organisation als eine Serie von Kampagnen zur verstehen.

Einige Unternehmen gehen den Weg, einen Code of Conduct auszuarbeiten, in dem – im besten Fall – die allgemein formulierten Werte des Leitbildes in Form von Handlungsanweisungen konkretisiert werden (vgl. den Beitrag „Code of Conduct" in diesem Band). Im Zuge des Compliancehypes der letzten Jahre haben aber auch Verhaltenskodizes diese Bedeutung zunehmend verloren und dienen nun in erster Linie als Instrument des Compliancemanagements, um Verpflichtungen und Regeln zu den dafür relevanten, meist justiziablen Themen wie Korruption und Kartellrecht zu formulieren.

Leitbilder werden unabhängig davon vor allem dadurch wirksam, dass man sie in strategische und operative Ziele überführt und bei der Modellierung der Prozesse und Verfahren Sicherungen einbaut, die die Beachtung der Aussagen des Leitbildes unterstützen. Außerdem bedarf es eines umfassenden Controllings, das dafür Sorge trägt, dass die

Einhaltung der Vorgaben aus dem Leitbild bestärkt und Abweichungen zur Grundlage von Korrekturmaßnahmen gemacht werden. Mit anderen Worten, die Aussagen des Leitbildes müssen in alle Managementbereiche, Handlungs- und Entscheidungsprozesse der Organisation systematisch eingewoben werden.

In größeren Unternehmen ist es heute die Regel, dass dazu ein Managementsystem etabliert wird. Ein Managementsystem lässt sich verstehen als die Gesamtheit der Regelungen, die erforderlich sind, um den langfristigen Erfolg eines Unternehmens zu gewährleisten und seine spezifische Verantwortung gegenüber der Gesellschaft systematisch zu managen. Kernstück jedes Managementsystems ist neben der Darstellung der Aufbauorganisation (die formellen Machtverhältnisse, Entscheidungsbefugnisse, Verantwortlichkeiten) die Modellierung der Geschäftsprozesse (die Ablauforganisation). Prozessleitfäden, Verfahrensanweisungen oder Arbeitsanweisungen stellen das erstrebenswerte Vorgehen dar. Es erscheint naheliegend, in diese Vorgaben die zu beachtenden Werte, Grundsätze und andere Vorgaben des Leitbildes an der Stelle einzubauen, an der sie für die Handlung relevant werden.

Die Ausarbeitung und Kommunikation eines anspruchsvollen Leitbildes ist für die Synchronisation der Aktivitäten der Organisation unabdingbar. Es lässt sich jedoch feststellen, dass Ausarbeitung und Kommunikation allein nicht ausreichen, um dessen Inhalte auch zur Geltung zu bringen. Vielmehr bedarf es eines umfassenden Managementsystems, um die Umsetzung des Leitbildes auf allen Ebenen und in allen Bereichen der Organisation sicherzustellen. Dies gilt umso mehr, je größer und komplexer die Organisation ist.

6   Fazit

Unter bestimmten Voraussetzungen, die oben vor allem aus praktischer Sicht dargestellt wurden, haben Leitbilder für eine effiziente und zugleich werteorientierte Organisationsführung eine zentrale Bedeutung. So verstanden bilden sie die unverzichtbare normative Grundlage und Ausgangsposition für ein systematisches Management der Verantwortung einer Organisation gegenüber ihren verschiedenen Anspruchsgruppen und der Gesellschaft insgesamt. Denn im Leitbild als einer Art „Grundgesetz" werden die Maßstäbe festgehalten, an denen eine Organisation künftig von innen und außen gemessen werden kann und soll. Damit die darin formulierten Orientierungen aber auch tatsächlich die Entscheidungen, Aktivitäten und Beziehungen einer Organisation prägen, genügt es nicht, diese Inhalte nur zu propagieren oder kommunikativ einzufordern – sie müssen auch Bestandteil ihres Managementsystems – oder aber ihrer Managementsysteme – werden. Unternehmen, die ihre Verantwortung, beispielsweise im Bereich Qualität, Umwelt und Compliance – nicht im Rahmen voneinander getrennter Systeme, sondern durch ein entsprechend ganzheitlich ausgerichtetes Managementsystem wahrnehmen, sind bei der funktionalen Integration der Leitbildinhalte folglich klar im Vorteil.

Literatur

Bleicher K (2004) Das Konzept integriertes Management, 7. Aufl. Campus, Frankfurt a. M., New York

Commerzbank (2010) Geschäftsbericht 2010. http://geschaeftsbericht2010.commerzbank.de/commerzbank/annual/2010/gb//German/20/15/commerzbank.pdf. Zugegriffen: 27. Nov. 2017

Continental AG (2017) https://www.continental-corporation.com/de/unternehmen/konzernstrategie/unsere-werte-29524. Zugegriffen: 24. Nov. 2017

ISO 26000 (2011) Leitfaden zur gesellschaftlichen Verantwortung (ISO 26000:2010). Beuth, Berlin

Kleinfeld A (2003) Werte und Wertemanagement – Schlüssel zur integren Organisation. In: Schlegel A (Hrsg) Wirtschaftskriminalität und Werte. Theoretische Konzepte, Empirische Befunde, Praktische Lösungen. Traugott Bautz, Nordhausen, S 46–78

Krems (2017) Online-Verwaltungslexikon, Version 4.2. http://www.olev.de/l/leitbild.htm. Zugegriffen: 30. Nov. 2017

Kühl S (1995) Wenn die Affen den Zoo regieren, 1. Aufl. Campus, Frankfurt a. M.

Laloux F (2015) Reinventing Organizations: Ein Leitfaden zur Gestaltung sinnstiftender Formen der Zusammenarbeit. Vahlen, München

Morgan G (2008) Bilder der Organisation (Systemisches Management). Schäfer-Poeschel, Stuttgart

Nokia (2017) https://www.nokia.com/en_int/about-us/who-we-are/o. Zugegriffen: 22. Nov. 2017

Dipl.-Sozialwirt (Uni) Joachim Rottluff wurde 1951 in Hannover geboren. Er studierte Sozialwissenschaften an der wirtschafts- und sozialwissenschaftlichen Fakultät der Georg-August-Universität Göttingen und arbeitete zunächst im Personalwesen des Einzelhandels und der Chemieindustrie. Seit 1979 ist Joachim Rottluff als freiberuflicher Unternehmensberater für strategische Organisationsgestaltung im In- und Ausland tätig, u. a. in Kooperation mit „Dr. Kleinfeld CEC GmbH & Co. KG". Seit 2015 ist er Inhaber und Geschäftsführer der „Excellence Center Nürnberg GmbH". Seine Schwerpunkte in der Beratung sind: Führung, Strategieentwicklung, strategische Organisationsentwicklung, Aufbau ganzheitlicher Managementsysteme (Schwerpunkt: EFQM), Corporate Social Responsibility (CSR) u. a. nach DIN ISO 26000, Qualitäts-, Umwelt- und Projektmanagement. Neben seiner Tätigkeit als Berater ist Joachim Rottluff auch als Lehrbeauftragter am Institut für Berufspädagogik und Erwachsenenbildung an der Leibniz-Universität Hannover und als Trainer der TÜV-NORD Akademie tätig.

Code of Conduct

Joachim Rottluff

1 Was versteht man unter einem Code of Conduct?

Ein Code of Conduct, zu Deutsch Verhaltenskodex, ist nach Rößler 2016

> ... eine Zusammenfassung von Verhaltensregeln in Unternehmen. Er enthält die wesentlichen Werte und Grundüberzeugungen des Unternehmens. Die Einhaltung des Code of Conduct hat sich das Unternehmen als freiwillige Selbstverpflichtung auferlegt. Der Code of Conduct basiert auf den Unternehmensgrundsätzen und Visionen und bildet die Basis weiterer konkreter Richtlinien und Regelungen (Rößler 2016).

Kaptein spricht von einem Business Code und verweist in seinem Artikel *Effektive Business Codes: Inhalt und Bedingungen* auf die unterschiedlichen Bezeichnungen, die für einen Code of Conduct in der Theorie wie auch Praxis geläufig sind. Neben dem Terminus Code of Conduct (Verhaltenskodex) und Business Code finden sich auch Bezeichnungen wie Code of Ethics, Unternehmensrichtlinien oder Code of Practice, die aber alle auf dasselbe Dokument referenzieren (Kaptein 2010, S. 293), nach Kaptein nämlich auf

> ein unabhängiges Dokument, das von einem Unternehmen und für ein Unternehmen entwickelt wurde als Richtlinie für die aktuelle und zukünftige Verhaltensweise seiner Manager und Mitarbeiter (Kaptein 2010, S. 294).

Es geht also einerseits um Verhaltensrichtlinien für die Führungskräfte und Mitarbeiter eines Unternehmens und es geht anderseits um die Konkretisierung der eher allgemeinen Aussagen eines Leitbildes (vgl. Beitrag „Leitbild" in diesem Band).

J. Rottluff (✉)
Corporate Excellence Consultancy, Dr. Kleinfeld CEC GmbH & Co. KG
Gifhorn, Deutschland
E-Mail: joachim.rottluff@kleinfeld-cec.com

© Springer-Verlag GmbH Deutschland, ein Teil von Springer Nature 2018   181
A. Kleinfeld und A. Martens (Hrsg.), *CSR und Compliance*,
Management-Reihe Corporate Social Responsibility,
https://doi.org/10.1007/978-3-662-56214-7_12

Verhaltensrichtlinien sind immer dann erforderlich, wenn befürchtet werden muss, dass es zu Fehlverhalten kommen kann bzw. wenn Vorgesetzte und Mitarbeiter vor schwierigen Entscheidungen stehen und die Entscheidungsfindung unterstützt werden soll. Besonders gilt dies für sogenannte Dilemma-Situationen.

In der Systematik eines umfassenden Managementsystems steht der Code of Conduct zwischen dem Leitbild (Mission-Vision-Wertestatement) und den detaillierten Vorgehensvorschriften in Form von Prozessleitfäden, Verfahrens-, Betriebs- und Arbeitsanweisungen. Dies gilt beispielsweise auch für das WerteManagementSystem des Zentrums für Wirtschaftsethik (vgl. Beitrag „Instrumente des CSR- und Compliancemanagements in der Praxis"; WerteManagementSystem^{ZfW} 2017).

Nicht immer wird die Dokumentation eines unternehmensbezogenen Regelwerkes so eingeteilt wie beschrieben. In vielen Fällen gehen Leitbild und Code of Conduct ineinander über.

Unabhängig davon sollte es jedoch einen nachvollziehbaren Zusammenhang in der Ableitung Werte → Code of Conduct → Arbeitsanweisungen geben. In diesem Sinne ist der Code of Conduct ein wichtiges gedankliches Bindeglied zwischen der Unternehmensphilosophie und der Steuerung des alltäglichen Verhaltens.

2   Welche Themen/Fragen sollten im Code of Conduct behandelt werden?

Nicht nur, weil diese Frage hier im Kontext von Corporate Social Responsibility behandelt wird, bietet die ISO 26000 hierfür eine fruchtbare Anleitung. Die Norm gibt im Beitrag „Compliance in der ISO 26000" in diesem Band Handlungsempfehlungen zu den Kernthemen gesellschaftlicher Verantwortung:

Menschenrechte: Gebührende Sorgfalt; Menschenrechte in kritischen Situationen; Mittäterschaft vermeiden; Missstände beseitigen; Diskriminierung und schutzbedürftige Gruppen; bürgerliche und politische Rechte; wirtschaftliche, soziale und kulturelle Rechte; grundlegende Prinzipien und Rechte bei der Arbeit.

Arbeitspraktiken: Beschäftigung und Beschäftigungsverhältnisse, Arbeitsbedingungen und Sozialschutz, sozialer Dialog, Gesundheit und Sicherheit am Arbeitsplatz, menschliche Entwicklung und Schulung am Arbeitsplatz.

Umwelt: Vermeidung der Umweltbelastung, nachhaltige Nutzung von Ressourcen, Abschwächung des Klimawandels und Anpassung, Umweltschutz, Artenvielfalt und Wiederherstellung natürlicher Lebensräume.

Faire Betriebs- und Geschäftspraktiken: Korruptionsbekämpfung, verantwortungsbewusste politische Mitwirkung, fairer Wettbewerb, gesellschaftliche Verantwortung in der Wertschöpfungskette fördern, Eigentumsrechte achten.

Konsumentenanliegen: Faire Werbe-, Vertriebs- und Vertragspraktiken sowie sachliche und unverfälschte, nicht irreführende Informationen; Schutz von Gesundheit und Sicherheit der Konsumenten; nachhaltiger Konsum; Kundendienst; Beschwerdemanagement und Schlichtungsverfahren; Schutz und Vertraulichkeit von Kundendaten; Sicherung der Grundversorgung; Verbraucherbildung und Sensibilisierung.

Einbindung und Entwicklung der Gemeinschaft: Einbindung der Gemeinschaft, Bildung und Kultur, Schaffung von Arbeitsplätzen und berufliche Qualifizierung, Technologien entwickeln und Zugang dazu ermöglichen. Schaffung von Wohlstand und Einkommen, Gesundheit, Investition zugunsten des Gemeinwohls (ISO 26000 2011, S. 36 ff.).

Diese Auflistung verhilft in Verbindung mit den zugehörigen Erläuterungen zu einem ausgezeichneten Überblick über mögliche Themenfelder eines zeitgemäßen Code of Conduct. Die sieben Kernthemen der ISO 26000 umfassen z. B. auch die 10 Prinzipien des UN Global Compact (UN Global Compact 2017), gehen jedoch aufgrund ihrer Konkretisierung anhand von 37, detailliert beschriebenen Handlungsfeldern über diese Prinzipien deutlich hinaus.

Nicht jedes Unternehmen muss alle diese Themen behandeln. Im Rahmen einer Wesentlichkeitsanalyse ist zunächst zu klären, inwieweit zu den genannten Themenfeldern ein Bezug besteht. Zu beachten sind dabei unter anderem die Branche, das spezifische Geschäftsmodell, Charakteristika des Personals, die geografische Ausdehnung des Unternehmens und nicht zuletzt die Wertschöpfungskette eines Unternehmens. Ausgangspunkt für die Ausarbeitung eines Code of Conduct könnte – und sollte auch nach einschlägigen CSR-Standards wie GRI (2017) oder ISO 26000 (2011) – die Erfassung aller Stakeholder des Unternehmens sein, die Auseinandersetzung mit sowie die Bewertung von deren Interessen und Erwartungen unter Legitimitätsgesichtspunkten (ISO 26000 2011, Kap. 5, S. 30 ff.).

Es ist heute üblich, im Code of Conduct ein Bekenntnis bzgl. der Einhaltung der gesetzlichen/rechtlichen Vorschriften abzugeben, was auf den ersten Blick als überflüssig erscheint, ist doch jedermann und jedes Unternehmen ohnehin zur Einhaltung der Rechtsvorschriften verpflichtet. Gleichwohl wird ein entsprechendes Bekenntnis im Rahmen bzw. als Grundlage von Complianceprogrammen gefordert und kann vor allem dann hilfreich sein, wenn es mit der Zusicherung verbunden ist, die Gesetze sinngemäß, dem sogenannten „Geiste nach" zu erfüllen und auf die Ausnutzung von Gesetzeslücken oder die spitzfindige Ausdeutung von Gesetzen zu verzichten. Dies wäre u. a. im Kontext der Steuergesetzgebung in vielen Fällen vorteilhaft.

Aber auch unabhängig von dieser Zusicherung ist Folgendes zu beachten: Die Einhaltung der gesetzlichen Vorgaben ist heute keine triviale Aufgabe mehr. Man werfe nur einmal einen Blick auf das deutsche und europäische Umweltrecht. Selbst Unternehmen, die sich nachweislich um die Einhaltung der entsprechenden rechtlichen Regelungen bemühen, tun sich damit schwer. Ein Bekenntnis zur Einhaltung der rechtlichen Vorgaben würde aber zumindest bedeuten, dass es im Unternehmen etablierte Verfahren zur Ermittlung der entsprechenden Anforderungen gibt und dass regelmäßig intern überprüft wird, wie die Einhaltung der Regelungen gelingt – eine Aufgabe, mit der heute u. a. bereichs-übergreifende Complianceabteilungen befasst sind.

Noch deutlicher wird die Herausforderung der Gesetzeskonformität, wenn das Unternehmen im internationalen Rahmen operiert und dazu unter Umständen auch mit unterschiedlichen, ggf. auch widersprüchlichen, Anforderungen konfrontiert ist.

Hinsichtlich des Spektrums eines Code of Conduct darf also erwartet werden, dass zunächst alle gesetzlichen Anforderungen adressiert werden (Compliance im engeren Sinne). Darüber hinaus sollte das betreffende Unternehmen die eigenen Auswirkungen auf alle seine Stakeholder analysieren und klären, inwieweit und in welcher Form das Unternehmen mit den legitimen Anforderungen der relevanten Interessengruppen umzugehen gedenkt und wie dabei anerkannte Grundsätze anständigen Handelns und Verhaltens beachtet werden sollen (Integrity). Insbesondere für die Fälle und Situationen, für die Entscheidungsunsicherheiten absehbar sind, sollte der Code of Conduct klare Verhaltensanweisungen beinhalten.

3   Welche Kriterien sollte ein Code of Conduct erfüllen?

3.1   Stellung in der Unternehmensdarstellung

Die Ausführungen sowohl in diesem als auch im vorangehenden Abschnitt zum Thema „Leitbild" gehen davon aus, dass Unternehmen ab einer gewissen Größe (> 50 Mitarbeiter) und einer gewissen Komplexität (deutliche Ausdifferenzierung der betrieblichen Funktionen) darauf angewiesen sind, bestimmte Dinge verbindlich, und das heißt eben auch schriftlich, zu regeln:

- das Zielsystem (Was wollen wir erreichen → normative, strategische und operative Ziele),
- die Ablauforganisation (Wie wollen wir vorgehen → Prozesslandkarte, Prozessleitfäden, Verfahrens- und Arbeitsanweisungen),
- Aufbauorganisation (Wer hat welche Verantwortung, wer hat welche Befugnisse → Organigramm und Stellen- bzw. Funktionsbeschreibungen).

Es setzt sich immer mehr durch, diese Unternehmensdarstellung als integriertes Managementsystem auszugestalten. Abb. 1 versucht diesen Zusammenhang zu veranschaulichen.

Leitbild und Code of Conduct wären in so einem System Bestandteile des Managementhandbuches. Sachlich würde der Code of Conduct zwischen den Werten im Leitbild und den Prozessleitfäden/Verfahrensanweisungen stehen. Er wäre das Bindeglied zwischen den allgemeinen Werten im Leitbild und konkreten Verfahrensvorgaben in entsprechenden betrieblichen Anweisungen. Daraus folgt, dass ein Code of Conduct

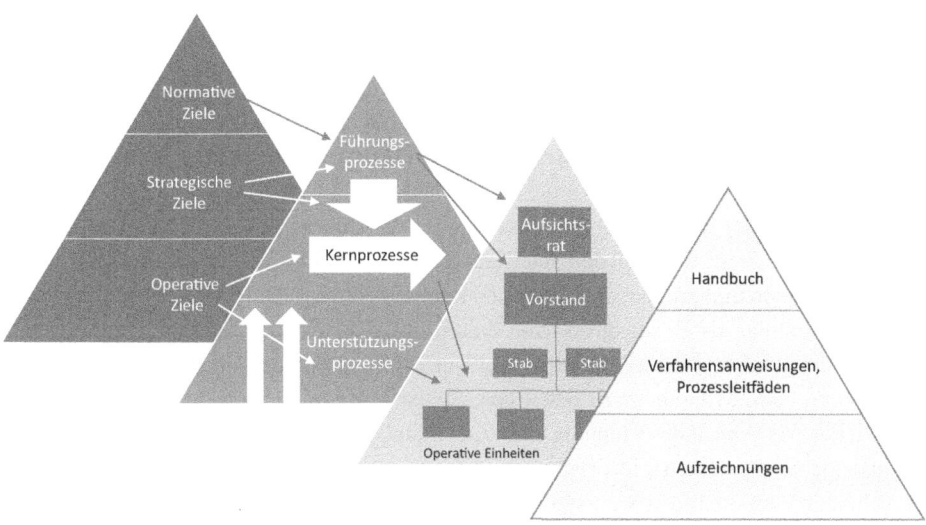

Abb. 1 Integriertes Managementsystem. (Eigene Darstellung)

konkreter sein sollte als die Werte im Leitbild, aber im Unterschied zu Prozessleitfä-
den/Verfahrensanweisungen immer noch eine gewisse Allgemeingültigkeit haben sollte.

Nicht alle Unternehmen gestalten die Beziehung zwischen Leitbild, Code of Conduct
und konkreten Vorgehensvorgaben wie hier vorgeschlagen. Im Hinblick auf die konsequente Umsetzung der Verhaltensrichtlinien erscheint es aber als sehr wichtig, die Beziehung zwischen verschiedenen Regelungsebenen und verschiedenen Regelungsbereichen
nachvollziehbar auszugestalten.

3.2   Umfang des Code of Conduct

Schon aus der Auflistung möglicher Themenfelder (vgl. Abschn. 2) ergibt sich, dass
ein Code of Conduct typischerweise mehrere Seiten umfassen kann. Im Rahmen von
Internetrecherchen lassen sich zahlreiche Beispiele finden – von Verhaltenskodizes mit
geringerem Seitenumfang, z. B. der Code of Conduct der Thyssen Krupp AG (dreiseitig,
vgl. Thyssen Krupp AG 2017), bis hin zu deutlich umfangreicheren Versionen wie dem
Code of Conduct des Axel Springer Verlages (40-seitig, Axel Springer Verlag SE 2017).

Hinsichtlich der Festlegung auf einen angemessenen Umfang befindet man sich in
einem Zwiespalt: Einerseits sollte der Code of Conduct nicht allzu lang sein, die Lesebe-
reitschaft im digitalen Zeitalter ist erfahrungsgemäß (noch) geringer geworden und nimmt
mit zunehmender Seitenanzahl stetig ab. Andererseits sollte der Verhaltenskodex aber
auch konkret und aussagekräftig sein. Das geht aber in der Regel nur, wenn der Kodex
auch differenzierte Darlegungen enthält. Dieser Sachverhalt macht noch einmal deutlich,

wie wichtig es ist, den Kontext des Code of Conduct, insbesondere seine Einbindung in das übrige Regelwerk des Unternehmens, zu betrachten.

4   Was ist bei der Entwicklung von Verhaltenskodizes zu beachten?

Ähnlich wie bei der Erarbeitung eines Leitbildes (vgl. Beitrag „Leitbild" in diesem Band) ist eine zentrale Frage die nach der Beteiligung der Mitarbeiter. Wieder ist ein Unterschied zwischen kleinen und großen, einfachen und komplexen Betrieben zu machen. Aber selbst wenn man einmal als Bezugsgröße von einem mittelständischen Unternehmen mit 150 Mitarbeitern ausgeht, das ausschließlich in Deutschland produziert und vertreibt, erscheint es schwierig, alle Mitarbeiter zu beteiligen. Selbst wenn man einen Großgruppenansatz, einen „Tag des Anstandes" (analog der „Qualitätstage" bei der Einführung von Quali-tätsmanagementsystemen), in Erwägung zieht, ist es schwer vorstellbar, dass daraus ein brauchbarer Verhaltenskodex entsteht. Naheliegender erscheint es, dass entweder auf der mittleren Führungsebene oder durch ein entsprechend beauftragtes Team[1] ein Vorschlag für den Code of Conduct erarbeitet wird. Über diesen muss letztlich das Topmanagement entscheiden, mehr noch, es muss deutlich erkennbar zu den entsprechenden Regelungen stehen.

Bevor es jedoch zu entsprechenden Entscheidungen kommt, sollte jede Abteilung oder jedes Team den Entwurf erörtern, um eine möglichst breite Legitimationsbasis zu erzielen. Leitfragen könnten sein:

- Deckt der Entwurf alle wesentlichen Entscheidungs- und Handlungsfelder ab?
- Sind die Verhaltensrichtlinien angemessen und praktikabel?
- Welche Voraussetzungen müssen geschaffen werden, um die konsequente Umsetzung der Richtlinien zu gewährleisten?

Die Erörterung dieser Fragen stellt einen Realitätscheck dar. Wenn die Mitarbeiter nicht nachvollziehen können, wie die Richtlinien gemeint und für ihr spezifisches Umfeld anzuwenden sind, wird eine Umsetzung eher unwahrscheinlich. Regeln spielen immer dann eine Rolle, wenn man nicht davon ausgehen kann, dass sich Menschen von alleine angemessen verhalten. Regeln sind immer Einschränkungen oder Aufforderungen, ihre Einhaltung hat immer etwas mit der Überwindung von Widerständen zu tun.

Die Bedeutung der Erörterung des „Code of Conduct" in verschiedenen Bereichen (z. B. Einkauf, Vertrieb, Produktentwicklung, Personal etc.) unter Bezugnahme auf die

---

[1] Der Autor steht zusätzlichen Gremien, Arbeitsgruppen etc. kritisch gegenüber. Die meisten Unternehmen verfügen über eine Führungsstruktur und somit über Führungskräfte, denen die Ver-antwortung obliegt, die Organisation zu führen. Dazu gehört die Klärung von Zielen und Richtlinien, deren Umsetzung und die Bewertung sowie ggf. Verbesserung des Vorgehens. Diese Aufgabe und die damit verbundene Verantwortung kann nicht (oder erfahrungsgemäß mit nur wenig Aussicht auf Erfolg) an temporäre Organisationseinheiten übertragen werden.

spezifischen Herausforderungen sollte auch als Hinweis darauf verstanden werden, dass ein Code of Conduct nicht von externen Beraterfirmen/Agenturen entwickelt werden kann. Haben die internen Beteiligten die Botschaften des Code of Conduct formuliert und ist deren Bedeutung geklärt, kann im Anschluss eine Agentur die Rohfassung des Codes überarbeiten und dem Text den nötigen Feinschliff verleihen. Es kann durchaus sinnvoll sein, den Entwurf einer juristischen Prüfung zu unterziehen, damit keine Regelungen beschlossen werden, die mit dem geltenden Recht kollidieren. Wesentlich bleibt jedoch, dass der Code of Conduct im Unternehmen entwickelt, breit erörtert und somit von allen Beteiligten/Betroffenen verstanden werden muss.

5 Wie werden Verhaltenskodizes wirksam?

Jenseits der im vorherigen Abschnitt bereits erörterten Vorarbeiten durch die Führungskräfte und die bereichsspezifische Beteiligung der Mitarbeiter, sind drei weitere Maßnahmen von großer Bedeutung:

1. Sofern der Code of Conduct übersichtlich und allgemeingültig bleiben soll, bedarf es einer weiteren Konkretisierung durch entsprechende Richtlinien und Verfahrensanweisungen (Policies and Procedures). Ein Beispiel soll diesen Gedanken verdeutlichen: Viele in Deutschland hergestellte Produkte – z. B. Computerchips – können auch militärisch („dual-use") verwendet werden und unterliegen damit prinzipiell der Exportkontrolle sowie den damit verbundenen weiteren rechtlichen Regelungen (Kriegswaffenkontrollgesetz 1990). Die Nichtverbreitung von Kriegswaffen dürfte in Deutschland in weiten Teilen der Bevölkerung eine hohe Akzeptanz haben. Es ist jedoch davon auszugehen, dass vielen die Kenntnis solcher Regelungen fehlt bzw. unklar ist, in welcher Form was beachtet und geprüft werden muss. So ist z. B. zu prüfen, inwieweit bei der Produktentwicklung in Kooperation mit Universitäten und anderen Forschungseinrichtungen Studierende aus kriegsführenden Ländern eingebunden werden dürfen! Fraglich ist, wo eine solche Kooperation geregelt werden kann – sicher nicht in einem Code of Conduct. Dazu bedarf es detaillierter Regelungen.
2. Es sollten Mechanismen existieren, die regelmäßig und systematisch die Umsetzung der Verhaltensregeln überprüfen. Dazu gehören Fallbesprechungen in den jeweiligen Organisationseinheiten, regelmäßig (z. B. jährlich) stattfindende Mitarbeitergespräche, aber auch Befragungen der Mitarbeiter.
3. Organisationen sollten über ein erprobtes Whistleblowingsystem verfügen. Gerade für Mitarbeiter ist es häufig schwer, problematische Verhaltensweisen von Vorgesetzten anzusprechen, insbesondere wenn sie aufgrund ihrer Meldungen Repressionen zu befürchten haben.

6 Fazit

Der Code of Conduct ist ein wichtiges Instrument, mit dem im Unternehmen geklärt wird, wie die Mitglieder der Organisation (Führungskräfte und Mitarbeiter) entscheiden und handeln sollen. Typischerweise übersetzt er einen Wertekanon in konkrete Verhaltensregeln.

Der Code of Conduct kann alleine stehen, das heißt ohne eine definierte Einbindung in das Regelwerk des Unternehmens und/oder ohne Ableitung aus den normativen Zielen des Unternehmens. Ist dies der Fall, steht allerdings zu befürchten, dass es weder zu einer konsequenten Umsetzung noch zu einer systematischen Überprüfung und Weiterentwicklung von dessen Inhalten kommt.

Es wird deshalb empfohlen, den Code of Conduct in ein ganzheitlich angelegtes, hierarchisch gegliedertes Regelwerk (Managementsystem) einzubetten. Er hätte dann die Funktion, eine Brücke zwischen den allgemeinen Aussagen eines Leitbildes und den konkreten Vorgaben von Verfahrensanweisungen herzustellen.

Literatur

Axel Springer Verlag SE (2017) Code of Conduct. Verantwortungsvolles Handeln bei Axel Springer. http://www.axelspringer.de/dl/498450/AxelSpringer_CodeOfConduct_DE.pdf. Zugegriffen: 4. Dez. 2017
GRI (2017) https://www.globalreporting.org/Pages/default.aspx. Zugegriffen: 7. Dez. 2017
ISO 26000 (2011) Leitfaden zur gesellschaftlichen Verantwortung (ISO 26000:2010). Beuth, Berlin
Kaptein M (2010) Effektive Business Codes: Inhalt und Bedingungen. In: Wieland J, Steinmeyer R, Grüninger S (Hrsg) Handbuch Compliance-Management. Erich Schmidt, Berlin, S 291–313
Kriegswaffenkontrollgesetz (1990) Gesetz über die Kontrolle von Kriegswaffen. Ausführungsgesetz zu Artikel 26 Abs. 2 des Grundgesetzes. Ausfertigungsdatum 19.04.1961. http://www.gesetze-im-internet.de/krwaffkontrg/. Zugegriffen: 4. Dez. 2017
Rößler A (2016) Compliance. Beispiele für einen Code of Conduct. https://www.business-wissen.de/artikel/compliance-4-beispiele-fuer-einen-code-of-conduct/. Zugegriffen: 4. Dez. 2017
Thyssen Krupp AG (2017) Code of Conduct. Wir. https://www.thyssenkrupp.com/media/unternehmen/compliance/code_of_c/thyssenkrupp_code_of_conduct_de.pdf. Zugegriffen: 4. Dez. 2017
UN Global Compact (2017) Zugegriffen. https://www.globalcompact.de/de/ueber-uns/Dokumente-Ueber-uns/DIE-ZEHN-PRINZIPIEN-1.pdf. Zugegriffen: 4. Dez. 2017
WerteManagementSystem (2017) WerteManagementSystem^{ZfW} – Prinzipien und Bausteine für Nachhaltigkeit in der Unternehmensführung. http://www.dnwe.de/tl_files/ZfW/wms.pdf. Zugegriffen: 1. Mai 2017

Dipl.-Sozialwirt (Uni) Joachim Rottluff wurde 1951 in Hannover geboren. Er studierte Sozialwissenschaften an der wirtschafts- und sozialwissenschaftlichen Fakultät der Georg-August-Universität Göttingen und arbeitete zunächst im Personalwesen des Einzelhandels und der Chemieindustrie. Seit 1979 ist Joachim Rottluff als freiberuflicher Unternehmensberater für strategische Organisationsgestaltung im In- und Ausland tätig, u. a. in Kooperation mit „Dr. Kleinfeld CEC GmbH & Co. KG". Seit 2015 ist er Inhaber und Geschäftsführer der „Excellence Center Nürnberg GmbH". Seine Schwerpunkte in der Beratung sind: Führung, Strategieentwicklung, strategische Organisationsentwicklung, Aufbau ganzheitlicher Managementsysteme (Schwerpunkt: EFQM), Corporate Social Responsibility (CSR) u. a. nach DIN ISO 26000, Qualitäts-, Umwelt- und Projektmanagement. Neben seiner Tätigkeit als Berater ist Joachim Rottluff auch als Lehrbeauftragter am Institut für Berufspädagogik und Erwachsenenbildung an der Leibniz-Universität Hannover und als Trainer der TÜV-NORD Akademie tätig.

Kommunikation und Offenlegung von Informationen

Stefan Behringer

1 Theoretischer Hintergrund einer Offenlegung von Informationen

Das Veröffentlichen von Informationen dient dem Zweck, Transparenz zu schaffen. Transparenz ist dabei ein ambivalentes Ziel. Auf der einen Seite scheuen anrüchige und kriminell Tätige Transparenz und schaffen durch Geheimnisse Orte, die sich der öffentlichen Beobachtung entziehen. Man denke an schwarze Kassen, wie es sie bei Siemens während des Korruptionsskandals gegeben hat.[1] Geld wurde dem offenen Geldkreislauf entzogen und der Kontrolle von Steuerbehörden, Wirtschaftsprüfern, aber auch internen Kontrollorganen, z. B. dem Controlling, und damit letztlich den Eigentümern entzogen. Da es sich bei Korruption um eine dolose Handlung handelt, ist es notwendig, sie im Verborgenen auszuführen. Ansonsten würde sie sofort unterbunden und bestraft. Nicht umsonst heißt die Anti-Korruptionsorganisation Transparency International. Schafft man Transparenz, ist eine kriminelle Handlung zumeist nicht mehr möglich. Ambivalent ist das Streben nach Transparenz deshalb, da es betriebswirtschaftlich notwendig, absolut legal oder sogar verpflichtend ist, bestimmte Informationen nicht zu veröffentlichen. Man denke an Technologien oder Rezepturen, die essenziell für das Unternehmen sind, Preisinformationen oder Kunden- bzw. Mitarbeiterdaten (vgl. Stehr und Wallner 2010, S. 9 ff.). Transparenz ist also kein Wert an sich, sondern es ist fallweise zu analysieren, ob Transparenz sinnvoll ist oder nicht. Zu viel Transparenz kann sogar selbst ein Complianceverstoß sein. Hier ist

---

[1] Siemens hatte ab 1997 ein System mit Schmiergeldzahlungen betrieben, um Aufträge im Ausland zu erhalten. Die Bestechungsgelder wurden aus extra dafür angelegten schwarzen Kassen gespeist. Im Jahr 2006 wurde das System von den Behörden aufgeklärt. In verschiedenen Prozessen wurden das Unternehmen und seine Mitarbeiter im In- und Ausland verurteilt.

S. Behringer (✉)
Hochschule der Wirtschaft, NORDAKADEMIE gemeinnützige Aktiengesellschaft
Elmshorn, Deutschland
E-Mail: stefan.behringer@nordakademie.de

© Springer-Verlag GmbH Deutschland, ein Teil von Springer Nature 2018
A. Kleinfeld und A. Martens (Hrsg.), *CSR und Compliance*,
Management-Reihe Corporate Social Responsibility,
https://doi.org/10.1007/978-3-662-56214-7_13

beispielhaft an die Überwachung des Arbeitnehmers durch den Arbeitgeber zu nennen. Diese kann – auch wenn sie eingesetzt wird, um Compliancevorfälle gegen das Unternehmen zu verhindern – selbst zum Vorfall werden, da gegen die Gesetzgebung zum Schutz der Arbeitnehmer verstoßen worden ist.

Die Offenlegung von Informationen dient aus ökonomischer Sicht dem Abbau von Informationsasymmetrie zwischen der Unternehmensleitung und dem (externen) Adressaten. Für die klassische finanzielle Rechnungslegung ist offensichtlich, dass Kunden, Lieferanten, Gläubiger, Arbeitnehmer und insbesondere Eigentümer ein Interesse an Informationen haben, die die Solidität und Zukunftsaussichten des Unternehmens zeigen (vgl. Küting und Lam 2013, S. 1737). Die Agenten (sprich die Unternehmensleitung) haben die besseren Informationen über die wirtschaftliche Situation des Unternehmens. Die Prinzipale (dies sind sowohl die Eigentümer als auch die Öffentlichkeit, die jedem Unternehmen die Licence to operate verleiht) haben wenige und zumeist schlechtere Informationen. Die Regulierung der externen Rechnungslegung als Kernbestandteil der unternehmerischen Offenlegung von Informationen dient dem Abbau dieser Informationsasymmetrien. Der Staat verpflichtet die Unternehmen zur Offenlegung finanzieller Informationen, da es im schlimmsten Falle durch die Informationsungleichheit zu Marktversagen kommt (Akerlof 1970, S. 490). Keine Bank würde einen Kredit ohne Kenntnis der finanziellen Lage des Kreditnehmers vergeben, kein Arbeitnehmer sollte sich auf einen Arbeitsvertrag mit einem Arbeitgeber einlassen, ohne zu wissen, ob das Unternehmen finanziell so leistungsfähig ist, dass es den Arbeitsplatz auch langfristig finanzieren kann. Für finanzielle Fragestellungen erscheint die Offenlegung von Informationen also so bedeutend zu sein, dass eine Offenlegung (zumindest für Kapitalgesellschaften bzw. Personengesellschaften ab einer bestimmten Größe) verpflichtend ist. Ob dies für Sachverhalte aus dem Bereich Compliance und Corporate Social Responsibility jenseits der in diesem Buch schon erwähnten Normen für die Berichterstattung von nichtfinanziellen Informationen auch so ist, soll im Folgenden untersucht werden. Dazu wird auf die Normen des Handelsgesetzbuches, der internationalen Rechnungslegung nach IFRS, auf den Deutschen Corporate Governance Kodex sowie Standards zu Nachhaltigkeitsmanagement und Compliance, denen sich Unternehmen freiwillig unterwerfen können, Bezug genommen.

Daneben können sich Unternehmen jedoch auch dafür entscheiden, Informationen freiwillig ohne Bezugnahme auf Standards oder Normen zur Verfügung zu stellen. Freiwillige Informationen senden Signale an die externen Adressaten aus, die auch betriebswirtschaftliche Vorteile bringen können. In der Literatur wird dies regelmäßig diskutiert vor dem Hintergrund der Senkung der Transaktionskosten bei der Ausgabe von Eigen- oder Fremdkapital (Lang und Lundholm 1996, S. 468). Kommt es zu gerichtlichen Auseinandersetzungen, können freiwillig im Vorhinein veröffentlichte Informationen die Prozessrisiken senken (vgl. Francis et al. 1994, S. 148). Hier könnte sich der offene Umgang mit compliancerelevanten Sachverhalten positiv auswirken. Unternehmen können aber auch bewusst Signale aussenden, die ihnen Wettbewerbsvorteile einbringen (Verrecchia 2001, S. 97). So können Unternehmen, die ihre Produkte über das Differenzierungsmerkmal der ökologischen Verträglichkeit verkaufen wollen, durch einen besonders offenen Umgang mit Fragen des Umweltschutzes Vorteile erreichen. Ausgehend von der These, dass Berufsanfänger besonders gerne bei integren und verantwortlichen Unternehmen ihre berufliche Laufbahn beginnen wollen, kann die intensive Publizität von Compliance- und CSR-relevanten Sachverhalten erhebliche Vorteile am Arbeitsmarkt bei der Suche nach talentierten Nachwuchskräften bringen.

Hat ein Unternehmen einen höheren Anteil seiner Aktien im Streubesitz bzw. unterschiedliche Kapitalgeber, so wird auch die Information der Investoren wichtiger. Diese Annahme passt zu empirischen Erkenntnissen zur Berichtsqualität, die bei diesen Unternehmen höher ist (Wiemann und Pfeiffer 2012, S. 260). Daher kann man davon ausgehen, dass umfassende Informationen stärker von solchen Unternehmen veröffentlicht werden und deutlich weniger von Familienunternehmen.

Insgesamt kann es aus diesen Gründen gewichtige betriebswirtschaftliche Motive für eine Offenlegung von Informationen über das gesetzlich notwendige Maß hinaus geben.

2 Arten von Informationen aus dem Bereich Compliance und CSR

Informationen werden in der Betriebswirtschaftslehre als „zweckorientiertes Wissen" (Wittmann 1959, S. 14) definiert. Die von Unternehmen sinnvollerweise zur Verfügung zu stellende Information muss also einen Zweck erfüllen. Ziel der Offenlegung ist die nachhaltige und allumfassende Zufriedenstellung aller Stakeholder. Hier sind insbesondere die folgenden Stakeholder mit ihren jeweiligen Informationserfordernissen zu nennen:

- Die Eigenkapitalgeber: Sie wollen Informationen erhalten, welche ihnen die Gewissheit geben, dass das Unternehmen langfristig erfolgreich sein kann. In Bezug auf Compliance ist dies insbesondere Wissen über das Compliancemanagementsystem des Unternehmens. Stellt sich dieses als effizient dar, so kann man davon ausgehen, dass durch Complianceverstöße die Existenz des Unternehmens nicht gefährdet werden kann. Retrospektiv interessiert Investoren insbesondere, welche Compliancevorfälle es gab, welche Strafen oder Reputationsverluste daraus entstanden bzw. sich noch auswirken können in der Zukunft und welche Konsequenzen das Unternehmen daraus gezogen hat. Auch CSR-relevante Informationen sind für Eigenkapitalgeber immer stärker relevant. Ethische Kriterien spielen bei der Investitionsentscheidung eine immer größere Rolle, so hat beispielsweise der staatliche Pensionsfond Norwegens – aufgrund der Ölfördereinnahmen einer der größten Investoren der Welt – sich strenge ethische Kriterien zur Auswahl von Investitionsobjekten gegeben. Andere große Investoren sind diesem Beispiel gefolgt.
- Das Interesse von Fremdkapitalgebern wird ähnlich gelagert sein wie dasjenige von Eigenkapitalgebern. Ihr Planungshorizont wird der Laufzeit des finanziellen Engagements entsprechen. Ein besonderer Fokus wird bei ihnen auf der Integrität der finanziellen Situation und der veröffentlichten Daten liegen. Ebenfalls werden CSR-relevante

Daten berücksichtigt werden, da die Risiken (z. B. bezüglich Reputation) sich auch auf die Rückzahlungsfähigkeit auswirken können.

- Den Mitarbeiter interessiert ebenfalls die wirtschaftliche Lage des Unternehmens. Darüber hinaus sind sie aber auch an der Reputation des Unternehmens interessiert. Aktuelle und insbesondere potenzielle neue Mitarbeiter wollen ungern bei schlecht beleumundeten Unternehmen arbeiten. Daher wird sie auch die Kommunikation von Vorfällen sowie die finanziellen und organisatorischen Konsequenzen daraus interessieren. Des Weiteren werden weiche Faktoren, z. B. Work-Life-Balance, Diversity, flexible Arbeitszeiten, Weiterbildungen, immer wichtiger für die Auswahl des Arbeitgebers. Eine ausführliche Berichterstattung über diese Themen hat daher eine besondere Relevanz für die Mitarbeitergewinnung.
- Der Staat ist insbesondere an der Ordnungsmäßigkeit der Handlungen interessiert. Ihn interessieren daher insbesondere Informationen zum Compliancemanagementsystem. Ist es zu Vorfällen gekommen, erwarten sie einen transparenten Umgang mit der Situation durch das Unternehmen. Der Staat kann durch die Reduktion von Strafen diese Offenheit auch belohnen bzw. die Verweigerung von Informationen durch höhere Pönalen bestrafen. Die CSR-relevanten Themenbereiche sind für den Staat auch deshalb wichtig, da hier häufig Forderungen angesprochen werden, die im politischen Raum diskutiert werden aber noch keine Gesetzeskraft erlangt haben.
- Die breite Öffentlichkeit ist ebenfalls an Integrität, aber auch an einem sozial und ökologisch engagierten Unternehmen interessiert. Kommt es zu Vorfällen, fordern erfahrungsgemäß die Medien als Vermittler für Kunden, Lieferanten und die breite Öffentlichkeit einen transparenten Umgang mit den Vorfällen.

Man kann also festhalten, dass insbesondere Informationen zur Struktur und Leistungsfähigkeit des CSR und Compliancemanagementsystems von Interesse sind. Daneben ist für die vergangenheitsorientierte Berichterstattung der Umgang mit Vorfällen relevant. Regeln zur Abbildung der finanziellen Folgen sind im Handelsgesetzbuch bzw. den IFRS bereits niedergelegt.

Ein besonders relevanter Bereich für Compliance und CSR ist die Wahrhaftigkeit der veröffentlichten Informationen. Eine wichtige Funktion übernimmt hierbei die Prüfung der Angaben durch den Wirtschaftsprüfer. Für den Jahresabschluss selbst ist noch eine zusätzliche Bekräftigung durch den sogenannten Bilanzeid (§ 264 Abs. 2 Satz 3 HGB) hinzugekommen. Die gesetzlichen Vertreter einer Kapitalgesellschaft müssen schriftlich versichern, dass der aufgestellte Jahresabschluss nach „bestem Wissen" ein tatsächliches Bild der Vermögens-, Finanz- und Ertragslage des Unternehmens zeichnet. Diese Bekräftigung ist auch eine zusätzliche moralische Verpflichtung, die neben die sowieso schon immer bestehenden gesetzlichen Verpflichtungen zur korrekten Berichterstattung getreten ist. Damit wird jedem Bilanzadressaten noch einmal die besondere Vertrauenswürdigkeit des Abschlusses vor Augen geführt. Vorstände können sich bei Fehlern im Abschluss – oder noch schlimmer bei Manipulationen – nicht mehr mit Nichtwissen herausreden. Viele der nichtfinanziellen Informationen, die Unternehmen veröffentlichen, unterliegen allerdings nicht dieser besonderen Vertrauenskontrolle durch Wirtschaftsprüfer. Es ist aber zu konstatieren, dass der Wirtschaftsprüfer zwar Manipulationen finden muss, die wesentliche Auswirkungen auf die Rechnungslegung haben; er hat aber nicht die Hauptverantwortung bei der Verhinderung von dolosen Handlungen. Es kann sogar sein, dass Manipulationen nachträglich ans Licht kommen, die ein Prüfer übersehen hat und trotzdem ein Fehlverhalten des Abschlussprüfers nicht nachweisbar ist (vgl. Marten et al. 2015, S. 466 f.).

Besondere Pflichten haben kapitalmarktorientierte Unternehmen im Bereich des Insiderrechts. Mutmaßlich kursrelevante Informationen sind ohne schuldhaftes Zögern zu veröffentlichen. Die Veröffentlichung findet über das Unternehmensregister statt (vgl. § 15 Abs. 1 Satz 1 WpHG). Sollte sich ein gesetzlicher Vertreter des Unternehmens „verplapper(n)" (Jahn 2016, Tz. 17), so ist die Veröffentlichung nachzuholen. Insidergeschäfte mit solchen Informationen sind verboten. Irreführende Informationen, die die Börsenkurse beeinflussen können, sind ebenfalls untersagt. Von dieser Pflicht zur sofortigen Offenlegung von Informationen sind selbstverständlich auch Compliancefälle umfasst. Diese können erhebliche Auswirkungen auf Börsenkurse haben (man denke an die Manipulationen zu den Abgasemissionen im VW-Konzern). Sie sind daher sofort bei Bekanntwerden zu veröffentlichen.

3 Angaben im Lagebericht bzw. im Management Commentary

3.1 Charakter und Aufgaben des Lageberichts

Die Pflicht zur Erstellung eines Lageberichts für Kapitalgesellschaften ist in § 264 Abs. 1 Satz 1 HGB geregelt. Gleiches gilt für haftungsbeschränkte Personenhandelsgesellschaften im Sinne des § 264a HGB (dies sind im Wesentlichen Unternehmen, die die Struktur einer GmbH & Co. KG haben). Kleine Kapitalgesellschaften und kleine Personenhandelsgesellschaften sind von der Pflicht gemäß § 264 Abs. 1 Satz 4 befreit, es sei denn, sie sind kapitalmarktorientiert.

Nach deutschem Recht sind die Inhalte des Lageberichts in § 289 HGB für einzelne Unternehmen, und nach § 315 HGB für Konzerne vorgegeben. Der Lagebericht ist ein eigenständiges Berichtsinstrument und nicht Teil des Jahresabschlusses. Vielmehr gibt der Lagebericht ergänzende Informationen, die in vielen Fällen zukunftsbezogen sind. So sind Chancen und Risiken aus der Geschäftstätigkeit darzustellen. Im Wesentlichen soll der Geschäftsverlauf erläutert werden und die Lage der Gesellschaft präsentiert werden. Er ist somit eine zweite Säule der Rechnungslegung, der den eigentlichen Abschluss um qualitative und zukunftsorientierte Informationen ergänzt (Fink et al. 2013, S. 3). Im Lagebericht sind daher sowohl CSR als auch Compliance wichtige Berichtsbereiche.

Der Lagebericht ist durch seinen qualitativen und prognostischen Charakter freier in Bezug auf Berichtsprinzipien, die Grundsätze ordnungsmäßiger Buchführung mit ihren starken Reglementierungen entfalten hier keine Wirkung (vgl. Ballwieser 1997, S. 155).

Inzwischen hat sich aber auch für den Lagebericht eine Leitlinie entwickelt, die im Deutschen Rechnungslegungsstandard 20 zu den Grundsätzen ordnungsmäßiger Lageberichterstattung kodifiziert wurde.

Für börsennotierte Konzerne mit deutschem Sitz sind die International Financial Reporting Standards (IFRS) anzuwenden. Die IFRS haben eine andere Herangehensweise an den Lagebericht. Zunächst fehlte eine Regelung zu einem narrativen Bericht im Regelwerk der IFRS gänzlich. Wahrscheinlich war das darauf zurückzuführen, dass die Zahlen des Rechnungswesens durch gleiche Bilanzierungs- und Bewertungsstandards gleichnamig gemacht werden sollten, um eine einheitliche weltweit verständliche Sprache des Rechnungswesens zu schaffen (vgl. Küting 2000, S. 452). Eine verbale Erläuterung hätte dieses ohnehin schon schwierige Unterfangen noch weiter erschwert.

Im Konzept der internationalen Rechnungslegung kommt dem Management Commentary eine deutlich geringere Rolle zu wie dem deutschen Lagebericht im System des HGB. Dies kommt zum einen in der Freiwilligkeit der Erstellung zum Ausdruck. Die IFRS beinhalten keine Verpflichtung zur Erstellung eines Berichts, sondern nur eine Empfehlung zur Abfassung und Veröffentlichung eines Management Commentary. Zum anderen wird in der Definition der IFRS deutlich, dass auch hier im Wesentlichen auf finanzielle Größen Bezug genommen werden soll. Es geht im System der IFRS darum, die finanzielle Situation des Unternehmens zu erklären und die Ziele und Strategie für die Zukunft darzustellen. Der Management Commentary ist Ausdruck eines finanziellen wertorientierten (nicht werteorientierten) Berichtssystems (Unrein 2011, S. 67).

3.2   CSR und Compliance im Lagebericht nach HGB

Die Inhalte des Lageberichts sind ausführlich in § 289 HGB (Einzellagebericht) bzw. § 315 HGB (Konzernlagebericht) dargestellt. Die Inhalte sind für Einzel- und Konzernlagebericht im Wesentlichen gleich. Compliance und CSR-relevante Sachverhalte können insbesondere in drei vorgeschriebenen Bereichen Relevanz entfalten. Dabei handelt es sich um:

- Risiko- und Prognosebericht: Hier muss auch auf Risiken eingegangen werden, die aus dem Bereich Compliance und CSR entstehen. So kann ein Verstoß gegen Sozialstandards in Produktionsstätten ein erhebliches Risiko am Markt und damit letztlich für die finanzielle Situation darstellen.
- Bericht über das interne Kontroll- und Risikomanagementsystem: Compliance spielt in beiden zu erläuternden Systemen eine Rolle (vgl. Behringer 2016, S. 28). Compliancerisiken können nicht nur erhebliche finanzielle Risiken haben, sie können letztlich sogar zum Verlust der Licence to operate führen. Sie sind also in jedem Falle in einem Risikomanagementsystem zu erfassen und zu beurteilen. Das interne Kontrollsystem versucht durch Kontrollen sicherzustellen, dass die wesentlichen internen und externen Regeln eingehalten werden. Der Zusammenhang zu Compliancerisiken ist unmittelbar

einsichtig. Risiken aus dem Bereich CSR sind in ihren Auswirkungen häufig weniger unmittelbar finanziell fassbar, haben aber mittelbar ebenfalls Auswirkungen auf die finanzielle Situation des Unternehmens. Folglich sind sie ebenfalls in der Berichterstattung zu berücksichtigen. Bei der Darstellung der Prinzipien des IKS nennt der DRS explizit die Funktionstrennung oder das Vier-Augen-Prinzip als Beispiele. Beides sind klassische Instrumente des Compliancemanagements. Die Unternehmensleitung kann sich bei der Darstellung der Risiken nicht mit einer bloßen Aufzählung begnügen. Der Gesetzgeber fordert eine Beurteilung und Erläuterung, die Grundsätze ordnungsmäßiger Lageberichterstattung fordern darüber hinaus noch bei wesentlichen Risiken eine Quantifizierung (Deutscher Rechnungslegungsstandard [DRS] 20.152). Dies bedeutet, dass auch schwer zu monetarisierende Risiken, z. B. für die Reputation des Unternehmens, in Geldwerte transformiert werden sollen.

Die Pflichten sind durch das CSR-Richtlinie-Umsetzungsgesetz, (vgl. Kajüter 2017) das im März 2017 rückwirkend für das Geschäftsjahr ab 01.01.2017 in Kraft getreten ist, geschärft worden. Kapitalmarktorientierte Unternehmen, Kreditinstitute und Versicherungen über 500 Mitarbeiter sowie Umsätzen über 40 Mio. € oder einer Bilanzsumme von über 20 Mio. € im Jahresdurchschnitt müssen in einer Erklärung über nichtfinanzielle Leistungsindikatoren Rechenschaft ablegen. Diese Erklärung kann in den Lagebericht integriert werden, indem ein separater Abschnitt erstellt wird oder die Sachverhalte unter andere Posten des Berichts subsumiert werden. Möglich ist auch die Abfassung eines gesonderten Berichts. Konkret müssen Unternehmen über fünf Bereiche berichten:

- Umweltbelange (z. B. Angaben über Verbräuche und Emissionen),
- Arbeitnehmerbelange (Diversity, Arbeitssicherheit, Weiterbildung),
- Sozialbelange (z. B. Stakeholderdialoge mit gesellschaftlich relevanten Gruppen),
- Achtung der Menschenrechte (Welche Instrumente werden eingesetzt, um Menschenrechtsverletzungen zu vermeiden?)
- Bekämpfung von Korruption und Bestechung (Welche Instrumente werden im Rahmen eines Compliancemanagementsystems eingesetzt?)

Je nach Geschäftsmodell des Unternehmens können weitere berichtspflichtige Sachverhalte hinzukommen. Berichtspflicht besteht immer dann, wenn der Sachverhalt wesentlich ist.

Der Lagebericht muss vom Jahresabschlussprüfer geprüft werden. Dabei erstreckt sich die Prüfung auf die Übereinstimmung der Darstellung mit dem Jahresabschluss, der korrekten Darstellung der Lage des Unternehmens bzw. Konzerns und auf die plausible Darstellung der Chancen und Risiken. Hinsichtlich der durch das CSR-Richtlinieumsetzungsgesetz eingeführten Berichtspflicht für nichtfinanzielle Leistungsindikatoren muss der Abschlussprüfer lediglich prüfen, ob die geforderten Angaben gemacht worden sind.

Der Prüfer steht dabei vor einigen Herausforderungen. Der narrative Charakter des Lageberichts erfordert eine andere Herangehensweise als an die Prüfung des finanziellen

Jahresabschlusses, bei dem auch mit Hilfe mathematisch-statistischer Methoden Erkenntnisse gewonnen werden können. Die prospektiven Aussagen sind naturgemäß nur schwer zu prüfen. Selbst bei einer anderen tatsächlichen Entwicklung kann nicht auf eine fehlerhafte Berichterstattung geschlossen werden, da sich reale Situationen anders als erwartet entwickeln können.

Außerdem soll der Lagebericht die Ansichten des Managements zum Ausdruck bringen. Diese gesetzlich gewünschte subjektive Färbung der Aussagen darf aber nicht zu einer bewusst fehlerhaften Darstellung mit werblichen Charakter missbraucht werden. Alle Aussagen müssen auf Widersprüche zum Zahlenwerk und Inkonsistenzen geprüft werden (vgl. Marten et al. 2015, S. 657). Die Aussagen des Lageberichts sind also deutlich schwerer zu prüfen als die Zahlen im Jahresabschluss. Sie behalten einen subjektiven Charakter, der ihnen auch vom Gesetzgeber zugebilligt worden ist.

3.3 CSR und Compliance im Management Commentary nach IFRS

Wie bereits oben dargestellt hat der Management Commentary nach IFRS einen deutlich stärkeren finanziellen Charakter als sein nationales deutsches Pendant. Insofern werden CSR und Compliance Sachverhalte immer dann dargestellt, wenn sie direkte Auswirkungen auf finanzielle Vorgänge haben. Dies kann z. B. Erläuterungen für Rückstellungen für Schadensersatzleistungen nach Compliancevorfällen betreffen. Hier ist es geboten, eine Erläuterung im Management Commentary abzugeben. Des Weiteren sind insbesondere die Risiken und Chancen im Bericht zu erwähnen. Hier sind auch die potenziellen finanziellen Folgen des Eintritts dieser Risiken zu benennen. Die Risiken aus den Bereichen CSR und Compliance sind demnach ebenfalls zu erwähnen. Ein weiterer inhaltlicher Baustein ist die Berichterstattung über die Beziehungen zu den Stakeholdern. Es ist anzugeben, welche Stakeholder besonders wesentlich für das Unternehmen sind, wie die Beziehungen zu diesen Stakeholdern die Geschäftstätigkeit und den Unternehmenswert beeinflussen und wie die Beziehungen zu den relevantesten Stakeholdern gesteuert werden. Neben den primär finanziell relevanten Stakeholdern, z. B. Eigen- und Fremdkapitalgebern, sind hier auch die Beziehungen zu Anspruchsgruppen darzustellen, die der CSR-Sphäre entstammen, z. B. Gewerkschaften, Umweltverbände oder andere relevante Pressure Groups, sowie auch die gesamte Öffentlichkeit.

Der Standard zum Management Commentary wird in der Literatur häufig kritisiert. Die Freiwilligkeit des Standards hat zu einer nur rudimentären praktischen Anwendung geführt (Dittmar und Klöhne 2015, S. 465). Des Weiteren wird ihm eine zu geringe Detaillierung attestiert (Unrein 2011, S. 72). Allerdings kann hier auch das Gegenteil negative Folgen haben. Werden nur die einzelnen Berichtsanforderungen „abgehakt" („checklist company mentality"), ist der inhaltliche Gehalt solcher Berichte meist zu gering. Außerdem erhöht eine tiefere Detaillierung die Komplexität der Berichterstattung, die wiederum nicht dazu beiträgt, dass die Informationen tatsächlich zweckorientiertes Wissen darstellen, was sie ex definitione sein sollen.

Insgesamt ist der Anspruch an den Management Commentary geringer als an den deutschen Lagebericht. Er soll laut dem Standard Setter IASB nur eine Ergänzungsfunktion wahrnehmen, in dem erläutert wird, was im Jahresabschluss abzulesen ist. Dies reduziert auch die Anforderungen an die Offenlegung von Sachverhalten aus den Bereichen Compliance und CSR. Lediglich diejenigen Informationen, die sich unmittelbar in den Zahlen zeigen bzw. auf künftige Abschlüsse einen Einfluss haben, müssen erläutert werden. Da viele Sachverhalte allerdings lediglich mittelbare Auswirkungen auf finanzielle Ergebnisse haben bzw. haben werden, müssen sie nicht zwingend dargestellt werden.

Die schwächere Rolle des Management Commentary kommt auch dadurch zum Ausdruck, dass die Einbeziehung in die Jahresabschlussprüfung nicht explizit geregelt ist. Hier wird lediglich auf nationale Regelungen verwiesen, die eine Prüfungspflicht beinhalten können, aber nicht müssen.

4 Offenlegung nach dem Deutschen Corporate Governance Kodex

In den vergangenen Jahren hat der deutsche Gesetzgeber durch zahlreiche Gesetze und andere Initiativen versucht, die Zuverlässigkeit der Corporate Governance in deutschen Unternehmen zu verbessern. Damit folgte sie einem weltweiten Trend, der von vielen internationalen Investoren gefördert worden ist. Ein wichtiger Grund für diesen Trend ist die Vermutung, dass gut geführte Unternehmen einen höheren Börsenwert haben als weniger gut geführte Unternehmen. Zur Untermauerung dieser These wird gerne eine Studie von McKinsey zitiert, nach der Investoren für deutsche Unternehmen mit guter Corporate Governance bereit sind, eine Prämie von 20 % an der Börse gegenüber weniger gut geführten Unternehmen zu zahlen (vgl. Coombes und Watson 2000, S. 74 ff.). Um die gute Corporate Governance tatsächlich an Investoren signalisieren zu können, müssen sie darüber berichten, dass sie sich wohlverhalten.

Alle börsennotierten Unternehmen müssen gemäß § 161 AktG eine Erklärung zur Einhaltung der Prinzipien des Deutschen Corporate Governance Kodex abgeben. Diese ist gemäß § 289a HGB Teil der Erklärung zur Unternehmensführung, die wiederum Bestandteil des Lageberichts ist. Das Unternehmen hat im Anhang zum Jahresabschluss zudem anzugeben, dass die Erklärung abgegeben worden ist und wo diese zu finden ist (sie kann entweder innerhalb des Lageberichts publiziert werden oder gesondert auf der Internetseite des Unternehmens). Einzuhalten ist jeweils die aktuelle Version des DCGK, der jährlich überarbeitet wird. Zu erklären ist die Einhaltung. Sind bestimmte Empfehlungen nicht eingehalten worden, so ist darzulegen, warum dies nicht getan wurde. Eine reine Auflistung von Punkten, die nicht eingehalten worden sind, ist nicht ausreichend (vgl. d'Arcy 2016, S. 267).

Im DCGK wird der Begriff „Compliance" 2-mal erwähnt. Im Jahr 2007 wurde der Deutsche Corporate Governance Kodex (DCGK) erweitert um den Punkt, dass der Vorstand die Aufgabe hat, Compliance im Unternehmen sicherzustellen (siehe Ziffer 4.1.3 im DCGK). Dem Prüfungsausschuss obliegt die Befassung mit Compliance aus Sicht des Aufsichtsrates (siehe Ziffer 5.3.2 im DCGK). Insofern beinhaltet eine Erklärung zur Einhaltung des DCGK, dass sich sowohl Vorstand als auch Aufsichtsrat mit Compliance befasst haben.

Ziffer 3.10 des DCGK empfiehlt Unternehmen, einen speziellen Corporate Governance Bericht zu erstellen. Diese Empfehlung wird allerdings nicht weiter erläutert, die konkrete inhaltliche Ausgestaltung ist den Unternehmen selbst überlassen. Diese Empfehlung deckt sich mit der zusätzlichen Verpflichtung der börsennotierten Unternehmen, über ihre Unternehmensführungspraktiken im Lagebericht zu berichten (Erklärung zur Unternehmensführung).

Corporate Governance ist der Oberbegriff über alle Maßnahmen der Sicherung guter Unternehmensführung. Die Einhaltung von gesetzlichen und anderen (auch selbst gewählten) Regeln ist unverzichtbarer Bestandteil der Corporate Governance. Dies ergibt sich direkt aus dem rechtlichen Rahmen für Aktiengesellschaften, ist aber auch im direkten Interesse aller Stakeholder des Unternehmens. Daher ist es unerlässlich, in diesem Bericht auch auf den Bereich Compliance einzugehen. Das existenzielle Risiko eines jeden Unternehmens ist es, seine Licence to operate zu verlieren. Um dies zu verhindern, bedarf es gesellschaftlicher Akzeptanz und eines guten Verhältnisses zu allen relevanten Stakeholdern. Dies ist Aufgabe eines guten CSR-Managements. Aus diesem Grund gehören auch Bezüge zu CSR zwingend in den Corporate Governance Bericht. Es gehört zu den Standards der guten Unternehmensführung zu erläutern, wie das Stakeholdermanagement umgesetzt wird.

In der Begründung zur Einführung der Erklärung zur Unternehmensführung hat das Bundesministerium der Justiz folgende CSR- und compliancebezogene Punkte aufgelistet, die relevant sein könnten, um in der Erklärung genannt zu werden (vgl. Eibelshäuser 2013, S. 109 f.):

- unternehmensweit gültige ethische Standards;
- Umwelt- und Sozialstandards;
- Standards über die Arbeitsbedingungen, die unternehmensweit gelten sollen;
- Compliancerichtlinien, die im Unternehmen gelten.

Damit wird der Wille des Gesetzgebers deutlich, auch Themen aus den Bereichen Compliance und CSR direkt zu adressieren. Allerdings wird dieser Wille des Gesetzgebers durch den deutlichen Hinweis eingeschränkt, dass aus Kosten-Nutzen-Gründen keineswegs über alle Regeln, die das Unternehmen implementiert hat, berichtet werden muss.

Als dritter Teil der Erklärung zur Unternehmensführung muss das Unternehmen über die Arbeitsweise der Organe Vorstand und Aufsichtsrat berichten.

Die Erklärung zur Unternehmensführung unterliegt – anders als die sonstigen Teile des Lageberichts – nicht der Prüfungspflicht (§ 317 Abs. 2 Satz 3 HGB). Dies wird häufig kritisiert, da so nicht mehr auf den ersten Blick zu erkennen ist, welcher Teil des Lageberichts geprüft worden ist und welcher nicht. Dies birgt die Gefahr, dass sich die Erwartungslücke der Abschlussprüfung noch weiter vergrößert. Dieses Problem könnte man durch eine separate Veröffentlichung der Erklärung zur Unternehmensführung und damit die Herauslösung aus dem Lagebericht lösen (vgl. Eibelshäuser 2011, S. 121).

5 Freiwillige Offenlegung

5.1 Deutscher Nachhaltigkeitskodex

Der Rat für Nachhaltige Entwicklung hat den Deutschen Nachhaltigkeitskodex entwickelt und zur freiwilligen Anwendung empfohlen. Der Rat für Nachhaltige Entwicklung wird von der Bundesregierung berufen und unterstützt diese bei der Umsetzung der Nachhaltigkeitsstrategie. Er soll konkrete Handlungsfelder und Projekte aufzeigen, die die nationale Nachhaltigkeitsstrategie unterstützen.

Beim Deutschen Nachhaltigkeitskodex (vgl. Rat für Nachhaltige Entwicklung 2016) handelt es sich um einen Transparenzstandard, der insbesondere auch die Nachhaltigkeitsleistungen von Unternehmen vergleichbar machen soll. Der Fokus liegt dabei – im Gegensatz zu den zuvor genannten verpflichtenden Anforderungen des HGB – auf mittelständischen Unternehmen mit weniger als 500 Mitarbeitern. Die unterschiedliche Behandlung von Unternehmen verschiedener Größenordnungen in Bezug auf Verpflichtung und Freiwilligkeit der Berichterstattung deckt sich mit den theoretischen Überlegungen zur Überwindung der Informationsasymmetrie. Größere Unternehmen haben mehr Stakeholder, die direkt oder indirekt von ihrem Handeln betroffen sind. Insofern müssen sie eher zur Informationsweitergabe gezwungen werden. Für kleine und mittlere Unternehmen kann es aus oben genannten Gründen sehr sinnvoll sein, sich mit der Offenlegung zu befassen. Für Unternehmen mit mehr als 500 Mitarbeitern gibt es bereits eine Berichtspflicht, wobei es ihnen offensteht, einen Berichtsstandard zu wählen. Der Deutsche Nachhaltigkeitskodex stellt eine Variante des GRI (vgl. Beitrag „Compliance im GRI-Berichtsstandard" in diesem Band) dar.

Entscheiden sich Unternehmen für eine Anwendung des Deutschen Nachhaltigkeitskodexes, so müssen sie Informationen aus 20 Bereichen offenlegen. Der Deutsche Nachhaltigkeitskodex folgt dabei genau wie der DCGK dem Prinzip von „comply or explain". Entweder wird das Kriterium erfüllt oder es muss erklärt werden, warum es nicht erfüllt wird bzw. nicht erfüllt werden kann. Diese sogenannte Entsprechenserklärung wird online in der Datenbank des Deutschen Nachhaltigkeitskodex veröffentlicht. Die Kriterien, die das Unternehmen in seiner Berichterstattung erläutern muss, sind die Folgenden (vgl. Rat für Nachhaltige Entwicklung 2016):

1. Strategische Analyse und Maßnahmen: Chancen und Risiken in Bezug auf Nachhaltigkeit.
2. Wesentlichkeit: Welche Aspekte der Nachhaltigkeit haben einen wesentlichen Einfluss auf die Geschäftstätigkeit?
3. Ziele: Welche Nachhaltigkeitsziele verfolgt das Unternehmen?

4. Tiefe der Wertschöpfungskette: Bis zu welcher Tiefe der Wertschöpfungskette werden Nachhaltigkeitsaspekte zurückverfolgt?
5. Verantwortung für Nachhaltigkeit in der Unternehmensführung.
6. Regeln und Prozesse im operativen Geschäft in Bezug auf Nachhaltigkeit.
7. Kontrolle: Wie wird die Einhaltung nachhaltiger Geschäftstätigkeit kontrolliert?
8. Anreizsysteme: Inwiefern berücksichtigen die Anreizsysteme für Mitarbeiter Aspekte der Nachhaltigkeit?
9. Beteiligung von Anspruchsgruppen an der Nachhaltigkeitsstrategie.
10. Produktpolitik und Innovation: Inwieweit berücksichtigen Produktpolitik und Innovation Aspekte der Nachhaltigkeit?
11. Inanspruchnahme von Ressourcen.
12. Ressourcenmanagement: Wie wird die Ressourceneffizienz gesteuert?
13. Klimarelevante Emissionen.
14. Arbeitnehmerrechte.
15. Chancengerechtigkeit.
16. Qualifizierung.
17. Menschenrechte.
18. Gemeinwesen: Wie beteiligt sich das Unternehmen in den Gemeinwesen, in denen es präsent ist?
19. Politische Einflussnahme: Offenlegung der Lobbytätigkeit des Unternehmens.
20. Gesetzes- und richtlinienkonformes Verhalten: Bericht über Compliancemanagementsysteme.

Es ist offensichtlich, dass in vielen der Kriterien Compliancemanagement eine wichtige Rolle spielt. Direkt adressiert wird es bei den Punkten 14, 17 und insbesondere 20. Beschrieben wird jeweils das Managementsystem oder einfacher ausgedrückt, die vom Unternehmen ergriffenen Maßnahmen, die das Unternehmen zur Erfüllung des Kriteriums ergriffen hat. Um die Erstellung der Entsprechenserklärung zu vereinfachen, weist der Rat für Nachhaltige Entwicklung explizit darauf hin, dass die Informationen, die nach anderen Standards – wie dem GRI oder dem Corporate Governance Bericht nach DCGK – zur Erstellung herangezogen werden können. Zur Erstellung der Erklärung für den Deutschen Nachhaltigkeitskodex reicht daher eine Verlinkung auf an anderer Stelle veröffentlichte Berichte aus. Der Rat für Nachhaltige Entwicklung ist zudem der Ansicht, dass durch die Entsprechenserklärung die seit 2017 geltende Berichtspflicht für Unternehmen in Bezug auf nichtfinanzielle Leistungsindikatoren, z. B. Einhaltung der Menschenrechte, Korruptionsbekämpfung, Umwelt- und Sozialstandards, abgedeckt ist. Aus diesem Grund kann man davon ausgehen, dass der Deutsche Nachhaltigkeitskodex zukünftig noch stark an Bedeutung zunehmen wird. Derzeit sind auf der Webseite www.deutscher-nachhaltigkeitskodex.de 172 Entsprechenserklärungen (Stand: Januar 2017) abrufbar. Dabei sind nicht nur Unternehmen verzeichnet, sondern auch Stiftungen und andere Organisationen. Einzige Hochschule, die Anwender des Deutschen Nachhaltigkeitskodex ist, ist die NORDAKADEMIE mit ihren Standorten in Elmshorn und Hamburg.

5.2 Offenlegung nach nationalen Compliancestandards

Im weiteren Umfeld des Compliancemanagementsystems gibt es eine ganze Zahl von Rahmenwerken, die Bedingungen für interne Kontrollsysteme, Risikomanagementsysteme oder strategische Managementsysteme im Allgemeinen festlegen. Teilweise haben diese auch Gesetzescharakter. In den USA oder dem Vereinigten Königreich hat der Gesetzgeber Mindestanforderungen festgelegt, die ein Managementsystem beinhalten muss, um haftungsreduzierend im Falle von Verstößen zu wirken (Sarbanes Oxley Act in den USA; UK Bribery Act im Vereinigten Königreich).

Die Überlegung ist, dass ein Unternehmer ab einer gewissen Größe nicht mehr alle Verstöße, die in seinem Unternehmen auftreten, selber beurteilen und verhindern kann. Daher wird seine Verantwortung durch ein gutes, dem derzeitigen Best Practice genügendes Managementsystem abgemildert. Er kann sich bei Verstößen damit verteidigen, alles unternommen zu haben, um Verstöße weitgehend zu vermeiden. Ein Zertifikat kann hier ein Signal aussenden, dass das Managementsystem tatsächlich dem state of the art genügt. Das Zertifikat bekommt damit einen Zusatznutzen. Vor Gericht soll es die Haftung des Geschäftsführers (bei der GmbH) oder des Vorstands (bei der Aktiengesellschaft) reduzieren. Allerdings steht nach Wissen des Verfassers hier noch eine richterliche Entscheidung aus, ob diese Enthaftung tatsächlich von den Gerichten so gesehen wird. Allerdings ist die rein rechtliche Sicht auf eine reduzierte Haftung durch Compliance verkürzt. Erst gemeinsam mit den oben genannten Wettbewerbsvorteilen durch Signale hoher Standards kommt der positive Charakter von Compliancemanagement vollständig zum Ausdruck (vgl. auch Mansdörfer und Habetha 2015, S. 163 f.)

Die Idee der Enthaftung entstammt dem amerikanischen Rechtskreis. Ausgelöst durch eine Reihe von Vorfällen, insbesondere im Bereich der Verteidigungsindustrie, hat der amerikanische Gesetzgeber Rahmenwerke, z. B. die Federal Sentencing Guidelines und später den Foreign Corrupt Practices Act und den Sarbanes Oxley Act, eingeführt. Diese verlangen von Unternehmen präventive Compliancestrukturen, die bei der Strafbemessung nach Vorfällen herangezogen werden (vgl. Behringer und Passarge 2016, S. 265 ff.).

Nach einigen Brancheninitiativen und internationalen Bemühungen um einheitliche Compliancestandards richtete das Institut der Wirtschaftsprüfer 2009 einen Arbeitskreis mit dem Ziel ein, einen Prüfungsstandard für Compliancemanagementsysteme zu entwickeln. Im Jahr 2010 wurde der Entwurf mit dem Ziel, Meinungen aus der interessierten Fachöffentlichkeit zu erhalten, veröffentlicht. Im Jahr 2011 trat dann der finale Prüfungsstandard in Kraft (vgl. Withus und Kunz 2015, S. 688). Es handelt sich dabei zwar um einen Prüfungsstandard und nicht um einen Standard für ein Managementsystem, allerdings macht das IDW Vorgaben, wie ein Managementsystem aussehen sollte.

Ein Element des Compliancemanagementsystems nach IDW PS 980 ist die Compliancekommunikation. Diese richtet sich zunächst nach innen. Damit Compliancemanagement im Unternehmen umgesetzt werden kann, muss das Programm innerhalb der Organisation bekannt gemacht werden. Dazu gehört auch, dass die Verantwortlichkeiten und Rollen klar bekannt gegeben werden. Es ist sicherlich richtig, dass die mitarbeiterorientierte Compliancekommunikation im Mittelpunkt stehen muss. Sie dient unmittelbar der Sensibilisierung der Mitarbeiter und damit der Prävention. Nachgelagert erhält die externe Compliancekommunikation aber auch Bedeutung. Unmittelbar offensichtlich ist dies, wenn der Schadensfall eingetreten ist und eine gute Krisenkommunikation gestartet werden muss. Daneben sollte aber auch eine anlassunabhängige Compliancekommunikation stattfinden. Dies ist zum einen notwendig, da externe Stakeholder auch Teil eines modernen Compliancemanagementsystems sind. So sollte es eine Selbstverständlichkeit sein, dass der Verhaltenskodex öffentlich zugänglich ist. Nur so kann sichergestellt werden, dass externe Stakeholder sich auf diesen auch berufen können und Verstöße von einzelnen Mitarbeitern des Unternehmens angemessen melden können.

Ein zweiter in Deutschland relevanter Compliancestandard geht über dieses Verständnis des IDW PS 980 hinaus. Das Hamburger Compliancezertifikat, das die Handelskammer Hamburg (vgl. grundlegend Behringer und Passarge 2015, S. 35 ff.) verleiht, ermutigt Unternehmen explizit dazu, mit ihrem Compliancemanagementsystem zu werben. Das Hamburger Compliancezertifikat richtet sich vor allem an mittelständische Unternehmen, die einen hohen Anspruch an unternehmerische und ethische Werte haben und sich insoweit von den Wettbewerbern positiv abheben möchten. Das Zertifikat ist trotz des Bezugs zur Hamburger Handelskammer nicht regional beschränkt und steht allen Unternehmen offen.

Das Hamburger Compliancezertifikat unterscheidet sich von anderen Modellen in verschiedenen Aspekten. Zunächst ist zu beachten, dass das Zertifikat von der Handelskammer Hamburg, einer Anstalt des öffentlichen Rechtes vergeben wird. Hinter dem Zertifikat steht also nicht eine privatrechtliche Vereinigung, sondern eine staatliche Organisation. Gleichwohl stehen hinter der Zertifizierung gedanklich die organisierte Kaufmannschaft und deren Interessen. Das Hamburger Compliancezertifikat wird daneben von zwei besonderen hanseatischen Institutionen getragen, der Versammlung eines ehrbaren Kaufmanns zu Hamburg, die im Jahr 1517 gegründet worden ist, sowie von Pro Honore e. V., einer Initiative zur Bekämpfung von Korruption und Wirtschaftskriminalität, die im Jahre 1925 von Kaufleuten, Politikern und Juristen gegründet worden ist. Mit dem Hamburger Compliancezertifikat können (und sollen) zertifizierte Unternehmen werben. Sie können für sich darstellen, dass sie ein extern auditiertes Compliancemanagementsystem installiert haben. Der Gedanke an Compliancemanagement als gesamtwirtschaftlich sinnvolle Investition wird durch die Werbung der Unternehmen aber auch in die breite Öffentlichkeit weitergetragen.

Daneben entwickelt sich der internationale Standard ISO 19600 „Compliancemanagementsysteme" international zu einem relevanten Rahmenwerk (vgl. Fissenewert 2015). Allerdings ist dieser Standard grundsätzlich nicht zertifizierbar. Adressat des Standards sind folglich auch nicht Unternehmen, sondern Gesetzgeber, die auf eine international einheitliche Gesetzgebung bezüglich von Compliancemanagementsystemen hinwirken sollen, um neue Handelshemmnisse zu vermeiden. Das Deutsche Netzwerk Wirtschaftsethik bietet darüber hinaus den ComplianceProgramMonitor an, der allerdings zertifizierbar ist (vgl. ZfW o.J.).

6 Best Practice von Unternehmen

Im Folgenden soll anhand des Unternehmens Siemens ein Best-Practice-Beispiel für die Veröffentlichung von CSR- und compliancerelevanten Informationen vorgestellt werden. Es ist kein Zufall, dass Siemens in diesem Bereich Vorreiter war. Durch den 2006 aufgedeckten Korruptionsskandal (vgl. Graeff et al. 2009) wurde Compliance ein nicht nur in Fachkreisen diskutiertes Phänomen, sondern entwickelte sich zu einem Standard zumindest in den deutschen Großunternehmen. Siemens hat als ein Teil der Aufklärungs- und Läuterungsstrategie mit offensiver Öffentlichkeitsarbeit und Transparenz nach außen begonnen. Vielfach wird von anderen Unternehmen – gerade mittelständischer Prägung – jedoch kritisiert, dass die von Siemens angewendeten Prozesse und Standards weit über das Ziel hinausschießen. Dies ist sicherlich in vielen Fällen richtig. Würde es zu weiteren Vorfällen bei Siemens kommen, wäre das Strafmaß des Wiederholungstäters Siemens um ein Vielfaches höher als dies bei einem bislang unbescholtenen Unternehmen wäre. Insofern reichen bei anderen Unternehmen häufig weniger personal- und kostenintensive Maßnahmen aus. Bezüglich der Kommunikation sind diese tatsächlich finanziell messbaren Kosten in jedem Fall aber geringer. Daher kann Siemens in diesem Feld als Vorbild für alle Unternehmen gelten.

Siemens veröffentlicht einen Compliancebericht als Teil seines Geschäftsberichts (vgl. Siemens 2015, S. 138 ff.). Neben den allgemeinen Verantwortlichkeiten und Strukturen berichtet das Unternehmen über die Prioritäten, die für das laufende Geschäftsjahr gesetzt worden sind. Es wird das Risikomanagement und die dadurch ermittelten Risiken erläutert. Es schließt sich an, wie Siemens mit der Geschäftspartner Compliance Due Diligence verfährt. Dann wird erläutert, welche Compliancetrainings angeboten worden sind. Danach werden Compliancekennzahlen dargestellt, wie sie in Abb. 1 gezeigt werden.

Hier zeigt sich ein bemerkenswert offener Umgang mit Compliancevorfällen, der zwar im anglo-amerikanischen Kulturraum seit einiger Zeit schon gepflegt wird, aber in

Abb. 1 Compliancekennzahlen des Siemens-Konzerns
2014. (Siemens 2015, S. 140)

B.3.5 Compliance-Kennzahlen

| Compliance-Kennzahlen[1]

	Geschäftsjahresende 30. September	
	2014	2013
Gemeldete Compliance-Fälle	653	908
Disziplinarmaßnahmen	195	305
davon Abmahnungen	*114*	*188*
davon Entlassungen	*50*	*75*
davon Andere[2]	*31*	*42*

1 Fortgeführte und nicht fortgeführte Aktivitäten.

2 Umfasst den Verlust variabler und freiwilliger Vergütungskomponenten,
Versetzungen und Suspendierungen.

Deutschland noch selten zu finden ist. Dabei wird mit zweierlei Illusionen aufgeräumt. Zum einen ist es ab einer bestimmten Größe eines Unternehmens eine vollkommene Normalität, dass es Complianceverstöße gibt. Das Unternehmen muss diese aber konsequent ahnden, was in der Veröffentlichung der Zahl der Abmahnungen und Entlassungen dokumentiert wird. Zum anderen zeigt sich, dass Sanktionierung von Verstößen zu einem nachvollziehbaren Compliancemanagement unmittelbar hinzugehört.

Des Weiteren greift das Unternehmen in den folgenden Punkten seines Berichts besondere Ereignisse und Maßnahmen aus dem Berichtsjahr auf. Vieles lässt sich auf die besondere Situation und Risikoexposition des Siemens-Konzerns zurückführen. Insbesondere der offene Umgang mit Verfehlungen stärkt aber das Vertrauen in das Compliancemanagementsystem, da es Realismus und echte Transparenz transportiert.

7 Fazit

Kommunikation ist wichtig. Compliance ist ein Bereich, der von besonderem Vertrauen lebt. Zu viel Transparenz kann selbst einen Complianceverstoß bedeuten. Eine ausgewogene, offene aber insbesondere realistische Kommunikation von compliancerelevanten Sachverhalten ist notwendig, um Vertrauen zu schaffen. Insbesondere Mitarbeiter, Geschäftspartner und Investoren sowohl als Eigen- als auch als Fremdkapitalgeber sind daran interessiert. Ob die breite Öffentlichkeit hohe Transparenz bei Schadensfällen honoriert, muss sich erst erweisen. Hier kann im Gegenteil ein Unternehmen, das sich immer als besonders engagiert im Bereich Compliance dargestellt hat, Probleme bekommen, wenn sich in den Augen der Öffentlichkeit durch einen Skandal das Gegenteil erweist.

Corporate Social Responsibility und Compliance werden bei den meisten Unternehmen über die gleichen Kanäle kommuniziert. Hier zeigt sich die Zusammengehörigkeit beider Bereiche. Ohne Regeltreue und Integrität können CSR-Aktivitäten niemals glaubwürdig sein. Nur ein integres Unternehmen kann überhaupt sinnvolle CSR-Aktivitäten entfalten und diese vertrauenswürdig kommunizieren.

Literatur

Akerlof GA (1970) The market for lemons. Q J Econ 84:488–500

Ballwieser W (1997) Die Lageberichte der DAX-Gesellschaften im Lichte der Grundsätze ordnungsmäßiger Lageberichterstattung. In: Fischer TR, Hömberg R (Hrsg) Jahresabschluss und Jahresabschlussprüfung. Probleme, Perspektiven, internationale Einflüsse. Festschrift zum 60. Geburtstag von Jörg Baetge. IDW Verlag, Düsseldorf, S 153–187

Behringer S (2016) Compliance für Aufsichtsräte. Erich Schmidt, Berlin

Behringer S, Passarge M (2015) The hamburg compliance certificate. J Bus Compliance 2015(5):35–47

Behringer S, Passarge M (2016) Standards und Zertifikate für Compliance-Management-Systeme. In: Behringer S (Hrsg) Compliance für KMU, 2. Aufl. Erich Schmidt, Berlin, S 265–281

Coombes P, Watson M (2000) Three surveys on corporate governance. McKinsey Q 4:74–74

D'Arcy A (2016) Corporate Governance Berichterstattung in der jährlichen Finanzberichterstattung. In: Heyd R, Beyer M (Hrsg) Corporate Governance und Finanzwirtschaft. Erich Schmidt, Berlin, S 261–287

Dittmar P, Klöhne H (2015) IFRS Practice Statement Management Commentary-Eine Erfolgsgeschichte des IASB? IRZ 10(12):464–466

Eibelshäuser B (2011) Unternehmensüberwachung als Element der Corporate Governance. Springer Gabler, Wiesbaden

Eibelshäuser B (2013) Corporate Governance und Jahresabschluss. In: Bolin M, al (Hrsg) Handbuch Handelsrechtliche Rechnungslegung. Erich Schmidt, Berlin, S 97–118

Fink C, Kajüter P, Winkeljohann N (2013) Lageberichterstattung. HGB, DRS und IFRS Practice Statement Management Commentary. Schäffer-Poeschel, Stuttgart

Fissenewert P (2015) Praxishandbuch Internationale Compliance Management Systeme. Erich Schmidt, Berlin

Francis J, Philbrick D, Schipper K (1994) Shareholder litigation and corporate disclosure. J Account Res 32(2):148

Graeff P, Schröder K, Wolf S (Hrsg) (2009) Der Korruptionsfall Siemens. Analysen und praxisnahe Folgerungen des wissenschaftlichen Arbeitskreises von Transparency International Deutschland. Nomos, Baden-Baden

Jahn J (2016) Presse- und Öffentlichkeitsarbeit. In: Hauschka C, Moosmayer K, Lösler T (Hrsg) Corporate Compliance. Haftungsvermeidung in Unternehmen. C.H. Beck, München, S 1271–1280

Kajüter P (2017) Nichtfinanzielle Berichterstattung nach dem CSR-Richtlinie-Umsetzungsgesetz. Betrieb 70:617–624

Küting K (2000) Perspektiven der externen Rechnungslegung. Betriebs-Berater 55(9):451–457

Küting K, Lam S (2013) Der Zukunftsbezug der Rechnungslegung nach HGB und IFRS im Vergleich. Betrieb 32:1737–1745

Lang M, Lundholm R (1996) Corporate disclosure policy and analyst behavior. Account Rev 71(4):468

Mansdörfer M, Habetha J (2015) Strafbarkeitsrisiken des Unternehmers. C.H.Beck, München

Marten KU, Quick R, Ruhnke K (2015) Wirtschaftsprüfung. Grundlagen des betriebswirtschaftlichen Prüfungswesens nach nationalen und internationalen Normen, 5. Aufl. Schäffer-Poeschel, Stuttgart

Rat für Nachhaltige Entwicklung (2016) Der Deutscher Nachhaltigkeitskodex, Maßstab für nachhaltiges Wirtschaften, 3. aktualisierte Fassung, Texte Nr. 52, Juni 2016

Siemens (2015) Geschäftsbericht 2014

Stehr N, Wallner C (2010) Transparenz: Einführung. In: Jansen SA, Schröter E, Stehr N (Hrsg) Transparenz. Springer VS, Wiesbaden, S 9–19

Unrein D (2011) Das IASB-Practice-Statement zum Management Commentary. Darstellung und Analyse des neuen Rahmenkonzepts zur Lageberichterstattung nach IFRS. PiR 7(3):66–73

Verrecchia R (2001) Essays on disclosure. J Account Econ 32(1–3):97–180

Wiemann, Pfeiffer (2012) Qualität und Determinanten der Corporate-Governance-Berichterstattung. ZCG 2012:255–264

Withus KH, Kunz J (2015) Auswirkungen des neuen ISO 19600:2014 zu Compliance-Management – Systemen auf die Prüfung nach IDW PS 980. BB 69:685–689

Wittmann W (1959) Unternehmung und unvollkommene Information. VS, Wiesbaden

ZfW (o. J.) Compliance Program Monitor, http://www.dnwe.de/complianceprogrammonitor.html Zugegriffen: 29. Mai 2017

Stefan Behringer ist Professor für Betriebswirtschaftslehre, insbesondere Controlling und Corporate Governance, an der NORDAKADEMIE, Hochschule der Wirtschaft in Elmshorn und Hamburg. Er hat Betriebswirtschaftslehre in Köln und Kopenhagen studiert und anschließend in Flensburg promoviert. Danach sammelte er mehr als 10 Jahre Managementerfahrungen bei der Deutschen Post AG und der Olympus Europa Holding GmbH in den Bereichen Controlling und Corporate Governance. Behringer ist Autor von Büchern und Fachaufsätzen auf den Feldern Unternehmensbewertung, Controlling und Compliance. Stefan Behringer ist Direktor des Instituts für Compliance im Mittelstand an der NORDAKADEMIE und Chefredakteur der Zeitschrift Risk, Fraud & Compliance (ZRFC), die im Erich Schmidt Verlag erscheint. Seit März 2014 ist er Präsident der NORDAKADEMIE.

Responsible Leadership

Gerhard Lippe

1 Nur ein weiterer Führungsstil?

Die Literatur zum Thema Führung und das entsprechend vielfältige Seminarangebot sind voll von immer wieder neuen Begriffen für Führungsstile, Führungskonzepte und Führungsleitlinien, die Führungskräften helfen sollen, ihre Arbeit immer besser zu tun. Nach der eher simplen, zumindest überschaubaren und leicht verständlichen früheren Einteilung der Führungswelt in autoritäre, kooperative und vielleicht noch situative Führung kommen seit Jahrzehnten in bald jährlichem Abstand neue Führungstheorien auf den Markt, seien es Laissez-faire-Führung, systemische, transaktionale, transformationale, dyadische Führung, die Management-by-Konzepte, Shared Leadership oder die aktuelle agile Führung. Oft handelt es sich um alten Wein in neuen Schläuchen oder eine Kombination bereits bekannter Führungsstile unter neuer Überschrift. In einer sich schnell ändernden Arbeitswelt, besonders aufgrund der Digitalisierung, sind Anpassungen der Führungskonzepte zwingend erforderlich; ihr Ziel, den Führungskräften zu helfen, verfehlen sie aber, wenn diese sich zunehmend überfordert fühlen durch immer neue Anforderungen, was sie zu tun und wie sie zu sein haben.

In diesem Umfeld besteht für den Begriff Responsible Leadership die gleiche Gefahr – es sei denn, es gelingt, die Besonderheiten dieses integrierenden, unverzichtbaren Aspektes von Führung bewusst und transparent zu machen und Wege zu finden, um ihm in der Führungsarbeit und besonders im Führungsalltag zu Geltung und Anwendung zu verhelfen. Diese Aufgabe beginnt mit der Definition dessen, worum es bei Responsible Leadership geht, ob es sich überhaupt um einen Führungs-„Stil" handelt und was daran das Besondere ist, das diese Art der Führung von anderen unterscheidet. Wie nicht anders

G. Lippe (✉)
c/o Grand Elysée Hamburg, Stiftung - CLUB OF HAMBURG
Hamburg, Deutschland
E-Mail: botschafter@clubofhamburg.de

© Springer-Verlag GmbH Deutschland, ein Teil von Springer Nature 2018   209
A. Kleinfeld und A. Martens (Hrsg.), *CSR und Compliance*,
Management-Reihe Corporate Social Responsibility,
https://doi.org/10.1007/978-3-662-56214-7_14

zu erwarten, verleitet der Begriff, der mit „verantwortlicher Führung" nur unzureichend ins Deutsche zu übersetzen ist, dazu, ihn als einen Führungsstil unter vielen einzuordnen.

Tatsächlich geht es um wesentlich mehr. Daher soll im Folgenden inhaltliche Klarheit geschaffen (Abschn. 2), der grundsätzliche Zusammenhang zwischen Führung und Verantwortung aufgezeigt (Abschn. 3) und der Bezug zu den Werten und der Haltung von Führungskräften hergestellt werden (Abschn. 4), um im Fazit zu einer grundsätzlichen Wertung und Einordnung des Konzeptes von Responsible Leadership zu kommen (Abschn. 5).

2 Mehr als der Versuch einer Definition

„Leadership" wird im Gabler Wirtschaftslexikon beschrieben als „die menschen-, verhaltens-, eigenschafts-, interaktions- und/oder motivationsorientierten Aufgaben des Managements" (Gabler 2017a). John P. Kotter, einer der Begründer und Wegbereiter eines als Leadership bezeichneten Führungsverständnisses, erklärt das, was Leadership ist, mit der Abgrenzung zu „Management": „Management is about coping with complexity" vs. „Leadership, by contrast, is about coping with change" sowie „Setting a direction vs. planning and budgeting", „Aligning people vs. organizing and staffing" und „Motivating people vs. controlling and problem solving" (Kotter 1990). In einem Wort: Leader seien Visionäre, Manager dagegen eher Verwalter (Hegele-Raih 2004).

Leadership als Begriff und als Verständnis von Führung hat seit längerer Zeit Eingang in die Führungslehre und -praxis gefunden, als das Bild einer Person, die Menschen mit Visionen zu führen und ergebnisorientiert zu beeinflussen vermag, die Teamarbeit fördert und Vorbild ist (Garnitschnig und Schwarz 2006). Zusammenfassend: Leadership ist deutlich mehr als die Fähigkeit, Methoden und Techniken der Mitarbeiterführung zu beherrschen und einsetzen zu können, seinen Verantwortungsbereich zu organisieren, planvoll vorzugehen und die Vielfalt der Anforderungen zu beherrschen. Leadership hat mit Menschen zu tun und betrachtet diese nicht als Ausführende, sondern als Partner auf dem Weg zur Erreichung von Zielen, denen eine Vision, ein Bild der Zukunft, zugrunde liegt.

„Responsible" Leadership reichert dieses Verständnis von Führung um einen Begriff an, der eigentlich bereits sein originärer Bestandteil ist; denn Leadership ist ohne Verantwortung nicht denkbar. Verantwortung verlangt nach einer Konkretisierung: für wen? Antworten gibt beispielsweise das Financial Times Lexicon (2017):

> Responsible leadership is about making business decisions that, next to the interests of the shareholders, also takes into account all the other stakeholders, such as workers, clients, suppliers, the environment, the community and future generations.

Anders als bei der Betrachtung der Mitarbeiterführung wird die Dimension der Führung hier auf *alle* Stakeholder und ihre Interessen erweitert (Pless und Maak 2008, S. 224).

Warum hat sich dieses Verständnis herausgebildet? Aus verschiedenen Gründen, die ihre Wurzeln in einer veränderten Sicht auf die Welt und die in ihr zu bewältigenden

Herausforderungen haben. Globalisierung, Digitalisierung, weltweite Vernetzung sind nur einige der Einflussfaktoren dafür, sich mit der Rolle der „Leader" in diesem Umfeld zu befassen. Im Kern geht es um die Einstellung einer Führungskraft zu ihrer weit und umfassend verstandenen Führungsaufgabe und um das Bewusstsein der Auswirkungen ihres Handels (und Unterlassens). Pless und Maak (2008, S. 223) sprechen in diesem Zusammenhang von „ökonomischen über strategische bis hin zu moralischen Motiven."

Dass eine Führungskraft „ökonomisch" denken und handeln soll, kann nicht überraschen; hier klingt aber bereits ein Aspekt durch, der in Gegenwart und Zukunft noch größere Bedeutung hat und haben wird: Das Denken in Gesamtzusammenhängen, der Blick für das Ganze, die Identifikation des einzelnen Verantwortungsträgers mit der gesamten Organisation. Dieser Gedanke schlägt die Brücke zu der „strategischen" Motivation: Wer für das Gesamtsystem zu denken und zu handeln bereit und in der Lage ist, muss zwangsläufig zukunftsorientiert ausgerichtet sein. Das dritte von Pless und Maak (2008) genannte Motiv überzeugt in diesem Kontext vollends: Das „moralische" Motiv, die Orientierung an (positiven) Werten. Durch die unmittelbare Beziehung von Führungskräften zu Menschen, insbesondere denen, für die sie Verantwortung tragen, werden Werte zum Mittel und Mittler eines gemeinsamen Verständnisses, einer Übereinstimmung, die Raum für Motivation schafft.

Pless und Maak (2008) erweitern den Blick auf die moralische Komponente durch eine Fokussierung auf „Integrität", übrigens einer der sechs Werte, die jährlich durch eine Führungskräftebefragung der Wertekommission nach ihrem Ranking im Verhältnis zu den Werten Mut, Nachhaltigkeit, Respekt, Verantwortung und Vertrauen eingeordnet werden (Wertekommission Initiative Werte Bewusste Führung 2017). Sie greifen Integritätsdefizite auf, wie sie heute zunehmend wahrgenommen werden, und leiten daraus den Bedarf an einer individuellen sowie einer institutionellen Integritätssicherung ab (Pless und Maak 2008, S. 224 f.). Dem Begriff „Integrität" misst der Duden die Bedeutungen „Makellosigkeit, Unbescholtenheit, Unbestechlichkeit" (Duden 2017) bei und drückt darin eine grundlegende Werteorientierung von Menschen aus, die auch mit Ehrlichkeit, Aufrichtigkeit und Anstand beschrieben werden kann.

Warum dieser besondere Blick auf Integrität? Offenkundig weil es zunehmend mehr Beispiele dafür gibt, dass es an ethischem Verhalten in Führungsetagen von Unternehmen mangelt (Mayer 2014). Ob diese Schlussfolgerung richtig ist oder ob vor allem die mediale Präsenz und Aufmerksamkeit, aber auch dafür zuständige staatliche Überwachungsorgane sowie NGO's heute dafür sorgen, dass solche Verhaltensweisen häufiger als früher transparent werden, wird sich empirisch nicht belegen lassen, ebenso wie die Vermutung, dass die Hemmschwellen für unmoralisches Verhalten geringer geworden seien (Lippe 2015, S. 43). Die moralische Bedeutung von Responsible Leadership ist jedoch im Kontext zu der Wahrnehmung eines zunehmenden Verfalls anständigen, werteorientierten Verhaltens in der Führung verschiedener, insbesondere großer Unternehmen mit schnell wachsender Bedeutung zu sehen (Geyer 2017a). Die große Mehrheit der anständigen Unternehmen hat in dieser Wahrnehmung kaum eine Stimme, während die Ethikverstöße insbesondere von Großunternehmen den Eindruck wecken oder verstärken, in der gesamten Wirtschaft gehe es nicht anständig zu.

Wegen der Schäden, die unmittelbar durch solches Verhalten ausgelöst werden und oft zusätzlich durch Reputationsverluste, Strafen und Schadensersatzleistungen entstehen, aber auch wegen der Herausforderung, die eine subjektiv drastische Zunahme von Ethikverstößen für diejenigen darstellt, die sich „anständig" verhalten, ist es notwendig, Integrität ausdrücklich zu einer zentralen Anforderung an Führungskräfte zu erheben.

Im Zentrum des allgemeinen Verständnisses von Responsible Leadership stehen heute Nachhaltigkeit (Pless und Maak 2008, S. 226) und Corporate Social Responsibility (CSR) (INSEAD KNOWLEDGE 2017). Auf Definitionen sei an dieser Stelle verzichtet, der Zusammenhang ist jedoch offenkundig und zwangsläufig: Wenn Verantwortung von Führungskräften in Unternehmen und Organisationen in einem übergreifenden Sinn gedacht wird, treten neben der Ökonomie die Ökologie, der soziale und der ethische Aspekt sinnhaft in den Fokus (Liebig 2015, S. 52). Corporate Social Responsibility wird hier verstanden als „die Verpflichtung eines Unternehmens, einen Beitrag zum gesellschaftlichen Fortschritt zu leisten" (Hartmann 2014, S. 12).

3 Führung und Verantwortung

Verantwortung setzt nicht die Funktion von Führung voraus. Führung ohne Verantwortung ist aber nicht sinnvoll denkbar. Dieser Satz ist weniger banal, als es auf den ersten Blick scheint. Denn es schließen sich wesentliche Fragen an: Verantwortung für wen? Verantwortung wem gegenüber? Verantwortung wofür?

Für die Person, die neu in eine Führungsaufgabe kommt, fokussiert sich der Blick zunächst vorrangig auf zwei Bereiche: Auf den Inhalt der Aufgabe und auf die Mitarbeiter, die zu führen sind. Während dieser Personenkreis in aller Regel als Adressat von Verantwortung eindeutig ist, führt der Aufgabeninhalt zu weiteren Antworten auf die Frage „Für wen?": Beispielsweise Kunden und/oder Lieferanten (d. h. Unternehmen und Personen, die das Unternehmen repräsentieren); ist die Führungskraft in der Außenwirkung für diese Adressaten zuständig, trägt sie auch Verantwortung für diese Stakeholder. Eine Verantwortung für das Unternehmen im Ganzen mag ihr weniger bewusst sein, es sei denn, sie würde an einer Stelle im Unternehmen eingesetzt, in der sie diese Verantwortung unmittelbar erfährt. Sehr bewusst dagegen dürfte der Nachwuchsführungskraft in den hierarchischen Strukturen, die unverändert in der Unternehmens- und Organisationslandschaft dominieren, sein, „wem gegenüber" sie verantwortlich ist, wer also ihr Vorgesetzter ist, der ihre Arbeit beurteilt und bewertet und vor dem sie sich im Zweifel zu rechtfertigen hat.

Erfahrene Führungskräfte, insbesondere wenn sie in der Hierarchie höhere Positionen bekleiden, sollten einen weiter reichenden Blick haben, z. B. auf die Kundenbeziehungen ihrer Organisationseinheit und ggf. darüber hinaus, auf die Aspekte der vorhandenen Unternehmensstrategie, heruntergebrochen in die Teilstrategie ihres Verantwortungsbereichs, auf verabschiedete Führungsleitlinien, auf das (soweit vorhandene) Unternehmensleitbild, auf die Reputation des Unternehmens. Hier dominiert in der Frage der Verantwortlichkeit in aller Regel die Ergebnisorientierung, das Verhältnis von Erlösen und Kosten und deren Management.

Der Blick auf die Unternehmensleitung schließlich fokussiert noch stärker auf die Aufgabe der Gestaltung, der Führung des Unternehmens bzw. der Organisation, auf die Formulierung von Leitbild und Unternehmenszielen sowie die Festlegung der Unternehmensstrategie. Hier spielt in der hierarchisch geprägten Vorstellung die Außenwirkung des Unternehmens in Richtung auf Wirtschaft und Gesellschaft eine wesentlich größere Rolle.

Das hier geschilderte „klassische" Bild ist allerdings ungenau, es ist unvollständig, es variiert von Unternehmen zu Unternehmen, es ist teilweise realitätsfremd und es berücksichtigt Veränderungen nicht, die längst in der Unternehmensrealität angekommen sind und Gegenwart und Zukunft der Führung beeinflussen und verändern. Hierzu einige Thesen:

1. **Viele Unternehmen und die in ihnen Verantwortlichen sind sich ihrer Stakeholder nicht ausreichend bewusst.**

   Sie (er-)kennen ihre Stakeholder oft nicht wirklich. Sie mögen ihre Kunden kennen, fügen diese Kenntnis aber nicht oder nur unzureichend zu einem ganzheitlichen Bild zusammen. Sie sprechen eher von „den" Kunden, als dass sie sauber differenzieren (und zwar nicht nur nach Alter und Einkommen). Sie betrachten ihre Lieferanten als weitgehend austauschbar und behandeln sie entsprechend, es sei denn, diese verfügen über Alleinstellungsmerkmale bzw. Marktmacht. Sie gehen Partnerschaften nach Nützlichkeit ein (was notwendig ist), ohne echte Beziehungen aufzubauen und zu pflegen (was sinnvoll und fair wäre).

   Sie setzen sich mit der Wirkung des Unternehmens und der für dieses Handelnden in der Öffentlichkeit nur dann auseinander, wenn es nicht zu vermeiden ist (z. B. wenn etwas schief gegangen ist), gehen aber in dieser Beziehung weder planvoll noch proaktiv vor und differenzieren daher den Begriff „Öffentlichkeit" auch nicht weiter. Sie betrachten Mitarbeiter in erster Linie als Aufgabenerfüller und erst in zweiter Linie als Menschen, und dies dann kaum auf Augenhöhe. Medien werden in dieser Sichtweise eher vorsichtig und kritisch betrachtet und allenfalls als nützlich bewertet, wenn man sie entsprechend einsetzen kann. Betriebsräte und Gewerkschaften werden als Gegner, nicht als Partner gesehen. Mitbewerber werden als Konkurrenten empfunden, der Markt mutiert zum Kriegsschauplatz.

2. **Manche Unternehmen und ihre Repräsentanten verstehen ihre Stakeholder zwar als notwendige Wirtschaftsteilnehmer, bezweifeln aber die Berechtigung ihrer Ansprüche an das Unternehmen.**

   Dies gilt natürlich nicht pauschal und würde so auch nicht öffentlich geäußert werden. Es handelt sich bei diesem Phänomen auch weniger um eine bewusste Abwertung dieser Marktteilnehmer als vielmehr um die Überhöhung der eigenen Berechtigung zur

Gestaltung der jeweiligen Beziehung. Konkret anhand einiger Beispiele: Im Verhältnis zu Mitarbeitern überwiegt die Kontrolle gegenüber dem Vertrauen, werden Zielvorgaben erteilt anstatt Zielvereinbarungen getroffen (Lippe 2017), wird ein gewisser Druck als notwendig erachtet. Im Verhältnis zu Kunden werden Mittel, die den Zweck des wirtschaftlichen Erfolgs heiligen, als durchaus legitim angesehen, z. B. Änderungen von Behältnissen so, dass weniger Ware zum gleichen oder sogar höheren Preis vertrieben wird oder Qualitätsmängel bewusst toleriert werden. Gegenüber der Öffentlichkeit werden möglichst wenige Informationen über das Unternehmen und seine aktuelle Situation publik gemacht, Transparenz wird vermieden. Es wird vollkommen verkannt, dass „ehrbare Unternehmen ihr Handeln an den Anspruchsgruppen ausrichten" müssen (Geyer 2017b).

3. **Das klassische hierarchische Organisationsmodell und Führungsverständnis wandelt sich und wird zum Teil obsolet.**

   Die Diskussion darüber, welche Bedeutung zukünftig Führung in Unternehmen haben wird, ist voll entbrannt. Zwischen der konservativen Position eines allenfalls allmählichen Wandels hin zu mehr Mitarbeiterverantwortung und der extremen Gegenposition, dass es in absehbarer Zukunft keine Führungskräfte mehr geben wird, sind alle Varianten und Facetten in der Diskussion vertreten. Dabei kann kaum ein Zweifel daran bestehen, dass Mitarbeiter mehr Freiraum benötigen und erhalten werden, weil die Digitalisierung ihnen mehr Möglichkeiten eröffnet, dass Selbstführung und Selbststeuerung größere Bedeutung bekommen und dass Führungskräfte nicht mehr generell die Befehlsgeber und Entscheider und Mitarbeiter nicht mehr generell die Befehlsempfänger und Ausführenden sind. Dies alles bedeutet die Verlagerung von Verantwortung in der Breite des Unternehmens auf die „Handelnden".

4. **Menschen mit anderen Einstellungen und Erwartungen als zuvor kommen zunehmend in die Wirtschaft und übernehmen nach und nach Verantwortung.**

   Der Blick auf die Generationen X, Y und Z, vielfach thematisiert und diskutiert, lässt erkennen, dass immer mehr Jüngere in Unternehmen als Mitarbeiter und Führungskräfte Verantwortung übernehmen, aber auch als Existenzgründer in den Markt eintreten, die teilweise anders sind und daher anders denken und handeln, die andere Erwartungen haben, nach dem Sinn der Aufgabe fragen, die sie haben, und der Rolle, die das Unternehmen in der Gesellschaft einnimmt, die klassische Konzepte – auch die Führungskonzepte – kritisch hinterfragen und bereit sind, Verantwortung zu übernehmen und zu tragen (Straubhaar und Lippe 2017). Herkömmliche Rollenverständnisse liegen ihnen fern, es dominiert das Bewusstsein, dass sie und die Organisation, die sie (mit)verantworten, Teil eines größeren Ganzen sind. Auch hier gilt selbstverständlich nicht die Pauschalierung, sondern die notwendige Differenzierung, die aber einen eindeutigen Trend erkennen lässt.

5. **Wirtschaft, Wissenschaft und Politik tragen dazu bei, dass Gesamtzusammenhänge und ihre Bedeutung deutlicher hervortreten.**

   „Ökonomische Themen" beherrschen die Medien und sind naturgemäß originärer Bestandteil der Arbeitswelt. Das Wissen darüber und das daraus folgende Verständnis für

Zusammenhänge sind in der Gesellschaft, aber zum Teil auch in der Politik bei weitem noch nicht so ausgeprägt, wie es erforderlich wäre, um volks- und betriebswirtschaftliche Zusammenhänge durchgängig zu verstehen und daraus relevante Schlussfolgerungen für das eigene Verhalten, ob im Beruf oder im privaten Umfeld, und für die Erfüllung der Anforderungen an die eigene Rolle ableiten zu können. Insbesondere an den Schulen sind in dieser Hinsicht durchaus erhebliche Defizite zu beklagen. Dennoch ist in den letzten Jahrzehnten eine Weiterentwicklung zu erkennen. Die wirtschaftlichen Folgen der Finanzkrise, der Eurokrise, des Brexits und weitere Themen werden durchaus in weiten Teilen der Gesellschaft aufmerksam verfolgt.

„Ökologische Themen" sind, im Großen wie im Kleinen, in der Breite des gesellschaftlichen Bewusstseins angekommen. Menschen werden berührt und zum Teil betroffen, wenn sie mit den Folgen unmittelbar konfrontiert werden, seien es bislang in der aktuellen Ausprägung und Häufigkeit nicht bekannte Wetterphänomene, Themen der Ernährung oder Fragen der Entsorgung. Aber auch mittelbare Betroffenheit aufgrund von Informationen durch die Medien trägt zu einer veränderten Sichtweise bei, die beispielsweise in der Bundesrepublik auch nicht mehr nur einer Partei vorbehalten bleibt. Der Begriff der Nachhaltigkeit ist weiter erklärungsbedürftig (eine Erklärung, die die Medien und andere Beteiligte teilweise schuldig bleiben, möglicherweise weil für sie selbstverständlich ist, was in der Gesellschaft insgesamt noch nicht durchgängig transparent ist), er wird aber immer häufiger verwendet und breitet sich so zügig aus.

„Soziale Themen" sind ebenfalls insbesondere dann den Menschen präsent, wenn sie selbst oder ihr näheres Umfeld betroffen sind. Beispiele sind dafür die Themen Geringverdiener, Mindesteinkommen, Rentenentwicklung, Altersarmut, Niedrigzinsphase und ihre Auswirkungen, Krankenversicherung u. a. m. Die viel diskutierte Spaltung der Gesellschaft in arm und reich, wie immer sie gesehen und bewertet werden mag, wird – wie die anderen Themen auch – mit zunehmender Intensität von den politischen Parteien thematisiert. Die Flüchtlingskrise und ihre Folgen werden nicht nur als politisches, sondern auch als soziales Thema im wörtlichen Sinne verstanden: Sie betreffen die Gesellschaft.

„Ethische Themen" dringen in das Bewusstsein der Menschen, abgesehen von Einzelfällen, in erster Linie über Verstöße gegen Moral und Anstand vor, die öffentlich bekannt und transparent werden, also aus negativem Anlass. Sie werden mit einer Intensität öffentlich berichtet und diskutiert, die geeignet ist, verschiedene Folgen auszulösen: positive, weil die Empörung über das Fehlverhalten anderer zugleich das eigene Vermeiden eines solchen Fehlverhaltens postuliert; negative, weil ganze gesellschaftliche Gruppen durch das Verhalten Einzelner stigmatisiert werden („die Banker", „die Unternehmer" u. a.). Hinter diesen Negativimpulsen treten die positiven Verhaltensweisen zurück: Weil sie doch eigentlich „normal" sein sollten, weil der Anstand nicht das Besondere sein sollte, sondern das Übliche. Gelegentlich werden Einzelpersonen als Träger ethischen Bewusstseins und Verhaltens hervorgehoben, nicht selten handelt es sich dabei um ältere Unternehmensinhaber bzw. Familienunternehmer: Senioren wirtschaftlichen Anstands, wie Denkmäler einer vergangenen Zeit.

Themen wie die Globalisierung und die Digitalisierung ergänzen das Portfolio der Einflussfaktoren für das gesellschaftliche Bewusstsein, das sich zwar bei jedem einzelnen Menschen unterschiedlich darstellt, in der Summe aber Trends erkennen lässt, die in Richtung eines ganzheitlichen Denkens gehen, eines Erkennens, dass nicht nur die unmittelbaren, sondern auch die mittelbaren Auswirkungen des eigenen Handelns und Unterlassens relevant für das Gesamtsystem sind.

4   Werte, Haltung und Verantwortung

Was ist die Conclusio aus den geschilderten Einflussfaktoren für Führung und Verantwortung, mit anderen Worten: Wie ist Responsible Leadership mit Blick auf Unternehmen und (andere) Organisationen für Gegenwart und Zukunft zu beschreiben?

Wenn Responsible Leadership erreichbar ist, dann muss es „Responsible Leader" geben können. Die nachfolgende Beschreibung soll diese – erdachte – Person praxisorientiert mit Leben füllen.

Der Responsible Leader ist ein Mensch, der sich bewusst mit seiner Verantwortung auseinander setzt. Er lässt sich diese nicht allein durch Dritte definieren, die mit ihren Zuschreibungen ein Eigeninteresse verfolgen, das von ihnen als Unternehmensinteresse bezeichnet werden würde, aber oft mindestens ebenso viel mit ihnen selbst wie mit ihrem Unternehmen zu tun hat. Vielmehr sucht und findet er eine eigene Definition. Diese begrenzt sich nicht auf ökonomische Themen, sondern greift deutlich darüber hinaus. Kennzeichnend für diese Führungspersönlichkeit ist, dass sie vier Blickrichtungen zu einer gemeinsamen Sicht vereinigt (Abb. 1):

- ein Verständnis der „Vergangenheit", der Herkunft, der geschichtlichen Erfahrung, der Wirkung von Überzeugungen bis in die Gegenwart hinein;
- einen Blick in die „Zukunft", ein Suchen und beginnendes Verstehen dessen, was sich formt und entwickelt, was sich ausbreitet, Gestalt annimmt und die Führung übernimmt;
- ein Bewusstsein der Bedeutung der „Unternehmung" bzw. Organisation, in der sie arbeitet, mit einem Verständnis von Arbeit nicht als Gegenpart zum Leben, sondern als akzeptierter Teil des eigenen Lebens;
- eine eigene Interpretation der „gesellschaftlichen Rolle" der Unternehmung/Organisation und ihrer Legitimierung (Licence to operate; Gabler Wirtschaftslexikon 2017b) sowie der eigenen Person und der diese leitenden Regeln (Personal Code of Conduct; Gabler Wirtschaftslexikon 2017c).[1]

---

[1] Der Code of Conduct ist nach der Definition des Gabler Wirtschaftslexikons „eine Sammlung von Richtlinien und/oder Regelungen, welche sich Unternehmen im Rahmen einer freiwilligen Selbstbindung selbst auferlegen" (Gabler Wirtschaftslexikon 2017c). Der „Personal Code of Conduct" stellt die Übertragung dieses Grundgedankens auf den einzelnen, bewusst nach Regeln lebenden Menschen dar.

Abb. 1 Die vier Blickrichtungen des Responsible Leaders. (Eigene Darstellung)

Mitarbeiterführung ist für den Responsible Leader ein wesentlicher Teil seiner Arbeit und eine Herausforderung, der er sich stellt, weil er die Bedeutung seiner Rolle als Führungskraft versteht und die damit verbundene Verantwortung annimmt. Außerdem passt diese Aufgabe zu seinem positiven Menschenbild und seiner Neigung zu aktiver Kommunikation, die als wesentliches Element auch aktives Zuhören, also eine wesentliche Fähigkeit zur Wahrnehmung, impliziert.

Der Responsible Leader ist sich darüber im Klaren, dass er – unabhängig davon, wo in der Führungshierarchie sich seine Position befindet – das Ziel einer positiven Wertschöpfung, eines werthaltigen Beitrags zum wirtschaftlichen Erfolg des Unternehmens mit einer werteorientierten Führung nach innen und außen in Einklang bringen muss – und will. Er verfügt daher über die erforderlichen Kenntnisse nicht nur in betriebs- und volkswirtschaftlicher Hinsicht, sondern auch im Bereich der Nachhaltigkeit und Ökologie. Er ist gewillt, geltende normative Regeln einzuhalten und verfügt über ein soziales Verantwortungsbewusstsein, auch dieses nach innen und außen gerichtet. Für ihn ist es wichtig, dass seine Aufgabe und die seines Unternehmens Teil einer gesellschaftlichen Ordnung sind, die es zu respektieren und deren Erhalt es zu fördern gilt. Über die Legalität seines unternehmerischen Handelns hinaus ist ihm Legitimität wichtig.

Schwierige Führungssituationen, sogenannte Führungsdilemmata, löst der Responsible Leader im Einklang mit dem Wertegerüst, das seiner Haltung zugrunde liegt. Er weiß, dass er es nicht jedem recht machen kann, und will dies auch nicht. Und er ist sich darüber im Klaren, dass er nicht immer alles richtig machen kann. Fehler lassen sich nicht vollständig vermeiden, auch wenn er sich darum bemüht. Entscheidungen müssen getroffen werden, auch wenn sie sich als falsch erweisen können. Das Mindeste für eine solche Führungspersönlichkeit ist daher, aus Fehlern zu lernen; sie verbreitet diese Fehlerkultur auch um sich herum. Verantwortung annehmen, Verantwortung delegieren, Fehler zulassen bedeuten keinen Widerspruch zu dem permanenten Bemühen um Qualitätsverbesserung, die dem Responsible Leader zu eigen ist und deren Treiber seine Wertorientierung, sein Bemühen um wirtschaftlichen Erfolg ist.

Ein erfolgreicher Responsible Leader versteht sich, auch hier wiederum unabhängig von seiner Stellung innerhalb einer vorhandenen Hierarchie, als Unternehmer. Er reflektiert sich selbst und seine Rolle, so, wie er sie versteht. Er beansprucht für sich Vertrauen in seine Person und seine Arbeit und benötigt Freiraum, um sich entfalten zu können, sowie Entscheidungskompetenz, er ist entscheidungsfähig und -bereit.

Diese Führungskraft ist Teamplayer; auch in einer hierarchischen Kultur sind ihr Titel und Macht nicht per se wichtig. Das befähigt sie auch, Veränderungsprozesse mit einer Neudefinition von Führung, einem Verständnis von Führung als Dienstleistung, der Abgabe von Macht, der Delegation von Verantwortung in Teams anzunehmen, mitzutragen und von sich aus zu forcieren, wenn sie von dem Nutzen einer solchen Entwicklung überzeugt ist. Der Responsible Leader ist mehr als ein Veränderungsmanager, er ist ein Veränderungsgestalter.

Man könnte schlussfolgern, ein Responsible Leader sei kein Manager, die Qualitäten eines Managers, zu planen und zu organisieren, zu gestalten und umzusetzen, zu überzeugen und sich durchzusetzen, Widerstände zu überwinden und auch unangenehme Entscheidungen treffen zu können, seien ihm fremd. Das Gegenteil ist der Fall (sollte es zumindest sein): Der Responsible Leader weiß und fühlt aufgrund seiner empathischen Fähigkeiten, dass bestimmte Situationen ein Vorangehen erfordern, dass nicht enden wollende Diskussionen beendet werden müssen und dass nicht alle Menschen bereit und in der Lage sind, Verantwortung zu übernehmen und Veränderungen positiv zu erleben. Er verfügt aber über eine hohe Wahrnehmungsfähigkeit, erkennt und erspürt Einstellungen seiner Gestaltungspartner (Vorgesetzte, Kollegen, Mitarbeiter, Geschäftspartner u. a. m.) und passt sich der Situation an – mit einem entscheidenden Merkmal, das ihn von anderen Leadern unterscheidet: Die Realität, wie der Responsible Leader sie erfährt, durchläuft sein Wertegerüst und wird dort abgeglichen mit dem, was seine Haltung ihm als Verhaltensgrundlage eingibt.

Die Vermutung liegt nahe, hier sei ein Idealbild beschrieben, wie es Personen zugeschrieben wird, die bestimmte Führungsstile vorleben. So, wie der Begriff „Führungsstil" sich nicht wirklich auf Responsible Leadership übertragen lässt, ist ein Personal Leader keine idealistisch überhöhte Person. Er ist ein Mensch mit Stärken und Schwächen wie jeder andere; aber er verfügt über eine bestimmte Haltung, die sich mit den in diesem Abschnitt dargestellten Eigenschaften beschreiben lässt. Diese Haltung unterscheidet ihn von anderen und befähigt ihn, sich in einer umfassenden Weise verantwortlich zu fühlen und diese Verantwortung auch tatsächlich anzunehmen (Abb. 2).

Abb. 2 Die Haltung von Führungskräften. (Eigene Darstellung)

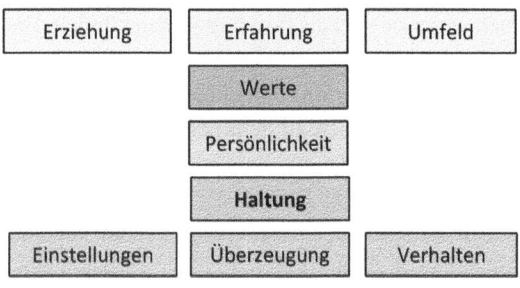

Der Duden beschreibt die „Haltung" als „innere (Grund-)Einstellung, die jemandes Denken und Handeln prägt", als „Beherrschtheit" und „innere Fassung", aber auch als das „Verhalten, Auftreten, das durch eine bestimmte innere Einstellung, Verfassung hervorgerufen wird" (Duden 2016). Zahlreiche weitere Definitionen finden sich in der Literatur. Hier sei die Auffassung von Claudia Solzbacher zitiert, Professorin für Schulpädagogik an der Hochschule Osnabrück, die von einer „professionellen Haltung" als einem „hoch individualisierten Muster von Einstellungen, Werten, Überzeugungen" spricht, das „durch einen authentischen Selbstbezug und objektive Selbstkompetenzen" zustande komme (Solzbacher 2017).

Die Haltung ist es, die den Responsible Leader ausmacht. Das bedeutet:

- Maßgeblich sind die Werte dieser Führungskraft, die Persönlichkeit, die auf diesen Werten basiert, und das Verhalten, das sich daraus ableitet. Selbstverständlich ist es für eine solche Führungspersönlichkeit notwendig und hilfreich, Anleitung, Schulung und Training in Bezug auf ihre Haltung zu bekommen. Die Grundlage für die Befähigung zum Responsible Leader ist aber bereits in ihrer Persönlichkeit angelegt – oder nicht.
- Maßgeblich für die Haltung eines Unternehmens im Verhältnis zu seiner Verantwortlichkeit gegenüber seinen Stakeholdern ist sein Wertegerüst, oft in einem Unternehmensleitbild beschrieben, das in der Praxis allerdings selten mit Leben gefüllt ist.
- Die Haltung des Unternehmens und seiner Führungskräfte kann übereinstimmen, sie kann auch differieren. Responsible Leader sind aber auch in der Lage, die Haltung ihres Unternehmens (mit) zu gestalten und auf diese Weise Dilemmata, die durch unterschiedliche Werte von Unternehmen und Führungskraft zwangsläufig entstehen, aufzulösen.

Praktiker mit Erfahrungen aus zahlreichen Personaleinstellungsprozessen sowie in der Führungsarbeit wissen, wann sie eine Persönlichkeit vor sich haben, die sich für Responsible Leadership eignet. Eine große Herausforderung für die Personalentwicklung bedeutet es allerdings, vorhandene Führungskräfte im Unternehmen, die oft unter ganz anderen Voraussetzungen in ihre Funktion gekommen sind, zu Responsible Leaders zu entwickeln. Nicht selten scheitert dieses Bemühen.

5 Fazit

Responsible Leadership ist der Weg, den Unternehmen gehen, wenn sie für sich die Bedeutung ihrer Stakeholder für ihren langfristigen, nachhaltigen wirtschaftlichen Erfolg erkannt haben. Sie definieren ihre Rolle in Wirtschaft und Gesellschaft neu, sie gestalten ihre Beziehungen zu Kunden, Lieferanten und weiteren Vertragspartnern unter diesem Blickwinkel, sie verändern die Art und Weise, wie sie kommunizieren, in dem Rahmen der Verantwortlichkeit, die sie für sich definiert haben, und sie öffnen sich für ein anderes Führungsverständnis, das die Bedeutung der Hierarchie reduziert zugunsten von mehr

Vertrauen, Respekt, Anerkennung, Verantwortungsnahme und Gestaltungsspielraum für ihre Führungskräfte – diejenigen, die als Responsible Leader agieren wollen und dazu befähigt sind – und Mitarbeiter. Diese Unternehmen werden als Partner mehr anerkannt und geschätzt und sind ein attraktiverer Arbeitgeber. Ihr Beitrag, der letztlich ihren Sinn ausmacht, wird transparenter als zuvor.

Eine Utopie? Immer wieder neue Ethikverstöße, die als Wirtschaftsskandale die Medien füllen, verstärken den Eindruck, alles Bemühen um Responsible Leadership sei vergeblich. Es bedarf eines ethischen Bewusstseins und Durchhaltevermögens sowie zahlreicher Responsible Leader, um die vermeintliche Utopie Realität werden zu lassen.

Literatur

Duden (2016) Haltung. Bibliographisches Institut, Berlin (http://www.duden.de/rechtschreibung/ Haltung. Zugegriffen: 04. August 2016)

Duden (2017) Integrität. Bibliographisches Institut, Berlin (http://www.duden.de/node/683343/ revisions/1172062/view. Zugegriffen: 21. Juli 2017)

Financial Times (2017) Responsible leadership. http://lexicon.ft.com/Term?term=responsible-leadership. Zugegriffen: 21. Juli 2017

Gabler Wirtschaftslexikon (2017a) Leadership. Springer Gabler, Wiesbaden (http:// wirtschaftslexikon.gabler.de/Archiv/-2046932901/leadership-v1.html. Zugegriffen: 21. Juli 2017)

Gabler Wirtschaftslexikon (2017b) Licence to operate. Springer Gabler, Wiesbaden (http:// wirtschaftslexikon.gabler.de/Archiv/18118/licence-to-operate-v6.html. Zugegriffen: 21. Juli 2017)

Gabler Wirtschaftslexikon (2017c) Code of conduct. Springer Gabler, Wiesbaden (http:// wirtschaftslexikon.gabler.de/Archiv/18000/code-of-conduct-v7.html. Zugegriffen: 21. Juli 2017)

Garnitschnig JB, Schwarz S (2006) Leadership und Management – Modewörter oder wichtiges Handwerkszeug. Betriebswirtschaftliche Mandantenbetreuung 3/2006: S. 61. http://media. twinn.de/userfiles/files/Group/Leadership_Management-BM-03-06-61.pdf. Zugegriffen: 21. Juli 2017

Geyer G (2017a) Sind Chefs heute unmoralischer als früher? https://www.erfolgmitanstand.de/ single-post/2017/05/16/Sind-Chefs-heute-unmoralischer-als-fr%25C3%25BCher. Zugegriffen: 5. Aug. 2017

Geyer G (2017b) Anspruchsgruppen-Lobbying: So geht Erfolg mit Anstand. https://www. erfolgmitanstand.de/single-post/2017/07/31/Anspruchsgruppen-Lobbying-So-geht-Erfolg-mit-Anstand. Zugegriffen: 5. Aug. 2017

Hartmann M (2014) Strategic entrepreneurship und responsible leadership. Research papers on marketing strategies no. 8/2014: S. 12. https://www.wiwi.uni-wuerzburg.de/fileadmin/12020100/ Research_Papers/Researchpaper_II_Max_Hartmann.pdf. Zugegriffen: 22. Juli 2017

Hegele-Raih C (2004) Leadership? Harvard Business Manager 4/2004:1. http://www. harvardbusinessmanager.de/heft/artikel/a-620896.html. Zugegriffen: 5. Aug. 2017

Insead Knowledge (2017) The five dimensions of responsible leadership. https://knowledge.insead. edu/responsibility/the-five-dimensions-of-responsible-leadership-3685. Zugegriffen: 22. Juli 2017

Kotter JP (1990) John P. Kotter on what leaders really do. Harvard Business Review, S. 4–7. http://www.tia.co.uk/client-library/document/7/What-Leaders-Really-Do. Zugegriffen: 21. Juli 2017

Liebig V (2015) Ganzheitliche Evaluation der Nachhaltigkeit von Finanzanlagen. Absolut report 01/2015, Abschnitt 1c: 52

Lippe G (2015) Führung als Herausforderung. Springer, Berlin Heidelberg, S 43

Lippe G (2017) Führung braucht Anstand… auch bei Zielvereinbarungen! https://www.erfolgmitanstand.de/single-post/2017/06/07/F%25C3%25BChrung-braucht-Anstand-auch-bei-Zielvereinbarungen. Zugegriffen: 5. Aug. 2017

Mayer K (2014) Responsible Leadership – oder die Rückkehr von Werten und Verantwortung in die Organisation. REFLACT e.U. Nachhaltige Organisationsberatung. http://www.reflact.at/blogdetail/items/Responsible_Leadership.html. Zugegriffen: 23. Juli 2017

Pless NM, Maak T (2008) Responsible Leadership: Verantwortliche Führung im Kontext einer globalen Stakeholder-Gesellschaft. Zeitschrift Für Wirtschafts- Unternehmensethik 9(2008):224

Solzbacher C (2017) Die Bedeutung einer professionellen Haltung bei der Umsetzung der Inklusion. Dr. Karsten Hermann in Gespräch mit Prof. Dr. Claudia Solzbacher. Göttinger Kongresse für Erziehung und Bildung: S. 1. http://goe-keb.de/solzbacher_interview/. Zugegriffen: 4. Aug. 2017

Straubhaar T, Lippe G (2017) Arbeitswelten des 21. Jahrhunderts, These 6: MitarbeiterInnen erwarten, dass Arbeit Sinn macht. https://www.clubofhamburg.de/thesenpapierarbeitswelten. Zugegriffen: 5. Aug. 2017

Wertekommission Initiative Werte Bewusste Führung (2017) Bonn. https://www.wertekommission.de. Zugegriffen: 21. Juli 2017

**Gerhard Lippe** unterstützt seit 2014 die Arbeit der Stiftung – CLUB OF HAMBURG zur Entwicklung und Umsetzung des Managementkonzeptes „Erfolg mit Anstand". Er ist Jurist und Bankkaufmann, Berater für Führungskräfteentwicklung und war über 35 Jahre als Führungskraft in verschiedenen Unternehmen tätig, davon 32 Jahre in der Hamburger Sparkasse sowie als Geschäftsführer und Aufsichtsrat von Unternehmen der Haspa-Finanzgruppe. Er ist Autor und Herausgeber zahlreicher Fachbücher für Bankkaufleute sowie des grundlegenden Werkes „Führung als Herausforderung" (2015, Springer Gabler Verlag). Sein thematischer Schwerpunkt ist die Unterstützung von Führungskräften bei der Weiterentwicklung ihrer Persönlichkeit und ihrer Ausrichtung in einer sich verändernden Arbeitswelt.

Unternehmenskultur

Yvonne Glock

1 Einleitung

In der Literatur werden für das CSR-Management als Steuerungsinstrumente Compliance- und Integrity-Ansätze differenziert (vgl. Beitrag „Integrity Management als Brücke zwischen CSR-Management und Compliance" in diesem Band). Erstere heben die Bedeutung von Regeln und Anreizen hervor, letztere die Bedeutung der Unternehmenskultur und Werte (Pohling und Strobel 2017; Verführth 2016). Um eine Compliance-Kultur in Unternehmen zu generieren, sind beide Ansätze von Nöten. Statt einer Trennung dieser Steuerungsansätze, einem Entweder-oder, bedarf es vielmehr einer Integration, also eines Sowohl-als-auch. Unter Compliance-Kultur wird in diesem Zusammenhang die Bedeutung, welche Mitarbeiter und Führungskräfte dem im Unternehmen vorherrschenden Wertekanon zuweisen, verstanden (Wendt 2012). Die Einhaltung von Normen, Werten, Regeln und die Toleranz gegenüber und der Umgang mit Regelverstößen – insbesondere durch das Management – sind prägende Größen der Compliance-Kultur (Schulz und Muth 2014). Studien belegen, dass die Akzeptanz von Compliance-Aktivitäten maßgeblich von der Unternehmenskultur abhängt und nur durch diese eine Compliance-Kultur geschaffen werden kann (Wendt 2012). Ziel dieses Beitrages ist es, darzulegen, wie die Themenfelder der Unternehmenskultur und des Corporate Social Responsibility- und Compliance-Managements zusammenwirken und welche Interdependenzen bestehen. In diesem Kontext wird die Bedeutung der Unternehmenskultur für die Implementierung eines strategischen CSR-Managements diskutiert. Bei der CSR-Entwicklung werden verschiedene kulturelle Phasen durchlaufen. Um CSR zu institutionalisieren und zu einem Grundbestandteil des tagtäglichen Arbeitens zu machen (vgl. Europäische Kommission 2011; Maon et al.

Y. Glock (✉)
Fachbereich Wirtschaft und Medien, Psychology School, Hochschule Fresenius für Management, Wirtschaft und Medien GmBH
Hamburg, Deutschland
E-Mail: yvonne.glock@hs-fresenius.de

© Springer-Verlag GmbH Deutschland, ein Teil von Springer Nature 2018
A. Kleinfeld und A. Martens (Hrsg.), *CSR und Compliance*,
Management-Reihe Corporate Social Responsibility,
https://doi.org/10.1007/978-3-662-56214-7_15

2009; McElhaney 2009; Werther und Chandler 2010), ist neben strategischen Aspekten zur CSR-Implementierung die Beachtung der Unternehmens- und der Stakeholderkultur essenziell (Maon et al. 2010).

2 Die Bedeutung der Unternehmenskultur für die Compliance

Im St. Galler Managementmodell von Bleicher ist die Unternehmenskultur der Dimension des normativen Managements zugeordnet (Bleicher und Abegglen 2017; siehe Abb. 1). Compliance ist ein Bestandteil des strategischen und des operativen Managements (Wieland 2010).

Im Rahmen des normativen Managements werden die allgemeinen Unternehmensziele, Prinzipien, Normen und Spielregeln festgelegt (Bleicher und Abegglen 2017). Das strategische Management hat die Entwicklung von Erfolgspotenzialen und die Pflege und Ausschöpfung dieser als Ziel (Bleicher und Abegglen 2017). Im Rahmen des operati-

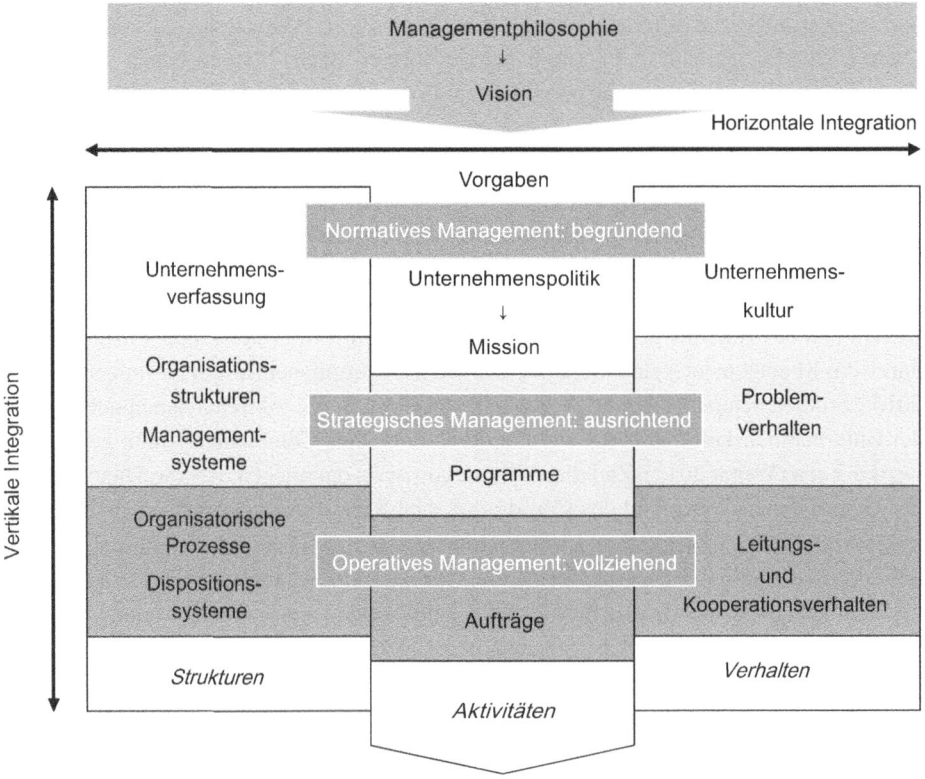

Abb. 1 Der Zusammenhang von normativem, strategischem und operativem Management. (Nach Bleicher und Abegglen 2017, S. 59)

ven Managements sollen, basierend auf den im Unternehmen vorhandenen Fähigkeiten und Ressourcen, die im normativen und strategischen Management entwickelten Vorgaben umgesetzt werden (Bleicher und Abegglen 2017).

Das Konzept der Unternehmenskultur wurde in der Fachliteratur bedingt durch Wirtschaftsprobleme vor allem in den 1980er-Jahren populär (Wendt 2012). Seit der Finanz- und Wirtschaftskrise und durch den vielfach propagierten demografischen und Wertewandel gewann das Thema der Unternehmenskultur erneut an Bedeutung.

Unter den vielen Definitionen und Modellen zur Unternehmenskultur hat sich der Ansatz von Edgar Schein aufgrund seiner Präzision und möglicher Ansatzpunkte zur Erhebung der Unternehmenskultur durchgesetzt (vgl. Drumm 1991). Schein (1995, S. 25) definiert die Unternehmenskultur als

> ein Muster gemeinsamer Grundprämissen, das die Gruppe bei der Bewältigung ihrer Probleme externer Anpassung und interner Integration erlernt hat, das sich bewährt hat und somit als bindend gilt; und das daher an neue Mitglieder als rational und emotional korrekter Ansatz für den Umgang mit diesem Problemen weitergegeben wird.

Das Drei-Ebenen-Modell von Schein setzt sich zusammen aus der Ebene der beobachtbaren Artefakte, der Ebene der bewusstseinsfähigen Werte und Normen und dem Kernelement der Unternehmenskultur, der Ebene der intersubjektiv geteilten Grundprämissen (Schein 1995, S. 33). Dieses Modell wurde von Maximilian Gontard (2002; siehe Abb. 2) um eine vierte Ebene – das Organisationsklima – erweitert.

Das Organisationsklima umfasst die gemeinsame Wahrnehmung der innerbetrieblichen Situation durch ihre Mitglieder und damit sowohl organisationale Gegebenheiten sowie strukturelle Aspekte (Hagedorn 2012). Es inkludiert die subjektive Qualität des gemein-

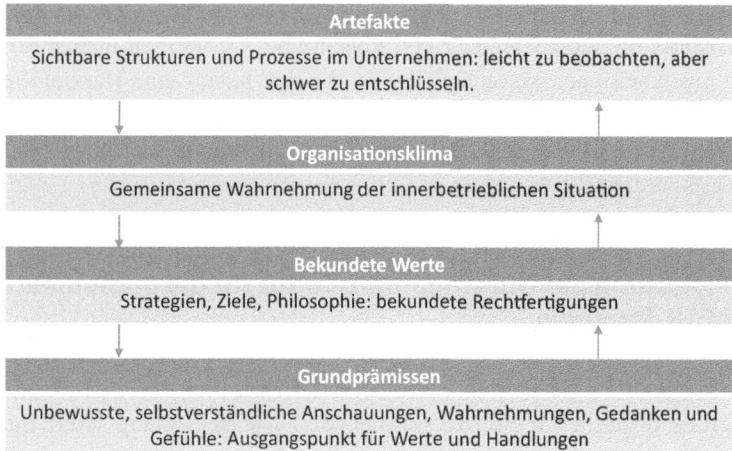

Abb. 2 Das Vier-Ebenen-Modell der Unternehmenskultur. (Nach Schein 1995, S. 30; Gontard 2002, S. 66)

samen Arbeitens und Wirkens (Kauffeld et al. 2014) und spiegelt sich in der „Stimmung" im Unternehmen wider (Loffing und Loffing 2010). Es beeinflusst das Verhalten und wird selbst durch die Werte organisationaler Merkmale beeinflusst (von Rosenstiel und Nerdinger 2012). Das heißt, das Organisationsklimakonzept nimmt stärker die strukturelle und emotionale Komponente in den Fokus. Betrachtet man die Implementierung von Compliance im Unternehmen und dessen Kultur als einen Organisationsentwicklungsprozess, so erfordert dieser Ressourcen. Emotionen wirken sich jedoch hinderlich auf die Ressourcen, die Wahrnehmung, das Lernen und das Verhalten aus, sodass weniger Ressourcen für den Veränderungsprozess zur Verfügung stehen. Des Weiteren fordert die Implementierung eines CSR- und Compliance-Managements eine Veränderung in den Denk- und Verhaltensweisen (siehe Abb. 1). Mitarbeiter und auch Führungskräfte haben jedoch häufig Angst vor Veränderungen und bauen diesen gegenüber Resistenzen auf (vgl. Becker 2005). Durch die zusätzliche Aufnahme der Organisationsklimaebene in das Unternehmenskulturmodell kann diese Herausforderung bei der Implementierung und Veränderung von CSR- und Compliance-Management besser berücksichtigt und hierdurch messbar gemacht werden.

Für die Bedeutung der Unternehmenskultur für die Compliance lässt sich daher folgendes festhalten: Bei der Unternehmenskultur handelt es sich um einen „weichen" Entwicklungsaspekt (Bleicher und Abegglen 2017). Die Unternehmenskultur umfasst gemeinsame Werte, Normen und Einstellungen, die die Handlungen, Verhaltensweisen und Entscheidungsprozesse der Unternehmensmitglieder prägen (Schulz und Muth 2014). Die Compliance als „Einhaltung der formalen und informalen Governance-Strukturen eines Unternehmens" (Wieland 2010, S. 19), welche sich in der Beachtung und Einhaltung der geltenden Regeln und Vorschriften manifestieren soll, wird damit bestenfalls auf der operativen Ebene zu einem gelebten Bestandteil der Unternehmenskultur (Eichler 2012). Die Unternehmenskultur wirkt jedoch auch dort, wo es keine formalen Regelungen und Verhaltensvorschriften gibt (Kleinfeld und Kettler 2017). Darüber hinaus führt eine Unternehmenskultur, die die Einhaltung von Regeln und Vorschriften unterstützt zu einer Steigerung regelkonformen Verhaltens. Findet darüber hinaus eine Harmonisierung der Strukturen mit dem Anreizsystem und der Kultur statt, sodass die gelebten und die formulierten Werte nicht in Widerspruch zueinanderstehen, führt dies zu einer Erhöhung der Compliance (Bauschke 2014).

3 Die Bedeutung der Unternehmenskultur für die Implementierung einer CSR-Strategie

Im Jahr 2005 wurde die Unternehmenskultur als der Haupttreiber für CSR von 500 Topentscheidern der deutschen Wirtschaft genannt (Bertelsmann Stiftung 2005). Eine erfolgreiche Integration der CSR in die bestehende, gelebte Unternehmenskultur ist daher unabdingbar. Hierbei kommt der Geschäftsführung und den Vorgesetzten eine entscheidende Rolle zu. Durch das Vorleben der gewünschten Normen und Werte wird ein entsprechendes CSR-konformes Verhalten der Mitarbeiter gefördert (vgl. Bleicher und Abegglen 2017; Glock 2013).

Die Implementierung einer bis dato schriftlich formulierten CSR-Strategie in konkrete Handlungen umfasst grob umrissen drei Teilaufgaben.

1. Die Absicherung der Strategie in Form einer Ausrichtung der Strukturen und Systeme auf die CSR-Strategie.
2. Die Umsetzung der strategischen Ziele im Rahmen der operativen Planung.
3. Verhaltensbeeinflussung zur Durchsetzung der CSR-Strategie: Schaffung von Akzeptanz bei den Mitarbeitern und Realisierung der Umsetzung der Strategie (Glock 2013; Hungenberg 2014).

Greift man auf das Modell von Bleicher zurück (siehe Abb. 1) muss zunächst eine Sensibilisierung der obersten Führungskräfte für das Thema CSR durch vier Schlüsselfaktoren (ökonomische, sozial/gesellschaftliche, politische oder individuelle; siehe hierzu Maon et al. 2009) erfolgen.

Beispiel

Die Deutsche Telekom AG führt derzeit eine externe Untersuchung ihrer Unternehmenskultur durch, um die eigene Unternehmenskultur transparent zu erfassen, Compliance-Risiken zu minimieren, integres Verhalten zu stärken und eine Widerspruchskultur zu etablieren. Hierauf aufbauend werden Verbesserungsvorschläge erarbeitet, um eine stärkere Sensibilisierung für die Themen CSR und Compliance zu erwirken (Forum Nachhaltig Wirtschaften 2016).

Ist eine entsprechende „Sinnstiftung" erfolgt (Basu und Palazzo 2008), können CSR-Belange in die Managementphilosophie integriert werden, welche der Werterhellung, -bekundung und -entwicklung dient (Bleicher und Abegglen 2017). Darauf folgend findet eine Integration in die Unternehmensvision statt, welche die langfristigen Ziele eines Unternehmens thematisiert. Abgeleitet aus dieser findet anschließend eine Integration in die Unternehmensstrategie statt. In den Mittelpunkt unternehmerischen Agierens rückt bei dieser CSR-Differenzierung die „strategische Orientierung des Kerngeschäfts und der Unternehmensziele an einer ganzheitlichen, langfristigen und nachhaltigen Unternehmensentwicklung" (Gastinger und Gaggl 2015, S. 287). Um diese Integration der CSR in die Kultur oder auch DNA des Unternehmens sicherzustellen, bedarf es im Rahmen der weiteren strategischen Planung einer Berücksichtigung des CSR-Gedankens im Rahmen der Geschäftsbereichsstrategien, allen Bereichen der Wertschöpfungskette, in den Zielvereinbarungen von Führungskräften und Mitarbeitern, in der Kommunikation, im Controlling, der Berichterstattung und den Anreizsystemen (Gastinger und Gaggl 2015; Glock 2013).

Corporate Social Responsibility muss somit zu einem integralen Bestandteil der Unternehmenskultur werden. Anders herum müssen bei der CSR-Strategiewahl und -Implementierung kulturelle und strukturelle Aspekte berücksichtigt werden. Die kulturelle Passung ist hierbei von entscheidender Bedeutung, damit die Mitarbeiter die Veränderungen durch die CSR-Aktivitäten mittragen und diese leben (vgl. Pohl 2006; Sackmann 2004). Leitlinien und Verhaltenskodizes können im Sinne der Compliance einen Orientierungsrahmen schaffen (Meffert et al. 2012), müssen aber von Maßnahmen begleitet werden, damit diese Werte und Regelungen auch in der Kultur gelebt werden (zur Ausgestaltung siehe Beitrag „Leitbild" in diesem Band).

Brocchi (2015) zieht vier Lehren aus den bisherigen gesellschaftspolitischen Erfahrungen mit den Themen Nachhaltigkeit und Kultur. Diese lassen sich auch auf die CSR und Unternehmenskultur übertragen:

1. Lehre: Begrenzung der bisherigen CSR-Debatte der strategischen Ausrichtung auf ökologisch-technologische Neuerungen und Marktinstrumente, statt auf Selbstbegrenzung und Verzicht.
2. Lehre: Vorwiegende Top-down-Implementierung führt in eine Sackgasse.
3. Lehre: CSR als Information oder Richtlinie reicht für eine Umsetzung nicht aus. Bei der Fülle an Informationen und Wissen, welche von den Mitarbeitern verarbeitet werden müssen, muss der Fokus auf die Wahrnehmung, ihre Gefühle und ihre Art zu lernen gelegt werden.
4. Lehre: Bisher wurde primär im Nachgang aus Skandalen gelernt (wie z. B. die geplante Versenkung der Ölplattform Brent Spar durch Shell und Esso, die Korruptionsaffäre von Siemens, Vorwurf der Kinderarbeit bei Unternehmen wie Tchibo und H&M oder der Abgasskandal von VW), erforderlich wäre ein Lernen **vor** der Erfahrung, in den Köpfen der Menschen und damit ein kulturelles Umdenken (vgl. Brocchi 2015).

Diese vier Erfahrungen zeigen auf, dass die Themen CSR und Unternehmenskultur zusammenhängen und nicht losgelöst von einander betrachtet werden dürfen. Daher sehen sich beide auch der Herausforderung des Umgangs mit der Komplexität der Arbeits- und Unternehmensumwelt konfrontiert (vgl. Brocchi 2015). Um diese Komplexität zu reduzieren und zu gestalten, müssen Mitarbeiter die Informationen in ihrem Arbeitsalltag und aus der Unternehmensumwelt selektieren. Die Filterung erfolgt anhand von individuellen und im Unternehmen geteilten Werten. Für die Reduktion der Komplexität der Umwelt werden Regelungen, z. B. Kodizes, Richt- und Leitlinien, herangezogen. Aber auch Rituale und Hierarchien in Unternehmen schaffen eine Orientierung und reduzieren die Komplexität (Brocchi 2015). Ein entscheidendes Element bei Schaffung einer ganzheitlichen CSR-Integration ist, dass diese zu einem Bestandteil des Geschäftsmodells gemacht wird (vgl. Meyer und Waßmann 2011). Hierdurch wird sie zu einem gelebten Bestandteil der Unternehmenskultur. Eine Orientierung an den im Unternehmen vorhandenen Zielen, Ressourcen, Kompetenzen, Systemen und Strukturen sowie den Anforderungen des Marktes, des Unternehmensumfeldes, den Wettbewerbern, Lieferanten, Kunden und anderen Stakeholdern ist hierfür essenziell (vgl. Grant und Nippa 2006).

Insbesondere die Führungskräfte sind für die Veränderungen der Kultur hin zu einer CSR-Kultur von entscheidender Bedeutung. Sie schaffen – wie oben bereits thematisiert – Orientierung und daher kommt ihrer Kommunikation eine besondere Bedeutung zu (vgl. Beitrag „Interne Kommunikation" in diesem Band). Eine Dialogbereitschaft der Führungskräfte, hilft Widerstände in Bezug auf die Veränderungen aufzudecken und diesen entgegen zu wirken. Durch eine offene und transparente Kommunikation und das gleichzeitige Vorleben des Gesagten in konkreten Handlungen wird Vertrauen geschaffen und so nach und nach die Wahrnehmung und das Verhalten der Mitarbeiter „on the job" (Schram 2016) geändert und sukzessive eine CSR-Kultur geschaffen (vgl. Walter 2017). Dieser Lern- und Kommunikationsprozess erleichtert weitere Veränderungsprozesse und führt zu einer zunehmenden Selbststeuerung und Selbstverantwortung und damit auch zu einer Erweiterung der strategischen Kompetenzen in Bezug auf die CSR (Schram 2016).

Dies verdeutlicht auch das Beispiel der Tchibo GmbH:

Beispiel

Im Jahr 2005 gab es eine Kampagne der Initiative Clean Clothes gegen die Tchibo GmbH. Corporate Social Responsibility war zwar schon vorher ein Thema innerhalb des Konzerns, wurde jedoch nicht strategisch betrachtet. Nach der Kampagne war es daher notwendig, das Thema CSR systematischer zu platzieren und eine Veränderung der Unternehmenskultur zu erwirken. Durch die sehr schnelllebige und prozessorientierte Unternehmenskultur von Tchibo („Jede Woche eine neue Welt"), gelang Tchibo dies in relativ kurzer Zeit. Eine CSR-Strategie wurde initiiert, die den Fokus weniger als bisher auf „gute Produkte zu vernünftigen Preisen" setzte, sondern einen stärkeren Fokus auf die Qualität und die Einhaltung der CSR-Rahmenbedingungen legte. Die Änderung der Unternehmenskultur wurde durch ein Vorleben durch die Führungskräfte und eine Steuerung über Dialoge und Prozesse erwirkt (Glock 2013).

Der Unternehmenskultur kommt bei der Implementierung einer CSR-Strategie somit eine wesentliche Bedeutung zu. Die aktuelle Unternehmenskultur muss bei der Implementierung der CSR-Strategie berücksichtigt werden. Die vorherrschenden Normen, Werte, geteilten Grundprämissen sowie das Organisationsklima, mit den hierzu gehörigen strukturellen Aspekten und der Stimmung im Unternehmen, sollte bei der Ausgestaltung der CSR-Strategie berücksichtigt werden. Mögliche Resistenzen können so frühzeitig aufgedeckt und diese in einer dialogorientierten Kommunikation aufgearbeitet werden. Eine transparente Ausgestaltung und offene Kommunikation fördert die CSR-Implementierung und führt gleichzeitig sukzessive zu einem Umdenken und hierdurch zu einer Veränderung im Normen- und Wertegefüge und damit der Kultur – hin zu einer CSR-Kultur. Der Prozess hin zu einer CSR-Kultur ist langwierig und wie alle Unternehmenskulturveränderungsprozesse nicht in Gänze steuerbar. Führungskräfte und auch andere Organisationsmitglieder haben jedoch die Möglichkeit, die Lernprozesse zu steuern und hierdurch den Kulturveränderungsprozess zu beeinflussen (vgl. Gontard 2002; Nagel 1995). Welche kulturellen Phasen im Rahmen der CSR-Strategieimplementierung und -Entwicklung durchlaufen werden, wird im folgenden Abschn. 4 thematisiert.

4   Kulturelle Phasen bei der CSR-Entwicklung

Maon et al. (2010) haben das Zusammenspiel von CSR-Strategien, der Unternehmenskultur und des CSR-Entwicklungsprozesses in der Praxis analysiert und hierzu bestehende CSR-Entwicklungsmodelle untersucht. Aus diesen haben sie ein konsolidierendes Modell der CSR-Entwicklung abgeleitet. Kern ihrer Analyse war die Frage, welche Phasen der CSR-Entwicklung klassifiziert werden können und welche Merkmale sie in Bezug auf kulturelle, moralische, strategische und organisationale Elemente jeweils kennzeichnen.

Wie oben dargestellt (Abschn. 3), folgen auch Maon et al. (2010) der Auffassung, dass organisationale Veränderungen notwendig sind, damit CSR im Unternehmen Einzug erhält. Diese können – abhängig von der individuellen organisationalen Situation – inkrementell oder transformational sein. Die Entwicklung einer CSR-Kultur wird begünstigt, wenn managementseitig ein Perspektivwechsel stattfindet und gleichzeitig eine ethische Entscheidungsfindung durch die Organisation begünstigt wird. Der Idealfall wird durch eine CSR-unterstützende, wertegeleitete Kultur beschrieben, deren Präsenz und progressiver Ausbau im Sinne einer Hebelwirkung die CSR-Entwicklung vorantreibt (Maon et al. 2010).

Maon et al. (2010) gehen davon aus, dass Organisationen grundsätzlich die Fähigkeit besitzen, CSR-Aktivitäten und -Richtlinien zu etablieren. Sie beziehen sich hierbei auf Jones et al. (2007), die von einer moralisch begründeten Stakeholderkultur sprechen. Diese wird als Zusammenspiel von Überzeugungen, Werten und Handlungsweisen definiert, die sich in der Beziehung mit Stakeholdern ergeben haben. Die Stakeholderkultur wird anhand des Grades der Berücksichtigung von Forderungen in- und externer Stakeholder in die Strategiebildung und Entscheidungsfindung auf dem Kontinuum zwischen Selbstrücksicht und Fremdrücksicht abbildbar gemacht. Abgeleitet gibt diese Reaktionsfähigkeit Aufschluss über die Zugänglichkeit einer Organisation für die Entwicklung von CSR-Richtlinien und -Aktivitäten (Maon et al. 2010).

In ihrem Modell folgen sie der Annahme, dass sich der Zustand einer Organisation hinsichtlich ihrer CSR-Entwicklung aus bestimmten kulturellen, moralischen, strategischen und organisationalen Eigenschaften heraus ergibt. Sie argumentieren, dass die Einbindung der Stakeholderkultur in das Stufenmodell der CSR-Entwicklung hilft, die Verknüpfungen zwischen moralischen, kulturellen und organisationalen Elementen herzustellen. Auf diese Weise ist es mit dem vorliegenden Modell möglich, die verschiedenen Perspektiven bereits bestehender Modelle miteinander zu verknüpfen. Maon et al. (2010) rechnen ihrem Modell einen zweifachen Nutzen zu. Einerseits dient es der Forschung für den konzeptionellen und empirischen Aufschluss, um bewerten zu können, wie sich CSR in Organisationen entwickelt. Andererseits gibt das Modell auf Managementseite Orientierung darüber, in welchem Stadium der CSR-Entwicklung sich die eigene Organisation befindet (Maon et al. 2010).

Das Modell umfasst drei CSR-Kulturphasen (Ablehnung, Verständnis, Einbettung) und sieben Stufen der CSR-Entwicklung. Diese können anhand von drei Hauptdimensionen der CSR-Entwicklung (Wissen und Einstellung, Strategie, Taktik und Operationalisierung) mit je drei bis vier Subdimensionen differenziert werden (Maon et al. 2010).

Die Stufen des Modells sollen nicht als sukzessive Stationen einer systematischen Zielerreichung aufgefasst werden. Die Entwicklung von CSR ist ein dynamischer, kontinuierlicher Prozess ohne klare Ziel- und Endpunkte und mit möglichen Trial- und Errorphasen. Daher entwickelt sich eine Organisation ggf. auf einzelnen Dimensionen auf einer vor- oder nachgelagerten CSR-Entwicklungsstufe. Weiterhin durchläuft eine Organisation nicht zwangsweise jede kulturelle Phase oder Entwicklungsstufe, sodass sie eventuell Schritte überspringt oder bestimmte Aktivitäten in Abhängigkeit zum internen und externen Kontext im jeweiligen Moment bewusst ausklammert. Auch können subkulturelle Unterschiede innerhalb einer Organisation existieren. Dies sind vor allem lokale, hierarchische und funktionale Abweichungen – immer in Bezug zur vorherrschenden Stakeholderkultur einer Organisation bzw. den koexistierenden Subkulturen (Maon et al. 2010).

Das Modell von Maon et al. (2010) ist in Abb. 3 dargestellt.

Die erste Phase des Sieben-Stufen-Modells der CSR-Entwicklung von Maon et al. (2010) ist die der kulturellen Ablehnung. Dieser Phase wird nur die CSR-Entwicklungsstufe der Abweisung zugeordnet, in welcher dem Thema CSR eine Oppositionshaltung entgegengebracht und die Auswirkungen des Unternehmens auf die Gesellschaft und die Umwelt ignoriert werden. Gesellschaftliche Verantwortung wird als Zwang empfunden, dem mit aktivem Oppositionismus begegnet wird, solang dieser keine finanziellen Vorteile birgt. Die Organisation weist stakeholderseitige Forderungen trotz Kritik aus dem externen Umfeld von sich. Diese Phase wird daher nach Jones et al. (2007) mit einer stark egoistischen Stakeholderkultur in Verbindung gebracht. Die Organisationskultur lässt sich als CSR-behindernd beschreiben (Maon et al. 2010).

Die zweite Phase ist die des kulturellen CSR-Verständnisses. In dieser Phase werden drei CSR-Entwicklungsstufen differenziert: der Selbstschutz, das Compliance-Bedürfnis und die Fähigkeitssuche. Organisationen in dieser Phase haben eine gesteigerte Sensibilität für CSR-Themen und gewinnen ein Verständnis für CSR-Konzepte und die dahinterstehenden Werte. Sie sind zunehmend daran interessiert, die operativen Risiken zu minimieren und den Vermögenswert weiter zu sichern. Die Organisation ist in dieser Phase weiterhin selbstbezogen, jedoch werden Stakeholder zunehmend als instrumentell nützlich betrachtet. Das Selbstinteresse nimmt nach Jones et al. (2007) nach und nach ab. Das Unternehmen möchte in dieser Phase Compliance-Vorgaben einhalten und die Licence to operate wahren. Corporate-Social-Responsibility-Prinzipien werden in dieser Phase assimiliert und in Führungsaufgaben übersetzt, sodass CSR als Risikomanagementtool fungiert. Die Beziehungen mit Stakeholdern sind weniger punktuell bzw. intensiver, bleiben in allen Stufen aber instrumentell begründet. Ab dieser Phase dringt das Thema CSR zunehmend mehr in die Unternehmenskultur ein (Maon et al. 2010).

Die dritte Phase ist die der kulturellen Einbettung von CSR. Die drei CSR-Entwicklungsstufen sind: Sorge tragen, Strategieentwicklung und Transformation. Die Organisation macht sich CSR vollständig zu eigen und die Auswirkungen werden intern und extern erkennbar. Wesentlich dafür sind erweitertes CSR-Wissen, vertiefte Beziehungen zu den wesentlichen Stakeholdern und die Mobilisierung interner Ressourcen, um CSR-

kulturelle CSR-Phase	CSR-Entwicklungs-stufe	CSR-Ansicht und Stellenwert in der Organisationskultur	Wissen und Einstellung				Strategie			Taktik und Operationalisierung			
			Organisationale Sensibilität ggü. CSR-Themen	Treiber in der Entwicklung von CSR-Aktivitäten	Unterstützung des Top-Managements	Soziale Verantwortung	Gründe für CSR-Initiativen	Leistungsziele	Transparenz und Berichterstattung	Stakeholder-beziehungen	Ressourcen-Commitment	Struktur der CSR-Aktivitäten	Koordination von CSR-Themen
Phase der kulturellen Ablehnung von CSR	1. Abweisung	„Gewinnen um jeden Preis"-Perspektive', keine	aktive Opposition zu CSR als mehr als finanzielle Vorteilsnahme	keine	keine	Ablehnung	keine	keine	Blackbox	rein vertraglich	keines	keine	keine
Phase des kulturellen Verständnisses von CSR	2. Selbstschutz	„Reputation & philanthropische Perspektive', CSR als marginal relevant	nur augenscheinlich und/oder mangelndes Bewusstsein oder Ignoranz von CSR-Themen	Mangel an CSR-Orientierung wahrgenommen als geschäftsbehindernd	punktueller Einbezug	starke Abwehr	Begrenzung potenziell schädigender und unkontrollierter Kritik	Problemlösung bei Bedarf	Rechtfertigende Haltung	punktuell	Budget für Probleme, wenn sie auftreten	Aktivitäten	PR-seitiges Interesse
	3. Compliance-bedürfnis	„Erfordernis-Perspektive', CSR als Interesse verdienend	wachsendes Bewusstsein der Vermeidung CSR-bezogener Probleme	CSR als Pflicht und Auflage – Fokus auf begrenzte Anforderungen	theoretischer Einbezug / vorgegeben	Leichte Abwehr / Reaktion	Compliance-Ziele	Begrenzung schädigender Externalitäten, Berücksichtigung sich entwickelnder Normen und regulatorischer Anforderungen	internes Reporting rechtliche Absicherungshaltung	unilateral	begrenzte, minimale Finanzierung	Richtlinien	funktional
	4. Fähigkeits-suche	„Stakeholder Management-Perspektive', CSR ist maßgebend	wachsendes Bewusstsein für CSR-bezogene Vorteile	CSR als Pflicht-Fokus auf übereinkommende Erwartungen	fairer Einbezug / unterstützend	Anpassung	Wahrung der 'Licence to Operate'	Antizipation neuer Anforderungen und Erwartungen Identifikation profitabler Nischen für CSR-Aktivitäten	internes Reporting selektive Absicherungshaltung	interaktiv	grundsätzlich ausreichend, aber inkonsistente Finanzierung	Aktionspläne	multifunktional
Phase der kulturellen Einbettung von CSR	5. Sorge tragen	„Stakeholder-Dialog-Perspektive', CSR wird gelebt	sachkundiges CSR-Bewusstsein	CSR als grundsätzlich wichtig	Commitment	Adaption	Wettbewerbs-vorteile	aktives Management von CSR-bezogenen Themen Bestimmung geschäftsweiter Chancen	allgemeine Berichterstattung	reziproke Einflussnahme	verlässliche Finanzierung	Programme	crossfunktional
	6. Strategie-entwicklung	„Nachhaltigkeits-Perspektive', CSR setzt sich durch	CSR-bezogene Führungsziele	CSR wahrgenommen als unaufhaltsam einzuschlagende Richtung	starkes Commitment	strategische Proaktivität	Leistungs-versprechen	„Masse" bewegen nachhaltiger Entwicklung Geschäfts-erweiterungen durch CSR-Aktivitäten	zertifizierte Berichterstattung	kollaborativ	solide Finanzierung	Systeme	organisationale Neuausrichtung
	7. Transfor-mation	„Verändere die Spielregeln"-Perspektive', CSR als tief verwurzelt	CSR als internalisierte Management-Ideologie	CSR als einzige Alternative universeller, gegenseitiger Abhängigkeiten	Hingabe	Proaktivität	erweiterte Entschiedenheit - Gesellschaftliche Veränderung	Diffusion von Expertise / Maximierung positiver Externalitäten	vollständige Transparenz	gemeinschaftliche Innovation	unbegrenzte Finanzierung und Unterstützung	Integration ins Kerngeschäft – CSR als „Business as usual"	Institutionali-sierung

Abb. 3 Das Sieben-Stufen-Modell der CSR-Entwicklung. (Nach Maon et al. 2010, S. 31)

Forderungen proaktiv entgegentreten zu können. Gleichzeitig nimmt eine Organisation in dieser Phase bei der Entscheidungsfindung starke Rücksicht. Das heißt, sie ist dabei stark von bereits existierenden moralischen Werten geleitet bzw. zielt auf die Generierung neuer Werte ab. Dies wirkt sich auch auf die Kernkompetenz aus. CSR soll eine langfristige Nachhaltigkeit auslösen, indem Kreativität und Innovation die Ressourcenproduktivität und Produktdifferenzierung ermöglichen. Wesentliche Treiber sind eine enge Zusammenarbeit bis hin zu Allianzen mit Partnern (Maon et al. 2010).

Das Modell zeigt, dass die Einbettung des Themas CSR in die Unternehmenskultur – je nach Ausgangspunkt – ein sehr aufwändiges und langwieriges Unterfangen darstellen kann. Im ungünstigsten Fall startet ein Unternehmen bei der Implementierung mit einer starken Ablehnung durch die Mitarbeiter und ggf. Führungskräfte. Diese Ablehnung weicht nach und nach dem Druck von außen, um weitere Kritik und damit Schaden vom Unternehmen abzuwehren. Compliance-Ziele werden vorgegeben und hierdurch Richtlinien und Pflichten stärker in den Fokus gerückt. Sukzessive wird die Bedeutung der CSR den Organisationsmitgliedern klarer, die Interaktion nimmt zu und Wettbewerbsvorteile durch die Übernahme von CSR werden erkannt. Dies führt im besten Fall zu einer zunehmenden proaktiven Haltung und der vollständigen Integration in die Unternehmenskultur.

5 Unternehmenskultur als ein Instrument für das CSR- und Compliance-Management

Kann die Unternehmenskultur als ein Instrument für das CSR- und Compliance-Management genutzt werden? Die Antwort hierauf lautet, es kommt darauf an. Die Unternehmenskultur an sich ist zu komplex, als dass sie gezielt gesteuert oder als Steuerungsinstrument eingesetzt werden kann. Jedoch gibt es strategische Instrumente, die die Unternehmenskultur beeinflussen können, wodurch die Unternehmenskultur wiederum zu einem Steuerungsinstrument für das CSR- und Compliance-Management wird (siehe Abschn. 3; Gontard 2002; Nagel 1995; Schulz und Muth 2014). In Anlehnung an das Modell von Bleicher (Abb. 1) zählen hierzu die Unternehmensvision und -mission, die Unternehmensverfassung, die Ausgestaltung der Organisationsstrukturen, die Managementsysteme und die organisatorischen Prozesse sowie das Leitungs- und Kooperationsverhalten. Auf diese Aspekte wird im Folgenden näher eingegangen.

In der Unternehmensvision werden die Leitidee des Unternehmens und die langfristigen Ziele thematisiert. Auch werden in der Vision häufig Werte artikuliert, die im Sinne der CSR und Compliance beispielsweise eine vertrauensvolle Zusammenarbeit, Integrität und die Verantwortung des Unternehmens betonen. Hierdurch wird ein gewisser Rahmen gesetzt, an dem sich Mitarbeiter orientieren können. Dieser prägt die Kultur des Unternehmens und verdeutlicht die Regelkonformität des Unternehmens. In der Unternehmensmission wird die Unternehmensvision für das strategische und operative Management in Form von konkreten Zielausrichtungen und einer Grundorientierung konkretisiert (vgl. Bleicher und Abegglen 2017; Schulz und Muth 2014).

Im Rahmen der Unternehmensverfassung, welche die normative Rahmenordnung und die primären Leitungs- und Kontrollrechte festlegt, wird in der Regel ein Leitbild des Unternehmens definiert (Bleicher und Abegglen 2017; Hungenberg und Wulf 2015). Dieses Leitbild sollte im Sinne der CSR und Compliance deutlich machen, dass die Werte, Normen, Richtlinien, Regelungen und Standards des Unternehmens einzuhalten sind (Schulz und Muth 2014).

Die Organisationsstruktur kann die Unternehmenskultur durch die Schaffung von Stellen oder Abteilungen (vgl. Kreipl 2015), welche sich mit den Themen CSR und Compliance befassen, dahingehend stärken, dass die Bedeutung dieser Themenfelder auch im Organigramm und physisch in Form von Personen verdeutlicht wird. Hierdurch wird die Schaffung einer gelebten CSR- und Compliance-Kultur gestärkt. Zuständig- und Verantwortlichkeiten stellen die Umsetzung sicher. Konkrete Ansprechpartner, an die sich Führungskräfte und Mitarbeiter bei Fragen wenden können, erleichtern die Umsetzung.

Managementsysteme dienen dazu, die im Rahmen der Organisationsstruktur geschaffenen Ordnungsmuster auszugestalten (Bleicher und Abegglen 2017). Für den CSR-und Compliance-Bereich werden vor allem Systeme zur systematischen Erreichung von Qualitäts-, Arbeitssicherheits- und Umweltzielen sowie Finanz- und Risikomanagementsysteme (hierzu zählen auch spezielle Compliance-Systeme) und – von etwas untergeordneter Bedeutung – Informations- und EDV-Systeme eingesetzt.

Auf der operativen Ebene der organisatorischen Prozesse können die Themen CSR und Compliance durch die Aufnahme von weiteren Richtlinien, z. B. für Kunden-und Lieferantenbeziehungen, gefördert werden. Darüber hinaus empfiehlt es sich, bestehende Arbeitsprozesse um CSR- und Compliance-Themen zu erweitern und diese somit zu einem gelebten Bestandteil der Unternehmenskultur zu machen (vgl. Schulz und Muth 2014).

Das Leitungs- und Kooperationsverhalten auf der Ebene des operativen Managements kann durch Schulungen und Trainings zu speziellen CSR- und Compliance-Themen sowie durch die Integration und Berücksichtigung dieser Aspekte in bestehenden Weiterbildungsangeboten die Entwicklung einer CSR- und Compliance-Kultur fördern (vgl. Kreipl 2015; Schulz und Muth 2014). Durch entsprechende Schulungen lernen Führungskräfte und Mitarbeiter, die intendierten Verhaltensweisen und beginnen nach und nach diese zu leben und fungieren hierdurch als Vorbilder und Multiplikatoren.

Literatur

Basu K, Palazzo G (2008) Corporate social responsibility: a process model of sensemaking. Acad Manag Rev 33(1):122–132
Bauschke R (2014) Unternehmensethik, Corporate Governance und Nachhaltigkeit – was leistet Unternehmenskultur? In: Homma N, Bauschke R, Hofmann LM (Hrsg) Einführung Unternehmenskultur. Grundlagen, Perspektiven, Konsequenzen. Springer Gabler, Wiesbaden, S 167–184

Becker L (2005) Change Management in Personalbereichen. In: Wald PM (Hrsg) Neue Herausforderungen im Personalmanagement. Best Practices – Reorganisation – Outsourcing. Gabler, Wiesbaden, S 51–72

Bertelsmann Stiftung (2005) Die gesellschaftliche Verantwortung von Unternehmen. Dokumentation der Ergebnisse einer Unternehmensbefragung. Bertelsmann Stiftung, Gütersloh

Bleicher K, Abegglen C (2017) Das Konzept Integriertes Management. Visionen – Missionen – Programme. Campus, Berlin

Brocchi D (2015) Nachhaltigkeit als kulturelle Herausforderung. In: Steinkeller V (Hrsg) CSR und Kultur Corporate Cultural Responsibility als Erfolgsfaktor in Ihrem Unternehmen. Springer Gabler, Berlin, S 41–70

Drumm HJ (1991) Probleme der Erfassung und Messung der Unternehmenskultur. In: Dülfer E (Hrsg) Organisationskultur: Phänomen – Philosophie – Technologie. Schäffer-Poeschel, Stuttgart, S 163–171

Eichler H (2012) Die Prüfung der Compliance-Kultur. Ein Praxis-Leitfaden zur Strukturierung und Durchführung von Prüfungshandlungen. ZCG Zeitschrift Für Corp Gov 3:133–138

Europäische Kommission (2011) Mitteilung der Kommission an das Europäische Parlament, den Rat, den Europäischen Wirtschafts- und Sozialausschuss und den Ausschuss der Regionen: Eine neue EU-Strategie (2011–2014) für die soziale Verantwortung der Unternehmen (CSR). Veröffentlicht am 25.10.2011. http://eur-lex.europa.eu/legal-content/DE/TXT/PDF/?uri=CELEX:52011DC0681&from=DE. Zugegriffen: 21. Juli 2017

Forum Nachhaltig Wirtschaften (2016) Telekom nimmt Unternehmenskultur unter die Lupe. http://www.forum-csr.net/News/9952/TelekomnimmtUnternehmenskulturunterdieLupe.html. Zugegriffen: 20. Juli 2017

Gastinger K, Gaggl P (2015) CSR als strategischer Managementansatz. In: Schneider A, Schmidpeter R (Hrsg) Corporate Social Responsibility. Verantwortungsvolle Unternehmensführung in Theorie und Praxis. Springer Gabler, Berlin, S 283–298

Glock Y (2013) Darstellung und Umsetzung der Implementierung von Corporate Social Responsibility (CSR) – CSR als Bestandteil der Unternehmensstrategie. Dr. Kovac, Hamburg

Gontard M (2002) Unternehmenskultur und Organisationsklima: eine empirische Untersuchung. Rainer Hampp, München

Grant RM, Nippa M (2006) Strategisches Management. Analyse, Entwicklung und Implementierung von Unternehmensstrategien. Pearsons Studium, München

Hagedorn Y (2012) Unternehmenskultur in der Dienstleistungsbranche. Grundlagen, Analyse, Handlungsempfehlungen. Akademiker Verlag, Saarbrücken

Hungenberg H (2014) Strategisches Management in Unternehmen. Ziele – Prozesse – Verfahren. Springer Gabler, Wiesbaden

Hungenberg H, Wulf T (2015) Grundlagen der Unternehmensführung: Einführung für Bachelorstudierende. Springer Gabler, Berlin

Jones TM, Felps W, Bigley G (2007) Ethical theory and stakeholder-related decisions: the role of stakeholder culture. Acad Manag Rev 32:137–155

Kauffeld S, Wesemann S, Lehmann-Willenbrock N (2014) Organisation. In: Kauffeld S (Hrsg) Arbeits-, Organisations- und Personalpsychologie für Bachelor. Springer, Berlin, S 31–52

Kleinfeld A, Kettler A (2017) Wertemanagement und interne (CSR-) Kommunikation. In: Wagner R, Roschker N, Moutchnik A (Hrsg) CSR und Interne Kommunikation: Forschungsansätze und Praxisbeiträge. Springer Gabler, Berlin, S 87–102

Kreipl C (2015) Compliance Management: Ein Konzept (auch) für kleine und mittelständische Unternehmen. Diskussion Paper, 16. Hochschule Fulda, Fachbereich Wirtschaft, Fulda

Loffing D, Loffing C (2010) Mitarbeiterbindung ist lernbar. Praxiswissen für Führungskräfte in Gesundheitsfachberufen. Springer, Berlin

Maon F, Lindgreen A, Swaen V (2009) Designing and implementing corporate social responsibility: an integrative framework grounded in theory and practice. J Bus Ethics 87:71–89

Maon F, Lindgreen A, Swaen V (2010) Organizational stages and culturals phases: a critical review and consolidative model of corporate social responsibility developement. Int J Manag Rev 12(1):20–38

McElhaney K (2009) A strategic approach to corporate social responsibility. Lead To Lead 52:30–36

Meffert H, Burmann C, Kirchgeorg M (2012) Marketing. Grundlagen marktorientierter Unternehmensführung. Konzepte – Instrumente- Praxisbeispiele. Gabler, Wiesbaden

Meyer M, Waßmann J (2011) Strategische Corporate Social Responsibility. Konzeptionelle Entwicklung und Implementierung in der Praxis am Beispiel „dm-drogerie markt. Research Papers on Marketing Strategy, 3. Julius-Maximilians-Universität, Würzburg

Nagel C (1995) Zur Kultur der Organisation: eine organisationspsychologische Untersuchung in der Automobilindustrie. In: Wiendiek G (Hrsg) Kölner Arbeiten zur Wirtschaftspsychologie, Bd. 11. Peter Lang, Frankfurt

Pohl M (2006) Corporate culture and CSR – how they interrelate and consequences for successful implementation. In: Hennigfeld J, Pohl M, Tolhurst N (Hrsg) The ICCA handbook on corporate social responsibility. Wiley, Chichester, S 47–59

Pohling R, Strobel A (2017) Diagnostik und Förderung ethischer Kompetenz in Organisationen. In: López I (Hrsg) CSR und Wirtschaftspsychologie. Psychologische Strategien zur Förderung nachhaltiger Managemententscheidungen und Lebensstile. Springer Gabler, Berlin

von Rosenstiel L, Nerdinger F (2012) Grundlagen der Organisationspsychologie – Basiswissen und Anwendungshinweise. Schäffer-Poeschel, Stuttgart

Sackmann S (2004) Erfolgsfaktor Unternehmenskultur: Mit kulturbewusstem Management Unternehmensziele erreichen und Identifikation schaffen – 6 Best Practice-Beispiele. Gabler, Wiesbaden

Schein EH (1995) Unternehmenskultur: Ein Handbuch für Führungskräfte. Campus, Frankfurt

Schram B (2016) Unternehmerische Zukunftsfähigkeit – Organisationsentwicklung unter Berücksichtigung ökonomischer, ökologischer und gesellschaftlicher Entwicklung. In: Schram B, Schmidpeter R (Hrsg) CSR und Organisationsentwicklung. Die Rolle des Qualitäts- und Changemanagers. Springer Gabler, Berlin, S 3–14

Schulz M, Muth T (2014) Erfolgsfaktor Compliance-Kultur. Grundlagen und Hinweise zur Gestaltung durch die Unternehmensleitung. Compliance-Berater 8:265–271

Verführth N (2016) Individuelle Verantwortung in Unternehmen. Ethische Entscheidungsprozesse als Voraussetzung für Corporate Social Responsibility. Springer VS, Wiesbaden

Walter BL (2017) Change Management und CSR-Kommunikation. In: Wagner R, Roschker N, Moutchnik A (Hrsg) CSR und Interne Kommunikation Forschungsansätze und Praxisbeiträge. Springer Gabler, Berlin, S 103–114

Wendt M (2012) Compliance Management und Unternehmenskultur in mittelständischen Unternehmen. In: Behringer S (Hrsg) Compliance für KMU. Erich Schmidt, Berlin, S 203–214

Werther WB Jr, Chandler D (2010) Strategic corporate social responsibility. Stakeholders in a global environment. SAGE, Thousand Oaks

Wieland J (2010) Compliance Management als Corporate Governance – konzeptionelle Grundlagen und Erfolgsfaktoren. In: Wieland J, Steinmeyer R, Grüninger S (Hrsg) Handbuch Compliance-Management. Konzeptionelle Grundlagen, praktische Erfolgsfaktoren, globale Herausforderungen. Erich Schmidt, Berlin, S 15–38

Dr. Yvonne Glock leitet den berufsbegleitenden Bachelorstudiengang Wirtschaftspsychologie an der Hochschule Fresenius in Hamburg. Dort unterrichtet sie seit 2009 in den Studiengängen Wirtschaftspsychologie, Psychologie und Human Ressource Management. Seit 2004 ist sie als Beraterin, Trainerin und Coach in den Bereichen Karrierecoaching, psychologische Beratung, AC-Moderationen sowie der Konzeption und Durchführung von Trainings und Workshops selbstständig. Im Jahr 2017 übernahm sie darüber hinaus die Leitung des Produktmarketings von Queference, einem Start-up zur Erhebung digitaler Referenzen für die Personalauswahl. Yvonne Glock studierte an der Universität Hamburg Diplom-Psychologie und Neurologie und machte einen Zusatzabschluss in Wirtschaftspsychologie. Von 2005 bis 2013 arbeitete sie als wissenschaftliche Mitarbeiterin und promovierte in BWL am Lehrstuhl für Organisation und Unternehmensführung an der Universität Hamburg zum Thema strategische Implementierung von Corporate Social Responsibility.

Interne Kommunikation

Mehr als CSR-PR: Wenn CSR und Compliance Sinn machen

Riccardo Wagner

1 Einführung

Die Wirksamkeit und Glaubwürdigkeit von Unternehmensverantwortung (engl. Corporate Social Responsibility, kurz CSR) und Compliance ist im Wesentlichen bestimmt durch die Umsetzung und Motivation der Mitarbeiter eines Unternehmens.[1] Diese wird wiederum maßgeblich von der internen Kommunikation und dem internen Erleben der Managementkultur beeinflusst werden. Dabei wird schnell klar: Verhaltensänderungen und -einschränkungen, wie sie mit Compliance und CSR in der Regel verbunden sind, lassen sich nur sehr begrenzt anweisen und nur mit erheblichen Aufwand eng überwachen. In Dilemmasituationen oder bei unklarer Informationslage brauchen Mitarbeiter einen „internen Wertekompass" der die richtige Richtung anzeigt, wenn das Leitbildposter oder das Compliancemanual eben nicht zur Hand sind. Umso wichtiger, einen konkreten kommunikativen Blick auf die wirkungsvolle Umsetzung und Institutionalisierung von CSR und Compliance zu werfen, denn zu einer intrinsisch motivierten Haltung und Arbeitsweise gibt es de facto keine sinnvollen Alternativen und interne Kommunikation ist hier der passende Schlüssel.

Doch die theoretische und auch praktische Diskussion um die (interne) Kommunikation von CSR und Compliance ist oft gekennzeichnet von einer dreifachen Unschärfe. Erstens bleibt häufig im Dunkeln, welches Organisationsverständnis den Betrachtungen

[1] Der Artikel ist eine ausschnittweise Kurzdarstellung aus der aktuell laufenden Dissertation des Autors am Lehrstuhl für Kommunikationswissenschaften, Schwerpunkt Organisationskommunikation (Prof. Dr. Stefan Wehmeier), der philosophischen Fakultät der Ernst-Moritz-Arndt-Universität Greifswald zur Rolle der internen Kommunikation für das CSR-Management.

R. Wagner (✉)
moneymeets GmbH
Brühl, Deutschland
E-Mail: wagner@wagner-komm.de

zugrunde liegt, was in der Forschung die empirische Operationalisierung der Grundannahmen und für die Praxis die Nachvollziehbarkeit und Anwendung der Schlussfolgerungen erschwert.

Zweitens ist die Diskussion meist beherrscht von einer eher dominanten, strategisch-instrumentellen Sicht auf CSR und Compliance und CSR- und Compliancekommunikation. Diese kann aus Managementsicht, siehe oben, aber auch aus kommunikativer Sicht nicht befriedigen, weist sie doch der Kommunikation bestenfalls eine Hilfsfunktion zu, statt sie ins Zentrum der Betrachtung zu stellen. Zum Dritten wird der Begriff der (internen) CSR-Kommunikation für eine Vielzahl höchst unterschiedlicher kommunikativer Maßnahmen und Handlungen benutzt, die ihn letztendlich für eine wissenschaftliche, wie auch praktische Betrachtung entwerten, wenn nicht gar unbrauchbar machen.

Darüber hinaus zeigen sich in Forschung und Praxis deutliche Lücken bezüglich des Verständnisses der konkreten Übersetzung und Aushandlung von CSR und Compliance in Unternehmen sowie der involvierten Kognitions-, Informations- und Austauschprozesse auf und zwischen den Mikro- und Mesoebenen von Organisationen und deren An- und Rückbindung an die gesellschaftliche Makroebene. Das Ergebnis ist, dass auch grundlegende Mechanismen und Wirkungszusammenhänge in den damit verbundenen Changeprozessen im Dunkeln bleiben und mithin nur schwerlich praktische Ansätze generiert werden können, um ein kohärentes CSR- und Compliancemanagement zu etablieren und kommunikativ zu führen.

Der Artikel wir deshalb versuchen, im ersten Teil für die oben skizzierten zwei zentralen Fragestellungen: „1. Was ist interne CSR- und Compliancekommunikation?", 2. „Wie wird CSR und Compliance im Unternehmen kommunikativ institutionalisiert?" eine theoretische Basis zu entwickeln. Dazu wird zunächst der Vorschlag einer Modellierung von (interner) CSR- und Compliancekommunikation aus einer konstruktivistischen und narrativen Perspektive unterbreitet. Im zweiten Schritt soll dann, durch die Nutzbarmachung etablierter organisationspsychologischer Theorieansätze zur Sinngenerierung und Sinnstiftung von Menschen in Situationen des organisationalen Wandels, eine neue theoretische Perspektive für die Beschreibung und Analyse der Institutionalisierung von Unternehmensverantwortung entwickelt werden.

Mit diesem Rüstzeug ausgestattet, soll dann im zweiten Teil des Artikels der Blick auf die aktuelle Kommunikationspraxis gerichtet werden. Dazu werden zunächst die Ergebnisse aus zwei empirischen Untersuchungen als Grundlage genommen, um einen Status quo der internen CSR-Kommunikation zu bestimmen. Schlussendlich sollen diese Ergebnisse mit den zuvor entwickelten theoretischen Perspektiven verbunden werden, um daraus einen eigenen modellhaften Handlungsrahmen für die Kommunikationspraxis entwickeln zu können.

2 Interne Kommunikation wird zum Wettbewerbsfaktor

Die interne Kommunikation (IK) gewinnt seit vielen Jahren stetig an Bedeutung und wird nun meist an vorderster Stelle genannt, wenn Unternehmen nach der Bedeutung der verschiedenen Kommunikationsdisziplinen befragt werden (Huck-Sandhu 2016). Unternehmen sehen sich heute stetig steigenden Anforderungen gegenüber, die durch Globalisierung, Liberalisierung, die Verkürzung von Produktlebenszyklen, den mitunter dramatischen demografischen und kulturellen Veränderungen, aber auch neuen und nicht weniger dramatischen Anforderungen aus dem Bereich Nachhaltigkeit gegenüber. All das führt in der Summe zu einem komplexen und hochdynamischen Unternehmensumfeld (Schimank 2005).

Das Ergebnis: Ohne funktionierende Kommunikation als „Schmiermittel aller Organisationen" (Wehmeier und Röttger 2011, S. 197; Schoeneborn und Sandhu 2013) ist es aus betriebswirtschaftlich-funktionaler Sicht, aber auch aus kommunikativ-konstitutiver Sicht, nicht möglich, erfolgreich zu agieren. Oder wie Schneider und Retzbach (2012a, S. 3) treffend schreiben, interne Organisationskommunikation entwickelt sich vom „Nebenschauplatz zum Wettbewerbsfaktor".

Diese Veränderungen machen auch das Zusammenspiel der in der internen Organisationskommunikation beteiligten Personengruppen nicht einfacher. Untersuchungen deuten darauf hin, dass „die Funktion der unternehmensinternen Kommunikation am Beginn eines Veränderungsprozesses steht: vom bloßen Sprachrohr der Unternehmensleitung weg, hin zu einer eigenständigen Funktion, die Mitarbeitern ein Forum für den Austausch bietet, Dialogprozesse in der Organisation anstößt und zwischen unterschiedlichen Interessen vermitteln hilft" (Schneider und Retzbach 2012a, S. 7). Aus funktionaler Sicht geraten neben den offensichtlichsten Funktionen der IK im Bereich der Führung, Abstimmung und Koordination der Organisationsmitglieder zunehmend die Bereiche Motivation und Einstellungen, Sozialisation und Unternehmenskultur wie auch Konflikt und Change in den Fokus (vgl. Schneider und Retzbach 2012a, 2012b; Stehle 2016).

3 Was ist (interne) CSR- und Compliancekommunikation?

Erkennen und Analysieren kommt vor der Wahl der operativen Mittel, d. h. wer für die interne Kommunikation von CSR und Compliance in Unternehmen verantwortlich ist, der sollte sich zuvor verdeutlichen, welches Verständnis von Organisationen und von CSR- und Compliancekommunikation seinen Entscheidungen zugrunde liegt.

Um hier eine belastbare Perspektive zu entwickeln, wird zunächst eine konstruktivistisch geprägte Sichtweise auf Organisationskommunikation, im Sinne des Communication-Constitutes-Organizations-Ansatzes (CCO) vorgeschlagen, die vielfältige Einstiegspunkte in die mit der internen Kommunikation von CSR verbundenen Prozesse und Strukturen bietet und auch praktisch verwertbare Hinweise auf die inhaltliche Gestaltung dieser Abläufe durch Narration und kollektives Sensemaking beinhaltet. Diese

Gedanken sollen dann aufgenommen und für die Beantwortung der Frage nach dem Wesen von (interner) CSR- und Compliancekommunikation nutzbar gemacht werden, indem
die konsequent prozessorientierte und kommunikative Sichtweise auf Organisationen auf
(interne) Verantwortungskommunikation angewendet wird.

3.1 Organisieren durch kommunizieren: emergenter Charakter organisationaler Kommunikation

Folgt man dem Bild von CSR und Compliance in der Managementliteratur, findet sich
eine eher dominante bzw. strategisch instrumentelle Darstellung, die sich im Falle von
CSR mit dem Business Case befasst, der unter anderem dazu dient, gesellschaftliche Ansprüche zu antizipieren, um eine wie auch immer geartete Licence to operate zu erhalten,
konkrete Wettbewerbsvorteile zu erreichen. Die relevanten Stakeholdergruppen werden
meist ausschließlich als Adressaten und passiver Bezugspunkt für die CSR-Botschaften
des Unternehmens gesehen, deren Ansprache Zugang zu wichtigen Ressourcen bietet,
Risiken zu vermeiden hilft oder die schlicht einer ethischen Verpflichtung nachkommt
(Waddock und Googins 2011). Die diesen Ansätzen unterliegenden kommunikativen Modelle folgen dabei eher einem einfachen Bild von Kommunikation, in welchen diese mehr
oder weniger automatisch von oben nach unten oder von innen nach außen diffundiert.
Ähnlich verhält es sich mit dem Themenbereich Compliance, der auch aufgrund seines
Ursprungs und Zwecks mitunter sogar noch stärker in Richtung Anweisung und Befehl
und Gehorsam tendiert. Diese Blickrichtung kann als Basis kommunikativer Betrachtungen eher nicht überzeugen. Und auch im Management wird immer deutlicher, dass hier
ein grundlegender Irrtum vorliegt.

In den letzten Jahren hat sich in der PR-Forschung deshalb zunehmend eine Öffnung in
Richtung eines interaktiven Beziehungsaufbaus und Dialoges mit den Stakeholdern entwickelt. Es gilt hier, Stakeholder nicht nur über die CSR- und Compliancemaßnahmen eines
Unternehmens zu informieren, sondern diese in den Prozess aktiv einzubinden (Morsing
und Schultz 2006; Gelbmann und Baumgartner 2015). Die Integration der Stakeholder
soll hier im Ideal ein gemeinsames Verständnis hervorbringen, welche CSR-Aktivitäten
für die Organisation passend (dazu ausführlicher: Bartlett und Devin 2011) oder im Falle
von Compliance geboten und sinnvoll sind. Hier spielen auch bereits Ansätze eines gemeinsamen Sensemaking eine Rolle, basierend auf der Annahme, dass Unternehmen und
Stakeholder die Bedeutung von CSR konstruieren, sprich gemeinsam aushandeln (Nijhoff
und Jeurissen 2006).

Doch auch hier findet sich meist eine gedankliche Trennung zwischen und ein eingeschränktes Verständnis von Organisation und Kommunikation, welche es schwieriger
machen, bestimmte mit der Institutionalisierung von CSR verbundene kommunikative
Prozesse und Strukturen zu beschreiben und zu analysieren. Um hier einen neuen und
erfolgversprechenderen Zugang zu finden, ist es notwendig, eine alternative Konzeption
auf Basis einer sozialkonstruktivistischen Epistemologie zu wählen.

Die Idee, dass Akteure ihre eigene Realität konstruieren, dabei die (sprachlichen) Handlungen anderer Akteure interpretieren und daraus Sinn generieren (Sensemaking, vgl. Weick 1995) und wiederum selbst handeln, vor dem Hintergrund ihrer Sozialisation sowie den Erwartungen anderer Individuen, bietet reichhaltige Ansatzpunkte für die Analyse der Institutionalisierung von CSR und Compliance in Organisationen (Wehmeier und Schultz 2011).

In Anlehnung an den Communication-Constitutes-Organizations-Ansatz rückt diese Perspektive die Kommunikation von CSR unmittelbar ins Zentrum der Betrachtung, da sie direkt als aktive und konstituierende Kraft in der Konstruktion von Organisationen wirkt (Christensen und Cornelissen 2013; dazu ausführlicher u. a. Schoeneborn und Wehmeier 2014; Schoeneborn et al. 2014).

Die CCO-Sichtweise geht davon aus, dass erstens soziale Phänomene erst durch Kommunikation hervorgebracht werden. Weiterhin betont sie den emergenten Charakter organisationaler Kommunikation. Drittens wird dabei ein prozesshaftes Verständnis an Organisationen angelegt. Man spricht in diesem Zusammenhang eher von organisieren statt Organisation (Weick 1985). Organisationen bestehen in dieser Sichtweise aus etwas sehr Flüchtigem, nämlich Kommunikationsereignissen die gleichsam die Bausteine der Organisation bilden.

Organisationen werden somit in einem kommunikativen Prozess der Koorientierung erzeugt, aufrechterhalten und auch geändert (vgl. Kuhn 2008). In diesem Verständnis wird die innerorganisationale CSR- und Compliancekommunikation, verstanden als konstitutiver Prozess, durch den Akteure erkunden, konstruieren, aushandeln und modifizieren, was es bedeutet, eine verantwortungsvolle und regelkonforme Organisation zu sein (Christensen und Cheney 2011, S. 491).

3.2 Narratives CSR-Kommunikationsmodell

Dieser Sichtweise folgend, handelt es sich bei interner CSR- und Compliancekommunikation sowohl um einen individuellen wie kollektiven, zirkulären Sensemaking- und Sensegivingprozess. Dieser ist eingebettet in einen übergeordneten sozialkonstruktiven Prozess des Organisierens durch Kommunikation, in dem die Realität des Unternehmens stetig neu erschaffen und definiert wird. Kern dieses Prozesses sind Narration und Storytelling als grundlegende soziale Prozesse der Organisation, die u. a. für Bedeutung, Orientierung, Normsetzung, Komplexitätsreduktion und Identität sorgen (Wehmeier und Schultz 2011; vgl. auch Bruner 1990, 2002; Polkinghorn 1988; Brown et al. 2005; Czarniaswska 2004). Darauf aufbauend böte es sich an, genau von diesem zentralen Element der Narrativität ausgehend, eine Beschreibung des Gegenstandes, in diesem Fall CSR, zu entwickeln, welche jedoch im gleichen Umfang auch auf den Bereich Compliance angewendet werden kann. Zusammengefasst lässt sich der „öffentliche und organisationale Diskurs über CSR als eine Art gesellschaftliche Narration verstehen" (Übersetzung d. A., Schultz und Wehmeier 2011). Aus diesem Grund soll hier der Gedanke einer konstruktivistischen und narrativen Perspektive weitergeführt werden, der CSR-Kommunikation als erzählte Geschichten von Unternehmen versteht (Wehmeier und Schultz 2011, S. 467), weil sich durch einen tiefgreifenden globalen wie regionalen gesellschaftlichen Wandel das grundlegende Narrativ von Unternehmen ändert (Hine und Preuss 2009). Aus dieser Perspektive heraus ist das CSR- und Compliancemanagement ein Methodenset, das helfen soll, das Handeln des Unternehmens diesem Narrativ anzugleichen bzw. ein neues Narrativ für das Unternehmen zu schaffen. Weder die Analyse der notwendigen Maßnahmen noch die effektive und wirkungsvolle Umsetzung sind ohne bewusste und zielorientierte Kommunikation denkbar. Interessanterweise fokussieren sich Betrachtungen von CSR-Kommunikation häufig nicht auf diese beiden Aufgaben, sondern genau auf die nachfolgenden Prozesse, z. B. das Reporting, das Marketing und die Öffentlichkeitsarbeit der mit CSR verbundenen Themen und Maßnahmen (Jarolimek 2012; Golob et al. 2013). Dies führt zu einer Überdehnung, welche jede Joghurtwerbung mit dem Hinweis auf einen neuen Bio-PVC-Becher bereits als CSR-Kommunikation kennzeichnet. Bei Licht betrachtet wird durch diese Grenzverwischung der Begriff der CSR-Kommunikation mehr oder weniger unbrauchbar.

Hier kann es deshalb sinnvoll sein, die vorliegende Definition von (interner) CSR-Kommunikation mit dem zuvor etablierten Gedanken der Narrativität zu verbinden und eine Kategorisierung entlang prototypischer narrativer Motive vorzunehmen (Abb. 1).

Bei dem hier vorgestellten Modellansatz (siehe Abb. 1) findet sich zum einen eine klare Grenzziehung zwischen der unmittelbaren, dem CSR- und Compliancemanagement

Narratives CSR Kommunikationsmodell				
Kommunikation	**von CSR**	**über CSR**	**für CSR**	**mit CSR**
Klassifizierung	CSR-Kommunikation im weiteren Sinne („CSR PR")		CSR-Kommunikation	Kommunikations - CSR/Ethik
Narrativ	„nachhaltiges Unternehmen"	„CSR-Management"	„Ko-Konstruktion von CSR"	„Rahmen-bedingungen der Kommunikation
Charakter	Erfolgs-kommunikation	Fortschritts-kommunikation	Prozess-kommunikation	Meta-Kommunikation
Medium	Portrait, Bericht	Bericht, Report	Storytelling, Diskurs	Diskurs, Kodex
Ideal	Sensegiving	Sensegiving	Sensemaking & Sensegiving	Sensemaking & Sensegiving
Ziel	Persuasion	Information	Integration	Regulation
Adressat	Kunden	Kunden, Multiplikatoren	Mitarbeiter, Zulieferer	Mitarbeiter, Multiplikatoren

Abb. 1 Narratives CSR-Kommunikationsmodell

zugeordneten Kommunikation („für CSR"), die hier als eigentliche CSR- und Compliancekommunikation bezeichnet wird und der weiteren Kommunikation CSR-naher Themen („über CSR" und „von CSR"), die hier als CSR-Kommunikation im weiteren Sinne („CSR-PR") klassifiziert werden und der grundlegenden Fundierung der Kommunikation nach den Maßstäben einer Kommunikation mit Verantwortung, Nachhaltigkeit und ethischer Orientierung („mit CSR").

Im Bereich der Kommunikation wird hier klar getrennt zwischen unterschiedlichen Gegenstandsbereichen und Zielzonen der CSR-Kommunikation. Ziel ist es, hier deutlich zu machen, dass die CSR-Kommunikation unterschiedliche Aufgaben erfüllt und CSR in derselben auch unterschiedliche Positionen einnimmt. So steht im Bereich „von CSR" eben nicht im Mittelpunkt, wie das Unternehmen genau zu seiner Nachhaltigkeitsleistung kommt und es geht auch nicht darum, andere Stakeholder in den Prozess zu integrieren. Es geht hier allein um das Verkaufen eines positiven Unternehmensbildes mit dem zentralen Narrativ des nachhaltigen und regelkonformen Unternehmens. Bei der Kommunikation „von CSR" ist das grundsätzliche Narrativ der „gute Unternehmensbürger/ehrbare Kaufmann" oder das „nachhaltige und regelkonforme Unternehmen". Über diese Erfolgskommunikation soll ein Sensegiving-Prozess in Gang gebracht werden, der schlussendlich etwaige Kunden und Stakeholdergruppen von der Nachhaltigkeit des Unternehmens überzeugen soll.

Zu dieser Klassifizierung dazugehörig finden wir die Kommunikation „über CSR". Hier ist das CSR-Management und damit die Strategien und operativen Maßnahmen des Unternehmens selbst das zentrale Motiv. Stakeholder sollen über Entwicklungen und Fortschritte informiert werden, beispielsweise über Nachhaltigkeitsberichte. Auch hier ist Sensegiving das Kommunikationsideal mit dem Ziel der Information und damit auch oft der Erfüllung regulativer Vorgaben.

Anders verhält es sich bei der hier als CSR- und Compliancekommunikation (im engeren Sinne) bezeichneten Kommunikation „für CSR". Hier gestaltet sich die Kommunikation offener und soll grundsätzlich aktiv als konstituierendes Element zur Entwicklung und Umsetzung von CSR-Strategien und Compliancemaßnahmen beitragen, also „für" die CSR-Strategie nutzbar gemacht werden. Dabei verfolgt sie einen weniger instrumentellen Ansatz, sondern sieht die CSR-Kommunikation eher als sozial konstruierte Narration. Wir finden hier, bei Orientierung an den aktuellen Standards und Leitlinien, das zentrale Motiv in der Ko-Konstruktion von CSR, also die aktive Einbindung der Stakeholder in die Prozesse des CSR- und Compliancemanagements, z. B. zur Materialitätsbestimmung. Hier ist die Integration das Ziel und die Organisation befindet sich in einem zirkulärem Sensemaking-und Sensegiving-Modus durch eine viel stärkere Fokussierung auf Diskurs und Storytelling. In dieser Kategorie findet die eigentliche soziale Konstruktion von CSR statt. Im Falle der Compliancekommunikation liegt hier dann der Schwerpunkt natürlich weniger auf dem „Was machen wir?", sondern konzentriert sich stärker auf das Wie und Warum.

Der vierte Bereich der Kommunikation „mit CSR", baut unter anderem auf dem Gedanken der Quadruple Bottom Line (Karmasin und Weder 2008) und grundsätzlichen Überlegungen zur CSR von Kommunikation, Kommunikationsethik und Wertemanagement auf.

Hier geht es als Hauptmotiv von Kommunikation um die Diskussion von ethischen Fragestellungen in der Unternehmenskommunikation, die dazu führen sollen (Regulation), dass
am Ende auch die Kommunikation mit (gesellschaftlicher) Verantwortung geführt wird.
Auch hier ist ein zirkulärer Sensemaking- und Sensegiving-Prozess zur Aushandlung gegeben.

Das narrative CSR- und Compliancekommunikationsmodell bietet eine klare Abgrenzung auf die Frage „Was ist CSR- und Compliancekommunikation?" und die Frage „Was
ist der Zweck von CSR- und Compliance-Kommunikation?". Abgeleitet aus dem narrativen CSR- und Compliancekommunikationsmodell und in Anlehnung an eine bekannte
und anschlussfähige Definition von Szyszka und Malczok (2016) und u. a. den Ansatz von
Wehmeier und Schultz (2011) ließe sich nun abschließend folgende Definition für interne
CSR-Kommunikation aufstellen:

> ▶ Interne CSR- und Compliancekommunikation im engeren Sinne bezeichnet die
> Prozesse formeller, informeller und darauf bezogener instrumenteller Kommu-
> nikation, die sich innerhalb der Strukturen und Netzwerke eines Organisati-
> onssystems zur Übersetzung (Sensegiving), Aushandlung und Interpretation
> (Sensemaking), der mit der Institutionalisierung von Regelkonformität und
> Unternehmensverantwortung verbundenen kollektiven Narrative vollziehen.

4 Sensemaking, Narrativität und CSR: Wie wird CSR und Compliance im Unternehmen durch interne Kommunikation institutionalisiert?

Das natürliche Medium des Sensemaking in Organisationen sind die Erzählungen oder
auch das Narrativ (vgl. Taylor 2009, S. 169; Wehmeier und Schultz 2011, S. 474). Narrative sind dabei keinesfalls nur eine individuelle, sondern auch kollektive Leistungen und
die gesammelten Narrative eines Unternehmens werden gleichsam zu eine „Landkarte"
für die Mitglieder einer Organisation (Taylor und van Every 2000):

> CSR selbst ist ein soziales Narrativ, das erschaffen wird innerhalb eines öffentlichen Dis-
> kurses: Unternehmen kreieren nicht nur ihre eigenen CSR-Stories (Sensegiving); zur selben
> Zeit versuchen sie aus dem Konzept selbst mittels Narrativen Sinn zu generieren. CSR-Kom-
> munikation kann deshalb als Sensemakingprozess angesehen werden. (Übersetzung d. A.,
> Wehmeier und Schultz 2011, S. 477, siehe dazu auch Basu und Palazzo 2008).

Für das Verstehen der Institutionalisierung von CSR und Compliance und die prakti-
sche interne CSR- und Compliancekommunikation bedeutet dies, dass Sensemaking und
Sensegiving im Unternehmen und die vorzufindenden Erzählungen, Anekdoten und Sto-
ries eine entscheidende Einflussgröße sind, aber auch, dass die Rahmenbedingungen, die
Mitarbeiter zur Narration befähigen und Narration im Unternehmen möglich machen, die
Sinnvermittlung und damit den CSR- und Compliance-Change-Prozess fördern.

Sensemaking, der Konzeption von Karl Weick (1995) folgend, wird hier als Prozess
verstanden, der

stattfindet, wenn widersprüchliche Hinweise/Reize (cues) die fortlaufenden Tätigkeiten eines Menschen unterbrechen (gap), [Sensemaking] beinhaltet die retrospektive Entwicklung plausibler Erklärungen, die die Handlungen des Menschen vernünftig begründen (Übersetzung d. A., Maitlis und Sonenshein 2010).

Mithilfe von Sensemaking strukturieren Individuen das Unbekannte. Die zentralen Fragen der Sensemaking-Forschung sind die nach dem „Wie sie konstruieren, Was und Warum und mit welchem Effekt sie dies tun" (Übersetzung d. A., Weick 1995, S. 4).

Sensemaking bedeutet Verknüpfung, denn der Inhalt von Sinnstiftung wird „von zwei Elementen und deren Verbindung bestimmt. Das aktuelle Element ist der Indikator (‚cue‘) einer Situation, das Vergangene ist ein aus Sozialisation hervorgegangener Bezugsrahmen (‚frame of reference‘). Mit Indikator, Rahmen und der Verbindung zwischen beiden liegt die kleinste mögliche Sinnstruktur vor. Die Aktivität der Sinnstiftung besteht nun darin, dem jeweiligen Indikator passende, angemessene Bezugsrahmen zuzuordnen, innerhalb derer sie Bedeutung erhalten" (Wetzel 2005, S. 184).

Sensegiving als Teil der zirkulären innerorganisationalen Bedeutungsaushandlung wird dazu komplementär als Prozess verstanden, der „mit dem Versuch beschäftigt ist, das Sensemaking und die Bedeutungskonstruktion anderer Personen in Richtung einer bevorzugten Neudefinition der organisationalen Realität zu beeinflussen" (Gioia und Chittipeddi 1991, S. 442). Dazu gehört unter anderem die offizielle interne (CSR)-Kommunikation im Sinne des internen Kommunikationsmanagements. Sensemaking ist damit ein Prozess, der Situationen und Umstände explizit durch Sprache, vor allem Narrationen, verstehbar macht und als Ausgangspunkt für weitere Handlungen dient (vgl. Weick et al. 2005).

Sensemaking bezieht sich dabei nicht nur auf lebensverändernde Umstände und Umbrüche, im Gegenteil:

> Mit der Idee des Sensemaking zu arbeiten, heißt zu erkennen, dass Unauffälligkeit nicht gleichzusetzen ist mit Unbedeutsamkeit. Unscheinbare Strukturen und kurze Momente können große Konsequenzen haben (Übersetzung d. A., Weick et al. 2005, S. 410).

5 Interne CSR- und Compliancekommunikation in der Praxis

Die exaktere Eingrenzung der internen CSR- und Compliancekommunikation, wie auch die Nutzbarmachung der Sensemaking-Theorie geben für die Beurteilung und Analyse der internen CSR-Kommunikation ein solides Fundament, das in diesem Abschnitt mit einigen empirischen Analyseergebnissen zusammengebracht werden soll. Basis dafür sind zum einen insgesamt zehn Experteninterviews, die mit Personen als Leitfadeninterview geführt wurden, die über besondere Erfahrungen im Themenbereich CSR- und Compliancemanagement und CSR- und Compliancekommunikation verfügen und allesamt in aktiver verantwortlicher oder leitender Position in namhaften Unternehmen tätig sind. Zum anderen die Ergebnisse einer qualitativen Case Study, die über einen Zeitraum von einem Jahr bei einem größeren Unternehmen aus der Versicherungswirtschaft

durchgeführt wurde. Im Rahmen dieses Fallbeispiels wurden mehrere Dutzend Gesprä-
che und Interviews mit Mitarbeitern und Führungskräften geführt, Beobachtungen von
Netzwerkevents, wie beispielsweise Meetings des CSR-Teams, durchgeführt und mehr
als 120 Dokumente des Unternehmens ausgewertet. Grundlage für die forschungsleiten-
den Fragen, die Auswertung und Analyse waren dabei die oben hergeleiteten theoretischen
Grundlagen.

Im Folgenden soll hier ein knapper Überblick über die in den Untersuchungen auftre-
tenden übergreifenden Muster zum Status quo der internen CSR-Kommunikation gegeben
werden.

**Muster 1: (Interne) CSR- und Compliancekommunikation wird als zweischneidiges
Schwert gesehen, wobei die Definitionen, was CSR- und Compliancekommunikation
ist, eine relativ enge Sichtweise auf die PR-Funktionen erkennen lassen.**
In den Untersuchungen wurde deutlich, dass die Einstellungen zu CSR- und Compliancekommunikation sehr stark von einem reinen Sensegiving-Gedanken bestimmt sind. Es
geht dabei darum Strategien, Maßnahmen und Erfolge und mit geringerer Bedeutung
auch Misserfolge, an die Belegschaft zu vermitteln, also vor allem Informationsleistun-
gen zu vollbringen. Die Sichtweise von CSR- und Compliancekommunikation als reine
Informationsvermittlung ging bis hin zu Aussagen, dass Kommunikation und CSR- und
Compliancemanagement im Grunde nichts miteinander zu tun hätten bzw. streng voneinander getrennt oder gedacht werden sollten, damit CSR- und Compliancemanagement
funktionieren kann.

Der Anteil der Kommunikation an der zentralen CSR- und Compliancemanagement-
arbeit wird dabei oft nicht gesehen. So wird mit „Entscheidern sprechen" und „Ziele
und Maßnahmen dem Unternehmen klar machen" nicht als Teil der CSR- und Compliancekommunikation verstanden, zudem wird der unternehmensweite Diskurs als wenig
zweckmäßig und ggf. auch riskant verstanden und die Berichterstattung als Nebenpro-
dukt bezeichnet. Diese Sichtweise belegt damit die Relevanz und auch Stoßrichtung, des
hier vorgeschlagenen „narrativen CSR- und Compliancekommunikationsmodells". Für
die Befragten ist jedoch auch klar, dass CSR- und Compliancemanagement natürlich ohne Kommunikation nicht machbar ist, allein um die relevanten Stakeholder einzubinden,
Ziele abzugleichen, Informationen zu beschaffen etc. Diese Form der Kommunikation
wird jedoch oft nicht als Kommunikation, sondern synonym als Management definiert und
bewusst und sehr deutlich von dem abgegrenzt, was in dem Modell als „CSR-Kommunikation im weiteren Sinne (CSR-PR)" bezeichnet wurde. Welche eben eine völlig andere
Funktion und auch völlig andere Erwartungen von „Bäumen umarmen" und „glücklichen
Kinderaugen" auslöst. Dieser Haltung liegt vermutlich einerseits ein falsches Bild von
CSR- und Compliancemanagement zugrunde, aber andererseits auch durchaus eine Prägung aus CSR- und Compliancekommunikationsmaßnahmen im weiteren Sinne, die eben
genau mit solchen Bildwelten arbeiten. Hier ist sichtbar, dass Kommunikation oft mit
Sensegiving und Persuasion gleichgesetzt wird, die von der eigentlichen Fachlichkeit ein-
gehegt werden muss, damit Nachhaltigkeit nicht als leere Hülse oder Greenwashing erlebt

wird, denn der Begriff Nachhaltigkeit sorgt sehr oft zunächst für negative Reaktionen. Doch auch CSR-Management ist Kommunikation, eben „CSR-Kommunikation im engeren Sinne", die vielmehr Diskurs, Ko-Konstruktion und sicher auch mal Konflikt bedeutet.

Muster 2: Für die mitunter schwierige Verbindung zur Lebens- und Arbeitsrealität der Mitarbeiter und die Vermittlung der größeren gesellschaftlichen und unternehmerischen Zusammenhänge ist professionelles Storytelling unverzichtbar.
Aufgrund der Themenfülle in den Unternehmen und auch aufgrund der Komplexität und Breite von CSR und Compliance ist es mitunter sehr schwer, Mitarbeiter (MA) an Bord zu holen und die Alltagsrelevanz des Themas zu belegen, da die meist nur bei vorhandener intrinsischer Motivation von selbst gesehen wird, die aber vor allem bei eher trocken Rechtsthemen eher selten gegeben ist. In der Summe führt dies vor dem Hintergrund der hohen kommunikativen Last, die in vielen Unternehmen von den MA getragen werden muss, dann sehr schnell zu einer Vermeidung bzw. Gleichgültigkeit und Passivität (siehe Mitarbeiter-CSR-Passivitätsmodell weiter unten).

Zudem sind die unternehmerischen Strukturen, also auch die Themen CSR und Compliance an sich, bei vielen mittleren und größeren Unternehmen so komplex, dass es längst nicht für jeden Mitarbeiter möglich und sinnvoll ist Details aus der CSR-Arbeit nachzuvollziehen oder sich gar daran mit qualifiziertem Feedback zu beteiligen.

Das führt dann in der Praxis auch zu Situationen in denen Mitarbeiter manchmal sehr bewusst, größtenteils aber wohl eher unbewusst, diesem Thema aus dem Weg gehen und die damit verbundene strategische Denkarbeit von den (wenigen) Mitarbeitern geleistet werden müssen, die das Thema verantworten. Was auf der einen Seite, im Sinne einer unternehmerischen Arbeitsteilung, Sinn macht, auf der anderen Seite, bei der Umsetzung der CSR-Strategie ein großes Problem sein kann, wenn auch MA ein solches Denken an den Tag legen, die eigentlich notwendiger Umsetzungspartner und im Falle der Compliance die Ausübenden sind.

Für die mit dem Thema verbundene Kommunikation führen solche Herausforderungen auf der operativen Seite natürlich auch zu der Frage, wie diese Themen dann, fachlich korrekt, umsetzbar sind und zwar so, dass diese Inhalte auch noch von Mitarbeitern gelesen werden.

Die Darstellung der komplexen Materie, die gleichzeitig eine hohe Fachlichkeit und Genauigkeit erfordert, da es fast immer um sensible Themen geht, ist aber nur eine Facette der Herausforderungen. So ist es auch mit zunehmender Unternehmensgröße schwieriger, die Mitarbeiter in ihrer individuellen Erwartung und Lebenswelt abzuholen. Zur Lösung dieser Herausforderungen wird ein professionelles und emotionales Storytelling von den Unternehmen als herausfordernde, aber unverzichtbare Strategie beschrieben.

Muster 3: Der Nachhaltigkeitsbericht hat eher eine symbolische und netzwerkfördernde als eine informative Wirkung.
Es zeigte sich über die gesamten Interviews, dass eines der umfassendsten Instrumente der CSR-Kommunikation in der Mitarbeiterschaft oft weitgehend ignoriert wird: der Nachhal-

tigkeitsbericht. Auch wenn die befragten Unternehmen allesamt einen enormen Aufwand betreiben, um diesen zu erstellen, hat er zumindest auf der Ebene der Informationsvermittlung keine entscheidende Wirkung. Allerdings wird dem Bericht weiterhin eine wichtige Bedeutung zugemessen und auch für die Mitarbeiter scheint das Medium zumindest aus symbolischer Sicht einen positiven Effekt zu haben.

Muster 4: Die Verbindung von CSR zum Kerngeschäft und auch der Nachweis der ökonomischen Wirksamkeit sind von höchster Bedeutung.
Insbesondere CSR läuft, viel stärker als Compliance, sehr schnell Gefahr nicht als Teil des Daily Business gesehen und damit als Zusatzbelastung und „nice to have" angesehen zu werden. Das geschäftliche Interesse und die ökonomische Marktrelevanz werden damit schnell zum größten Totschlagargument oder entscheidenden Helfer, denn im Zweifel schlägt Geschäft immer CSR. Deshalb muss das CSR-Management in der Verbindung mit der Unternehmensstrategie konsequent aufgestellt sein. Letztlich lassen sich durch CSR-Kommunikation auch keine Scheinwelten aufbauen, wenn jeder Mitarbeiter genau weiß, dass im Zweifel geschäftliche Interessen vorgehen und beide Strategien keine ausreichenden Schnittmengen haben. Besser ist es deshalb, von Anfang an einen integrierten Ansatz umzusetzen, der Nachhaltigkeitsziele konkret mit betriebswirtschaftlichen Zielen verbindet. Gelingt die schlüssige Verbindung zwischen CSR und Kerngeschäft nicht, droht auf der anderen Seite eine gewisse Ermüdung bei Mitarbeitern, wenn diese das Thema nur mit möglicherweise verzichtbarem Engagement verbinden und das Unternehmen dennoch diese Themen sehr massiv vorantreibt.

Muster 5: Die Vorbildfunktion und Multiplikationsfunktion von Führungskräften ist einer der wesentlichsten Erfolgsfaktoren für eine gelungene interne CSR- und Compliancekommunikation.
Leadership und Leadershipkommunikation wurde in vielen Belangen immer wieder als zentrales Element benannt. So wichtig auch persönliche und intrinsische Motivation sind und ungeachtet der Tatsache, dass CSR und Compliance natürlich auch vom Mitarbeiter am Ende mitgetragen werden muss, wird das Sensegiving aus der Unternehmensleitung und dann auch aus dem Führungskräftekreis oft als ein wichtiger und unverzichtbarer Anfang für die Institutionalisierung von CSR und Compliance und Fixpunkt in der Kommunikation gesehen.

Muster 6: Corporate Citizenship, Corporate Volunteering und mitarbeiternahe Sozialthemen sind oft die wesentliche inhaltliche Brücke zum Thema CSR, die aber nicht beliebig belastbar ist.
Im CSR-Bereich sind es vor allem die mitarbeiternahen Themen, wie beispielsweise Vereinbarkeit von Familie und Beruf, die auf das größte Interesse stoßen: Aber auch Aktivitäten im Spenden-, Sponsoring- und Volunteeringbereich kommen in der Regel sehr viel einfacher beim Mitarbeiter an. Entscheidend dabei ist aber eine operative und kommunikative Beteiligung der Mitarbeiter an diesen Projekten. Ein Bezug zum Kerngeschäft

oder zum Standort ist jedoch dafür sehr wichtig, sonst besteht die Gefahr, dass sich CC- oder CSR-Themen zu weit entfernen von den Mitarbeitern und der Effekt sich dann ins Gegenteil verkehrt.

Muster 7: Die persönliche Kommunikation, das Erleben und die Teilhabe am CSR- und Complianceprozess (Ownership, jenseits von CC) ist von zentraler Bedeutung für das Sensemaking der Mitarbeiter, aber auch mit einigen Herausforderungen behaftet.

Die Notwendigkeit und das erforderliche Maß an aktiver Beteiligung (Ownership) der Mitarbeiter ist sicher eines der Themen, die am ambivalentesten in den Untersuchungen gesehen wurde und bei dem es auch große Unsicherheiten zu geben scheint – zu groß ist wohl die Gefahr Mitarbeiter zu überlasten, zu nerven und am Ende Widerstand hervorzurufen. Dennoch wird der Input der Mitarbeiter meist als wertvoll angesehen, da sie auch am Ende die Strategie in die Tat umsetzen und nur durch sie das Thema leben kann.

Auf die Frage, auf welchen Wegen tatsächlich die Sinnbildung der Mitarbeiter stattfindet, werden das direkte Erleben und auch die direkte persönliche Kommunikation bei vielen Experten hervorgehoben. Sehr wichtige Begegnungsräume für kollektives Sensemaking, aber auch gezieltes Sensegiving können Workshops und Schulungen sein.

Eine echte ergebnisoffene Einbindung von Mitarbeitern in die Willensbildung und Strategiefindung für CSR wird jedoch von einigen Experten kritisch gesehen. Was nicht zuletzt auch an den zum Teil sehr detaillierten und auch fachlichen Fragestellungen oder auch dem geringen Gestaltungsspielraum, vor allem bei Compliancethemen liegt.

Muster 8: Das Intranet und Social-Media-Lösungen werden als sehr wichtig für die interne CSR- und Compliancekommunikation gesehen, auch wenn hier meist als klassisches Sensegiving-Medium.
Partizipative Möglichkeiten werden kaum genutzt.

Muster 9: Ein prägender Faktor für die interne CSR-Kommunikation ist das persönliche Verständnis von den Begriffen Nachhaltigkeit und CSR und hier beeinflussen auch gesamtwirtschaftliche Vertrauensthemen und Reputationskrisen die Wahrnehmung der Mitarbeiter. Diese bieten wiederum hervorragende Ansatzpunkte für die Compliancekommunikation.

Interne CSR-Kommunikation findet nicht im luftleeren Raum statt, sondern trifft immer auf Rahmenbedingungen, die sich unter anderem aus gesellschaftlichen Einflüssen und persönlichen Einstellungen (in Wechselwirkung mit denselben) und individuellem Wissen zusammensetzen. Die begriffliche Unschärfe, vor allem des Begriffes Nachhaltigkeit gibt hier ihren Teil dazu. So zeigt sich, dass Mitarbeiter ihre eigenen Tätigkeiten beispielsweise nicht als zu CSR oder Nachhaltigkeit gehörig einschätzen, selbst wenn diese eigentlich im Themenbereich Nachhaltigkeit angesiedelt sind, z. B. in dem Bereich Energiemanagement. Das „nachträgliche" Labeling als CSR wird dann als Bevormundung oder „Übernahme" gesehen.

Doch nicht nur die eigenen Sichtweisen auf das Thema prägen Strategie und Umsetzung, auch externe gesellschaftliche Einflüsse durch Skandalmeldungen, die z. T. massiv aufzeigen, wie oft Unternehmen unglaubwürdig CSR umgesetzt haben. Dieses Misstrauen reicht dann bis in die tägliche Praxis hinein und führt z. T. zu erheblicher Skepsis, die nur mit intensiver Kommunikation (Fakten, Storytelling, Personalisierung) und (Leadership-)Dialog ausgeglichen werden kann. Auf Seiten der Compliancekommunikation ergeben sich hier aber sehr gute „Erzählansätze", die eindrucksvoll den Sinn und Zweck für Vertrauen und Reputation und auch den risikomindernden Effekt von Compliance verdeutlichen.

Muster 10: Den Mitarbeitern ist die Außenwirkung (Reputation) sehr wichtig und umgekehrt werden CSR- und Compliancethemen auch oft von außen in das Unternehmen hineingetragen.

Einen wesentlichen Teil des Sensemaking macht die Identitätskonstruktion aus, die den Mitarbeitern ein idealerweise stabiles Gefühl vermittelt, wer sie sind, welche Rolle sie im Unternehmen einnehmen und welche Erwartungen an sie gestellt werden. Corporate Social Responsibility und Compliance haben hier einen sehr relevanten, positiven Einfluss auf die Selbstwahrnehmung und auch Identifikation der Mitarbeiter, weswegen diese auch, wie im vorherigen Muster gesehen, sehr sensibel auf externe Einflüsse reagieren. Mitarbeiter möchten, vor allem mit Blick auf die zuvor geschilderten Skandale, in einem verantwortungsvollen und regelkonformen Unternehmen arbeiten. So wird CSR und Compliance, so die Wahrnehmung der befragten Personen, mehrheitlich von den Mitarbeitern als wichtige Verpflichtung der Unternehmen verstanden und auch nur selten grundsätzlich in Frage gestellt. Was jedoch nicht bedeutet, dass sich die Mitarbeiter hier automatisch in einer Pflicht sehen, an diesen Themen mitzuarbeiten.

Muster 11: Passivität ist auch in der internen CSR- und Compliancekommunikation der Hauptgegner für die Institutionalisierung von CSR und Compliance und einer ko-konstruktiven Weiterentwicklung von Nachhaltigkeit und Regelkonformität.

Die hier dargestellten Untersuchungen haben gezeigt, dass es einen einfachen positiven Mechanismus zwischen professioneller CSR- und Compliancearbeit in einem Unternehmen und einem hohen Mitarbeiterengagement und Commitment nicht gibt. So war es auch in Unternehmen, die seit vielen Jahren über ein professionelles CSR-Management, eine umfassende interne und externe CSR-Kommunikation und eine explizite Einbindung von Unternehmensverantwortung und Compliance verfügen, nur sehr eingeschränkt möglich, die Mitarbeiter und im mittleren Management die Führungskräfte wirklich für CSR und Compliance zu begeistern und zu interessieren.

Sehr oft legten hier die Mitarbeiter eine gewisse „positive Passivität" an den Tag, die sich zum einen in der Verleihung einer internen License to operate für das CSR- und Compliancemanagement äußert und zum anderen in eben jener beschriebenen Vermeidung einer aktiven Auseinandersetzung. Diese ist deshalb für die Unternehmenspraxis hochrelevant, weil sie es deutlich schwieriger macht umfassendere Innovationsprozesse in Verbindung mit Nachhaltigkeit in Gang zu bringen. Abb. 2 fasst die gemachten Beobachtungen in einer Grafik modellhaft und reduziert zusammen.

Das hier vorgeschlagene Mitarbeiterpassivitätsmodell verdeutlicht zwei wesentliche Einflusskategorien. So tragen im Bereich der Unternehmensstrategie und des Managements folgende Faktoren zur Steigerung der Passivität der Mitarbeiter bei: Zunächst ein stabiles ökonomisches Umfeld, welches grundsätzlich eher hemmend für Changeprozesse und Engagement wirkt, da es keinen ausreichenden Leidens- oder Handlungsdruck gibt. Weiterhin eine starke Unternehmenskultur und -identifikation mit einem daraus möglicherweise entstehenden Harmoniedruck. Zudem dominante Gaps in Bezug auf die Unternehmensstrategie und das Geschäftsmodell und Verbindung mit der CSR-Strategie, weil beispielsweise unklar bleibt, welche ökonomische Relevanz und Auswirkung das Thema hat. Schlussendlich strukturelle Löcher und Cliquenbildung in den Unternehmensnetzwerken, beispielsweise, wenn Führungskräfte das Thema nicht weitertragen oder gar aktiv boykottieren.

Sowie auf Seiten der Kommunikation und des Sensemaking diskursschließende und dominante Sensegiving-Narrative mit geringen kommunikativen Spielräumen, die das Sensemaking unterdrücken, sowie fehlende soziale Sensemaking-Möglichkeiten und Begegnungsräume (auch durch Arbeitsverdichtung und Informationsüberlastung). Außerdem eher rationale und mikroorientierte CSR-PR (CSR-Kommunikation im weiteren Sinne) zu Ungunsten von CSR- und Compliancekommunikation mit der Befähigung zum und Anwendung von Storytelling.

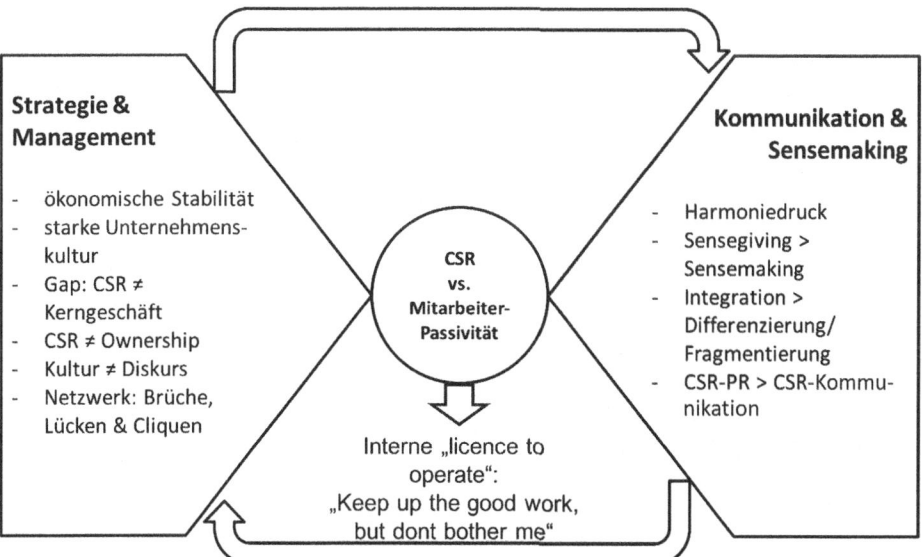

Abb. 2 Das Mitarbeiter-CSR-Passivitätsmodell. (Eigene Darstellung)

Beide Kategorien befördern bei Mitarbeitern und Führungskräften die Neigung, sich der Themen CSR und Compliance aktiv zu entziehen, bei gleichzeitiger Ausstellung einer internen Licence to operate für die Unternehmensführung und das CSR-Management (siehe Abb. 2).

6 Ansätze für ein kohärentes CSR- und Compliance(kommunikations-)management

Verbindet man diese praktischen Einblicke aus der empirischen Forschung mit den zuvor aufgestellten theoretischen Perspektiven, ergibt sich für die Institutionalisierung von CSR und Compliance ein nicht nur auf Kommunikation beschränkter, sondern ein ganzheitlicher Ansatz, der dennoch generelle praktische Leitplanken für die interne CSR- und Compliancekommunikation bereitstellt.

Dafür ist jedoch ein Perspektivwechsel hin zu einem integrativen Kommunikationsansatz und einer konsequenten Prozessorientierung notwendig, die sich auch in den Narrativen des Wandels widerspiegeln muss. Denn interne CSR- und Compliancekommunikation muss eben nicht (nur) Nachhaltigkeit und Regelkonformität als Ziel „verkaufen", sondern muss den Weg zur Nachhaltigkeit und die Wertschätzung der Kultur der Regeltreue als eigentliches Ziel etablieren, denn Nachhaltigkeit, Verantwortung und Compliance ist eine Haltung und ein grundsätzliches Lösungsprinzip und keine einmalige Errungenschaft.

Zweitens gilt es, die Komplexität des mit CSR und Compliance verbundenen Managementumfeldes zu respektieren und zu akzeptieren, dass Unternehmen polyphone Netzwerke sind und dass sowohl Management als auch die kommunikative Steuerung angepasst werden müssen. Dies bedeutet, dass mittels Diskurs und Storytelling ein Umfeld geschaffen wird, in dem, wie einer der bekanntesten deutschen Hirnforscher Gerald Hüther (2011) sagen würde, CSR und Compliance „gelingen kann", nicht CSR und Compliance „gemacht wird". Hier also Bedingungen geschaffen werden, in denen sich das Wünschenswerte ereignen kann, sprich wünschenswerte Muster verstärkt und negative eingedämmt werden können.

Damit wird dann auch, drittens, den Bedingungen des individuellen und kollektiven Sensemaking und darüber hinaus, um bei der Neurowissenschaft zu bleiben, die hier wertvolle Impulse bringen kann, der Selbstorganisationsfähigkeit und Plastizität des Gehirns Rechnung getragen, welches dann Haltungsänderungen (neue neuronale Verknüpfungen) möglich macht, wenn es nicht nur rational, sondern auch emotional inspiriert wird („neurons that fire together, wire together").

6.1 Salutogenetisches CSR-Kohärenzmodell

Diese Grundannahmen für eine positive Weichenstellung zur Institutionalisierung von CSR und Compliance lassen sich mit einem interdisziplinären Blick, z. B. auf die bereits als fruchtbar eingeführten Neurowissenschaften und die medizinische Forschung, insbesondere der Salutogenese (der Erforschung der Entstehung von Gesundheit) untermauern und ausbauen. Der Grund ist, dass sich beide Forschungsfelder, ähnlich der Organisationskommunikations- und Organisationsforschung auch im wesentlichen Umfang mit Haltungs/Verhaltensentstehung und -veränderung befassen. Ein zentraler Aspekt der Salutogenese ist dabei ein Kohärenzgefühl, wie es von Aaron Antonovsky beschrieben wurde und sich im Wesentlichen aus drei Aspekten zusammensetzt:[2]

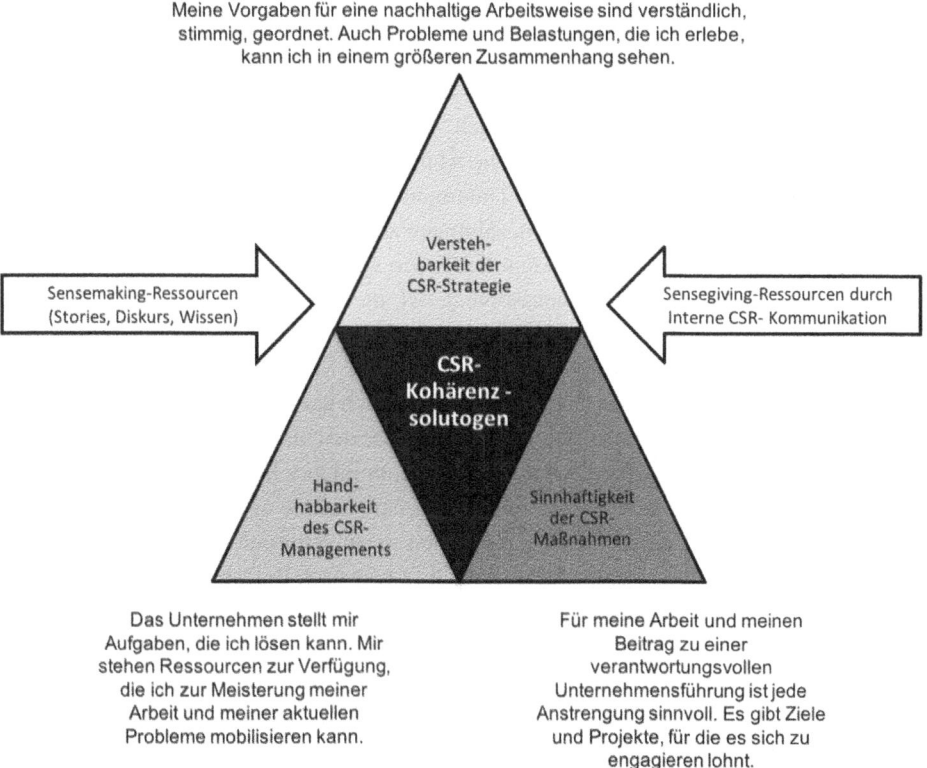

Abb. 3 Salutogenetisches CSR-Kohärenzmodell. (In Anlehnung an Antonovsky und Keup 2017; eigene Darstellung)

[2] In Anlehnung an Abb. 2: Die drei Dimensionen und Einflussfaktoren zum Kohärenzgefühl nach Antonovsky mit Zitaten von Heiner Keup, Quelle: https://commons.wikimedia.org/wiki/File %3ADreieck_der_Salutogenese_mit_Zitaten.png Credit: By FlorianKrause (Own work) [CC BY-SA 4.0 (https://creativecommons.org/licenses/by-sa/4.0/)], via Wikimedia Commons from Wikimedia Commons, letzter Zugriff 25.09.2017.

▶ 1. Die Fähigkeit, die Zusammenhänge des Lebens zu verstehen – das Gefühl der Verstehbarkeit (Sensemaking und Sensegiving).
2. Die Überzeugung, das eigene Leben gestalten zu können – das Gefühl der Handhabbarkeit (Ownership).
3. Der Glaube an den Sinn des Lebens – das Gefühl der Sinnhaftigkeit (transzendenter Sinn).

Diesen „Sinn für Kohärenz" stellt Antonovsky ins Zentrum seiner Antwort auf die Frage „Wie entsteht Gesundheit?" Die Frage lässt sich auch auf Basis der vorliegenden Erkenntnisse dieser Arbeit wie folgt auf CSR anwenden: „Wie entsteht Unternehmensverantwortung?" oder „Wie entsteht eine nachhaltige Unternehmenskultur?". Die Antworten lassen sich dann auch in Anlehnung an Antonovsky in einem Pyramidenmodell als „salutogenetisches CSR-Kohärenzmodell" darstellen und auf die interne CSR- und Compliancekommunikation beziehen, siehe Abb. 3.

Das Kohärenzmodell zeigt klar, dass Unternehmensverantwortung und Nachhaltigkeit an sich ein erhebliches Potenzial haben, salutogen zu wirken.

Das ist aber nur dann der Fall, wenn CSR, wie auch in der vorliegenden Arbeit gezeigt, „in line" mit der Unternehmensstrategie ist, die Wirkmechanismen, Wertbeiträge und auch die möglichen Kosten von CSR klar definiert und ggf. nachgewiesen werden (Verstehbarkeit, Sensemaking, -giving) und sich für die Mitarbeiter durch das CSR- und Compliancemanagement echtes Ownership herausbilden kann (Handhabbarkeit). So müssen z. B. Managementziele und CSR- und Complianceziele im Einklang sein.

Auf Seiten der Sinnhaftigkeit bringt CSR und Compliance hingegen von Haus aus erhebliche positive Potenziale mit. Dies zeigt sich beispielsweise in der Anwendung der von der Frankl-Schülerin Elisabeth Lukas formulierten sieben Kriterien für sinnvolles Handeln auf CSR und Compliance. Demnach ist sinnvoll (zitiert nach Berschneider 2003, S. 46),

• was eine überragende Chance hat, Gutes zu bewirken (für CSR und Compliance zweifelsfrei gegeben),
• was das Wohl aller Beteiligten betrachtet (zumindest ein konkretes Ziel u. a. des Stakeholderdialoges und Einhaltung gesellschaftlicher Regeln),
• was frei von selbstsüchtiger Motivation ist (bei Compliance gegeben, bei CSR in dieser Form in Unternehmen nur eingeschränkt zutreffend),
• was im Hier und Jetzt äußerst konkret ist (wohl eine der zentralen Herausforderungen des Storytellings, hier die Verbindung zwischen übergeordnetem Sinn und konkreter Anwendbarkeit herzustellen und zudem die naturgegebene Komplexität des Themas einzuhegen),
• was nicht über- und nicht unterfordert (siehe Passivitätsmodell und Kohärenzmodell),
• was mit erfahrenen Menschen konsensfähig ist (darf unterstellt werden, siehe breite grundsätzliche Akzeptanz von CSR und Compliance in den Untersuchungen),
• was einem die Kraft, es zu wollen zufließen lässt (siehe Kohärenzmodell).

7 Fazit

Zusammenfassend kann man festhalten, dass die interne Kommunikation von Unternehmensverantwortung und Compliance mit vielen Herausforderungen belegt und ein Kampf ist, der in der Regel bergauf geführt wird. Der aber gleichzeitig ein hohes Potenzial besitzt für ein Unternehmen identitäts- und sinnstiftend zu sein und Mitarbeiter dauerhaft zu motivieren und emotional zu binden. Dennoch: Vom Vertrauensverlust in Wirtschaft und Unternehmen allgemein über die naturgegebene Komplexität und Breite des Themas, bis hin zu der enormen Themenfülle, die in den Unternehmen bewegt werden müssen und dem immer herausfordernden Nachweis der ökonomischen Wirksamkeit – die Liste der Herausforderungen ist lang. Aber auch beherrschbar, wenn man sich an den erfolgreichen Unternehmen im Bereich CSR und Compliance orientiert.

Der wohl wesentlichste Punkt ist dabei die echte Integration von CSR und Compliance in die Unternehmensstrategie und -kultur, nicht nur kommunikativ, sondern auch spürbar operativ, z. B. durch konkrete Zielvorgaben und auch finanzielle Leitplanken, die es ermöglichen, konsequent an dem Thema zu arbeiten und Dilemmasituationen zu vermeiden.

Interne CSR- und Compliancekommunikation braucht diese Basis, denn auch sie kann nicht herbei kommunizieren, was nicht vorhanden ist. Verantwortung wird gelebt oder eben nur behauptet, doch täuschen lassen sich Mitarbeiter nicht, sie wissen am besten, wie der „eigene Laden läuft".

Auf der kommunikativen Seite müssen die Leitplanken dann durch klare Leadershipkommunikation und stringentes Sensegiving gegeben sein, damit die Mitarbeiter hier Orientierung und Sicherheit erhalten. Doch beim Sensegiving darf es nicht bleiben. Was jedoch oft der Fall ist. Noch immer wird CSR- und noch deutlicher Compliancekommunikation vor allem als Information und Persuasion verstanden, also als das, was hier als „CSR-PR" oder „CSR-Kommunikation im weiteren Sinne" konzeptionalisiert wurde. So werden die mit der internen CSR- und Compliancekommunikation verbundenen Maßnahmen noch immer dominiert von einer eher kanalgetriebenen Sichtweise, die Mitarbeitermagazine, Intranet und NH-Bericht ins Zentrum stellen. Eine mehr integrative Sichtweise, wie sie hier als „CSR-Kommunikation (im engeren Sinne)" konzeptioniert wurde, ist noch immer eher die Ausnahme, wenngleich diese auch bei den erfolgreichen Unternehmen in deutlich höherem Maße anzutreffen ist. Dazu wird bei diesen Unternehmen intensiv auf Storytelling und das Schaffen von Begegnungsräumen für Mitarbeiter gesetzt, die ein kollektives und individuelles Sensemaking der Mitarbeiter fördern. Doch hier zeigt sich auch, dass der Blick deutlich stärker ins Detail gehen muss und es nicht bei einfachen Forderungen, z. B. „mehr Dialog", „mehr Demokratie", bleiben kann.

So löblich die Absicht sein mag, Identifikation, Motivation und letztlich Sinnfindung fördern zu wollen, sowohl CSR und Compliance als Themenbereich als auch die Arbeitsumgebung in den meisten hier befragten Unternehmen sind als komplexes System zu verstehen und die Fähigkeiten der Mitarbeiter, rein aufmerksamkeitsökonomisch und intellektuell, sind begrenzt. Wichtig: CSR und Compliance und auch CSR- und Compliancekommunikation sind nicht steuerbar wie eine einfache Maschine. Wer hier Fortschritte erzielen und die Mitarbeiter aus Überforderung und Passivität herausholen will, muss instrumentelle Sichtweisen eindämmen und dafür ganzheitliche eher prozessorientierte Ansätze entwickeln, die fortlaufend narrative Muster erheben, analysieren und dann positive Muster verstärken und negative Muster eindämmen. Dabei gilt es immer, multikausal zu denken, denn es sind niemals einfach Handgriffe oder Tricks, die für sich genommen, sozusagen als Magic-Trick, die Institutionalisierung von CSR und Compliance erfolgreich machen. Es bedarf immer mehrerer salutogenetischer Perspektiven damit CSR und Compliance „Sinn machen".

Literatur

Antonovsky und Keup (2017) https://commons.wikimedia.org/wiki/File%3ADreieck_der_Salutogenese_mit_Zitaten.png Credit: By FlorianKrause (Own work) [CC BY-SA 4.0 (https://creativecommons.org/licenses/by-sa/4.0)], via Wikimedia Commons from Wikimedia Commons. Zugegriffen: 25. September 2017

Bartlett JL, Devin B (2011) Management, Communication, and Corporate Social Responsibility. In: Ihlen Ø, Bartlett JL, May S (Hrsg) The Handbook of Communication and Corporate Social Responsibility. Wiley-Blackwell, Malden, S 47–66

Basu K, Palazzo G (2008) Corporate social responsibility. A process model of sensemaking. Acad Manag Rev 33(1):429–453

Berschneider W (2003) Sinnzentrierte Unternehmensführung – Was Viktor E. Frankl den Führungskräften der Wirtschaft zu sagen hat. Orthaus, Lindau am Bodensee

Brown SL, Denning S, Groh K, Prusak L (2005) Storytelling in Organizations – Why Storytelling Is transforming 21st Century Organizations and Management. Butterworth-Heinemann, Burlington

Bruner J (1990) Acts of meaning. Harvard University Press, Cambridge

Bruner J (2002) Making stories – law, literature, life. Harvard University Press, Cambridge

Christensen LT, Cheney G (2011) Interrogating the communicative dimensions of corporate social responsibility. In: Ihlen Ø, Bartlett JL, May S (Hrsg) The handbook of communication and corporate social responsibility. Wiley-Blackwell, Malden, S 491–504

Christensen LT, Cornelissen J (2013) Bridging corporate and organizational communication: review, development and a look to the future. In: Zerfaß A, Rademacher L, Wehmeier S (Hrsg) Organisationskommunikation und Public Relations. Forschungsparadigmen und neue Perspektiven. Springer VS, Wiesbaden, S 43–72

Czarniaswska B (2004) Narratives in social science research. SAGE, London

Gelbmann U, Baumgartner RJ (2015) Strategische Implementierung von CSR in Unternehmen mit Schwerpunkt KMU. In: Schneider A, Schmidpeter R (Hrsg) Corporate Social Responsibility. Verantwortungsvolle Unternehmensführung in Theorie und Praxis. 2., ergänzte und erweiterte Auflage. Springer Gabler, Wiesbaden, S 427–440

Gioia DA, Chittipeddi K (1991) Sensemaking and sensegiving in strategic change initiation. Strateg Manage J 12:433–448

Golob U, Podnar K, Elving WJ, Ellerup Nielsen A, Thomsen C, Schultz F (2013) CSR communication: quo vadis? Corporate Communications. Int J 18(2):176–192

Hine JAHS, Preuss L (2009) "Society is out there, organisation is in here": on the perceptions of corporate social responsibility held by different managerial groups. J Bus Ethics 88(2):381–393

Huck-Sandhu S (2016) Interne Kommunikation im Wandel: Entwicklungslinien, Status Quo und Ansatzpunkte für die Forschung. In: Huck-Sandhu S (Hrsg) Interne Kommunikation im Wandel. Theoretische Konzepte und empirische Befunde. Springer VS, Wiesbaden, S 1–22

Hüther G (2011) Keynote Hauptstadtkongress Medizin und Gesundheit 2011. https://www.youtube.com/watch?v=SQEq9trlaEk&t=1811s. Zugegriffen: 25. Sept. 2017

Jarolimek S (2012) CSR-Kommunikation. Begriff, Forschungstand und methodologische Herausforderungen. UmweltWirtschaftsForum 19(3–4):135–141

Karmasin M, Weder F (2008) Organisationskommunikation und CSR: Neue Herausforderungen an Kommunikationsmanagement und PR. LIT, Wien

Kuhn TR (2008) A communicative theory of the firm: developing an alternative perspective on intra-organizational power and stakeholder relationships. Organ Stud 29(8/9):1227–1254

Maitlis S, Sonenshein S (2010) Sensemaking in Crisis and Change: Inspiration and Insights From Weick (1988). J Manag Stud 47(3):551–580

Morsing M, Schultz M (2006) Corporate social responsibility: stakeholder information, response and involvement strategies. Bus Ethics: A Eur Rev 15(4):323–338

Nijhof A, Jeurissen R (2006) Editorial: a sensemaking perspective on corporate social responsibility: introduction to the special issue. Bus Ethics: A Eur Rev 15(4):316–322

Polkinghorne DE (1988) Narrative Knowing and the Human Sciences. New York, State University Press of New York

Schimank U (2005) Differenzierung und Integration der modernen Gesellschaft. Beiträge zur akteurzentrierten Differenzierungstheorie 1. VS, Wiesbaden

Schneider FM, Retzbach A (2012a) Gegenstand und Bedeutung der internen Organisationskommunikation – Vom Nebenschauplatz zum Wettbewerbsfaktor. In: Maier M, Schneider MF, Retzbach A (Hrsg) Psychologie der internen Organisationskommunikation. Hogrefe, Göttingen, S 3–16

Schneider FM, Retzbach A (2012b) Ergebnisse empirischer Forschung zur internen Organisationskommunikation. In: Maier M, Schneider MF, Retzbach A (Hrsg) Psychologie der internen Organisationskommunikation. Hogrefe, Göttingen, S 183–216

Schoeneborn D, Sandhu S (2013) When birds of different feather flock together: the emerging debate on „organization as communication" in the German speaking countries. Manag Commun Q 27(2):301–311

Schoeneborn D, Wehmeier S (2014) Kommunikative Konstitution von Organisationen. In: Zerfaß A, Piwinger M (Hrsg) Handbuch Unternehmenskommunikation, Strategie, Management, Wertschöpfung. Springer Gabler, Wiesbaden

Schoeneborn D, Blaschke S, Cooren F, McPhee RD (2014) The three schools of CCO thinking: interactive dialogue and systematic comparison. Manag Commun Q 28(2):285–316

Schultz F, Wehmeier S (2011) Zwischen Struktur und Akteur: Organisationssoziologische und -theoretische Perspektiven auf Corporate Social Responsibility. In: Raupp J, Jarolimek S, Schultz F (Hrsg) Handbuch CSR. Kommunikationswissenschaftliche Grundlagen, disziplinäre Zugänge und methodische Herausforderungen, 1. Aufl. VS, Wiesbaden, S 372–392

Stehle H (2016) Von Anweisung bis Orientierung – die wandelbare Rolle interner Kommunikation aus Sicht der funktionalen PR-Forschung und ein Systematisierungsvorschlag. In: Huck-Sandhu S (Hrsg) Interne Kommunikation im Wandel. Theoretische Konzepte und empirische Befunde. Springer VS, Wiesbaden, S 53–70

Szyszka P, Malczok M (2016) Interne Kommunikation – ein Begriff revisited. In: Huck-Sandhu S (Hrsg) Interne Kommunikation im Wandel. Theoretische Konzepte und empirische Befunde. Springer VS, Wiesbaden, S 23–40

Taylor JR (2009) Organizing from the bottom up? Reflections on the constitution of organization in communication. In: Putnam LL, Nicotera AM (Hrsg) Building theories of organization. The constitutive role of communication. Routledge, New York, S 153–186

Taylor JR, Van Every EJ (2000) The emergent organization: communication as its site and surface. Lawrence Erlbaum, Mahwah

Waddock S, Googins BK (2011) The paradoxes of communicating corporate social responsibility. In: Ihlen Ø, Bartlett JL, May S (Hrsg) The handbook of communication and corporate social responsibility. Wiley-Blackwell, Malden, S 23–43

Wehmeier S, Röttger U (2011) Zur Institutionalisierung gesellschaftlicher Erwartungshaltungen am Beispiel von CSR. Eine kommunikationswissenschaftliche Skizze. In: Quandt T, Scheufele B (Hrsg) Ebenen der Kommunikation. Mikro-Meso-Marko-Links in der Kommunikationswissenschaft. VS, Wiesbaden, S 195–216

Wehmeier S, Schultz F (2011) Communication and corporate social responsibility, A storytelling perspective. In: Ihlen Ø, Bartlett JL, May S (Hrsg) The handbook of communication and corporate social responsibility. Wiley-Blackwell, Malden, S 467–488

Weick KE (1985) Der Prozess des Organisierens. Suhrkamp, Frankfurt am Main

Weick KE (1995) Sensemaking in organizations. SAGE, Thousand Oaks

Weick KE, Sutcliffe KM, Obstfeld D (2005) Organizing and the process of sensemaking. Organ Sci 16(4):409–421

Wetzel R (2005) Kognition und Sensemaking. In: Weik E, Lang R (Hrsg) Moderne Organisationstheorien 1 – Handlungsorientierte Ansätze, 2. Aufl. Gabler, Wiesbaden, S 159–205

Riccardo Wagner (M.A) ist Head of Marketing & PR bei dem Kölner Fintech-Unternehmen moneymeets sowie Inhaber der Agentur BetterRelations. Wagner ist zertifizierter Unternehmens- und PR-Berater, Herausgeber und Autor der Publikation CSR & Social Media sowie CSR & Interne Kommunikation im Rahmen der CSR-Managementreihe (SpringerGabler). Er leitet zudem den Arbeitskreis CSR-Kommunikation (DPRG/DNWE) sowie das Orga-Team des Deutschen CSR-Kommunikationskongresses und ist Lehrbeauftragter an der Fachhochschule des Mittelstandes und der Macromedia Hochschule für Medien und Kommunikation.

Schulung und Training

Sechs Schritte zur Schulung von CSR- und wertegesteuertem Management

Bernd Banke und Hans-Jürgen Lutz

1 Einleitung

Die CSR- und wertegesteuerte Führung eines Unternehmens wird im Kern nicht durch den Aufbau entsprechender Strukturen, deren Einrichtung und Kontrolle (Compliance) der Ergebnisse erfolgreich umgesetzt. Grundlegend muss das Bewusstsein der im Unternehmen lebenden und arbeitenden Menschen erreicht werden, um sie von der Sinnhaftigkeit und dem nachhaltigen Erfolg einer wertegesteuerten Unternehmenspraxis zu überzeugen. Oder kurz: Es gilt, den Kopf und das Herz der Mitarbeiter zu erreichen. Dies stößt trotz einer geradezu zwingenden Realität auf Widerstände.

Zwar belegen einerseits vor allem negative Beispiele in der Vergangenheit von Enron und Shell über Lehman Brothers, die Deutsche Bank, Siemens bis in jüngster Vergangenheit VW und großen Teilen der deutschen Automobilindustrie die fatalen Folgen fehlender Wertestrukturen für Unternehmen. Andererseits zeigen positive Beispiele ökonomischer Erfolge auf der Basis werteorientierten Managements, z. B. die der Otto-Group, Vaude oder einzelner „grüner Produktreihen", wie eine CSR basierte Unternehmensführung und -praxis die Existenz der Unternehmung nachhaltig auch ökonomisch absichern können. Dennoch wird im Alltag von einem Widerspruch von Werten und Ethik auf der einen und ökonomischem Erfolg auf der anderen Seite ausgegangen. Das Vorurteil „CSR kos-

B. Banke (✉)
Wirtschaftsrecht / Wirtschaftsethik, Hochschule Reutlingen
Reutlingen, Deutschland
E-Mail: bernd.banke@reutlingen-university.de

H.-J. Lutz
Institut für Wirtschaftsethik, Wertemanagement & Compliance, Knowledge Foundation @ Reutlingen University
Reutlingen, Deutschland
E-Mail: hjl@iwwc.de

© Springer-Verlag GmbH Deutschland, ein Teil von Springer Nature 2018   261
A. Kleinfeld und A. Martens (Hrsg.), *CSR und Compliance*,
Management-Reihe Corporate Social Responsibility,
https://doi.org/10.1007/978-3-662-56214-7_17

tet Geld und schmälert den Gewinn" wird in zahlreichen Diskussionen unwidersprochen hingenommen.

Die Ursachen hierfür sind zahlreich. Sie reichen von schlichter Angst vor Veränderung (statt vieler: Kostka 2016, S. 41 ff.) und Unkenntnis der neuen Paradigmen bis hin zur Absicherung persönlicher Vorteile, die nur im alten System erzielbar waren. Hier sind beispielsweise der Erhalt von Bestechungsgeldern oder vorgespiegelte Erfolge auf der Grundlage alternativer Fakten zu nennen, die nicht deckungsgleich mit den tatsächlichen Verhältnissen sind. Schließlich befürchtet der Einzelne, dass seine Fähigkeiten den neuen Anforderungen nicht genügen und er versagen muss.

An dieser Stelle beginnen die Aufgabe und der Sinn von CSR-Schulung und -Training. Es gilt, den Mitarbeitern die fachlichen Kompetenzen zu verschaffen, um den Paradigmen einer CSR- und werteorientierten Unternehmensführung folgen zu können und die Angst vor dem neuen zu nehmen, das als eine Überforderung und Bedrohung wahrgenommen wird. Schließlich müssen Tools vorgestellt und eingeübt werden, die es ermöglichen, den Herausforderungen einer immer komplexeren und globalisierten Umwelt erfolgreich gegenübertreten zu können.

Das Institut für Wirtschaftsethik, Wertemanagement und Compliance der Hochschule Reutlingen (IWWC) stellt sich dieser Aufgabe mit einem auf sechs Lehr- und Lernschritten aufgebauten Schulungs- und Trainingsprogramm, das im Folgenden vorgestellt wird:

Schritt 1   Bewusstmachung – Was stört uns?
Schritt 2   Methoden der Problemanalyse – Wie können wir das verstehen?
Schritt 3   Bestimmung der Werte in Theorie und Praxis – Welche Wertemodelle könnten helfen?
Schritt 4   Entwicklung des Handlungsplans – Welche Rollespielt die Vision?
Schritt 5   Risiken und Ursachen unerwünschten Verhaltens – Welche Risiken gibt es?
Schritt 6   Governance und Führung im CSR-orientierten Unternehmen – So machen wir es!

2   Schritt 1 Bewusstmachung – Was stört uns?

Im ersten Schritt einer Schulung oder eines Trainings muss zunächst das Bewusstsein geweckt werden, dass die Auseinandersetzung mit einer wertebasierten Unternehmensführung zu den existenziellen Fragen einer modernen Unternehmensführung geworden ist. Manager und Mitarbeiter benötigen eine Sensibilisierung für diese bislang häufig vernachlässigten Aspekte des Managements und der Governance. Die Notwendigkeit eines Paradigmenwechsels muss vom einzelnen Mitarbeiter, aber vor allem den Führungskräften auf jeder Ebene der Unternehmenshierarchie erkannt werden. Ohne Erkenntnis oder auch ein bestimmtes Maß an Leidensdruck wird ein Changemanagement nicht möglich.

In diesem ersten Schulungsabschnitt werden vor allem Fallstudien eingesetzt. Diese müssen zum einen die Risiken aufzeigen, die sich aus der Vernachlässigung CSR-basierter Werte ergeben und direkt mit dem Riskmanagement korrelieren. Zum anderen sollten Beispiele positiver CSR-Strategien genutzt werden, die nachweisen, dass profitables Verhalten gerade auf der Basis nachhaltiger Werte möglich ist und sogar Wettbewerbsvorteile generieren kann – CSR als Marketingelement und USP.

Unschwer erkennen Führungskräfte und Mitarbeiter die Dilemmasituationen, die sich für die betroffenen Menschen in den Fallbeispielen ergeben haben. Die bereits oben (Abschn. 1) genannten Beispiele sind aus allgemein zugänglichen Quellen gut darstellbar. Die Unternehmen OTTO und Vaude geben Beispiel für einen Reputationsgewinn durch ein werteorientiertes Supply-Chain-Management. Demgegenüber sind die negativen Konsequenzen einer fehlenden oder fehlgeleiteten CSR-Orientierung an den Beispielen wie Enron, aber auch den Problemen der Deutschen Bank oder jüngst Volkswagen gut darzustellen und zu erläutern.

Auf der Kenntnis dieser Phänomene aufbauend kann nun in Schulungen und Trainings die Frage gestellt werden, wie insbesondere das unerwünschte Verhalten in Unternehmen und Organisationen erklärt werden kann. Die Situation ist paradox, da kein Mensch in der Regel gerne illegal oder ethisch unerwünscht handeln möchte, es in der Praxis aber geschieht. Bis auf wenige Ausnahmefälle ist davon auszugehen, dass die betroffenen Manager und Mitarbeiter sogar handeln, um ihrem Unternehmen zu nützen. Man spricht hier manchmal vom Begriff des „altruistischen Kriminellen". Das Individuum sieht sich den Anforderungen zweier Welten mit verschiedenen Paradigmen und Idealen gegenüber: Der Befehl „Tue Gutes!", wird durch die wirtschaftliche Maxime „Sei profitabel!", konterkariert. Die an dieser Stelle notwendige, zum Verständnis des unerwünschten Verhaltens unerlässliche Analyse des sich entfaltenden Dilemmas wird im zweiten Lernabschnitt auf den Grundlagen der Erkenntnisse der Theorie sozialer Systeme, wie sie vor allem von Niklas Luhmann wesentlich beeinflusst wurde, entwickelt.

3 Schritt 2 Methoden der Problemanalyse – Wie können wir das verstehen?

Im Anschluss an den ersten Schritt der Sensibilisierung und Bewusstmachung der ethisch/moralischen Herausforderungen werden mithilfe theoretischer Ansätze die Ursachen der Dilemmasituationen analysiert und deren Hintergründe sichtbar gemacht. Der erste in der Schulung, aber auch in der Praxis notwendige Transfer führt von der Bewusstmachung der Dilemmasituation aus Schritt 1 zur Analyse mithlfe relevanter Theorien in Schritt 2. Dafür ist es unerlässlich, dass die Führungskräfte und Mitarbeiter die Position des Beobachters der ersten Stufe („Ich, der Mitarbeiter M, habe ein Problem") verlassen und, soweit dies menschenmöglich ist, die Situation objektiv anhand der Spannungsfaktoren bestimmen („Der Mitarbeiter M hat ein Problem, das sich aus dem Zusammenwirken folgender Faktoren ergibt"). Sie werden zum Beobachter der zweiten Stufe (Luhmann 2002).

Die Theorie sozialer Funktionssysteme, die wesentlich von dem deutschen Soziologen Niklas Luhmann beeinflusst wurde (Luhmann 2002), bietet auf einer ersten Stufe der rein deskriptiven Analyse die Möglichkeit, die Wurzeln der Spannungsfelder ethischer Dilemmata näher zu bestimmen und sich so einer möglichen Lösung zu nähern. Einen normativen ethisch fundierten oder gar moralischen Ansatz bietet diese Theorie nicht an. In dem hier vorgestellten Modell der Schulung und des Trainings von CSR-Management dient sie ausschließlich der Positionsbestimmung und Beschreibung des Werteproblems oder Wertedilemmas. Nach der hier vertretenen Auffassung liegen die Wurzeln der Dilemmasituationen in der Regel in der Divergenz der Ziele und Codes, denen sich Menschen im beruflichen Umfeld gegenübersehen.

Ein geradezu klassisches Beispiel einer solchen Analyse bieten die seit September 2015 bekannt gewordenen Vorgänge in dem Unternehmen VW. Aus den Medien wird deutlich, dass dort seit langem versucht wurde, den Absatz von dieselbetriebenen Fahrzeugen auf dem US-amerikanischen Markt zu steigern. Dies konnte aber nur gelingen, wenn die von VW angebotenen Motoren den US-amerikanischen Vorschriften entsprachen, was mit der bei VW genutzten Dieseltechnologie nicht möglich war. Als die beteiligten Entwicklungsingenieure angewiesen wurden, innerhalb einer bestimmten Frist Motoren, beziehungsweise eine Motorensteuerung zu entwickeln, die diesen Vorschriften entsprach, gerieten sie wegen der technischen Unmöglichkeit dieser Aufgabe in ein systembedingtes Dilemma. Die Ziele und Codes der Systeme Recht einerseits und Wirtschaft andererseits waren nicht in der von der Unternehmensführung gewünschten Art und Weise zu vereinen.

Anhand dieses oder ähnlicher Beispiele können die Ursachen klassischer Dilemmasituationen dargestellt und in eine gut nachvollziehbare Grafik übertragen werden. In Anlehnung an das Modell von Homann und Blome-Drees (Homann und Blome-Drees 1992, S. 133) lassen sich die Spannungsbereiche zwischen ethisch-moralisch erwünschtem Verhalten und Profitstreben in einem Quadrantenschema sichtbar machen (vgl. Abb. 1). Hierzu ist legales oder illegales Verhalten auf der vertikalen, profitables oder nicht profitables Verhalten auf der horizontalen Achse dargestellt.

Überträgt man dieses Schema auf die Vorgänge bei VW ergibt sich folgender, in Abb. 2 dargestellter Ablauf. VW befand sich 2005 in einem profitablen und legalen Sektor, als von der Unternehmensführung die Prämissen geändert und der Steigerung des Marktanteiles in den USA der Vorrang gegeben wurde. Da dieses Ziel nicht innerhalb der geltenden Bestimmungen zu erreichen war, entschieden sich die beteiligten Mitarbeiter zur Entwicklung eines sogenannten Defeat Device. Dies war eine in der Fahrzeugelektronik befindliche Software, die zum einen erkennen konnte, wann ein Fahrzeug außerhalb des Straßenbetriebs getestet wurde und zum anderen in der Testsituation den Motorenbetrieb so modifizierte, dass die gesetzlichen Vorgaben eingehalten wurden. Im Fahrbetrieb wurde wieder auf die nicht den gesetzlichen Bestimmungen entsprechende Motorsteuerung umgeschaltet, die einen erhöhten Schadstoffwert verursachte. Mit dieser (illegalen) Vorgehensweise konnte nun zwar die wirtschaftliche Profitabilitätsvorgabe erreicht werden, die Bewertung des Verhaltens aber wurde illegal und ethisch missbilligt, Compliancestrukturen versagten.

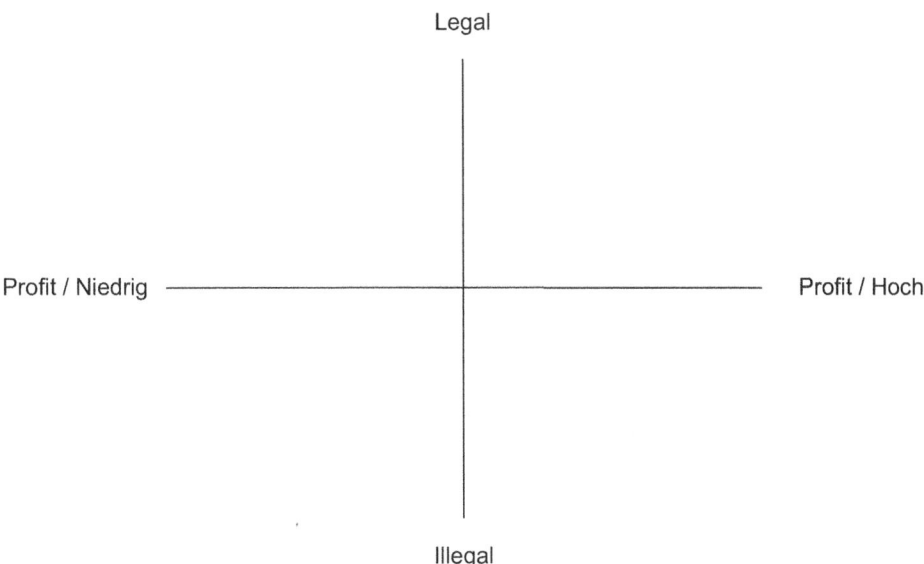

Abb. 1 Das Dilemmaquadrat. (Eigene Darstellung in Anlehnung an Homann und Blome-Drees 1992, S. 133; Abendschein und Seeber 1997)

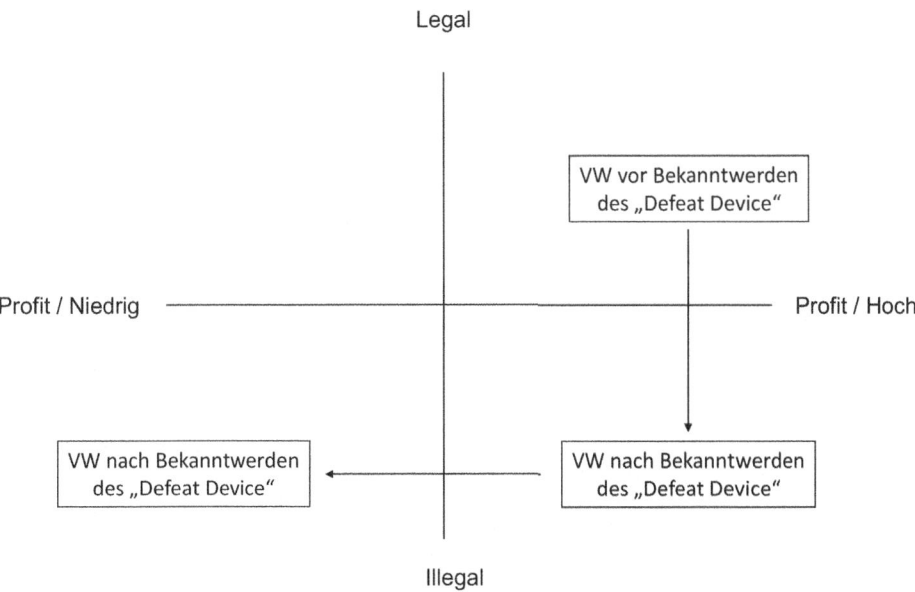

Abb. 2 Das Dilemmaquadrat am Beispiel VW des VW-Abgas Skandals. (Eigene Darstellung in Anlehnung an Homann und Blome-Drees 1992, S. 133; Abendschein und Seeber 1997)

Schließlich kam es in einem dritten Schritt, nachdem US-amerikanische Behörden diese Vorgehensweise entdeckt hatten, zu strafprozessualen Ermittlungen und erheblichen Geldbußen, die anstelle des angestrebten wirtschaftlichen Erfolgs zu Verlusten für VW führten.

Dieser Vorgang in dem zwei Funktionssysteme sich gegenseitig beobachten und durch ihre funktionsbestimmten Reaktionen gegenseitig in ihren Kommunikationsstrukturen beeinflussen, wird in der Theorie sozialer Systeme als strukturelle Kopplung bezeichnet.

Für die Schulung und das Training CSR- und wertegesteuerten Managements lässt sich daraus ein allgemeines Dilemmaquadrat ableiten, das in Abb. 3 dargestellt ist.

Dilemmasituationen, hier also Spannungen zwischen CSR-gesteuerter Unternehmenspolitik und Profitorientierung, erscheinen nur in zwei Quadranten. Hier ist es die Aufgabe des Managements, klare Prioritäten zu setzen und in der Unternehmensführung von der Planung über die Ausführung der Strategien bis hin zur Kontrolle insbesondere dem Compliancemanagement zu integrieren.

Den Mitarbeitern sämtlicher Ebenen der Unternehmensführung und des gesamten Unternehmens muss ein Wertegerüst zur Verfügung gestellt werden, das es erlaubt, eine erkannte Dilemmasituation im Sinne einer CSR- und wertegesteuerten Unternehmensaktivität zu entscheiden, ohne die im wettbewerblichen Marktgeschehen essenzielle Gewinnorientierung aus dem Auge zu verlieren.

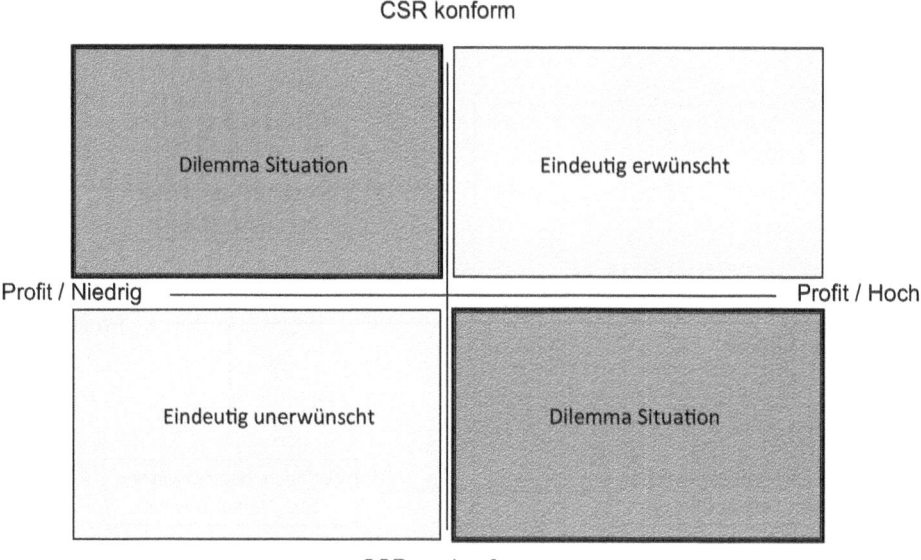

Abb. 3 Allgemeines Dilemmaquadrat. (Eigene Darstellung in Anlehnung an Homann und Blome-Drees 1992, S. 133)

Zwingend ergibt sich damit aus dem hier geschilderten Schritt 2, der theoretischen Analyse der Dilemmasituation, die Notwendigkeit, im dritten Schritt leitende Werte zur Entscheidung für die Entscheidung zur Verfügung zu stellen.

4 Schritt 3 Bestimmung der Werte in Theorie und Praxis – Welche Wertemodelle könnten helfen?

Die Darstellung und Erläuterung sämtlicher Schritte zur Entwicklung eines von allen internen und externen Stakeholdergruppen akzeptierten Wertemodells muss an dieser Stelle dem begrenzten Umfang des Beitrags geschuldet unterbleiben. Die zur Ermöglichung einer wertegesteuerten Unternehmensführung notwendigen und möglichen Werte aber können aus den bekannten und teilweise bis in die Phase der Operationalisierbarkeit ausgearbeiteten Quellen generiert werden. Beispiele für die letztgenannten sind in erster Linie die etablierten internationalen Initiativen und Standards. Deren Bandbreite reicht von den mehr allgemeinen und programmatisch politischen Inhalten des Global Compact bis hin zur Formulierung konkreter Management- und Unternehmensziele, wie sie in der ISO 26000 oder den Reporting Standards der GRI zu finden sind. Je nach Branche und Arbeitsfeld bietet sich hier die Nutzung eines dieser allgemeinen Programme an. Daneben finden sich aber auch zahlreiche, auf die Bedürfnisse spezieller Wirtschaftszweige und Aufgabenfelder zugeschnittene Aktivitäten. So ist hier für den Textilbereich an die Green Clothes Kampagne zu denken (http://www.cleanclothes.at/). Für den Supply-Chain- und Handelsbereich bietet sich die Business-Social-Compliance-Initiative (BSCI, http://www.bsci-intl.org/) an. Für den Bereich des Berichtswesens soll schließlich die Initiative des Integrated Reporting genannt werden (http://integratedreporting.org/), deren Ziel es ebenfalls ist, neben Auskünften zur wirtschaftlichen, vor allem finanziellen, Validität eines Unternehmens auch dessen Nachhaltigkeit zu dokumentieren.

Allen diesen Ansätzen ist gemeinsam, dass sie letztlich auf den Theorien und Modellen der Ethik, insbesondere wirtschaftsethischer Ansätze basieren und versuchen, deren Elemente praktikabel und umsetzbar zu machen. Schulungen und Trainings zu CSR und werteorientierter Unternehmensführung kommen daher nicht umhin, den Teilnehmern die theoretischen Grundlagen und Gedankenmodelle der Wirtschaftsethik aufzuzeigen.

Gleich welchem Ansatz oder Modell gefolgt wird, zeigen sich jeweils spezifische Stärken und Schwächen, die der Anwender kennen muss, um im Einzelnen Fehler oder gar kontraproduktive Ergebnisse zu vermeiden, frei nach der Aussage: „Ich hatte es doch gut gemeint".

So müssen sich die Verfechter deontologischer Ansätze, z. B. des kategorischen Imperativs eines Immanuel Kant, darüber im Klaren sein, dass eine kategorische Aussage im Sinne eines „zero tolerance", „Wir dulden keine Bestechung", den individuellen Mitarbeiter vor erhebliche Probleme stellen kann. Es muss dann zugleich ein Management- und Compliancesystem errichtet werden, dass es dem Mitarbeiter erlaubt, dem Imperativ zu folgen, ohne persönliche Nachteile, z. B. den Verlust an Boni oder Karrierechancen, zu

Theorie / Ansatz	Bekannte Vertreter	Deskriptiv	Normativ	Zentraler Wert	Formalethik / Verfahren	Leitsatz	Stärke	Schwäche	Praxisbeispiel
Theorie sozialer Funktionssysteme	Luhmann	Ja	Nein	Kein Wert, lediglich Analyse der Gesellschaft	Beobachtung	Die Gesellschaft besteht aus Kommunikation, nicht aus Menschen	Klare Analyse	Keine Handlungsanweisung, „inhuman"	Siemens, Enron, UBS, VW
Pflichtenethik	Kant	Nein	Ja	Maxime der Vernunft	Ja Kategorische Imperative als Leitlinien des Handelns	Handle nur nach derjenigen Maxime durch die Du zugleich wollen kannst, dass sie ein allgemeines Gesetz werde	Klare Anweisung	Werte fehlen, überfordert den Menschen bisher kein „kategorischer Imperativ" gefunden	Ethikstandards, CSR-Audits, ISO 26000
Utilitarismus	Bentham, Mill, Singer, Gesang	Nein	Ja	Glück	Nein Suche nach dem größten Glück	Das große Glück der großen Zahl	Pluralistische Rechtfertigung, relativ einfache Bestimmung über Stakeholder-management	Quantifizierung von Glück kaum möglich, mangelnder Schutz von Minoritäten	Stakeholder-management
Tugendethik	Aristoteles Klink	Nein	Ja	Gelungenes Leben / Glück / Tugend	Suche nach der Tugend zwischen den Extremen	Strebe nach einem tugendhaften Leben	Einfach anzuwenden, allgemein anerkannte Werte	Tugend zeigt nur das wie, nicht das was. Bsp: Fleiß Fleißige Verbrecher?	Schweizer Präzision
Institutionenethik	Homann Lütge	Teils	Teils	Ethisch moralisch korrekte Rahmenordnung	Die Rahmenordnung trägt das korrekte Verhalten	Jede Entscheidung innerhalb des vorgegebenen Rahmens ist ethisch korrekt	Klare Leitlinien für die Menschen innerhalb der Rahmenordnung	Wer setzt die Rahmenordnung? Woran wird die Rahmenordnung auf ihren moralischen Gehalt geprüft?	ISO 26000, Swiss Code of best Practice, Compliance-Regeln
Ethik der Governance	Wieland	Ja	Ja	Good Governance	Das Management integriert korrektes Verhalten	Korrektes Verhalten senkt Transaktionskosten	Managementprinzipien und Bausteine werden angeboten	Starke ökonomische Ausrichtung. Ethik als Mittel zum Zweck?	Zeppelin, Friedrichshafen, BASF, Fraport

Abb. 4 Synoptische Darstellung verschiedener (wirtschafts-)ethischer Ansätze. (Eigene Darstellung)

erleiden. Wer diskursethischen Ansätzen (Steinmann und Löhr 1994; Ulrich 2016) folgen will, muss sich darüber im Klaren sein, dass diese Methoden zeitaufwendig sind und ein hohes Maß an Selbstdisziplin von die Beteiligten fordern. Wer der zurzeit in der Wirtschaft wohl immer noch am meisten genutzten Philosophie des Utilitarismus (Gesang 2003) folgt, muss bei jeder Entscheidung fragen, welche Minderheit den fast unabänderlich eintretenden Nachteil für einige Individuen und/oder Stakeholdergruppen tragen muss. Schulungen und Trainings zur CSR dürfen diese Aspekte nicht außer Acht lassen.

Abb. 4 zeigt eine exemplarische synoptische Gegenüberstellung einzelner theoretischer Ansätze, die es erlaubt, die für die jeweiligen Teilnehmer relevanten Aspekte einer Theorie oder eines Standards darzustellen. Da diese Synopsis von den jeweiligen Teilnehmern eines Seminars oder einer Schulung erstellt wird, können die Inhalte im Einzelnen erheblich differieren.

Schließlich münden alle diese Theorien, Ansätze, Modelle und Initiativen in die Entwicklung und die Vision eines CSR- und wertegesteuerten Unternehmens, die im nächsten Schritt mithilfe des Managements und der Führungskräfte auf jeder Stufe der Organisation umgesetzt werden müssen.

5 Schritt 4 Entwicklung des Handlungsplans – Welche Rolle spielt die Vision?

Die wertegesteuerte Managementpyramide (Abb. 5) unterstreicht die Bedeutung einer Vision als wichtiges stabilisierendes Element im Gesamtgefüge des Managements und ist ein essenzieller Baustein in der strategischen Unternehmensführung (Herbek 2000). Über diese Bedeutung hinaus muss jedoch auf die sinnvolle und richtige Anwendung hingewiesen werden. Eine „falsche", nicht mit Werten gefüllte Vision kann eine erhebliche Gefahr bedeuten und zu negativen Folgen im Verhalten einer Unternehmung führen (Malik 2003). Hingegen ist eine auf Werten aufgebaute Vision die Grundlage für die Entwicklung einer Strategie, die nachhaltig den Geschäftserfolg sichert, da die Risiken für unerwünschtes Verhalten entsprechend reduziert werden können.

Im Rahmen des Schulungs- und Trainingsprogramms ist neben dem verbalen Inhalt einer Vision die Sensibilisierung zur Entwicklung eines Visionsbildes wichtig. Nur in der Verbindung kann damit die Kraft entstehen, um im wertegesteuerten Management das Herz und den Kopf der Menschen zu erreichen.

Über die Vision hinaus müssen die für das Unternehmen essenziellen Werte (Wieland 2004) erarbeitet und definiert werden, da diese in der Umsetzung der Strategie entscheidend dazu beitragen, ob unerwünschtes Verhalten im operativen Alltag auftritt oder nicht.

Vor der Erstellung der Strategie werden für einen klar definierten Zeitraum die zu erreichenden Ziele festgelegt. Wichtig erscheint dabei, dass es sich hierbei nicht nur um monetäre Ziele handeln darf, sondern dass insbesondere bei der wertegesteuerten Unternehmensführung die sogenannten weichen Faktoren eine ebenso wichtige Rolle spielen. Es ist zu beachten, dass spezifische und messbare Ziele eher erreicht werden als vage.

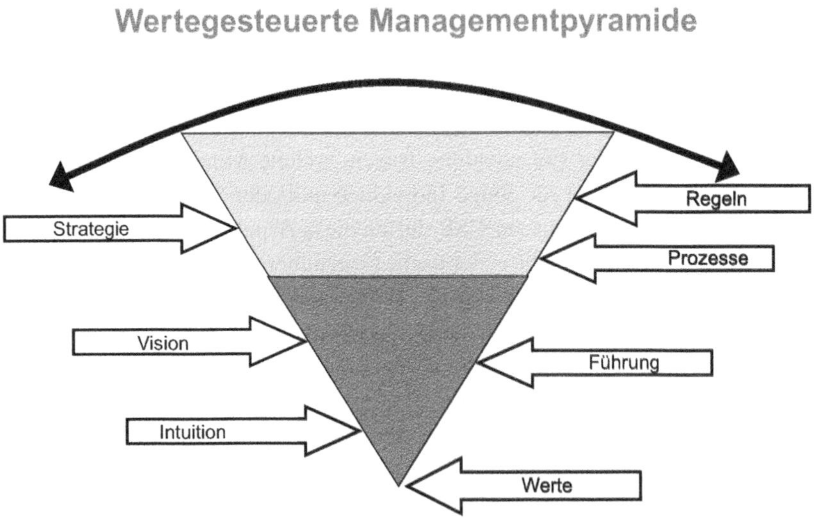

Wertegesteuerte Managementpyramide

Abb. 5 Wertegesteuerte Managementpyramide. (Eigene Darstellung)

Im Schulungsprogramm sind die Risiken von den sogenannten Stretchedtargets zu bearbeiten und zu diskutieren. Erstens sind diese nur sinnvoll, wo die aktuellen Standards der jeweiligen Branche schon übertroffen wurden (Sitkin et al. 2017). Zweitens können sie dafür auch verantwortlich sein, dass Angehörige eines Unternehmens auf allen Hierarchieebenen die definierten Werte und Regeln missachten, Prozesse und Regeln umgehen, um unrealistische Ziele erreichen zu können. Das dabei ausgelöste unerwünschte Verhalten in der Unternehmung kann zu erheblichen monetären Verlusten führen, wenn bei Aufdeckung durch die verantwortlichen staatlichen Instanzen zum Teil enorme Strafen zu bezahlen sind. Hinzu kommt der damit einhergehende Imageverlust, der die Beziehungen zu Kunden, Lieferanten und Partnern negativ beeinflussen kann. Ebenso kann der Zugang zu den Kapitalmärkten damit erschwert werden (Zentrum für Wirtschaftsethik 2005).

Im wertegesteuerten Management müssen vor der Umsetzung einer Strategie Antworten zu den nachfolgenden grundlegenden Fragen gegeben werden (angelehnt an Hinterhuber 2004):

- Stimmt die Strategie mit der Vision und der Umweltentwicklung überein?
- Steht die Strategie im Einklang mit dem Kartellrecht, mit der nationalen Gesetzgebung, mit den internationalen Abkommen oder den Gesetzen des Gastlandes?
- Stimmt die Strategie mit den Führungswerten und der Kultur des Unternehmens überein?
- Ist die Strategie konsistent mit den jeweiligen regionalen kulturellen Wertvorstellungen und Normen?
- Steht die Strategie im Einklang mit meinem Gewissen und mit meinen persönlichen Werten?

- Ist eine unternehmerisch denkende und handelnde Führungskraft für die Strategie verantwortlich?

Die Bedeutung von Führung in Schulung und Training bei wertegesteuerten Management wird im Abschn. 7 eingehend behandelt.

6 Schritt 5 Risiken und Ursachen unerwünschten Verhaltens – Welche Risiken gibt es?

Sind die oben gestellten Fragen (Abschn. 5) positiv beantwortet und die Entscheidung zur
Einführung oder Intensivierung eines werteorientierten Managements ist gefallen, müssen
in der praktischen Umsetzungsphase die bekannten Risiken und Gefahren eines gegebenenfalls in bester Gesinnung eingeführten CSR-Managements im Auge behalten werden.
Diese Risiken und Gefahren können für die Schulung und das Training in zwei thematisch unterschiedliche Bereiche aufgeteilt werden: Zum einen handelt es sich um beinahe
klassische Fehler in der Umsetzung einer Vision und deren Strategie, die verfahrens- oder
personenbezogen sein können. Zum anderen birgt die Einführung eines CSR- und werteorientierten Managements aber auch per se Risiken, die es zu erkennen und schon in der
Planungs- und Umsetzungsphase wirkungsvoll zu vermeiden gilt.

Für den Bereich der verfahrens- oder personenbezogenen Fehler wird in Anlehnung an
Steinmann und Löhr (1994, S. 27 ff.) in der Schulung und im Training vorgeschlagen, die
typischen potenziellen Ursachen eines ethisch/moralisch unerwünschten Verhaltens nach
drei thematischen Risikogruppen zu unterteilen, um sie so mit spezifischen Maßnahmen
bereits präventiv bekämpfen und vermeiden zu können. Die erste dieser Risikogruppen
bezieht sich auf solche Ursachen unerwünschten Verhaltens, die auf (angeblichen) Sys-
temzwängen beruhen. Das fast schon klassische Beispiel hierfür spiegelt sich in Aussagen
wider, wie zum Beispiel: „Wenn alle anderen bestechen, müssen wir das auch tun, um am
Markt überleben zu können. Sonst droht uns ein Wettbewerbsnachteil." Ähnliche Aussagen werden auch von an Kartellverfahren beteiligten Unternehmensvertretern gemacht.

Daneben stehen die organisationsbedingten Risiken. Diese können sich zum einen aus
der Organisationsstruktur ergeben, wie zum Beispiel einer strikt hierarchischen und auf
Befehl und Gehorsam basierenden Führungsstruktur, die typisch für die Organisation im
Dritten Reich zu finden war. Aber auch eine hohe Arbeitsteilung, in der der einzelne
Mitarbeiter nicht mehr erkennen kann, was sein Beitrag zum Gesamtergebnis ist oder
worin dieses Ergebnis überhaupt besteht, ist hier zu nennen.

Ein anderer Bereich organisationsbedingter Risiken liegt in der Unternehmenskultur.
Anders als die Struktur eines Unternehmens kann dessen Kultur nicht in Form eines Or-
ganisationsdiagramms dargestellt werden. Bei der Unternehmenskultur handelt es sich um
(meist ungeschriebene) gemeinsame anerkannte Werte, auf die sich die dort Tätigen beziehen und die die Reputation und das Ansehen einer Person neben ihrer Stellung in der
Hierarchie bestimmen. Die hohe Gruppenkohärenz innerhalb eines Unternehmens ist ei-

nerseits erwünscht und prägt dessen Corporate Identity. Wird die Gruppenkohärenz, das Gemeinschaftsgefühl der Mitarbeiter aber überbetont und werden zudem Einflüsse von außen abgeschottet, entsteht die Atmosphäre einer eingeschworenen Gemeinschaft, mit eigenen Regeln, die sich allgemeinen Standards entziehen. Im Extrem ließen sich solche Strukturen in kriminellen Organisationen, z. B. der Mafia, finden. Die internen Werte der Organisation werden über die (Compliance)Standards der Allgemeinheit gestellt. Ein unternehmensbezogenes Beispiel einer fehlgeleiteten Unternehmenskultur findet sich in dem Bilanzskandal des US-amerikanischen Energiehändlers Enron. Die soziale Stellung und Wertschätzung der Mitarbeiter wurde ausschließlich anhand des Beitrags bemessen, den deren Aktivitäten zur Steigerung des Shareholder Value beitrugen (Aßländer 2005, S. 14). Soziale oder ökologische Aspekte blieben ebenso außer Betracht, wie die Frage der Nachhaltigkeit des jeweiligen Geschäftserfolgs.

Schließlich sind individuelle Gründe unerwünschten Verhaltens zu erkennen, die in der Moral der im Management tätigen Personen begründet sind. Hier reichen die Risiken von individuellen hedonistischen Grundeinstellungen, bei denen jeder in erster Linie zum eigenen Vorteil arbeitet, bis hin zu klassischen Mangertypisierungen, die durch überhöhte Loyalität oder fast menschenfeindliche technokratische Verhaltensweisen charakterisiert sind.

Der Umfang des Beitrags lässt eine weitergehende und differenziertere Darstellung der einzelnen Risikogruppen nicht zu. Im praktischen Training und der Schulung von Executives werden vor allem von den Teilnehmern selbst eingebrachte Problemstellungen und auf deren Erfahrungen beruhende Fallstudien genutzt.

Die Aufgabe einer CSR-Schulung oder eines entsprechenden Trainings ist es, die Teilnehmer dazu zu befähigen, jedes dieser Risiken für die eigene Organisation oder das eigene Unternehmen zu erkennen und zu spezifizieren. Darauf aufbauend müssen dann Methoden der Unternehmensführung entwickelt werden, die geeignet sind, das jeweilige Risiko weitestgehend zu eliminieren. In dieser Phase der Schulung und des Trainings sind es vor allem wieder Fallbeispiele, die es erlauben, mit den Teilnehmern der Schulung zunächst die Ursachen eines erkannten Fehlverhaltens zu analysieren, um danach in einem zweiten Schritt nach geeigneten Methoden und Managementtools zu suchen, die negative Ergebnisse hätten vermeiden können. Mithilfe positiver Fallbeispiele kann der erste Schritt zu einem Benchmarking und der Entwicklung eigener, weiterführender Ansätze gemacht werden.

Als Beispiel für eine solche Vorgehensweise kann der sogenannte Abgasskandal bei VW herangezogen werden. Wie sich aus zahlreichen Publikationen zu den Vorgängen bei VW ergibt, herrschte in diesem Unternehmen ein stark hierarchisch auf Befehl und Gehorsam basierender Führungsstil vor. Demgegenüber fehlten resonante, demokratisch diskursive Führungselemente. Den Mitarbeitern war bewusst, dass es negative Konsequenzen für ihre Karriere haben würde, wenn Ziele nicht erreicht, Befehle nicht ordnungsgemäß ausgeführt würden. Dadurch wurde nach Auffassung der Autoren ein konstruktives Feedback der Mitarbeiter an die Führung und das Management unterdrückt. Stattdessen wurde ein Weg beschritten, der es den Beteiligten erlaubte, die geforderten Daten (durch unehrliche, verbotene Mittel) vorzulegen.

7   Schritt 6 Governance und Führung im CSR-orientierten Unternehmen – So machen wir es!

Die Führung hat im Unternehmen einen maßgeblichen Einfluss darauf, ob definierte Werte gemeinsam gelebt und umgesetzt werden, um damit auch langfristig einen nachhaltigen Unternehmenserfolg ermöglichen zu können. Dabei muss sich die Führungskraft auf die jeweilige Situation einstellen und das richtige Verhalten abrufen können. Dafür sollte diese mit der entsprechenden Schulung vorbereitet und trainiert werden.

In Abschn. 5 wurde in der Darstellung und Beschreibung der wertegesteuerten Managementpyramide bereits auf die Bedeutung von Führung zur Vermeidung unerwünschten Verhaltens hingewiesen.

Die American Management Association beschreibt Management als „Getting things done through other people" (Holzbauer 2000). Diese Definition zeigt die Gefahr einer möglichen Distanz zwischen der Führung im Allgemeinen und den Mitarbeitern auf. Über die Gefahr der Demotivation und Frustration der Mitarbeiter hinaus erhöht dies auch das potenzielle Risiko unkorrekten Verhaltens.

Wie Abb. 6 verdeutlicht, sieht sich der Manager in der sogenannten Sandwichposition unterschiedlichen Druckrichtungen und Erwartungen ausgesetzt. Eine Führungskraft ist in jedem Fall besser auf die unterschiedlichen Situationen im Unternehmensalltag vorbereitet, wenn sie situativ das richtige Verhalten wählt, um die jeweilige Herausforderung oder das jeweilige Problem zu lösen.

Goleman et al. (2003) bietet ein Führungskonzept an, dass im Schulungs- und Trainingsalltag erlernt und geübt werden kann. Er unterscheidet dabei den dissonanten (Abb. 7) und resonanten Führungsstil (Abb. 8).

Im wertegesteuerten Management ist es entscheidend, die Ziele, Wirkung und Anwendung der dissonanten und resonanten Führungsstile zu beherrschen. Damit kann die Führungskraft entwickelte Unternehmensstrategien effektiv umsetzen und dabei gleichzeitig die Risiken und Gefahren unerwünschten Verhaltens auf einem niedrigen Niveau

Abb. 6 Die Sandwichposition im Management. (Eigene Darstellung)

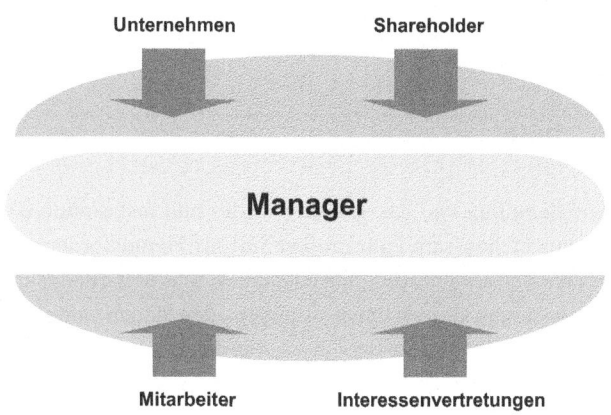

FORDERND	BEFEHLEND
Ziel: Erreichung interessanter herausfordernder Ziele	Ziel: gibt in Notsituationen eine klare Richtung vor und
Wirkung auf das Klima: da oft	verringert dadurch Angst und Unsicherheit
falsch eingesetzt, häufig sehr	Wirkung auf das Klima: da oft
negativ	missbraucht, häufig sehr negativ
Anwendung: um mit einem	Anwendung: in Krisen, um eine
hoch motivierten kompetenten	Kehrtwende in Gang zu
Team herausragende	bringen, mit problematischen
Ergebnisse zu erzielen	Mitarbeitern

Abb. 7 Dissonante Führungsstile. (Eigene Darstellung in Anlehnung an Goleman et al. 2003)

VISIONÄR	Coachend
Ziel: Verwirklichung gemeinsamer Träume	Ziel: bringt individuelle Ziele mit den Zielen der Organisation
Wirkung auf das Klima: äußerst positiv	in Einklang
Anwendung: wenn aufgrund von Veränderungen eine neue	Wirkung auf das Klima: sehr positiv
Vision erforderlich ist oder eine klare Richtung gebraucht	Anwendung: durch gezielte Förderung der Fähigkeiten
wird	eines Mitarbeiters seine Leistung verbessern

Gefühlsorientiert	Demokratisch
Ziel: verbindet Menschen miteinander und schafft dadurch	Ziel: Wertschätzung für den Beitrag der Mitarbeiter, bewirkt
Harmonie	Engagement durch Einbeziehung
Wirkung auf das Klima: positiv	Wirkung auf das Klima: positiv
Anwendung: um gespaltene Teams zu vereinen, in	Anwendung: um Zustimmung oder einen Konsens zu
stressigen Zeiten zu motivieren oder Verbindungen zu	erreichen oder wertvolle Beiträge von Mitarbeitern zu
stärken	sammeln

Abb. 8 Resonante Führungsstile. (Eigene Darstellung in Anlehnung an Goleman et al. 2003)

halten. Van Well und Matthiesen (2013) beschreiben mit dem Modell des „diskursiven Entscheiders", sowie Wiseman und McKeown (2010) mit der Beschreibung von „Verhinderern und Multiplikatoren" ähnliche Denkansätze. Jedoch hat sich durch seine sehr spezifische Zuordnung im wertegesteuerten Managementtraining das Modell von Goleman et al. sehr gut bewährt.

8 Fazit

Die Schulung und das Training werte- und insbesondere CSR-basierter Managementmethoden stellen sich zum großen Teil als Herausforderung eines Changemanagementprozesses dar. Es gilt, die Führungskräfte und Mitarbeiter mit Kenntnissen und Fähigkeiten auszustatten, die es ihnen erlauben, den neuen andersartigen Herausforderungen ohne Angst und das Gefühl der Überforderung gegenüberzutreten. Zu diesem Zweck ist es unerlässlich, zum einen die theoretischen Grundkenntnisse der neuen Anforderungen, aber auch die Lösungsansätze und Risiken aufzuzeigen und bewusst zu machen. Zum anderen müssen konkrete Handlungsanweisungen und Managementmodelle vermittelt werden, die eine praxisorientierte Umsetzung der neuen Werte, Visionen und Strategien möglich machen.

Mithilfe des hier vorgeschlagenen Sechs-Schritte-Modells werden in der Schulungspraxis die Führungskräfte und Mitarbeiter erreicht und die Notwendigkeit einer Werteorientierung wird bewusstgemacht. Durch die Vermittlung der Management-Tools wird zugleich das Bewusstsein gestärkt, der neuen Aufgabe gewachsen zu sein.

Literatur

Abendschein J, Seeber G (1997) Die geplante Versenkung der Brent Spar als typische Dilemmasituation. Ein unternehmensethisches Lehrstück. Zeitschrift Für Umweltpolit Umweltr 3:373–393

Aßländer MS (2005) Der Fall Enron. Aufstieg und Fall eines amerikanischen Vorzeigeunternehmens. Forum Wirtschaftsethik 2:7–18

Gesang B (2003) Eine Verteidigung des Utilitarismus. Reclam, Stuttgart

Goleman D, Boyatzis R, McKee A (2003) Emotionale Führung. Ullstein, München, S 79–125

Herbek P (2000) Strategische Unternehmensführung. Ueberreuter, Wien, Frankfurt a.M, S 51–61

Hinterhuber H (2004) Strategische Unternehmensführung. De Gruyter, Berlin

Holzbauer U (2000) Management. Friedrich Kiehl, Herne, S 33

Homann K, Blome-Drees F (1992) Wirtschafts- und Unternehmensethik. Vandenhoeck & Ruprecht, Göttingen

Kostka C (2016) Change management. Hanser, München

Luhmann N (2002) Die Gesellschaft der Gesellschaft. Wissenschaftliche Buchgesellschaft, Darmstadt

Malik F (2003) Vision – gefährliche Mode. Manager Magazin, Ausgabe 12/2003, Malik-Kolumne

Sitkin B, Miller CC, See KE (2017) Das Strech-Goal-Paradoxon. Harv Bus Manag 4:60–65

Steinmann H, Löhr A (1994) Grundlagen der Unternehmensethik, 2. Aufl. Schäffer-Poeschel, Stuttgart

Ulrich P (2016) Integrative Wirtschaftsethik, 5. Aufl. Haupt, Bern, Stuttgart, Wien

van Well B, Matthiesen K (2013) Diskursives Führen – Führen trotz Weisungsbefugnis. In: Bührmann A, Horwitz M, von Schlippenbach S, Stein-Bergman D (Hrsg) Management ohne Grenzen. Springer Gabler, Wiesbaden

Wieland J (2004) Handbuch Wertemanagement. Murmann, Hamburg

Wiseman L, McKeown G (2010) Managing yourself: Bringing out the best in your people. Harvard Business Review, Ausgabe 5/2010

Zentrum für Wirtschaftsethik (2005) WerteManagementSystem. Standard & Guidance Document

Prof. Dr. Bernd Banke (geb. 1958) ist Professor für Wirtschaftsrecht und Wirtschaftsethik an der Hochschule Reutlingen und in der Leitung des Instituts für Wirtschaftsethik, Wertemanagement und Compliance (IWWC) an der Knowledge Foundation@Reutlingen University. Zudem ist er seit 2001der Ethikbeauftragte der Hochschule Reutlingen.

Nach dem Studium der Rechtswissenschaften und Promotion an der Johannes-Gutenberg-Universität Mainz begann er seinen beruflichen Werdegang als selbstständiger Rechtsanwalt und später als wissenschaftlicher Mitarbeiter der deutschen Monopolkommission.

Neben seinen Veröffentlichungen zur Wirtschafts- und Verwaltungsethik zählen soziale Kompetenzen zu seinen besonderen Arbeitsschwerpunkten. Engen Kontakt zur Praxis hält er auch durch seine Seminare für Berufspraktiker in Zusammenarbeit mit verschiedenen namhaften Institutionen, z. B. der Hochschule St. Gallen.

Dr. Hans-Jürgen Lutz (geb. 1958) ist in der Leitung des Instituts für Wirtschaftsethik, Wertemanagement und Compliance (IWWC) an der Knowledge Foundation@Reutlingen University und Vice President im strategischen Marketing eines DAX-Konzerns. Nach dem Abschluss eines naturwissenschaftlichen Studiums und anschließender Promotion begann er 1987 seine berufliche Laufbahn in der Industrie. Unter anderem war er als CEO und Managing Director in Italien auch für das gesamte Geschäft in Südeuropa eines Unternehmensbereiches zuständig. Insbesondere dieser Abschnitt seiner beruflichen Laufbahn haben sein Verständnis von wertegesteuertem Management stark geprägt. Dabei spielt das Thema Führung für ihn immer eine zentrale Rolle.

Parallel zu seiner beruflichen Tätigkeit ist er seit dem Jahr 2003 als Lehrbeauftragter und Dozent an namhaften Institutionen, z. B. den Hochschulen St. Gallen und Reutlingen, aktiv.

Seit dem Jahr 2014 ist er in der Leitung des Instituts für Wirtschaftsethik, Wertemanagement und Compliance (IWWC), wobei er den Schwerpunkt Wertemanagement vertritt. Seine langjährige Erfahrung in der Industrie hilft ihm dabei, wissenschaftliche Grundlagen mit praktischer Hintergrunderfahrung zu verbinden.

Hinweisgebersysteme

Kenan Tur

1 Einleitung

Seitdem die Gefahren der Non-Compliance in den Chefetagen angekommen sind, ergeben sich zunehmend Diskussionen über die effektivsten Strategien für eine erfolgreiche Compliance und die dafür benötigten Complianceanwendungen. In den vergangenen Jahren änderten sich sowohl die Ansprüche an eine zeitgemäße Art der Umsetzung als auch an die Arbeitsweise der Compliance Officer. Die bestmögliche Annäherung an die Gütekriterien für Hinweisgebersysteme führte dazu, dass sich elektronische Anwendungen durchgesetzt haben. Alternative Hinweisgebersysteme, z. B. Telefonhotlines oder Ombudsleute reichen alleine nicht mehr aus, ergänzen diese jedoch sinnvoll. Die meisten Unternehmen nutzen in der Regel mehrere Hinweiskanäle. Fest steht: Compliance entwickelt sich ständig weiter. Im nächsten Entwicklungsschritt erleichtern anpassbare Complianceplattformen die Handhabung der immer komplexer werdenden und zunehmenden Aufgaben mit modular aufgebauten IT-Tools. Damit einher geht eine sich verändernde Mentalität innerhalb von Unternehmen: Compliance wird vermehrt als eine maßgebliche Entscheidungsinstanz gesehen, die Risiken analysiert und – als „Gewissen" des Unternehmens – sensibilisierend und nachhaltig für wirtschaftsethische Werte eintritt.

2 Veränderte Ansprüche

Compliance verändert sich stetig. Seitdem der Begriff in Deutschland angekommen ist, wird er unterschiedlich interpretiert und ausgelegt. Anfang der 2000er-Jahre konnten nur einige wenige überhaupt etwas damit anfangen. Selbst Fachleute verstanden darunter nur

K. Tur (✉)
Business Keeper AG
Berlin, Deutschland
E-Mail: info@business-keeper.com

© Springer-Verlag GmbH Deutschland, ein Teil von Springer Nature 2018
A. Kleinfeld und A. Martens (Hrsg.), *CSR und Compliance*,
Management-Reihe Corporate Social Responsibility,
https://doi.org/10.1007/978-3-662-56214-7_18

klar abgegrenzte, sehr spezielle Vorgänge. Im Finanzsektor bezeichnete Compliance beispielsweise ausschließlich die Bekämpfung von Geldwäsche und das Finanzierungsverbot
von Terrorismus (vgl. KPMG 2017, S. 9). In anderen Branchen bezog sich Compliance
auf die Einhaltung öffentlicher Vorgaben für Produkte (Pharmaindustrie) oder Dienstleistungen (B2C).

Neuen Aufwind bekam das Thema im Jahr 2006, ausgelöst durch den bis dahin größten
Korruptionsskandal in Deutschland: die Siemens-Krise. Durch die umfangreiche mediale Berichterstattung wuchs in der Gesellschaft eine erhöhte Sensibilität für das Thema
Compliance. In der Folge des Diskurses wurde der Begriff weiter gefasst. Der Anspruch
änderte sich. Von Unternehmen wurde mehr verlangt als das Mindestmaß der Gesetzeskonformität. Ein schlichtes Regelwerk reichte nicht mehr aus. Die Compliancevorgaben
sollten mit Leben befüllt, wirtschaftsethisches Handeln aktiv gelebt werden. Auch in den
Unternehmen entstand mehr und mehr das Bewusstsein, dass Non-Compliance eine signifikante Gefahr darstellt – nicht nur finanzieller Natur, sondern in Form von reputativen
Schäden.

Die Zivilgesellschaft wollte nicht mehr für das Fehlverhalten von Unternehmen und
Organisationen aufkommen. Der Rechtsstaat musste handeln. Es entstanden neue Gesetzesinitiativen: In verschiedenen Branchen mussten Mitarbeiter die Möglichkeit bekommen, Hinweise über Fehlverhalten in einem geeigneten Rahmen melden zu können. Man
spricht diesbezüglich auch von Social Compliance (vgl. Beitrag „CSR und Compliance
im Kontext ihrer Bedeutungsentwicklung" in diesem Band).

In jüngster Zeit entstanden neue gesetzliche Regelungen auch in den Bereichen, die
klassischerweise CSR zugeordnet wurden. So zum Beispiel in den Vereinigten Staaten der
Dodd-Frank Wall Street Reform and Consumer Protection Act (2010), in Großbritannien
der Modern Slavery Act (2015) mit dem Ziel, die ethische Verpflichtung von Unternehmen
rechtsverbindlich zu gestalten und Menschenrechtsverletzungen nicht nur im eigenen Unternehmen, sondern auch bei Partnern zu identifizieren und dagegen vorzugehen. Zuletzt
verschärften sich auch die Haftungsrisiken für die Geschäftsleitung.

3 Kriterien von Hinweisgebersystemen

Den veränderten Rahmenbedingungen wurde auf unterschiedlichen Wegen begegnet. Unternehmen begannen, Compliancemanagementsysteme (CMS) einzurichten, Richtlinien
auszuformulieren und ihre Unternehmenswerte zu definieren. In den letzten Jahren ist
ein Anstieg der Implementierung von CMS zu vermerken. Studien der Wirtschaftsprüfungsgesellschaft PricewaterhouseCoopers ergaben: „… 2013 verfügte etwa die Hälfte
der Unternehmen über ein entsprechendes CMS (52 %), 2015 waren es knapp vier Fünftel
(79 %)" (Pwc 2016, S. 21). Im Rahmen der Implementierung der CMS wurden Hinweisgebersysteme eingerichtet. Diese ermöglichen es integren Mitarbeitern, Geschäftspartnern
und Kunden, beobachtete Wirtschaftskriminalität und unethisches Handeln an die Verantwortlichen im Unternehmen zu melden. Auch die einschlägigen CSR-Standards, z. B.

ISO 26000 (2011) und GRI Standards (2016), verweisen an mehreren Stellen auf die Notwendigkeit, Hinweisgebersysteme einzuführen, um Missstände bezüglich verantwortungsrelevanter Themenkomplexe frühzeitig erkennen und beseitigen zu können. Neben Korruption und anderen Formen der Wirtschaftskriminalität geht es dabei vor allem auch um Menschenrechtsverletzungen, Verstöße gegen internationale Arbeitsnormen oder verheimlichte Umweltsünden.

Denn um Risiken und interne Missstände frühzeitig aufzuklären, ist das Wissen der eigenen Mitarbeiter ein sehr wirksames und anzuerkennendes Instrument. Fast vier von zehn (39 %) Betrugsfällen in Unternehmen werden durch Hinweisgeber enthüllt (vgl. Association of Certified Fraud Examiners 2016, S. 20 f.). In Organisationen, in denen ein Hinweisgebersystem zum Einsatz kommt, werden Vorfälle nicht nur häufiger und schneller aufgedeckt; auch die durchschnittlich verursachten Verluste liegen um rund 40 % unterhalb der durchschnittlichen Schadenssumme von Unternehmen, die keinen sicheren Kommunikationskanal etabliert haben (vgl. Association of Certified Fraud Examiners 2016, S. 22 ff.). Die Hinweisgeber kommen dabei zu gleichen Teilen aus der Organisation selber und von außerhalb, z. B. Lieferanten, Partner, Kunden (vgl. KPMG 2016a, S. 15). Gleichzeitig wirken die Hinweisgebersysteme bereits präventiv auf mögliches Fehlverhalten.

Die erste Adresse für Meldungen sollte immer der direkte Vorgesetzte sein. Ist das nicht möglich, weil beispielsweise dieser ebenfalls in die zu meldenden Vorfälle involviert ist, so müssen Kommunikationskanäle geschaffen werden, über die die entsprechenden Ansprechpartner im Unternehmen kontaktiert werden können. Wenden sich Hinweisgeber nicht zuerst an ihre Vorgesetzten, so geschieht das häufig aus Furcht als inkompetent angesehen zu werden, weil sie den Missstand nicht frühzeitig erkannt hätten. Weitere Hemmnisse sind die Angst davor, Boni gekürzt zu bekommen oder nicht befördert zu werden und vor dem Bekanntwerden als Hinweisgeber innerhalb der Organisation.

Deshalb ist es sinnvoll, unterschiedliche mediale Wege für eine Hinweisabgabe zu implementieren: Das Angebot eines persönlichen Gesprächs mit den Compliancebeauftragten, per Brief, über sprachbasierte Lösungen, via (externe) Ombudsleute oder durch elektronische Hinweisgebersysteme. Um der kulturellen Sozialisation und den Präferenzen der Hinweisgeber gerecht zu werden, sollten in Unternehmen möglichst alle Kanäle angeboten werden. Dennoch unterscheiden sich die einzelnen Systeme stark in ihrer Praktikabilität, Wirksamkeit und gewährleisteter Sicherheit für den Hinweisgeber. Die wichtigsten Kriterien verdeutlichen die Vor- und Nachteile der einzelnen Anwendungen.

3.1 Anonymität

Mit der Möglichkeit einer anonymen Meldung, sinkt aufseiten der Hinweisgeber die Hemmschwelle, kritisches Wissen zu teilen. Deshalb muss den Hinweisgebern plausibel und wahrheitsgetreu zugesichert werden, dass die Nutzung eines Hinweisgebersystems keine persönlichen Nachteile für sie bedeutet. Durch mangelnden legislativen Hinweisgeberschutz, ist das Vertrauen in ein Hinweisgebersystem nur durch die glaubhafte Zusicherung der umfassenden Anonymität des Meldenden zu erreichen. Durch unabhängige Zertifizierungen lässt sich bestätigen, dass weder der Anbieter selbst noch externe Dritte über einen technischen Zugang zu den Meldungen verfügen. Dadurch gewinnt das Hinweisgebersystem einen erheblichen Vertrauensvorsprung.

Der Faktor Vertrauen ist maßgeblich für die Bewertung und die Auswahl eines Hinweisgebersystems. Kommt es hier zu einer falschen technischen Bewertung des potenziellen Systems, können beispielsweise staatliche Behörden bei einem hochsensiblen Fall eine technische Hintertür nutzen, um den Hinweisgeber technisch zu ermitteln. Der dadurch entstehende Vertrauensverlust ist enorm – nicht nur dem Hinweisgebersystem, sondern insbesondere auch gegenüber der eigenen Complianceabteilung. Das Vertrauen der Belegschaft, der Kunden und der Lieferanten wiederzugewinnen, kann auf lange Zeit immense personelle wie finanzielle Ressourcen beanspruchen. Eine erfolgreiche Wiederherstellung des Vertrauens ist zudem nicht garantiert.

Die namentliche Abgabe von Hinweisen sollte dennoch – nach eigener Entscheidung des Hinweisgebers – nicht ausgeschlossen werden. In der Kommunikation des Systems kann betont werden, dass die Anonymität zwar technisch sichergestellt ist, dies aber keinesfalls ein zwingendes Kriterium für die Meldungsabgabe ist.

3.2   Erreichbarkeit

Ein wichtiges Kriterium von Hinweisgebersystemen ist die zeitliche und örtliche Erreichbarkeit. Das Zeitfenster der Bereitschaft zur Hinweisabgabe ist für gewöhnlich recht kurz. Hinweisgeber haben oftmals seit mehreren Jahren Kenntnis von korrupten Praktiken. Haben sie sich dazu durchgerungen, die Informationen weiterzugeben, bilden schlechte Erreichbarkeit oder begrenzte zeitliche Verfügbarkeit von Hinweisgebersystemen hohe Barrieren für den Entschluss einer Hinweisabgabe.

3.3   Dialogfähigkeit

Die ersten abgegebenen Meldungen eines Hinweisgebers enthalten oftmals zu wenige Informationen für eine effektive Aufklärung des Sachverhalts. Formalisierte Abgabeprozesse können zwar bei der vollständigen Übermittlung unterstützen, jedoch keine Garantie eines hinlänglich umfangreichen Wissenstransfers liefern. Bei einmaliger Hinweisabgabe stoßen die Ermittlungen aufgrund mangelnder Nachfragemöglichkeit oft an eine natürliche Grenze.

Versetzt man sich in die Lage eines typischen Hinweisgebers, so beschreiben ihn folgende Merkmale: Er ist angespannt, denn er möchte einen kriminellen Sachverhalt melden, den er beobachtet hat, in den er meistens aber nicht involviert ist. Sein ethisches Bewusstsein treibt ihn an – er möchte das „Richtige“ tun und für den Werteerhalt seines

Unternehmens einstehen. Gleichzeitig plagt ihn die Sorge, dass er in den beobachteten Vorfall mit hineingezogen wird oder er nach der Hinweisabgabe als Denunziant dasteht. Diese Umstände führen zu einer meist unvollständigen initialen Hinweisabgabe. Die Option auf einen Kommunikationskanal mit dem Hinweisgeber ist hier ausschlaggebend und erlaubt Nachfragen nach wichtigen Details zum Sachverhalt.

Daher ist es wichtig, ein Hinweisgebersystem einzusetzen, das zusätzlich zur technisch sicheren Hinweisabgabe, die Einrichtung eines anonymen Postkastens anbietet. Über diesen technisch sicheren Kommunikationskanal kann der Hinweisgeber Feedback erhalten und die Ermittler können Rückfragen stellen. Dies spart nicht nur den Ermittlern wertvolle Zeit, sondern führt auch zu einer zielorientierten Ermittlung. Weiterhin kann sich so der Hinweisgeber sicher sein, dass seine Informationen ernsthaft zur Beseitigung des Missstands genutzt werden. Oftmals möchten Hinweisgeber auch lediglich eine kurze Rückmeldung erhalten, ob sie richtig gehandelt haben und dass sie ernst genommen werden.

Ein weiterer wichtiger Vorteil ist die Erleichterung der Plausibilitätsprüfung des eingehenden Hinweises. Durch gezielte Rückfragen lassen sich Missverständnisse leicht vermeiden und Denunziantentum effektiv unterbinden.

3.4   Sprachabdeckung

Insbesondere international tätige Unternehmen mit Dependancen in verschiedenen Ländern sollten darauf achten, ihre Hinweisgebersysteme in allen relevanten Sprachen anzubieten. Dem Hinweisgeber muss es möglich sein, Hinweise in seiner Muttersprache ohne Sprachbarrieren abzugeben. Nur so sinkt die Hemmschwelle und lassen sich Missverständnisse effektiv vorbeugen. Gleichzeitig müssen die Hinweisbearbeiter auch mit der jeweiligen Sprache umgehen und dem Hinweisgeber antworten können. Dolmetscher oder Übersetzer können hier unterstützen. In elektronische Systeme lassen sich speziell dafür entwickelte Übersetzungstools in der Anwendung sicher und zuverlässig verankern.

3.5   Thematische Eingrenzbarkeit

Datenschützer und Betriebsräte wirken darauf hin, dass Hinweisgeber ausschließlich Straftaten und Normverstöße melden können. Das Hinweisgebersystem darf nicht zur Verhaltens- und Arbeitskontrolle missbraucht werden. Es dient dazu, eindeutiges Fehlverhalten im eigenen Unternehmen und die Missachtung von internationalen Verhaltensnormen, z. B. den Menschenrechten oder den ILO-Kernarbeitsnormen (Internationale Arbeitsorganisation), auch bei Zulieferern aufzudecken. Es ist deshalb sicherzustellen, dass es nicht als eine Plattform für verleumderische Hinweise über unliebsame Kollegen oder Wettbewerber missbraucht wird. Um diesem Ansatz vorzubeugen, lassen sich die Themenfelder für eine mögliche Meldung vorab eingrenzen. Individuelle interne

Schwerpunkte als auch landesspezifische gesetzliche Vorgaben sollten sich in Hinweisgebersystemen abbilden und technisch berücksichtigen lassen. Werden in einem Hinweis meldepflichtige Delikte nach § 138 StGB (Mord, Totschlag, Raub, räuberische Erpressung, Geld- oder Wertpapierfälschung) beschrieben, sind die Verantwortlichen gesetzlich dazu verpflichtet, die Ermittlungsbehörden einzuschalten. Eine manuelle Erstauswahl der eingegangenen Hinweise birgt das Risiko, dass der Hinweisempfänger bereits unfreiwillig Kenntnis von meldepflichtigen Vorfällen erhält, z. B. einer Bombendrohung.

Deshalb ist die systemseitige, technikbasierte Abweisung von Hinweisen zu bestimmten Themen ein sehr wichtiges Merkmal von guten Hinweisgebersystemen. Eine solche thematische Ersteingrenzung lässt sich technisch sicherstellen, indem Hinweise automatisiert auf Begriffe und bestimmte zusammenhängende Schlagwörter überprüft werden. So können unerwünschte Themen automatisch herausgefiltert und abgewiesen sowie das Unternehmen vor verpflichtenden Meldungen an die staatlichen Ermittlungsbehörden geschützt werden. Eine dann nachfolgende manuelle Auswahl der eingegangenen Hinweise stellt zusätzlich sicher, dass das Hinweisgebersystem nicht für Denunziantentum missbraucht wird.

4   Arten von Hinweisgebersystemen

Die Ausgestaltung von Hinweisgebersystemen ist vielfältig und reicht vom schlichten „Kummerkasten" über sprachbasierte Lösungen, interne und externe Ombudspersonen bis zu hochsicheren, webbasierten, elektronischen Anwendungen. Die Systeme unterscheiden sich dabei erheblich in ihren Leistungsmerkmalen.

4.1   Briefe

Auch ohne ausdifferenzierte Complianceprozesse hatten Mitarbeiter schon immer die Möglichkeit, einen Brief an die Geschäftsleitung zu schreiben. Hinweisgeber können so zwar auf Wunsch anonym und ortsunabhängig Hinweise abgeben, es ist allerdings nicht gesichert, dass der Brief den Ansprechpartner auch erreicht. Es kann auch nicht ausgeschlossen werden, dass, in die gemeldeten Vorfälle involvierte, dritte Personen Kenntnis von den Inhalten des Briefes erlangen. Aus datenschutzrechtlicher Sicht ist die Möglichkeit einer unkomplizierten Vervielfältigung problematisch. Die Entgegennahme von Briefen bedeutet zugleich für das Unternehmen, dass sich die Themenschwerpunkte nicht vorab eingrenzen lassen können. Das kann im Zuge der Plausibilitätsprüfung des Hinweises einschränkende Konsequenzen nach sich ziehen. Hinzu kommt, dass die einseitige Anonymität keine Rückfragen zulässt.

4.2 Sprachbasierte Systeme

Sprachbasierte Lösungen, z. B. Hotlines oder Anrufbeantworter stellen einen niedrigschwelligen Kommunikationskanal dar. Jedoch entstehen auch hier eigene Problematiken. Um durchgehende Erreichbarkeit zu gewährleisten und möglichst viele Sprachen abzudecken, bedarf es eines erheblichen personellen Aufwands. Anrufbeantworter haben diese Probleme nicht; bieten jedoch keine Möglichkeit für Rücksprachen. Auch besteht bei dringendem Handlungsbedarf keine Möglichkeit einer sofortigen Reaktion. Des Weiteren bieten sie per se keine Eingrenzbarkeit der zu erfassenden Themenschwerpunkte. So können die abgegebenen Hinweise nicht präventiv gefiltert werden und der Hinweisgeber kann jede Art von Informationen melden. Das bewirkt in der Folge, dass Denunziantentum nicht von vornerein unterbunden werden kann.

Alternativ werden vermehrt prozessgesteuerte, sprachbasierte Systeme verwendet. Bei diesem Angebot können Unternehmen oder Organisationen vorab relevante Fragen aufzeichnen und bei Anruf eines Hinweisgebers automatisch abspielen lassen. Hinweisgeber können während des Meldeprozesses über das Tastenfeld oder auch sprachgesteuert eine Auswahl über das Themengebiet treffen. Der Anrufer erhält Zugangsdaten für eine zukünftige Kontaktaufnahme. Diese Art der Hinweisabgabe ist personell günstig umzusetzen und gewährleistet gleichzeitig eine ständige Erreichbarkeit sowie unkomplizierte Sprachenabdeckung. Auch können so Hinweisgeber zu einer Meldung motiviert werden, die sich davor scheuen, den Sachverhalt einer realen Person zu schildern. Eine sofortige Reaktion ist hingegen auch hier nicht möglich. Um einen Folgedialog zu ermöglichen, erhält der anrufende Hinweisgeber ein Pseudonym oder Kennwort, dass er beim nächsten Telefonat nennen soll. So können die Anrufe dem richtigen Fall zugeordnet werden.

In Kombination mit webbasierten Anwendungen sind Telefonlösungen eine sinnvolle Ergänzung. Sie bieten einen weiteren niedrigschwelligen Kommunikationskanal. Zudem ermöglichen telefonische Angebote auch eine Hinweisabgabe in Gebieten mit schlechter Internetverbindung. Ein großer Kritikpunkt ist jedoch, dass bei isolierten sprachbasierte Lösungen wenig Vertrauen bezüglich der Wahrung der Anonymität des Meldenden besteht.

4.3 Ombudsleute

Anwaltliche Ombudspersonen stellen eine persönliche Anlaufstelle dar. Als unabhängige Vertrauenspersonen nehmen sie Hinweise von Mitarbeitern und Externen entgegen. Der Fall wird gemeinsam besprochen und juristisch bewertet. Dieser Ansatz filtert irrelevante Hinweise und beugt Denunziantentum vor. Bedeutsame Fälle werden von den Ombudspersonen an die beauftragenden Unternehmen übermittelt und dort weiter intern verfolgt. Eine Themenselektion ist auch bei einer telefonischen Hinweisübermittlung möglich. Definierte Prozesse bei der Abfrage der relevanten Informationen sorgen für ein strukturiertes Verfahren. Bei Bedarf können sofortige Maßnahmen veranlasst werden. Hinsichtlich

Sprachabdeckung und Erreichbarkeit stoßen Ombudspersonen allerdings an eine natürliche Grenze. Gerade bei internationalen Unternehmen und Organisationen mit vielen Niederlassungen ergeben sich hier Probleme. Zum Beispiel ist der Aufwand hinsichtlich der Abstimmungsintensität beim Einsatz mehrerer Ombudspersonen relativ hoch. Die Aufarbeitung und Auswertung der Hinweise ist mit erheblichen Anstrengungen verbunden. Für bestimmte Personengruppen ist die Hemmschwelle zudem sehr hoch, sich persönlich einem Juristen anzuvertrauen.

In einem vieldiskutierten Urteil entschied das Landgericht Bochum im Jahr 2016, dass zwischen Ombudsleuten und Hinweisgebern kein „mandatsähnliches" Verhältnis bestehe (vgl. KPMG 2016b). Hinweise, die den Ombudspersonen auf der Prämisse der anwaltlichen Verschwiegenheit anvertraut wurden, sind möglicherweise nicht vor einem Zugriff der Strafverfolgungsbehörden gewahrt. In Kombination mit anderen Meldekanälen ist der Einsatz von Ombudspersonen aber weiterhin eine verbreitete Lösung.

4.4 Elektronische Hinweisgebersysteme

Ein elektronisches Hinweisgebersystem ist die zeitgemäße Best-Practice-Compliance-Lösung. Eine Studie der Wirtschaftsprüfungsgesellschaft EY zur Compliance Praxis in Deutschland im Jahr 2016 ergab, dass

> 82 % der befragten Unternehmen über ein elektronisches Hinweisgebersystem verfügen, mit dem potenzielle Complianceverstöße gemeldet werden können. Insgesamt 80 % der Unternehmen bieten die Meldung anonymisiert an (vgl. EY 2016, S. 36).

Webbasierte Hinweisgebersysteme vereinen die Vorteile der alternativen Angebote und weisen gleichzeitig kaum Nachteile auf. Zum einen sind sie prinzipiell jederzeit und von jedem Ort abrufbar und können in jeder Sprache aufgesetzt werden. Sie sind flexibel gestaltbar und funktionieren auch in Kombination mit Ombudspersonen oder sprachbasierten Lösungen. Allerdings herrschen hinsichtlich der Sicherheit von elektronischen Hinweisgebersystemen eklatante Unterschiede. Wichtig ist, dass es sich um eine autarke Anwendung mit speziellen Verschlüsselungsverfahren handelt. Nur so wird der höchstmögliche Schutz der erhobenen personen- und meldungsbezogenen Daten sichergestellt. Externe Zertifikationen und auditierbare Technologie geben Aufschluss über die wichtigsten Kriterien (vgl. Pwc 2016, S. 6).

Um die Sicherheit des Hinweisgebers zu gewährleisten und eine Rückverfolgung ausschließen zu können, sind mehrere Punkte zu beachten: Der Dialog muss über Hochsicherheitsrechenzentren und in einem besonders verschlüsselten, autarken Netz abgewickelt werden. Die Datenhaltung sollte bestenfalls in Deutschland, mindestens aber in Europa stattfinden. Der Anbieter des Systems darf zu keinem Zeitpunkt interpretierbaren Zugriff auf die Daten haben. Dieser Umstand ist von externer Seite aus technisch zu prüfen. Nur so kann ausgeschlossen werden, dass staatliche Ermittlungsbehörden über den Anbieter auf

Daten des Hinweisgebers zugreifen können. Regelmäßige unabhängige Überprüfungen der getroffenen Maßnahmen im Rahmen von Sicherheits- und manuellen Penetrationstests sowie Datenschutzzertifizierungen nach deutschem und europäischem Datenschutzrecht stellen sicher, dass diese Qualitätsmerkmale vorhanden sind. Automatisierte Penetrationstest, die durch eine Software vom Anbieter durchgeführt werden, sind aus Sicherheitsperspektive fragwürdig und im Ergebnis wertlos. Sie stellen damit kein geeignetes Qualitätskriterium in Sachen Sicherheit dar. Ausschließlich manuelle Penetrationstests der Anwendung durch externe Experten und Hacker garantieren, dass die absolute Sicherheit des Hinweisgebers technisch überprüfbar ist. Weiterhin ermöglichen elektronische Hinweisgebersysteme das Setzen von unternehmensindividuellen Themenschwerpunkten. So lässt sich wahlloses Melden und missbräuchliche Nutzung eindämmen. Ebenso lassen sich Verstöße gegen § 138 StGB ausschließen.

Eine Postkastenfunktion ermöglicht einen geschützten Austausch zwischen Hinweisgeber und unternehmensseitigen Bearbeitern. Gleichzeitig ist das System mit einem vergleichbar geringen personellen Einsatz verbunden. Dieser gesicherte Dialog ist für die effiziente Klärung von Vorfällen von großer Wichtigkeit. Er bietet Raum für Rückmeldungen, Nachfragen und hilft bei der Bewertung der Plausibilität. Bei Bedarf lassen sich elektronische Hinweisgebersysteme sehr gut mit einer sprachbasierten Lösung oder einer anwaltlichen Ombudsperson kombinieren.

Als Nachteil muss erwähnt werden, dass die Nutzung außerhalb der Industriestaaten durch schlechtere Internetabdeckung nicht flächendeckend gegeben ist. Dieser Punkt verliert allerdings mit der weltweit fortschreitenden Digitalisierung nach und nach an Gewicht.

Auch Geschäftspartner sind ein wichtiger Anteil der möglichen Hinweisgeber. Grundsätzlich sollten daher Hinweisgebersysteme auch für Dritte erreichbar sein: Die

> Öffnung des Hinweisgeberkanals an Externe ist ein essenzieller Bestandteil des CMS … Oftmals haben Stakeholder, Lieferanten und Dienstleister umfassende Kenntnis über mögliches Fehlverhalten in Unternehmen, deren Weiterleitung an die Unternehmensverantwortlichen möglichen Schaden frühzeitig abwehren kann (EY 2016, S. 38).

Unternehmen sollten sich im Rahmen ihrer Compliancebestrebungen vor Abschluss von Verträgen dringend mit der Integrität ihrer potenziellen Geschäftspartner auseinandersetzen. Compliancetools helfen, diesen Prozess sinnvoll zu strukturieren. Auch hier ist ein elektronisches Hinweisgebersystem das „Mittel der Wahl" (EY 2016, S. 35).

5   Veränderte Praxis

Von einer passiven Unternehmensinstanz, die bei der Verletzung von branchenspezifischen Regularien reagiert, hin zu einem ganzheitlichen, strukturierten Prozess: Compliance in Deutschland hat bereits einige Entwicklungsstadien durchlaufen (vgl. KPMG 2017, S. 5). Durch die sich verändernden Risiken finden sich auch vermehrt „Themen wie Geldwäsche

und Exportkontrolle, Social Media, Cybercrime oder auch Datenschutz und -sicherheit"
auf der Agenda Compliance Officern (vgl. EY 2016, S. 7).

Statt striktem Fokus auf spezielle Vorgaben entwickeln sich die Bereiche zu einem
ganzheitlichen Ansatz, der CSR- wie Compliance-Themen vereint. Mehr und mehr wird
ein gutes CMS daran gemessen, ob es von den Mitarbeitern eines Unternehmens oder
einer Organisation auch verstanden, akzeptiert und angenommen wird. Ein überzogenes
Complianceverständnis hingegen kann dazu führen, dass die Complianceabteilung von
den Mitarbeitern schnell als die „CIA der Unternehmensleitung" verstanden wird. Compliance muss daher als praktische Unterstützung der operativen Arbeit wahrgenommen
werden (vgl. KPMG 2017, S. 13). Ohne die gezielte Entwicklung der Unternehmenskultur und ohne Bewusstsein der Tragweite von Non-Compliance verkommt auch das beste
CMS zu einem wertlosen „Feigenblatt".

Zudem ist der vielbemühte Tone from the Top nach wie vor ein Kernelement einer funktionierenden Compliancestrategie. Die Aufgaben der Compliancebearbeiter verlagern sich
vom täglichen Micromanagement hin zu einer internen Integritätsinstanz, die Risiken beurteilt und schweren Verstößen gegen Vorschriften nachgeht. Dabei wird weniger auf die
„rechtsökonomischen Aspekt[e] der Compliance" Wert gelegt und stattdessen die „weichen Faktoren der Unternehmensführung" gestärkt (vgl. EY 2016, S. 57).

Diesem Ansatz folgend, wird die Genehmigung von Geschäftspartnern und von Leistungen Dritter vermehrt der Complianceabteilung zugeordnet. Als letzte Instanz bei Hoch-
risikogeschäften erteilen die Verantwortlichen Freigaben oder verneinen eine Zusammenarbeit. Diesem nachhaltigen, risikobasierten Ansatz folgend, gestaltet sich Compliance
vermehrt als das „Gewissen" des Unternehmens, das sich für Integrität, Transparenz und
ethisches Handeln im Unternehmen verantwortlich fühlt und damit einen wesentlichen
Beitrag zu einer umfassend verantwortlichen Unternehmensführung im Sinne heutiger
CSR- und Corporate-Governance-Definitionen leistet.

6 Third Party

Bislang fokussierten sich Unternehmen vor allem auf den Ausbau von internen Com-
pliance-Strukturen. Compliance endet aber nicht an den Grenzen des Firmengeländes.
Ethisch fragwürdige Methoden, Menschenrechtsverletzungen, skandalöse Arbeitsbedingungen oder korrupte Praktiken innerhalb der Lieferantenkette oder auch von Vertriebs-
partnern und Intermediären fallen unweigerlich auf das beauftragende Unternehmen zurück. Prüfen Unternehmen ihre Geschäftspartner nicht sorgfältig, riskieren sie ihre Reputation – mit unabsehbaren monetären und inzwischen auch strafrechtlichen Folgen (vgl.
Pwc 2011, S. 4 f.). Statistiken zeigen, dass Korruption und Wirtschaftskriminalität in
Unternehmen häufig von unternehmensfremden Mittätern mitgetragen wird: Im OECD-
Bericht *Foreign Bribery Report* von 2014 wurde festgestellt, dass externe Geschäftspart-
ner (Third Parties) in 75 % der 427 analysierten Korruptionsfälle involviert waren (vgl.
OECD 2014, S. 9). Die Wirtschaftsprüfungsgesellschaft KPMG fand 2016 heraus, dass

für die Deliktart Korruption „der Anteil externer Täter gegenüber 2014 von damals 45 auf nun 76 % gestiegen" ist (vgl. KPMG 2016a, S. 15).

Gleichzeitig sank die angegebene Beteiligung interner Täter von 84 % 2014 auf nunmehr 48 %. In lediglich rund einem Viertel der Fälle geben betroffene Unternehmen an, dass interne und externe Täter gemeinschaftlich tätig waren (KPMG 2016a, S. 15).

Eine funktionierende Compliancestruktur im Heimatland eines Unternehmens oder einer Organisation bedeutet, dass Integrität und Transparenz gelebt werden. Das muss jedoch noch nicht heißen, dass in anderen Ländern, in denen das Unternehmen oder die Organisation tätig ist, auch die Geschäftspartner eine werteorientierte Compliance leben. Daher wird die Geschäftspartnerprüfung ein erweiterter und maßgeblicher Bestandteil für Unternehmen werden, um Missständen, z. B. Korruption, Betrug, unwürdige Arbeitsbedingungen, Menschenrechtsverletzungen etc., auch in schwierigen Märkten entgegenzutreten. Erst hierdurch kann das Unternehmen den Ansprüchen der im Heimatland existierenden Regelungen gerecht werden und insbesondere die Glaubwürdigkeit der getroffenen Maßnahmen gegenüber den eigenen Mitarbeiter und Shareholdern unterstreichen.

Aus diesen Gründen wird mehr und mehr Wert auf die risikobasierte, strukturierte und konsistente Überprüfung von Geschäftspartnern gelegt. Der risikobasierte Ansatz ermittelt zweierlei: Zum einen die Risiken in der Zusammenarbeit mit Geschäftspartnern (Korruptionsrisiko, Geldwäscherisiko, Verstöße gegen Sozialstandards, Reputationsrisiken und finanzielle Risiken). Zum anderen die Risikokriterien bei der Überprüfung des Geschäftspartners (Sitz des Geschäftspartners und Tätigkeitsgebiet, Art des Geschäftes, Vergütungsmodell, Prüfung von Unternehmen und Personen gegen Sanktions-, PEP- und Terrorlisten). Eine mehrstufige Überprüfung je nach Risikoangemessenheit vor Vertragsabschluss gestaltet den Prozess maximal transparent.

Bislang werden Geschäftspartner häufig nur sehr selektiv und inkonsistent überprüft. Zu bestimmten Auftragnehmern werden ausführliche Recherchen angestellt. Kunden oder Berater hingegen werden ungleich seltener geprüft (vgl. EY 2016, S. 35). Ob die Geschäftspartner bestimmte Unternehmensrichtlinien verfolgen oder ein Ethics-and-Compliance-Programm aufgesetzt haben, wird mehrheitlich vernachlässigt (vgl. EY 2016, S. 35). Moderne Compliancetools helfen bei der Problemlösung.

Sowohl zentrale als auch dezentrale Arbeitsweisen müssen sich im System flexibel abbilden lassen. Beispielsweise können bei Partnern mit geringfügigem Risiko die Mitarbeiter vor Ort die ersten Schritte des Genehmigungsprozesses (Selbstauskunft einholen, Internetrecherche) eigenständig durchführen. In einem nächsten Schritt gibt die Complianceabteilung in der Zentrale die finale Freigabe. Alternativ kann der gesamte Prozess von der Hauptabteilung durchgeführt werden und die operativen Einheiten (Einkauf, Vertrieb, Außendienst etc.) erhalten das Resultat der Prüfung. Wichtig ist, dass die Tools den operativen Einheiten eine Hilfe sind und keine zusätzliche bürokratische Hürde (vgl. KPMG 2017, S. 13). Besonders in Ländern mit unklarer Menschenrechtslage helfen benutzerfreundliche Tools, die Vertragsprozesse transparent und gleichzeitig hocheffektiv durchzuführen. Durch Revisionslogs und Protokolle schaffen die Systeme Transparenz und Nachvollziehbarkeit durch verlässliche Abläufe.

7   Compliancetools

Obwohl das Thema Compliance in Deutschland bereits einige Veränderungen erlebt hat, gibt es teilweise noch erheblichen Nachholbedarf an effektivem Compliancemanagement. Oftmals werden Lösungen verschiedener Anbieter miteinander verknüpft. In der Folge bedeuten diese Insellösungen deutlich mehr Arbeit für die Compliance Officer. Die Einzelanwendungen verhindern einen strukturierteren Problemlösungsansatz, erschweren unternehmenseigene Dokumentation von Compliancerisiken, lassen sich schlecht in interne Prozesse integrieren oder haben nur unausgereifte Monitoringfunktionen (vgl. KPMG 2017, S. 11). Hinzu kommt, dass die häufig zur Geschäftspartnerprüfung genutzten Datenbanken keine übergreifenden und automatischen Überprüfungen ermöglichen. Einzelanwendungen zu bestimmten Arbeitsbereichen bringen zudem oftmals Kompatibilitätsprobleme und lassen sich nicht miteinander vernetzen. Das führt zu einem höheren manuellen Aufwand, Zeitverlust und verkompliziert die technische Handhabung. Der Weg vom vernetzten Denken hin zur vernetzten Digitalisierung hat bereits begonnen: Moderne CMS basieren daher nicht mehr auf Silolösungen unterschiedlicher Anbieter. Effektives Compliancemanagement funktioniert mehr und mehr über eine Complianceplattform. Diese vereint modulare Anwendungen, z. B. ein Hinweisgebersystem, Third Party, Approval Tools, GRI-Reporting und Casemanagement. Erst mit einer Complianceplattform können die einzelnen Lösungen ineinander greifen und sich effektiv ergänzen.

Moderne All-in-Lösungen bestehen aus hochsicheren und automatisierten Modulen: Dashboards geben Entscheidungsträgern einen transparenten Überblick über anstehende Aufgaben, Fälle lassen sich transferieren, grafisch aufarbeiten und anwenderfreundlich bearbeiten. So erleichtern Complianceplattformen die immer komplexer werdende Arbeit anstatt sie technisch weiter zu verkomplizieren.

Fest steht: „Eine Standardlösung für Compliance gibt es nicht" (EY 2016, S. 57). Jedes Unternehmen muss seine eigene Risikostrategie definieren, eine integritätsfördernde Unternehmenskultur schaffen und leben sowie die richtigen, aufeinander abgestimmten und aufbauenden Compliancelösungen implementieren.

8   Fazit

Compliance ist in Deutschland angekommen. Von der Anfangszeit der hochspezifischen Rechtsexperten über die Suche nach dem richtigen Hinweisgebersystem hin zu praktikablen Tools für das Kerngeschäft der operativen Einheiten – trotz der recht kurzen Bestandszeit, hat Compliance bereits einige Evolutionsschritte durchlaufen. Fakt ist, dass sich elektronische Hinweisgebersysteme als elementare Bestandteile einer funktionierenden Compliancestrategie durchgesetzt haben. Die zunehmenden Aufgaben in den Complianceabteilungen rechtfertigen die Erweiterung der Compliancetools. In Kombination mit anderen Systemen, z. B. sprachbasierten Lösungen oder Ombudspersonen, lassen sich Risiken deutlich reduzieren und die Haftung für die Geschäftsführung begrenzen. Die richtige Unternehmenskultur spielt nach wie vor eine maßgebliche Rolle für den Erfolg der Complianceabteilung. Um Inkompatibilitäten zu reduzieren und Arbeitswege zu verkürzen, werden vermehrt Lösungen eines einzelnen Anbieters eingesetzt. Silolösungen verschiedener Unternehmen sind nicht mehr zeitgemäß. Vielmehr werden einzelne Tools in einer übergreifenden Plattform angeboten, mit der sich je nach Bedarf die benötigten Module flexibel zusammenstellen lassen. Der Anstieg einer Beteiligung von externen Tätern an Korruptionsdelikten und anderen Formen ethischen Fehlverhaltens, z. B. Menschenrechtsverletzungen, macht eine strukturierte Geschäftspartnerüberprüfung unabdingbar. Dem Trend eines ganzheitlichen, nachhaltigen und risikobasierten Ansatzes folgend, wird in Zukunft Compliance vermehrt als das „Gewissen" eines Unternehmens wahrgenommen und bildet damit zugleich einen wesentlichen Faktor, wie es seiner Verantwortung gegenüber der Gesellschaft (CSR) nachkommen kann.

Literatur

Association of Certified Fraud Examiners (2016) Report to the nations on occupational fraud and abuse. 2016 Global Fraud Study. https://www.acfe.com/rttn2016/docs/2016-report-to-the-nations.pdf. Zugegriffen: 30. Mai 2017

DIN ISO 26000:2011-01 – Leitfaden zur gesellschaftlichen Verantwortung (ISO 26000:2010). Beuth Verlag, Berlin, Wien, Zürich

Dodd-Frank Wall Street Reform and Consumer Protection Act (2010) https://www.gpo.gov/fdsys/pkg/PLAW-111publ203/pdf/PLAW-111publ203.pdf. Zugegriffen: 02. Nov. 2017

EY (2016) Excisting practice in compliance: stand und trends zum Integritäts- und compliancemanagement in Deutschland, Österreich und Schweiz. http://www.ey.com/Publication/vwLUAssets/ey-existing-practice-in-compliance-2016-survey/$FILE/ey-existing-practice-in-compliance-2016-survey.pdf. Zugegriffen: 30. Mai 2017

KPMG (2016a) Tatort Deutschland, Wirtschaftskriminalität in Deutschland 2016. https://assets.kpmg.com/content/dam/kpmg/pdf/2016/07/wirtschaftskriminalitaet-2016-2-KPMG.pdf. Zugegriffen: 30. Mai 2017

KPMG (2016b) Ombudspersonen – (K)ein Schutz durch Externe: Landgericht Bochum verneint Beschlagnahmeschutz für Dokumente, die sich im Gewahrsam einer Ombudsperson befinden. https://kpmg-law.de/mandanten-information/ombudspersonen-kein-schutz-durch-externe/?___462___. Zugegriffen: 30. Mai 2017

KPMG (2017) Between hope and reality: the evolution of a compliance culture in selected countries. https://www.allianceforintegrity.org/wAssets/docs/publications/Own-Publications/01_2017_KPMG_LAV_Afin_Publikation_B20_engl_BF_sec.pdf. Zugegriffen: 30. Mai 2017

Modern Slavery Act (2015) http://www.legislation.gov.uk/ukpga/2015/30/contents/enacted. Zugegriffen: 2. Nov. 2017

OECD (2014) OECD foreign bribery report: an analysis of the crime of bribery of foreign public officials. http://www.oecd-ilibrary.org/docserver/download/2814011e.pdf?

expires=1495551830&id=id&accname=guest& checksum=C3BDB1A843DF13719192C8173E021985. Zugegriffen: 30. Mai 2017

Pwc (2011) Do you know who you are dealing with. https://www.pwc.de/de/risiko-management/assets/business-partner-compliance-screening_en.pdf. Zugegriffen: 30. Mai 2017

Pwc (2016) Wirtschaftskriminalität in der analogen und digitalen Wirtschaft 2016. http://www.pwc.de/de/risiko-management/assets/studie-wirtschaftskriminalitaet-2016.pdf. Zugegriffen: 30. Mai 2017

Standards GRI (2016) https://www.globalreporting.org/standards/getting-started-with-the-gri-standards/. Zugegriffen: 2. Nov. 2017

Kenan Tur, geboren 1964, wurde bei der Adam Opel AG ausgebildet und absolvierte das Studium zum Diplom-Wirtschaftsinformatiker als Werkstudent. Bei General Motors arbeitete Kenan Tur an der Implementierung von Lean-Management-Prozessen sowie im Controlling und in der Revision des Einkaufs. Als European-Team-Manager war er für einen Commodity-Bereich im strategischen Einkauf verantwortlich.

Im Jahr 1999 machte sich Kenan Tur selbstständig und begann eine Software zu entwickeln, die Korruption und Missstände präventiv verhindert sowie bei der Aufdeckung von Verstößen hilft. Seine Motivation war es, wirtschaftsethische Werte in der Ökonomie und im gegenseitigen wirtschaftlichem Handeln zu fördern und praxisorientiert umzusetzen. 2001 gründete er die Business Keeper AG in Potsdam.

Seit 16 Jahren unterstützt er Compliance Abteilungen von Unternehmen bei der Implementierung und dem Aufbau von Hinweisgebersystemen. Kenan Tur ist Mitbegründer des Forums Berlin des Deutschen Netzwerks Wirtschaftsethik (dnwe). Bei Transparency Deutschland fungiert er als stellvertretender Leiter der Arbeitsgruppe „Hinweisgeber".

Nachhaltigkeitsberichterstattung

Karin Huber-Heim

1 Einleitung

Respekt gegenüber den Erwartungen und Interessen der Stakeholder sowie Transparenz und Rechenschaftspflicht bilden seit jeher die Grundlage für unternehmerische Berichterstattung.

Wurden diese Informationsbedürfnisse jedoch bisher nur aus der Sicht des Stakeholder „Shareholder" und des Finanzmarkts berücksichtigt, kommen durch die Erweiterung der Perspektive im Stakeholdermodell eine Vielzahl von unterschiedlichen Interessen und Informationsansprüchen hinzu (Freeman et al. 2004), welche es auf Basis der wesentlichen Auswirkungen des Unternehmens auch in der Berichterstattung zu berücksichtigen gilt. Da die CSR-(Selbst-)Verpflichtungen eines Unternehmens idealerweise mit den Unternehmenswerten in Einklang stehen, muss es auch Ziel jeder CSR-Berichterstattung sein, darin die den Aktivitäten des Unternehmens zugrunde liegenden Prinzipien verantwortungsvollen Handels widerzuspiegeln, indem den vorliegenden Informationsansprüchen auf adäquate, zeitgerechte und sorgfältige Art und Weise entsprochen wird.

Ein solches Vorgehen bietet Unternehmen die Möglichkeit, künftige regulatorische und legislative Änderungen, die eine Verlagerung der Erwartungen der Stakeholder widerspiegeln, ebenso wie gesellschaftliche Erwartungen und Trends, frühzeitig zu antizipieren und sich diesen anzupassen.

Corporate Social Responsibility kann somit einen wertebasierten Ansatz für Compliance darstellen und, so dieser zusätzlich von robusten Managementsystemen unterstützt wird, die Institutionalisierung von verantwortungsvollem Handeln fördern. Die Grundsätze und Praktiken einer ethischen Rechenschaftspflicht sind geeignet, innerhalb von

K. Huber-Heim (✉)
csr and communication
Wien, Österreich
E-Mail: kh@csr-and-communication.com

© Springer-Verlag GmbH Deutschland, ein Teil von Springer Nature 2018   291
A. Kleinfeld und A. Martens (Hrsg.), *CSR und Compliance*,
Management-Reihe Corporate Social Responsibility,
https://doi.org/10.1007/978-3-662-56214-7_19

Organisationen sowohl das Verhalten jedes Einzelnen als auch das Gruppenverhalten zu verändern, gleichzeitig aber auch externe Faktoren, wie nachhaltige ökonomische und ökologische Strategien, zu verbessern.

Die Verknüpfung von Unternehmenswerten, CSR-Verpflichtungen und Compliance-prozessen kann effektiv dazu beitragen, eine umfassende Compliancekultur zu fördern. Eine Kultur, die nicht nur „regelfokussiert" ist, sondern vielmehr auf einem kollektiven Sinn dafür beruht, dass jedes Unternehmensmitglied seine Aufgaben auf eine verantwortungsvolle, prinzipienbasierte Art und Weise erfüllt.

2 Corporate Compliance

Die deutsche Übersetzung des Begriffs macht die Abgrenzung bereits deutlich erkennbar: „unternehmerische Regeltreue" ist nicht gleich „Gesetzestreue", also eine „Legal Compliance".

Während das Einhalten gesetzlicher Bestimmungen zumeist durch eine Sanktionierung bei Nichteinhaltung oder Verstoß in Aussicht befördert wird, bezeichnet die freiwillige Einhaltung selbst gesetzter Standards ein strategisches Wohlverhalten, das auf Unternehmensebene institutionalisiert wurde.

Corporate Compliance zielt im Zusammenhang mit Nachhaltigkeit auf Konfliktvermeidung ab, indem sie durch Verhaltensanleitung und passende Anreize eine werte- und erfolgsorientierte Unternehmensführung etabliert, welche dazu beiträgt, den Unternehmenswert ökonomisch und gesellschaftlich zu fördern.

Die Einführung unternehmensspezifischer Kodizes und Verhaltensrichtlinien durch entsprechende Regelungen im Rahmen der Corporate Governance (also der Grundsätze der Unternehmensführung) erfolgt einerseits durch ein im Leitbild festgelegtes Bekenntnis der obersten Unternehmensführung bzw. der Eigentümer zu einer nachhaltigen Unternehmensentwicklung. Andererseits sollten, um dieses Bekenntnis auch für alle internen und externen Stakeholder der Organisation mit Leben zu erfüllen, darüber hinaus auch Anreizsysteme in Personalführung, Lieferantenbeziehungen, Einkauf, Beschaffung etc. beinhaltet sein. Damit wird sämtlichen involvierten Stakeholdern ein wertekonformer Orientierungsrahmen zur Verfügung gestellt, der ihnen die Möglichkeit gibt, Verhaltenserwartungen wertebasiert zu erfüllen. Eine entsprechende Handlungsanleitung muss über die Bewusstseinsschaffung zu ethischem Verhalten und Weiterbildung im Bereich Nachhaltigkeit hinausgehen und über die Unternehmensziele informieren sowie wertekonformes Agieren fördern. Sie sollte sämtliche Unternehmensmitglieder veranlassen, auf davon abweichendes Verhalten, das dem Unternehmen Schaden könnte, zu verzichten.

Ein stakeholderzentrierter Nachhaltigkeitsansatz kann im Verein mit Corporate Compliance dem Ziel vieler Unternehmen, Nachhaltigkeit wettbewerbskonform zu gestalten, Rechnung tragen. Durch Orientierung an den Interessen und Erwartungen, der von unternehmerischen Auswirkungen betroffenen und strategisch wichtigen Stakeholder, deckt er zugleich das gesamte Spektrum strategischer Verantwortungsübernahme ab. Die Vereinigung beider Ansätze eignet sich sowohl für Großunternehmen, indem die Auswirkungen in der vor- und nachgelagerten Wertschöpfungskette mit einbezogen werden, als auch für KMUs, von denen viele einen Bestandteil der Zuliefererkette bilden. Während viele Konzerne auf den bereits bestehenden, eigenen Rechtsabteilungen aufbauend über umfangreiche Complianceprogramme verfügen, braucht es in mittelständischen Unternehmen häufig noch vergleichbare Strukturen und Prozesse. Hier gilt es, in den kommenden Jahren die Sensibilisierung für die Bedeutung der Risiken und dem Erfordernis eines systematischen Compliancemanagements zu erhöhen.

2.1 Compliance ist Ausdruck von guter Corporate Governance

Die Bereitschaft zu regelkonformen Verhalten und das Ausmaß der Toleranz gegenüber Regelverstößen spiegeln sich in der Bedeutung, welche die Unternehmensangehörigen der Beachtung von Regelungen beimessen, wider. In der Verankerung einer Compliancekultur liegt der wichtigste Erfolgsfaktor, aber auch die größte Herausforderung im Unternehmen. Sie wird maßgeblich geprägt durch die Grundeinstellungen und das Verhalten der Unternehmensleitung. Die bloße Einforderung von Gehorsam greift in einer nachhaltigen Unternehmenskultur zu kurz, Mitarbeiter sollten ausreichend informiert und im Umgang mit Compliancerisiken geschult werden. Das Management muss sich unmissverständlich zur Einhaltung relevanter Regeln und Werte bekennen und dies auch durch seine Aktivitäten und Entscheidungen bezeugen. Dazu kann auch gehören, im Sinne eines werteorientierten Verhaltens in bestimmten Situationen wirtschaftliche Einbußen in Kauf zu nehmen.

Besonderes Augenmerk ist in diesem Bereich auf Dilemmasituationen zu legen. Sollte ein Mitarbeiter in einer Konfliktsituation eine den Verhaltensregeln entsprechende Entscheidung treffen – also etwa vom Angebot einer Bestechungszahlung Abstand nehmen, was aber möglicherweise zu einer Verfehlung seiner Zielvorgabe führt, so darf ihm aus diesem regelkonformen Verhalten kein Nachteil erwachsen. Es gilt daher, in abteilungsspezifischen Workshops gemeinsam mit den Mitarbeitern, potenzielle Compliancerisiken zu definieren und sich mit möglichen Entscheidungsdilemmata bereits im Vorfeld auseinanderzusetzen. Dies kann sowohl durch die CSR- oder Nachhaltigkeitsabteilung durchgeführt werden oder auch durch die Complianceabteilung oder einen Ethics Officer. Wichtig ist hier, dass Abläufe und Verantwortungen klar dargelegt werden und Kontaktpersonen für Rückfragen in Konfliktsituationen jederzeit zugänglich sind. Dennoch ist es für eine funktionierende Compliancekultur auch wichtig, dass Regelverletzungen konsequent verfolgt und sanktioniert werden. In größeren Unternehmen werden Complianceaufgaben häufig an Compliance Officer, Rechtsabteilung oder Risikomanagement delegiert. Dennoch obliegt es der Unternehmensführung sicherzustellen, dass sie nicht nur die richtigen Personen zur Aufgabenwahrnehmung auswählt, diese richtig einweist und deren Aufgabenerfüllung kontrolliert, sondern auch durch eigenes Verhalten zu einer guten Compliancekultur beiträgt.

2.2 Compliancemanagement

Rechtssicherheit bedeutet für Unternehmen die systematische Prävention von (gesetzlichen) Regelverletzungen. Sie bildet daher die Basis eines funktionierenden Compliancemanagementsystems, welches hinsichtlich der Einhaltung von freiwilligen Verhaltensstandards und Richtlinien erweitert werden kann. An erster Stelle stehen auch hier Schutzfunktion und Risikomanagement sowie die Beratungs- und Informationsfunktion gegenüber der Unternehmensleitung und auch eine gewisse Überwachungsfunktion, um sicherstellen zu können, dass bestehende Regelungen auch eingehalten werden.

Compliance die auf den Grundprinzipien gesellschaftlicher Verantwortung aufbaut, macht nachhaltigkeitsorientiertes Verhalten zu einer Aufgabe für jeden Unternehmensangehörigen, unabhängig von dessen hierarchischer Position oder des Unternehmensbereichs. Rechenschaftspflicht als eines der Grundprinzipien verantwortungsvoller Unternehmensführung, bezeichnet die Anerkennung und Übernahme der Verantwortung für Entscheidungen und Aktivitäten im Rahmen der Geschäftstätigkeit über die gesamte Wertschöpfungskette hinweg. Sie bezieht sich auf die Führungspositionen ebenso wie auf die Mitarbeiter und umfasst die Verpflichtung zur Berichterstattung, Erläuterung und Beantwortung der aus der Geschäftspolitik resultierenden, finanziellen und nichtfinanziellen Konsequenzen.

Einen Weg, Nachhaltigkeit im Sinne der Corporate Compliance im Unternehmen umzusetzen, stellt daher auch die Berichterstattung über den Zusammenhang ökonomischer, ökologischer und sozialer Leistungen sowie deren Auswirkungen dar. Um ihre Nachhaltigkeitsaktivitäten messbar und vergleichbar zu machen, ziehen Unternehmen weltweit Berichterstattungsstandards heran, manche lassen die Einhaltung dieser Richtlinien zusätzlich von einer unabhängigen Stelle begutachten und bestätigen. Dies kann sowohl durch professionelle Gutachter als auch durch interne oder externe Stakeholder erfolgen. Wichtig ist hierbei, dass herangezogene Dritte für die Qualität ihrer Begutachtung und der Berichterstattung stehen und die Selbstbindungsbereitschaft des Unternehmens bezeugen.

3 Der Nachhaltigkeitsbericht als internes Steuerungsinstrument

Berichterstattungen über nichtfinanzielle Leistungen von Unternehmen sind weithin als „Nachhaltigkeitsbericht" oder auch CSR-Bericht bekannt. Seit diese Form der Berichterstattung durch GRI an Breite gewann, war es in Unternehmen gebräuchlich, Kommunikations- oder CSR-Abteilungen diese Aufgabe im Alleingang zu überantworten und Entscheidungen über diese Art von Berichterstattung ohne wirkliche Beteiligung der obersten Unternehmensführung in eben diesen stattfinden zu lassen.

Heute, da CSR- und Nachhaltigkeitsmanagement von zukunftsorientierten Unternehmen endlich aus dem „Silo" geholt wird und in deren integrierten Unternehmensstrategien an Bedeutung gewinnt, nimmt Verantwortung in Verbindung mit sozialer Innovation auch in den Führungsetagen ihren Platz ein. Ein Zeichen dafür ist die integrierte Berichterstattung (vgl. Eccles und Krzus 2010), welche weltweit an Popularität gewinnt.

Unternehmen sind hiermit in der Lage, die starke Verbindung zwischen Berichterstattungspraxis, gesamter strategischer Effektivität und nichtfinanziellen Leistungen in Umwelt-, Sozial- und Governance-Bereichen (Integrated Reporting 2017) aufzuzeigen.

Der niederländische Konzern Heineken (vgl. Heineken 2017) gilt als eines der jüngsten Beispiele dafür, dass die Verabschiedung einer integrierten Berichterstattung dazu beitragen kann, die Nachhaltigkeit aller Unternehmensaktivitäten zu vertiefen und sie in diese einzubeziehen, wodurch geschäftliche und nichtfinanzielle Prioritäten in einen engeren Zusammenhang und eine strategische Ausrichtung gebracht werden konnten (vgl. Heineken 2016).

Ein solides internes Berichts- und Ermittlungssystem bietet eine effektive Möglichkeit, die Unternehmensführung über den Stand der Unternehmenskultur zu informieren. Voraussetzung ist hierbei, dass dieses qualitative wie quantitative Leistungen des Unternehmens hinsichtlich seiner Umwelt-, Sozial- und Führungsauswirkungen auf eine standardisierte und vergleichbare Art und Weise aufführt. Dies ermöglicht es den Verantwortlichen, Entwicklungen – über die finanziellen und technischen hinaus – über definierte Zeiträume hinweg zu verfolgen, Abweichungen und Verstöße zu überwachen, Trends zu identifizieren und Schwächen zu beseitigen. Darüber hinaus ermöglicht es auch der Complianceabteilung, den Vorstand darüber zu informieren, welche Schritte unternommen wurden, um die als bedenklich identifizierten Bereiche zu befrieden oder zu beseitigen.

Die Schaffung quantitativer Messmethoden ist hier von großer Bedeutung: Nur die Verwendung oder Entwicklung solider Kennzahlen, welche an den erzielten Wirkungen des Unternehmens ausgerichtet sind, kann die notwendigen Informationen liefern, ob und in welchem Ausmaß Budgetallokation, Risikosteuerungs- und Präventionsmaßnahmen, Effizienz- und Einsparungsmaßnahmen, Investitionen in Aus- und Weiterbildung, technische Erneuerungen etc. eine der Gesamtstrategie entsprechende Wirkung entfalten können.

3.1 Leistungsmessung vs. Wirkungsmessung

Durch die im September 2016 von den Vereinten Nationen verabschiedeten „Ziele für eine nachhaltige Entwicklung" kommt es zu einer Weiterentwicklung von unternehmerischer Rechenschaftspflicht und der dazugehörigen Berichterstattung. Um den Beitrag von Unternehmen, über die Minimierung von negativen Umwelt- und Sozialauswirkungen hinaus, einem oder mehreren Zielen strategisch zuordnen zu können und sodann sichtbar und erfassbar zu machen, ist die Abkehr von reinen Leistungsindikatoren und die Hinwendung zu Wirkungsmessung unabdingbar: Nicht die Größe der Investition gilt noch länger als Indikator für nachhaltige Entwicklung, vielmehr geht es zukünftig um die Darstellung und Bemessung ihrer Umsetzung und der durch Investitionen erzielten Wirkungen.

Die durch internationale Richtlinien, z. B. die Global Reporting Initiative, vorgegebenen grundsätzlichen, verpflichtenden Angaben zu Unternehmensprofil und Geschäftsstrategie sollen Angaben beinhalten, die es möglich machen, die unternehmerische Nachhaltigkeitsleistung in einen Gesamtzusammenhang zu bringen, und zwar samt zugehöriger nichtfinanzieller sowie ökonomischer Leistungsindikatoren (KPIs). Diese umfassen:

- Organisationsprofil,
- Berichtsparameter,
- Berichtsprofil,
- Berichtsumfang und -grenzen,
- Corporate Governance,
- Strategie und Analyse,
- Einbeziehung von Stakeholdern,
- Firmenrichtlinien (Policies),
- Ziele, Leistungen und Wirkungen,
- Managementansatz,
- externe Initiativen,
- Leistungsindikatoren.

Noch werden die Anwendungsmöglichkeiten der Wirkungskontrolle sehr begrenzt eingesetzt: Nur ein geringer Teil der Unternehmen vergewissert sich sowohl durch Nachfrage bei Zielgruppen als auch anhand von indikatorengestützter Recherche (z. B. Marktanalysen, Stakeholderdialoge, Umfragen, Round Tables etc.) vom Grad der Zielerreichung. Hier wird es in den nächsten Jahren zu einer Professionalisierung des unternehmerischen Verständnisses von Stakeholdereinbeziehung und deren Methoden und Anwendungsmöglichkeiten kommen müssen. Der Stakeholderengagementstandard AA1000SES bietet sich für eine freiwillige Übernahme zu einer strukturierten Vorgehensweise an und seine Anwendung kann im Rahmen einer externen Überprüfung durch Dritte bestätigt werden (AA1000AS 2008).

4   Gesetzgebung und Nachhaltigkeitsberichterstattung

Während es für die Darstellung der wirtschaftlichen Gebarung zahlreiche Rechtsvorschriften und gesetzliche Bestimmungen samt angedrohter Sanktionierung bei Nichteinhaltung gibt, ist dies im Bereich der Rechenschaftspflicht zu gesellschaftlicher Verantwortung bisher nicht der Fall.

Der Corporate-Governance-Kodex in Deutschland und Österreich z. B. zielt darauf ab, Transparenz zu schaffen und eine Überwachung der Unternehmen zu gewährleisten, indem er börsennotierten Gesellschaften Mindeststandards einer verantwortungsvollen Führung vorschreibt. Unter anderem umfassen diese Regelungen Veröffentlichungspflichten über die an den Tag gelegte Nachhaltigkeitspraxis (vgl. Beitrag „Kommunikation und Offenlegung von Informationen" in diesem Band).

Zwar tragen Gesetze zum Schutz der Umwelt, der Einhaltung von Arbeitssicherheit, Vertragspraktiken oder Anti-Diskriminierungsrichtlinien zu faireren Wirtschaftspraktiken bei, in den Bereichen CSR und Nachhaltigkeit spielt der Freiraum für die Umsetzung von Verantwortungsübernahme für die Unternehmen jedoch eine wichtige Rolle. Basiert die Verantwortung doch auf den jeweiligen, individuell unterschiedlichen, Auswirkungen von Unternehmen, welche je nach Industrie, Branche, Größe, geografischer Verbreitung und anderer Parameter stark voneinander abweichen können. Dies hat nicht nur Auswirkungen auf die Vergleichbarkeit in der Berichterstattung, sondern aus Sicht der Unternehmen vor allem auch auf die Ausgestaltung nachhaltiger Unternehmensstrategien und die damit einhergehenden Möglichkeiten zu Innovation von Produkten bis hin zu Geschäftsmodellen.

Grundsätzlich wünschen sich nicht zuletzt auch CSR-aktive Unternehmensvertreter das Setzen von angebots- oder nachfrageseitigen Anreizen vonseiten der Politik anstatt gesetzlicher Regulierungen.

Es ist aber sicherlich so, dass keine oder zu geringe Sanktionierungen im Falle von Nichtbefolgung oder Zuwiderhandlung einige Unternehmen dazu veranlassen können, von einer Befolgung bestimmter Richtlinien von vornherein Abstand zu nehmen. Staatliche Anreize für Nachhaltigkeitsmaßnahmen, z. B. Steuererleichterungen, Investitionszulagen zur Erhöhung der Energieeffizienz von Betriebsmitteln, oder Zulagen, z. B. die Bildungsprämien, oder Bevorzugung in der Beschaffung werden hingegen von Unternehmen bevorzugt und würden es auch weiterhin.

Berichterstattungsmethoden und -regelungen zur Förderung einer integrierten Berichterstattung sowie die Überprüfung durch Dritte sind in der Lage, die Verantwortlichkeit von Unternehmen in Bezug auf deren ökonomische, soziale und ökologische Auswirkungen zu beschleunigen und die dahingehende Transparenz zu verbessern. Sie können Vorstand und Unternehmensführung bei der (An-)Erkennung der Auswirkungen und der damit einhergehenden Verantwortung in immer komplexer werdenden globalen Wertschöpfungsketten unterstützen und die strategischen Prioritäten durch verantwortungsvolles Wachstum fördern.

4.1 EU-Direktive NFI-RL 2014/95/EU

Seit dem Geschäftsjahr 2017 gilt für Unternehmen europaweit die Einhaltung einer neuen Richtlinie zur Berichterstattung nichtfinanzieller Informationen, womit nun erstmals eine solche in die Legal-Complianceverantwortung fällt und damit den bisher gesetzten Rahmen der Freiwilligkeit überschreitet.

Nichts weniger als niedrigere Finanzierungskosten, den Zugang zu talentierteren Mitarbeitern, erfolgreicheres Wirtschaften und die Sicherstellung der Schaffung von Arbeitsplätzen durch Unternehmen bis hin zur Stärkung der Wettbewerbsfähigkeit Europas, erwartet die EU-Kommission von der im Dezember 2016 in die nationalstaatlichen Gesetzgebungen aller EU-Mitgliedsstaaten aufzunehmende Richtlinie für nichtfinanzielle Berichterstattung und Angaben zu Diversität, die EU-Direktive NFI-RL 2014/95/EU (2014).

Die Kommission macht darin Vorgaben zu mehr Transparenz ab 2017 zu den Grundsätzen und Risiken der Unternehmenspolitik und des Geschäftsmodells gegenüber den von den Auswirkungen betroffenen Stakeholdern sowie den Ergebnissen in Bezug auf Umwelt-, Sozial- und Arbeitnehmerbelange. Konzepte, Methoden und Maßnahmen zur Achtung der Menschenrechte sowie zur Bekämpfung von Korruption und Bestechung sind verpflichtend aufzuzeigen. Künftig müssen bestimmte große, insbesondere börsennotierte Unternehmen mit mehr als 500 Arbeitnehmern und über 40 Mio. € Umsatz sowie Kreditinstitute und Versicherungsunternehmen im Lage- bzw. Konzernlagebericht oder in einem gesonderten CSR- oder Nachhaltigkeitsbericht ihre wesentlichen Risiken darstellen, die im Hinblick auf Arbeitnehmer-, Sozial- und Umweltbelange und zur Achtung der Menschenrechte und zur Korruptionsbekämpfung bestehen. Hierbei sind die Ziele sowie Art und Weise der Umsetzung der Strategie und deren Ergebnisse im Berichtszeitraum anzugeben.

Bestimmte kapitalmarktorientierte Unternehmen haben ihre Erklärung zur Unternehmensführung durch präzisere Angaben zu den Diversitätskonzepten für Leitungs- und Kontrollorgane der Unternehmen zu ergänzen, müssen künftig also angeben, auf Basis welcher Kriterien, z. B. Alter, Geschlecht, Bildungs-/Berufshintergrund etc., Auswahl und Besetzung erfolgen und welche strategischen Überlegungen zugrunde liegen.

Die betroffenen Unternehmen sind aufgefordert, ihren Managementansatz darzustellen und Angaben zu machen, wie das Unternehmen an bestimmte Themen herangeht, um Leistungen in einen übergreifenden Nachhaltigkeitszusammenhang stellen können – samt zugehöriger Kennzahlen (KPIs) im Index. Die EU-Kommission empfiehlt hierfür die Verwendung der von der Global Reporting Initiative erarbeiteten Berichterstattungsrichtlinien und -standards.

Die Angaben müssen durch den Aufsichtsrat bestätigt werden, welcher für die Richtigkeit der Angaben haftet. Der Jahresabschlussprüfer kontrolliert, ob die Unterlagen gesetzeskonform veröffentlicht wurden.

Die Kommission empfiehlt den betroffenen Unternehmen sich beim Aufbau eines strukturierten CSR-Managements auf internationale Rahmenwerke, z. B. den UN Global Compact, die UN-Leitprinzipien für Unternehmen und Menschenrechte, die OECD-Richtlinien, die ISO 26000, den Deutschen Nachhaltigkeitskodex, sowie die Trilaterale Grundsatzerklärung der ILO zu stützen. Der jeweils verwendete Rahmen soll angegeben werden.

In Deutschland erfolgte die nationale Umsetzung durch das „Gesetz zur Stärkung der nichtfinanziellen Berichterstattung der Unternehmen in ihren Lage- und Konzernlageberichten" (2017), in welchem die schon bestehenden Straf- und Bußgeldvorschriften auf Verstöße gegen die neuen Berichtspflichten erweitert und der bisherige maximale Bußgeldrahmen deutlich angehoben wurde.

Die österreichische Bundesregierung beschloss basierend auf der EU-Richtlinie am 6. Dezember 2016 das „Nachhaltigkeits- und Diversitätsverbesserungsgesetz" (NaDiVeG 2016), ein Bundesgesetz, mit dem zur Verbesserung der Nachhaltigkeits- und Diversitätsberichterstattung das Unternehmensgesetzbuch, das Aktiengesetz und das GmbH-Gesetz geändert wurden, jedoch ohne nennenswerte Konsequenzen bei Verstoß oder Nicht-Erfüllung.

Europäische Vorreiter in der Berichterstattung, z. B. Frankreich, Dänemark oder Schweden, nutzten die Überführung der Richtlinie in die Gesetzgebung, um über die Vorgaben der EU in nationalem Interesse hinauszugehen, indem etwa die Berichtsgrenze für Unternehmen bereits ab 250 Mitarbeiter angesetzt wurde.

4.2 Freiwillige CSR-Standards und Leitlinien zur Berichterstattung

Viele internationale Organisationen unterstützen die Verantwortungsübernahme und die dazugehörige Rechenschaftspflicht und Transparenz durch eigene Aktivitäten und erstellen gemeinsam mit Experten oder in Multistakeholderprozessen Rahmenwerke, zu deren Einhaltung sich Unternehmen freiwillig verpflichten. Einige davon beinhalten eine verpflichtende Berichterstattung, deren Überwachung der Einhaltung ebenfalls in den Aufgabenbereich des Corporate-Compliancemanagements fällt. Zu nennen wäre hier etwa der Global Compact der Vereinten Nationen (UNGC 2017a), welcher sowohl die freiwillige Verpflichtung der Einhaltung von zehn Prinzipien in der unternehmerischen Tätigkeit beinhaltet, als auch eine Verpflichtung zur jährlichen Berichterstattung über Fortschritte im Bereich der Einhaltung der Menschenrechte, grundlegender Arbeits- und Umweltschutznormen sowie der Korruptionsbekämpfung.

Die Befolgung der zehn Prinzipien basiert auf freiwilliger Selbstverpflichtung. Eine Kontrolle der sich auf den Global Compact berufenden Unternehmen erfolgt nicht, ebenso wenig wie die Überprüfung der berichteten Inhalte in der jährlichen „Communication on Progress" (CoP). Einzig die Nichteinhaltung der öffentlich zugänglichen Berichterstattung selbst wird bisher vom Global Compact mit einem Vermerk auf der Website des UNGCs kenntlich gemacht („non communicating"). Unternehmen, die ein Jahr lang ihrer Berichtsverpflichtung nicht nachkommen, werden aus dem Teilnehmerverzeichnis entfernt.

Auch im Global Compact kommt der Stakeholderansatz zum Tragen: Um ausgewogene und angemessene Darstellung der Leistung der Organisation zu gewährleisten, muss genau bestimmt werden, welchen Inhalt der Bericht abdecken soll. Die Festlegung des Inhalts sollte sowohl die Zielsetzungen und Erfahrungen der Organisation als auch die begründeten Erwartungen und Interessen der Stakeholder berücksichtigen. Der UNGC (2017b) betrachtet beide Seiten als wichtige Bezugsgruppen zur Bestimmung des Berichtsinhaltes.

Den Grundprinzipien verantwortungsvoller Unternehmensführung entsprechen nicht nur Rechenschaftspflicht, Transparenz und ethisches Verhalten, sondern auch der Respekt vor den Anliegen und Erwartungen der Stakeholder. Unternehmen, welche bei der Umsetzung dieses Grundprinzips eine strukturierte Vorgehensweise sicherstellen wollen, können sich an der AA1000-Standardserie der internationalen NPO AccountAbility (AA1000AS 2008) orientieren. Corporate Compliance hat somit die Aufgabe, Einsatz und Anwendung dieser prinzipienbasierten Standards zu überwachen, welche sich zur Aufgabe gemacht haben, Organisationen dabei zu helfen, verantwortungsvoller und nachhaltiger zu werden. Die Standardserie behandelt Themen, die sich auf Governance, Geschäftsmodelle und Organisationsstrategien auswirken und stellt operative Leitlinien für Nachhaltigkeits-Assurance und Stakeholderengagement bereit.

5 Fazit

Nachhaltigkeit im Sinne der Corporate Compliance im Unternehmen umzusetzen, kann durch eine regelmäßige Berichterstattung über den Zusammenhang ökonomischer, ökologischer und sozialer Leistungen sowie deren Auswirkungen unterstützt werden. Die Grundsätze und Praktiken der ethischen Rechenschaftspflicht scheinen dafür geeignet, innerhalb von Organisationen jeder Form und Größe, sowohl das Verhalten jedes Einzelnen als auch das Gruppenverhalten zu verändern, gleichzeitig aber auch wichtige Faktoren, z. B. nachhaltige ökonomische und ökologische Strategien, zu verbessern. Ob Großkonzern oder KMU, Berichterstattung kann zusätzlich zu betriebswirtschaftlichen Darstellungen von großem Wert für die Unternehmensführung sein, um ablesen zu können, wie es um die Kultur des Unternehmens bestellt ist. Der Corporate Compliance kommt hier über die Schutz- und Risikofunktion aus der Legal Compliance hinaus auch eine integrierende Funktion zu, welche zum Aufbau einer nachhaltigen Unternehmenskultur maßgeblich beitragen kann.

Literatur

AA1000AS (2008) http://www.accountability.org/standards/. Zugegriffen: 09. Juli 2017
Eccles RG, Krzus MP (2010) Integrated reporting for a sustainable strategy. Financial Executive, Mar. 2010: 28 ff. http://onlinelibrary.wiley.com/book/10.1002/9781119199960. Zugegriffen: 9. Juli 2017
EU NFI-RL 2014/95/EU (2014) Amending Directive 2013/34/EU as regards disclosure of non-financial and diversity information by certain large undertakings and groups. http://ec.europa.eu/finance/company-reporting/non-financial_reporting/index_en.htm#related-documents. Zugegriffen: 09. Juli 2017
Freeman RE, Wicks A, Parmar B (2004) Stakeholder theory and the corporate objective revisited. Organ Sci 15(3):364–369
Gesetz zur Stärkung der nichtfinanziellen Berichterstattung der Unternehmen in ihren Lage- und Konzernlageberichten (2017). https://www.bgbl.de/xaver/bgbl/start.xav?startbk=Bundesanzeiger_BGBl&start=//*[@attr_id=%27bgbl117s0802.pdf%27]#__bgbl__%2F%2F*%5B%40attr_id%3D%27bgbl117s0802.pdf%27%5D__1503907810647. Zugegriffen: 28. Aug. 2017
Heineken (2016) Annual report 2016. A circular thought. http://yourenotgonnareadthis.heinekenusa.com/Heineken-NV-2016-Sustainability-Report.PDF. Zugegriffen: 9. Juli 2017
Heineken (2017) http://www.theheinekencompany.com/media/media-releases/press-releases/2017/02/2081086. Zugegriffen: 9. Juli 2017
Integrated Reporting (2017) http://integratedreporting.org/. Zugegriffen: 9. Juli 2017

NaDiVeG (2016) Nachhaltigkeits- und Diversitätsverbesserungsgesetz. https://www.parlament.gv.
at/PAKT/VHG/XXV/I/I_01406/index.shtml. Zugegriffen: 9. Juli 2017
UNGC (2017a) https://www.unglobalcompact.org/. Zugegriffen: 9. Juli 2017
UNGC (2017b) CoP, UNGC, Kap. 1.1. Bestimmung des Berichtsinhalts. https://www.
unglobalcompact.org/. Zugegriffen: 9. Juli 2017

 **Karin Huber-Heim** studierte Kommunikationswissenschaften mit Schwerpunkt Psychologie an der Universität Wien. Sie ist wissenschaftliche Leiterin des postgradualen Masterprogramms „Sustainability & Responsible Management" der FH BFI, Wien und doziert an verschiedenen Fachhochschulen im In- und Ausland zu Unternehmens- und Managementethik sowie CSR & Kommunikation. Sie betreut Unternehmen weltweit zu den Themenbereichen Corporate Sustainability und Verantwortungsmanagement, Stakeholderkommunikation und Nachhaltigkeitsberichterstattung sowie Circular Economy und publiziert regelmäßig dazu.

Controlling und Monitoring

Erfahrungen aus der praktischen Arbeit mit der SR 10

Olaf Mußmann

1 Worum geht's im Controlling und Monitoring von CSR?

Controlling dient dazu, betriebliches Handeln zielbasiert zu steuern. Hierzu sind Analysen und Daten nötig, aus denen das Management Steuerimpulse sowie Anpassungs- und Verbesserungsmaßnahmen ableitet. Das Monitoring liefert dem Management hierzu die nötigen Grundlagen. Zugleich liefert es Daten für die Berichterstattung gegenüber Share- und Stakeholdern, also gegenüber den Eignern und gegenüber denjenigen, die Interessen an Entscheidungen oder Aktivitäten des Unternehmens oder der Organisation haben.

Wie aber kann dies im Bereich von CSR und Nachhaltigkeit umgesetzt werden? Wie lassen sich CSR-Aktivitäten überwachen und steuern? Wie kann ein Monitoring dazu aussehen und mit welchen Daten kann etwa in einem CSR-Bericht nach außen belegt werden, wie nachhaltig das eigene Wirtschaften tatsächlich ist? Welche Daten sind zu erheben und zu überwachen, um eine CSR-Strategie zielgerichtet umsetzen und verwirklichen zu können?

Viele Unternehmen und Organisationen tun sich mit der Beantwortung dieser Fragen schwer. Zwar wirtschaften sie möglicherweise bereits in Vielem nachhaltig, sie engagieren sich für ihre Beschäftigten und für die Gemeinschaft, sie arbeiten energieeffizient, setzen Recycling ein und verfolgen Nachhaltigkeitsziele. Gleichwohl: Es fehlen ihnen der Überblick und die Messbarkeit für eigene Nachhaltigkeit und Verantwortungsübernahme.

Dafür gibt es vor allem zwei Gründe: Zunächst existiert in der Praxis nach wie vor kein einheitliches CSR-Verständnis, obwohl es seit 2010 eine international konsensfähige Definition der ISO gibt, die von der EU 2011 aufgegriffen wurde (vgl. Beitrag „CSR und Compliance: Unterschiede und Schnittmengen theoretischer wie praktischer Art" in die-

O. Mußmann (✉)
Dr. Mußmann & Partner. Personal- und Organisationsentwicklung
Hannover, Deutschland
E-Mail: mussmann@mussmann-partner.net

© Springer-Verlag GmbH Deutschland, ein Teil von Springer Nature 2018
A. Kleinfeld und A. Martens (Hrsg.), *CSR und Compliance*,
Management-Reihe Corporate Social Responsibility,
https://doi.org/10.1007/978-3-662-56214-7_20

sem Band). Gerade im Mittelstand wird CSR häufig aus einer christlich-abendländischen Tradition heraus interpretiert. Corporate Social Responsibility wird vor diesem Hintergrund in erster Linie als Akt der Mildtätigkeit verstanden und dann in erster Linie mit Unterstützungs- und Hilfsprojekten umgesetzt (Ulshöfer 2015, V Kap. 2.4.4).

Auf der anderen Seite besteht aus persönlicher Erfahrung des Autors ein CSR-Verständnis, welches darin ein kennzahlengestütztes Managementinstrument zur Erfolgskontrolle unternehmerischer Verantwortung sieht. Kennzahlen reduzieren komplexe Sachverhalte auf einfach handhabbare Zahlen – sie sind ein Versuch, die Vielfalt der Realität in vereinfachter und schnell verarbeitbarer Form erfassbar zu machen. Synonyme hierfür sind beispielsweise Kennziffer, Schlüsselzahl, Schlüsselgröße, Richtzahl, Messzahl und oder Key Performance Indicator (KPI).

Allerdings: Selbst da, wo CSR als professionelles Managementsystem verstanden und mit Kennzahlen gearbeitet wird, treten häufig Schwierigkeiten bei der Definition von Controlling- und Monitoringverfahren auf, denn: Letztlich geht es bei CSR um einen komplexen Ansatz, der den Entstehungs- und Lieferungsprozess von Produkten und Dienstleistungen in seiner Gesamtheit umfasst. Dies kann durchaus auch einen Produktionsverlauf von der Rohstoffgewinnung bis zum Recycling des Produzierten miteinschließen. Es geht also auch um Themen, auf welche die Organisation zwar Einfluss hat, die aber außerhalb der eigenen Werkstore liegen. Die Überwachung internationaler Arbeitsrechtsstandards und die Verhinderung von Menschenrechtsverstößen bei Lieferanten stehen hier ebenso im Fokus wie etwa die Herkunft von Rohstoffen und die eventuell mit ihrer Gewinnung verbundenen Umweltschäden.

Im CSR-Controlling stehen daher oft „weiche" Kennzahlen, z. B. die Einhaltung von Menschenrechten, im Fokus. Im Gegensatz zu den klassischen monetären Steuerungsgrößen, z. B. Kosten und Erlöse, sind diese nichtfinanziellen Kennzahlen weitaus schwerer zu erheben. In den Betrieben und Organisationen fehlt es oft an Erfahrungen mit der Erhebung von CSR-Kennzahlen etwa zur Einschätzung der aus der eigenen Geschäftstätigkeit erwachsenen Umweltfolgen. Während die Betriebe mit der Steuerung der betriebswirtschaftlichen Dimension und der eigentlichen Arbeitsprozesse sehr vertraut sind, treten bei der Einschätzung der ökologischen und gesellschaftlichen Auswirkungen des betrieblichen Handels oft Mess- und Bewertungsprobleme auf. Zugleich verlangt das CSR-Controlling einen auf Nachhaltigkeit ausgerichteten Denkansatz, welcher die Perspektive der Langfristigkeit auch in das kurzfristige operative Handeln miteinbezieht. Mitlaufende Folgeabschätzung sowie die Berücksichtigung nichtökonomischer Daten erfordert gegenüber dem klassischen Controlling eine Neujustierung der Prioritäten.

Dies setzt selbstverständlich eine CSR-Strategie voraus, die von der Hausspitze erkennbar gewollt ist. Dies ist durchaus nicht immer der Fall. Angesichts des vielfach zu verzeichnenden Primats einer kurzfristigen Renditeorientierung wird CSR schnell zu einem nachrangigen Thema. Wenn die strategische Bedeutung jedoch fehlt, wird das Thema dann gerne der Marketingabteilung zugewiesen. Corporate Social Responsibility gerät dann schnell zum „Greenwashing". Gemeint ist damit ein Marketing, welches Produkten oder Dienstleistungen das Prädikat „ökologisch oder sozial wertvoll" verleiht, obwohl davon eigentlich keine Rede sein kann. Wird dies allerdings in der Öffentlichkeit bekannt, so können die daraus resultierenden Imageschäden beträchtlich sein. Ein ebenso gravierender Effekt liegt darin, dass CSR so als Insellösung gefahren und in der Organisation selbst kaum ernst genommen wird.

Corporate Social Responsibility und Nachhaltigkeit berühren aber alle Bereiche unternehmerischen Handelns und müssen strukturell in allen Abteilungen verankert sein. Zugleich ist dies ein Kulturthema: Nachhaltiges Denken und die Übernahme sozialer und ökologischer Verantwortung muss fester Bestandteil der Organisationskultur sein. Den hierzu notwendigen Perspektivwechsel haben viele Akteure im Controlling und Monitoring noch nicht vollzogen, und das dazu erforderliche Denken auch über die Betriebstore hinaus scheint für viele noch ungewohnt zu sein.

1.1   CSR als christlich-abendländische Tradition

Corporate Social Responsibility und die Übernahme gesellschaftlicher Verantwortung werden häufig schlicht als Weiterführung christlicher Nächstenliebe und Barmherzigkeit verstanden. Dieser Ansatz beruht auf Traditionen, die bis auf die mittelalterlichen Armenspeisungen zurückgehen (Ulshöfer 2015, V Kap. 2.4.4 ff.; Dietzfelbinger 2011, S. 92). Aus diesem Verständnis heraus wird CSR vor allem als karitative Mildtätigkeit interpretiert. Corporate-Social-Responsibility-Projekte werden dann in erster Linie in Form sozialer Projekte umgesetzt, etwa mit Spendentafeln für Bedürftige, mit mildtätigen Angeboten für Kinder und Jugendliche, als Künstlerförderung, als Spendenaktion etc. Aus dieser Haltung heraus liegt der Fokus weniger auf der messbaren Beseitigung erkannter Missstände, sondern das Ziel liegt hier vielmehr im Akt der Hilfeleistung selbst. Wenn es aber lediglich um den mildtätigen Hilfeakt selbst geht und nicht um die Erreichung von Zielen, so erübrigen sich Controlling und Monitoring.

1.2   CSR als Managementinstrument

Anders stellt sich die Situation dar, wenn CSR als professionelles Managementinstrument verstanden wird. Die Diskussionen hierzu entwickelten sich seit der Mitte des 19. Jahrhunderts. Bis dahin stellte sich die ständische Gesellschaft für die Menschen als ein Netz von wechselseitigen Abhängigkeiten und Verpflichtungen dar. Diese lösten sich mit dem Übergang zum kapitalistischen System auf: Die Schollenbindung fiel und Freizügigkeit setzte ein. Zuvor kommunaler Gemeinschaftsbesitz wurde privatisiert und die nun Besitzlosen verloren ihre früheren Rechte an gemeinschaftlichen Flächen. Die sozialen Absicherungssysteme liefen ebenfalls aus und wurden privatisiert. Dies führte zu erheblichen Bevölkerungsbewegungen. Manche wanderten aus und viele suchten in den erstarkenden industriellen Zentren neue Arbeits- und Einkommensmöglichkeiten. Dies brachte gesellschaftlichen Fortschritt, Wachstum und für viele durchaus auch die Chance auf Aufstieg und Entwicklung (Oermann 2015, S. 26 ff.; Hardtke 2010, S. 24 ff.).

Die Kehrseite des Kapitalismus, die Gerhart Hauptmann beispielsweise 1892 in seinem Sozialdrama „Die Weber" beschrieb (Hauptmann 1892/2017), veranlasste schon damals erste Industrielle zu Reaktionen, die aus der heutigen Perspektive als CSR zu bezeichnen wären (vgl. Hardtke 2010, S. 25).

Unternehmer wie Robert Owen oder Charles Fourier, die sogenannte Frühsozialisten, bemühten sich bereits im 19. Jahrhundert um menschenwürdigere Arbeitsbedingungen (Schultz 2011, S. 88), etwa mit der Begrenzung der Arbeitszeiten, mit dem Angebot von Kranken- und Altersrentenversicherungen oder mit der Bereitstellung von sicheren und sauberen Arbeitsplätzen sowie von bezahlbarem Wohnraum (Hardtke 2010, S. 25). Sicherlich spielten bei den Frühsozialisten auch altruistisch-christliche Motive eine Rolle. Als Argumente führten sie allerdings durchaus auch betriebswirtschaftliche Argumente an: Die Senkung von Krankheits- und Fehltagen, die Verbesserung der Arbeits- und Leistungsfähigkeit der Beschäftigten, die Vermeidung von Sabotage etc. (Hardtke 2010, S. 25). Aus dieser Perspektive ist CSR zielgeleitet: Nicht mehr der Akt der Hilfeleistung steht im Vordergrund, sondern die Erreichung von CSR-Zielen. Die CSR-Maßnahmen sind aus dieser Sicht lediglich Mittel zum Zweck.

2   CSR-Kennzahlen für Steuerung und Monitoring

Um Ziele zu erreichen, ist es in der Regel notwendig, etwas zu tun, also Maßnahmen zu planen und sie umzusetzen. Um zu schauen, ob die Ziele mit diesen Maßnahmen auch erreicht wurden, ist eine Überprüfung anhand entsprechender Indikatoren und Kennzahlen nötig. Doch wie lassen sich passende Kennzahlen finden? Im Grunde reicht es hierzu aus, sich selbst eine Frage zu stellen und diese zu beantworten: „Woran werde ich merken, dass ich mein Ziel erreicht habe?".

Passgenaue und wirksame Steuerung von Maßnahmen zur Zielerreichung benötigt letztlich immer valide Daten. Dies setzt ein aussagekräftiges Monitoring voraus, welches vorhandene Komplexität wirksam reduziert und zugleich eine schnelle und korrekte Beurteilung wichtiger Zusammenhänge und Sachverhalte ermöglicht. Dies leisten Kennzahlen.

Kennzahlen müssen zu den definierten Zielen passen, sie müssen aussagekräftig sein und sie müssen messbar sind. Die Erhebung harter Kennzahlen („hard facts"), z. B. Kosten, Durchlaufzeiten, Ressourcenverbrauch oder Emissionsmengen, bereitet den meisten Unternehmen und Organisationen wenige Probleme. Schwieriger wird es, wenn es um die Messung weicher Faktoren („soft facts"), z. B. Images, Stimmungen sowie Wissen und Verhalten, geht. Gerade diese sind aber für CSR besonders relevant. Direkte Messungen sind nicht immer möglich, sondern es muss auf nur indirekt ermittelbare Indikatoren zurückgegriffen werden.

Im Monitoring sind verschiedene Kennzahlentypen nutzbar. Zunächst gibt es übergeordnete strategische Kennzahlen. Im CSR-Bereich können dies Entwicklungsziele, z. B.

zum Klima, in Bezug auf Ökosysteme oder im sozialen Bereich, sein. Operative Kennzahlen beschreiben eher Themen, mit denen die Erreichung der übergeordneten strategischen Ziele unterstützt werden soll. Hierzu zählen Kennzahlen, z. B. zum Ressourcenverbrauch, zum Budget, zum Zeiteinsatz oder zu Volumina.

Ferner können Kennzahlen absolute quantitative Daten angeben, z. B. die Abfallmenge, das Volumen der CO_2-Emissionen oder die Anzahl von Volunteeringtagen. Qualitative Indikatoren und Kennzahlen kennzeichnen dagegen die Qualität einer Messdimension, etwa bei der Skalierung des Qualifikationsniveaus von Beschäftigten oder bei der Messung ihres Wissensstandes um CSR. Solche Kennzahlen gewinnen oft noch an Aussagekraft, wenn sie als relative Verhältniskennzahlen ins Verhältnis zu etwa anderem gesetzt werden, beispielsweise als Abfallmenge pro Produktionseinheit oder als Anteil der auditierten Unternehmen in der Lieferkette im Verhältnis zu allen Lieferanten, kurz als Auditierungsquote.

Die Messung ist das eine, die Auswertung das andere. Eine einfache Zahl wie etwa eine Krankenstandsquote, beispielsweise von 5 %, sagt für sich alleine genommen noch nicht viel aus. Erst im Vergleich mit einer Referenzzahl gewinnt sie ihre Aussagekraft. So spricht der Vergleich etwa mit dem bundesrepublikanischen Durchschnittskrankenstand, z. B. im Jahr 2016 von knapp 3,9 %, für einen Handlungsbedarf (Marshall et al. 2017, S. VIII). Vielleicht liegt der Krankenstand in der eigenen Branche aber durchschnittlich bei 6 %. Damit würde sich der Handlungsbedarf relativieren. Lag er aber in der eigenen Organisation im Vorjahr bei lediglich 3 %, so würde sich die Lage erneut anders darstellen. Nicht nur der Aufbau und die Einführung von Kennzahlen, sondern auch ihre Beurteilung und Auswertung sind also notwendigerweise hochspezifisch und sollten wohlüberlegt erfolgen.

3 CSR-Indikatoren in Standards und Normen: GRI, ISO 26000, SR10

Wenn Ziele erreicht werden sollen, so steht selbstverständlich auch die Überprüfung der Zielerreichung im Fokus. Um nichts anderes geht es auch im Controlling und Monitoring von CSR.

Einen Meilenstein zur Zielklärung von CSR markierte das 1961 erschienene Buch *Tu Gutes und rede darüber* von Georg-Volkmar Graf Zedtwitz-Arnim (1983). Der Buchtitel ist inzwischen im Zusammenhang mit CSR geradezu zum geflügelten Wort geworden. Der Autor stellte Marketing und Vertrieb als Zielhorizont in den Vordergrund.

So hilfreich und sinnvoll der Ansatz von CSR-bezogenen Public-Relations-Zielgruppen, z. B. Endverbrauchern oder Stelleninteressierten, gegenüber auch ist: Die darin enthaltene Gefahr liegt ebenfalls auf der Hand – CSR als PR-Aktion mündet schnell in das Greenwashing. Gleichwohl entsprechen solche hochrisikobehafteten Marketinglügen aber durchaus betriebswirtschaftlicher Logik: Die Ziele und die damit verbundenen Kennzahlen sind jedenfalls „Bekanntheitsgrad", „Reichweite" und „Imagewert".

Corporate Social Responsibility ist selbstverständlich mehr als nur Marketing und PR: In Anlehnung an das Drei-Säulen-Modell der Nachhaltigkeit beziehen sich die „Hauptsäulen" von CSR auf die drei Bereiche „Wirtschaft", „Soziales" und „Ökologie". Erste systematische Ansätze hierzu kamen um die Jahrtausendwende mit den Reportingstandards, z. B. der besonders in Europa verankerten Global Reporting Initiative (GRI 2017), auf. Der GRI-Standard wurde explizit als Instrument zur CSR-Berichterstattung entwickelt und fragt systematisch Kennzahlen in den unterschiedlichen CSR-Handlungsfeldern ab.

Mit der Verabschiedung der internationalen CSR-Norm ISO 26000 im Jahr 2010 liegt inzwischen auch ein weltweit vereinheitlichter Begriff von CSR als Managementinstrument vor (vgl. die Beiträge „CSR und Compliance: Unterschiede und Schnittmengen theoretischer wie praktischer Art" und „Compliance in der ISO 26000" in diesem Band), welches neben der Berichterstattung besonderen Wert auf die Entwicklungsaspekte für die Organisation legt. Diese Norm ist nicht zertifizierbar und dient lediglich als Leitfaden zur Einführung und Umsetzung von CSR (ISO 26000 2011).

Um dem Bedarf vieler Unternehmen nach einer zertifizierbaren Fassung der ISO 26000 entgegen zu kommen, wurde die IQNet SR 10 verabschiedet (IQNet SR 10 2011). Mit einer entsprechenden Zertifizierung können Unternehmen ihren Kunden gegenüber auf Basis eines international anerkannten Standards nachweisen, dass sie CSR in ihr Managementsystem integriert haben, denn: Viele Einkäufer global agierender Konzerne fordern dies, um aus der Lieferkette erwachsende Compliancerisken auszuschließen. Der vorliegende Bericht basiert auf den Erfahrungen des Autors bei der Umsetzung von Beratungsprozessen zu diesem CSR-Konzept.

Die ISO 26000 sowie die Zertifizierungsnorm SR 10 benennen verschiedene Kernthemen, denen sich CSR-Kennzahlen zuordnen lassen: Organisationsführung, Menschenrechte, Arbeitspraktiken, Umwelt, faire Betriebs- und Geschäftspraktiken, Konsumentenanliegen, Einbindung und Entwicklung der Gemeinschaft. Innerhalb dieser Kernthemen sind die spezifischen Handlungsfelder aufgelistet (für eine ausführliche Darstellung der ISO 26000 sowie das Verhältnis von Compliance und CSR in der Norm vgl. Beitrag „Compliance in der ISO 26000" in diesem Band).

3.1 Organisationsführung

Dieses übergeordnete Kernthema bezieht sich auf die Art und Weise, in der eine Organisation ihre Entscheidungen trifft und ihre Ziele verfolgt. Dies steht in engem Zusammenhang damit, wie die Organisation ihre gesellschaftliche Verantwortung organisationsweit erkennt, annimmt und trägt. Im Fokus stehen hierbei die organisationsinternen Führungs-, Aufsichts- und Steuerungssysteme und damit ein enger Bezug zu Vorgaben im Bereich Corporate Governance, zu dem auch Compliance gehört. Dies lässt sich insbesondere den ersten der hier vorgestellten Kennzahlenbeispiele entnehmen.

Kennzahlenbeispiele:

- Anzahl Korruptions-Ermittlungen bzw. Complianceverstößen nach Fallart sowie Quote nach Beschäftigtenzahl.
- Anteil abgeschlossener Ermittlungen, bezogen auf plausible Hinweise.
- Reaktionsdauer bis zum Start von Voruntersuchungen bei Complianceverstößen nach Meldekanälen.
- Ermittlungsdauer nach zugrundeliegender Deliktart und nach Organisationsabteilungen.
- Bewertungen der Innenrevision zur Integrität der Organisation.
- Umsetzungsgrad der internen CSR-Vorgaben und des Compliancemanagements (z. B. Einhaltungsgrad bei Einkaufsrichtlinien, Vier-Augen-Prinzip, Jobrotation in korruptionsgefährdeten Bereichen etc.).
- Anteil von gemeldeten Verstößen gegen den Code of Conduct, bezogen auf die Beschäftigtenzahl (Aufgliederung nach Abteilungen und nach Führungskräften).
- Bewertung des CSR-gerechten Verhaltens der Führungskräfte durch Beschäftigte (gesundheitsorientierte und familienorientierte Führung, Fairness, Gerechtigkeit, Integrität etc.).
- Rückmeldungen aus Beschäftigtenbefragungen zur CSR-Kultur (Verbreitungsgrad von CSR-Wissen, Zustimmungsquote, Einschätzung zur Relevanz und zum Umsetzungsgrad etc.).
- Anteil CSR-geschulter Führungskräfte (ggf. auch Beschäftigte).
- Anzahl und Reichweite von Stakeholderdialogen.

3.2 Menschenrechte

Bei diesem Kernthema steht im Vordergrund, mit dem eigenen betrieblichen Handeln keine Menschenrechtsverstöße und keine Diskriminierung zu begehen oder solche zu befördern. Dies bezieht sich auf Beschäftigte, Partner, Kunden, Anspruchsgruppen, Mitglieder und andere Personen, mit denen die Organisation in irgendeiner Verbindung steht oder auf die sie Einfluss hat. Hierzu gehören auch Menschen, auf die über die Wertschöpfungskette Einfluss genommen wird, also auch externe Lieferanten und ihre Beschäftigten. Im Fokus stehen hier sowohl die Bürgerrechte und politischen Rechte von Einzelnen als auch die wirtschaftlichen, sozialen und kulturellen Rechte ganzer Menschengruppen. Weitere Handlungsfelder sind hier die Gewährleistung von Vereinigungsfreiheit und Anerkennung des Rechts auf Kollektivverhandlungen, die Abschaffung aller Formen von Zwangs- oder Pflichtarbeit sowie von Kinderarbeit und die Beseitigung von Diskriminierung in Beschäftigung und Beruf.

Kennzahlenbeispiele:

- Anzahl wahrgenommener Fälle bzw. eingegangenen Beschwerden zu Diskriminierungsfällen sowie zu Menschenrechtsverstößen in der eigenen Organisation.
- Quoten unterrepräsentierter Gruppen (Frauen, ethnische Gruppen) in der Organisation und in Führungspositionen.
- Anteil von direkten Lieferanten und Partnern, bei denen Folgenabschätzungen durchgeführt und die nach sozialen und umweltbezogenen Ethikstandards überprüft wurden (Beurteilungsmatrix, eigene oder beauftragte Auditierungen).
- Anteil von indirekten Lieferanten, bei denen Folgenabschätzungen durchgeführt und die nach sozialen und umweltbezogenen Ethikstandards überprüft wurden (Beurteilungsmatrix, eigene oder beauftragte Auditierungen).
- Anzahl der Beschwerden zu Menschenrechtsverstößen durch das eigene Personal (z. B. Sicherheitskräfte).
- Anteil von Projekten mit vorgeschalteten Folgenabschätzungen am Gesamtprojektvolumen, differenziert nach Ländern (z. B. ökologische Folgen, soziale Folgen etwa bei Umsiedlung von Personen etc.).
- Auslistungsquote von Lieferanten und Partnern mit erkannten Regelverstößen.
- Anzahl von Kooperationsorganisationen und -partnern, welche sich für die Achtung und Umsetzung von wirtschaftlichen, sozialen und kulturellen Rechten einsetzen.

3.3 Arbeitspraktiken

Im Kernthema Arbeitspraktiken steht die Verantwortung der Organisation für ihre eigenen Beschäftigten sowie für die von Subunternehmern im Fokus. Wichtige Handlungsfelder sind hier zugleich die Bereitstellung von beruflicher Qualifizierung, von Schulungen und von Lehrstellen wie auch von gesunden Arbeitsplätzen. Sind Freisetzungen notwendig, so sind diese sozialverantwortlich zu gestalten. Hier kann eine ganze Reihe von beschäftigtenbezogenen Kennzahlen genutzt werden.

Kennzahlenbeispiele:

- Einstellungsquote, Beförderungsquote.
- Anzahl von Disziplinar- und Beschwerdeverfahren.
- Quote der Ver- und Umsetzung.
- Kündigungs- und Fluktuationsquote.
- Anzahl Arbeitsgerichtsverfahren, Quote gegenüber den Trennungen insgesamt.
- Anzahl Schulungstage, Qualifizierungsquote.
- Anzahl AU-Tage, Gesundheitsquote.
- Anzahl Arbeitsunfälle sowie von Beinaheunfällen.
- Anzahl von Maßnahmen zur betrieblichen Gesundheit sowie zur Vereinbarkeit von Beruf und Familie.

- Anzahl der Fälle zum Betrieblichen Eingliederungsmanagement und Akzeptanzquote.
- Durchführungsquote bei physischen und psychischen Gefährdungsbeurteilungen, differenziert nach Arbeitsplatztyp sowie nach Alter, Geschlecht, besonderen Lebenslagen etc.
- Rückmeldungen aus Beschäftigtenbefragungen zur Arbeitskultur (Zufriedenheit mit Arbeitszeit, Arbeitsbedingungen etc., Committment, Fairness im Team und bei der Führung etc.).
- Quoten zu Arbeitsverhältnissen (Teilzeit, Vollzeit, Befristungen etc.).
- Überstundenquote.
- Anzahl der sozialen Dialoge.
- Schulungsquote für das gesamte Personal zu Personalthemen (betriebliche Gesundheit inkl. betriebliche Gesundheits- und Sicherheitsrisiken, Selbstmanagement, Stressverhalten, Vereinbarkeit von Beruf und Familie etc.).

3.4 Umwelt

Im Kernthema Umwelt geht es darum, aus der eigenen Geschäftstätigkeit erwachsende Umweltbelastungen zu vermeiden bzw. zu minimieren. Hierbei steht zunächst der Ressourcenverbrauch, z. B. bei Rohstoffen, Wasser, Energie etc., im Fokus, und es sind die wesentlichen Abfall- und Verschmutzungsquellen, die zu Umweltbelastungen führen, zu betrachten. Ziel ist die Vermeidung von Umweltbelastungen, Abfällen und Schadstoffemissionen. Ebenso sind Landverbräuche und Beeinträchtigungen von Lebensräumen für Tiere und Pflanzen und der Biodiversität relevant. Bei der Beurteilung der Umweltfolgen sowie der damit möglicherweise verbundenen Gesundheitsrisiken sollten jeweils lokale Gemeinschaften eingebunden werden, um ggf. geeignete Maßnahmen zur Abschwächung zu finden und zu implementieren.

Kennzahlenbeispiele

- Menge Rohstoffverbrauch pro Produktionseinheit.
- Anteil bedenklicher, gefährlicher oder giftiger Stoffe in den Produktionsabläufen (Ozon, Schwermetalle, karzinogene, mutagene, persistente, bioakkumulierbare oder toxische Schadstoffe etc.).
- Anteil alternativer nachhaltiger, erneuerbarer Ressourcen und Energieträger.
- Energieverbrauch pro Produktionseinheit.
- Bodennutzung und Schadensauswirkung bei Biotopen, Ökosystemen und in der Biodiversität (z. B. bei der Rohstoffgewinnung bzw. im Rohstoffeinkauf).
- Volumen Kraftstoffverbrauch, Ökofolgen von Reisen mit Schiff, Bahn, Flugzeug etc.
- Abfallmenge, Emissionsmenge pro Produktionseinheit (flüssige und feste Abfälle, Wasserlast, Treibhausgase etc.).
- Recyclingquoten bei Produktionsmaterialien und Produkten („cradle to cradle").
- Umsatzanteil umweltfreundlicher Produkte oder Dienstleistungen.

- Anteil umweltfreundlicher Produkte oder Dienstleistungen in der Beschaffung.
- Durchführungsquote Rettungsübungen und Erste-Hilfe-Schulungen.

3.5 Faire Betriebs- und Geschäftspraktiken

In diesem ebenso wie im Kernthema Organisationsführung sind typische Compliancethemen enthalten. Dazu gehören Korruptionsbekämpfung, die Gestaltung eines fairen Wettbewerbs, ein fairer Umgang mit Lieferanten mit pünktlicher Rechnungsbegleichung sowie faire Vertragsbedingungen und die Achtung der Eigentumsrechte Dritter. Korruptionsrisiken sind zu identifizieren und organisationspolitische Vorgaben umzusetzen, welche Korruption und Erpressung entgegenwirken. Neben dem Aufbau von Präventionssystemen ist die Sensibilisierung der Beschäftigten für das Thema ein wichtiges Handlungsfeld. Bei der Erfolgsmessung und der Identifizierung dafür geeigneter Kennzahlen können also beide Bereiche voneinander lernen bzw. eng miteinander kooperieren, die zugrundeliegenden Maßnahmen gemeinsam konzipiert oder in Verbindung mit anderen CSR-Themen durchgeführt werden, wie z. B. Schulungen.

Kennzahlenbeispiele:

- Anteil geschulter Beschäftigter im Bereich Korruptionsprävention (Priorität entlang Gefährdungsatlas).
- Anteil geschulter Beschäftigter im Bereich Wettbewerbsrecht und fairer Wettbewerb (insbesondere Vertrieb, Marketing und Einkauf).
- Pünktlichkeitsquote bei der Rechnungsbegleichung von Lieferanten.
- Anzahl der Sicherheitsverstöße bei Kundeneigentum, Verlust von Kundendaten oder Kundenbesitz.

3.6 Konsumentenanliegen

Im Kernthema Konsumentenanliegen steht der faire und ehrliche Umgang mit Kunden und Konsumenten im Mittelpunkt. Sie sollten vollständig mit ehrlichen und verständlichen Informationen versorgt werden. Dies sollte niedrigschwellig und umfassend erfolgen. Werbung sollte nicht diskriminierend sein und alle Angebote sollten transparent mit den vollständigen Kosten und Geschäftsbedingungen präsentiert werden. Produkte sollten sicher und gefahrlos handhabbar sein. Sollte sich dennoch ein Sicherheitsrisiko ergeben, so sind die entsprechenden Produkte zurückzurufen.

Kennzahlenbeispiele:

- Anzahl Reklamationen und Kundenklagen, Quote zur Gesamtproduktion oder Dienstleistungserbringung.
- Rückläuferquote.

- Anzahl Produktrückrufe.
- Anteil gefährlicher Chemikalien an Produkten (krebserregend, erbgutschädigend, reproduktionstoxisch, schwer abbaubar bioakkumulierend etc.).
- Quote der Risikobewertungen vor Einführung neuer Materialien, Technologien oder Produktionsverfahren.
- Vollständigkeitsquote bei Sicherheitshinweisen für Produkte.
- Anteil nachhaltiger Zubehör- und Betriebsstoffe.
- Anteil zertifizierter oder auditierter Produkte oder Dienstleistungen am Gesamtportfolio (z. B. Umweltkennzeichen, Audits, Zertifizierungen).
- Anzahl der Verluste von Kundendaten oder Kundeneigentum.

3.7 Einbindung und Entwicklung der Gemeinschaft

Dieses Kernthema bezieht sich auf die Möglichkeiten von Organisationen, die Gesellschaft und die Gemeinschaft in ihrer Entwicklung zu stärken. Hierbei ist die Organisation aufgerufen, sich mit den betroffenen Menschen abzustimmen, um Prioritäten bei Investitionen zugunsten des Gemeinwohls und Maßnahmen zur Entwicklung der Gemeinschaft festzulegen. In Hinblick auf die Entwicklung der Gemeinschaft sind Organisationen aufgerufen, sich für die Sicherung und Schaffung von Arbeitsplätzen und für die berufliche Qualifizierung zu engagieren und innovative Technologien zu entwickeln und zu verbreiten. Sie sollten lokalen Lieferanten den Vorzug geben und nach Möglichkeit zu deren Entwicklung beitragen. Hierbei kann es auch darum gehen, sozial benachteiligte und schutzbedürftige Personen und Gruppen darin zu unterstützen, eigene Unternehmen oder Kooperativen zu gründen und unternehmerisch tätig zu werden.

Kennzahlenbeispiele:

- Anzahl der Konsultationsprozesse mit der betroffenen Bevölkerung.
- Anzahl der eingebundenen örtlichen Vereinigungen.
- Anzahl der unterstützten Projekte zur Stärkung der Bildungsqualität und des Zugangs zu Bildung und zu beruflicher Qualifizierung.
- Anzahl der unterstützten Kulturprojekte.
- Anzahl der unterstützten Menschenrechtsprojekte.
- Anzahl der unterstützten Gesundheitsprojekte.
- Anzahl der unterstützten Programme zur Bereitstellung von Nahrungsmitteln und lebensnotwendigen Produkten für schutzbedürftige oder diskriminierte Gruppen und Personen mit niedrigem Einkommen.
- Investitionsquote (Schaffung von Arbeitsplätzen).
- Beauftragungsquote lokaler Lieferanten.
- Anzahl unterstützter Start-up-Betriebe.
- Anzahl der Partnerschaften mit Regierungsstellen, Unternehmen oder Nichtregierungsorganisationen, um Synergien zur Entwicklung der Gemeinschaft auszubauen.

4 Balanced Scorecard (BSC)

Aus der Shareholderperspektive sind insbesondere die finanziellen Ergebniszahlen von primärem Interesse. Um hier optimale Ergebnisse erzielen zu können ist es aber notwendig, auch die darauf hinwirkenden Prozesse und die zugehörigen Kennzahlen zu betrachten, denn: Die finanziellen Ergebnisse sind immer ein Resultat komplexer Ursachen und Wirkungsbeziehungen. So sind nur mit gut geschulten Beschäftigten gute Arbeitsprozesse umsetzbar. Dies führt zu hoher Kundenzufriedenheit und dies wiederum zu guten Umsätzen und höheren Gewinnen.

Das Ineinandergreifen solcher Ursache-Wirkungs-Beziehungen wird in der BSC durch die Einbeziehung von Spät- und Frühindikatoren gewährleistet. Ergebniskennzahlen sind nachlaufende Spätindikatoren, die sich erst nach der Durchführung betrieblicher Aktivitäten ergeben. Sie zeigen an, ob die Organisation ihre Ziele erreicht hat. Typische Ergebniskennzahlen sind beispielsweise Umsatz und Gewinn.

Frühindikatoren, die sogenannten Leistungstreiber, geben einer Organisation dagegen Hinweise darauf, wie sich ihre Lage künftig entwickeln wird und wie sie ihre Ziele voraussichtlich erreichen wird. Typische Frühindikatoren sind etwa Beschäftigtenzufriedenheit, Krankheitsquote oder auch die Reklamationsquote. Bei einer Veränderung der Situation liegen ihre Wendepunkte zeitlich vor denen der Ergebniskennzahlen. Dieser Zusammenhang erlaubt eine Prognose künftiger Entwicklungen von Ergebniskennzahlen anhand von Frühindikatoren. Zugleich eröffnet dies die Chance auf rechtzeitige Nachsteuerung. Damit bilden sie durchaus ein Frühwarnsystem gegenüber Fehlentwicklungen.

Die Balanced Scorecard (BSC) ist ein Controllinginstrument, welches auch komplexe Ursache-Wirkungs-Zusammenhänge in einem integrierten Kennzahlensystem zu erfassen vermag. Zugleich ermöglicht es eine schnelle wie auch unkomplizierte Auswertung und Steuerung. Die klassische BSC bildet hierzu die vier Perspektiven Finanzperspektive, Kundenperspektive, Prozessperspektive sowie Lern- und Entwicklungsperspektive ab (Tab. 1; Kaplan und Norton 1997).

Dies lässt sich selbstverständlich auch für ein CSR-Controlling und Monitoring nutzen:

Tab. 1 Klassische BSC und Beispiele für Kennzahlen

Perspektive	Kennzahlen (Beispiel)
Finanzperspektive	Umsatz, Rendite
Kundenperspektive	Kundenzufriedenheit, Termintreue
Prozessperspektive	Durchlaufzeit, Fehlerquote, Kostentreue
Lern- und Entwicklungsperspektive	Fortbildungsquote

4.1 CSR-Finanzperspektive

In der Finanzperspektive einer CSR-BSC stehen nicht Umsatz oder der Gewinn im Fokus, sondern die Effizienz des Finanzmitteleinsatzes für CSR. Werden diese Mittel effizient eingesetzt und die gesetzten Ziele damit auch erreicht? Mögliche Kennzahlen beziehen sich hier also insbesondere auf Budgettreue sowie auf den Zielerreichungs- und Wirkungsgrad bei eingesetzten Finanzmitteln.

4.2 CSR-Kundenperspektive

In der Kundenperspektive stehen in einer CSR-BSC die Stakeholder im Fokus. Sind sie identifiziert und wurden mit ihnen Stakeholderdialoge geführt? Wie viele waren es pro Stakeholdergruppe und waren diese effizient? Wie zufrieden waren die Organisation und die jeweiligen Stakeholder mit dem Dialog? Sind die berechtigten Erwartungen der einzelnen Stakeholdergruppen identifiziert und inwieweit wurden diese erfüllt? Sind die Stakeholder zufrieden mit der Dialogführung und den getroffenen CSR-Maßnahmen? Welche Werte erzielt die Organisation in den Bereichen Image und Reputation, und inwieweit haben sich diese durch CSR-Maßnahmen und Dialoge verändert? Hier geht es also um Kommunikationsdichte und -effizienz, um Beteiligungsquoten und Reichweiten sowie um Erfüllungsgrade bei Stakeholdererwartungen, aber auch bei Imagewerten.

4.3 CSR-Prozessperspektive

Die Prozessperspektive ist weitgehend von Kennzahlen geprägt, die oben bereits im Zusammenhang mit den CSR-Kernthemen und Handlungsfeldern angesprochen wurden: Hier stehen vor allem operative Kennzahlen in den Bereichen Organisationsführung, Menschenrechte, Arbeitspraktiken, Umwelt, faire Betriebs- und Geschäftspraktiken, Konsumentenanliegen, Einbindung und Entwicklung der Gemeinschaft im Fokus.

4.4 CSR-Lernperspektive

In der Lernperspektive geht es einerseits darum, die Sensibilität für CSR-Themen in der Organisation zu stärken und andererseits darum, die Kompetenzen der Beschäftigten zur Umsetzung von CSR auszubauen. Schulungen und Schulungsquoten stehen hier im Fokus aber auch Quoten zur Umsetzung kollegialer Beratung oder zur Thematisierung von CSR-Aspekten in Dienstbesprechungen und in Mitarbeitergesprächen. Auch die Überprüfung der Geschäftsprozesse und die damit verbundene Integration von CSR-Themen in das Qualitätsmanagement ist hier eine relevante Dimension, die etwa durch den Anteil der in QM-Zirkeln aufgegriffenen CSR-Themen abbildbar ist.

Tab. 2 Beispielhafte CSR-BSC

	Finanzperspektive	Kundenperspektive	Prozessperspektive	Lernperspektive
Ökonomie	– Anteil „grüne" Beschaffung – Aufwand Umweltschutz – Bewertung von Risiken	– Zufriedenheit und Treue von Kunden – Zufriedenheit Stakeholder	– Effizienz der CSR-Prozesse – Innovationsquote	– Grad Mitarbeiterbindung – Anteil Initiativbewerbungen
Ökologie	– Energieverbrauch	– Reparaturquote – Entsorgung	– Ressourceneffizienz – Emissionen	– Forschung Umweltziele
Mitarbeiter	– Finanz. Leistungen – Betr. Gesundheit	– Mitunternehmertum – Service- und Kundenorient.	– Unfälle, AU – Abteilungsübergreifende Kooperationen	– Weiterbildung – Innovationen – Quote CSR-Engagement
Gesellschaft	– Engagement Gemeinwesen	– Produktsicherheit – Garantiefälle – Image	– Qualität von CSR-Kooperationen	– Stakeholderdialog

Eine CSR-BSC könnte beispielsweise wie in Tab. 2 aussehen.

Hierbei kann auch der Einsatz des Input-Process-Output-Outcome-Framework (IPOO) sinnvoll sein. Dieses Instrument stellt die unterschiedlichen Phasen der Wertschöpfung in Prozessabläufen in den Mittelpunkt: Prozesse werden durch einen Input angestoßen. Dies können beispielsweise Rohstoffe oder Halbprodukte, aber auch Informationen oder Anfragen etc. sein. Dieser Input wird je nach Prozess verarbeitet, und es entsteht ein Output, der wiederum für den nächsten Prozessschritt den Input liefert. Auf der Ebene

Tab. 3 Phasen der Wertschöpfung

Phasen der Wertschöpfung	Input	Prozess	Output	Outcome
Quantitative Kennzahlen	Anzahl Volunteeringprojekte	Anzahl erfolgreich abgeschlossener Volunteeringprojekte	Erhöhung Bekanntheitsgrad, Steigerung Imagewert	Steigerung der Initiativbewerbungen
Qualitative Kennzahlen	Qualität der von den Beschäftigten eingebrachten Ideen	Qualität der Projektumsetzung	Mehr Zufriedenheit, bessere Stimmung	Bessere Beschäftigtenbindung
Relative Kennzahlen	Beteiligungsquote	Anteil der Volunteeringprojekte am gesamten CSR-Projektvolumen	Zufriedenheitsquote bei Beschäftigten	Senkung der Fluktuationsquote

der Ergebniskennzahlen entsteht dann schlussendlich ein Outcome. Entlang dieser Wert-schöpfungskette lassen sich den einzelnen Phasen unterschiedliche Kennzahlen zuordnen, die wiederum drei unterschiedlichen Typen zugeordnet werden können (Brown und Svenson 1988, S. 12). Im Fall von Volunteeringprojekten, bei denen sich Beschäftigte freiwillig an CSR-Projekten beteiligen, könnte dies beispielsweise wie in Tab. 3 aussehen.

5 Resümee

Vorausgesetzt, CSR wird als professionelles zielbasiertes Managementinstrument betrach-tet, so sind CSR-Kennzahlen durchaus in der Lage, eine hervorragende Steuerungs- und Monitoringbasis nicht nur für eine isolierte CSR-Strategie – inklusive Compliance – be-reitzustellen, sondern auch für eine insgesamt verantwortliche Art und Weise der Organi-sationsführung. Gerade die ISO 26000 und ihre zertifizierbare Fassung der IQNet SR 10 liefern mit ihren Kernthemen und den darin enthaltenen Handlungsfeldern ein Raster zum Aufbau eines Kennzahlensystems, das für jede Organisation mit ihrer jeweiligen CSR-Strategie hochgradig passgenau ausgestaltet werden kann. Entscheidend bleibt aber: Die reinen Kennzahlen sagen noch nichts aus – sie müssen immer auch noch interpretiert wer-den!

Literatur

Brown MG, Svenson RA (1988) Measuring R&D productivity. Res Technol Manag 31(4):11–15
Dietzfelbinger D (2011) Evangelische Sozialethik. In: Aßländer MA (Hrsg) Handbuch Wirtschafts-ethik. J.B. Metzler, Stuttgart, Weimar
GRI (2017) https://www.globalreporting.org/Pages/default.aspx. Zugegriffen: 29. Nov. 2017
Hardtke A (2010) Das CSR-Universum. In: Hardtke A, Kleinfeld A (Hrsg) Von der Idee der Corpo-rate Social Responsibility zur erfolgreichen Umsetzung. Gabler, Wiesbaden
Hauptmann G (2017) Die Weber. Reclam Philipp jun, Ditzingen
IQNet SR10 (2011) Management-Systeme der gesellschaftlichen Verantwortung. Anforderun-gen. IQNet Association – The International Certification Network, Bern. http://www.iqnet-certification.com/userfiles/005%20IQNet%20SR%2010%20Specification%20(German).pdf. Zugegriffen: 29. Nov. 2011
ISO 26000 International Standard (2011) Leitfaden zur gesellschaftlichen Verantwortung. Beuth Verlag, Berlin, Wien, Zürich
Kaplan RS, Norton DP (1997) Balanced Scorecard. Strategien erfolgreich umsetzen. Schäffer-Poeschel, Stuttgart
Marschall J et al (2017) Gesundheitsreport 2017. Analyse der Arbeitsunfähigkeitsdaten. In: Storm A (Hrsg) Beiträge zur Gesundheitsökonomie und Versorgungsforschung, Bd. 16. med-hochzwei, Heidelberg. https://www.dak.de/dak/download/gesundheitsreport-2017-1885298.pdf. Zugegriffen: 29. Nov. 2017
Oermann NO (2015) Wirtschaftsethik. Vom freien Markt bis zur Share Economy. C.H. Beck, Mün-chen

Schultz F (2011) Moral – Kommunikation – Organisation: Funktionen und Implikationen normativer Konzepte und Theorien des 20. und 21. Jahrhunderts. VS, Wiesbaden

Ulshöfer GB (2015) Soziale Verantwortung aus protestantischer Perspektive. Zur Entfaltung einer „Ethik der Handlungsräume" als kritische Leitorientierung in der Corporate Social Responsibility-Debatte. Kohlhammer, Stuttgart

Zedtwitz-Arnim GV (1983) Tu Gutes und rede darüber. Heyne, Dresden

Dr. Olaf Mußmann studierte Geschichte, Politik und Arbeitswissenschaften. In den Jahren 1991 bis 1995 war er an den an den Universitäten Hannover und Dortmund im Bereich Forschung und Lehre beschäftigt. Nach einer Tätigkeit als Verlagsredakteur im Schrödel-Verlag übernahm er Leitungstätigkeiten im öffentlichen Dienst im Landratsamt Nordhausen, im Landschaftsverband Westfalen-Lippe (LWL) sowie in der Bundesanstalt für Arbeitsschutz und Arbeitsmedizin (baua). Seit 2001 ist er geschäftsführender Partner im Bereich Personalentwicklung, Organisationsentwicklung und Coaching der „Dr. Mußmann und Partner Personal- und Organisationsentwicklung". Dr. Mußmann ist als Berater, Trainer und Coach u. a. für die Themen Strategieentwicklung im Bereich Nachhaltigkeit und Corporate Social Responsibility (z. B. nach ISO 26000; RS10, GRI, SEDEX, BSCI etc.), Compliance, Arbeitgeberattraktivität und Employer Branding, Vereinbarkeit von Beruf und Familie, betriebliche Gesundheitsförderung und Arbeitsbewältigungsfähigkeit tätig.

Validierung, Verifizierung, Audit. Externe Evaluation von CSR- und Complianceaspekten

Altan Dayankac

1 Die Entstehung von externen Prüfverfahren

Die Natur von externen Evaluierungen liegt in der Bewertung von Prozessen und/oder Anforderungen durch eine neutrale und objektive Stelle/Person. Historisch wird dies von Seiten der Aufsichtsbehörden, anerkannten Prüforganisationen wie auch durch Kunden schon sehr lange realisiert. Vor allem die im Fachjargon als Second-Party-Audit genannten Lieferantenaudits zur Sicherstellung von Qualitätsanforderungen und damit die Reduzierung von Produktionsrisiken haben einen hohen Stellenwert. Neben diesen weit verbreiteten und etablierten Marktmechanismen liegt der Fokus der Second Party-Audit in der Regel auf klar eingegrenzten Prozessen und ist damit sehr spezifisch. Der Bedarf der Märkte an einem standardisierten, international anerkannten Verfahren, welches für alle Unternehmen anwendbar ist und als „good practice" dienen sollte, war groß. Darüber hinaus sollten mit solch einem Standard sowohl redundante Lieferantenaudits reduziert wie auch ein Mindeststandard in der Unternehmenssteuerung erreicht werden. Der Spagat gelang in der Kombination von Forderungen mit Elementen der Unternehmenssteuerung, -planung und des Unternehmensmonitorings als Basis der kontinuierlichen Verbesserung. Diese Vorgehensweise, besser bekannt als **P**lan – **D**o – Check – **A**ct von Deming ist ein wesentliches Merkmal von Managementsystemen (Deming 1982, S. 88). Mit der Veröffentlichung der Managementsystemnorm ISO 9001 (ISO 9001 2017) in 1987 gab es eine Initialzündung für die internationale Standardisierung weiterer Themen und Sektoren. Hatte ISO 9001 noch die Lieferanten- und Prozessperformance im Fokus, wurden bei Managementsystemnormen wie Umwelt, Arbeitssicherheit, Energieeffizienz etc. konkrete Anforderungen zur Einhaltung von rechtlichen und anderen Vorschriften – den sogenannten bindenden

A. Dayankac (✉)
DQS GmbH
Hamburg, Deutschland
E-Mail: altan.dayankac@dqs.de

Verpflichtungen – eingewoben. Die Themen Nachhaltigkeit und Verantwortung wurden in der ISO-Familie mit dem Leitfaden ISO 26000 (2017) zur gesellschaftlichen Verantwortung 2010 auf den Weg gebracht. Der Leitfaden beinhaltet keine Anforderungen und soll ausdrücklich nicht als Prüf- oder Zertifizierungsgrundlage verwendet werden.

Parallel zu seiner Veröffentlichung hatten sich schon viele Interessengruppen und Initiativen gebildet, die eigene prüffähige Standards, Gütesiegel, Labels etc. entwickelten. Aktuell werden auf der Internetplattform Standards Map (2017) über 210 Standards mit unterschiedlichem Fokus aufgeführt. Das Global Social Compliance Programme (GSCP 2017), welches sich zur Aufgabe gemacht hatte, in dieser Vielfalt eine Harmonisierung und Vereinheitlichung zu erreichen, spricht sogar von mehr als 1000 Kodes und Systemen.

Im Gegensatz zu den Managementsystemstandards basieren die CSR-Standards auf Checklisten oder Fragenkatalogen.

Thematisch lassen sich die Anforderungen wie folgt ordnen:

- Management,
- Governance,
- Arbeitnehmer- und Menschenrechte,
- Arbeitssicherheit,
- Umweltschutz,
- Konsumenten- und Verbraucherschutz.

Obwohl fast alle Initiativen auf die gleichen Kernreferenzen, z. B. ILO-Kernarbeitsnormen (2017), The Universal Declaration of Human Rights (1948) und OECD-Leitsätze (2011) verweisen, finden sich bei den Standards, je nach Branche oder Sektor, eine große Bandbreite an Themen und erwarteter Umsetzungstiefe der bindenden Verpflichtungen.

Externe Evaluierungen werden primär durch Kunden eingefordert. In der Regel entscheidet auch der Kunde, welcher Standard zum Tragen kommt. Das zu prüfende Unternehmen muss dann die festgelegten Complianceelemente bedienen, auch wenn diese für die eigenen Geschäftsprozesse ohne Bedeutung sind, z. B. HAZOPS bei Gerüstbauern und Reinigungsfirmen.

2 Marktgängige Standards

Wie eingangs ausgeführt, können die Standards wie folgt gruppiert werden:

- Managementsystemstandards,
- Standards mit festgelegten Prüfkatalogen.

Managementsystemstandards:

Neben einer Fülle von Leitfäden wie

- Compliance DIN 19600,
- Risikomanagement ISO 31000,
- Sustainable Procurement ISO 20400,

haben sich in den Märkten Standards durchgesetzt, die Teilaspekte der Nachhaltigkeitsthemen sehr gut abdecken. Hierzu zählen u. a.

- Umweltmanagementsystem (ISO 14001),
- Arbeitssicherheit (BS OHSAS 18001) (Dojani und Reimann 2014),
- Energiemanagement (ISO 50001),
- EMAS (Umwelt).

Die aufgeführten Normen erheben als zentrale Forderung die Ermittlung wie auch Einhaltung der relevanten bindenden Verpflichtungen. Anforderungen nach Steuer- und Kontrollmechanismen für die Ermittlung und Einhaltung der bindenden Verpflichtungen sind gemäß der **P-D-C-A**-Systematik in „Plan" und „Check" verankert. Managementsystemstandards stellen anstatt vorformulierter Detailfragen systematische Anforderungen, aus denen sich ableiten lässt, wie die Prozesse zur Erfüllung der Anforderung beherrscht werden. Die Organisationen verpflichten sich, geeignete Prozesse zu etablieren, mit denen bindende Verpflichtungen in Verbindung mit Umweltaspekten, Arbeitssicherheit oder Energiemanagement ermittelt werden. Dies muss in Form dokumentierter Informationen aufrechterhalten werden. Dabei müssen alle relevanten lokalen, nationalen wie freiwilligen Verpflichtungen berücksichtigt werden. Im Weiteren muss die Organisation aufzeigen, wie die bindenden Verpflichtungen z. B. durch Delegation, Stellenbeschreibung etc. umgesetzt und aktuell gehalten werden.

Hier ein Beispiel für eine Forderung nach ISO 14001:2015 (2015)

6.1.3 Bindende Verpflichtungen – „(a) Die Organisation muss die mit ihren Umweltaspekten zusammenhängenden bindenden Verpflichtungen bestimmen und auf sie zugreifen können" (DIN EN ISO 14001:2015, S. 28).

Der Motor in den Organisationen dafür sind die internen Audits. Sie sollen durch regelmäßige Bewertungen und Korrekturmaßnahmen das System stabilisieren und Informationen an die Führungskräfte liefern. Dieser Prozess fließt wiederkehrend als ein Teilaspekt der kontinuierlichen Verbesserung und der Verantwortung in die Bewertung durch die Geschäftsleitung ein. Zudem muss die Geschäftsleitung in der Unternehmenspolitik die Einhaltung aller bindenden Verpflichtungen erklären.

Zu den aufgeführten Standards, die die Teilbereiche der Nachhaltigkeit bewerten, gibt es allerdings kaum prüfbare Managementsysteme, die die volle Komplexität der Nachhaltigkeit beinhalten. Auf den internationalen Märkten sind bislang nur

- IQNET SR 10 und
- SA8000

von Bedeutung.

IQNET SR 10
Der IQNET SR 10 Standard wurde vom globalen Verband der Zertifizierungsgesellschaften IQNET herausgeben. Er legt den Fokus auf die Förderung einer nachhaltigen Unternehmenskultur und der gesellschaftsbezogenen Leistungen in Anlehnung an ISO 26000 (Leitfaden zur gesellschaftlichen Verantwortung). Der Aufbau und die Methodik des Standards orientieren sich an der Struktur von Managementsystemstandards. Inhaltlich wurden aus ISO 26000 die Kernforderungen aus dem Kap. 6 als Forderungskatalog eingearbeitet:

- Organisationsführung,
- Menschenrechte,
- Arbeitspraktiken,
- Umwelt,
- anständige Handlungsweisen und Umgangsformen,
- Verbraucher-/Konsumententhemen,
- Einbeziehung und Entwicklung der Gesellschaft.

Die Überprüfung der Kernforderungen findet sich in Kap. 5.5. und Kap. 5.6.1 und folgt der Systematik der Managementsystemstandards, z. B. ISO 9001, ISO 14001, BS OHSAS 18001 oder ISO 50001.

SA8000:2014
Der SA8000:2014 (2014) der Nichtregierungsorganisation SAI ist mit 3663 zertifizierten Standorten (SA8000 2017) der weltweit am weitesten verbreitete Standard. Der SA8000 ist eine Mischform zwischen einem Forderungskatalog und einem Managementsystem. Zwar sind im Kap. 9 Elemente eines Managementsystems integriert, jedoch dominiert der Forderungskatalog zu Arbeitnehmerrechten, Arbeitsbedingungen und Arbeitssicherheit, wie in den Kap. 1–8 verdeutlicht:

1. Kinderarbeit,
2. Zwangsarbeit,
3. Arbeitsschutz und -sicherheit,
4. Vereinigungsfreiheit,
5. Antidiskriminierung,
6. Disziplinarverfahren,
7. Arbeitszeiten,
8. Entlohnung/Vergütung,
9. Managementsystem.

Die Forderung zur Einhaltung nationaler Gesetze wie auch der internationalen Konventionen der ILO und UN finden sich im Normenkap. 9.1.2. Ein systematisches Vorgehen wie in den ISO-Standards – ermitteln-einhalten-aufrechthalten – wird nicht explizit gefordert. Der Complianceanteil des SA8000 fokussiert die Anforderungen der Kap. 1–8. Weitere Nachhaltigkeitsaspekte, z. B. Umwelt, Antikorruption, werden nicht behandelt.

ISO 26000

Die Norm wurde 2010 veröffentlicht. Der Leitfaden deckt mit seinen Handlungsempfehlungen weite Bereiche der Nachhaltigkeit ab. Eine Prüfung auf Grundlage der Norm ist vom Normgeber und den Verbänden der Spitzenindustrie nicht gewünscht (BMAS et al. 2017).

Prüfverfahren und Zertifizierungsprozess

Vor einer Zertifizierung nach IQNET SR 10 (2011) oder SA8000:2014 (2014) wird eine Bereitschaftsbewertung oder Stage 1 Audit verlangt. Hierzu müssen u. a. die Verantwortung der obersten Leitung, die relevanten Prozesse, die Dokumentation und die interne Überwachung der Prozesse und Abläufe erfolgreich implementiert sein. Der SA8000 fordert zudem eine Selbstbewertung (Social Fingerprint® 2017). Nach erfolgreichem Audit werden die Zertifikate mit einer Gültigkeit von drei Jahren ausgestellt, jedoch jährlich mit einem verkürzten Umfang überwacht.

In beiden Standards nutzen die externen Auditoren zur Absicherung der Auditergebnisse vielfältige Techniken:

- Dokumentenprüfung,
- Bewertung der Arbeits- und Prozessanweisungen,
- Interview von Mitarbeitern und Führungskräften,
- Begehungen vor Ort.

Eine Übersicht von ausgewählten Managementsystemstandards ist in Tab. 1 gegeben.

Checklistengeführte Lieferantenaudits

Für viele Organisationen sind Lieferantenaudits das gängige Mittel zur Minimierung von Risiken. Das Risikomanagement kann als der alles umspannende Bogen betrachtet werden. Um die Risiken aus der eigenen Organisation wie aus der Lieferkette beherrschen zu können, haben sich bei vielen Branchen und Organisationen weitgehend Lieferantenaudits und -bewertungen etabliert.

Bedeutende Standards mit Branchenbezug sind:

- Together for Sustainability – TfS (2017),
- Pharmaceutical Supply Chain Initiative – PSCI (2017),
- Electronic Industry Citizenship Coalition – EICC (Responsible Business Alliance 2017),
- Business Social Compliance Initiative – BSCI (2017).

Tab. 1 Übersicht von ausgewählten Managementsystemstandards

Standard	Branche	Bemerkung	Schwerpunkt
ISO 26000	Alle	Berücksichtigt 7 Kernthemen (z. B. Organisationsführung, Menschenrechte, faire Betriebs- und Geschäftspraktiken)	Keine Compliance Anforderungen, nur Empfehlungen
		Keine Zertifizierung	
		Fasst Handlungsfelder für gesellschaftlich verantwortliches Managementsystem zusammen	
SA8000	Alle	Zertifizierbares Managementsystem mit Fokus auf Arbeitsrechte und -bedingungen	Forderung zur Einhaltung der ILO, UN Konventionen und nationalen Rechts
		Themen: Kinderarbeit, Arbeit unter Zwang, Gesundheit und Sicherheit, Vereinigungsfreiheit, Diskriminierung, Disziplinierung, Arbeitszeiten, Vergütung und Managementsystem	
IQNET SR 10	Alle	Zertifizierbares Managementsystem in Anlehnung an ISO 26000	Systematisce Ermittlung aller bindenden Verpflichtungen
		Sehr gute Integration in bereits bestehende Managementsysteme, z. B. ISO 9001, ISO 14001, BS OHSAS 18001, SA8000, möglich	

Weitere Standards die branchenübergreifend eingesetzt werden sind:

- SEDEX (2017),
- Code-of-Conduct-Audits.

Als Vorreiter für Branchenstandards können neben der Lebensmittelindustrie und dem Retail auch die Elektronik- und Chemiebranche genannt werden. Hier haben Branchenverbände für ihre Mitglieder und deren Lieferanten standardisierte Formate und Auswertungen entwickelt. Diese Brancheninitiativen bedienen sich in der Regel externer Anbieter von CSR-Plattformen und Datenbanken. Oft erfolgt die Lieferantenbewertung dabei in zwei Schritten: Zunächst erfolgt eine Selbstauskunft mittels eines Fragenkatalogs. Erst im zweiten Schritt werden dann zusätzliche Lieferantenaudits eingefordert. Die Umsetzung dieser Audits erfolgt meist mittels Fragenkatalogen, einer festgelegten Bewertung und durch unabhängige Zertifizierungsgesellschaften. Es liegt in der Natur der Sache, dass die Instrumente zwar viele Nachhaltigkeitsthemen aufgreifen, jedoch unterschiedliche Schwerpunkte setzen. So hat der Chemie-Branchenstandard Together for Sustainability (TfS 2017) einen vertieften Anspruch an die Arbeits-, Produkt-, und Betriebssicherheit. Standards wie SEDEX (2017) hinterfragen detaillierter die Entlohnungssysteme und Arbeitsbedingungen. Alle Brancheninitiativen verfolgen das Ziel, dass die Audits zu einer Lieferantenentwicklung beitragen und damit zur Reduzierung der Risiken in der Lieferantenkette. Viele Großkonzerne mit einem sehr hohen und komplexen Lieferantenvolumen verlassen sich darüber hinaus auf die Umsetzung ihrer Unternehmensethik (Code of Conduct) bei den Lieferanten. Auch hier wird auf Basis von Checklisten oder durch Audits, entweder durch eigene Experten oder externe Dienstleister, die Einhaltung der Unternehmensethik sichergestellt.

Tab. 2 Übersicht von ausgewählten Supply-Chain-Standards

Standard	Branchen	Bemerkungen	Complianceanteil
TfS	Chemie	Von führenden Chemieunternehmen für standardisierte Bewertung von Lieferanten entwickelt	Sehr hoch mit Schwerpunkt auf Arbeitsschutz/-sicherheit im Umgang mit Gefahrstoffen und insbesondere Betriebs-, Anlagen- und Prozesssicherheit
		Fragenkatalog mit Vertiefung Betriebs- und Arbeitssicherheit	
		Vor-Ort-Audit bei Lieferanten durch externen Dienstleister kann Selbstbewertung ergänzen	
SEDEX	Alle	Initiative zur Verbesserung der ethischen und verantwortungsvollen Geschäftspraktiken in globalen Lieferketten	Schwerpunkt auf die ILO-onventionen Konventionen und ETI-Kodex*
		Fragenkatalog mit Schwerpunkt Arbeitsrecht und Arbeitsbedingungen	
PSCI	Pharma	Initiative von Pharma- und Gesundheitsunternehmen zur Bewertung von Lieferanten hinsichtlich Arbeit, Gesundheit und Sicherheit, Umwelt, Ethik und Managementsystemen	Sehr hoch mit Schwerpunkt auf Arbeitsschutz/-sicherheit im Umgang mit Gefahrstoffen/Wirkstoffen und insbesondere Betriebs-, Anlagen- und Prozesssicherheit
		Audit mit Vertiefung Arbeits- und Produktsicherheit	
SCI	Retail	Plattform zur Verbesserung der sozialen Standards in einer weltweiten Wertschöpfungskette	Schwerpunkt auf Arbeitsschutz und -sicherheit sowie ILO- und UN-Konventionen
		Basiert auf drei Säulen: Auditierung von Produktionsstätten, Schulung der Lieferanten, kontinuierlicher Dialog mit Stakeholdern	
		Audit mit Schwerpunkt Arbeitsrechte- und Arbeitsbedingungen	
EICC	Elektronik	Initiative führender Elektronikunternehmen	Schwerpunkt Arbeitsschutz, -sicherheit
		Audit mit Vertiefung Arbeitsrechte und Arbeitsbedingungen	

Prüfverfahren und Zertifizierungsprozess

In der Regel benötigen Supply-Chain-Audits keiner Vorbereitung oder eines Systems. Obwohl die Branchenaudits eine Nachverfolgung der festgestellten Abweichungen beinhalten, wird ein Managementsystem grundsätzlich nicht eingefordert. Vielmehr sind die Supply-Chain-Audits eher als ein Spotlight-Audit zu verstehen. Die Branchenstandards haben je nach Branche einen Katalog an präzisen Fragen zur Einhaltung oder Umsetzung von Konventionen, Vorschriften oder sicherheitstechnischen Referenzen, wie auch die Umsetzung von Konventionen, z. B. der ILO (Arbeitszeiten, Vergütung, Kinderarbeit oder Vereinigungsfreiheit). So hinterfragt beispielhaft der TfS-Standard sehr spezifisch die Auslegung der Ablass-/Überdruckventile oder den Auslaufschutz bei der Lagerung von Gefahrstoffen wie auch die Einhaltung der Arbeitszeitregelung gemäß ILO.

Die externen Auditoren bedienen sich der gleichen Techniken wie bei den Managementsystemstandards. Eine Übersicht von ausgewählten Supply-Chain-Standards ist in Tab. 2 gegeben.

3 Prüfsysteme der Standards

Wie die Prüfverfahren durchzuführen sind, regeln die jeweiligen Leitfäden der Anbieter oder Initiativen. In diesen Leitfäden werden die Kompetenz der Auditoren und der Zertifizierungsgesellschaft, das Auditvolumen, die dokumentierten Informationen, die erforderlichen Nachweise und weitere Aspekte definiert. Im Gegensatz dazu stehen die Standards, z. B. ISO 14001:2015 (2015), die bei den jeweiligen nationalen Akkreditierungsstellen – in Deutschland die Deutsche Akkreditierungsstelle GmbH (DAkkS 2017) gelistet sind. Die Akkreditierungsstellen stellen wiederum sicher, dass die Forderungen zur Umsetzung der Standards durch die Zertifizierungsgesellschaften eingehalten werden.

4 Fazit

Die oben vorgestellten Normen und Standards als Grundlage einer internen wie externen Evaluierung stammen überwiegend aus dem Bereich CSR und Nachhaltigkeit und gehören damit entweder zur Kategorie „Social Compliance" oder aber sie umfassen auch strafrechtlich relevante Themen der klassischen Compliance, z. B. Korruption und Wettbewerbsverzerrung. Einen Beitrag zum Compliancemanagement leisten diese Standards vor allem dadurch, dass durch die externe Begutachtung Haftungsrisiken minimiert werden können. Denn mit der externen Begutachtung wird die Verzahnung der bestehenden Prozesse mit den internen Kontroll- und Monitoringinstrumenten, z. B. internen Audits und Managementreviews, bewertet. Audits haben immer einen Stichproben Charakter. So können die im Audit gewonnen Informationen durch diverse Audittechniken, z. B. Dokumentenprüfungen, Interviews und Werksbegehungen, zwar verdichtet werden, allerdings kann den Organisationen nach Abschluss einer externen Begutachtung nur die systematische Vorgehensweise und die Fähigkeit zur Einhaltung der bindenden Verpflichtungen bescheinigt werden. Der Vorteil für die Organisationen besteht in der Offenlegung von systematischen oder individuellen Schwachstellen, wie z. B. nicht definierte Delegation von Pflichten und Verantwortungen, durch die Auditoren.

Literatur

BMAS, BDA, BDI, ZDH, DIHK (2017) Stellungnahme zur Nichtzertifizierbarkeit der Norm ISO 26000 „Guidance on Social Responsibility". http://www.csrgermany.de/www/csr_cms_relaunch.nsf/id/stellungnahme-zur-nichtzertifizierbarkeit-der-norm-iso-26000-de/$file/StnNZert.pdf. Zugegriffen: 7. Nov. 2017

Business Social Compliance Initiative (BSCI) (2017) http://www.bsci-intl.org/. Zugegriffen: 7. Nov. 2017

DAkkS (2017) http://www.dakks.de/. Zugegriffen: 7. Nov. 2017

Deming WE (1982) Out of the crisis. Massachusetts Institute of Technology, Cambridge

Dojani G, Reimann G (2014) Erfolgreicher Arbeits- und Gesundheitsschutz nach BS OHSAS 18001 und SCC. Lösungen zur praktischen Umsetzung – Textbeispiele, Musterformulare, Checklisten. Beuth, Berlin

GSCP (2017) http://www.theconsumergoodsforum.com/gscp-home. Zugegriffen: 3. Sept. 2017

ILO Kernarbeitsnormen (2017) http://www.ilo.org/berlin/arbeits-und-standards/kernarbeitsnormen/lang--de/index.htm. Zugegriffen: 03. Sept. 2017

IQNet SR 10 (2011) Managementsysteme der gesellschaftlichen Verantwortung. Anforderungen. http://www.iqnet-certification.com/userfiles/005%20IQNet%20SR%2010%20Specification%20(German).pdf. Zugegriffen: 07. Nov. 2017

ISO 14001:2015 (2015) https://www.iso.org/standard/60857.html. Zugegriffen: 03. Sept. 2017

ISO 26000 (2017) https://www.iso.org/iso-26000-social-responsibility.html. Zugegriffen: 03. Sept. 2017

ISO 9001 (2017) https://www.iso.org/iso-9001-quality-management.html. Zugegriffen: 03. Sept. 2017

OECD (2011) OECD-Leitsätze für multinationale Unternehmen. http://www.oecd.org/berlin/publikationen/oecd-leitsaetze-fuer-multinationale-unternehmen.htm. Zugegriffen: 3. Sept. 2017

PSCI (2017) Pharmaceutical Supply Chain Initiative. https://pscinitiative.org/home. Zugegriffen: 7. Nov. 2017

Responsible Business Alliance (2017). http://www.eiccoalition.org/standards/vap/. Zugegriffen: 7. Nov. 2017

SA8000 (2017) SA8000 Certified Organisations. http://www.saasaccreditation.org/certfacilieslist. Zugegriffen: 07. Nov. 2017

SA8000:2014 (2014) http://sa-intl.org/_data/n_0001/resources/live/SA8000%20Standard%202014.pdf. Zugegriffen: 07. Nov. 2017

SEDEX (2017) https://www.sedexglobal.com/products-services/smeta-audit/. Zugegriffen: 7. Nov. 2017

Social Fingerprint (2017) http://www.sa-intl.org/index.cfm?fuseaction=Page.ViewPage&PageID=1054. Zugegriffen: 7. Nov. 2017

Standards Map (2017) http://www.standardsmap.org/identify. Zugegriffen: 3. Sept. 2017

TfS (2017) Together for sustainability. https://tfs-initiative.com/. Zugegriffen: 7. Nov. 2017

The Universal Declaration of Human Rights (1948) http://www.un.org/en/universal-declaration-human-rights/. Zugegriffen: 03. Sept. 2017

Weiterführende Literatur

EMAS (2017) http://www.emas.de/home/. Zugegriffen: 7. Nov. 2017
ILO Arbeits- und Sozialstandards (2017) http://www.ilo.org/berlin/arbeits-und-standards/lang--de/index.htm. Zugegriffen: 03. Sept. 2017
ISO 19600:2016-12 (2016) https://www.beuth.de/de/norm/din-iso-19600/264942507. Zugegriffen: 03. Sept. 2017
ISO 20400:2017 (2017) https://www.iso.org/standard/63026.html. Zugegriffen: 03. Sept. 2017
ISO 37001:2016 (2016) https://www.iso.org/standard/65034.html. Zugegriffen: 03. Sept. 2017
ISO 50001:2011 (2011) https://www.iso.org/iso-50001-energy-management.html. Zugegriffen: 03. Sept. 2017

Altan Dayankac ist seit 2004 als Auditor und Produktmanager für das Thema Nachhaltigkeit in der Zertifizierungsgesellschaft DQS GmbH tätig. Als Auditor für Qualitäts-, Umwelt-, Arbeitssicherheits-, Energie- und Nachhaltigkeitsstandards ist er seit über 10 Jahren mit der Umsetzung vielfältiger Forderungen und Standards auf den internationalen Märkten vertraut. Zuvor war er viele Jahre im technischen Umweltschutz wie auch in Nachhaltigkeitsprojekten verantwortlich. Herr Dayankac hat die Hochschulabschlüsse als Wirtschafts- und Agraringenieur sowie die Ausbildung zur Fachkraft für Arbeitssicherheit und betrieblichen Umweltschutz erworben.

CSR und Compliance: Impulse für einen ganzheitlichen Ansatz

Das Ganze im Blick – Responsible Leadership anstatt isolierte CSR- und Complianceinterventionen

Colina Frisch

1 Warum Responsible Leadership?

Der Fall VW

Im September 2015 wurde Volkswagen erneut im Dow Jones Sustainability Index zum nachhaltigsten Automobilunternehmen der Welt gekürt. Man bescheinigte Volkswagen Topwerte u. a. in den Dimensionen „Code of Conduct", und „Compliance" (Fry 2015). Der damalige Vorstandsvorsitzende Martin Winterkorn kommentierte die Auszeichnung erfreut: „Sie belegt, dass der Volkswagen Konzern auf dem besten Weg ist, sich dauerhaft als nachhaltigster Automobilhersteller der Welt zu etablieren" (Schmidbauer and Willmroth 2015). Wenige Tage später brach der Skandal um die Manipulation der Abgaswerte los und Winterkorn musste zurücktreten: VW hatte mittels einer Software jahrelang auf dem Prüfstand massiv tiefere Dieselemissionswerte vorgegaukelt, als die Autos auf den Straßen tatsächlich verursachten.

Wie ist es möglich, dass die allem Augenschein nach vorbildlich aufgegleisten Compliance und CSR-Maßnahmen von VW derart versagten?

Eine entscheidende Rolle spielte – wie VW im Nachhinein selber einräumte (Deutsche Presse-Agentur 2015) – der hierarchische, rigide Leadership-Stil bei VW: „Nordkorea minus Arbeitslager" beschrieb die Zeitschrift Der Spiegel diesen einmal (Hawranek and Kurbjuweit 2013) und Insider kritisierten, dass in der deutschen Automobilindustrie immer wieder Qualitäts- und Complianceverstöße intern totgeschwiegen würden:

C. Frisch (✉)
Institut für Wirtschaftsethik, Universität St. Gallen
St. Gallen, Schweiz
E-Mail: colina.frisch@unisg.ch

© Springer-Verlag GmbH Deutschland, ein Teil von Springer Nature 2018
A. Kleinfeld und A. Martens (Hrsg.), *CSR und Compliance*,
Management-Reihe Corporate Social Responsibility,
https://doi.org/10.1007/978-3-662-56214-7_22

> Der Wind ist extrem rau. Alle wollen Kosten sparen und Erfolg haben – Widerspruch wird nicht geduldet [...] Kritische Themen dürfen oft nicht angesprochen werden, weil der Konzernchef sonst mit Rauswurf droht (Deutsche Presse-Agentur 2015).

Die Gründe, warum Menschen in Unternehmen gesetzeswidrige, unmoralische und geschäftsschädigende Dinge tun sind vielfältig: mangelnde Integrität oder Kompetenz von Individuen, falsche Anreize, ungenügende Kommunikation und Schulung, schlechte Vorbilder oder ganz allgemein eine miese Unternehmenskultur. Bei aller Vielfalt ist diesen Faktoren jedoch gemeinsam, dass sie von Führungspersonen entscheidend geprägt und beeinflusst werden: Denn Führungspersonen

- kreieren und kommunizieren Visionen. Sie richten die Aufmerksamkeit der Mitarbeitenden auf bestimmte Ziele.
- verkörpern und kommunizieren explizit oder implizit spezifische Werte und Haltungen.
- dienen Mitarbeitenden als Vorbilder, an denen Mitarbeitende ihr Verhalten ausrichten.
- nutzen diverse Führungsmittel oder initiieren Maßnahmen, mit denen sie das Verhalten ihrer Mitarbeitenden lenken, wie z. B. Managementsysteme, Weiterbildung und Schulungen, Anreize, Sanktionen etc.
- entscheiden, welche Personen (Mitarbeitende, Berater, Partner) sie für ihre Organisation rekrutieren und welche nicht.
- lassen ihre Mitarbeitenden in unterschiedlichem Maße partizipieren und Verantwortung übernehmen, z. B. durch Mitentwicklungs-, Mitsprache- und Mitentscheidungsrechte und -Prozesse.
- prägen mit allen obigen Aspekten die Unternehmenskultur entscheidend.

Da Führungsfaktoren also einen entscheidenden Einfluss auf das Verhalten der Mitarbeitenden haben, tragen Führungspersonen eine ernst zu nehmende moralische und je nach Situation auch juristische Verantwortung für Nutzen und Schäden, die durch Mitarbeitende, Produkte oder sonstige Aktivitäten eines Unternehmens entstehen können. Dies gilt es, bei der Führung von Unternehmen und Organisationen zu berücksichtigen. Responsible Leadership bietet als integratives Führungskonzept Orientierung und Anhaltspunkte, wie Führungskräfte dieser weitreichenden und facettenreichen Verantwortung gerecht werden können.

2   Was ist Responsible Leadership?

Für Responsible-Leader steht das Wohl der Menschen im Zentrum. Dieses soll durch einen verantwortungsbewussten Führungsstil gefördert werden. Dabei fokussieren Responsible-Leader sowohl auf das Wohl von anderen Menschen als auch auf ihr eigenes

Wohl, und sie tun dies mit einem langfristigen Horizont. Die **Handlungsmaxime** eines Responsible-Leaders lautet somit:

▶ Handle und entscheide immer so, dass die Folgen Deiner Handlung/Entscheidung gut sind – nicht nur für Dich selbst, sondern auch für andere, nicht nur heute, sondern auch in Zukunft.

Mit den **Anderen** sind die diversen Stakeholder (Anspruchsgruppen) gemeint, welche von Entscheidungen und Verhalten einer Führungsperson betroffen sind. Es sind dies z. B. Mitarbeitende, Kunden, Lieferanten, die Gesellschaft, die Umwelt, aber auch die Eigentümer eines Unternehmens, Aktionäre, Investoren und Gläubiger.

Bei soviel Interessensgruppen, deren Ansprüche es auszubalancieren gilt, geht zuweilen vergessen, dass Führungspersonen auch **selbst** einen Anspruch auf Wohlergehen und persönliche Weiterentwicklung haben. Diesen sollten sie ebenso ernst nehmen, wie die Ansprüche der vielen „Anderen".

Zusätzlich müssen Responsible-Leader immer auch eine längere Zeitachse im Blick behalten. So gilt es, nicht nur die aktuelle Situation, sondern auch die **langfristigen** Folgen ihrer Handlungen zu bedenken und – so weit möglich – auch zukünftige Bedürfnisse und Rahmenbedingungen zu antizipieren.

Responsible Leadership fokussiert also nicht einseitig auf finanzielle Gewinnmaximierungsziele, welche hauptsächlich den Eigentümern eines Unternehmens zugute kommen. Jedoch würde es auch zu kurz greifen, Responsible Leadership als isoliertes Führungsinstrument für die Steuerung von CSR oder Compliance zu sehen. Vielmehr beinhaltet Responsible Leadership einen Nährboden aus Werten und Haltungen, auf dem individuelle Führungspersonen diverse Führungstools einsetzen, um eine breit gefächerte Palette von Zielen effektiv und effizient zu erreichen. Dies wird nachfolgend anhand des Responsible-Leadership-Modells näher erläutert.

3 Das Responsible-Leadership-Modell

Das folgende, praxisorientierte Modell von Responsible Leadership wurde an der Universität St. Gallen gemeinsam mit dem „Circle for Responsible Leadership", einem Kreis von C-Level- Führungskräften und Experten entwickelt (Circle for Responsible Leadership 2017).

Es bietet einen Überblick über die verschiedenen Facetten von Responsible Leadership: Responsible-Leader fördern den mehrdimensionalen Erfolg einer Organisation mit Hilfe einer breiten Palette von Tools, welche permanent an ein sich immer rasanter wandelndes und unsichereres Umfeld angepasst werden müssen. Dies bedingt eine permanente Reflexion aller relevanten Faktoren und den Willen zur ständigen Verbesserung und Entwicklung (Abb. 1).

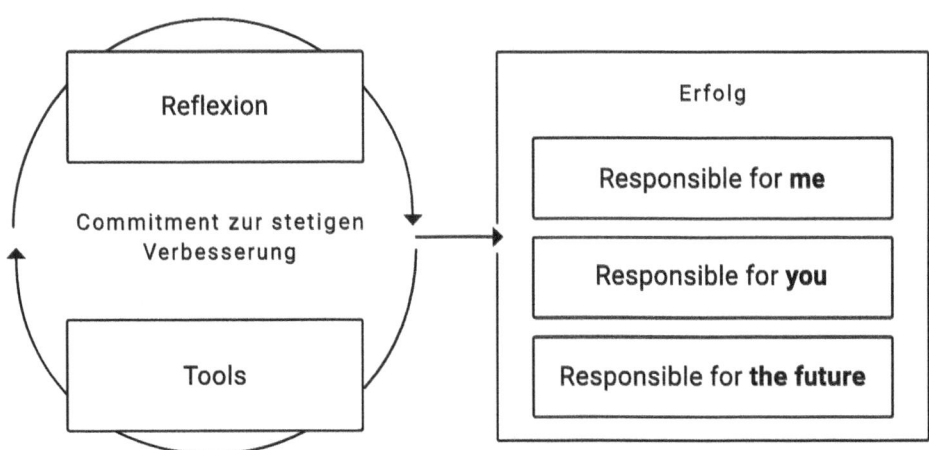

Abb. 1 Responsible Leadership

Die einzelnen Elemente des Responsible-Leadership-Modells werden nachfolgend erläutert.

Erfolg

Responsible Leadership soll – wie dies auch bei fast allen anderen Leadership-Konzepten der Fall ist – den Erfolg herbeiführen, d. h. das effektive und effiziente Erreichen der gesteckten Ziele (Hoffman et al. 2011). Führungskräfte, welche über längere Zeit nicht in der Lage sind, den gewünschten Erfolg herbeizuführen, haben in der Regel Mühe, sich dauerhaft in der Führungsposition zu behaupten.

Entscheidend ist jedoch, wie Erfolg definiert wird, das heißt, welche Ziele gesteckt werden. Anstatt nur finanzielle Erfolgsziele zu verfolgen, fokussiert Responsible Leadership auf dreierlei Zielbereiche: das Wohl der Stakeholder zu erhöhen, was selbstverständlich auch die finanzielle Verantwortung gegenüber Eigentümern und Investoren beinhaltet (Responsible for you), die Selbstreflexion zu vertiefen und das eigene Wohlbefinden zu steigern (Responsible for me) und Responsible Leadership nachhaltig im Unternehmen zu verankern, indem Nachwuchsführungskräfte entsprechend entwickelt und gefördert werden (Responsible for the future).

Erfolgsdimension „Responsible for you"

Responsible Leader sind erfolgreich in der Dimension „Responsible for you", wenn sie das Wohl von organisationsinternen und -externen Stakeholdern berücksichtigen und zudem mit der Umwelt sorgsam umgehen. Zu den Stakeholdern gehören bei Unternehmen selbstverständlich auch die Eigentümer und Investoren, welche oftmals (aber nicht immer ausschließlich) finanzielle Gewinnziele verfolgen. Bei im marktwirtschaftlichen Wettbewerb stehenden Unternehmen, gilt somit die sogenannte Triple Bottom Line: People, Planet, Profit (Elkington 1998). Nebst ökonomischem soll also insbesondere auch sozialer und ökologischer Mehrwert geschaffen werden.

Während sich ökonomischer Mehrwert, z. B. im Rahmen einer Gewinn-/Verlustrechnung recht einfach beschreiben und messen lässt, sind ökologische und insbesondere soziale Werte schon schwieriger zu fassen. Was genau macht denn das „Wohl" der Stakeholder aus? Und welche Stakeholder gilt es überhaupt zu berücksichtigen? Idealerweise werden diese Fragen in jeder Organisation individuell geklärt, und zwar im ständigen Dialog mit sämtlichen Stakeholdergruppen, welche von den Aktivitäten eines Unternehmens maßgeblich betroffen sind. Als primäre Leitplanken dienen dabei die nationalen Gesetze.

Tab. 1 Internationale soziale und ökologische Normen als Entscheidungsgrundlage für Responsible-Leader

Allgemeine Erklärung der Menschenrechte der Vereinten Nationen	Eine international anerkannte Sammlung an grundlegenden sozialen, wirtschaftlichen, politischen, kulturellen und zivilen Rechten (UN General Assembly 1948)
Arbeits- und Sozialstandards der Internationalen Arbeitsorganisation ILO	Übereinkommen und Empfehlungen der ILO, die auf 4 Grundprinzipien fußen: Vereinigungsfreiheit und Recht auf Kollektivverhandlungen, Beseitigung Zwangsarbeit, Abschaffung der Kinderarbeit, Verbot der Diskriminierung (Internationale Arbeitsorganisation ILO 2017)
United Nations Global Compact	Zehn universelle Prinzipien für verantwortungsvolle Unternehmensführung zu den Themen Menschenrechte, Arbeitsnormen, Umwelt und Korruptionsprävention (United Nations Global Compact 2017)
ISO 26000 Standard der International Organization for Standardization ISO	Standard zur sozialen Unternehmensverantwortung; definiert sieben Prinzipien (Rechenschaftspflicht, Transparenz, ethisches Verhalten, Achtung der Interessen der Stakeholder, der Rechtsstaatlichkeit, internationaler Verhaltensstandards und der Menschenrechte) und sieben Kernthemen (Organisationsführung, Menschenrechte, Arbeitspraktiken, Umwelt, faire Betriebs- und Geschäftspraktiken, Konsumentenbelange, regionale Einbindung und Entwicklung der Gemeinschaft) (International Organization for Standardization ISO 2010)
OECD-Leitsätze für multinationale Unternehmen	Empfehlungen zu verantwortlichem unternehmerischem Handeln bzgl. Offenlegung von Informationen; Menschenrechte; Umwelt; Bekämpfung von Bestechung, Bestechungsgeldforderungen und Schmiergelderpressung; Verbraucherinteressen; Wissenschaft und Technologie; Wettbewerb; Besteuerung (OECD 2010)
Sustainable Development Goals (SDGs) der Vereinten Nationen	Siebzehn Ziele mit 169 Unterzielen für eine nachhaltige Entwicklung der Welt, welche bis 2030 für von allen UNO-Mitgliedstaaten erreicht werden sollen (United Nations 2017)

Da diese Gesetze auf internationaler Ebene aber oftmals nicht greifen oder unter Umständen moralisch unzulänglich sein können (Crane and Matten 2010), haben sich eine Reihe von internationalen Normen und Übereinkommen etabliert, die Responsible-Leadern als Entscheidungsgrundlagen dienen (siehe Tab. 1).

Auch wenn sich mittlerweile gewisse generische Verantwortungsthemen herauskristallisieren lassen, wie z. B. langfristige Profitabilität, fairer Umgang mit Mitarbeitenden, Menschenrechte, Verbraucherschutz, Transparenz, Korruptionsbekämpfung und Ökologie, sollte jede Organisation individuell die spezifischen Ansprüche ihrer Stakeholder laufend reflektieren. Denn die situativen Bedingungen, in denen Unternehmen operieren, sind stetigem Wandel unterworfen und im Zuge der Digitalisierung tauchen neue verantwortungsrelevante Themengebiete auf (siehe dazu den Abschnitt *Responsible Leadership in einer VUCA-Welt*).

Vergegenwärtigt man sich die Komplexität der verschiedenen, teils konfligierenden Stakeholderansprüche an Unternehmen, erstaunt es nicht, dass Führungspersonen alle Hände voll zu tun haben, möglichst vielen Ansprüchen gerecht zu werden und somit hauptsächlich auf die Erfolgsdimension „Responsible for you" fokussieren. Dennoch sind auch die nachfolgenden Erfolgsdimensionen „Responsible for me" und „Responsible for the future" von großer Wichtigkeit, nicht zuletzt weil sie wesentliche Voraussetzungen darstellen, um langfristig den Erfolg im Bereich „Responsible for you" sicherzustellen.

Erfolgsdimension „Responsible for me"

Führungspersonen sind erfolgreich in der Dimension „Responsible for me", wenn sie erstens ihre Lebensqualität erhalten bzw. steigern können und zweitens, wenn sie ihre Selbstkenntnis erhöhen und als Persönlichkeit wachsen können.

Beide Aspekte sind sehr wichtig, um langfristig als Führungsperson erfolgreich zu sein. Führungspersonen, die ihre Lebensqualität und Gesundheit nicht langfristig erhalten können, laufen Gefahr, die in den meisten Führungspositionen geforderte Belastbarkeit zu verlieren und aus ihrem Job auszuscheiden. Nicht minder wichtig für erfolgreiches Leadership sind Selbstreflexion und Persönlichkeitsentwicklung. Die Kenntnis der eigenen Stärken, Schwächen, Werte und Verhaltensmuster oder anders gesagt das Wissen, „wie man selber tickt" ist ein wesentlicher Aspekt von emotionaler Intelligenz (Mayer et al. 2011) und Voraussetzung für den Aufbau gelingender, motivierender Führungsbeziehungen mit Mitarbeitenden.

Selbstverständlich sind die Vorstellungen, was **Lebensqualität**, Zufriedenheit, Glück und persönliches Wohlbefinden ausmacht, sehr individuell. Zufriedenheitsstiftende Faktoren, die in der Glücksforschung jedoch häufig genannt werden, sind Gesundheit, positive enge soziale Bindungen, wie z. B. Ehe, Familie und Freundschaften, ein höheres Ausbildungsniveau, Religion und Spiritualität und politische Mitbestimmungsmöglichkeiten (demokratische staatliche Institutionen, insbesondere direktdemokratische). Die Arbeit gilt ebenfalls als wichtiger Faktor. Einerseits schafft sie materiellen Wohlstand, welcher weltweit einen positiven Zusammenhang mit Zufriedenheit aufweist. Jedoch schwächt sich der Zusammenhang von Zufriedenheit und Einkommen umso mehr ab, je höher das

Einkommen steigt, d. h. zusätzliches Einkommen macht wohlhabende Menschen kaum noch glücklicher. Arbeit, sofern sie selbstbestimmt ist, schafft andererseits aber auch eine Möglichkeit, eigene Kompetenzen zu nutzen und Anerkennung zu erfahren (Frey und Frey Marti 2010).

Mit Tief- und Rückschlägen muss jedoch gerechnet werden. Die wenigsten Menschen erleben permanente Glückseligkeit in allen Lebensbereichen. Entscheidend ist deshalb, wie mit Herausforderungen im Bereich „Responsible for me" umgegangen wird, ob Alarmzeichen rechtzeitig als solche erkannt werden und entsprechende unterstützende Maßnahmen eingeleitet werden. Klassische Alarmzeichen sind, sofern sie über längeren Zeitraum hindurch auftreten, Schmerzen und sonstige gesundheitliche Probleme, Schlaflosigkeit, Angst-, Traurigkeits- und Hilflosigkeits- und Wertlosigkeitsgefühle, starke Aggression gegen andere oder sich selbst, Gefühllosigkeit, Konzentrationsstörungen, zerbrechende enge Beziehungen, Suchtverhalten (Alkohol, Medikamente, Kokain etc.), Verleugnung der eigenen Bedürfnisse und Widerwille, Verdruss und Zynismus in Bezug auf die Arbeit.

Um einerseits Alarmzeichen bei sich selbst rechtzeitig wahrnehmen zu können und andererseits zu verstehen, welche Faktoren für die eigene Lebensqualität wichtig sind, braucht es **Selbstreflexion**. Reflektiert werden sollten die eigenen Werte, Sinngebungen und Verhaltensweisen: Was bedeutet ein gutes Leben für mich und was gibt meinem Leben Sinn? Wie denke, fühle und verhalte ich mich in Beziehung zu mir selbst, in meinen privaten und beruflichen Beziehungen? Was sind meine Stärken und wo habe ich noch Schwächen? Entscheidend ist, Schwächen weder in narzisstischer Selbstüberhöhung zu verleugnen, noch als Beweis der eigenen Minderwertigkeit zu deuten, sondern bestenfalls als noch nicht ausgeschöpfte Entwicklungspotenziale anzusehen. Damit einhergehend ist eine realistische Einschätzung der eigenen Möglichkeiten bei gleichzeitiger Wertschätzung seiner selbst. Der daraus resultierende gesunde Selbstwert macht Führungspersonen auch im Umgang mit anderen, wie z. B. Mitarbeitenden, erfolgreich. Führungspersonen mit hohem Selbstwert entwickeln die Fähigkeit, andere Menschen so zu akzeptieren wie diese sind, anstatt so wie sie sie gerne hätten. Sie tendieren somit dazu, wie eine Studie zeigen konnte, auch das Selbstwertgefühl ihrer Mitarbeitenden zu erhöhen, fokussieren eher auf die Gegenwart als die Vergangenheit, sind höflich gleichermaßen zu engen Kollegen wie Fremden, haben die Fähigkeit, anderen vertrauen zu können und sind nicht auf konstante Zustimmung und Anerkennung von anderen angewiesen (Bass und Bass 2008, S. 190).

Zusammengefasst gesagt, ermöglichen Selbstreflexion, emotionale Intelligenz und gesunder Selbstwert Führungspersonen, erfolgreiche Führungsbeziehungen aufzubauen. Erfolg in der Dimension „Responsible for me" ermöglicht somit auch den Erfolg im Bereich „Responsible for you". Oder wie sich ein Teilnehmer des Circle for Responsible Leadership ausdrückte:

Im Flugzeug wird man angewiesen, zuerst immer selber die Sauerstoffmaske aufzusetzen bevor man seinen Mitreisenden helfen kann. Das gleiche gilt für Responsible Leadership: Ohne „Sauerstoff", d. h. ohne Energie, Freude, Balance, Gesundheit, Selbstkenntnis und Selbstwert ist es beinah unmöglich, gelingende Führungsbeziehungen aufzubauen und „responsible for you" zu sein.

Erfolgsdimension „Responsible for the future"

Führungspersonen sind erfolgreich in der Dimension „Responsible for the future", wenn sie Nachwuchstalente erkennen und fördern können, sodass sich diese erfolgreich zur nächsten Responsible-Leadergeneration entwickeln können und Verantwortung somit nachhaltig und langfristig in einem Unternehmen etabliert wird.

Bestehende Führungskräfte üben in mehrerlei Hinsicht großen Einfluss auf nachrückende Führungskräfte aus:

Erstens fungieren sie als Vorbilder und ihre Werte und Verhaltensweisen nähren somit die Vorstellungen von Nachwuchsführungskräften, was in einer Organisation als erwünscht, erfolgreich und verantwortungsvoll gilt und was nicht (Mayer et al. 2009). Attraktive Vorbilder sind Führungskräfte im Sinne von Responsible Leadership dann, wenn sie in den Bereichen „Responsible for you and me" erfolgreich sind.

Zweitens prägen Führungskräfte Nachwuchsführungskräfte auch, indem sie ihnen Zugang zu ausgewählten Aus- und Weiterbildungen verschaffen. Insbesondere bei internen Weiterbildungsprogrammen können Topführungskräfte Art und Inhalt von Nachwuchsweiterbildungen weitgehend steuern und sollten darauf achten, dass Weiterbildungen im Sinne von Responsible Leadership konzipiert werden.

Drittens erneuern sich auch in einer demokratischen Gesellschaft de facto viele Führungsgremien und Machtzirkel (wie z. B. Verwaltungs- und Stiftungsräte, Geschäftsleitungen, politische Parteien, Studentenverbindungen, Serviceclubs, Zünfte, Vereine, militärische und religiöse Netzwerke) zumindest teilweise durch Kooptation, d. h. die Aufnahme von Mitgliedern wird durch die bereits bestehenden Mitglieder vorgenommen. Anders gesagt, die bereits bestehende Elite entscheidet häufig selbst darüber, wen sie als Nachwuchselite ins Zentrum der Macht nachrücken lässt (Blattmann 1998). Führungskräfte sehen sich also in der Verantwortung, die im Sinne von Responsible Leadership fähigsten Nachwuchsführungskräfte zu rekrutieren und befördern. Indem also erfolgreich die nächste Generation von verantwortungsbewussten Führungskräften aufgebaut wird, wird Responsible Leadership nachhaltig und langfristig in der Organisation verankert.

Tools

Nachdem die Ziele von Responsible Leadership in den drei Erfolgsdimensionen „Responsible for you, for me" und „for the future" genauer definiert worden sind, stellt sich die Frage, wie all diese Ziele erreicht werden können. Hier bieten sich für jede der drei Erfolgsdimensionen Unmengen von Führungstools (Führungswerkzeuge und -Hilfsmittel) an.

Abb. 2 gibt – ohne den Anspruch auf Vollständigkeit zu erheben – einen Überblick über **Führungstools für die Erfolgsdimension „Responsible for you"**. Es handelt sich

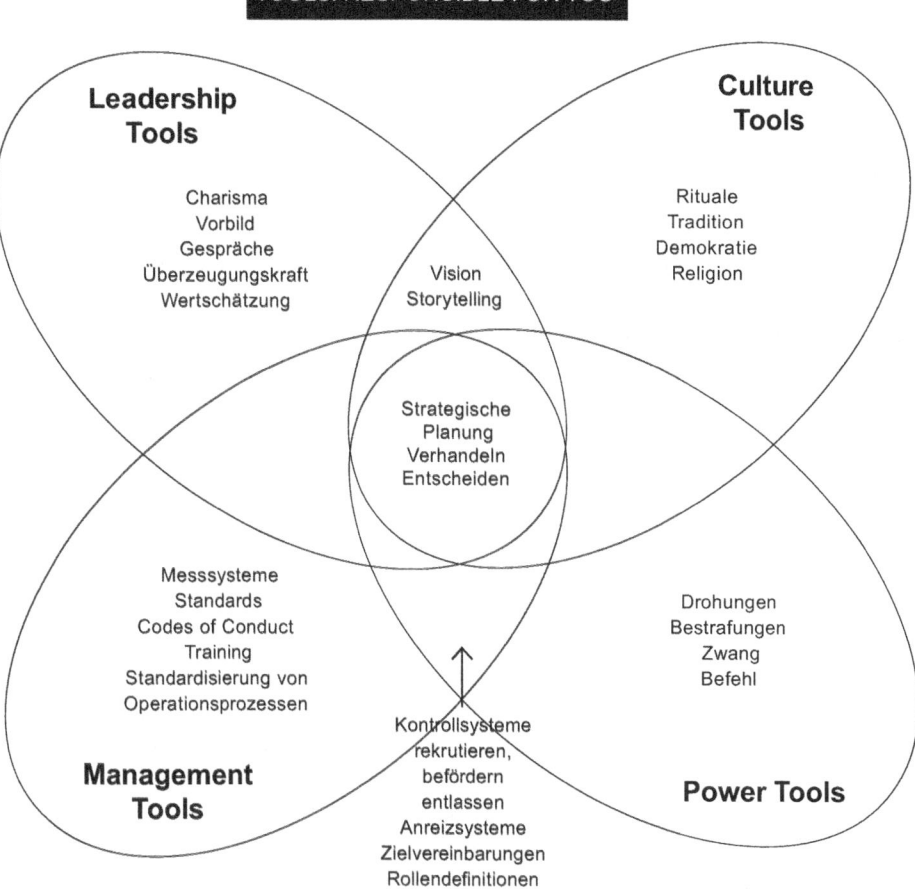

Abb. 2 Tools: „Responsible for you"

hier um klassische Tools zur Führung von Personen und Prozessen. Nebst mehrdimensionalen, zentralen Tools, z. B. Strategische Planung, Verhandeln und Entscheiden, lassen sich die übrigen Tools grob unterteilen in Leadership-Tools, Management-Tools, Culture-Tools und Power-Tools (Christensen et al. 2006).

Leadership-Tools, wie z. B. Charisma, Vorbildverhalten, das Entwerfen von Visionen und das Zeigen von persönlicher Wertschätzung, dienen dazu, geführte Individuen für ein Ziel zu gewinnen, zu begeistern und somit intrinsisch zu motivieren. Vormals fremde Ziele sollen zum persönlich gewollten Ziel jedes Einzelnen werden.

Culture-Tools, wie z. B. die Pflege von Ritualen, Traditionen oder partizipative Entscheidungsprozesse, zielen auf die Kultur einer Organisation ab. Sie verankern individuelle Ziele und Verhaltensweisen in sozial geteilten, stark handlungsleitenden Normen, deren Erfüllung nicht nur bei Führungspersonen, sondern auch bei Kollegen Wertschätzung hervorruft – es entsteht ein gemeinsames Bewusstsein „Bei uns machen wir das so, und das finden wir gut!".

Management-Tools, wie z. B. der Einsatz von Messsystemen, ausdefinierten Normen (Code of Conduct, Standards), Training und Standardisierung von Prozessen, dienen der Optimierung und effizienten Gestaltung von Geschäftsprozessen. Management-Tools sind vor allem dann angezeigt, wenn bereits klar ist, „was" wir wollen (Ziele), „warum" wir es wollen (Motivation), und „wie" es im Wesentlichen zu erreichen ist (Aktionsplan). Dann gilt es nämlich, den Aktionsplan so effizient und effektiv wie möglich umzusetzen.

Mit **Power-Tools** schließlich, wie z. B. Drohung, Bestrafung, Zwang und Befehl, wollen Führungspersonen unmittelbar Einfluss nehmen auf die Geführten, indem sie deren Verhaltensweisen stark extrinsisch motivieren. Die geführten Personen verfolgen somit Ziele nicht um ihrer selbst willen, sondern um Strafe zu vermeiden oder Belohnung zu erhalten. Auch etliche Tools an der Schnittstelle zwischen Management-Tools und Power-Tools, wie z. B. Anreiz- und Kontrollsysteme, Beförderung und Entlassung und Zielvereinbarungen, befördern eher die extrinsische anstatt die intrinsische Motivation der Geführten. Damit lassen sich zwar oft recht schnelle und massive Verhaltensänderungen erzielen, jedoch sind diese häufig nicht sehr nachhaltig, da die intrinsische (d. h. die innere, aus ihnen selbst entstehende) Motivation der Geführten untergraben werden kann (Deci et al. 1999). Materielle Belohnungen müssen dann – fast wie eine Droge – konstant aufrechterhalten bzw. sogar erhöht werden, damit sie die gewünschte Wirkung entfalten. Zwang und Befehl können zudem Widerspruch, Trotz und Ablehnung (Verweigerung, Kündigung) hervorrufen (Bass and Bass 2008, S. 381). Beim Einsatz von Power-Tools ist deswegen Vorsicht angezeigt, auch weil Power-Tools die Würde der Geführten verletzen können. Jedoch gibt es Situationen, wo auch in moralischer Hinsicht der Einsatz gerechtfertigt sein mag, z. B. wenn dadurch Schlimmeres verhindert werden kann oder um absolut inakzeptables Verhalten zu unterbinden (Brown et al. 2005).

Nebst vielen Tools, die primär der Führung von anderen dienen, gibt es auch eine ganze Reihe von Tools, die der Führung von sich selbst dienen. **Tools der Erfolgsdimension „Responsible for me"** werden in Abb. 3 dargestellt. Diese lassen sich unterteilen in die Bereiche Körper, Psyche, soziale und spirituelle Tools. Sie können uns helfen, unsere Lebensqualität und unser Wohlbefinden zu erhöhen und unsere persönliche Entwicklung und Selbstreflexion zu stärken. Auch wenn hier der Einfachheit halber der Begriff „Tool" benutzt wird, gehen etliche der nachfolgend genannten Aspekte (insbesondere im sozialen und spirituellen Bereich) natürlich weit über bloße „Werkzeuge" oder „Mittel zum Zweck" hinaus und zielen auf ganz grundsätzliche Wert- und Lebenshaltungen ab.

Körper-Tools zielen darauf ab, unseren Körper in Gesundheit und Einsatzfähigkeit zu erhalten. Dies befördert unsere Leistungsfähigkeit gleichermaßen wie unsere Lebensqualität. Nebst medizinischen, gesundheitsfördernden Maßnahmen gilt vor allem die Trias aus ausreichend Schlaf, ausreichender, maßvoller Bewegung und gesunder Ernährung als wesentliche Faktoren für körperliche Gesundheit (Kesselring 2017).

Psyche-Tools, wie z. B. Coaching, Beratung, Mentoring und Peer-Mentoring (kollegiale Beratung), zielen auf die psychologischen Anteile unserer selbst ab: unsere Kognitio-

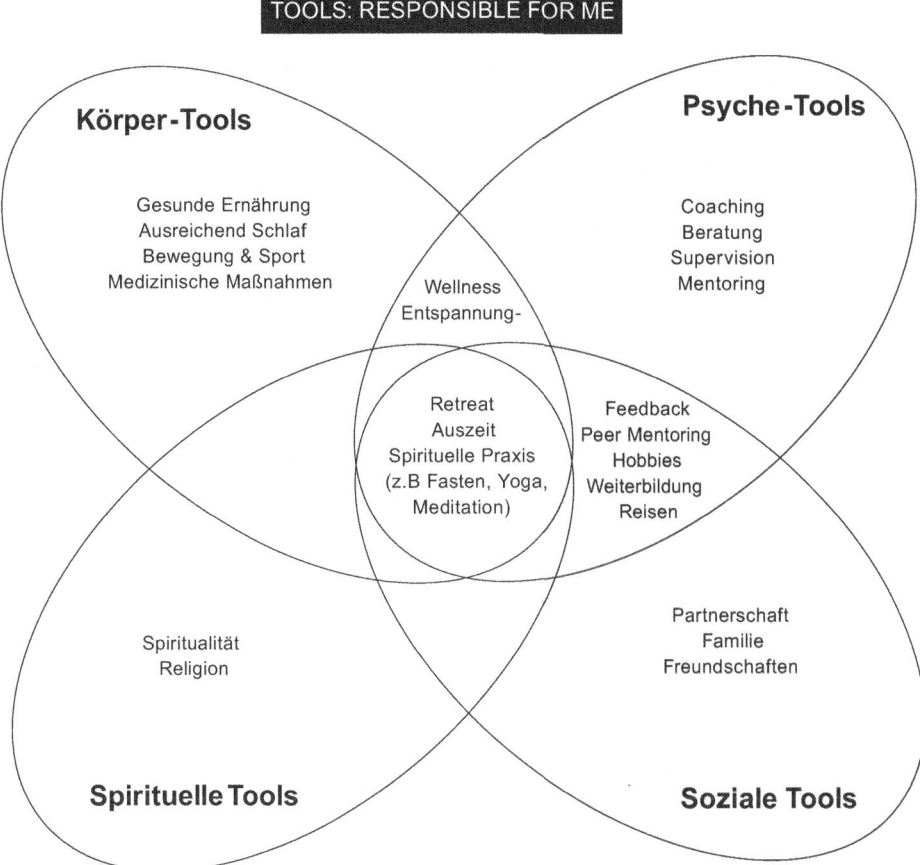

Abb. 3 Tools: „Responsible for me"

nen, Emotionen und Verhaltensweisen. Sie dienen primär der Erhöhung der Selbstreflexion, welche zu einer Persönlichkeitsentwicklung führen soll. Diese wiederum kann z. B. in einer höheren Lebensqualität und einer Erweiterung oder Verbesserung der persönlichen Führungsfähigkeiten münden.

Social-Tools spielen bei der persönlichen Lebensqualität eine wesentliche Rolle. Enge, positiv erlebte, persönliche Beziehungen, wie sie in funktionierenden Partnerschaften, in der Familie und in Freundschaften gelebt werden, sind glücksstiftend (Frey and Frey Marti 2010) und erhöhen die Resilienz – die persönliche Widerstandskraft und Fähigkeit, Krisen zu bewältigen (Center on the Developing Child at Harvard University 2015). Auch wenn positiv erlebte Beziehungen nicht erzwungen werden können, lohnt es sich, ausreichend Zeit, Energie und „Herzblut" in persönliche Beziehungen zu investieren. Auch Hobbies, Reisen, Weiterbildungen und das Einholen von Feedback (z. B. im Rahmen eines Peer-Mentorings oder eines 360-Grad-Feedbackprozesses) können einen Rahmen bieten, um soziale Beziehungen zu pflegen, zu verbessern und den persönlichen Horizont zu erweitern.

Spiritual-Tools, wie z. B. Glaube, Religion und Spiritualität, können ebenfalls Halt, Sinn und handlungsleitende Werte bieten. Über Hunderte von Jahren hinweg haben sich zudem in diversen Kulturkreisen spirituelle Praxen entwickelt, wie z. B. Fasten, Besinnung, Gebet, Meditation und Yoga, die nebst der spirituellen, auch die körperliche, psychische und soziale Entwicklung des Menschen befördern sollen.

Schließlich gibt es auch noch **Tools für die Erfolgsdimension „Responsible for you",** also Tools, um die nächste Leadergeneration zu Responsible-Leadern zu entwickeln und Responsible Leadership so langfristig und nachhaltig in einer Organisation zu verankern (siehe Abb. 4). Diese Förderung von Responsible Leadership kann aus Sicht der fördernden Führungsperson aus der Top-down- oder Bottum-up-Perspektive erfolgen. Daneben

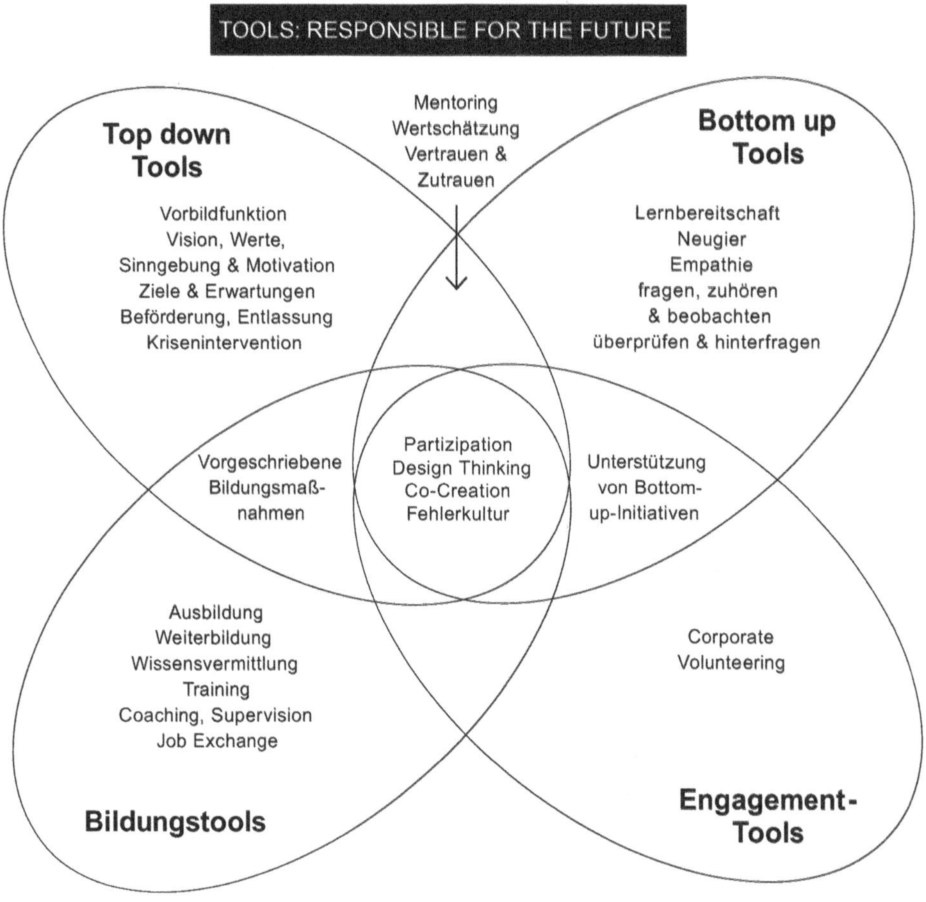

Abb. 4 Tools: „Responsible for the future"

gibt es klassische Bildungs-Tools und Engagement-Tools. Komplexe Tools wie Design Thinking, Partizipation oder das Erarbeiten einer gemeinsamen Fehlerkultur vereinen verschiedene Tool-Kategorien in sich.

Bei **Top-down-Tools** sieht sich die fördernde Führungsperson primär als „Sender" und die zu fördernden Nachwuchsführungskräfte als „Empfänger". Tools in diesem Bereich sind z. B. die Vorbildfunktion, die Vermittlung von Werten und Visionen, die klare Formulierung von Zielen und Erwartungen, Beförderung und Entlassung von geeigneten bzw. ungeeigneten Kandidaten und Krisenintervention, wenn Dinge aus dem Ruder laufen. Die fördernde Führungsperson fungiert hier als „Leitwolf" und bietet damit Sicherheit und Orientierung. Von Nachwuchsführungskräften wird eine gewisse Anpassung gefordert, sie erlernen sozusagen „rudelkonformes" Verhalten.

Bottom-up-Tools setzen hingegen eine Perspektive voraus, bei der die fördernde Führungsperson ihre Antennen primär auf „Empfang" schaltet. Sie sieht neugierig jede Nachwuchsführungsperson als Individuum, mit einem spezifischen Potenzial, das es zu entdecken und entfalten gilt. Sie geht davon aus, dass nicht nur jüngere Generationen von der Erfahrung von älteren Generationen lernen können, sondern auch umgekehrt. Tools in diesem Bereich sind Empathie, Zuhören, Beobachten, Fragen und Hinterfragen. Die fördernde Führungskraft fungiert hier als Coach und begleitet Nachwuchsführungskräfte bei ihrer individuellen Entfaltung. Von Nachwuchsführungskräften wird eine gewisse Selbstständigkeit, Selbstreflexion und Übernahme von Verantwortung gefordert.

Nebst Top-down- und Bottom-up-Tools, die in der direkten Beziehung zwischen Fördernder und geförderter Führungsperson zum Einsatz kommen, gibt es natürlich auch diverse **Bildungs-Tools**, welche sich an andere Fachpersonen delegieren lassen, wie z. B. interne Trainings, Aus- und Weiterbildung, Coaching, Supervision, Job Exchange etc.

Engagement-Tools schließlich, wie z. B Corporate Volunteering oder Bottom-up-Initiativen (von Mitarbeitenden selbstständig angestoßene und verfolgte Initiativen), vervollständigen die Palette an Tools zur Nachwuchsförderung. Sie wollen insbesondere die intrinsische Motivation für Responsible Leadership fördern, indem sie persönliches Engagement unterstützen.

Zusammenfassend lässt sich sagen, dass Führungskräften unzählige, z. T. sehr unterschiedliche Tools zur Verfügung stehen. Die Wahl des richtigen Tools erfordert somit immer eine genaue Analyse der jeweiligen Situation.

Responsible Leadership in einer VUCA-Welt

Das Umfeld, in dem sich Führungskräfte bewegen, lässt sich zunehmend als VUCA-Welt beschreiben. VUCA steht als englisches Akronym für **Volatility** (Volatilität), **Uncertainty** (Unsicherheit), **Complexity** (Komplexität) und **Ambiguity** (Ambiguität) (Mack und Khare 2016). Gemeint ist, dass die Umfelder von Organisationen immer komplexer werden, sich in immer rasanterem Tempo verändern, Kausalitäten oft unklar sind und somit die Zukunft immer unsicherer und schwieriger vorauszusagen ist.

Für Responsible-Leader ergeben sich daraus drei primäre **Herausforderungen**:

1. Die in den drei Erfolgsdimensionen „Responsible for you, me & the future" festgelegten **Ziele verändern sich** zwangsläufig. Was bedeutet es, angesichts des rasanten, technologischen und gesellschaftlichen Wandels das „Wohl" von Menschen zu fördern? So führt z. B. die gegenwärtige Digitalisierung der Gesellschaft und Wirtschaft zu tiefgreifenden Veränderungen für diverse Stakeholder (Schwab 2016). Auf der einen Seite tun sich Chancen auf, wie z. B. verbesserte Angebote für Kunden, Substituierung von für Menschen gefährlichen oder langweiligen Arbeitsaufgaben oder vereinfachte Kommunikation mit diversen Stakeholdern. Auf der anderen Seiten tauchen neue Risiken auf, mit welchen ein verantwortungsbewusster Umgang gefunden werden muss, wie z. B. der mit der Automatisierung verbundene Verlust von Arbeitsplätzen, Verletzung und Manipulation der Privatsphäre und Cyberkriminalität. Hier gilt es, die eigenen Ziele laufend zu überprüfen. Internationale Normen, Standards und Gesetze hinken häufig der realen Entwicklung hinterher und bieten hier deswegen nur begrenzt Orientierung.
2. Nicht nur die Ziele, auch die **Anwendung von Führungstools verändert sich** zwangsläufig. Altbewährte Rezepte versagen unter veränderten Rahmenbedingungen, Routinen müssen konstant verändert werden. Doch wie? Es gibt eine immer größer werdende Masse von Führungstools, aus der es auszulesen gilt. Die eigentliche Herausforderung besteht nicht mehr darin, sämtliche Führungstools zu kennen, sondern zu erkennen, wann welches Tool geeignet ist, anstatt Energie und Glaubwürdigkeit zu riskieren durch die Verwendung kontraproduktiver Tools (Christensen et al. 2006).
3. Die Folge eines VUCA-Umfeldes **auf individueller Ebene** sind erhöhtes Empfinden von **Verunsicherung** und Kontrollverlust, was Ängste und Stress verursachen kann. Eine große Flexibilität und innere Stärke ist sowohl von Führungspersonen wie auch von den geführten Personen gefordert. Der Erfolgsdimension „Responsible for me" muss deswegen in einem VUCA-Umfeld besondere Beachtung geschenkt werden.

Reflexion

Reflexion im Sinne eines permanenten Hinterfragens und Überprüfens von Umfeldbedingungen, Führungszielen und Führungstools ist zwingend notwendig, um die oben beschriebenen drei großen Herausforderungen von Responsible Leadership in einem VUCA-Umfeld zu meistern. Viele Führungspersonen sind outputorientierte „Macher". Der normale Führungsalltag ist häufig eng getaktet und lässt wenig Freiraum für Reflexion. Gerade deswegen sollten Führungspersonen dringend die folgenden Fragen klären und somit Reflexion in ihrem Alltag standardmäßig verankern:

- **Was** muss ich reflektieren? Zum Beispiel: Wie verändert sich das Umfeld? Wie reagieren meine Stakeholder und ich selbst auf diese Veränderungen? Wie verändern sich die Ziele in den Erfolgsdimensionen „Responsible for you, me & the future"? Mit welchen Tools erreichen wir diese Ziele aktuell am besten?

- **Mit wem** reflektiere ich? Alleine oder mit anderen? Wer hat entscheidende Informationen oder verhilft mir zu neuen Einsichten? Wer erweitert meinen Horizont? Wer traut sich, mir zu widersprechen und mich herauszufordern?
- **Wie** reflektiere ich? In welcher Form, in welchem Setting findet die Reflexion statt?
- **Wann** reflektiere ich? Wann und wie häufig findet die Reflexion statt? Wie verhindere ich, dass die Reflexionszeit anderen dringenden Tätigkeiten zum Opfer fällt?

Commitment zur stetigen Verbesserung

Aus allem bisherigen wird deutlich: Ein Responsible-Leader ist die eierlegende Wollmilchsau unter den Führungspersonen. Die Anforderungen sind sehr hoch. So sollen Responsible-Leader das Wohl von diversen Stakeholdern (mit z. T. untereinander konfligierenden Ansprüchen) befördern, gleichzeitig ihr eigenes Wohlbefinden im Auge behalten und auch noch den Nachwuchs auf die richtige Bahn bringen – und dies alles mit einem unübersichtlichen Arsenal von Tools und unter den Rahmenbedingungen einer schwer kontrollierbaren VUCA-Welt.

Wollen Responsible-Leader nicht an den hohen Ansprüchen zerbrechen, tun sie deswegen gut daran, sich von Perfektionsphantasien und -ansprüchen schnell zu verabschieden. Perfektion ist höchstens kurzfristig erreichbar, die heute perfekte Lösung ist in einer VUCA-Welt bereits morgen wieder obsolet. Fehler gehören zwangsläufig zum stetigen Lernprozess.

Entscheidend für einen Responsible-Leader ist also nicht, perfekt zu sein, sondern über die Bereitschaft bzw. das Commitment zu verfügen, sich stetig zu verbessern und nie aufzuhören, zu lernen. Letzteres findet im steten Wechsel von Aktion und Reflexion statt.

4 Fazit

Hätte der VW-Skandal verhindert werden können, wenn im Unternehmen mehr Responsible Leadership gelebt worden wäre? Diese Frage lässt sich mit einem (spekulativen) Ja beantworten. Wo isolierte CSR- und Governance-Maßnahmen versagen, weil sie als einsame Fischlein gegen den reißenden Strom von konträr wirkenden Leadership-Interventionen schwimmen müssen, da wird der Blick aufs Ganze notwendig: Responsible Leadership erweitert die weit verbreitete, rein finanzielle Erfolgsdefinition von Leadership um die folgenden Erfolgsdimensionen:

- „Responsible for you": im Sinne von People, Planet, Profit das Wohl einer breiten Palette von Stakeholdern fördern.
- „Responsible for me": durch Selbstreflexion das eigene Wohlbefinden und die eigene Persönlichkeitsentwicklung stärken und somit auch die Fähigkeit, gelingende Führungsbeziehungen aufzubauen, erhöhen.

- „Responsible for the future": die langfristige Verankerung von Responsible Leadership in der Organisation durch die entsprechende Entwicklung und Förderung von Nachwuchsführungskräften.

Responsible-Leader fördern diesen mehrdimensionalen Erfolg mit Hilfe einer breiten Palette von Tools, welche permanent an ein sich immer rasanter wandelndes und unsichereres Umfeld angepasst werden müssen. Dies funktioniert nur, wenn Führungspersonen in ihrem häufig überladenen Alltag Reflexionsräume schaffen und nutzen, wo Veränderungen im Umfeld, Ziele und Tools laufend hinterfragt und überprüft werden. Voraussetzung dazu ist ein steter Wille zur Verbesserung und Entwicklung. Responsible Leadership als integratives Konzept mit Erfolgsdimensionen, Tools, Reflexion und Commitment zur steten Verbesserung bietet somit Orientierung, wie auch in einer komplexen und unsicheren Welt das Wohl von Menschen wieder als primäres Anliegen in den Fokus von Leadership rückt.

Literatur

Bass BM, Bass R (2008) The Bass handbook of leadership: Theory, research, and managerial applications. Free Press, New York

Blattmann L (1998) Männerbund und Bundesstaat. In: Blattmann L, Meier I (Hrsg) Männerbund und Bundesstaat. Über die polititsche Kultur der Schweiz. Orell-Füssli, Zürich

Brown ME, Treviño LK, Harrison DA (2005) Ethical leadership: a social learning perspective for construct development and testing. Organ Behav Hum Decis Process 97(2):117–134. https://doi.org/10.1016/j.obhdp.2005.03.002

Center on the Developing Child at Harvard University (2015) Supportive relationships and active skill-building strengthen the foundations of Resilience: Working Paper 13. http://www.developingchild.harvard.edu. Zugegriffen: 5. Okt. 2017

Christensen CM, Marx M, Stevenson HH (2006) The tools of cooperation and change. Harv Bus Rev 84(10):72–80, 148

Circle for Responsible Leadership (2017) Our approach. http://www.responsibleleadership.ch. Zugegriffen: 16. Juni 2017

Crane A, Matten D (2010) Business ethics, 3. Aufl. Oxford University Press, New York

Deci EL, Koestner R, Ryan RM (1999) A meta-analytic review of experiments examining the effects of extrinsic rewards on intrinsic motivation. Psychol Bull 125(6):627–668. https://doi.org/10.1037/0033-2909.125.6.627

Deutsche Presse-Agentur (2015) Unternehmensberater kritisiert Führungskultur in der Autoindustrie. Focus. http://www.focus.de/finanzen/news/auto-unternehmensberater-kritisiert-fuehrungskultur-in-autoindustrie_id_5150394.html. Zugegriffen: 5. Okt. 2017

Elkington J (1998) Cannibals with forks: the triple bottom line of 21st century business. New Society Publishers, Gabriola Island, Stony Creek

Frey BS, Frey Marti C (2010) Glück. Die Sicht der Ökonomie. Rüegger, Zürich, Chur

Fry E (2015) VW fooled everyone. Was it the only one? Fortune. http://fortune.com/2015/10/26/emissions-testing-software-cheat-volkswagen-scandal/. Zugegriffen: 5. Okt. 2017

Hawranek D, Kurbjuweit D (2013) Wolfsburger Weltreich. Der Spiegel, (34/2013). http://www.spiegel.de/spiegel/print/d-107728908.html. Zugegriffen: 5. Okt. 2017

Hoffman BJ, Woehr DJ, Maldagen-Youngjohn R, Lyons BD (2011) Great man or great myth? A quantitative review of the relationship between individual differences and leader effectiveness. J Occup Organ Psychol 84(2):347–381. https://doi.org/10.1348/096317909x485207

International Organization for Standardization ISO (2010) ISO 26000. Guidance on social responsiblity. https://www.iso.org/publication/PUB100258.html. Zugegriffen: 5. Okt. 2017

Internationale Arbeitsorganisation ILO (2017) ILO-Arbeits- und Sozialstandards. http://www.ilo.org/berlin/arbeits-und-standards/lang--de/index.htm. Zugegriffen: 24. Juni 2017

Kesselring J (2017) Neurorehabilitation in multiple sclerosis – resilience in practice. Eur Neurol Rev 12(1):31–36

Mack O, Khare A (2016) Perspectives on a VUCA world. In: Mack O, Khare A et al (Hrsg) Managing in a VUCA world. Springer, Cham, S 3–19 https://doi.org/10.1007/978-3-319-16889-0_1

Mayer DM, Kuenzi M, Greenbaum R, Bardes M, Salvador R (2009) How low does ethical leadership flow? Test of a trickle-down model. Organ Behav Hum Decis Process 108(1):1–13. https://doi.org/10.1016/j.obhdp.2008.04.002

Mayer JD, Salovey P, Caruso DR, Cherkasskiy L (2011) Emotional intelligence. In: Sternberg RJ, Kaufman SB (Hrsg) The Cambridge handbook of intelligence. Cambridge University Press, New York, S 528–549

OECD (2010) OECD-Leitsätze für multinationale Unternehmen. http://dx.doi.org/10.1787/9789264122352-de. Zugegriffen: 5. Okt. 2017

Schmidbauer J, Willmroth J (2015) Öko-Fonds schmeissen Volkswagen raus. Süddeutsche Zeitung. http://www.sueddeutsche.de/geld/aktien-oeko-fonds-schmeissen-volkswagen-raus-1.2670144. Zugegriffen: 14. Febr. 2018

Schwab K (2016) The fourth industrial revolution. World Economic Forum, Cologny, Geneva

UN General Assembly (1948) Universal declaration of human rights (217 [III] A). UN General Assembly, Paris

United Nations (2017) Sustainable development goals: 17 goals to transform our world. http://www.un.org/sustainabledevelopment/. Zugegriffen: 31. Aug. 2017

United Nations Global Compact (2017) The ten principles of the UN Global Compact. https://www.unglobalcompact.org/what-is-gc/mission/principles. Zugegriffen: 24. Juli 2017

Dr. Colina Frisch forscht, lehrt und berät an der Universität St. Gallen zum Thema Responsible Leadership. Als Mitbegründerin des Circle for Responsible Leadership – einem Kreis von C-Level Führungskräften, Verwaltungsräten und Wissenschaftlern – arbeitet sie eng mit Spitzenführungskräften zusammen, um die Herausforderungen von Responsible Leadership in einer immer komplexeren und unsichereren Welt zu meistern.

Sie verfügt über langjährige Erfahrung im Consulting und als Coach, Trainerin und Assessorin in der Personalauswahl und -entwicklung. Zudem war sie mehrere Jahre im Theater tätig als Regisseurin und Dramaturgin. Sie studierte Psychologie an der Universität Zürich und doktorierte zum Thema Ethical Leadership.

Sie ist Managing Director des IWE-HSG Competence Center for Responsible Leadership an der Universität St. Gallen und Stiftungsrätin der SHG Stiftung. Im Jahr 2013 erhielt sie den SBE Society for Business Ethics Founders Award und 2015 wurde sie vom Magazin „Women in Business" zu den „40 unter 40 – 40 Frauen unter 40 Jahren, die die Schweiz bewegen" ernannt.

CSR zwischen Freiwilligkeit und Regulierung – Erfahrungen aus der HARTING Technologiegruppe

Gisela Eickhoff

1 Veränderte Bedingungen

Als am 24. April 2013 in Sabhar, Bangladesch, ein Fabrikeinsturz über tausend Menschenleben forderte und fast 2500 Verletzte nach sich zog, wurde der Name des Gebäudes, Rana Plaza, zum Synonym für verantwortungsloses unternehmerisches Verhalten, welches der eigenen Profitmaximierung dient. Spätestens seit diesem verheerenden Unglück wird der Wahrnehmung gesellschaftlicher Verantwortung durch Unternehmen nicht mehr vertraut und eine politische Regulierung als zielführend angesehen. Dafür steht aktuell der Bericht des Europäischen Parlaments, der die Europäische Kommission dazu auffordert, verbindliche Sorgfaltspflichten für die Lieferkette sowie Transparenzanforderungen für Unternehmen festzulegen. Die Abkehr vom bisher verfolgten freiwilligen Ansatz der Wahrnehmung gesellschaftlicher Verantwortung durch Unternehmen wird mit der Besorgnis um eine Wettbewerbsverzerrung begründet, die durch die nichtethisch handelnden Unternehmen herbeigeführt würde (Europäisches Parlament 2017). Ausdrücklich verweist das Europäische Parlament auf zahlreiche Gesetze bzw. Initiativen, die sich auf die Wahrnehmung gesellschaftlicher Verantwortung beziehen. Auf europäischer Ebene ist neben der Direktive zur nichtfinanziellen Berichterstattung[1] auch die Direktive zur Wahrung menschenrechtlicher Sorgfaltspflichten zu nennen; beide sind in nationales Recht umge-

---

[1] Das Gesetz zur Stärkung der nichtfinanziellen Berichterstattung der Unternehmen, verabschiedet am 12.09.2016, verpflichtet kapitalmarktorientierte Unternehmen öffentlich Angaben zu Arbeitnehmer-, Sozial- und Umweltbelangen sowie der Achtung von Menschenrechten und der Korruptionsbekämpfung zu machen (BMJV 2016). Von der Umsetzung der Richtlinie zur Offenlegung nichtfinanzieller Informationen sind in Deutschland einer Studie der Böckler-Stiftung folgend direkt 540 Unternehmen betroffen, davon allein mehr als 130 Sparkassen (Kluge und Sick 2016).

G. Eickhoff (✉)
HARTING Stiftung & Co. KG
Espelkamp, Deutschland
E-Mail: gisela.eickhoff@HARTING.com

© Springer-Verlag GmbH Deutschland, ein Teil von Springer Nature 2018   349
A. Kleinfeld und A. Martens (Hrsg.), *CSR und Compliance*,
Management-Reihe Corporate Social Responsibility,
https://doi.org/10.1007/978-3-662-56214-7_23

setzt worden. Hinzu kommen nationale Gesetze, wie z. B. der UK Modern Slavery Act zum Verbot von moderner Zwangsarbeit oder das Anfang 2017 verabschiedete französische Gesetz zu unternehmerischen Sorgfaltspflichten.[2] In den Niederlanden steht mit dem Dutch Child Labour Due Dilligence Law eine Sorgfaltspflicht zur Vermeidung von Kinderarbeit in Aussicht, die im Februar 2017 durch das niederländische Parlament verabschiedet wurde, aber noch vom Senat bestätigt werden muss. Und in der Schweiz setzen sich ca. 80 Organisationen für eine Regulierung zur Achtung der Menschenrechte unter dem Stichwort Konzernverantwortungsinitiative ein (Humanrights 2017).

Diese Entwicklung machen sich insbesondere Nichtregierungsorganisationen sowie die überregionale Presse zu eigen, um mit dem Argument von Transparenz und Vergleichbarkeit eine verbindlichen CSR-Regulierung für Deutschland zu fordern (Dohmen 2015, 2016, 2017; Femnet 2016; Bock und Härder 2017). Auch die deutsche Politik stellt eine entsprechende Ankündigung in Aussicht, wie bei der Umsetzung des Textilbündnisses oder des Nationalen Aktionsplan Wirtschaft und Menschenrechte bei Nichterreichen der gesetzten Ziele (SZ 2017; AA 2016).

Bevor allerdings eine CSR-Regulierung in Angriff genommen wird, sollte zum einen über ihre Wirkungen nachgedacht und die bereits vorhandenen Regulierungen punkto ihres Umsetzungserfolges analysiert werden. Zum anderen kann und sollte über Alternativen zu einer Regulierung nachgedacht werden, die unternehmerische Freiheit und Verantwortung in Einklang bringt. Für die HARTING Technologiegruppe stellt eine Zertifizierung des CSR-Managementsystems durch unabhängige Dritte genau diese Alternative dar. Im Folgenden wird daher anhand einiger konkreten Initiativen bzw. Gesetze untersucht, welche Fragestellungen eine Umsetzung aufwirft und inwieweit eine Verbesserung des CSR-Engagements erwartet werden kann, um abschließend den Weg der HARTING Technologiegruppe vorzustellen.

2   Das Textilbündnis: staatliche Initiierung freiwilligen Engagements

Als Dr. Gerd Müller, Bundesminister für wirtschaftliche Zusammenarbeit und Entwicklung, am 16. Oktober 2016 das Bündnis für nachhaltige Textilien ins Leben rief, geschah dies unter dem Eindruck des Rana-Plaza-Unglücks, einer Fabrik, in der auch deutsche Unternehmen Kleidung haben nähen lassen. Waren die Unternehmen, die ihre Waren vor Ort fertigen ließen, nicht direkt für die skrupellosen Ambitionen des Leiters der Fabrik verantwortlich, so stellte sich die Frage nach der indirekten Verantwortung in der komplexen Lieferkette. Daher wurde das Textilbündnis gegründet, welches sich für eine Verbesserung der Umwelt- und Sozialstandards in der Textilindustrie einsetzt.[3] Aktuell

---

[2] Das „Loi relative au devoir de vigilance des sociétés mères et des entreprises donneuses d'ordre" (2017) wurde am 21.02.2017 von der französischen Nationalversammlung verabschiedet.
[3] Neben dem aus deutscher Sicht bedeutenden Textilbündnis ist an dieser Stelle der Bangladesh Accord zu nennen, der im Jahre 2013 für fünf Jahre unter Leitung der ILO mit den Schwerpunkten des Brandschutzes und der Gebäudesicherheit geschlossen wurde und dem mehr als 200 Unternehmen

gehören dem Bündnis 148 Mitglieder an, die 50 % des Textilhandels in Deutschland abdecken (bis Ende 2018 sind 75 % des Handels angestrebt) (Weishaupt 2017).[4] Neben
den 112 Wirtschaftsvertretern engagieren sich Nichtregierungsorganisation sowie Bundesministerien. Ein 12-köpfiger Steuerungskreis, in dem die fünf Anspruchsgruppen[5]
ihrer Stärke nach im Bündnis vertreten sind, und sechs Arbeitsgruppen von den Na-
turfasern bis hin zur Kommunikation vervollständigen die Arbeitsweise. Das Bündnis
orientiert sich an den wichtigsten internationalen Grundsätzen und branchenspezifischen
Standards (BMZ 2017; Bündnis für nachhaltige Textilien 2017a). Im Vordergrund der Arbeit stehen Herausforderungen, wie bspw. die angemessene Zahlung von Löhnen oder der
Umgang mit Chemikalien. Das Bundesministerium für wirtschaftliche Zusammenarbeit
und Entwicklung, BMZ, unterstützt das Bündnis durch seine vielfältigen europäischen
und internationalen Partner. So wurde zum Jahrestag der Gründung eine Absichtserklärung zur Einführung einer gesetzlichen Unfallversicherung in Bangladesch unterzeichnet.

Die Unternehmen selbst stehen in der Verantwortung, die Wahrnehmung ihrer gesellschaftlichen Verantwortung anhand von Roadmaps zu konkretisieren.[6] Beginnend mit
einer Bestandsaufnahme zur CSR-Ausrichtung anhand von Schlüsselfragen und Indikatoren werden unternehmensspezifische Ziele und Maßnahmen, im Einklang mit den Bünd-
niszielen, abgeleitet. Diese Umsetzungspläne müssen die Mitglieder im Jahr 2017 zum
ersten Mal vorlegen und jährlich aktualisieren. Sie werden von zwei auf Nachhaltigkeit
spezialisierten Unternehmen überprüft. Während im ersten Jahr die Veröffentlichung der
Roadmaps noch freiwillig war, gilt ab 2018 für alle Mitglieder eine entsprechende Pflicht.
Im ersten Berichtsjahr haben sich 34 Mitglieder des Bündnisses für eine Veröffentlichung
ihrer Roadmap entschieden, aber auch zahlreiche Unternehmen dagegen, wie z. B. H & M
mit einem Verweis auf den eigenen Nachhaltigkeitsbericht, der aktuellere Zahlen und Angaben beinhalte (Koch 2017). Mit dieser Problematik wird das Unternehmen allerdings
auch im nächsten Jahr konfrontiert sein, wenn die Veröffentlichungspflicht greift. Die
Bundesregierung, die nicht nur den Ordnungsrahmen setzt, sondern selbst ein wesentlicher Akteur ist, hat u. a. die Zielsetzung formuliert, bis 2020 mindestens 50 % der Textilien
im Rahmen der öffentlichen Beschaffung nachhaltig einzukaufen (Bündnis für nachhaltige Textilien 2017c).

Für den Erfolg und die Weiterentwicklung des Textilbündnisses wird entscheidend
sein, wie viele Unternehmen selbigem (weiterhin) folgen und wie ambitioniert die Road-

---

angehörten. Accord inspiriert ca. 1800 Fabriken und stellt jeweils einen spezifischen Umsetzungs-
plan auf. Um den Fabrikbesitzern eine Sicherheit für ihre Investitionen zu geben, verpflichten sich
die Unternehmen ihr Auftragsvolumen für mindestens fünf Jahre aufrechtzuerhalten. Für 2018 wird
ein neuer Entwurf diskutiert, indem insb. Arbeitnehmerrechte eine größere Rolle spielen werden
(Kolf 2017a, 2017b; Dohmen 2015).
[4] Startete das Textilbündnis zunächst mit einem berufenen Kreis an Mitglieder, so wuchs die Anzahl
der Mitglieder nach der Öffnung schnell auf 200 an und bewegt sich aktuell bei ca. 150 Mitgliedern.
[5] Es handelt sich dabei um die Anspruchsgruppen Wirtschaft, Bundesregierung, Nichtregierungsorganisationen, Standardorganisationen oder Gewerkschaften.
[6] Mit einem entsprechenden Leitfaden unterstützt das Textilbündnis den Prozess (Bündnis für nachhaltige Textilien 2017b).

maps ausfallen. Erste Unternehmen sind aus dem Bündnis ausgestiegen, wie z. B. Erns-
ting's family mit einem Verweis auf die nicht abzuschätzenden Folgen und damit den
Aufwand eines Engagements oder Trigema, die generell auf eine Fertigung in Deutschland setzen (Bauchmüller 2017). Auch stehen die Roadmaps selbst als nicht ambitioniert
genug in der Kritik (Koch 2017; Zivilgesellschaft im Bündnis für nachhaltige Textilien
2017). Weitere Kritikpunkte beziehen sich u. a. auf den sehr zähen und zeitaufwändigen
Prozess und dem Vorwurf des fehlenden Ehrgeizes insb. der KMU zur Umsetzung von
ambitionierten Zielsetzungen (Femnet 2016) oder auch den noch fehlenden Mindestanforderungen, um Mitglied im Bündnis zu sein (VZBV 2017). Zudem wird eine Überprüfung
der Umsetzung vor Ort durch Audits gefordert. Bisher noch offen ist die weitere Finanzierung des Textilbündnisses, die bis Ende 2018 durch das BMZ sichergestellt ist. Der
Steuerungskreis entwickelt für die Zeit danach entsprechende Modelle.

Viele der Fragen im Textilbündnis sind ungeklärt, was für einen Prozess in der Umsetzung ein ganz normales Phänomen darstellt. Allerdings bringt Bundesminister Müller
seine Unzufriedenheit bereits zum Ausdruck und stellt beim Scheitern des Textilbündnisses eine staatliche Regulierung in Aussicht (SZ 2017). Daher kommt dem Textilbündnis
eine besondere Aufmerksamkeit auch in Zukunft zuteil: Können die Unternehmen ihre
gesellschaftliche Verantwortung so wahrnehmen, dass sie zeitgleich den eigenen sowie
den Ansprüchen der Zivilgesellschaft gerecht werden? Oder muss doch auf eine gesetzliche Regulierung gesetzt werden – und führt diese im Zweifelsfall tatsächlich zu einem
besseren Ergebnis?

3 Menschenrechte zwischen freiwilligen Engagement und staatlicher Regulierung/Forderung

Das Spannungsfeld zwischen freiwilligem Engagement der Unternehmen und staatlicher
Regulierung spielt auch bei dem Thema Menschenrechte eine wichtige Rolle. So beinhaltet der Nationale Aktionsplan für Wirtschaft und Menschenrechte (NAP) bereits eine
konkrete Erwartung an die Unternehmen zur Umsetzung und stellt bei Nichterfüllung eine
gesetzliche Regulierung in den Raum. Eine entsprechende Regulierung ist in Großbritannien bereits in Bezug auf das Verbot von moderner Sklaverei verabschiedet worden, der
UK Modern Slavery Act. Auf beide Initiativen wird im Folgenden näher eingegangen,
zuvor aber einleitend zu den Menschenrechten selbst.

Mit der Allgemeinen Erklärung der Menschenrechte verpflichteten sich die Mitglied-
staaten der Vereinten Nationen (UN) bereits im Jahr 1948 darauf, die Würde jedes einzelnen Menschen zu achten und entsprechende rechtsstaatliche Verhältnisse zu schaffen.
Allerdings ist die Umsetzung trotz zahlreicher Initiativen mäßig geblieben und hat erst
durch die sogenannten Ruggie-Prinzipien einen entscheidenden Auftrieb erhalten. Die
Leitprinzipien für Wirtschaft und Menschenrechte wurden von den Vereinten Nationen
im Juni 2011 verabschiedet und gehen von einem dreigliedrigen Ansatz aus, der unterscheidet zwischen:

- der staatlichen Schutzpflicht (Duty/Obligation to Protect),
- der unternehmerischen Achtungspflicht (Responsibility to Respect),
- dem Zugang zu Abhilfe (Access to Remedy).

Die Prinzipien unterstreichen die grundsätzliche Pflicht des Staates zur Achtung und Wahrung der Menschenrechte durch den Staat, die durch eine Sorgfaltspflicht für Unternehmen ergänzt wird.

3.1 Der Nationale Aktionsplan Wirtschaft und Menschenrechte

Die Bedeutung der Leitprinzipien für Wirtschaft und Menschenrechte unterstreicht die Europäische Kommission mit ihrer CSR-Direktive aus dem Jahr 2011 (EU KOM 2011). Dort formuliert sie zum einen ihre Erwartungshaltung an alle europäischen Unternehmen, Menschenrechte einzuhalten und den Leitprinzipien der UN zu folgen. Zum anderen fordert sie die EU-Mitgliedsstaaten auf, nationale Aktionspläne zur Umsetzung selbiger zu erstellen. Deutschland kommt dieser Forderung mit einiger Zeitverzögerung nach. Unter Leitung des Auswärtigen Amtes (AA) wurden im November 2014 die Arbeiten aufgenommen und am 21.12.2016 vom Bundeskabinett der NAP verabschiedet. Die Expertenanhörungen, die Autorin hat selbst an zwei Sitzungen teilgenommen, sind im Internet durch das AA dokumentiert (AA 2017).

Die wesentlichen Inhalte des NAP, entsprechend den Handlungsempfehlungen des UN-Sonderbeauftragten John Ruggie, beziehen sich auf (vgl. AA 2016):

- Menschenrechtliche Sorgfaltsprüfung: Der NAP sieht vorerst von gesetzlichen Vorgaben ab und formuliert die Erwartungshaltung der Bundesregierung gegenüber allen Unternehmen, einen Prozess zur Prüfung und Gewährleistung der Sorgfaltspflichten einzuführen. Er unterstreicht die Bedeutung dieser Vorgehensweise insb. für Unternehmen, die in Ländern aktiv sind, in denen rechtsstaatliche Grundsätze nicht oder nur unzureichend durchgesetzt werden. Unberührt davon bleibt jedoch die staatliche Schutzpflicht, d. h. die Gewährleistung des Schutzes der Menschenrechte als originäre Pflicht des Staates.
- Grundsatzerklärung zur Achtung der Menschenrechte: Mit einer Grundsatzerklärung sollen Unternehmen öffentlich zum Ausdruck bringen, dass sie ihrer Verantwortung zur Achtung der Menschenrechte nachkommen.
- Verfahren zur Ermittlung tatsächlicher und potenzieller nachteiliger Auswirkungen auf die Menschenrechte: Im Rahmen einer Risikoanalyse sollen die tatsächlichen und potenziellen negativen Auswirkungen unternehmerischen Handelns auf die Menschenrechte ermittelt werden.
- Maßnahmen zur Abwendung: Es sollen Maßnahmen ergriffen werden, um die identifizierten Risiken zu mindern bzw. einzustellen.

- Information zur Umsetzung: Unternehmen sollen Auskunft über ihre Sorgfaltsprüfung sowie die daraufhin abgeleiteten Maßnahmen geben können, es besteht aber keine Berichtspflicht.
- Beschwerdemechanismus: Jedes Unternehmen sollte zudem ein Beschwerdeverfahren einrichten.

Die Umsetzung des NAP in Deutschland soll durch Unternehmen mit mehr als 500 Beschäftigten erfolgen, das sind ca. 6000 Unternehmen. Vonseiten der Bundesregierung wird als Zielvorgabe formuliert, dass bis 2020 mindestens 50 % der in Deutschland ansässigen Unternehmen mit mehr als 500 Beschäftigten die menschenrechtliche Sorgfaltsprüfung in ihre Unternehmensprozesse integriert haben sollen. Ab 2018 wird eine erste Evaluation zur Umsetzung des NAP erfolgen. Sofern die Zielmarke nicht erreicht wird, behält sich die Bundesregierung weitergehende Schritte bis hin zur Prüfung von gesetzlichen Maßnahmen vor.

Bei der Erarbeitung des NAP war es ein wichtiges Anliegen der Unternehmen eine Information über die Umwelt- und Sozialbedingungen in den Entwicklungs- und Schwellenländern zu erhalten, vergleichbar den Reise- und Sicherheitshinweisen des Auswärtigen Amtes. Diese Forderung wurde aufgegriffen und ein entsprechendes Onlinetool entwickelt, welches 2017 an den Start gehen soll. Schon jetzt können Unternehmen beim NAP-Helpdesk eine individuelle Beratung zum Aktionsplan selbst und im Schwerpunkt bzgl. Aktivitäten in Entwicklungs- und Schwellenländern erhalten (Agentur für Wirtschaft und Entwicklung 2017). Zudem werden die deutschen Auslandsvertretungen stärker für die Thematik sensibilisiert, um Unternehmen zielgerichteter bei entsprechenden Anfragen zu unterstützen. Die öffentliche Hand selbst hat ebenfalls Zielsetzungen im NAP formuliert, in der Regel aber mit nicht verbindlichen „Kann"-Formulierungen, bspw. in Bezug auf die Vergabe im öffentlichen Sektor. Die Überprüfung des NAP wird ab 2018 jährlich anhand einer repräsentativen Stichprobenbefragung erfolgen. Weiterhin hat das Deutsche Institut für Menschenrechte ein Beratungs- und Forschungsprojekt für die weitere Umsetzung des NAP erhalten (Deutsches Institut für Menschenrechte 2017).

Für die Bewertung des NAP ist positiv die Einbindung der Unternehmen sowie die Einrichtung des Helpdesk zu erwähnen. Die geäußerte Kritik von Seiten einiger NGOs bezieht sich auf die fehlende gesetzliche Verpflichtung zur Sorgfaltspflicht, es würden weder Bußgelder noch Zivilklagen im Schadensfall unterstützt und auch nicht ein Ausschluss von öffentlichen Aufträgen oder staatlichen Förderungsmaßnahmen in Betracht gezogen, auch wird ein großer Einfluss der Wirtschaft angeprangert (Dierßen 2016; Forum Menschenrechte 2016; Hür 2016; Schöneberg 2016; SPD 2016).

Für Unternehmen bleibt zurzeit unklar, wie sie die Erwartungen bzgl. der Umsetzung erfüllen sollen, sprich, wie soll nachgewiesen werden, dass jedes zweite Unternehmen die Anforderungen erfüllt? Zahlreiche Fragestellungen sind in diesem Zusammenhang noch nicht beantwortet: Bedarf es einer eigenen Grundsatzerklärung mit einem Bekenntnis zur Sorgfaltspflicht oder werden ein Code of Conduct, ein Bekenntnis zum UN Global Compact oder einem vergleichbaren Standard anerkannt? Sind die Erklärungen zu veröffentlichen und falls ja, wie sieht der Umgang mit sensiblen Daten aus, bspw. Informationen zur Lieferkette wie der Nennung von Lieferantennamen oder des Einkaufsvolumens? Ist ein jährlicher Fortschritt zu dokumentieren? Wer prüft die Angaben auf Richtigkeit und die abgeleiteten Ziele und Maßnahmen auf ihre Wirksamkeit? Fragestellungen, die sicherlich in naher Zukunft beantwortet werden müssen. Dabei lohnt sich ein Blick Richtung Großbritannien, wo bereits im Jahre 2015 ein Gesetz zum Verbot der modernen Zwangsarbeit verabschiedet wurde. Das Gesetz wird im Folgenden vorgestellt und analysiert, ob es tatsächlich das Potenzial besitzt, unternehmerische Sorgfaltspflichten zu verbessern.

3.2 Der UK Modern Slavery Act, ein Beispiel erfolgreicher Regulierung?

Der UK Modern Slavery Act, UK MSA, verfolgt die Zielsetzung, den Straftatbestand der Sklaverei, der Zwangs- und Kinderarbeit sowie des Menschenhandels zu eliminieren und eine Erhöhung der Transparenz in der Lieferkette zu erreichen (UK Modern Slavery Act 2015). Das Gesetz wurde am 29. Oktober 2015 verabschiedet und fiel in die Amtszeit von Innenministerin Theresa May. Die Notwendigkeit des Rechtsaktes motiviert sie mit dem Einfluss, den Unternehmen innerhalb ihrer weltweiten Lieferketten ausüben können und findet klare Worte:

> And, it is certainly not acceptable for organisations to put profit above the welfare and wellbeing of its employees and those working on its behalf (UK Home Office 2015).

In ihrer Verantwortung als Premierministerin nahm Frau May im Juli 2016 in einem Zeitungsinterview Stellung zum Gesetz. Dabei unterstrich sie die Pionierleistung Großbritanniens, das Verbot von moderner Zwangsarbeit als eines der ersten Länder weltweit und als erstes Land in Europa mit entsprechender politischer Stärke anzugehen:

> Just as it was Britain that took an historic stand to ban slavery two centuries ago, so Britain will once again lead the way in defeating modern slavery and preserving the freedoms and values that have defined our country for generations (UK Home Office 2016).

Der UK MSA ist ein rechtskräftiges Gesetz, dessen Anwendungsbereich alle Unternehmen umfasst, die im Vereinigten Königreich Geschäfte betreiben und für die gilt, dass sie (UK Home Office 2015; Doris und Zimmer 2016):

- Waren liefern oder Dienstleistungen erbringen,
- einen Jahresumsatz von über 36 Mio. Britische Pfund erwirtschaften (ca. 51 Mio. €),
- eine Personengesellschaft, Körperschaft oder Ähnliches sind, selbst wenn sie außerhalb des Vereinigten Königreichs gebildet wurde,
- ein Geschäft in einem beliebigen Teil des Vereinigten Königreichs führen.

Die Erklärungspflicht betrifft Mutter- wie Tochterunternehmen gleichermaßen, es werden die Umsätze aller Tochtergesellschaften einbezogen, auch wenn sich diese oder die

Muttergesellschaft außerhalb von Großbritannien befinden. Der Pflicht muss einmal im Jahr an einer prominenten Stelle auf der Homepage des Unternehmens im Internet nachgekommen werden. Dabei haben Unternehmen grundsätzlich ein Wahlrecht, eine Erklärung abzugeben über die tatsächlich ergriffenen Schritte zur Vermeidung moderner Sklaverei in der gesamten Lieferkette und in allen Geschäftsbereichen oder zu erklären, dass entsprechende Schritte nicht ergriffen wurden. Zeitlich ist ein Rahmen von sechs Monaten nach Ende des Geschäftsjahres gegeben. Kommt ein Unternehmen der Erklärungspflicht nicht nach, so drohen keine Strafen, sondern lediglich eine einstweilige Verfügung. Die Intention des Gesetzgebers ist es, auf den potenziellen Reputationsschaden abzuzielen.

Zurzeit existieren noch keine Vorschriften zu den detaillierten Anforderungen an eine solche Erklärung, ein Leitfaden der britischen Regierung gibt allerdings Anhaltspunkte. Die Erklärung zum UK MSA sollte beinhalten die Struktur des Unternehmens, seinen Geschäftsbetrieb und seine Lieferketten, die Richtlinien des Unternehmens in Hinblick auf moderne Sklaverei, den Due-Diligence-Prozess, die Risikoanalyse, die Managementprozesse, die Auswahl und Beachtung geeigneter Effektivitätskriterien sowie entsprechende Schulungen. HARTING selbst hat für das Geschäftsjahr 2015/16, welches im September 2016 endete, im März 2017 ihr Statement zum UK MSA veröffentlicht (HARTING 2017b). Diese und weitere Erklärungen sind auf der Homepage Modern Slavery Registry zu finden, die am 19. August 2017 2753 Erklärungen enthielt, von denen 30 aus Deutschland stammten. Mit der Verabschiedung des Gesetzestextes wurde auch die Einberufung eines Anti-Slavery Commissioner beschlossen. Das Amt ist seit November 2014 mit Kevin Hyland besetzt, der sich zum Jahrestag des Inkrafttretens des UK MSA mit einem offenen Brief an die Unternehmenslenker wandte. Zum Jahrestag des Inkrafttretens des UK MSA wandte er sich mit einem offenen Brief an die Unternehmenslenker. Er lobte ausdrücklich das Engagement der Unternehmen und die schon vorhandenen Erklärungen zum Gesetz. Gleichzeitig gab er seiner Enttäuschung darüber Ausdruck, dass aus seiner Sicht viele der Statements nicht den Anforderungen entsprechen würden und die vorhandenen zum Teil noch Raum zur Verbesserung bieten würden (Hyland 2017).

Der UK MSA ist eine der ersten gesetzlichen Regelungen zur menschenrechtlichen Sorgfaltspflicht. Für seine Umsetzung setzt der Gesetzgeber auf die Zivilgesellschaft, die auf unzureichende oder fehlende Erklärungen aufmerksam machen sollte. Auf der Homepage Modern Slavery Registry stellt das Business & Human Rights Resource Centre die Erklärungen der Unternehmen zur Verfügung. Die Einrichtung des Registers wird von weiteren NGOs unterstützt (Business & Human Rights Resource Centre 2017). Der Financial Times folgend, fallen ca. 12.000 Unternehmen unter den Anwendungsbereich des Gesetzes (Hollinger 2015). Gemessen an den vorliegenden ca. 2800 Statements hat nicht einmal jedes vierte Unternehmen eine Erklärung zur Vermeidung von Zwangsarbeit abgegeben. Das ist insofern verwunderlich, da in diesem Fall den nichterklärenden Unternehmen eine einstweilige Verfügung droht. Kevin Hyland geht in seinem offenen Brief auch auf Unzulänglichkeiten in den Erklärungen ein, gibt aber keine Auskunft darüber, wie auf Dauer die Prüfung der Vollständigkeit sowie deren Weiterentwicklung stattfinden soll. Schon im Jahre 2016 wies die Menschenrechtsanwältin Parosha Chandran darauf hin, dass das vorliegende Gesetz nicht anzuwenden ist auf Menschenrechtsverletzungen, die von Unternehmen in Drittländern begangen werden und fordert eine entsprechende Erweiterung des UK MSA (Chandran 2016). Zudem richtet sich der UK MSA nur an Unternehmen und nicht an NGOs, Verbände und Gewerkschaften oder auch die Regierung selbst, die nicht zuletzt durch ihr Einkaufsvolumen ein wichtiger Impulsgeber sein kann.

4 Gestaltungsoptionen eines CSR-Nachweises

Der berechtigten Forderung, die Wahrnehmung gesellschaftlicher Verantwortung glaubwürdig nachzuweisen, haben sich in den letzten Jahren Nachhaltigkeitsberichte als ein favorisierter Ansatz entwickelt. Ein Nachhaltigkeitsbericht gibt Auskunft über die ökonomische, ökologische und soziale Ausrichtung eines Unternehmens. Er bietet eine gute Option, Ziele und Strategien im Bereich CSR zu konkretisieren und einen Prozess der Verbesserung zu initialisieren sowie weiter auszubauen. Aufbau und Kennzahlen orientieren sich in der Regel an den Indikatoren der Global Reporting Initiative und werden einmal jährlich veröffentlicht. So bieten Nachhaltigkeitsberichte jedem Interessierten die Möglichkeit, einen umfassenden Ein- und Überblick über die nachhaltige Ausrichtung eines Unternehmens zu erhalten. Schaut man sich die entsprechenden Berichte jedoch genauer an, so ist zunächst der Umfang selbiger zu nennen, der bspw. von 52 Seiten zu den wichtigsten Nachhaltigkeitsinformationen bei Siemens, über BMW mit 189 Seiten bis hin zu 260 Seiten bei BASF reicht, wobei letztere zudem eine informative Onlineversion anbieten (Siemens 2016; BMW 2016; BASF 2017). Allein der Umfang stellt eine Herausforderung bei der Lektüre dar, ganz abgesehen von der Vergleichbarkeit der angegebenen Informationen, die sinnvoll nur bei vergleichbaren Branchen, Unternehmensgrößen, Marktsituationen bewertet werden kann. Auch ist ein Blick auf die Prüfung der Angaben in den Berichten zu werfen, die in der Regel von Wirtschaftsprüfern übernommen wird. Diese legen ihr Augenmerk darauf zu prüfen, ob die im Bericht genannten Angaben und Zahlen richtig ermittelt wurden, nicht aber, inwieweit eine Maßnahme tatsächlich zu einer Verbesserung der CSR-Ausrichtung geführt hat. Eine Alternative wäre, die Prüfung, vergleichbar mit dem Ansatz des Textilbündnisses, durch CSR-Beratungen vorzunehmen, wobei im Prozess Zeit für Verbesserungen eingeplant werden müsste. Weiterhin sind die Kosten zu berücksichtigen, die für die Erstellung eines Nachhaltigkeitsberichtes selbst anfallen und mit ca. einem Mannjahr eingerechnet werden sollten. Stellen Nachhaltigkeitsberichte für interessierte Dritte eine umfangreiche Quelle dar, findet ihre Anwendung in der Geschäftswelt ihre Begrenzung eben aufgrund dieses Umfanges. Kaum ein Unternehmen wird zur Prüfung von Lieferanten auf einen entsprechenden Bericht zurückgreifen.

Vielmehr hat sich in der Lieferkette die Einhaltung von Verhaltenskodizes und deren Überprüfung durch Fragebögen etabliert. Die Verhaltenskodizes beinhalten – vergleichbar zu den Nachhaltigkeitsberichten – Aussagen zu grundsätzlichen Werten, Zielen und Strategien sowie die wichtigsten Aspekte zu Themenstellungen wie den Umwelt- und

Arbeitsschutz, der Compliance oder auch der Menschenrechte. Sie fallen aber erheblich kürzer aus als ein Nachhaltigkeitsbericht, z. B. mit einer Seite für BASF, drei Seiten für BMW oder 21 Seiten für Siemens (BASF 2015; BMW 2017; Siemens 2015). Der Verhaltenskodex selbst ist in der Regel Bestandteil der Vertragsbeziehung. Für Lieferanten fällt der Spielraum selbigen nicht zu akzeptieren eher beschränkt aus. Denn viele Kunden erwarten, dass der Lieferant sich nach ihrem Verhaltenskodex ausrichtet. Aufseiten des Lieferanten gestaltet sich die Situation wie folgt: Akzeptiert der Lieferant den Verhaltenskodex seines Kunden, so muss er selbigen nicht nur in seinem eigenen Unternehmen umsetzen, sondern auch in seiner eigenen Lieferkette. Ist dies im Einzelfall noch möglich, so sicherlich nicht mehr, wenn jeder Kunde auf seinen individuellen Verhaltenskodex pocht. Denn oftmals beinhalten die Kodizes zwar ähnliche Anforderungen, unterscheiden sich aber im Detail und führen dadurch in der Umsetzung zu einer hohen Komplexität. Zur Einhaltung der Verhaltenskodizes: Diese kann durch Fragebögen oder Audits vorgenommen werden. Die Fragebögen beruhen auf eigenen Angaben der Lieferanten, die durch Audits des Kunden oder durch beauftragte Dritte überprüft werden können. Bei gegebener Vielfalt der Verhaltenskodizes, ist diese auch bei den Fragebögen und Audits anzutreffen. Hier bieten Brancheninitiativen wie auf europäischer Ebene der Automobilindustrie oder der Bahnindustrie eine Alternative, da mit einem Fragebogen bzw. Audit gleich mehrere Hersteller bedient werden können (ACEA 2017; Railsponsible 2017). Allerdings handelt es sich hier um Brancheninitiativen, die in der Regel nur einen Teil der Kunden abdecken. Hinzu kommt, dass bspw. die Plattform der europäischen Bahnindustrie kostenpflichtig ist und somit jedes Unternehmen, welches seine Nachhaltigkeitsdaten eingibt, dafür auch noch einen finanziellen Beitrag zahlen muss.

Geht man zurück zu der Eingangsfrage einer Ausgestaltung einer Regulierung, so ist bisher eine Alternative nicht diskutiert worden, die der Auditierung durch einen unabhängigen Dritten. Dieses Vorgehen wird im Folgenden anhand der HARTING Technologiegruppe, die sich diesem Weg verschrieben hat, erläutert.

5   Zertifizierung als Option: Der Weg der HARTING Technologiegruppe

Die HARTING Technologiegruppe mit Sitz im ostwestfälischen Espelkamp ist weltweit marktführend in der elektrischen und elektronischen Verbindungstechnik. Das Produktportfolio umfasst Steckverbinder, Geräteanschlusstechnik, Netzwerkkomponenten und konfektionierte Systemkabel. HARTING Produkte verbinden und vernetzen Geräte, Maschinen und Anlagen mit Daten, Signal und Power. So werden Lösungen für die Märkte Automatisierungstechnik, Energie, Verkehrstechnik, Maschinenbau und Medizintechnik geschaffen. Außerdem produziert HARTING elektromagnetische Komponenten für die Automobilindustrie, Ladetechnik und -kabel für Elektrofahrzeuge und bietet Lösungen für die Bereiche Gehäusetechnologie und Shopsysteme. Das Familienunternehmen wird heute in der dritten Generation von Philip Harting, Vorsitzender des Vorstands, und seiner Schwester Maresa Harting-Hertz sowie beider Eltern Margrit und Dietmar Harting geführt. Im letzten Geschäftsjahr erwirtschaftete die Technologiegruppe mit ca. 4300 Mitarbeitenden einen Umsatz von 672 Mio. €.

Schon früh sah sich das Unternehmen mit den Erwartungen ihrer Anspruchsgruppen konfrontiert (siehe ausführlich zum Zertifizierungsansatz sowie zur Umsetzung Eickhoff und Pärsch 2011; Eickhoff 2014, 2015; Eickhoff und Upmeyer 2016). So waren und sind es auf der einen Seite die Kunden, die durch spezifische Verhaltenskodizes ihre Anforderungen zur Wahrnehmung gesellschaftlicher Verantwortung in der Lieferkette konkretisieren. Nicht der berechtigte Anspruch der Kunden steht hier im Vordergrund der Diskussion, sondern die Unterschiedlichkeit der Anforderungen, die sich oftmals nur in Details unterschieden. Die Erfahrungen aus den letzten Jahren lassen hier drei Entwicklungsschritte erkennen: Gaben die Kunden zunächst ihre Verhaltenskodizes vor, wurde anschließend deren Einhaltung durch Fragebögen kontrolliert und aktuell stehen Kundenaudits zu CSR-Themen im Vordergrund, oftmals direkt mit einem Qualitäts- oder weiteren Audit verbunden. Neben den Ansprüchen der Kunden, ist die öffentliche Hand zu nennen, die in den vergangenen Jahren immer stärker Richtung Regulierung argumentiert.

Auf diese sich veränderten Anforderungen hat die HARTING Technologiegruppe bereits im Jahre 2008 reagiert und sich für die externe Auditierung ihres CSR-Managementsystems entschieden. Das System ist nach der ISO 26000 ausgerichtet und da selbige als Leitfaden konzipiert, und daher nicht zertifizierbar ist, nach zwei nationalen Normen aus Österreich, der ONR 192500, sowie Spanien, der RS 10, zertifiziert; die erste Zertifizierung erfolgte im Jahre 2011.[7] Die Überprüfung der Ausrichtung durch einen unabhängigen Dritten stellt einen entscheidenden Mehrwert dar: Es erfolgt eine einmalige Überprüfung des Systems, die dann gegenüber Kunden, Partnern und weiteren interessierten Kreisen kommuniziert werden kann. Der Vorteil dieser Vorgehensweise liegt darin, dass die Technologiegruppe weiterhin ihre eigenen, individuellen Ziele verfolgen kann, die sowohl den Ansprüchen der Kunden und weiterer Anspruchsgruppen entsprechen. Zudem erlaubt die externe Auditierung, die Prozesse durch einen unabhängigen Dritten zu prüfen. Die ISO 26000 selbst hat sich mit ihren sieben Kernthemen als ein flexibler Standard erwiesen, der die Anforderungen der Kunden und Partner aufgreift, aber auch offen genug gegenüber Veränderungen ist. So ist bspw. die Einbindung der menschenrechtlichen Sorgfaltspflichten möglich. Auch wenn die UN-Leitprinzipien zum Zeitpunkt der Entstehung des Standards noch nicht ausformuliert waren, sind sie im Kernthema Menschenrechte handlungsorientiert erläutert und ergeben zusammen mit dem Umsetzungskapitel einen geeigneten Rahmen zur Implementierung. So ist es nun einmal ein

---

[7] Es handelt sich dabei um die Gesellschaften HARTING Stiftung & Co. KG, HARTING Deutschland, HARTING Electric, HARTING Electronics. Wichtig ist in diesem Zusammenhang zu erwähnen, dass die ISO 26000 einen Leitfaden zur Wahrnehmung gesellschaftlicher Verantwortung darstellt und selbst weder ein Managementsystem darstellt und damit nicht zertifizierbar ist. Daher hat sich HARTING für zwei nationale Normen aus Österreich und Spanien als Zertifizierungsgrundlage entschieden, befürwortet aber eine Weiterentwicklung der internationalen CSR-Standards zu einem zertifizierungsfähigen Managementsystem.

Dilemma jeder verabschiedeten Richtlinie oder Norm, dass sie die anschließende Entwicklung noch nicht beinhalten kann. Daher wird aktuell diskutiert, die ISO 26000 wohl teilweise zu überarbeiten, um eine Anpassung an die UN-Nachhaltigkeitsziele, die UN-Leitlinien zu Wirtschaft und Menschenrechten sowie eine Aktualisierung zu ILO- und OECD-Richtlinien vorzunehmen (ISO 26000 Info 2017). Von einer generellen Überarbeitung wird wohl abgesehen. Gerade diese wäre aber dringend notwendig, um eine Anpassung an die High Level Structure (HLS) vorzunehmen. Die HLS ist eine Strukturvorgabe für Managementsysteme, die bereits Anwendung findet auf die sehr populären Systeme wie der ISO 9001 für Qualität und der ISO 14001 für Umweltschutz. Der Vorteil der HLS liegt darin, dass er eine Integration der Managementsysteme erlaubt. Diese sich bietende Chance hat die HARTING Technologiegruppe ergriffen und ihre Managementsysteme Qualität, Umwelt- und Arbeitsschutz sowie CSR integriert. Da die ONR 192500 bereits nach der HLS aufgebaut ist, basiert die Integration auf der gleichen Systematik. Die Vorteile eines integrierten Ansatzes sehend, hat die schwedische Normungsorganisation die Erarbeitung eines International Workshop Agreement angestoßen, die innerhalb von zwei Sitzungen erarbeitet wurde. Die IWA 26000 zeigt ein Matching zwischen der HLS und der ISO 26000 auf und zeigt sehr deutlich, wie gut sich die gesellschaftliche Verantwortung in die Systematik einbeziehen lässt.[8]

Zurück zur Umsetzung in der HARTING Technologiegruppe: Zeitgleich mit der Entscheidung für eine externe Zertifizierung des CSR-Managementsystems im Jahre 2008 bekannte sich die Technologiegruppe auch zum Code of Conduct (CoC) ihres Branchenverbandes, dem ZVEI Zentralverband der Elektrotechnik- und Elektronikindustrie. Dafür sprachen zwei Gründe: Zum einen war absehbar, dass die Entwicklung der ISO 26000 noch einige Zeit in Anspruch nehmen würde, sodass im Jahre 2008 zwar erste Bestandsaufnahmen im Hause durchgeführt und Handlungsbedarf identifiziert werden konnten, der Leitfaden aber noch zu weit von seiner Fertigstellung entfernt war. Zum anderen schafft der Code of Conduct mit einem Umfang von vier Seiten eine kurze Zusammenfassung der wichtigsten Nachhaltigkeitsthemen und fällt damit im Vergleich zum internationalen Leitfaden kurz und prägnant aus. Der Code of Conduct spielt heute in der Lieferkette der Technologiegruppe eine wichtige Rolle: Sofern ein Lieferant keinen eigenen Verhaltenskodex oder entsprechendem CSR-Standard verfolgt, wird die Einhaltung des ZVEI-CoC von Seiten HARTINGs erwartet, um Lieferant der Technologiegruppe zu werden.

Gegenüber den Kunden verweist die Technologiegruppe beginnend mit der Firmenpräsentation bis hin zu den Vertragsverhandlungen auf den eingeschlagenen Weg einer Drittzertifizierung. Da dieser Weg neu ist, bedarf er dem einen oder anderen Kunden gegenüber einer genaueren Erklärung. Vonseiten der Kunden wird dabei die Anwendung eines internationalen Standards, der ISO 26000, als ein wesentliches Element für die An-

---

[8] Die Autorin selbst hat an der Erarbeitung der IWA 26000 teilgenommen. Die Ergebnisse zeigen sehr wohl, wie gut nicht nur ein Matching möglich ist, sondern die Wahrnehmung gesellschaftlicher Verantwortung im vorliegenden IWA eine geeignete Ergänzung eines integrierten Managementsystems ist. Der Entstehungsprozess der IWA 26000 ist auf der Internetseite des SIS einsehbar (SIS 2017).

erkennung des Weges genannt. Motiviert, diesen Ansatz weiter fortzusetzen, haben nicht zuletzt Auszeichnungen durch Kunden, z. B. Bombardier und Knorr-Bremse, oder die Brancheninitiative der Bahnindustrie, Railsponsible. In seiner Laudatio für die zuletzt genannte Auszeichnung hob Uwe Günter, Chairman Railsponsible und CPO Deutsche Bahn hervor:

> Wir können auf die Produkte und Leistungen von HARTING vertrauen, nicht zuletzt aufgrund eines extern auditierten CSR-Managementsystems (Harting 2017a).

Die bisher gemachten Erfahrungen, insb. in Bezug auf die Flexibilität als auch Stringenz des CSR-Managementsystems, bestärken das Unternehmen in der Fortsetzung des eingeschlagenen Weges. Ob dieser Weg zukunftsweisend sein wird, ist zurzeit nicht absehbar. Aber alle bisherigen Erfahrungen sind positiv, sodass der Weg einer externen Auditierung es wert ist, genauer betrachtet zu werden als ein Weg zum Nachweis verantwortlichen Handelns.

Literatur

AA Auswärtige Amt (2017) http://www.auswaertigesamt.de/DE/Aussenpolitik/Themen/Aussenwirtschaft/Wirtschaft-und-Menschenrechte/Uebersicht_node.html. Zugegriffen: 15. Juni 2017

AA Auswärtiges Amt (2016) Nationaler Aktionsplan: Umsetzung der VN-Leitprinzipien für Wirtschaft und Menschenrechte, 2016–2020. http://www.auswaertiges-amt.de/cae/servlet/contentblob/754690/publicationFile/228356/161221-NAP-DL.pdf. Zugegriffen: 16. Juni 2017

ACEA (2017) http://www.acea.be/industry-topics/tag/category/supply-chain. Zugegriffen: 1. Sept. 2017

Agentur für Wirtschaft und Entwicklung (2017) https://www.wirtschaft-entwicklung.de. Zugegriffen: 18. Juli 2017

BASF (2015) Verhaltenskodex für Lieferanten. https://www.basf.com/de/company/about-us/suppliers-and-partners/sustainability-in-procurement/supplier-code-of-conduct.html. Zugegriffen: 1. Sept. 2017

BASF (2017) BASF Bericht 2016. Ökonomische, ökologische und gesellschaftliche Leistung. https://www.basf.com/documents/corp/de/about-us/publications/reports/2017/BASF_Bericht_2016.pdf. Zugegriffen: 1. Sept. 2017

Bauchmüller M (2017) Nadelprobe, SZ Süddeutsche Zeitung, 10. April 2017

BMJV (2016) Gesetz zur Stärkung der nichtfinanziellen Berichterstattung der Unternehmen in ihren Lage- und Konzernlageberichten (CSR-Richtlinie-Umsetzungsgesetz. https://www.bmjv.de/SharedDocs/Gesetzgebungsverfahren/DE/CSR-Richtlinie-Umsetzungsgesetz.html. Zugegriffen: 2. Sept. 2017

BMW (2016) Sustainable value report. https://www.bmwgroup.com/content/dam/bmw-group-websites/bmwgroup_com/ir/downloads/de/2016/BMW-Group-Nachhaltigkeitsbericht-2016--DE.pdf. Zugegriffen: 2. Sept. 2017

BMW (2017) BMW Group Nachhaltigkeitsstandard für das Lieferantennetzwerk. https://www.bmwgroup.com/content/dam/bmw-group-websites/bmwgroup_com/responsibility/downloads/de/2017/BMW%20GROUP%20Nachhaltigkeitsstandard%20Lieferantennetzwerk.pdf. Zugegriffen: 2. Sept. 2017

BMZ (2017) Textilwirtschaft. Umwelt- und Sozialstandards in der Textilproduktion verbessern. http://www.bmz.de/de/themen/textilwirtschaft/index.html. Zugegriffen: 25. Aug. 2017

Bock S, Härder M (2017) Sozialstandards: Mittelständler bremsen. WiWo 14, 18. August 2017

Bündnis für nachhaltige Textilien (2017a) http://www.textilbuendnis.de. Zugegriffen: 25. Aug. 2017

Bündnis für nachhaltige Textilien (2017b) Wir sind auf dem Weg. Leitfaden für die Erstellung Ihrer Roadmap 2017. http://www.textilbuendnis.com/wp-content/uploads/2017/06/2016-11_DE_Roadmap-Broschre-Wir-sind-auf-dem-Weg.pdf. Zugegriffen: 25. Aug. 2017

Bündnis für nachhaltige Textilien (2017c) Roadmap 2017, Bundesregierung Deutschland. http://www.textilbuendnis.com/wp-content/uploads/2017/08/Roadmap-Bundesregierung-Deutschland-2017-1.pdf. Zugegriffen: 1. Sept. 2017

Business & Human Rights Resource Centre (2017) Modern slavery registry powered by business & human rights resource centre. https://business-humanrights.org/en/uk-modern-slavery-act-registry. Zugegriffen: 2. Sept. 2017

Chandran P (2016) Modern Slavery Act gives UK companies a free pass to profit from slavery overseas, The Guardian, 18th of October 2016

Deutsches Institut für Menschenrechte (2017) Nationaler Aktionsplan Wirtschaft und Menschenrechte. http://www.institut-fuer-menschenrechte.de/themen/wirtschaft/nationaler-aktionsplan/. Zugegriffen: 15. Sept. 2017

Dierßen I (2016) Nationaler Aktionsplan für Wirtschaft und Menschenrechte: Ein Lehrstück in Sachen Lobbyismus. Lobbycontrol, 21.12.2016. https://www.lobbycontrol.de/2016/12/nationaler-aktionsplan-fuer-wirtschaft-und-menschenrechte-ein-lehrstueck-in-sachen-lobbyismus/. Zugegriffen: 2. Sept. 2017

Dohmen C (2015) Textilindustrie: Zementierte Mißstände. SZ, 07. April 2015

Dohmen C (2016) Kampf gegen Sklaverei: Mehr Mut!. SZ, 01. Sept. 2016

Dohmen C (2017) Menschenrechte: Den Helfern helfen. SZ, 03. Juli 2017

Doris P, Zimmer M (2016) Ausbeutung in der Lieferkette. Der Modern Slavery Act und seine Anwendung auf deutsche Unternehmen. Betriebsberater 3:181–183

Eickhoff G (2015) ISO 26000 – „Orientierung im Dschungel der Kundenanforderungen und politischen Initiativen", Publikation zum DNWE Business Ethics Summit 2015, Forum Wirtschaftsethik, S 71 f. Jahresschrift des Deutschen Netzwerk Wirtschaftsethik EBEN Deutschland e. V., 23. Jahrgang, 2015

Eickhoff G (2014) Erfahrungsbericht HARTING KGaA. In: Kleinfeld A, Martens A (Hrsg) DIN ISO 26000 – Gesellschaftliche Verantwortung erfolgreich umsetzen – Beispiele, Strategien, Lösungen. Beuth, Berlin, S 70–79

Eickhoff G, Upmeyer U (2016) Gesellschaftliche Verantwortung: Zertifizierung als Nachweis. In: Scholz M, Czuray M (Hrsg) Die Normierung der gesellschaftlichen Verantwortung von Organisationen – ISO 26000 und ONR 192500. Springer Gabler, Wiesbaden, S 133–144

Eickhoff G, Pärsch M (2011) Gesellschaftliche Verantwortung als Grundlage unternehmerischen Handelns. DQS im Dialog, Nr 64 II/2017

EU KOM Mitteilung 681 (2011) Eine neue EU-Strategie (2011–14) für die soziale Verantwortung der Unternehmen (CSR), 25. Oktober 2011

Europäisches Parlament (2017) Auswirkungen des internationalen Handels und der Handelspolitik der EU auf globale Wertschöpfungsketten. P8_TA_PROV (2017) 0330. 12. September 2017

Femnet (2016) Macht das Textilbündnis noch Sinn? https://www.femnet-ev.de/index.php/themen/unternehmensverantwortung/textilbuendnis-unternehmensverantwortung/776-07-09-2016-macht-das-textilbuendnis-noch-sinn. Zugegriffen: 1. Sept. 2017

Forum Menschenrechte (2016) Bundesregierung verabschiedet schwachen Nationalen Aktionsplan Wirtschaft und Menschenrechte. http://www.forum-menschenrechte.de/bundesregierungverabschiedet-schwachen-nationalen-aktionsplan-wirtschaft-und-menschenrechte/. Zugegriffen: 1. Sept. 2017

HARTING (2017a) HARTING erhält Railsponsible CSR-Award der europäischen Bahnindustrie. PM 07. September 2017

HARTING (2017b) Modern slavery act statement. http://www.harting.co.uk/where-to-buy/customer-information/harting-modern-slavery-act-statement/. Zugegriffen: 3. Juli 2017

Hollinger P (2015) New UK law urges companies to reveal anti-slavery efforts, Financial Times, 29th of July 2015

Home Office UK (2015) Transparency in Supply Chains etc. A practical guide. Guidance issued under section 54(9) of the Modern Slavery Act 2015

Home Office UK (2016) Defeating modern Slavery. article by Theresa May, 03rd of July.2016

Humanrights (2017) Menschenrechtliche Sorgfaltspflicht für Unternehmen: Gesetz in Frankreich. https://www.humanrights.ch/de/menschenrechte-themen/tnc/nachrichten/menschenrechtliche-sorgfaltspflicht-unternehmen-gesetz-frankreich. Zugegriffen: 9. Sept. 2017

Hür K (2016) Streit um vorläufiges Konzept, DLF 07. Dezember 2016

Hyland K (2017) Letter to CEos on section 54 of modern slavery act 1 year on, 4th of April 2017. http://www.antislaverycommissioner.co.uk/media/1134/letter-to-ceos-on-section-54-of-modern-slavery-act-1-year-on.pdf. Zugegriffen: 3. Juni 2017

ISO 26000 Info (2017) Will ISO 26000 be revised or not? http://iso26000.info/iso/iso-standards/iso-26000/revise/. Zugegriffen: 30. September 2017

Kluge N, Sick S (2016) Geheimwirtschaft bei Transparenz zum gesellschaftlichen Engagement? MBF-Report 27/2016. Hans-Böckler-Stiftung, Düsseldorf

Koch H (2017) Zweifel an der Nachhaltigkeit, taz Die Tageszeitung 24. Mai 2017

Kolf F (2017a) Kleine Schritte, HB Handelsblatt 22. Juni 2017

Kolf F (2017b) Einigung in Bangladesch, HB Handelsblatt 29. Juni 2017

Loi relative au devoir de vigilance des sociétés mères et des entreprises donneuses d'ordre, https://www.legifrance.gouv.fr/eli/loi/2017/3/27/2017-399/jo/texte, Zugegriffen: 16. Juni 2017

Railsponsible (2017) http://railsponsible.org/supplier-assessments/. Zugegriffen: 2. Sept. 2017

Schöneberg K (2016) Alles kann, nichts muss, taz 22. Dezember 2016

Siemens (2015) Sustainability in the supply chain. Code of conduct for suppliers and third party intermediaries. Version 3.0, july 2015. Siemens AG München. https://w5.siemens.com/cms/supply-chain-management/en/sustainability/Documents/coc/Code_of_conduct_eng.pdf. Zugegriffen: 1. Sept. 2017

Siemens (2016) Nachhaltigkeitsinformationen 2016. Siemens AG Berlin und München. https://www.siemens.com/investor/pool/de/investor_relations/siemens_nachhaltigkeitsinformationen2016.pdf. Zugegriffen: 1. Sept. 2017

SIS (2017) Using ISO guidance on social responsibility in management systems. Swedish standards institute. https://www.sis.se/en/about_sis/iwaoniso26000guidance/. Zugegriffen: 2. Sept. 2017

SPD (2016) Nationaler Aktionsplan für Wirtschaft und Menschenrechte verabschiedet, PM 21. Dez. 2016

SZ Süddeutsche Zeitung (2017) Textilbündnis wackelt. Firmen und Verbraucherschützer streiten über Vorgaben, 24. Juli 2017

UK Modern Slavery Act (2015) 26.05.2015, The House of Parliament

VZBV Verbraucherzentrale Bundesverband (2017) Nachhaltige Kleidung: Textilbündnis auf dem Prüfstand. PM 21. Juli 2017

Weishaupt G (2017) Profit und Moral: Aldi, Tchibo und Kik verpflichten sich zu einer fairen Lieferkette. HB Handelsblatt 02. August 2017

Zivilgesellschaft im Bündnis für nachhaltige Textilien (2017) Erreicht das Textilbündnis seinen nächsten Meilenstein? Zivilgesellschaft fordert Unternehmen zu Transparenz auf. PM 24. Juli 2017

Gisela Eickhoff studierte Volkswirtschaftslehre an den Universitäten Trier und Konstanz. Nach ihrer Tätigkeit am Lehrstuhl für Wirtschaftspolitik an der TU Dresden sowie dem ZVEI Zentralverband der Elektrotechnik und Elektroindustrie e. V. wechselte sie im Jahre 2005 zur HARTING Technologiegruppe kam. Als Referentin von Herrn Dietmar Harting, persönlich haftender Gesellschafter, hat sie von Beginn an die Entwicklung und Implementierung der ISO 26000 Leitfaden zur gesellschaftlichen Verantwortung begleitet und im Unternehmen und darüber hinaus aktiv gestaltet. Zuletzt arbeitete sie an der IWA 26000.

Schlusswort

Nach aktuellen Definitionen (vgl. ISO 26000:2010; KOM 2011, 681) ist Compliance im Sinne der Einhaltung und Überwachung verbindlicher, gesetzlicher oder ethischer Normen fester Bestandteil der Verantwortung von Organisationen gegenüber der Gesellschaft (CSR). Davon zeugen auch die neuesten Versionen der in der Unternehmenspraxis verbreitetsten internationalen Standards und Rahmenorientierungen im Bereich CSR – von den OECD Guidelines über den UN Global Compact bis zu den Sustainable Development Goals der Vereinten Nationen (vgl. „Complianceanforderungen der ‚fünf großen CSR-Standards'" in diesem Band).

Nicht widergespiegelt wird diese Tatsache jedoch von den praktischen Ansätzen und Modellen, die Unternehmen per heute dazu verwenden, Compliance und andere Aspekte einer gesellschaftlich verantwortlichen Unternehmensführung zu adressieren. Dabei würden sich die meisten Instrumente für einen, alle Verantwortungsdimensionen integrierenden Managementansatz durchaus eignen, wie im vorliegenden Band durch eine ausführliche Betrachtung entsprechender Instrumente zu zeigen versucht wurde (vgl. Teil III „Instrumente für ein CSR- und Compliancemanagement" in diesem Band).

Mehr noch: Angesichts des fortschreitenden Zusammenwachsens der beiden Themenkomplexe CSR und Compliance sind voneinander unabhängige Managementansätze oder gar Managementsysteme nicht nur ineffizient, sondern inhaltlich kaum noch zu rechtfertigen.

Verantwortlich für diese immer stärkere inhaltliche Annäherung ist einerseits eine zunehmende Verrechtlichung von bisher überwiegend im CSR-Kontext behandelten Themen, wie sich insbesondere dem letzten Beitrag von Gisela Eickhoff entnehmen lässt (vgl. den Beitrag „CSR zwischen Freiwilligkeit und Regulierung – Erfahrungen aus der HARTING Technologiegruppe" in diesem Band). Durch die Überführung der 2011 verabschiedeten UN-Leitlinien für Wirtschaft und Menschenrechte in nationales Recht beispielsweise, haben in Europa insbesondere Großbritannien mit dem 2015 verabschiedeten UK Modern Slavery Act (2015) zur Bekämpfung von Menschenhandel und moderner Zwangsarbeit sowie Frankreich mit dem im März 2016 angenommenen Entwurf für ein Gesetz über unternehmerische Sorgfaltspflichten neue Maßstäbe gesetzt. Zu deren Umsetzung werden Instrumente wie eine systematische Risikoerhebung und Sorgfaltsprüfung

© Springer-Verlag GmbH Deutschland, ein Teil von Springer Nature 2018
A. Kleinfeld und A. Martens (Hrsg.), *CSR und Compliance*,
Management-Reihe Corporate Social Responsibility,
https://doi.org/10.1007/978-3-662-56214-7

gefordert, die Unternehmen überwiegend aus dem ökonomisch und juristisch konnotierten Risiko- und Compliancemanagement kennen.

Andererseits ist durch die anhaltenden Unternehmensskandale der letzten Jahre noch einmal evident geworden, was amerikanische wie europäische Wirtschafts- und Unternehmensethiker bereits in den 1990er-Jahren aus akademischer Perspektive festgehalten hatten: Ein legalistisch verkürztes, auf Kontrolle und Sanktion allein setzendes Complianceprogramm bietet keinen wirksamen Schutz gegen Fehlverhalten von und in Organisationen. Erst ein lebendiges, kulturell verwurzeltes Wertesystem, das auch ethische Grundsätze und Maßstäbe für die tägliche Praxis umfasst, kann als komplementäre Ergänzung für die erforderliche Compliancekultur sorgen, die dann wiederum als unmittelbarer Ausdruck unternehmerischer Verantwortungswahrnehmung verstanden werden kann. Dieser sogenannte Integrity-Ansatz ist an Voraussetzungen gebunden, die das Fundament für eine umfassend verantwortliche Art und Weise der Unternehmensführung bilden und ebenfalls Bestandteil der eingangs erwähnten aktuellen CSR-Definitionen sind: Allem voran gehört dazu eine ethisch fundierte Denk- und Handlungsweise der Organisationsangehörigen, die von den organisationalen Rahmenbedingungen formal-struktureller wie informell-kultureller Art ausdrücklich gefördert wird. Ein entsprechendes Werte- und Integritätsmanagement bildet daher eine gangbare Brücke zwischen der CSR- und der Compliancewelt, wie Lisa Schöttl sowie Dirk Gilbert und Anna-Lena Maier in ihren Beiträgen überzeugend deutlich machen (vgl. die Beiträge „Integrity-Management als Brücke zwischen CSR-Management und Compliance" und „Zwischen ‚hard law' und ‚soft law': Zielkonflikte und potenzielle Dilemmata von CSR und Compliance" in diesem Band).

Eine weitere Brücke bildet das gemeinsame übergeordnete Ziel, auf diesem Wege zur nachhaltigen Entwicklung beizutragen, welches mit den 16 nachhaltigen Entwicklungszielen der Vereinten Nationen auch und gerade für Organisationen an Relevanz und Deutlichkeit gewonnen hat (vgl. Beitrag „Compliance in den Sustainable Development Goals" in diesem Band).

Folgerichtig kann und sollte dann aber auch nach den operativen Schnittmengen von CSR und Compliance Ausschau gehalten und Synergieeffekte beim Management der unterschiedlichen Aspekte identifiziert werden. Die Beiträge in Teil III zeigen zum Teil sehr deutlich, wo dies sinnvoll und denkbar ist – angefangen von der normativen Ausrichtung durch Leitbild und Verhaltenskodex über Schulungsinhalte und -formate, ein angemessenes Führungsverständnis und die Aufdeckung von Missständen durch geeignete Whistleblowinginstrumente bis hin zum (integrierten) Controlling, Monitoring und Reporting. Last but not least existieren auch zertifizierbare Standards und Auditansätze, die alle Aspekte einer nachhaltigen und verantwortlichen Unternehmensführung ganzheitlich abbilden können.

Insbesondere Vertreter kleinerer, mittelständisch geprägter Unternehmen, die erst am Anfang eines systematischen Compliance und/oder CSR- und Nachhaltigkeitsmanagements stehen, könnten von der Nutzung entsprechender Synergieeffekte profitieren und wären gut beraten, von vornherein auf einen integrierten Ansatz zu setzen, anstatt später getrennte Einheiten und Denkmodelle wieder zusammenführen zu müssen.

Bereichsegoismen und die Neigung zum „Silo-Denken" erschweren dies erfahrungs-gemäß in großen Organisationen und Konzernen, wobei natürlich auch diese Zielgruppe von einem ganzheitlichen Vorgehen in mehrfacher Hinsicht profitieren würde. Aufgrund der von der EU eingeführten Pflicht zur nichtfinanziellen Berichterstattung (vgl. die Bei-träge „Compliance im GRI-Berichtsstandard" und „Nachhaltigkeitsberichterstattung" in diesem Band) hat ein Argument dafür in jüngster Zeit an Bedeutung gewonnen: der Effizi-enzgewinn durch die Erstellung eines ganzheitlichen Geschäftsberichts anstelle von zwei unterschiedlichen, partiell redundanten Geschäfts- bzw. Nachhaltigkeitsberichten. Wäh-rend letzterer per definitionem auch die ökonomische Performance eines Unternehmens enthalten muss, galt dies umgekehrt beim klassischen Lagebericht nicht automatisch für die ökologische und gesellschaftliche Leistung. Mit der Verabschiedung des EU-Richtlini-enumsetzungsgesetzes zu CSR im April 2017 (CSR-Richtlinie-Umsetzungssgesetz (CSR-RUG)) hat sich dies nun zumindest für jene deutschen Unternehmen geändert, die von „öffentlichem Interesse" sind.

Ein integrierter Bericht setzt aber nicht nur ein integriertes Monitoring und Control-ling voraus, er baut vor allem auf einem ganzheitlichen Ansatz mit einem integrierten strategischen Management auf, das die positiven wie negativen Wechselwirkungen und potenziellen Zielkonflikte zwischen den unterschiedlichen Verantwortungsdimensionen einer Organisation bereits bei der Entwicklung und Ableitung der Unternehmensstrategie berücksichtigt. Das daraus abgeleitete integrierte Ziel- und Anreizsystem birgt weniger Risiken, Mitarbeiter in Dilemma-Situationen zu bringen, als die klassische Aufteilung in eine primär ökonomisch ausgerichtete Unternehmensstrategie im Dienste der Shareholder und eine (untergeordnete oder parallel existierende) Nachhaltigkeitsstrategie, die auch den Interessen gesellschaftlicher Anspruchsgruppen und ethischen Prinzipien zu genügen ver-sucht. Nicht von ungefähr sind es Strategieexperten wie Porter und Kramer gewesen, die mit ihrem Ansatz Creating Shared Value einen Paradigmenwechsel vorgeschlagen haben: Von der rein ökonomischen zur nachhaltigen Wertschöpfung, die alle Stakeholder und das Gemeinwohl als Zielgrößen a priori im Blick hat.

Man darf also gespannt sein, wie sich der CSR-Kosmos in den kommenden Jahren auch in dieser Hinsicht entwickeln wird und wie lange überhaupt noch von CSR UND Compliance gesprochen werden muss anstatt von „guter und verantwortlicher Unterneh-mensführung", die beides umfasst und integriert managt.

Konstanz/Hamburg, im Dezember 2017   Annette Kleinfeld
                                                             Annika Martens

Literatur

Assemblée Nationale (2016) Proposition de loi de M. Bruno LE ROUX et plusieurs de ses collègues relative au devoir de vigilance des sociétés mères et des entreprises donneuses d'ordre, n°2578, déposée le 11 février 2015

CSR-Richtlinie-Umsetzungsgesetz (CSR-RUG) (2017) Gesetz zur Stärkung der nichtfinanziellen Berichterstattung der Unternehmen in ihren Lage- und Konzernlageberichten

Europäische Kommission KOM (2011) 681 endgültig. Mitteilung der Kommission an das Europäische Parlament, den Rat, den Europäischen Wirtschafts- und Sozialausschuss und den Ausschuss der Regionen. Eine neue EU-Strategie (2011–14) für die soziale Verantwortung der Unternehmen (CSR). Brüssel

UK Modern Slavery Act (2015) 26.05.2015, The House of Parliament

The manufacturer's authorised representative in the EU is Springer
Nature Customer Service Centre GmbH, Europaplatz 3, 69115 Heidelberg,
Germany. If you have any concerns regarding our products, please
contact ProductSafety@springernature.com

Printed and bound by CPI Group (UK) Ltd, Croydon, CR0 4YY

23/04/2026

02095636-0011